AF888491

Die gemeinsame rechtliche Elternschaft von eingetragenen Lebenspartnern
durch die Annahme eines Kindes

# Studien zum deutschen und internationalen Familien- und Erbrecht

Herausgegeben von Martin Lipp, Christoph Benicke, Marina Wellerhofer und Bettina Heiderhoff

Band 19

*Zur Qualitätssicherung und Peer Review der vorliegenden Publikation*

Die Qualität der in dieser Reihe erscheinenden Arbeiten wird vor der Publikation durch den Herausgeber der Reihe geprüft.

*Notes on the quality assurance and peer review of this publication*

Prior to publication, the quality of the work published in this series is reviewed by the editor of the series.

Michelle Favier

# Die gemeinsame rechtliche Elternschaft von eingetragenen Lebenspartnern durch die Annahme eines Kindes

PL ACADEMIC RESEARCH

**Bibliografische Information der Deutschen Nationalbibliothek**
Die Deutsche Nationalbibliothek verzeichnet diese Publikation in der Deutschen Nationalbibliografie; detaillierte bibliografische Daten sind im Internet über http://dnb.d-nb.de abrufbar.

Zugl.: Hamburg, Univ., Diss., 2013

Gedruckt auf alterungsbeständigem,
säurefreiem Papier.

D 18
ISSN 1864-497X
ISBN 978-3-631-64672-4 (Print)
E-ISBN 978-3-653-04177-4 (E-Book)
DOI 10.3726/978-3-653-04177-4

© Peter Lang GmbH
Internationaler Verlag der Wissenschaften
Frankfurt am Main 2014
Alle Rechte vorbehalten.
PL Academic Research ist ein Imprint der Peter Lang GmbH.

Peter Lang – Frankfurt am Main · Bern · Bruxelles · New York · Oxford · Warszawa · Wien

Das Werk einschließlich aller seiner Teile ist urheberrechtlich geschützt. Jede Verwertung außerhalb der engen Grenzen des Urheberrechtsgesetzes ist ohne Zustimmung des Verlages unzulässig und strafbar. Das gilt insbesondere für Vervielfältigungen, Übersetzungen, Mikroverfilmungen und die Einspeicherung und Verarbeitung in elektronischen Systemen.

Dieses Buch erscheint in einer Herausgeberreihe bei PL Academic Research und wurde vor dem Erscheinen peer reviewed.

www.peterlang.com

**Vorwort**

Die vorliegende Arbeit wurde von der Fakultät für Rechtswissenschaft der Universität Hamburg im Sommersemester 2013 als Dissertation angenommen. Die Arbeit wurde ursprünglich vor dem Ergehen des Urteils des Bundesverfassungsgerichts 1 BvL 1/11 vom 19.02.2013 abgeschlossen. In diesem stelle das Bundesverfassungsgericht fest, dass § 9 Abs. 7 LPartG unvereinbar mit Art. 3 Abs. 1 GG ist, soweit die Annahme eines adoptierten Kindes eines eingetragenen Lebenspartners durch seinen eingetragenen Lebenspartner danach nicht möglich ist. Dementsprechend wird bei der Untersuchung auch die davor geltende Rechtslage zu Grunde gelegt, wonach § 9 Absatz 7 LPartG noch nicht mit der Maßgabe anzuwenden war, dass auch die Adoption eines angenommenen Kindes eines eingetragenen Lebenspartners möglich ist. Hinweise zur Fortentwicklung der Diskussion wurden jedoch aufgenommen, so dass sich die Arbeit auf dem Stand von November 2013 befindet.

Mein Dank gilt zunächst meiner Doktormutter Prof. Dr. Bettina Heiderhoff, die mir während der gesamten Arbeit immer mit hilfreicher und konstruktiver Kritik sowie wertvollen Anregungen zur Seite stand. Auch für die überaus schnelle Erstellung des Erstgutachtens gebührt ihr mein Dank.

Danken möchte ich zudem auch Prof. Dr. Margarete Schuler-Harms für das Abfassen des Zweitgutachtens sowie Prof. Dr. Reinhard Bork für die nette Atmosphäre, die er als Vorsitzender der Prüfungskommission bei meiner Disputation schuf. Dank geht auch an die Professores Dres. Bettina Heiderhoff, Marina Wellenhofer, Martin Lipp und Christoph Benicke für die Aufnahme meiner Arbeit in die Schriftenreihe der Studien zum deutschen und internationalen Familien- und Erbrecht.

Besonderer Dank geht an meine Freunde, die immer mit einem offenen Ohr zur Verfügung standen und nicht nur beim Korrekturlesen Zeit in diese Arbeit investiert haben.

Der größte Dank gebührt meinen Eltern, die mir immer zur Seite stehen und mich in allen Entscheidungen unterstützen. Nicht nur für die Unterstützung während des Dissertationsvorhabens, sondern auch für die fortwährende Begleitung und Förderung meiner gesamten Ausbildung möchte ich ihnen danken.

Hamburg, Dezember 2013 Michelle Favier

# Inhaltsverzeichnis

# Einführung

Zur Einführung in das Thema der gemeinsamen Elternschaft von eingetragenen Lebenspartnern[1] durch die Annahme eines Kindes wird zunächst der Anlass der Untersuchung dargestellt. Danach wird der Gang der Untersuchung dargelegt und zum Schluss wird ein grundsätzlicher Überblick über die Möglichkeiten der Kindesannahme für Eheleute und eingetragene Lebenspartner gegeben.

## *A. Hintergrund und Anlass der Untersuchung*

Mitte des Jahres 2000 wurde der „Entwurf eines Gesetzes zur Beendigung der Diskriminierung gleichgeschlechtlicher Gemeinschaften: Lebenspartnerschaften (Lebenspartnerschaftsgesetz)“[2] in den Bundestag eingebracht.[3] Als das Lebenspartnerschaftsgesetzt zum 1. August 2001 in Kraft trat, war es gleichgeschlechtlichen Paaren in Deutschland zum ersten Mal möglich eine rechtlich verbindliche Partnerschaft einzugehen. Die Rechtsstellung von eingetragenen Lebenspartnern wurde seitdem mehrfach verbessert.[4] Trotzdem finden sich auch weiterhin Regelungen, die von denen für Ehepaare, als das „verschiedengeschlechtliche Vorbild“ einer rechtlich verbindlichen Partnerschaft, abweichen und so weiterhin zur Diskriminierung von eingetragenen Lebenspartnern führen. Dies wird vor allem bei den Regelungen hinsichtlich der Ermöglichung einer gemeinsamen rechtlichen Elternschaft für eingetragene Lebenspartner deutlich. Diesen ist es aus biologischen Gründen nicht möglich ein gemeinsames Kind zu zeugen, welches durch die Geburt zu ihrem gemeinschaftlichen würde, so wie dies für verschiedengeschlechtliche Paare nach §§ 1591, 1592 BGB der Fall ist. Für eingetragene Lebenspartner wurde deshalb zunächst seit dem 1. Januar 2005 durch das „Gesetz zur Überarbei-

1 Aus Praktikabilitätsgründen soll in der Arbeit lediglich der Begriff der „eingetragenen Lebenspartner“ verwendet werden, hiervon sind natürlich auch eingetragene Lebenspartnerinnen erfasst.

2 BT-Drucks 14/3751.

3 Näheres zum Gesetzgebungsprozess findet sich bei Bruns/Kemper/Stüber, Einführung, Rn. 13; Erman/Kaiser, Vor § 1 LPartG, Rn. 1 ff.; Jakob, Jura 2003, 762, 762 ff.; MüKo/Wacke, Vorbemerkungen LPartG, Rn. 1; Staudinger/Voppel, Einführung zum Lebenspartnerschaftsgesetz, Rn. 8 ff. Zur Vereinbarkeit des Gesetzes mit dem Grundgesetzt BVerfGE 105, 313, 331 ff.

4 Die Änderungen des Lebenspartnerschaftsgesetzes können BGBl I 2001, S. 3513 ff.; BGBl I 2004, S. 3396 ff.; BGBl I 2005, S. 203 ff.; BGBl I 2007, S. 122 ff.; BGBl I 2007, S. 3189 ff.; BGBl I 2009, S. 700 ff.; BGBl I 2009, S. 1696 ff.; BGBl I 2013, S. 428 entnommen werden.

tung des Lebenspartnerschaftsrechts (LPartÜG)"[5] die Möglichkeit der Einzelannahme nach § 9 Abs. 6 LPartG geschaffen. Ferner wurde hierdurch auch die Möglichkeit der Stiefkindadoption in § 9 Abs. 7 LPartG eingefügt. Da durch die Einzelannahme natürlich nur der Annehmende zum rechtlichen Elternteil wird, ist die gemeinsame rechtliche Elternschaft somit nur durch die Stiefkindadoption ermöglicht worden. Praktisch gesehen bedeutet dies, dass eingetragene Lebenspartner nur die gemeinsame rechtliche Elternschaft für ein Kind übernehmen können, wenn dieses entweder aus einer vorherigen heterosexuellen Beziehung stammt oder bei eingetragenen Lebenspartnerinnen durch heterologe Insemination[6] gezeugt wurde. Letzteres ist der in der Praxis am häufigsten vorkommende Fall der Stiefkindadoption. Auch wenn in der Literatur teilweise umstritten ist, ob sich § 9 Abs. 7 LPartG nicht auch auf zuvor angenommene Fremdkinder beziehen kann, wird eine solche sukzessive Annahme durch einen eingetragenen Lebenspartner von den Gerichten abgelehnt.[7] De facto ist es eingetragenen Lebenspartnern also nur durch die Stiefkindadoption eines leiblichen Kindes ermöglicht worden die gemeinsame rechtliche Elternschaft und Verantwortung für ein Kind zu übernehmen. Ob dies jedoch dem Ziel des Gesetzes, also dem Abbau von Diskriminierungen, und der Gleichstellung[8] genügt, darf bezweifelt werden. Die Einführung einer sukzessiven Adoptionsmöglichkeit oder gar einer gemeinschaftlichen Annahmemöglichkeit für eingetragene Lebenspartner lässt jedoch weiterhin auf sich warten. Daher setzt sich die vorliegende Arbeit mit der Frage auseinander, ob die Einführung einer Sukzessivadoption und/oder einer gemeinschaftlichen Adoption für eingetragene Lebenspartner zum einen möglich und zum anderen auch geboten ist. Ziel der Arbeit ist es, dies sowohl aus zivilrechtlicher als auch verfassungsrechtlicher Sicht zu beleuchten um am Ende eine Handlungsempfehlung für den Gesetzgeber zum Umgang mit den Adoptionsmöglichkeiten von eingetragenen Lebenspartnern abgeben zu können.

Die Kernfrage der vorliegenden Arbeit bezieht sich folglich auf die gemeinsame rechtliche Elternschaft von eingetragenen Lebenspartnern durch verschiedene Arten der Kindesannahme. Dass eine solche rechtliche Zuordnung auch durch die Geburt eines Kindes in eine einge-

5 BGBl I, 2004, S. 3396.
6 Hierbei handelt es sich um eine künstliche Befruchtung mit Spendersamen.
7 OLG Hamm NJW 2010, 2065; AG Hamburg, 60 XVI 80/50 vom 16.6.2008=FamRZ 2009, 355. Seit dem Bundesverfassungsgerichtsurteil vom 19.2.2013 dürfte sich dies geändert haben, da § 9 Abs. 7 LPartG jetzt mit der Maßgabe anzuwenden ist, dass die Adoption des angenommenen Kindes des eingetragenen Lebenspartners möglich ist, vgl. BVerfG, 1 BvL 1/11 vom 19.2.2013, Tenor des Urteils Punkt 2.
8 BT-Drucks 15/3445; so auch Gernhuber/Coester-Waltjen, § 42, Rn. 8-10.

tragene Lebenspartnerschaft im Wege einer verwandtschaftlichen Zuordnung des Kindes zu den Lebenspartnern erreicht werden könnte, soll hierbei außen vor bleiben.[9]

## *B. Gang der Untersuchung*

Zunächst erfolgt ein kurzer Überblick über die de lege lata gegebenen Möglichkeiten zur Kindesannahme.

Danach wird als erstes die Möglichkeit der Sukzessivadoption für eingetragene Lebenspartner untersucht. Dies liegt darin begrünet, dass für diese Annahmevariante eine faktisch kleinere Hürde der Einführubarkeit durch den Gesetzgeber besteht als dies bei der gemeinschaftlichen Adoption der Fall sein dürfte. Denn als politisches Argument gegen weitere Möglichkeiten der gemeinsamen rechtlichen Elternschaft von eingetragenen Lebenspartnern durch Kindesannahme wird meist das Kindeswohl angeführt, welches durch das Aufwachsen bei eingetragenen Lebenspartnern teilweise als gefährdet angesehen wird. Da das Kind im Falle einer Sukzessivadoption jedoch schon in der Familie lebt, dürfte dieses Argument zumindest weniger überzeugen als in Situationen in denen ein Kind neu in eine Familie eingegliedert werden soll, wie dies bei der gemeinschaftlichen Annahme der Fall wäre. Dementsprechend wird im ersten Kapitel die in § 9 Abs. 7 LPartG eingeführte Stiefkindadoption näher betrachtet. Hier stellt sich die Frage, ob diese de lege lata tatsächlich nur auf leibliche Kinder Anwendung findet und sofern dies zu bejahen ist, ob die Regelung aus zivilrechtlicher Sicht de lege ferenda auf zuvor angenommene Kinder erweitert werden könnte und so auch die Sukzessivadoption ermöglichen könnte.

Im Rahmen des zweiten Kapitels wird das derzeit geltende Verbot der Sukzessivadoption unter verfassungsrechtlichen Gesichtspunkten untersucht. Dabei ist fraglich, ob dieses gegen geltendes Verfassungsrecht verstößt. Im Anschluss werden die Folgen etwaiger Grundrechtsverstöße thematisiert, um die Frage nach der verfassungsrecht-lichen Gebotenheit der Einführung einer Sukzessivadoptionsmöglichkeit für einge-tragene Lebenspartner behandeln zu können.

Im weiteren Verlauf wird dann geprüft, welche Auswirkungen die erarbeiteten Ergebnisse auf die gemeinschaftliche Kindesannahme durch eingetragene Lebenspartner haben. Auch diesbezüglich erfolgt sowohl eine zivilrechtliche als auch eine verfassungsrechtliche Auseinan-

9 Vgl. dazu Dethloff, FPR 2010, 208, 209; Dethloff, in Funke/Thorn, S. 161 ff.; Dethloff, ZKJ 2009, 141, 145 f.; Dittberner, S. 185 ff.

dersetzung. So wird im vierten Kapitel zunächst geprüft, ob eine Erweiterung der gemeinschaftlichen Adoption auf eingetragene Lebenspartner mit dem Adoptionsrecht in Einklang stünde. Ferner wird aber auch wieder untersucht, ob das de lege lata geltende Verbot der gemeinschaftlichen Annahme mit der Verfassung im Einklang steht. Sollte es dies nicht, stellt sich wiederum die Frage nach der verfassungsrechtlichen Gebotenheit ihrer Einführung.
Zum Schluss werden die gefundenen Untersuchungsergebnisse in Kapitel fünf zusammengefasst. Die sich daraus ergebenden Konsequenzen werden dargestellt und es erfolgt eine Handlungsempfehlung an den Gesetzgeber.

## C. Überblick über die Möglichkeiten zur Kindesannahme

Bevor sich die Arbeit detailliert mit den einschlägigen Regelungen des Adoptionsrechts auseinandergesetzt, erfolgt zur thematischen Einführung zunächst eine Darstellung der grundsätzlich gegebenen gesetzlichen Möglichkeiten zur Kindesannahme.

Normen, die Möglichkeiten zur Annahme eines Kindes regeln, finden sich sowohl im Bürgerlichen Gesetzbuch, als auch im Lebenspartnerschaftsgesetz. Die Regelungen im Bürgerlichen Gesetzbuch befinden sich in den §§ 1741-1772 BGB. Im Lebenspartnerschaftsgesetz sind Adoptionsmöglichkeiten in § 9 Abs. 6, 7 LPartG normiert.
Nach § 1741 Abs. 2 S. 1 BGB können Personen, die nicht verheiratet sind, ein Kind nur alleine annehmen.[10] Ein Ehepaar hingegen kann ein Kind nur gemeinschaftlich annehmen, vgl. § 1741 Abs. 2 S. 2 BGB. Somit stellt die gemeinsame Annahme für Eheleute den Regelfall der Adoption dar.[11] Liegt bei einem der Ehegatten jedoch ein Adoptionshindernis nach § 1741 Abs. 2 S. 4 BGB vor, kann der andere Ehegatte ein Kind auch ausnahmsweise alleine annehmen. Ein solches Adoptionshindernis ist gegeben, wenn ein Ehegatte geschäftsunfähig ist oder das 21. Lebensjahr noch nicht vollendet hat. Fällt das Adoptionshindernis später weg, so kann der Ehegatte, bei dem es vorlag, das Kind nach § 1741 Abs. 2 S. 3 BGB i.V.m. § 1742 BGB sukzessive auch annehmen. Dadurch wird es zum gemeinschaftlichen Kind der Ehegatten, vgl. § 1754 Abs. 1, 2. Alt. BGB. Wurde das Kind schon vor der Eheschließung angenommen oder handelt es sich um ein leibliches Kind aus einer früheren Beziehung, kann

---

10 Ein Überblick über das Recht der Adoption findet sich bei Pätzold, S. 33 ff.
11 Bamberger/Roth/Enders, § 1741 BGB, Rn 31; jurisPK/Heiderhoff, § 1741 BGB, Rn. 30; MüKo/Maurer, § 1741 BGB, Rn. 28.

es auch durch den Ehegatten angenommen werden. In einem solchen Fall wird ein leibliches Kind nach § 1741 Abs. 2 S. 3 BGB im Wege der Stiefkindadoption vom Ehegatten angenommen. Die Annahme eines zuvor vom Ehegatten angenommenen Kindes wird nach § 1741 Abs. 2 S. 3 BGB i.V.m. § 1742 BGB als Sukzessivadoption vorgenommen. Die von § 1742 BGB grundsätzlich verbotene Kettenadoption[12], also eine Zweitannahme bei Lebzeiten des Annehmenden und Bestehen des Annahmeverhältnisses, wird so ausnahmsweise für den Fall einer Zweitannahme durch den Ehegatten gestattet.

Im Gegensatz zu den im Bürgerlichen Gesetzbuch geregelten Annahmemöglichkeiten beziehen sich die im Lebenspartnerschaftsgesetz normierten nur auf eingetragene Lebenspartner.[13] Nach § 9 Abs. 6 S.1 LPartG kann ein Lebenspartner ein Kind alleine annehmen.[14] Erforderlich dafür ist aber die Einwilligung seines Lebenspartners. Dafür gilt § 1749 Abs. 1 S. 2, 3, Abs. 3 BGB entsprechend. Diese regeln die genauen Modalitäten der Einwilligung. Ein Lebenspartner kann nach § 9 Abs. 7 S. 1 LPartG auch ein Kind seines Lebenspartners allein annehmen. Hierfür gelten die Regelungen des Bürgerlichen Gesetzbuches bezüglich des Mindestalters nach § 1743 S. 1 BGB, der Wirkung der Einwilligung nach § 1751 Abs. 2 und Abs. 4 S. 2 BGB, der Wirkung der Annahme nach § 1754 Abs. 1, 3 BGB, des Erlöschens und des Bestehenbleibens der Verwandtschaftsverhältnisse nach § 1755 Abs. 2 BGB und § 1756 Abs. 2 BGB, des Namens des Kindes nach § 1757 Abs. 2 S. 1 BGB und der Wirkung der Annahme von Minderjährigen bei der Volljährigenannahme nach § 1772 Abs. 1 S. 1 lit. c BGB entsprechend. Bei dieser sog. Stiefkindadoption nach § 9 Abs. 7 LPartG[15] ist streitig, ob sie sich nur auf leibliche Kinder des Lebenspartners[16] oder auch auf von ihm vorher angenommene Kinder[17] bezieht. Wäre Letzteres der Fall, wäre dementsprechend auch für eingetragene Lebenspartner die Sukzessivadoption eines Fremdkindes möglich. Eine anfängliche gemeinschaftliche Kindesannahme, die für

12 Der Begriff der Kettenadoption wird für eine Sukzessivannahme gängigerweise verwendet, so schon BT-Drucks 7/3061, 31; vgl. auch MüKo/Maurer, § 1742 BGB, Rn. 1; Prütting/Wegen/Weinreich/Friederici, § 1742 BGB, Rn. 1; Staudinger/Frank, § 1742 BGB, Rn. 3; Weinreich/Klein/Friederici; § 1742 BGB, Rn. 1.

13 Eine eingetragene Lebenspartnerschaft kann gemäß § 1 Abs. 1 S. 1 LPartG nur von zwei Personen gleichen Geschlechts geschlossen werden.

14 Ein Überblick zur Rechtsstellung gleichgeschlechtlicher Lebenspartner findet sich bei Pfizenmayer, S. 67 ff.

15 Benennung als solche durch den Gesetzgeber in BT-Drucks 15/3445, 15; in Anlehnung an die so genannte Stiefkindadoption durch den Ehegatten in § 1754 Abs. 1 BGB, vgl. Wellenhofer, NJW 2005, 705,706.

16 OLG Hamm NJW 2010, 2065, 2065; AG Hamburg FamRZ 2009, 355; jurisPK/Heiderhoff, § 1741 BGB, Rn. 29; Frank ZKJ 2010, 197, 198; MüKo/Wacke, § 9 LPartG Rn. 9; Staudinger/Voppel, § 9 LPartG Rn. 103.

17 Bamberger/Roth/Enders, § 1741 BGB, Rn. 32; Grziwotz, FamRZ 2010, 1260, 1260; Milzer, FamFR 2010, 47; dafür spricht sich auch Dethloff, ZPR 2004, 195, 196 f., 200 aus.

Eheleute der Regelfall ist, ist für Lebenspartner im Lebenspartnerschaftsgesetz nicht vorgesehen.

Im Ergebnis stellt sich die Situation für beide Personengruppen wie folgt dar. Sowohl ein Ehepartner als auch ein eingetragener Lebenspartner kann ein Kind alleine annehmen. Für Eheleute stellt das jedoch nur die Ausnahme vom Grundsatz der gemeinsamen Annahme dar. Bei eingetragenen Lebenspartnern handelt es sich mangels gemeinschaftlicher Annahmemöglichkeit um den Regelfall der Kindesannahme. Eheleuten ist es ferner möglich das leibliche Kind des Ehegatten im Wege der Stiefkindadoption anzunehmen. Auch die Adoption eines vom Ehepartner zuvor angenommenen Kindes ist im Wege der Sukzessivadoption möglich. Für eingetragene Lebenspartner hingegen ist unstrittig nur die Stiefkindadoption eines leiblichen Kindes möglich. Ob sich die Regelung des § 9 Abs. 7 LPartG auch auf zuvor angenommene Fremdkinder bezieht und so die Sukzessivadoption ermöglicht, ist hingegen umstritten.[18]

18 Der Streit dürfte durch das Urteil des Bundesverfassungsgerichts jetzt beendet worden sein, vgl. BVerfG, 1 BvL 1/11, vom 19.2.2013.

# Kapitel 1: Annahmemöglichkeiten für eingetragene Lebenspartner nach § 9 Abs. 7 LPartG

Nach § 9 Abs. 7 S. 1 LPartG kann ein eingetragener Lebenspartner ein Kind seines Lebenspartners also allein annehmen. Hierfür gelten § 1743 S. 1 BGB, § 1751 Abs. 2, 4 S. 2 BGB, § 1754 Abs. 1, BGB, § 1757 Abs. 2 S. 1 BGB und § 1772 Abs. 1 S. 1 lit. c BGB entsprechend, vgl. § 9 Abs. 7 S. 2 LPartG.

Wie bereits erwähnt ist von der Formulierung *„ein Kind seines Lebenspartners"* in § 9 Abs. 7 S. 1 LPartG unstrittig das leibliche Kind des Lebenspartners erfasst.[19] Die sog. Stiefkindadoption für eingetragene Lebenspartner ist daher durch die Einführung dieser Norm ermöglicht worden. Unklar ist aber, ob auch vom eingetragenen Lebenspartner zuvor angenommene Kinder erfasst sind, also auch die sog. Stiefkindadoption durch § 9 Abs. 7 LPartG möglich ist.[20] Dies ist sowohl für solche Kinder strittig, die in einer vorherigen Ehe oder Lebenspartnerschaft entweder zusammen oder auch alleine angenommen wurden, als auch für solche, die vor der Lebenspartnerschaft von einem Alleinstehenden angenommen wurden.[21] Aufgrund dieser Unklarheiten gilt es somit im Folgenden zunächst zu untersuchen, welchen Geltungsbereich die Stiefkindadoption in § 9 Abs. 7 LPartG aufweist.

## *A. Geltungsbereich des § 9 Abs. 7 LPartG*

Zur Ermittlung des Geltungsbereichs von § 9 Abs. 7 LPartG bedarf es der Auslegung dieser Norm.[22] Eine solche kann in vier verschiedene Aspekte unterteilt werden.[23] Zuerst ist der Wortlaut der Norm zu untersuchen. Dies erfolgt im Rahmen der grammatikalischen Ausle-

---

19 So schon BT-Drucks 15/3445, 15; Plenarprotokoll 15/119, 10912.

20 Dagegen sprechen sich aus OLG Hamm NJW 2010, 2065; AG Hamburg, 60 XVI 80/050 vom 16.6.2008=FamRZ 2009, 355; Frank ZKJ 2010, 197, 198; jurisPK/Heiderhoff, § 1741 BGB, Rn. 29; MüKo/Wacke, § 9 LPartG Rn. 9; Staudinger/Voppel, § 9 LPartG Rn. 103; Dethloff, FPR 2010, 208, 209, die für eine Änderung de lege ferenda plädiert. Dafür sprechen sich aus Bamberger/Roth/Enders, § 1741 BGB, Rn. 32; v. Dickhuth-Harrach, FPR 2005, 273, 276; Grziwotz, FamRZ 2010, 1260; Milzer, FamFR 2010, 47.

21 Im Verlauf der Arbeit wird grundsätzlich nicht zwischen diesen verschiedenen Konstellationen unterschieden. Bei zuvor angenommenen Kindern sind, soweit keine anderen Angaben gemacht werden, Kinder gemeint, die vor der Begründung oder in der eingetragenen Lebenspartnerschaft von einer Person alleine angenommen wurden. In Situationen, in denen es von Bedeutung ist, ob die Annahme während einer gleichgeschlechtlichen oder auch nichtgleichgeschlechtlichen nichtehelichen Partnerschaft erfolgte, wird darauf gesondert eingegangen.

22 Burckhardt, S. 276; Kramer, S. 50 ff.

23 Zur folgenden Untergliederung vgl. Schwacke, S. 88 ff.; Wank, S. 39 ff.

gung.[24] Dann wird eine systematische Auslegung anhand der Stellung der Norm im Gesetz und ihrem Verhältnis zu anderen Normen vorgenommen.[25] Im Anschluss wird der Zweck der Norm im Rahmen der teleologischen Auslegung untersucht.[26] Abschließend wird der Wille des Gesetzgebers anhand der historischen Auslegung überprüft.[27]

Um zu bestimmen, ob sich der Geltungsbereich von § 9 Abs. 7 LPartG nur auf leibliche oder auch zuvor angenommene Kinder eines Lebenspartners bezieht, wird die Norm deshalb im Folgenden anhand dieser vier Aspekte ausgelegt.

## *I. Grammatikalische Auslegung*

Bei der grammatikalischen Auslegung einer Norm werden ihr Inhalt und ihre Bedeutung vom Wortlaut ausgehend bestimmt.[28] Das erfolgt nach den Regeln der Grammatik, des allgemeinen Sprachgebrauchs und der technisch-juristischen Redeweise.[29]

Der Wortlaut von § 9 Abs. 7 S. 1 LPartG besagt:

> *„Ein Lebenspartner kann ein Kind seines Lebenspartners allein annehmen."*

Aus dieser Formulierung ergibt sich nach dem allgemeinen Sprachgebrauch kein Hinweis auf den Geltungsbereich der Norm, denn *„ein Kind seines Lebenspartners"* kann sich sowohl auf leibliche als auch zuvor adoptierte Kinder beziehen. Auch die Grammatik lässt keine genauere Erkenntnisgewinnung zu. Ferner kann es sich auch nach der juristischen Begriffsbestimmung der Norm bei *„ein(em) Kind"* sowohl um das leib-liche, als auch um ein zuvor angenommenes Kind des eingetragenen Lebenspartners handeln. Dies zeigt auch ein Vergleich zur Parallelvorschrift für Eheleute in § 1741 Abs. 2 S. 3 BGB, die besagt, dass ein Ehegatte das Kind seines Ehegatten auch annehmen kann und sich sowohl auf leibliche als auch zuvor angenommene Kinder bezieht.[30] In der juristischen Fachwelt wird die Verwendung der Formulierung *„ein Kind seines Lebenspartners"* hingegen unterschiedlich aufgefasst. Ein Großteil

24 Vgl. dazu Wank, S. 39 ff.; Zippelius, S. 35, 38 f.
25 Kramer, S. 76 ff.; Larenz, S. 310 ff.
26 Zippelius, S. 41 ff.
27 Beaucamp/Treder, S. 39 f.; Engisch, S. 132 ff.,144 ff.
28 Vgl. dazu die Ausführungen bei Heck, S. 94 ff.
29 Schwacke, S. 89.
30 Vgl. Erman/Saar, § 1741 BGB, Rn. 15; Palandt/Götz, § 1741 BGB, Rn. 10 f.; Kaiser/Schnitzler/Friederici/Finger, § 1741 BGB, Rn. 21; MüKo/Maurer, § 1741 BGB, Rn. 30; Staudinger/Frank, § 1741 BGB, Rn 49, § 1742 BGB, Rn. 14; Soergel/Liermann § 1742 BGB, Rn. 8.

der Gerichte und auch der Literatur fasst darunter nur leibliche Kinder des Lebenspartners.[31] Ein anderer Teil der Literatur subsumiert unter die Formulierung aber auch zuvor vom Lebenspartner angenommene Kinder.[32]
Aus der grammatikalischen Auslegung des Wortlauts der Norm lassen sich folglich keine Erkenntnisse darüber gewinnen, ob sich § 9 Abs. 7 S.1 LPartG auch auf zuvor angenommene Kinder bezieht. Der Geltungsbereich der Norm kann demnach anhand der grammatikalischen Auslegung noch nicht konkretisiert werden.

## *II. Systematische Auslegung*

Um den Anwendungsbereich von § 9 Abs. 7 S. 1 LPartG bestimmen zu können, wird bei der systematischen Auslegung das vom Gesetzgeber gewählte System untersucht.[33] Dabei handelt es sich um den Kontext, das Umfeld sowie den Rahmen, in dem die Norm steht.[34] Die Auslegung muss dabei von dem Gedanken geleitet werden, dass sich die Gesamtheit der gesetzlichen Bestimmungen zu einem widerspruchslosen Ganzen zusammenfügen soll.[35]
Zum einen muss also die Stellung der Norm im Gesetz genauer beleuchtet werden. Zum anderen ist aber auch das Verhältnis der Norm zu anderen Normen zu erforschen.

### 1. Stellung im Gesetz

Die Regelung des § 9 Abs. 7 LPartG findet sich im Lebenspartnerschaftsgesetz, in welchem Regelungen für die eingetragene Lebenspartnerschaft normiert sind. Wie bereits erörtert, ist in diesem Gesetz lediglich die Möglichkeit einer Einzelannahme normiert worden, vgl. § 9 Abs. 6 S. 1 LPartG. Eine zeitgleiche gemeinschaftliche Annahme in Anlehnung an § 1741 Abs. 2 S. 1 BGB findet sich hingegen nicht. Eine gemeinsame rechtliche Elternschaft kann deswegen unstrittig nur bei der Stiefkindannahme eines leiblichen Kindes erreicht wer-

31 OLG Hamburg, FamRZ 2011, 1312, 1312; OLG Hamm, NJW 2010, 2065, 2066; Gernhuber/Coester-Waltjen, § 42, Rn. 45; Bruns/Kemper/Kemper, § 9 LPartG, Rn. 30 ff; Kemper, FF 2005, 88, 94; Muscheler, Familienrecht, § 49, Rn. 863; MüKo/Wacke, § 9 LPartG, Rn. 9; Staudinger/Voppel, § 9 LPartG, Rn. 70; Stüber, FamRZ 2005, 574, 576.

32 Staudinger/Frank, § 1742 BGB, Rn. 14 f. welcher die Zweitannahme eines zuvor angenommen Kindes jedoch aufgrund der fehlenden Verweisung von § 9 Abs. 7 S. 2 LPartG auf § 1742 BGB ausschließt. Vgl. auch Grziwotz, DNotZ 2005, 15, 25; Müller, DNotZ 2010, 698, 703; Müller/Sieghörtner/Emmerling de Oliveira, Rn. 36.

33 Vgl. Wank, S. 55 ff.

34 Vgl. Schwacke, S. 93 ff.

35 BGHSt 13, 102, 117; Engisch, S. 275; Rüthers, Rn. 276 ff.

den.[36] Würde sich die Formulierung *„ein Kind seines Lebenspartners“* in § 9 Abs. 7 S. 1 LPartG auch auf zuvor angenommene Kinder beziehen, könnte so auf Umwegen im Ergebnis noch eine gemeinsame rechtliche Elternschaft von einem Fremdkind durch eine Sukzessivannahme erreicht werden. Dies würde jedoch der Systematik des Gesetzgebers widersprechen, indem Fremdkinder schon nicht zeitgleich gemeinschaftlich angenommen werden können. Die Wertung, die der Gesetzgeber getroffen hat, indem er nur die Einzelannahme eines Fremdkindes zugelassen hat würde daher unterlaufen.[37] Vor dem Hintergrund der Zusammenfügung von Gesetzen zu einem widerspruchslosen Ganzen, kann mithin nicht davon ausgegangen werden, dass auch zuvor angenommene Kinder von dieser Adoptionsmöglichkeit erfasst sein sollen.

Ein mit § 9 Abs. 7 S. 1 LPartG vergleichbarer Wortlaut findet sich jedoch wie zuvor schon erwähnt auch in den im Bürgerlichen Gesetzbuch normierten Annahmemöglichkeiten. Dort ist in § 1741 Abs. 2 S. 3 BGB geregelt, dass *„ein Ehegatte (...) ein Kind seines Ehegatten allein annehmen (kann)“*. Auch diese Regelung spricht nur von *„ein(em) Kind“*, bezieht sich trotzdem unstreitig auch auf zuvor angenommene Kinder.[38] Dies geht jedoch nicht alleine aus der Formulierung des § 1741 Abs. 2 S. 3 BGB hervor, sondern wird durch das Zusammenspiel mit § 1742 BGB verdeutlicht, welcher das Verbot der Kettenannahme normiert. Denn nach § 1742 BGB kann ein angenommenes Kind, solange das Annahmeverhältnis besteht, bei Lebzeiten eines Annehmenden nur von dessen Ehegatten angenommen werden. Eheleute sind von diesem grundsätzlichen Verbot also ausgenommen, weswegen ein Ehegatte ein Kind seines Ehegatten sukzessive auch annehmen kann. Durch diese Ausnahme von dem Verbot der Kettenadoption kann sich die Annahme eines Kindes des Ehegatten bei Eheleuten nach § 1741 Abs. 2 S. 3 BGB auch auf zuvor angenommene Kinder beziehen.

Würde die Ausnahme vom Verbot der Kettenannahme für Eheleute von § 1742 BGB auch auf eingetragene Lebenspartner Anwendung finden, könnte sich § 9 Abs. 7 S. 1 LPartG trotz der Stellung im Lebenspartnerschaftsgesetz aufgrund des Vergleichs zum System der entspre-

---

36 Dethloff, ZPR 2004, 195, 199; Gärditz, JZ 2011, 930, 930; Henkel, NJW 2011, 259, 259; Palandt/Brudermüller, § 9 LPartG, Rn. 10.

37 Vgl. Ablehnung des Gesetzesentwurfs der FDP BT-Drucks 15/2477 mit einem gemeinschaftlichen Adoptionsrecht, Plenarprotokoll 15/136, 12491.

38 Dies ist unstrittig der Fall vgl. Palandt/Götz, § 1741 BGB, Rn. 10; Kaiser/Schnitzler/Friederici/Finger, § 1741 BGB, Rn. 21; MüKo/Maurer, § 1741 BGB, Rn. 30; Staudinger/Frank, § 1741 BGB, Rn 49, § 1742 BGB, Rn. 14; Soergel/Liermann § 1742 BGB, Rn. 8.

chenden Regelungen im Bürgerlichen Gesetzbuch auch auf zuvor von einem Partner adoptierte Kinder beziehen.

Um feststellen zu können, ob § 1742 BGB entsprechende Anwendung auf eingetragene Lebenspartner findet, wird das Verhältnis von § 9 Abs. 7 LPartG zu § 1742 BGB im Folgenden näher untersucht. Aus der isoliert betrachteten Stellung von § 9 Abs. 7 LPartG im Lebenspartnerschaftsgesetz kann daher nur weiter von einer ausschließlichen Einbeziehung von leiblichen Kindern in den Geltungsbereich ausgegangen werden.

## 2. Verhältnis zu anderen Normen, insbesondere § 1742 BGB

Durch die Erkenntnisse, die aus der Stellung von § 9 Abs. 7 LPartG im Gesetz gezogen werden konnten, wurde schon herausgestellt, dass insbesondere das Verhältnis von § 9 Abs. 7 LPartG zu § 1742 BGB untersucht werden muss.[39] Denn § 1742 BGB nimmt Ehegatten als Einzige vom Verbot der Kettenannahme aus, wodurch sich die Annahme eines Kindes des Ehegatten bei ihnen auch auf zuvor angenommene Kinder beziehen kann. Würde diese Ausnahme auch auf eingetragene Lebenspartner Anwendung finden, könnte sich auch die Kindesannahme in § 9 Abs. 7 S. 1 LPartG auf zuvor vom Lebenspartner angenommene Kinder beziehen.

Eine solche Anwendbarkeit der Ausnahme vom Verbot der Kettenadoption für eingetragene Lebenspartner könnte sich entweder aus einem Verweis auf § 1742 BGB oder durch einen Geltungs- oder Anwendungsvorrang einer der Normen ergeben.[40]

### *a) Anwendbarkeit der Ausnahme vom Verbot der Kettenadoption durch Verweis*

Würde also von § 9 Abs. 7 S. 2 LPartG auf § 1742 BGB verwiesen, würde die Ausnahme vom Verbot der Kettenadoptionen für Eheleute entsprechende Anwendung auf eingetragene Lebenspartner finden.

Welche Normen des Bürgerlichen Gesetzbuchs auf die Adoption eines Kindes des Lebenspartners unter eingetragenen Lebenspartnern entsprechende Anwendung finden, bestimmt sich nach § 9 Abs. 7 S. 2 LPartG. Demnach findet § 1743 S. 1 BGB entsprechende Anwen-

39 Vgl. mit Anmerkungen zur Ungeklärtheit des Verhältnisses der Normen zueinander v. Dickhuth-Harrach, FPR 2005, 273, 276.

40 Vgl. Schwacke S. 14 ff., 36 f., 96.

dung, welcher das Mindestalter der Annehmenden bei der Stiefkind-adoption regelt. Auch die Regelungen über die Wirkungen der Annahme bei der Stiefkindadoption nach § 1751 Abs. 1, 3 BGB finden entsprechende Anwendung sowie nach § 1755 Abs. 2 BGB und § 1756 Abs. 2 BGB die Regelungen zum Erlöschen und Bestehenbleiben der Verwandtschaftsverhältnisse bei der Adoption eines Kindes des Partners. Ferner findet auch die Regelung über den Namen des Kindes nach § 1757 Abs. 2 S. 1 BGB Anwendung. Als letztes wird auf § 1772 Abs. 1 S. 1 lit. c BGB verwiesen, in welchem die Anwendbarkeit der Wirkungen der Minderjährigenannahme bei der Annahme eines volljährigen Kindes des Partners normiert ist. Auf weitere Regelungen des Bürgerlichen Gesetzbuchs, insbesondere auf § 1742 BGB, wird allerdings nicht verwiesen. Bei einer Gesamtbetrachtung der Verweise von § 9 Abs. 7 S. 2 LPartG auf die Regelungen des Bürgerlichen Gesetzbuchs wird deutlich, dass alle anwendbaren Normen die Annahme eines Kindes des Partners durch den Ehepartner betreffen. Denn im Fall einer solchen Annahme gelten nach den aufgezählten Normen erleichterte Voraussetzungen, da nicht alle Rechtsfolgen eintreten sollen, die bei der Annahme unter Fremden eintreten würden.[41] Obwohl auch in § 1742 BGB die Annahme eines Kindes des einen Ehegatten durch den anderen geregelt wird, wird auf diese Regelung nicht ausdrücklich verwiesen. Dadurch muss vorerst davon ausgegangen werden, dass die Ausnahme vom Verbot der Kettenadoption in § 1742 BGB keine Anwendung auf eingetragene Lebenspartner finden soll.[42]

Es fällt allerdings auf, dass auch nicht auf § 1741 Abs. 1 S. 1 BGB verwiesen wird, in welchem die allgemeinen Zulässigkeitsvoraussetzungen einer Adoption normiert sind. Nach § 1741 Abs. 1 S. 1 BGB ist die Annahme als Kind nämlich nur zulässig, wenn sie dem Wohl des Kindes dient und das Entstehen eines Eltern-Kind-Verhältnisses zwischen dem Annehmenden und dem Kind zu erwarten ist. Aufgrund des Fehlens eines Verweises von § 9 Abs. 7 S. 2 LPartG auf § 1741 Abs. S. 1 BGB stellt sich aber die Frage, ob die Verweisungen abschließend sind. Wären die Verweise von § 9 Abs. 7 S. 2 LPartG auf das Bürgerliche Gesetzbuch abschließend, würde das bedeuten, dass die Annahme eines Kindes des Partners durch einen eingetragenen Lebenspartner weder dem Kindeswohl dienen noch die Entstehung eines Eltern-Kind-Verhältnisses zwischen ihm und dem Kind zu erwarten sein müss-

41 Bruns/Kemper/Kemper, § 9 LPartG, Rn. 25.
42 So auch BVerfG, 1 BvL 1/11 vom 19.2.2013, Rn. 6.

te.[43] Dies kann aber keinesfalls vom Gesetzgeber beabsichtigt oder gewollt sein. Zumindest die allgemeinen Annahmevoraussetzungen des § 1741 BGB müssen auch auf die Adoption in § 9 Abs. 7 LPartG durch einen eingetragenen Lebenspartner Anwendung finden.[44] Folglich kann also nicht von einer grundsätzlich abschließenden Verweisung des § 9 Abs. 7 S. 2 LPartG auf die Normen des Bürgerlichen Gesetzbuchs ausgegangen werden.[45] Welche Auswirkung hat dieses Ergebnis jetzt aber auf die Anwendbarkeit des § 1742 BGB auf eingetragene Lebenspartner? Es könnte die Schlussfolgerung gezogen werden, die Verweisungen seien auch in Bezug auf § 1742 BGB unvollständig und auch die Ausnahme vom Verbot der Kettenadoption würde daher entsprechende Anwendung auf eingetragene Lebenspartner finden.[46] Aus der dargestellten Verweisungstechnik von § 9 Abs. 7 S. 2 LPartG geht allerdings hervor, dass auf alle Vorschriften, die Sonderregelungen der Annahme eines Kindes des Partners betreffen, ausdrücklich verwiesen wird.[47] Hätte die Regelung des § 1742 BGB also entsprechende Anwendung finden sollen, so hätte aufgrund der Verweisungstechnik auch gesondert auf ihre Anwendung verwiesen werden müssen.[48]

Nachdem die direkte entsprechende Anwendung von § 1742 BGB auf eingetragene Lebenspartner nicht festgestellt werden konnte, könnte allerdings eine analoge Anwendung in Betracht kommen.[49] Dafür müsste zum einen eine planwidrige Regelungslücke vorliegen und zum anderen müssten die Interessenlagen vergleichbar sein.[50] Zunächst gilt es daher die Regelungslücke aufzuzeigen. Bei der Systematik der Verweisungen vom Lebenspartnerschaftsgesetz auf das Bürgerliche Gesetzbuch wurde, wie bereits gezeigt, keine Generalverweisung auf das Eherecht vorgenommen.[51] Ferner wurde die eingetragene Lebenspartnerschaft der Ehe auch nicht durch eine Generalklausel gleichgestellt. Auf die Vorschriften des Bürgerlichen Gesetzbuches, welche die Annahme eines Kindes des Ehegatten durch den anderen regeln

43 Grziwotz, FamRZ 2010, 1259, 1260.
44 BT-Drucks 15/3445, 15; Muscheler, Rn. 658; Mit kritischen Anmerkungen Wellenhofer, NJW 2005, 705, 707.
45 v. Dickhuth-Harrach, FPR 2005, 273, 276; Gernhuber/Coester-Waltjen, § 43, Rn. 45; Bruns/Kemper/Kemper, § 9 LPartG, Rn. 25; Staudinger/Voppel, § 9 LPartG, Rn. 71; Wellenhofer, NJW 2005, 705, 707; BT-Drucks 15/3445, 15.
46 Grziwotz, DNotZ 2005, 13, 25, so im Ergebnis wohl auch Milzer, FamFR 2010, 47; Müller, DNotZ 2010, 701, 703.
47 So auch BT-Drucks 15/3445, 15; Staudinger/Voppel, § 9 LPartG, Rn. 71.
48 So auch AG Hamburg, 60 XVI 80/05 vom 16.6.2008 = FamRZ 2009, 355; a.A. Müller, DNotZ 2010, 701, 703.
49 Zur Analogie vgl. Beaucamp/Treder, S. 68 ff.; Wank, S. 85 ff.
50 Schwacke, S. 133.
51 Zum Folgenden vgl. Staudinger/Voppel, Einl. zum LPartG, Rn. 43 f.

und die entsprechende Anwendung finden sollen, wurde gezielt verwiesen, vgl. § 9 Abs. 7 S. 2 LPartG.[52] Diese Systematik spricht eindeutig gegen eine planwidrige Regelungslücke in Bezug auf das Fehlen eines Verweises auf § 1742 BGB.[53] Auch die Begründung einer Regelungslücke aufgrund eines Redaktionsversehens kommt dadurch nicht in Betracht. Eine Analogie muss demnach abgelehnt werden.[54]
Im Ergebnis kann somit Folgendes festgehalten werden. Die Annahme eines Kindes des Partners durch einen Ehepartner nach § 1741 Abs. 2 S. 3 BGB kann sich nur auf zuvor angenommene Kinder beziehen, weil Eheleute vom Verbot der Kettenannahme ausgenommen sind, vgl. § 1742 BGB. Diese Ausnahme vom Verbot der Kettenadoption aus § 1742 BGB findet aber, mangels ausdrücklichen Verweises, keine Anwendung auf eingetragene Lebenspartner.[55] Mangels entsprechender Anwendbarkeit auf eingetragene Lebenspartner und der damit verbundenen gesetzlichen Systematik, kann nicht davon ausgegangen werden, dass sich die Annahme eines Kindes des einen eingetragenen Lebenspartners durch den anderen nach § 9 Abs. 7 S. 1 LPartG auch auf zuvor angenommene Kinder bezieht.[56]

Im Rahmen der hier erfolgten systematischen Auslegung, bei der das Verhältnis von § 9 Abs. 7 LPartG zu § 1742 BGB aufgrund der Verweisungstechnik untersucht wurde, konnte herausgestellt werden, dass sich die Formulierung *„ein Kind"* in § 9 Abs. 7 S. 1 LPartG nicht auf zuvor angenommene Kinder des eingetragenen Lebenspartners bezieht.[57] Bisher ist somit davon auszugehen, dass nur die Stiefkindadoption nicht aber auch die Sukzessivadoption für eingetragene Lebenspartner durch § 9 Abs. 7 LPartG ermöglicht wurde.

---

52 BT-Drucks 15/3445, 15; Staudinger/Voppel, § 9 LPartG, Rn. 71.

53 Das geht auch aus den Beratungen zu § 9 Abs. 7 LPartG hervor, Plenarprotokoll 15/119, 10912; Plenarprotokoll 15/136, 12482; Plenarprotokoll 15/119, 10918; die gemeinsame Elternschaft sollte nicht zugelassen werden, da ansonsten gegen das Europäische Adoptionsübereinkommen vom 24.04.1967 verstoßen worden wäre, hierzu auch OLG Hamburg, FamRZ 2011, 1312, 1312; Hoppe, StAZ 2010, 107, 110.

54 OLG Hamburg, FamRZ 2011, 1312, 1313.

55 OLG Hamm NJW 2010, 2065, 2066; Erman/Kaiser, § 9 LPartG Rn. 19 f.; Gernhuber/Coester-Waltjen, § 43, Rn. 46; Bruns/Kemper/Kemper, § 9 LPartG, Rn. 30; Staudinger/Voppel, § 9 LPartG, Rn. 71; kritisch hierzu Muscheler, FPR 2010, 227, 231 f. und Stüber, FamRZ 2005, 574, 576 f.; mit der Äußerung verfassungsrechtlicher Zweifel MüKo/Maurer, § 1742 BGB, Rn. 2.

56 Bruns/Kemper/Stüber, Einführung, Rn. 61; Müller DNotZ 2010, 698, 699.

57 Die fehlende Verweisung halten hingegen nicht für ausschlaggebend v. Dickhuth-Harrach, FPR 2005, 273, 276; Grziwotz, FamRZ 2010, 1259, 1260; Grziwotz, DNotZ 2005, 13, 25; Gernhuber/Coester-Waltjen, § 68, Rn. 17, die sich in Fn. 27 fragen ob es sich dabei um ein Redaktionsversehen handelt; Milzer, FamFR 2010, 47; Müller/Sieghörtner/Emmerling de Oliveira, Rn. 36 f.

### *b) Anwendbarkeit der Ausnahme vom Verbot der Kettenadoption aufgrund eines Geltungs- oder Anwendungsvorrangs*

Etwas anderes könnte sich jedoch ergeben, würde für § 9 Abs. 7 LPartG oder § 1742 BGB ein Geltungs- oder Anwendungsvorrang bestehen. Dadurch könnte § 1742 BGB grundsätzlich nicht anwendbar sein oder verdrängt werden. Für den Fall, dass mehrere Normen auf denselben Sachverhalt angewendet werden können, ergibt sich die Auflösung eines so entstehenden Normkonflikts anhand verschiedener derogat-Regeln.[58]

Die Unanwendbarkeit einer Norm könnte sich dabei grundsätzlich aus dem Grundsatz „lex posterior derogat legi priori" ergeben. Nach diesem verdrängt das spätere Gesetz das frühere.[59] Die Norm des § 9 Abs. 7 LPartG wurde durch die Änderungen vom 15.12.2004 in das Lebenspartnerschaftsgesetz eingefügt.[60] Die Regelung des § 1742 BGB hingegen besteht bereits seit dem Jahr 1976.[61] Folglich wäre eine Verdrängung des § 1742 BGB durch die jüngere Regelung des § 9 Abs. 7 LPartG denkbar.[62] Auch die Anwendbarkeit des „lex specialis derogat legi generali" Grundsatzes wäre möglich, nach welchem die speziellere Norm die allgemeinere verdrängt.[63] Wäre § 9 Abs. 7 LPartG die speziellere Norm, könnte sie § 1742 BGB somit verdrängen. Im Falle eines Eingreifens einer dieser derogat-Regelungen könnte der fehlende Verweis von § 9 Abs. 7 S. 2 LPartG auf § 1742 BGB also insofern irrelevant sein, als dass § 1742 BGB ohnehin keine Anwendung aufgrund eines Geltungs- oder Anwendungsvorrangs finden würde. Die Konsequenz daraus bestünde dann dementsprechend in einer möglichen Einbeziehung der Sukzessivadoption in § 9 Abs. 7 LPartG.

---

58 Vgl. Schwacke S. 13 ff. der die derogat-Regeln nach denen für ranggleiche und rangungleiche Regelungen unterscheidet. Für die vorgenommene Prüfung ist eine solche Unterscheidung jedoch nicht von Bedeutung, weswegen vorliegen auf eine solche verzichtet wird.

59 Heckmann, S. 159 f., siehe zu dem Stand der Diskussion über die Rechtsnatur dieser Grundsätze Vranes, ZaöRV 2005, 391, 391 ff. Der Grundsatz beruht auf der Vorstellung, dass in einem demokratischen Rechtsstaat das neuere als besseres legitimeres Recht nicht unter dem Vorbehalt erlassen werden darf, dass das *„gute alte Recht"* unberührt bleiben solle, vgl. hierzu Vogel, S. 62. Zur früher vertretenen gegenteiligen Ansicht Kern, S. 15 ff.

60 Einführung von § 9 Abs. 7 LPartG durch das Gesetz zur Überarbeitung des Lebenspartnerschaftsrechts, BT-Drucks 15/3445.

61 § 1742 BGB wurde durch das „Gesetz über die Annahme als Kind und zur Änderung anderer Vorschriften (Adoptionsgesetz)" in seiner heutigen Fassung am 2.7.1976 eingeführt. Vorher war das Verbot der Kettenannahme schon in § 1749 BGB a.F. geregelt, vgl. BT-Drucks 7/3061, 30.

62 Diesen Grundsatz zieht auch Grziwotz, DNotZ 2005, 13, 25 für die Auslegung von § 9 Abs. 7 LPartG in Erwägung.

63 Rüthers, Rn. 771 f.

Voraussetzung für die Verdrängung oder Unanwendbarkeit von § 1742 BGB aufgrund einer der derogat-Regelungen ist somit zunächst das Bestehen eines Normkonfliktes zwischen § 1742 BGB und § 9 Abs. 7 S. 1 LPartG.[64] Ein solcher liegt immer dann vor, wenn Normen für denselben Sachverhalt gegensätzliche Rechtsfolgen anordnen.[65] In § 9 Abs. 7 S. 1 LPartG wird normiert, dass ein eingetragener Lebenspartner das Kind seines Lebenspartners allein annehmen kann. Erfasst wird somit der Sachverhalt der Stiefkindannahme unter eingetragenen Lebenspartnern. Unklar ist bislang, ob auch der Fall der Sukzessivannahme erfasst wird. Im Vergleich dazu regelt § 1742 BGB die Möglichkeit der Annahme eines angenommenen Kindes, solange das Annahmeverhältnis besteht, zu Lebzeiten eines Annehmenden durch dessen Ehegatten. Die eigentliche Stiefkind- bzw. Sukzessivannahme mit fast identischem Wortlaut zu § 9 Abs. 7 S.1 LPartG findet sich allerdings in § 1741 Abs. 2 S. 3 BGB, in dem es heißt, ein Ehegatte könne ein Kind seines Ehegatten allein annehmen. Durch § 1742 BGB wird nur klargestellt, dass es sich bei diesem Kind auch um ein zuvor vom Ehegatten angenommenes handeln kann, indem Ehegatten vom Verbot der Kettenadoption ausgenommen sind. Der von den Normen geregelte Sachverhalt ist also nur insoweit vergleichbar, als dass beide die Annahme eines Kindes des Partners regeln, mit dem der andere Partner in einem auf Dauer angelegten rechtlichen Verhältnis lebt.[66] Allerdings bezieht sich die Regelung des § 9 Abs. 7 LPartG auf gleichgeschlechtliche Partner, nämlich eingetragene Lebenspartner. Die Regelung von § 1472 BGB hingegen nimmt auf verschiedengeschlechtliche Partner, nämlich Ehepartner, Bezug. Entscheidend ist, dass es sich bei § 1742 BGB lediglich um eine Konkretisierung der Regelung des § 1741 Abs. 2 S. 3 BGB handelt. Nur § 1741 Abs. 2 S. 3 BGB regelt eine mit § 9 Abs. 7 S. 1 LPartG vergleichbare Situation. Unterschiedlich sind dabei zusätzlich auch die Personengruppen, auf die sich die Regelungen beziehen. Im Ergebnis regeln § 1742 BGB und § 9 Abs. 7 S. 1 LPartG nicht denselben Sachverhalt, weshalb auch kein Normkonflikt zwischen ihnen bestehen kann.[67] Da kein Normenkonflikt besteht, kommt auch keine der angesprochenen derogat-Regelungen zur Anwendung.

64 Heckmann, S. 159; Rüthers, Rn. 770; Vogel S. 60 ff.

65 Rüthers, Rn. 775.

66 Das trifft sowohl auf die Ehe vgl. Maunz/Dürig/Badura, Lfg. 65 April 2012, Art. 6 GG, Rn. 42 ff., als auch auf die eingetragene Lebenspartnerschaft zu vgl. BVerfGE, 124, 199, 225; VG Stuttgart KommJur 2009, 317, 318.

67 A.A. Grziwotz, FamRZ 2010, 1259, 1260.

Somit ist § 1742 BGB nicht unanwendbar oder wird durch § 9 Abs. 7 S. 1 LPartG verdrängt.[68]

Die Ausnahme vom Verbot der Kettenadoption findet folglich auch nicht aufgrund eines Anwendungs- oder Geltungsvorrangs entsprechende Anwendung auf eingetragene Lebenspartner.

## 3. Ergebnis der systematischen Auslegung

Das Ergebnis der systematischen Auslegung des § 9 Abs. 7 LPartG lässt sich wie folgt zusammenfassen. Zuerst wurde die These aufgestellt, dass in Anlehnung an den Aufbau von § 1741 Abs. 2 S. 3 und § 1742 BGB die Ausnahme vom Verbot der Kettenadoption in § 1742 BGB auf § 9 Abs. 7 S. 1 LPartG entsprechende Anwendung finden müsste, damit sich die Annahme eines Kindes des Partners auch bei eingetragenen Lebenspartnern auf zuvor angenommene Kinder beziehen könnte. Eine anschließend untersuchte entsprechende Anwendbarkeit von § 1742 BGB auf eingetragene Lebenspartner aufgrund eines entsprechenden Verweises lag allerdings nicht vor. Auch eine Analogie schied mangels des Auffindens einer Regelungslücke aus. Somit ließ sich keine entsprechende Anwendbarkeit der Ausnahme vom Verbot der Kettenadoption auf eingetragene Lebenspartner feststellen. Auch die Anwendung der derogat-Regeln, aufgrund derer § 1742 BGB verdrängt oder unanwendbar hätte sein können, führte zu keinem anderen Schluss. Im Rahmen der systematischen Auslegung konnte daher kein Hinweis auf die Anwendung der Ausnahme vom Verbot der Kettenadoption auf eingetragene Lebenspartner gefunden werden.[69] Auch eine gänzliche Unanwendbarkeit oder Verdrängung von § 1742 BGB konnte nicht festgestellt werden.[70]

Diese Erkenntnisse sprechen somit dafür, dass sich die Formulierung *„ein Kind"* in § 9 Abs. 7 S. 1 LPartG aufgrund der Systematik im Vergleich zu den Regelungen im Bürgerlichen Gesetzbuch nur auf leibliche Kinder bezieht. Von der Erfassung der Möglichkeit einer Sukzessivadoption durch diese Norm kann daher auch nicht aufgrund der systematischen Auslegung ausgegangen werden.

---

68 So auch im Ergebnis Frank, ZKJ 2010, 197, 198; a.A. Grziwotz, DNotZ 2005, 13, 25 wobei er zu bedenken gibt, dass dies dem historischen Willen des Gesetzgebers widersprechen würde; Kemper, FF 2005, 88, 94.

69 Dethloff, § 15, Rn. 19; Prütting/Wegen/Weinreich, § 9 LPartG, Rn. 8.

70 A.A. Grziwotz, DNotZ 2005, 13, 25; Grziwotz FamRZ 2010, 1259, 1260.

## *III. Teleologische Auslegung*

Etwas anderes könnte sich aber noch durch die teleologische Auslegung der Norm ergeben, bei welcher nach dem Zweck des Gesetzes gefragt wird.[71] Anhand dieser Auslegung soll herausgearbeitet werden, was der Gesetzgeber mit dem Gesetz an sich und mit seiner speziellen Formulierung erreichen will.[72] Dementsprechend sind im Folgenden die Ziele und Zwecke des Erlasses von § 9 Abs. 7 LPartG zu untersuchen. Dabei sind auch die Ziele und Zwecke, die zu der bestimmten Ausgestaltung der Norm geführt haben, zu berücksichtigen. Auch der typischerweise in der Realität vorkommende Interessengegensatz, der durch § 9 Abs. 7 LPartG geregelt werden soll, ist in diesem Zusammenhang einzubeziehen. Ferner ist auch zu fragen, welche prinzipiellen oder speziellen Wertentscheidungen der Regelung zugrunde liegen.[73]

Die Regelung des § 9 Abs. 7 LPartG wurde durch das „Gesetz zur Überarbeitung des Lebenspartnerschaftsrechts" in das Lebenspartnerschaftsgesetz eingefügt.[74] Dadurch sollte eine Angleichung der Rechte von eingetragenen Lebenspartnern an die von Eheleuten stattfinden, um die künstliche Unterscheidung von Ehe und Lebenspartnerschaft zu beseitigen.[75] Anlass dafür war die Entscheidung des Bundesverfassungsgerichts, welches die Gleichstellung von Ehe und Lebenspartnerschaft als mit dem Grundgesetz vereinbar erachtet hat.[76] Ziel des Gesetzes war es aber auch, die Rechtsstellung des Kindes gegenüber dem Nicht-Elternteil zu verbessern, da in der Regel vom Bestehen einer gemeinsamen Familie ausgegangen werden kann, wenn das Kind mit in der neuen Beziehung lebt.[77] Um untersuchen zu können, welche Auswirkungen dies auf die Auslegung der Formulierung *„ein Kind seines Lebenspartners"* in § 9 Abs. 7 S. 1 LPartG hat, ist die Frage zu beantworten, ob die soeben dargestellten Ziele der Norm nur erreicht werden könnten, wenn es sich um leibliche Kinder eines Lebenspartners

---

71 Beaucamp/Treder, S. 41.

72 Zur Unterscheidung der subjektiven und objektiven Theorie vgl. Kramer, S.113 f.; Schwacke, S. 85 ff.; Zippelius, S. 17 ff. Vorliegend wird anhand einer gemäßigten objektiven Theorie oder auch gemischt subjektiv-objektiven Theorie vorgegangen. Dabei bleibt der Wille des Gesetzgebers beachtlich, daneben werden aber auch Umstände der Zeit der Gesetzesanwendung berücksichtigt. So auch BVerfGE 1, 299, 321; Engisch, S. 72 ff.; Larenz, S. 304; Larenz/Canaris, S. 139 f.

73 Vgl. Schwacke, S. 101.

74 BT-Drucks 15/3445; BR-Drucks 849/04.

75 BT-Drucks 15/3445, 1, 14 f.

76 BVerfGE 105, 313.

77 BT-Drucks 15/3445, 15; vgl. hierzu auch Plenarprotokoll 15/119, 10912, 10915.

handeln würde oder sie auch erreicht werden können, wenn die Kinder zuvor von ihm angenommen wurden.

Eine Angleichung der Rechte von eingetragenen Lebenspartnern und Eheleuten kann dabei grundsätzlich nur erfolgen, wenn für beide Personenkreise die gleichen Normen im gleichen Umfang gelten. Dafür müsste sich die Adoption eines Kindes des Partners auch bei eingetragenen Lebenspartnern auf zuvor angenommene Kinder beziehen, da dies auch bei Eheleuten der Fall ist.

In Bezug auf die Verbesserung der Rechtsstellung des Kindes zum Nicht-Elternteil muss zwischen leiblichen Kindern und Fremdkindern differenziert werden.
Wenn ein leibliches Kind in einer eingetragenen Lebensgemeinschaft aufwächst, besteht in der Regel eine soziale Familie. Durch die Stiefkindadoption kann dann auch eine rechtliche Familie gebildet werden. Ziel der Regelung sollte die Rechtsstellungsverbesserung zu dem Nicht-Elternteil sein. Bei der Stiefkindadoption erlöschen die Verwandtschafts- und Rechtsverhältnisse des Kindes zu seinem abgebenden leiblichen Elternteil und werden zu dem Annehmenden begründet, vgl. § 9 Abs. 7 S. 2 LPartG i.V.m. §§ 1754 Abs. 1, 3, 1755 Abs. 2 BGB. Die Rechtsstellung zum Nicht-Elternteil als Annehmendem verbessert sich also. Gleichzeitig verschlechtert sich aber auch die Rechtsstellung zum abgebenden leiblichen Elternteil. Insgesamt tritt für das Kind also im Ergebnis keine Verbesserung seiner Rechtstellung im Ganzen ein, denn der abgebende leibliche Elternteil wird durch den Lebenspartner ersetzt. Dennoch wird die Rechtstellung zum Nicht Elternteil verbessert.
Auch bei einem Fremdkind besteht eine von ihm und den beiden Lebenspartnern gebildete soziale Familie, wenn es in der Beziehung aufwächst. Bei der sukzessiven Adoption eines Fremdkindes verbessert sich die Rechtstellung des Kindes zum Nichtelterteil, da dann auch dieser die rechtliche Verantwortung trägt, vgl. § 9 Abs. 7 S. 2 LPartG i.V.m. §§ 1754 Abs. 1, 3, 1755 Abs. 2 BGB. Es tritt aber auch insgesamt eine Verbesserung der Rechtsstellung des Kindes ein. Denn seine Verwandtschaftsverhältnisse zu seinen leiblichen Eltern sind durch die erste Annahme schon erloschen, vgl. § 1755 Abs. 1 BGB, weswegen nur eine Rechtsbeziehung zu dem Erstannehmenden besteht. Erst durch die Zweitannahme bekommt es dann wieder zwei rechtlich verantwortliche Elternteile.

Im Ergebnis verbessert sich die Rechtsstellung zum Nicht-Elternteil sowohl für ein leibliches, als auch für ein Fremdkind. Die Rechtsstellung insgesamt verbessert sich allerdings nur für ein Fremdkind. Dieses gewinnt durch die Adoption einen Elternteil hinzu, währenddessen sich für ein leibliches Kind nur die Person des rechtlich Verantwortlichen ändert. Ob aber insgesamt eine Verbesserung der Rechtsstellung von der Norm bezweckt wird, muss bezweifelt werden.[78]

Die bisherigen Erkenntnisse lassen sich wie folgt zusammenfassen. Gesetzgeberisches Ziel von § 9 Abs. 7 LPartG war die Angleichung der Rechte von eingetragenen Lebenspartnern an die von Ehegatten, um die künstlichen Unterschiede zwischen beiden Gruppen abzubauen. Um dies zu erreichen, müsste sich die Adoption eines Kindes des Partners für eingetragene Lebenspartner wie für Eheleute auch auf leibliche und zuvor angenommene Kinder beziehen. In Bezug auf eine Rechtsstellungsverbesserung zum Nicht-Elternteil lässt sich eine solche sowohl für leibliche Kinder wie auch für Fremdkinder feststellen.

Des Weiteren stellt sich aber auch noch die Frage, welcher Interessengegensatz durch § 9 Abs. 7 LPartG geregelt werden soll, welche Wertentscheidungen der Norm zugrunde liegen und wie sich dies auf die Frage auswirkt, ob nur leibliche oder auch zuvor angenommene Kinder von der Regelung erfasst sein sollen.
Die Regelung des § 9 Abs. 7 LPartG war die meistumstrittenste Norm des Gesetzesentwurfs.[79] Aus den Diskussionen zu der Norm kann dementsprechend der Interessengegensatz, der durch sie geregelt werden sollte, hergeleitet werden. Auf der einen Seite war das Ziel des Gesetzentwurfs die Angleichung der Rechte der eingetragenen Lebenspartnerschaft an die Rechte der Ehe.[80] Dementsprechend wurde auch für eine Einführung einer Annahmemöglich-

78 Vgl. den Wortlaut in BT-Drucks 15/3445, 15, wo es heißt: „Durch die Stiefkindadoption wird die Rechtstellung des Kindes gegenüber dem Nichtelternteil erheblich verbessert." Es ist nicht die Rede von einer Verbesserung der Rechtstellung im Ganzen. Genauso wenig wie die Rechtsstellung des Kindes durch die *Sukzessiv*adoption verbessert werden sollte.

79 v. Dickhuth-Harrach, FPR 2005, 273, 276; sowie die hitzigen Diskussionen dazu während des Gesetzgebungsverfahrens Plenarprotokoll 15/119, 10912-10921; Plenarprotokoll 15/136, 12482-12491. Die Uneinigkeit bei der Stiefkindadoption geht auch aus Artikeln der Wochenzeitungen hervor, dazu Spiegelonline Karin Geil, Von Kindeswohl und schwuler Alterssicherung, am 09.07.2004 abrufbar unter http://www.spiegel.de/politik/deutschland/0,1518,307906,00.html (letzter Aufruf am 1.4.2013) oder auch Zeitonline Susanne Gaschke, Kinderwünsche, 09.06.2004 abrufbar unter http://www.zeit.de/2004/25/01__leit_2_25/seite-1 (letzter Aufruf am 1.4.2013).

80 BT-Drucks 15/3445, 1.

keit für eingetragene Lebenspartner plädiert.[81] Diese Möglichkeit wurde durch die Ergänzung von § 9 Abs. 6 LPartG verwirklicht, nach dem ein eingetragener Lebenspartner ein Kind einzeln annehmen kann. Bei § 9 Abs. 7 LPartG musste aber auf der anderen Seite auch berücksichtigt werden, dass eine gemeinsame Elternschaft eines gleichgeschlechtlichen Paares in der Gesellschaft nicht durchgängig akzeptiert wurde bzw. auch weiterhin noch nicht wird.[82] Bei der Schaffung der Möglichkeit einer gemeinsamen Elternschaft musste also auch der scheinbar noch nicht vollständig eingetretene gesellschaftliche Wandel berücksichtigt werden. Ferner musste auch das von Deutschland ratifizierte und 1968 in Kraft getretene Europäische Übereinkommen über die Adoption von Kindern (EuAdÜbEink) beachtet werden.[83] In dem heißt es in Art. 6 EuAdÜbEink 1967, die gemeinschaftliche Adoption sei nur für verheiratete Personen zugelassen.[84] Eine solche führt grundsätzlich zu einer gemeinsamen rechtlichen Elternschaft der Annehmenden für das Kind, vgl. § 1754 Abs. 1, 3 BGB. Aufgrund dieser Formulierung wurden eine zeitgleiche gemeinsame Annahme sowie auch die sukzessive Annahme eines Fremdkindes abgelehnt.[85] Denn beide würden zu einer gemeinsamen rechtlichen Elternschaft von eingetragenen Lebenspartnern für ein Fremdkind führen. Diese ist aber Ehepaaren durch die gemeinschaftliche Adoption vorbehalten. Demzufolge musste durch § 9 Abs. 7 LPartG der Interessengegensatz zwischen dem Wunsch einer gemeinsamen rechtlichen Elternschaft für eingetragene Lebenspartner und einem noch nicht vollständig eingetretenen gesellschaftlichen Wandel sowie der Bindung an das Europäische Übereinkommen über die Adoption von Kindern geregelt werden. Dem konnte nur Rechnung getragen werden, indem sich die Adoption eines Kindes des Partners nur auf leibliche Kinder des Lebenspartners bezieht.[86]

---

81 Dementsprechend der Gesetzesentwurf mir Zulassung zur Stiefkindadoption BT-Drucks 15/3445, 1 ff. und auch der Gesetzentwurf BT-Drucks 15/2477, 1 ff. 17, der ein gemeinschaftliches Adoptionsrecht für eingetragene Lebenspartner vorsah. Dieser wurde auf Empfehlung des Rechtsausschusses, vgl. BT-Drucks 15/4052, 2 f., abgelehnt vgl. Plenarprotokoll 15/136, 12491.

82 Siehe zum Beleg dieser Aussage nur die Aussagen Abgeordneter im Plenarprotokoll 15/136, 12483, 12484, 12487.

83 So auch Brigitte Zypries, Plenarprotokoll 15/136, 12483.

84 Gesetz vom 25.8.1980 zu dem Übereinkommen vom 24.4.1967, BGBl II, 1980, S. 1093. Bei der Formulierung von *„two persons married to each other"* in Art. 6 EuAdÜbEink merkt Hoppe, StAZ 2010, 107, 110 zwar an, dass darunter aufgrund der veränderten Gesellschaftssituation im 21. Jahrhundert auch eingetragene Lebenspartner zu fassen sein könnten, lehnt dies allerdings im Ergebnis selber ab. So auch Pätzold, S. 182 f.

85 Plenarprotokoll 15/136, 12483, 12491.

86 Plenarprotokoll 15/119, 10912, 10918; Plenarprotokoll 15/136, 12484.

Als Ergebnis der teleologischen Auslegung lässt sich somit festhalten, dass das Ziel des Gesetzes, die Angleichung der Rechte von eingetragenen Lebenspartnern an die von Ehegatten, nur vollständig erreicht werden kann, wenn sich die Adoption in § 9 Abs.7 S. 1 LPartG auf leibliche und zuvor angenommene Kinder bezieht. Auch das weitere Ziel der Rechtsstellungsverbesserung zum Nicht-Elternteil könnte ebenfalls nur erreicht werden, wenn sich die Regelung auf leibliche wie auch zuvor angenommene Kinder beziehen würde. Der bei der Norm entstehende Interessengegensatz kann allerdings nur aufgelöst werden, wenn sich die Regelung nur auf leibliche Kinder des Lebenspartners bezieht. Ansonsten würden weder die Verpflichtungen aus internationalen Abkommen noch ein zu dem Zeitpunkt noch nicht abgeschlossener gesellschaftlicher Wandel berücksichtigt werden. Vor diesem Hintergrund muss bei der teleologischen Auslegung von § 9 Abs. 7 LPartG davon ausgegangen werden, dass sich die Norm nur auf leibliche Kinder des Lebenspartners bezieht, wenn von *„ein(em) Kind seines Lebenspartners"* die Rede ist.

## *IV. Historische Auslegung*

Fraglich ist, welcher Normanwendungsbereich sich aus der historischen Auslegung ergibt, bei welcher der Willen des Gesetzgebers anhand von Gesetzesmaterialen ermittelt wird.[87] Bei dieser Auslegung von Normbegriffen sind diese so zu deuten, dass Vorstellungen, Ziele und Wertungen, die der Gesetzgeber mit ihnen verbunden hat, verwirklicht werden.[88] Es gilt somit zu untersuchen, welche Zwecke, Vorstellungen und Wertungen der Gesetzgeber mit der Formulierung *„ein Kind seines Lebenspartners"* in § 9 Abs. 7 S. 1 LPartG verbunden hat.

Der Zweck der Regelung wurde schon im Rahmen der teleologischen Auslegung als die Angleichung der Rechte von eingetragenen Lebenspartnern an die von Eheleuten benannt. Auch das Schaffen von Rechtssicherheit für leibliche Kinder wurde schon als Wertung von § 9 Abs. 7 S. 1 LPartG herausgearbeitet.[89]

Weitere Aufschlüsse über den Willen des Gesetzgebers können anhand des Willens der am Gesetzesbeschluss beteiligten Personen hergeleitet werden.[90] Der Wille dieser am Gesetzesbeschluss Beteiligten ergibt sich aus gesetzgeberischen Impulsen, Gesetzesentwürfen, Berich-

87 Zum Willen des Gesetzgebers als Auslegungskriterium Zippelius, S. 41 ff.

88 Engisch S. 133 ff.; Kramer, S. 104 ff.; Schwacke, S. 97.

89 Wobei diese Rechtssicherheit nur geschaffen werden muss, wenn nicht ohnehin zwei rechtliche Elternteile existieren vgl. BT-Drucks 15/3445, 15, das gilt sowohl für die Stiefkindadoption bei Ehepaaren, wie auch bei eingetragenen Lebenspartnern.

90 Zippelius, S. 17.

ten über Debatten und Ausschussprotokollen sowie Gesetzesänderungsbegründungen.[91] Wie schon erörtert, wurde § 9 Abs. 7 LPartG durch den Entwurf eines „Gesetzes zur Überarbeitung des Lebenspartnerschaftsrechts“ in das Lebenspartnerschaftsgesetz eingebracht.[92] Aus der ersten Beratung dazu geht hervor, dass von der Regelung nur leibliche Kinder erfasst werden sollen.[93] Auch in der zweiten Beratung zu diesem Gesetzesentwurf wurde darauf erneut hingewiesen.[94] Grundsätzlich wurde bei den Beratungen zwischen einer Fremdkind- und einer Stiefkindadoption unterschieden.[95] Ferner wurde auch eine gemeinschaftliche Annahmemöglichkeit von Fremdkindern für eingetragene Lebenspartner abgelehnt.[96] Der Gesetzesentwurf wurde ohne Änderungen von § 9 Abs. 7 LPartG vom Bundesrat am 26.11.2004 angenommen.[97] Aufgrund dieser Informationen kann es sich daher nach teleologischer Auslegung bei der Formulierung *„ein Kind seines Lebenspartners“* in § 9 Abs. 7 S. 1 LPartG nur um leibliche Kinder eines eingetragenen Lebenspartners handeln.[98]

## *V. Ergebnis der Auslegung*

Nachdem die Formulierung *„ein Kind seines Lebenspartners“* in § 9 Abs. 7 S. 1 LPartG im Vorangegangen ausgelegt wurde, lassen sich folgende Erkenntnisse festhalten.

Im Rahmen der grammatikalischen Auslegung konnte nicht eindeutig festgestellt werden, ob von der Norm nur leibliche oder auch zuvor vom Partner angenommene Kinder erfasst werden sollen.

Bei der systematischen Auslegung wurde die Stellung der Norm im Gesetz und das Verhältnis zu anderen Normen, insbesondere zu § 1742 BGB untersucht. Wegen der Stellung der Norm im Gesetz musste von der Begrenzung des Geltungsbereichs auf leibliche Kinder eines eingetragenen Lebenspartners ausgegangen werden. Dies lag in dem Umstand begründet, dass im Lebenspartnerschaftsgesetz im Gegensatz zum Bürgerlichen Gesetzbuch keine gemeinschaft-

91 Schwacke, S. 98.

92 BT-Drucks 15/3445.

93 Siehe hierzu Plenarprotokoll 15/119, 10912, in welchem Brigitte Zypries klarstellt, dass die sog. Stiefkindadoption es ermöglichen soll, in einer Partnerschaft das leibliche Kind des Lebenspartners zu adoptieren; so auch Olaf Scholz Plenarprotokoll 15/119, 10918.

94 Plenarprotokoll 15/136, 12482.

95 Rechtsausschussprotokoll Nr. 59, 14. Wahlperiode, 65. Auf das Ergebnis dieses Protokolls wird wegen des Ergebnisses der Beratungen des Rechtsausschusses zu BT-Drucks 15/3445 verwiesen.

96 BT-Drucks 15/2477 wurde aufgrund der Beschlussempfehlung und Berichts des Rechtsausschusses abgelehnt, BT-Drucks 15/4052, 27 f.

97 BR-Drucks 849/04.

98 Dies bestätigen auch die Ausführungen des Bundesverfassungsgerichts in BVerfG, BvL 1/11 vom 19.2.2013, Rn. 6.

liche Annahme eines Fremdkindes als Regelfall normiert wurde. Diese Wertung würde umgangen, könnte auf Umwegen über eine Sukzessivadoption doch eine gemeinsame rechtliche Elternschaft durch Kindesannahme für eingetragene Lebenspartner herbeigeführt werden. Ferner wurde insbesondere das Verhältnis von § 9 Abs. 7 S 1 LPartG zu § 1742 BGB untersucht, da dieser durch die Ausnahme vom Verbot der Kettenadoption für Eheleute klarstellt, dass sich § 1741 Abs. 2 S. 3 BGB auch auf zuvor angenommene Kinder eines Ehegatten bezieht. Weder aus einem Verweis, noch einer Verdrängung oder Unanwendbarkeit von § 1742 BGB gegenüber § 9 Abs. 7 LPartG ergab sich das Erfordernis die Ausnahme auf eingetragene Lebenspartner anzuwenden. Dementsprechend konnte sich § 9 Abs. 7 LPartG nach der systematischen Auslegung nur auf leibliche Kinder eines eingetragenen Lebenspartners beziehen.
Im Rahmen der teleologischen Auslegung wurden die Ziele und der Zweck des Gesetzes bestimmt. Diese bestanden vor allem in der Rechtsstellungsverbesserung von Kindern gegenüber dem Nicht-Elternteil, da von einer bestehenden Familie ausgegangen wird, wenn das Kind mit in der eingetragenen Lebenspartnerschaft lebt. Wie festgestellt wurde, konnte dieses Ziel sowohl bei der Stiefkindannahme eines leiblichen Kindes wie auch bei der Sukzessivannahme eines Fremdkindes erreicht werden. Auch die Angleichung der Rechte von eingetragenen Lebenspartnern an die von Eheleuten konnte nur erreicht werden, wenn sich die Stiefkindadoption wie bei Ehegatten auch auf zuvor angenommene Kinder bezieht. Vor dem Hintergrund des von der Norm zu regelnden Interessengegensatzes konnte dann aber festgestellt werden, dass dieser nur aufgelöst werden kann, wenn sich die Norm ausschließlich auf leibliche Kinder bezieht. Ansonsten wäre dem Interesse an einem vorherigen vollständigen gesellschaftlichen Wertewandel wie auch an der Einhaltung internationaler Abkommen im Gegensatz zu dem Interesse an einer gemeinsamen rechtlichen Elternschaft für eingetragene Lebenspartner keine Rechnung getragen worden. Somit bezieht sich nach der teleologischen Auslegung die Formulierung des § 9 Abs. 7 S. 1 LPartG nur auf leibliche Kinder eines Lebenspartners.
Auch bei der abschließend vorgenommenen historischen Auslegung zeigte sich deutlich, dass nach dem Willen des Gesetzgebers nur leibliche Kinder von § 9 Abs. 7 LPartG erfasst sein sollen.

Bei einer zusammenfassenden Betrachtung dieser Auslegungsergebnisse ergab sich nur bei der grammatikalischen Auslegung ein uneindeutiges Ergebnis, weswegen sich die Regelung des § 9 Abs. 7 LPartG demnach auf leibliche und zuvor angenommene Kinder beziehen kann. Bei der systematischen, teleologischen und historischen Auslegung konnte hingegen ein ausschließlicher Geltungsbereich von § 9 Abs. 7 LPartG für leibliche Kinder festgestellt werden. Demnach gelangen die Auslegungsmethoden zu unterschiedlichen Ergebnissen. Um entscheiden zu können, zu welchem Endergebnis die Auslegung führt, ist es daher erforderlich, das Verhältnis der einzelnen Auslegungskriterien zueinander näher zu bestimmen.[99] Auch wenn es dabei keine feste Rangfolge oder Gewichtung der einzelnen Kriterien gibt,[100] bildet der Wortlaut sowohl den Ausgangspunkt als auch die Auslegungsgrenze.[101] Das hilft im vorliegenden Fall jedoch nicht weiter, da sich nach dem Wortlaut der Geltungsbereich von § 9 Abs. 7 LPartG sowohl auf leibliche Kinder als auch auf Fremdkinder beziehen könnte. Im Umkehrschluss führt diese Regel allerdings dazu, dass das Ergebnis der grammatikalischen Auslegung nicht ausschlaggebend ist. Denn diese Grenze darf beim Finden eines Auslegungsergebnisses zwar nicht überschritten, dafür aber unterschritten werden, weswegen sich die Regelung bei einer Gesamtbetrachtung der einzelnen Auslegungsergebnisse möglicherweise auch nur auf leibliche Kinder beziehen kann. Nachdem das Ergebnis der Wortlautauslegung vorliegend also nicht ausschlaggebend ist, ist das Ergebnis der systematischen Auslegung heranzuziehen.[102] Bei dieser wurde eine ausschließliche Einbeziehung von leiblichen Kindern eines eingetragenen Lebenspartners festgestellt. Da das System des Gesetzgebers allerdings nicht immer in allen Regelungen stringent ist, ist das Ergebnis dieser Auslegung zwar bedeutend, darf aber nicht überschätzt werden.[103] Vorläufig stellt es sich also so dar, als ob sich die Regelung nur auf leibliche Kinder beziehen würde. Auch die teleologische und die historische Auslegung führen zu demselben Ergebnis. Da sich die Auslegung ebenso wenig über einen eindeutigen Willen des Gesetzgebers, wie über einen eindeutigen Wortlaut hinwegsetzen darf,[104] kann sich die Norm nur auf leibliche Kinder beziehen.

99 Vgl. zum Verhältnis der Auslegungskriterien zueinander Engisch, S. 146 ff.; Larenz, S. 328 ff.; Larenz/Canaris, S 163 ff. Schwacke, S. 107 f.; Zippelius, S. 50 f.

100 Engisch, S, 146; v. Savigny, S. 215.

101 Larenz, S. 329; Larenz/Canaris, S. 163 f.; zur Theorie der Wortlautgrenze vgl. die Ausführungen von Klatt, S. 19 ff.

102 So auch Engisch, S. 147, für den die anderen Auslegungsmethoden nur zum Zuge kommen, wenn sich aus dem Wortlaut kein eindeutiges Ergebnis ableiten lässt.

103 Larenz, S. 329; Larenz/Canaris, S. 164.

104 Schwacke, S. 98; Zippelius, S. 42.

Bei einer Gesamtbeurteilung der vier Auslegungskriterien kann sich § 9 Abs. 7 LPartG de lege lata nur auf leibliche Kinder eines Lebenspartners beziehen.[105] Die Norm erfasst daher nur Stiefkindadoptionen. Sukzessivadoptionen werden durch die Norm nicht ermöglicht.

## *B. Möglichkeit einer Erweiterung von § 9 Abs. 7 LPartG auf zuvor angenommene Kinder*

Wie sich bei der Untersuchung des Geltungsbereichs von § 9 Abs. 7 LPartG gezeigt hat, bezieht sich die Regelung de lege lata lediglich auf leibliche Kinder des eingetragenen Lebenspartners und umfasst somit nur die Stiefkindadoption.[106] Dementsprechend stellt sich nun die Frage, ob und wenn ja, wie der Geltungsbereich des § 9 Abs. 7 LPartG für eingetragene Lebenspartner de lege ferenda auf zuvor angenommene Kinder erweitert werden könnte um auch die Sukzessivadoption für diese zu ermöglichen.

Ausgehend von der Annahme eines Kindes des Partners bei Eheleuten, ist die Annahme eines zuvor angenommenen Kindes nach § 1741 Abs. 2 S. 3 BGB möglich, weil sie vom Verbot der Kettenannahme in § 1742 BGB ausgenommen ist. Um den Geltungsbereich von § 9 Abs. 7 LPartG auf zuvor angenommene Kinder erweitern zu können, müsste demzufolge diese Ausnahme vom Verbot der Kettenannahme auch für eingetragene Lebenspartner gelten. Dazu wäre eine Erweiterung der Ausnahme vom Verbot der Kettenadoption in § 1742 BGB de lege ferenda auf eingetragene Lebenspartner erforderlich, ohne jedoch den Regelungszweck der Norm auszuhöhlen. Zusätzlich müsste auch eine Sukzessivadoption die allgemeinen Annahmevorrausetzungen des § 1741 BGB erfüllen, weshalb die Annahme dem Wohl des Kindes dienen und die Entstehung eines Eltern-Kind-Verhältnis zwischen dem Kind und dem Annehmenden zu erwarten sein müsste.

Dementsprechend ist im Folgenden zu untersuchen, ob § 9 Abs. 7 LPartG de lege ferenda auf angenommene Kinder erweitert werden könnte. Dazu wird geprüft, ob eine Erweiterung der

---

105 So auch BVerfG, 1 BvL 1/11 vom 19.2.2013, Rn. 3, 6; OLG Hamburg, FamRZ 2011, 1312, 1312; OLG Hamm NJW 2010, 2065; AG Hamburg, 60 XVI 80/050 vom 16.6.2008-=FamRZ 2009, 355; Dethloff, § 15, Rn. 19; Dethloff, FPR 2010, 208, 209; Frank, ZKJ 2010, 197, 198; Heilmann, FPR 2005, 193, 194; Henkel, NJW 2011, 259, 259; Bruns/Kemper/Kemper, § 9 LPartG, Rn. 30; Kaiser, StAZ 2006, 65, 68; Kaiser/Schnitzler/Friederici/Finger, § 9 LPartG, Rn. 22; MüKo/Wacke, § 9 LPartG, Rn. 9; Prütting/Wegen/Weinreich/Friederici, § 1741 BGB, Rn. 3; Schlüter, S. 329; Staudinger/Voppel, § 9 LPartG, Rn. 70; Weinreich/Klein, § 9 LPartG, Rn. 12; A.A. Grziwotz, DNotZ 2005, 13, 25; Grziwotz, FamRZ 2010, 1259; dies im Ergebnis offen lassend v. Dickhuth-Harrach, FPR 2005, 273, 276.

106 Siehe hierzu die Ausführungen unter Kapitel 1:A.

Ausnahme in § 1742 BGB überhaupt möglich wäre und ob die allgemeinen Adoptionsvoraussetzungen erfüllt werden würden.

## *I. Möglichkeit der Erweiterung der Ausnahme vom Verbot der Kettenadoption in § 1742 BGB auf eingetragene Lebenspartner*

Wie bereits erläutert wurde, wird durch die Ausnahme von Eheleuten bei dem Verbot der Kettenannahme in § 1742 BGB klargestellt, dass sich die Annahme eines Kindes des Partners bei Eheleuten aus § 1741 Abs. 2 S. 3 BGB auch auf zuvor angenommene Kinder beziehen kann. Wären auch eingetragene Lebenspartner vom Verbot der Kettenannahme ausgenommen, so könnte § 9 Abs. 7 LPartG auch für sie auf zuvor angenommene Kinder erweitert werden. Fraglich ist somit, ob eine solche Erweiterung der Ausnahme vom Verbot der Kettenadoption in § 1742 BGB möglich wäre. Dazu ist es erforderlich, zunächst die Gründe für das grundsätzlich geltende Verbot der Kettenannahme sowie die Gründe für die Ausnahme von Eheleuten hiervon zu untersuchen. Anschließend kann dann erörtert werden, ob die Gründe für die Ausnahme der Eheleute vom Verbot der Kettenannahme auf eingetragene Lebenspartner übertragbar sind. Um die Erweiterung der Ausnahme vom Verbot der Kettenadoption auf eingetragene Lebenspartner abschließend beurteilen zu können, wird dann noch ein grundlegender Vergleich zwischen Eheleuten und eingetragenen Lebenspartnern angestellt.

### 1. Zweck des Verbots der Kettenannahme und Gründe für die Ausnahme von Eheleuten

Um das Verbot der Kettenannahme aus § 1742 BGB untersuchen zu können, erfolgt zunächst eine kurze systematische Einordnung dieser Regelung in die Adoptionsvorschriften für Eheleute. Ausgehend von § 1741 Abs. 2 S. 2 BGB kann ein Ehepaar ein Kind nur gemeinschaftlich annehmen. Diese gemeinschaftliche Annahme eines Fremdkindes stellt für Eheleute nach der gesetzgeberischen Wertung folglich den Regelfall dar.[107] Eine Einzelannahme durch nur

107 OLG Hamm, FamRZ 2003, 1039; OLG Hamm, FamRZ 2000, 257; BT-Drucks 7/3061, 30; RGRK/Dickescheid, § 1741 BGB, Rn. 18; Gernhuber/Coester-Waltjen, § 68, Rn. 16; Kaiser/Schnitzler/Friederici/Finger, § 1741 BGB; Rn. 20; Palandt/Götz, § 1741 BGB, Rn. 10; Staudinger/Engler, 10./11. Auflage, § 1749 BGB, Rn. 1 ff.; Staudinger/Frank, § 1741 BGB, Rn. 36.

einen der Ehegatten ist, da es sich dabei um eine Ausnahme handelt, nur unter bestimmten Voraussetzungen möglich.[108] Nach § 1741 Abs. 2 S. 4 BGB kommt eine solche nur in Betracht, wenn der eine Ehegatte zum Zeitpunkt der Annahme noch nicht das 21. Lebensjahr vollendet hat oder zu diesem Zeitpunkt geschäftsunfähig war und somit für ihn zum Zeitpunkt der Annahme ein Adoptionshindernis bestand.[109] Fallen die Voraussetzungen für die Einzelannahme später weg, soll auch die Annahme durch den zweiten Ehegatten möglich sein. Um eine solche Zweitannahme nach Wegfall des Annahmehindernisses oder späterer Eheschließung[110] zu ermöglichen, wurden Ehegatten vom Verbot der Kettenannahme in § 1742 BGB ausgenommen. Grundsätzlich wird durch die Regelung des § 1742 BGB jedoch eine zweite Annahme, solange das Annahmeverhältnis besteht, bei Lebzeiten des Annehmenden ausgeschlossen, sog. Kettenannahme.[111]
Was der Grund für das allgemeine Verbot von Kettenadoptionen ist und warum Eheleute davon ausgenommen sind, wird im Folgenden untersucht.

### *a) Grund des Verbots der Kettenannahme*

Das Verbot der Kettenannahme lässt sich historisch betrachtet folgendermaßen begründen.[112] Vor der Reform des Adoptionsrechts von 1976 sah das Gesetz bei einer Adoption nicht die vollständige Lösung des Kindes aus seinen natürlichen Verwandtschaftsverhältnissen vor.[113] Neben dem Annahmeverhältnis blieb nach § 1764 BGB a.F. das Rechtsverhältnis zwischen dem Kind und seinen leiblichen Eltern weiterhin grundsätzlich bestehen. Das Kind war dadurch rechtlich in zwei Familien eingegliedert.[114] Eine Zweitadoption hätte deshalb zu unnötig komplizierten familienrechtlichen Beziehungen zwischen dem Kind, seinen leiblichen Eltern und Verwandten und den zwei Adoptivfamilien geführt.[115] Das Kind wäre dann rechtlich in drei Familien einzuordnen gewesen. Mit dem Übergang zur Volladoption durch das „Gesetz über die Annahme als Kind und zur Änderung anderer Vorschriften (AdoptG)“ von

108 Die Möglichkeit ein Kind durch mehrfache aufeinander folgende Einzeladoptionen gemeinsam anzunehmen besteht grundsätzlich also nicht. Vgl. Dethloff, § 15, Rn. 16.
109 Rauscher, Rn. 1151.
110 Schwab, Rn. 780.
111 Palandt/Götz, § 1742 BGB, Rn. 1.
112 Das Verbot der Kettenadoption war vor der Reform des Adoptionsrechts von 1976 in § 1749 Abs. 2 BGB a.F. normiert. Vgl. Staudinger/Engler, 10./11. Auflage, § 1749 BGB, Rn. 1 ff.
113 Staudinger/Engler, 10./11. Auflage, §§ 1763,1764 BGB.
114 Staudinger/Frank, § 1742 BGB, Rn. 2 f.
115 Gernhuber/Coester-Waltjen, § 68, Rn. 42 f.; dies diskutierend Beitzke, StAZ 1955, 3, 5.

1976[116] ist dieses Argument hingegen gegenstandslos geworden.[117] Denn nunmehr löst jede Adoption das Kind vollständig aus seiner bisherigen Familie, vgl. § 1755 BGB. Dadurch wird verhindert, dass ein Kind mehreren Familien angehören kann.[118]

Nach geltender Gesetzeslage wird das Verbot der Kettenadoption unter anderem mit den Problemen, die im Hinblick auf die Wirkung einer Zweitannahme entstehen können begründet. Denkbar wäre, dass eine Zweitannahme folgende Wirkungen entfalten könnte. Zum einen könnte die erste Annahme durch die zweite unberührt bleiben. Dadurch würden aber sich widersprechende Elternrechte entstehen.[119] Ferner wäre eine solche Lösung nicht mit § 1755 BGB zu vereinbaren, nach welchem die Verwandtschaftsverhältnisse zu den bisherigen Verwandten mit der Annahme erlöschen. Zum anderen könnte die zweite Annahme die erste ablösen. Problematisch daran wäre allerdings, dass das Kind so von Familie zu Familie „weitergereicht“ werden könnte.[120] Ein solcher Vorgang wäre jedoch nur schwer mit dem Wohl des Kindes vereinbar.[121] Denn im Vordergrund des Adoptionsrechts steht der Fürsorgegedanke für elternlose oder verlassene Kinder,[122] denen die Möglichkeit gegeben werden soll in einem intakten Elternhaus aufzuwachsen. Dadurch sollen sich vor allem ihre Entwicklungsmöglichkeiten verbessern.[123] Eine Adoption erfüllt daher eine wichtige soziale Funktion.[124] Das Schaffen von stabilen Familienverhältnissen wäre aber aufgrund eines möglichen „Weiterreichens“ für ein Kind nicht mehr gewährleistet.

Dessen ungeachtet, wird das Verbot der Kettenadoption aber nicht nur mit dem Entstehen von Problemen bei der Wirkung einer Zweitannahme begründet, sondern auch mit einer Überschreitung der Einwilligung in die Annahme.[125] Denn nach § 1747 Abs. 1 S. 1 BGB ist zur Annahme eines Kindes grundsätzlich die Einwilligung der Eltern erforderlich. Wird diese erteilt und liegen auch die übrigen Annahmevoraussetzungen vor, erlöschen durch die An-

---

116 BT-Drucks 7/3061; BT-Drucks 7/5087; AdoptG vom 02.07.1976 BGBl I, 1976, S. 1749 ff.
117 Staudinger/Frank, § 1742 BGB, Rn. 3.
118 Siehe hierzu auch die Gesetzesbegründung BT-Drucks 7/3061, 19 f.
119 MüKo/Maurer, § 1742 BGB, Rn. 1. So auch BVerfG, 1 BvL 1/11 vom 19.2.2013, Rn. 76.
120 BT-Drucks 7/3061, 30; Muscheler, Familienrecht, § 41, Rn. 712; Schulz/Hauß/Kemper, § 1742 BGB, Rn. 1. So auch BVerfG, 1 BvL 1/11 vom 19.2.2013, Rn. 77.
121 So auch schon Staudinger/Engler, 10./11. Auflage, § 1749 BGB, Rn. 16.
122 Tschernitschek/Saar, Familienrecht, Rn. 622.
123 Bamberger/Roth/Enders, § 1741 BGB, Rn. 1; MüKo/Maurer, Vor § 1741 BGB, Rn. 6.
124 Im Gegensatz dazu, dass die Adoption früher kinderlosen Erwachsen dazu diente den Fortbestand ihres Namens und die Erhaltung ihres Vermögens zu sichern vgl. BT-Drucks 7/5087, 1.; zur historischen Entwicklung Pätzold, S. 33 ff.; Paulitz/Paulitz, S. 1 ff.
125 MüKo/Maurer, § 1742 BGB, Rn. 1; Staudinger/Frank, § 1742 BGB, Rn. 7, 14.

nahme die Verwandtschaftsverhältnisse des Kindes zu den leiblichen Eltern, vgl. § 1755 BGB.[126] Aufgrund der dann erloschenen Verwandtschaftsverhältnisse zu den leiblichen Eltern kann es aber keiner weiteren Einwilligung von diesen in eine zweite Annahme bedürfen.[127] Die Entbehrlichkeit dieser Einwilligung war vor der Reform des Adoptionsrechts von 1976 noch ausdrücklich in § 1749 Abs. 2 S. 2 BGB a. F. normiert. Der Regelung lag die Überlegung zugrunde, dass durch eine erneute Einwilligung Unruhe in das Adoptionsverhältnis gebracht werden könnte und die leiblichen Eltern erneut in seelischen Widerstreit geraten könnten.[128] Dies sollte durch die Entbehrlichkeit der Einwilligung zum Wohle des Kindes verhindert werden. Indem also keine Einwilligung der leiblichen Eltern in eine zweite Annahme erforderlich ist, könnte die Einwilligung in die erste Annahme infolge einer Zweitannahme durch eine weitere Person oder Familie aber überschritten werden.[129] Auch aus diesem Grund soll eine Kettenannahme grundsätzlich nicht möglich sein.

Zusammenfassend kann daher festgehalten werden, dass das Verbot der Kettenannahme durch sonst bei einer Zweitannahme entstehende sich widersprechende oder sich ablösende Elternrechte sowie der dann vorliegenden Überschreitung der Einwilligung der leiblichen Eltern in die Erstannahme begründet wird. Der Sinn des grundsätzlich geltenden Verbots der Ketteannahme besteht also in der Verhinderung der mit dieser Adoptionsform verbundenen Kindeswohlgefahren.[130]

### *b) Gründe für die Ausnahme von Eheleuten vom Verbot der Kettenannahme*

Zur Begründung der für Eheleute gemachten Ausnahme vom Verbot der Kettenadoption stellt sich die Frage, ob bei einer Zweitannahme durch den Ehepartner des Erstannehmenden überhaupt sich ablösende oder sich widersprechende Elternrechte entstehen könnten oder eine Überschreitung der Einwilligung in die Erstannahme denkbar wäre. Wäre dies nämlich nicht der Fall, würden die Gründe, die zum grundsätzlichen Verbot der Kettenannahme geführt

126 BT-Drucks 7/3061, 31.
127 BT-Drucks 7/3061, 31; Erman/Saar, § 1742 BGB, Rn. 5; Palandt/Götz, § 1742 BGB, Rn. 2; Soergel/Liermann, § 1742 BGB, Rn. 6, 8.
128 Massfeller, StAZ 1961, 273, 276.
129 Vgl. Staudinger/Frank, § 1742 BGB, Rn. 7, 14. Eine genaue Untersuchung dieses Arguments soll erst an späterer Stelle erfolgen, vgl. hierzu Kapitel 1:B.I.2.b)bb).
130 BVerfG, 1 BvL 1/11 vom 19.2.2013, Rn. 102.

haben, bei einer Zweitannahme durch Eheleute nicht greifen. Dadurch könnte die für sie gemachte Ausnahme von diesem Verbot begründet werden.
Zunächst gilt es daher zu erörtern, ob im Falle einer Zweitannahme durch den Ehegatten des Erstannehmenden die Gefahr des Weiterreichens bestehen könnte oder sich widersprechende Elternrechte entstehen könnten. Durch die Erstannahme erlangt ein Kind die rechtliche Stellung eines Kindes des Annehmenden, vgl. § 1754 Abs. 2 BGB, welchem dann auch die elterliche Sorge zusteht, vgl. § 1754 Abs. 3, 2. Alt. BGB. Ferner erlöschen die Verwandtschaftsverhältnisse des Kindes zu den bisherigen Verwandten nach § 1755 Abs. 1 S. 1 BGB. Nimmt der Ehegatte des Erstannehmenden dann sukzessive an, erlangt das Kind die rechtliche Stellung eines gemeinschaftlichen Kindes der Ehegatten nach § 1754 Abs. 1, 2. Alt. BGB. Auch die elterliche Sorge steht den Ehegatten dann gemeinschaftlich zu, vgl. § 1754 Abs. 3, 1. Alt. BGB. Verwandtschaftsverhältnisse, die durch die erste Annahme gebildet wurden, werden nicht berührt. Denn die Regelung des § 1755 Abs. 2 BGB bezieht sich lediglich auf die Stiefkindadoption und findet auf die Sukzessivadoption eines zuvor angenommenen Kindes keine Anwendung. Anhand der dargestellten Rechtsfolgen der Sukzessivadoption wird die vollständige Eingliederung des Kindes aufgrund der zweiten Annahme in die Familie durch das Erhalten von zwei rechtlichen Elternteilen deutlich. Es wird also nicht „weitergereicht", sondern rechtlich weiter in der Familie verwurzelt. Zusätzlich entstehen keine sich widersprechenden Elternrechte, da die elterliche Sorge den Ehegatten gemeinsam zusteht, vgl. § 1754 Abs. 3 BGB. Die Wirkungen einer Zweitannahme durch den Ehegatten führen folglich nicht zu sich widersprechenden Elternrechten oder dem „Weiterreichen" des Kindes.[131] Es wird vielmehr die soziale Funktion der Adoption gewahrt, indem das Kind in einem Elternhaus mit zwei rechtlich verantwortlichen Elternteilen aufwächst. Die Gründe für das Verbot einer Kettenannahme treffen somit in Bezug auf die Wirkungen der Annahme bei einer Zweitannahme durch den Ehegatten nicht zu.
Ferner ist auch fraglich, ob durch die Sukzessivadoption durch den Ehegatten die Einwilligung in die erste Annahme überschritten wird. Bei einer ergänzenden Zweitannahme durch den Ehegatten des Erstannehmenden wird allerdings von der Erteilung der Einwilligung in Kenntnis des § 1742 BGB ausgegangen, wodurch auch eine Einwilligung in eine ergänzende

131 So auch MüKo/Maurer, § 1742 BGB, Rn. 2

Zweitadoption impliziert wird.[132] Durch diese Einwilligung in Kenntnis der Möglichkeit einer ergänzenden Zweitannahme durch den Ehegatten kann die Einwilligung folglich nicht überschritten werden.

Die Folgen, die bei einer Sukzessivannahme grundsätzlich eintreffen können und durch das Verbot der Kettenannahme verhindert werden sollen, treten somit nicht bei einer Zweitannahme durch den Ehegatten des Erstannehmenden ein. Hierdurch kann auch die Ausnahme vom Verbot der Kettenannahme für Eheleute begründet werden.

## 2. Übertragbarkeit der Gründe für die Ausnahme vom Verbot der Kettenannahme von Ehepartnern auf eingetragene Lebenspartner

Wie bereits festgestellt wurde, sind Eheleute vom Verbot der Kettenannahme in § 1742 BGB ausgenommen, weil bei einer Zweitannahme durch den Ehegatten keiner der Gründe für das Verbot der Kettenannahme greift. Es entstehen keine sich widersprechende Elternrecht, das Kind wird nicht durch sich ablösende Elternrechte „weitergereicht" und die Einwilligung in die ursprüngliche Annahme wird nicht überschritten. Aus einem Umkehrschluss dazu könnte sich dann auch eine Erweiterung der Ausnahme vom Verbot der Kettenadoption für eingetragene Lebenspartner ergeben. Denn wenn auch keiner der Gründe für das Verbot der Kettenadoption bei einer Zweitannahme durch einen eingetragenen Lebenspartner des zuerst Annehmenden greifen würde, könnte die Ausnahme in § 1742 BGB de lege ferenda auch auf diese erweitert werden.
Demgemäß gilt es im Folgenden zu untersuchen, ob bei einer Zweitannahme durch einen eingetragenen Lebenspartner sich widersprechende oder sich ablösende Elternrechte entstünden und ob die Einwilligung in die Erstannahme überschritten würde.

---

132 Gernhuber/Coester-Waltjen, § 68, Rn. 17; dies kritisierend Engler, FamRZ 1969, 63, 68. An späterer Stelle soll noch genauer untersucht werden, ob wirklich davon ausgegangen werden kann, dass bei der Einwilligung der leiblichen Eltern die Einwilligung in die zweite Annahme impliziert ist. In der Literatur wird jedoch ohne Diskussion hingenommen, dass die Einwilligung bei einer Zweitannahme nicht überschritten ist, weswegen eine Auseinandersetzung mit dem Argument an späterer Stelle erfolgen kann. Vgl. hierzu Kapitel 1:B.I.2.b).

### *a) Entstehen von sich widersprechenden oder sich ablösenden Elternrechten*

Zunächst muss also erörtert werden, ob bei einer Zweitannahme durch den eingetragenen Lebenspartner des Erstannehmenden sich widersprechende oder sich ablösende Elternrechte entstünden. Wie bereits dargelegt wurde, wird das Kind gemäß § 1754 Abs. 1 BGB durch die zweite Annahme des Ehegatten nach §§ 1741 Abs. 2 S. 3, 1742 BGB zum gemeinschaftlichen Kind des Ehepaares.[133] Die zweite Annahme löst also weder die erste Annahme ab noch entstehen sich widersprechende Elternrechte. Auch bei einer Stiefkindadoption durch einen eingetragenen Lebenspartner gemäß § 9 Abs. 7 S. 1 LPartG findet § 1754 Abs. 1 BGB entsprechende Anwendung, vgl. § 9 Abs. 7 S. 2 LPartG, wodurch das Kind dementsprechend zum gemeinschaftlichen Kind der Lebenspartner wird. Diese Rechtsfolge würde auch im Falle einer nach § 9 Abs. 7 LPartG möglichen Sukzessivadoption eintreten. Die zweite Annahme würde somit auch bei einer sukzessiven Annahme durch den eingetragenen Lebenspartner des Erstannehmenden die erste nicht ablösen, wodurch das Kind nicht „weitergereicht“ würde. Indem schon § 9 Abs. 7 S. 2 LPartG für die Stiefkindadoption auf § 1754 Abs. 1, 3 BGB verweist, ist auch bei einer möglichen Sukzessivannahme von dem Entstehen einer gemeinsamen rechtlichen Elternschaft der eingetragenen Lebenspartner mit gemeinsamer elterlicher Sorge auszugehen. Durch diese würden also auch keine sich widersprechenden Elternrechte entstehen.

Der Grund für das Verbot der Kettenannahme, dass sich widersprechende oder sich ablösende Elternrechte entstehen, würde somit auch nicht bei einer Zweitannahme durch den eingetragenen Lebenspartner des Erstannehmenden eintreten.[134] Dementsprechend kann dieser Grund für die Ausnahme von Eheleuten vom Verbot der Kettenannahme auf eingetragene Lebenspartner übertragen werden.

### *b) Überschreitung der Reichweite der Einwilligung in Erstannahme*

Eheleute sind ferner auch vom Verbot der Kettenannahme ausgenommen, da die Einwilligung in die Erstannahme bei einer Zweitannahme durch den Ehegatten nicht überschritten sein soll,

133 Erman/Saar, § 1754 BGB, Rn. 1 ff.; Gernhuber/Coester-Waltjen, § 68, Rn. 17; MüKo/Maurer, § 1742 BGB, Rn. 2.
134 So jetzt auch BVerfG, 1 BvL 1/11 vom 19.2.2013, Rn. 76 f.

weil sie in Kenntnis des § 1742 BGB abgegeben wurde.[135] Indem die leiblichen Eltern bei der Abgabe der Einwilligung in die erste Annahme wussten, dass eine Zweitannahme durch den Ehegatten möglich ist, würde die Einwilligung in diese impliziert.[136] Um dieser Argumentation folgen zu können und sie dementsprechend auch auf eingetragene Lebenspartner anwenden zu können, stellt sich aber zunächst die Frage, wie eine Einwilligung nach § 1747 BGB ausgestaltet ist. Erst dann lässt sich feststellen, ob bei einer solchen Einwilligung die Zweitannahme wirklich durch den Ehegatten gedeckt ist und dies bei einer Sukzessivannahme durch den eingetragenen Lebenspartner ebenso der Fall wäre.

Demnach wird in einem ersten Schritt die Einwilligung nach § 1747 BGB genauer untersucht. In einem zweiten Schritt wird dann mit den zur Einwilligung gewonnenen Erkenntnissen ergründet, ob die Einwilligung der leiblichen Eltern durch eine Zweitannahme eines Ehegatten oder eingetragenen Lebenspartners überschritten sein kann.

### *aa) Einwilligung gemäß § 1747 Abs. 1 S. 1 BGB*

Nach § 1747 Abs. 1 S. 1 BGB ist zur Annahme eines Kindes die Einwilligung der Eltern erforderlich. Denn durch eine Adoption wird durch das Erlöschen des Verwandtschaftsverhältnisses zwischen den leiblichen Eltern und dem Kind in das Elternrecht aus Art. 6 Abs. 2 GG eingegriffen.[137] Näheres zu den Anforderungen, die an einen einwilligungsfähigen Sachverhalt, den grundsätzlichen Inhalt, die Formalien und die Wirkung der Einwilligung gestellt werden, lässt sich dem Wortlaut von § 1747 Abs. 1 S. 1 BGB nicht entnehmen.[138] Dies gilt es daher im Nachfolgenden zu erörtern.

#### (1) Einwilligungsfähiger Sachverhalt

Hinweise zu denjenigen Umständen, die vorliegen müssen, damit in eine Annahme eingewilligt werden kann, ergeben sich aus § 1747 Abs. 2 BGB. In § 1747 Abs. 2 S. 2 BGB ist nor-

135 Grundsätzlich zu diesem Problem bei einer zweiten Annahme durch den Ehegatten Engler, FamRZ 1969, 63, 86; MüKo/Maurer, § 1742 BGB, Rn. 1; Staudinger/Frank, § 1742 BGB, Rn. 7; dies sieht insbesondere Staudinger/Frank, § 1742 BGB, Rn. 14 für den Fall einer zweiten Annahme durch den Lebenspartner als problematisch an.

136 Gernhuber/Coester-Waltjen, § 68, Rn. 17; dies kritisierend Engler, FamRZ 1969, 63, 68.

137 BVerfG NJW 1995, 2155, 2157; Prütting/Wegen/Weinreich/Friederici, § 1747 BGB, Rn. 1. Die Einwilligung ist auch unabhängig davon erforderlich, ob die Eltern das Sorgerecht innehaben, vgl. Wellenhofer, § 36, Rn. 10.

138 Grundsätzliche Ausführungen zur Praxis der Adoptionsvermittlung finden sich bei Bach, FPR 2001, 318, 318 ff.

miert, dass die Einwilligung auch dann wirksam ist, wenn der Einwilligende die feststehenden Annehemden nicht kennt. Durch diese Formulierung wird also vorausgesetzt, dass eine Einwilligung nur für eine Annahme durch schon feststehende Annehmende erteilt werden kann.[139] Im Umkehrschluss dazu ist die Freigabe eines Kindes zur Adoption, ohne dass bereits Annehmende feststehen, nicht möglich, sog. Blankoeinwilligung.[140] Durch dieses Verbot von Blankoeinwilligungen sollen Staatsmündel vermieden werden, für die der Staat die Verantwortung trägt und die zur Disposition der Vermittlungsstellen stünden.[141] Zu den Voraussetzungen, die zur Abgabe einer Einwilligung vorliegen müssen, gehört somit als erstes ein zum Zeitpunkt der Einwilligungserklärung bereits feststehender möglicher Annehmender.[142] Des Weiteren wird in § 1747 Abs. 2 S. 2 BGB auch normiert, der Einwilligende müsse die schon feststehenden Annehmenden nicht kennen,[143] wodurch die sog. Inkognitoadoption ermöglicht wird.[144] Ein persönliches[145] oder namentliches kennen der Annehmenden ist also nicht erforderlich.[146] Bei einer solchen Inkognitoadoption stimmen die leiblichen Eltern nämlich der Annahme ihres Kindes durch eine Person zu,[147] welche unter einer bestimmten Nummer auf einer Liste der Adoptionsvermittlungsstelle geführt wird.[148] Dem Einwilligenden werden nur die wichtigsten Lebensumstände wie Staatsangehörigkeit, Konfession, wirtschaftliche und soziale Lage sowie die familiären Verhältnisse der Annehmenden mitgeteilt.[149] Die Mittelung dieser Angaben geht aber nur soweit, als dass das Inkognito durch die erteilten Informationen nicht gefährdet ist. Diese Form der Adoption wird praktiziert, damit die ungestörte und unbedingte Eingliederung des Kindes in die neue Familie ohne ein ungewolltes

139 BGH NJW 1951, 643; Tschernitschek/Saar, Rn. 633.

140 BT-Drucks 7/5087, 12; Gernhuber/Coester-Waltjen, § 68, Rn. 48; jurisPK/Heiderhoff, § 1747 BGB, Rn. 8; Lüderitz NJW 1976, 1865, 1868; zur Zulässigkeit von Blankoeinwillungen vgl. auch schon Glässing, S. 111 ff.

141 Bear/Gross, S. 29.

142 Staudinger/Frank, § 1747 BGB, Rn. 5.

143 So auch schon Staudinger/Engler, 10./11. Auflage, § 1747 BGB, Rn. 16 ff. auch wenn es vor dem AdoptG von 1976 an einer eindeutigen gesetzlichen Regelung fehlte, hatte sich die Möglichkeit einer Inkognitoadoption schon durchgesetzt.

144 BT-Drucks 7/3061, 19; jurisPK/Heiderhoff, § 1747 BGB, Rn. 9.

145 Glässing, S. 117.

146 Soergel/Liermann, § 1747 BGB, Rn. 20; Zur Entwicklung der Inkognitoadoption in der Form, dass Name und Anschrift nicht bekannt sein müssen Zur Nieden, S. 51 ff.

147 Aussagen, die in diesem Unterpunkt getroffen werden gelten sowohl für die Annahme durch eine Einzelperson, als auch durch ein Ehepaar.

148 Dodegge, FPR 2001, 321, 323; Wellenhofer, § 36, Rn. 10.

149 Staudinger/Frank, § 1747 BGB, Rn. 34; auch das Bundesverfassungsgericht geht in der Regel davon aus, dass die Unterrichtung der Einwilligenden über die allgemeinen Verhältnisse der Annehmenden geboten ist, vgl. BVerfGE 24, 119, 155.

oder unvorhergesehenes Dazwischentreten der leiblichen Eltern gewährleistet werden kann.[150] Durch die vorher erhaltenen Informationen über die Annehmenden haben die leiblichen Eltern aber gleichzeitig die Sicherheit, ihr Kind in gute Hände abgegeben zu haben. Rechtlich abgesichert wird die Anonymität einer Inkognitoadoption durch das Ausforschungsverbot des § 1758 BGB. Zum Vorliegen eines einwilligungsfähigen Sachverhalts ist also sowohl das Feststehen von Annehmenden als auch die Kenntnis von diesen Personen im Rahmen des Inkognitos erforderlich.

Problematisch an dieser Form der Einwilligung ist allerdings der Umstand, dass nur in die Annahme durch eine Person oder ein Paar eingewilligt wird, was zu Problemen bei einem Scheitern der Annahme führen kann. Denn für den Fall, dass die Adoption durch genau diese Annehmenden nicht zustande kommt, müsste erst eine neue Einwilligung in die Annahme durch andere Bewerber eingeholt und erteilt werden, da sie ja immer für bereits feststehende bestimmte Annehmende erteilt werden muss. Eine so entstehende Verzögerung einer alternativen Annahme gilt es aber zu vermeiden, da sie dem Kindeswohl nicht zuträglich ist.[151] Hierzu sind sog. Alternativeinwilligungen[152] möglich.[153] Bei diesen willigen die Eltern in die Annahme durch ein(e) oder mehrere bereits feststehende adoptionswillige Ehepaare oder Einzelpersonen ein.[154] Indem die Annehmenden schon bei der Einwilligung feststehen, handelt es sich nicht um eine unzulässige Blankoeinwilligung. Auch vom Wortlaut der Norm *„die schon feststehenden Annehmenden"* sind solche Alternativeinwilligungen gedeckt, vgl. § 1747 Abs. 2 S. 2 BGB. Aus diesem Wortlaut ergibt sich aber auch gleichzeitig die Beschränkung auf eine begrenzte Anzahl von Annehmenden. Alternativeinwilligungen, bei denen der Einwilligende sein Einverständnis mit der Annahme durch eine unbegrenzte Anzahl von potentiellen Annehmenden erklärt und so der Adoptionsvermittlungsstelle die Auswahl überlässt, sind von diesem Wortlaut nicht mehr erfasst.[155] Dann würde die Grenze zu einer

150 Baer/Gross, S. 28 f.; Paulitz/Baer, S. 7.

151 jurisPK/Heiderhoff, § 1747 BGB, Rn. 9; Lüderitz, NJW 1976, 1865, 1868.

152 Es soll vorliegend nicht näher auf den Streit eingegangen werden, ob es sich bei dieser Form der Einwilligung um eine Alternativ-, Eventual- oder hilfsweisen Einwilligung handelt, da dies für die vorliegende Arbeit nicht von weiterer Bedeutung ist, siehe hierzu MüKo/Maurer, § 1747 BGB, Rn. 21; Soergel/Liermann, § 1747 BGB, Rn. 19; Staudinger/Frank, § 1747 BGB, Rn. 31.

153 So auch schon der Rechtsausschuss BT-Drucks 7/5087, 13.

154 Erman/Saar, § 1747 BGB, Rn. 5; Grob, S. 13; jurisPK/Heiderhoff, § 1747 BGB, Rn. 9; Lüderitz NJW 1976, 1865, 1868; MüKo/Maurer, § 1747 BGB, Rn. 21; Soergel/Liermann, § 1747 BGB, Rn. 19; Staudinger/Frank, § 1747 BGB, Rn. 31 f.; so auch die Empfehlungen zur Adoptionsvermittlung der Bundesarbeitsgemeinschaft der Landesjugendämter, 1. Auflage 1982, S. 26, sowie in der 6. Fassung 2009, S. 39, abrufbar unter http://www.bagljae.de/ (letzter Aufruf am 1.4.2013).

155 Staudinger/Frank, § 1747 BGB, Rn. 31 f.; a.A. Soergel/Liermann, § 1747 BGB, Rn. 19.

unzulässigen Blankoeinwilligung überschritten.[156] Durch diese Erweiterung der Einwilligung auf mehrere schon feststehende Annehmende können Annahmeverzögerungen also vermieden werden, ohne eine Blankoeinwilligung zuzulassen.[157] Somit können zum Vorliegen eines einwilligungsfähigen Sachverhalts also auch mehrere Annehmende alternativ zur Auswahl stehen.

Zusammenfassend kann Folgendes festgehalten werden. Die Einwilligung in die Annahme kann grundsätzlich nur für eine begrenzte Anzahl von schon feststehenden Annehmenden erteilt werden. Die Annehmenden müssen dem Einwilligenden dabei nicht persönlich, sondern lediglich unter den Voraussetzungen der Inkognitoadoption bekannt sein.

### (2) Inhalt der Einwilligung

Fraglich ist des Weiteren, welchen Inhalt die Einwilligung haben muss um wirksam erteilt werden zu können. Die Anforderungen an den Inhalt der Einwilligung könnten sich aus der in § 1750 BGB normierten Einwilligungserklärung ergeben. Nach § 1750 Abs.1 BGB ist die Einwilligung nach § 1747 BGB gegenüber dem Familiengericht zu erklären, sie bedarf der notariellen Beurkundung und wird in dem Zeitpunkt wirksam, in dem sie dem Familiengericht zugeht. In § 1750 Abs. 2 S. 1 BGB heißt es weiter, die Einwilligung könne nicht unter einer Bedingung oder Zeitbestimmung erteilt werden. Die Anforderungen an den Inhalt der Einwilligung scheinen demnach erfüllt zu sein, solange sie nicht unter einer Bedingung oder Zeitbestimmung erteilt wurde. Dass eine Einwilligung als Wirksamkeitsvoraussetzung nicht zeitlich befristet sein darf, erscheint aufgrund der nicht hervorsehbaren Länge des Adoptionsverfahrens und der gesetzlichen Begrenzung auf drei Jahre aus § 1750 Abs. 4 S. 2 BGB einleuchtend.[158] Fraglich ist aber, wann eine Einwilligung unter einer Bedingung erklärt wird, die zu ihrer Nichtigkeit führen würde.[159]
Bedingungen finden sich im Allgemeinen Teil des Bürgerlichen Gesetzbuchs in § 158 BGB. Dort sind Regelungen zur Vornahme von Rechtsgeschäften unter auflösenden oder aufschie-

156 MüKo/Maurer, § 1747 BGB, Rn. 18, 21; anders Soergel/Liermann, § 1747 BGB, Rn. 19 der von keiner zahlenmäßigen Begrenzung an Adoptionsbewerbern ausgeht.
157 Zur Möglichkeit der Erlaubnis der Blankoeinwilligung Grob, S. 80 ff; mit grundsätzlicher Kritik am Verbot der Blankoeinwilligung Baer DAVorm 1996, 855, 864; Müller DAVorm 1973, 528, 528 f.; Staudinger/Frank, § 1747 BGB, Rn. 30.
158 Gernhuber/Coester-Waltjen, § 68, Rn. 69.
159 Erman/Saar, § 1750 BGB, Rn. 5.

benden Bedingungen normiert. Um die Definition der Bedingungen i.S.d. § 158 BGB auf § 1750 Abs. 2 S. 1 BGB anwenden zu können, müsste also die Bedingung einer Einwilligung der Bedingung eines Rechtsgeschäfts entsprechen. Dafür könnte es auf die Rechtsnatur der Einwilligung ankommen. Vor dem Übergang vom Vertrags- zum Dekretsystem wurde die Einwilligung als materiell-rechtliche Willenserklärung qualifiziert.[160] Danach wird sie als eine „im materiellen Familienrecht normierte verfahrensrechtliche Handlung im Rahmen der freiwilligen Gerichtsbarkeit" angesehen.[161] Nur aufgrund des Wechsels zum Dekretsystem ist es jedoch nicht zwingend, sie als reine Verfahrenshandlung anzusehen.[162] Eine Mindermeinung sieht in der Einwilligung nach wie vor ein einseitiges Rechtsgeschäft des privaten Rechts.[163] Unabhängig von den verschiedenen Ansichten zur Rechtsnatur der Einwilligung sind in § 1750 Abs. 2 S. 1 BGB nach Literatur und Rechtsprechung aber unstrittig Bedingungen i.S.d. § 158 BGB gemeint.[164] Demnach kann die Definition der Bedingung gem. § 158 BGB somit für die Bedingung i.S.d. § 1750 Abs. 2 S. 1 BGB herangezogen werden.

Nach § 158 Abs. 1 BGB ist eine Bedingung eine durch den Parteiwillen in ein Rechtsgeschäft eingefügte Bestimmung, welche die Wirkungen des Geschäfts von einem zukünftigen ungewissen Ereignis abhängig macht.[165] Übertragen auf die Einwilligung zur Adoption bedeutet dies, die Einwilligung der Eltern darf nicht von einem zukünftigen ungewissem Ereignis abhängig gemacht werden. Das zukünftige ungewisse Ereignis ist dabei in dem zukünftigen Verhalten oder den zukünftigen Entscheidungen Dritter zu sehen.[166] Eine unzulässige Bedingung i.S.v. § 1750 Abs. 2 S. 1 BGB läge folglich vor, wenn der Einwilligende vom Annehmenden ein bestimmtes Verhalten nach der Adoption, z.B. die konfessionelle Erziehung des Kindes, fordern würde.[167] Ferner ist es auch nicht zulässig zu verlangen, den Beruf oder die Staatsangehörigkeit in Zukunft nicht zu wechseln.[168] Von diesem zukünftigen Verhalten sind jedoch Kriterien zu unterscheiden, die der Bewerber zum Zeitpunkt der Einwilligungserteilung erfüllen soll. Sofern es sich nämlich um gegenwärtig vorliegende Kriterien handelt, stellen sie kein zukünftiges ungewisses Verhalten der Annehmenden dar und erfüllen nicht die

160 Erman/Saar, § 1750 BGB, Rn. 1; Staudinger/Frank, § 1750 BGB, Rn. 3.
161 BGH NJW 1980, 1746, 1747; BayObLG FamRZ 1981, 93, 94; Brüggemann, FamRZ 1977, 656, 658; MüKo/Maurer, § 1750 BGB, Rn. 1; Staudinger/Frank, § 1750 BGB, Rn. 3.
162 Erman/Saar, 12. Auflage, § 1750 BGB, Rn. 2.
163 Gernhuber/Coester-Waltjen, § 68, Rn. 50.
164 MüKo/Westermann, § 158 BGB, Rn. 27; Soergel/Wolf, § 158 BGB, Rn. 46.
165 Palandt/Ellenberger, Einf v § 158 BGB, Rn. 1; Staudinger/Bork, Vorbem. zu §§ 158 ff. BGB, Rn. 4.
166 Bamberger/Roth/Enders, § 1750 BGB, Rn. 3.
167 Bamberger/Roth/Enders, § 1747 BGB, Rn. 12; Listl, FamRZ 1974, 74, 76.
168 Staudinger/Frank, § 1747 BGB, Rn. 33.

Definition einer unzulässigen Bedingung. Eine solche Einschränkung findet dementsprechend seine Grenze in dem, was der Annehmende zum Zeitpunkt der Annahme tut. Auf alles, was er danach entscheidet, kann dadurch aber kein Einfluss genommen werden. Solche Beschränkungen bzgl. gegenwärtig vorliegender Kriterien sind demnach möglich.[169] Kriterien hinsichtlich der Religionszugehörigkeit, der Nationalität oder dem Beruf zum Zeitpunkt der Annahme können somit aufgestellt werden.[170]

Bei dem Streit um die Zulässigkeit solcher Beschränkungen handelt es sich jedoch lediglich um ein theoretisches Problem. Denn bevor die Eltern ihre Einwilligung erklären, ist es ihnen freigestellt Informationen über die Bewerber im Rahmen des Inkognitos von den Adoptionsvermittlungsstellen zu bekommen. Erfüllen die Bewerber nicht die Kriterien, die sich die Einwilligenden in Bezug auf ihre gegenwärtige Lebenssituation vorgestellt haben, geben sie ihre Einwilligung nicht ab.[171] Erfüllen sie die Anforderungen, wird unbedingt in die Annahme durch diese Bewerber eingewilligt.[172] Wenn die Eltern der Adoptionsvermittlungsstelle also schon zu Anfang des Annahmeprozesses mitteilen, welche Annehmenden in Frage kommen, erleichtert dies lediglich die Suche nach passenden Adoptiveltern.[173] Schließlich wird es nicht zu so vielen Absagen an potentielle Annehmende kommen, als würde ohne vorher festgelegte Kriterien gesucht. Ob es sich bei dem Aufstellen solcher Kriterien um eine zulässige Beschränkung handelt, kann bei einem solchen Vorgehen dahinstehen. Eine unzulässige Bedingung i.S.d. § 1750 Abs. 2 S. 1 BGB kann darin allerdings nicht gesehen werden. Sofern diese Vorgehensweise allerdings nicht gewählt wird, wird an der Zulässigkeit der beschriebenen Beschränkungen Kritik geübt. So wird angeführt, dass bei einer Bezeichnung der möglichen Annehmenden nach Nationalität, Beruf oder Konfession keine Inkognito-Einwilligung vorläge.[174] Dem muss jedoch entgegengehalten werden, dass den leiblichen Eltern bei der Inkognitoadoption immer bestimmte Umstände über die Lebensverhältnisse der möglichen Adoptiveltern mitgeteilt werden.[175] Die angemerkte Kritik geht somit ins Leere. Beschränkungen in dem Sinne, dass bestimmte Kriterien bzgl. der Annehmenden zum Zeitpunkt der Einwilligung

169 Bamberger/Roth/Enders, § 1750 BGB, Rn. 3; Staudinger/Frank, § 1750 BGB, Rn. 11.
170 Staudinger/Frank, § 1747 BGB, Rn. 33; Weber, DNotZ 1951, 516, 520; zur Religionszugehörigkeit Listl, FamRZ 1974, 74, 74.
171 Beck´sches Notarhandbuch, BV, Rn. 59; Soergel/Liermann, § 1747 BGB, Rn. 21.
172 So auch MüKo/Maurer, § 1750 BGB, Rn. 7; Staudinger/Frank, §1750 BGB, Rn. 11.
173 So auch Grob, S. 110 f.
174 Erman/Saar, § 1747 BGB, Rn. 6.
175 Auskünfte über wichtige Lebensumstände des Annehmenden können verlangt werden BVerfGE 24, 119, 155; BVerfG NJW 1968, 2233, 2238; siehe hierzu auch schon die Ausführungen unter Kapitel 1:B.I.2.b)aa)(1).

vorliegen sollen, werden von § 1750 Abs. 2 S. 1 BGB mithin nicht ausgeschlossen und sind daher zulässig.[176]

Im Ergebnis kann daher festgestellt werden, dass die Einwilligung weder zeitlich befristet noch inhaltlich bedingt sein darf. Eine inhaltliche Beschränkung in der Form, dass potenzielle Annehmende bestimmte objektivierbare Voraussetzungen zum Zeitpunkt der Einwilligung erfüllen sollen, ist aber zulässig.

### (3) Formalien und Wirkung der Einwilligung

Zur umfassenden Untersuchung der grundsätzlichen Anforderungen an eine wirksame Einwilligung der leiblichen Eltern in die Kindesannahme sind ferner noch die Formalien und die Wirkung der Einwilligung zu erörtern. Die Erklärung der Einwilligung bedarf generell gemäß § 1750 Abs. 1 S. 2 BGB der notariellen Beurkundung. Durch das Erfordernis der notariellen Beurkundung soll die vorherige rechtskundige Belehrung über die Bedeutung und die Folgen ihrer Einwilligung gewährleistet werden, vgl. § 17 BeurkG.[177] Die eigentliche Beratung hinsichtlich aller sozialen und psychologischen Fragen, mit denen sich die leiblichen Eltern auseinandersetzen, übernimmt dabei gleichwohl die Adoptionsvermittlungsstelle.[178] Rechtssicherheit für das Kind und die Adoptiveltern wird durch die Unwiderruflichkeit der Einwilligung geschaffen, §1750 Abs. 2 S. 2 BGB.[179] So soll die ungestörte Entwicklung in der neuen Familie gewährleistet werden.[180] Durch die notarielle Beurkundung wird die Tragweite dieser Entscheidung noch einmal betont. Nachdem die Einwilligung dem Familiengericht zugegangen ist, ist sie wirksam, vgl. § 1750 Abs. 2 S. 3 BGB. Ab diesem Zeitpunkt der Erklärung ruht die elterliche Sorge,[181] die Befugnis zum persönlichen Umgang mit dem Kind darf nicht ausgeübt werden und das Jugendamt wird zum Vormund, vgl. § 1751 Abs. 1, S. 1, 2 BGB.[182] So

176 Staudinger/Frank, § 1747 BGB, Rn. 33 sowie unter § 1750 BGB, Rn. 11; im Ergebnis zustimmend MüKo/Maurer, § 1747 BGB, Rn. 20; Soergel/Liermann, § 1747 BGB, Rn. 21.
177 Soergel/Liermann, § 1750 BGB, Rn. 6.
178 MüKo/Maurer, § 1750 BGB, Rn. 2.
179 Zur Abgabe einer weiteren Einwilligung in eine andere Adoption vgl. Bamberger/Roth/Enders, § 1750 BGB, Rn. 7; Rauscher, Rn. 1171.
180 Soergel/Liermann, § 1750 BGB, Rn. 13.
181 jurisPK/Heiderhoff, § 1750 BGB, Rn. 2.
182 Zu den Wirkungen der Einwilligung Gernhuber/Coester-Waltjen, § 68, Rn. 84 ff.; Soergel/Liermann, § 1751 BGB, Rn. 2 ff.

soll eine möglichst schnelle und vollumfängliche Trennung der Einwilligenden vom Kind bewirkt werden, damit es sich schneller in der neuen Familie eingewöhnen kann.[183]

### (4) Zusammenfassung der Erkenntnisse zur Einwilligung

Bevor darauf eingegangen wird, welche Auswirkungen eine Zweitannahme auf die Einwilligung hat, werden die zur Einwilligung der Eltern gem. § 1747 Abs. 1 S. 1 BGB gewonnenen Erkenntnisse im Folgenden noch einmal kurz zusammengefasst.[184]

Die Einwilligung muss sich auf schon feststehende, den Einwilligenden aber nicht persönlich bekannte Annehmende beziehen, sog. Inkognitoadoption. Von den unter einer Listennummer geführten Bewerbern werden den Einwilligenden dabei nur die wichtigsten Lebensumstände der potenziellen Annehmenden mitgeteilt. Dazu zählen die Staatsangehörigkeit, Konfession, wirtschaftliche und soziale Lage sowie die familiären Verhältnisse der Annehmenden. Um Verzögerungen bei der Annahme entgegen zu wirken, sind auch Alternativeinwilligungen für die Annahme durch zwei oder mehrere Bewerber möglich. Alternativeinwilligungen ohne Begrenzung der Anzahl der Annehmenden sind aufgrund des Verbots der Blankoeinwilligung unzulässig. Obwohl die Einwilligung i.S.d. § 1747 Abs. 1 S. 1 BGB nach § 1750 Abs. 2 S. 1 BGB bedingungsfeindlich ist, können die Einwilligenden den Kreis der potenziellen Annehmenden durch das Aufstellen von objektiven Kriterien, welche die Annehmenden zum Zeitpunkt der Einwilligung erfüllen müssen, eingrenzen. Solche objektiven Kriterien können die Konfession, der Beruf oder die Nationalität sein. Ein bestimmtes Verhalten nach der Adoption kann jedoch nicht verlangt werden, da es sich dann um eine unzulässig bedingte Einwilligung handeln würde. Soweit auch in einer solchen Beschränkung eine unzulässige Bedingung gesehen wird, können die Einwilligenden den Kreis der Annehmenden in der Form eingrenzen, dass sie sich erst die Informationen von der Adoptionsvermittlungsstelle geben lassen, um dann erst ihre Einwilligung zu erklären oder zu verweigern. Im Ergebnis können sie durch beide Möglichkeiten mitbestimmen, welche Kriterien Personen erfüllen sollen, bei denen sie in die Annahme einwilligen würden. Mit der Abgabe der unwiderruflichen Einwilligung, welche der notariellen Beurkundung bedarf, treten die Wirkungen des § 1751 BGB ein. Ab diesem Zeitpunkt ruht die elterliche Sorge, die Befugnis zum persönli-

183 BayObLG StAZ 1990, 479, 480; jurisPK/Heiderhoff, § 1751 BGB, Rn. 7.
184 Ausführliche Ausführungen finden sich hierzu im Vorangegangenen unter Kapitel 1:B.I.2.b)aa).

chen Umgang mit dem Kind darf nicht ausgeübt werden und das Jugendamt wird zum Vormund.

### *bb) Überschreiten der Einwilligung durch Zweitannahme*

Die im vorangegangenen Teil gewonnen Erkenntnisse über die Einwilligung in die Annahme gem. § 1747 Abs. 1 S. 1 BGB sollen nun verwendet werden, um zu untersuchen, ob eine zweite Annahme von der Einwilligung in die erste Einzelannahme gedeckt ist. Dabei ist zwischen einer Zweitannahme durch den Ehegatten und durch den eingetragenen Lebenspartner des Erstannehmenden zu unterscheiden. Im Hinblick auf eine Zweitannahme durch den Ehegatten ist davon auszugehen, dass diese von der Einwilligung gedeckt ist.[185] Ansonsten wäre die Ausnahme von dem Verbot der Kettenannahme für Eheleute in diesem Punkt nicht gerechtfertigt. Diesbezüglich wird somit lediglich untersucht, aus welchen Gründen die Einwilligung in einem solchen Fall nicht überschritten ist.[186] Die Überschreitung der Einwilligung bei einer Sukzessivannahme durch einen eingetragenen Lebenspartner ist hingegen genauer zu untersuchen, da dieser Umstand immer wieder als Argument gegen die Einführung einer Sukzessivadoption für eingetragene Lebenspartner angeführt wird. Ließe sich also keine Überschreitung feststellen, wäre dieser Grund für die Ausnahme von Eheleuten vom Verbot der Kettenadoption auf eingetragene Lebenspartner übertragbar. Dementsprechend könnte einer Erweiterung der Ausnahme vom Verbot der Kettenannahme auf eingetragene Lebenspartner dann nicht mehr das Argument der Überschreitung der Einwilligung entgegen gehalten werden.

#### (1) Überschreitung der Einwilligung augrund einer Zweitannahme durch den Ehegatten

In der Literatur wird eine Einwilligungsüberschreitung bei einer Zweitannahme durch den Ehegatten mit dem Gedanken verworfen, die Einwilligung in die Annahme würde in Kenntnis des § 1742 BGB erteilt.[187] Somit könne unproblematisch von der quasi miterteilten Einwilligung in die Sukzessivannahme durch den Ehegatten ausgegangen werden. Wobei unabhängig

185 Vgl. dazu schon die Ausführungen unter Kapitel 1:B.I.2.b).

186 In der Literatur wird dieser Gesichtspunkt nicht thematisiert, weswegen davon ausgegangen werden kann, dass die Einwilligung der leiblichen Eltern bei einer Zweitannahme nicht überschritten ist. Vgl. die fehlenden Ausführungen bei Kaiser/Schnitzler/Friederici/Finger, § 1742 BGB, Rn. 4 f.; MüKo/Maurer, § 1742, Rn 2; Soergel/Liermann, § 1742 BGB, Rn. 8 ff.; Staudinger/Frank, § 1742 BGB, Rn. 14.

187 Gernhuber/Coester-Waltjen, § 68, Rn. 17

davon auch argumentiert wird, die Eltern wüssten, dass sie mit ihrer Einwilligung ihre Elternrechte verlieren und deshalb keinen Einfluss mehr auf die Belange des Kindes haben.[188] Nachstehend wird der Frage nachgegangen, ob diese Aussage auch einer genaueren Untersuchung standhält, wobei zwei Situationen, in denen es zu einer zweiten Annahme durch den Ehegatten kommen kann, zu unterscheiden sind.

Zum einen kann es zu einer Zweitannahme durch den Ehegatten kommen, wenn die Ehe zwar schon zum Zeitpunkt der Annahme geschlossen war, der annehmende Ehegatte das Kind jedoch aufgrund eines beim anderen Ehegatten vorliegenden Annahmehindernisses alleine angenommen hat, vgl. § 1741 Abs. 2 S. 4 BGB. Bei dem späteren Wegfall eines solchen Annahmehindernis kann es dann zu einer ergänzenden Zweitannahme kommen, vgl. § 1741 Abs. 2 S. 3 BGB i.V.m. § 1742 BGB. Zum anderen kann es auch zu einer Zweitannahme kommen, wenn der Erstannehmende zum Zeitpunkt der Annahme noch nicht verheiratet war. Auch dann kann der spätere Ehegatte das Kind nach § 1741 Abs. 2 S. 3 BGB i.V.m. § 1742 BGB mit annehmen.

### *(a) Zweitannahme bei ursprünglichem Annahmehindernis*

Im Fall einer späteren Zweitannahme aufgrund eines ursprünglichen Annahmehindernisses stimmen die leiblichen Eltern einer Annahme durch eine Person zu, die zwar verheiratet ist, dessen Ehegatte das Kind aber aufgrund des Adoptionshindernisses nicht mit annehmen kann. Aufgrund der Informationen, welche die Einwilligenden im Rahmen des Inkognitos erhalten, ist ihnen bekannt, dass das Kind in einer Familie mit zwei Elternteilen aufwachsen wird. Fällt das ursprünglich bestehende Annahmehindernis später weg, können beide Eltern die rechtliche Verantwortung für das Kind durch die Zweitannahme übernehmen. Eine solche Entwicklung bringt für das Kind nur Vorteile mit sich. Denn seine soziale Situation in der Familie ändert sich nicht, aber auch der zweite Ehegatte kann die rechtliche Verantwortung übernehmen. Ferner erlangt es den Sukzessivannehmenden auch als zusätzlichen gesetzlichen Unterhaltsschuldner und Erblasser dazu. Daher ist von einer Entwicklung auszugehen, die im Sinne der leiblichen Eltern ist.[189] Hätten sie von Anfang an bevorzugt, dass das Kind nur einen rechtlichen Elternteil hat, hätten sie auch dementsprechend nur einer Einzelannahme durch

188 So die Stellungnahmen der sachkundigen Auskunftspersonen in der Verhandlung zum Sukzessivadoptionsverbot, vgl. BVerfG, 1 BvL 1/11 vom 19.2.2013, Rn. 34.

189 Vor allem, da auch nach den Wertungen des Gesetzgebers die Vermittlung zu zwei rechtlich verantwortlichen Elternteilen bevorzugt wird. Vgl. jurisPK/Heiderhoff, § 1741 BGB, Rn. 26 f.; Rauscher, Rn. 1150; Staudinger/Frank, § 1741 BGB, Rn. 36.

eine unverheiratete Person zustimmen können. Da sie aber im Rahmen der Inkognitoadoption die Information über die Ehe des Annehmenden bekommen, kann nicht von einer Überschreitung der Einwilligung ausgegangen werden.
Bei einer Zweitannahme durch den Ehegatten des Erstannehmenden, bei dem nach der Einzelannahme seines Ehegatten das Annahmehindernis weggefallen ist, kann folglich nicht von einer Überschreitung der Einwilligung ausgegangen werden.

### *(b) Zweitannahme bei späterer Eheschließung*

Die Situation einer Sukzessivadoption durch den Ehegatten nach späterer Eheschließung ist insofern mit dem vorher beschriebenen Fall des späteren Wegfalls eines Annahmehindernisses vergleichbar, als dass auch hier das Erhalten eines zweiten rechtlichen Elternteils im Interesse der leiblichen Eltern liegen dürfte. Unterschiede ergeben sich aber im Hinblick darauf, dass den leiblichen Eltern zum Zeitpunkt der Einwilligung nur der Erstannehmende bekannt ist. Wer der spätere Ehegatte sein wird, der das Kind dann auch annimmt, ist zu diesem Zeitpunkt noch ungewiss. In einem solchen Fall könnte eine durch die Einwilligung implizierte Blankoeinwilligung in Bezug auf den späteren Ehegatten vorliegen,[190] da eine solche immer dann vorliegt, wenn die Einwilligung erklärt wird, ohne dass mögliche Annehmende für das Kind feststehen.[191] Diese Definition würde darauf in der Form zutreffen, als dass die Einwilligung erklärt wird, ohne dass der spätere Ehegatte als Zweitannehmender feststeht. Um beurteilen zu können, ob bei dieser Konstellation wirklich ein Verstoß gegen das Verbot der Blankoeinwilligung vorliegt, müssen die Hintergründe des Verbots noch einmal herangezogen werden.
Wie bereits erläutert wurde, sollte durch dieses Verbot verhindert werden, dass Kinder zur Disposition des Staates gestellt werden, welcher dann die Annehmenden auswählt.[192] So soll das auch nur vorübergehende Entstehen von Staatsmündeln vermieden werden.[193] Des Weiteren sollen die Eltern ihrer sittlichen Pflicht nachkommen, die Einwilligung nicht ohne ein Mindestmaß an Informationen über die Annehmenden zu erteilen.[194]

---

190 Dieser Gedanke findet sich auch schon bei Engler, FamRZ 1969, 63, 68; Staudinger/Engler, 10./11. Auflage, § 1749 BGB, Rn. 16.
191 Baer/Gross, S. 27; MüKo/Maurer, §1747 BGB, Rn. 17.
192 Grob, S. 82 f.
193 BT-Drucks 7/5087, 12.
194 BT-Drucks 7/3061, 21.

Bei der Zweitannahme durch den späteren Ehegatten stellt sich die Situation in Bezug auf diese Punkte folgendermaßen dar. Indem der Erstannehmende feststeht, steht das Kind nicht zur Disposition des Staates, weshalb es auch zu keinem Zeitpunkt ein Mündel des Staates wird. Darüber hinaus sind die Eltern durch die Informationen über den Erstannehmenden auch ihrer sittlichen Pflicht nachgekommen. Alle Situationen und Umstände, die durch das Verbot der Blankoeinwilligung vermieden werden sollen, liegen bei einer Zweitannahme durch den späteren Ehegatten somit nicht vor. Folglich kann auch keine durch die Einwilligung implizierte Blankoeinwilligung in die Annahme durch den späteren Ehegatten vorliegen.[195] In einem solchen Fall handelt es sich vielmehr um eine nicht vorhersehbare Entwicklung im Familienleben des Annehmenden. Eine so entstehende Änderung der Lebensverhältnisse des Kindes kann aber schon durch die bloße Eheschließung des Annehmenden entstehen, ohne dass die leiblichen Eltern darauf Einfluss haben.[196] Denn schon vor einer Heirat ist davon auszugehen, dass der zukünftige Ehepartner mit im Haushalt leben und auch Teile der sozialen Verantwortung für das Kind mit übernehmen wird. Das Interesse des Kindes an zwei rechtlichen Elternteilen muss dabei im Vordergrund stehen. Dem gegenüber müssen die Interessen der leiblichen Eltern zurückstehen.[197]

Die Reichweite der Einwilligung in die Adoption durch den Erstannehmenden wird somit im Ergebnis nicht bei einer Zweitadoption durch einen späteren Ehegatten überschritten.

### *(c) Ergebnis zur Überschreitung der Einwilligung aufgrund einer Zweitannahme durch den Ehegatten*

Bei einer Zweitannahme durch den Ehegatten des Erstannehmenden kann im Ergebnis nicht von einer Überschreitung der Einwilligung ausgegangen werden.[198] Das gilt sowohl für den Fall der Zweitannahme nach Wegfall eines anfänglich vorliegenden Annahmehindernisses als auch für den Fall der Zweitannahme durch einen späteren Ehegatten.

---

195 So auch Gernhuber/Coester-Waltjen, § 68, Rn. 17, Fn. 29; MüKo/Maurer, § 1742 BGB, Rn. 2.
196 Kaiser/Schnitzler/Friederici/Finger, § 1742 BGB, Rn. 5; MüKo/Maurer, § 1742 BGB, Rn. 2.
197 RGRK/Dickescheid, § 1742 BGB, Rn. 3.
198 Vgl. Gernhuber/Coester-Waltjen, § 68, Rn. 17; MüKo/Maurer, § 1742 BGB, Rn. 2. Da dieses Problem in der Literatur überwiegend nicht behandelt wird, ist davon auszugehen, dass dies als unproblematisch angesehen wird.

### (2) Überschreitung der Einwilligung aufgrund einer Zweitannahme durch den eingetragenen Lebenspartner

Nachdem festgestellt wurde, dass die Einwilligung nicht durch eine Zweitannahme des Ehegatten überschritten wird, ist sich im Folgenden mit der Frage auseinanderzusetzen, ob die Einwilligung aufgrund einer Zweitannahme durch den eingetragenen Lebenspartner des Erstannehmenden überschritten werden könnte.[199] Bei dieser Überlegung wird das Gleichbleiben des Wortlauts von § 9 Abs. 7 LPartG vorausgesetzt, wobei auch die Sukzessivadoption durch diese Norm zulässig wäre. Dies allerdings genau wie bei Eheleuten auch nur in Fällen, in denen die eingetragene Lebenspartnerschaft zum Annahmezeitpunkt noch nicht geschlossen war oder der Partner das Kind aufgrund eines Adoptionshindernisses nicht auch annehmen konnte.[200]

Im Falle einer Zweitannahme nach dem Wegfall eines anfänglich vorliegenden Annahmehindernisses ist genau wie bei Eheleuten auch von einer Kenntnis der eingetragenen Lebenspartnerschaft durch die Inkognitoinformationen auszugehen. Dementsprechend kann auch hier erst einmal nicht von einer Überschreitung der Einwilligung ausgegangen werden. Für den Fall der zum Annahmezeitpunkt noch nicht geschlossenen eingetragenen Lebenspartnerschaft kann dieses Argument jedoch nicht angeführt werden. Zwar kann auch hier nicht vom Vorliegen einer Blankoeinwilligung ausgegangen werden,[201] da der Erstannehmende bekannt ist und das Kind weder zum Staatsmündel wird, noch zur Disposition des Staates steht. Problematisch ist jedoch, dass auch wenn davon ausgegangen werden kann, dass den Abgebenden im Rahmen des Inkognitos die sexuelle Orientierung des Annehmenden mitgeteilt wird, trotzdem nicht zweifelsfrei behauptet werden kann, die Erlangung der rechtlichen Elternschaft durch den gleichgeschlechtlichen Lebenspartner stünde wie bei Eheleuten grundsätzlich im Interesse der leiblichen Eltern. Ob der Wille der Eltern diese Annahme wirklich deckt hängt nämlich davon ab, inwiefern die leiblichen Eltern wirklich in Kenntnis des § 1742 BGB einwilligen[202]. Für den Fall der Einwilligung in Kenntnis des genauen Wortlauts von § 1742 BGB dürfte die

199 Dies wird vom Deutschen Familienverbund in der mündlichen Verhandlung zum Verbot der Sukzessivadoption vertreten, vgl. BVerfG, 1 BvL 1/11 vom 19.2.2013, Rn. 37.

200 Es wird also von dem Umstand ausgegangen, dass der Wortlaut von § 9 Abs. 7 LPartG sowie § 1742 BGB gleich bleibt, die Sukzessivadoption jedoch nach den in der Literatur vertretenen Meinung auch für eingetragene Lebenspartner möglich wäre.

201 Diesen Gedanken lehnt auch schon Gernhuber/Coester-Waltjen, § 68, Rn. 17, Fn. 29 für die ergänzende Zweitadoption durch den Ehegatten ab.

202 Gernhuber/Coester-Waltjen, § 68, Rn. 17; dies kritisierend Engler, FamRZ 1969, 63, 68.

Einwilligung überschritten sein, indem in der Norm nur Eheleute vom Verbot der Kettenannahme ausgenommen werden. Würde allerdings nicht explizit auf das Verbot der Kettenannahme hingewiesen oder würde sogar gezielt auf die juristisch diskutierte Möglichkeit der Sukzessivannahme durch eingetragene Lebenspartner hingewiesen, könnte die Einwilligung im Falle einer tatsächlich stattfindenden Annahme auch nicht überschritten sein.[203]
Bevor also die Frage nach der Überschreitung der Einwilligung bei einer Zweitannahme durch einen eingetragenen Lebenspartner abschließend beantwortet werden kann, muss zunächst erörtert werden, inwiefern die einwilligenden Eltern von § 1742 BGB Kenntnis erlangen.

### *(a) Zuständige Stelle und Inhalt der Aufklärung über § 1742 BGB*

Als zuständige Stelle für die Aufklärung über die Einwilligung und ihre Reichweite kommt sowohl das Jugendamt in der Form der Adoptionsvermittlungsstellen, vgl. § 2 AdVermiG, als auch der Notar in Betracht.[204]

#### *(aa) Belehrungs- und Informationspflicht der Adoptionsvermittlungsstellen*

Die Adoptionsvermittlungsstellen könnten aufgrund ihrer in § 9 AdVermiG normierten Adoptionsbegleitung[205] über § 1742 BGB aufklären. Nach § 9 Abs. 1 AdVermiG hat die Adoptionsvermittlungsstelle im Zusammenhang mit der Vermittlung und der Annahme die Annehmenden, das Kind und seine leiblichen Eltern eingehend zu beraten und zu unterstützen.[206] Um diese Adoptionshilfe zu erhalten, müssen die Betroffenen allerdings erklären, Hilfe in Anspruch nehmen und sich beraten lassen zu wollen.[207] Diesen Willen können sie jedoch auch schon durch eindeutiges konkludentes Handeln erkennen lassen. Ein solches dürfte schon gegeben sein, indem sich die Beteiligten zum Zwecke einer Adoption an die Adopti-

203 Welche dieser Möglichkeiten dann im Ergebnis zur Überschreitung der Einwilligung führen würde, soll erst an späterer Stelle erörtert werden. Vgl. Kapitel 1:B.I.2.b)bb)(2)(b).

204 Im Folgenden wird hierbei nicht weiter zwischen den Adoptionsvermittlungsstellen der Jugend- und Landesjugendämter nach § 2 Abs. 1 AdVermiG sowie denen des Diakonischen Werkes der evangelischen Kirche, des Deutschen Caritasverbandes der katholischen Kirche, der Arbeiterwohlfahrt und sonstigen zur Vermittlung berechtigten Stellen nach § 2 Abs. 2 AdVermiG unterschieden; siehe zu den Folgen bei einem Verstoß gegen dieses Vermittlungsmonopol Giesen, Rn. 697 f.

205 Prütting/Wegen/Weinreich/Friederici, Vorbemerkungen vor §§ 1741 bis 1772 BGB, Rn. 2.

206 So auch schon BayObLG FamRZ 1978, 260, 261; Münder/Wiesner, 7.1, Rn. 8 ff.

207 Vgl. zum Folgenden Wiesner/Oberloskamp, Anh., § 9 AdVermiG, Rn. 2.

onsvermittlungsstellen des Jugendamtes wenden.[208] Die Fachkräfte der Adoptionsvermittlungsstellen übernehmen bei der Vermittlungs- und Begleitungstätigkeit die Beratung der leiblichen Eltern, die Überprüfung der Adoptionsbewerber, die Auswahl bestimmter Bewerber für ein bestimmtes Kind sowie die Beratung und Unterstützung nach Abschluss der Adoption.[209] Alle entscheidenden vorbereitenden Gespräche werden somit von den Mitarbeitern der Adoptionsvermittlungsstellen geführt.[210] Bei der Beratung der Herkunftsfamilie soll diese gezielt über die Auswirkungen einer Adoption informiert werden. Die Informationen über die rechtlichen Konsequenzen der Adoption sollen ihnen dabei auch in schriftlicher Form zur Verfügung gestellt werden.[211] Bei dieser Beratung stehen aber nicht zwangsläufig die detaillierten juristischen Konsequenzen einer Adoption im Vordergrund, sondern die pädagogische und psychologische Begleitung der Familie. Das wird vor allem durch die Wertung des Gesetzgebers deutlich, welche die Hilfe zur Erziehung als oberste Priorität sieht.[212] Weitere Informationen über die Belehrungs- und Informationspflichten lassen sich weder aus dem Adoptionsvermittlungsgesetz noch aus den Empfehlungen zur Adoptionsvermittlung der Bundesarbeitsgemeinschaft der Landesjugendämter[213] herleiten. Mangels differenzierender Angaben zum genauen Inhalt der Beratung über die Auswirkungen einer Adoption muss davon ausgegangen werden, dass die leiblichen Eltern von dieser Seite aus nicht detailliert über die möglichen Auswirkungen des § 1742 BGB aufgeklärt werden.[214]

---

208 Dies geht auch durch den von den potenziell Abgebenden auszufüllenden Antrag an das Jugendamt aus. Vgl. Anlage 1.

209 Empfehlungen zur Adoptionsvermittlung der Bundesarbeitsgemeinschaft der Landesjugendämter, 6. Fassung 2009, S. 13 abrufbar unter http://www.bagljae.de/ (letzter Aufruf am 1.4.2013); wobei zu beachten ist, dass die Empfehlungen aufgrund ihrer Rechtsnatur keine verwaltungsinterne Bindungs- oder Weisungskraft entfalten, siehe hierzu Paulitz/Krebs, S. 230 ff.

210 Staudinger/Frank, § 1750 BGB, Rn. 9; dies impliziert auch die Broschüre der Adoptionsvermittlungsstelle Hamburg : Annahme als Kind, S. 9 abrufbar unter http://www.hamburg.de/familie/veroeffentlichungen/38710/adoptionsbroschuere.html (letzter Aufruf am 1.4.2013); Empfehlungen zur Adoptionsvermittlung der Bundesarbeitsgemeinschaft der Landesjugendämter, 6. Fassung 2009, S. 22 abrufbar unter http://www.bagljae.de/ (letzter Aufruf am 1.4.2013)

211 So die Empfehlungen zur Adoptionsvermittlung der Bundesarbeitsgemeinschaft der Landesjugendämter, 1. Auflage 1982, S. 11, 3. Auflage 1994, S. 13 f., 4. Auflage 2003, S. 12, 5. Auflage 2006, S. 20, 6. Auflage 2009, S. 22 abrufbar unter http://www.bagljae.de/ (letzter Aufruf am 1.4.2013); Roth-Stielow, § 9 AdVermiG, Rn. 4.

212 So auch Wiesner/Oberloskamp, Anh.,Vorbemerkungen AdVermiG, Rn. 1 f.; Empfehlungen zur Adoptionsvermittlung der Bundesarbeitsgemeinschaft der Landesjugendämter, 6. Fassung 2099, S. 22 abrufbar unter http://www.bagljae.de/ (letzter Aufruf am 1.4.2013).

213 Diese werden zur Hilfestellung in der konkreten Arbeit der Adoptionsvermittlungsstellen herangezogen, nachdem der Entwurf einer Verordnung in Ausführung von § 7 Abs. 2 AdVermiG nie verabschiedet und in Kraft gesetzt wurde. Vgl. Wiesner/Oberloskamp, Anh.,Vorbemerkungen AdVermiG, Rn. 8 f.

214 Der Mangel an Informationen über eine Aufklärung über § 1742 BGB kann auch durch die Tatsache bedingt sein, dass Vermittlungen an Einzelpersonen nur in äußerst seltenen Fällen vorkommen und sich die Frage nach einer Sukzessivannahme durch einen späteren Partner, sei es den Ehepartner oder eingetragenen Le-

### *(bb) Belehrungs- und Informationspflicht der Notare*

Etwas anderes könnte sich aber aus den Belehrungs- und Informationspflichten eines Notars ergeben, da die Einwilligung der leiblichen Eltern nach § 1750 Abs. 1 S. 2 BGB der notariellen Beurkundung bedarf.[215] Diese erfolgt nach §§ 8 ff. BeurkG.[216] Bei der notariellen Beurkundung entstehen Prüfungs- und Belehrungspflichten des Notars. Diese ergeben sich aus den §§ 17 ff. BeurkG. Zu diesen Pflichten des Notars gehört nach § 17 Abs. 1 BeurkG unter anderem die Erforschung des Willens der Beteiligten, die Klärung des Sachverhalts, die Belehrung über die rechtliche Tragweite und eine Formulierungspflicht.[217] Die Frage, ob und wenn ja, inwieweit der Notar über die Auswirkungen der Einwilligung in Bezug auf eine Kettenannahme nach § 1742 BGB informieren muss, gehört nach der Systematik von § 17 Abs. 1 BeurkG zur Belehrung über die rechtliche Tragweite i.S.d. § 17 Abs. 1 S. 1 BeurkG. Auch wenn diese Belehrungspflicht nicht aufgrund einer vorhergehenden Beratung durch andere rechtskundige Stellen, z.B. die Adoptionsvermittlungsstelle,[218] entfällt, so besteht sie aber nur insoweit, als eine Belehrung erforderlich ist, um den Willen der Beteiligten vollständig, wahrheitsgemäß und rechtswirksam festzustellen.[219] Davon ist bei der Einwilligungserklärung der leiblichen Eltern in die Adoption regelmäßig auszugehen. Der Umfang der Belehrung bemisst sich dabei grundsätzlich nach dem Gegenstand der Beurkundung.[220] In erster Linie ist der Notar aber grundsätzlich nur verpflichtet über die unmittelbar

---

benspartner, für die leiblichen Eltern in solch einer schwierigen Situation nicht vordergründig stellt. Nach Erhebungen des Statischtischen Bundesamtes kommen im Jahr 2010 auf ein zu adoptierendes Kind sieben vorgemerkte Adoptionsbewerber, bei einem solchen Überschuss an Adoptionswilligen und bei einem Vorzug von Ehepaaren als Annehmende ist die Anzahl der Annahmen durch Einzelpersonen verschwindend gering, vgl. Kinder- und Jugendhilfestatistiken – Adoptionen 2010 abrufbar unter https://www.destatis.de/DE/Publikationen/Thematisch/Soziales/KinderJugendhilfe/Adoptionen5225201107004.html, S. 11 (letzter Aufruf am 1.4.2013); So auch Rauscher, Rn. 1150, der herausstellt, dass Einzeladoptionen auf Ausnahmefälle beschränkt sind. Vgl. dazu auch BT-Drucks 7/3061, 30.

215 Durch die zwingende Notwendigkeit der notariellen Beurkundung sollen die leiblichen Eltern noch einmal nachdrücklich auf die Tragweite ihrer Entscheidung Aufmerksam gemacht werden, vgl. Staudinger/Frank, § 1750 BGB, Rn. 5. Der potentiell Einwilligende soll von einer unbeteiligten neutralen Person über die Tragweite der Entscheidung belehrt werden, wodurch unüberlegte und übereilte Entscheidungen vermieden werden sollen, vgl. BT-Drucks 7/3061, 40; BT-Drucks 13/4899, 170.

216 Beck´sches Notarhandbuch/Grziwotz, BV, Rn. 2 ff., 58 f.; MüKo/Maurer, § 1750 BGB, Rn. 1.

217 Umfassend zu den einzelnen Belehrungspflichten Lerch, BWNotZ 1997, 53, 53 ff.

218 Lerch, § 17 BeurkG, Rn. 3.

219 RG JW 1935, 1688 = DNotZ 1935, 312.

220 Eylmann/Vaasen/Frenz, § 17 BeurkG, Rn. 13. Laut Bundesgerichtshof geht die Belehrungspflicht des Notars nur soweit, als eine Belehrung für das Zustandekommen einer formgültigen Urkunde erforderlich ist, die den wahren Willen der Beteiligten vollständig und unzweideutig in der für das Rechtsgeschäft erforderlichen Form rechtswirksam enthält. Vgl. BGH DNotZ 1988, 388; BGH DNotZ 1954, 329, 331; Lerch, § 17 BeurkG, Rn. 10a; ähnlich auch Huhn/von Schuckmann, § 17 BeurkG, Rn. 20.

eintretenden rechtlichen Folgen der Einwilligung in die Annahme aufzuklären.[221] Nicht dazu verpflichtet ist er hingegen, die Beteiligten auf sämtliche Rechtsfolgen hinzuweisen, die auch nur annähernd in Betracht kommen könnten.[222]

Bei der Einwilligung der leiblichen Eltern in die Annahme bestimmen sich die unmittelbar eintretenden rechtlichen Folgen nach den §§ 1751 ff. BGB. Nach § 1751 BGB ruht die elterliche Sorge, die Befugnis zum persönlichen Umgang mit dem Kind darf nicht ausgeübt werden und das Jugendamt wird zum Vormund. Wird dann im nächsten Schritt die Annahme als Kind vom Familiengericht nach § 1752 BGB ausgesprochen, so erlangt das Kind die rechtliche Stellung eines Kindes des Annehmenden, vgl. § 1754 Abs. 2 BGB. Dem Annehmenden steht somit die elterliche Sorge zu, vgl. § 1754 Abs. 3 BGB und nach § 1755 Abs. 1 BGB erlöschen die Verwandtschaftsverhältnisse des Kindes zu seinen leiblichen Eltern und Verwandten sowie die sich aus diesen ergebenden Rechte und Pflichten. All dies sind unproblematisch unmittelbare rechtliche Folgen der Einwilligung, über die der Notar aufzuklären hat, um den Willen der Beteiligten vollständig, wahrheitsgemäß und rechtswirksam feststellen zu können.[223] Ferner sollte auch über die Fragen der Bindung an die Einwilligungserklärung und den begrenzten Möglichkeiten einer späteren Aufhebung der Adoption aufgeklärt werden.[224] Zwingend erforderlich ist dies jedoch nicht. Es kann auch darauf hingewiesen werden, dass bei einer gemeinschaftlichen Annahme durch ein Ehepaar eine erneute Adoption des Kindes während dessen Minderjährigkeit grundsätzlich nicht möglich ist.[225] Auch dabei handelt es sich aber nicht um eine unmittelbare Folge der Einwilligung, weswegen auch darauf nicht zwangsläufig hingewiesen werden muss.[226] In Bezug auf die Kettenannahme nach § 1742 BGB lässt sich somit festhalten, dass diese nach der soeben dargestellten Gesetzessystematik nicht zu den unmittelbaren Rechtsfolgen der Einwilligung gehört, weswegen diese eine mittelbare Folge der Einwilligung darstellt.[227]

---

221 Eylmann/Vaasen/Frenz, § 17 BeurkG, Rn. 8 f.; so auch grundlegend Armbrüster/Preuss/Renner, § 17 BeurkG, Rn. 27 f.

222 Lerch, § 17 BeurkG, Rn. 10 ff.

223 Vergleich hierzu auch die Formulierungsmuster bei Kersten/Bühling/Kordel/Emmerling de Oliveira, § 93, Rn. 34 M ff., insb. Rn. 42 M; vgl. auch Reithmann/Albrecht, B, Rn. 136 f., 157 nachdem sich die Aufklärungspflichten auf die erstrebten Folgen eines Rechtsgeschäfts beziehen.

224 So auch Beck´sches Notarhandbuch/Grziwotz, BV, Rn. 75.

225 Vergleich hierzu den Formulierungsvorschlag bei Beck´sches Notarhandbuch/Grziwotz, BV, Rn. 75.

226 So in ihren Formulierungsvorschlägen Kersten/Bühling/Kordel/Emmerling de Oliveira, § 93, Rn. 34 M ff., Münchener Vertragshandbuch/Langenfeld, XIII. 6-7, Wurm/Wagner/Zartmann/Reetz, Kap. 67, Rn. 20 siehe M 67.2.

227 Das geht auch aus einem Entwurf einer Einwilligungserklärung zur Vorlage bei einem Notar der Adoptionsvermittlungsstelle Hamburg hervor, indem dort nur bestätigt werden muss, dass über den wesentlichen In-

Dadurch ist aber fraglich, ob es zumindest in besonderen Fällen erforderlich sein könnte, auch auf solche mittelbaren Folgen hinzuweisen. Um die Erforderlichkeit eines solchen zusätzlichen Belehrungserfordernisses zu rechtfertigen, müssten auch zusätzliche, besondere Umstände vorliegen.[228] Für das Entstehen einer solchen erweiterten Aufklärungspflicht ist deshalb notwendig, dass dem Beteiligten ein Schaden droht, welcher ihm aus tatsächlichen oder rechtlichen Gründen nicht bewusst ist.[229] Bezogen auf die Aufklärung über § 1742 BGB bedeutet dies, dass den Einwilligenden ein Schaden drohen müsste, dessen sie sich nicht bewusst sind. Um diesen abzuwenden, müsste der Notar sie über die Auswirkungen von § 1742 BGB dann im Rahmen seiner erweiterten Pflicht aufklären. Den Einwilligenden kann aber durch die Möglichkeit einer Zweitannahme kein Schaden drohen oder entstehen, denn ihr Elternrecht erlischt schon durch die erste Annahme. Auch dem Kind kann kein Schaden drohen, da auch eine Zweitannahme immer dem Wohl des Kindes dienen muss, vgl. § 1741 Abs. 1 S. 1 BGB. Es bleibt also festzuhalten, dass keine besonderen Umstände vorliegen, durch welche den Einwilligenden ein Schaden drohen würde und deswegen eine Aufklärung über die mittelbare Folge des § 1742 BGB erforderlich wäre. Eine Aufklärungspflicht des Notars über § 1742 BGB als mittelbare Folge der Einwilligung aufgrund besonderer Umstände scheidet mithin aus.[230]
Eine Pflicht zur Aufklärung über § 1742 BGB ergibt sich also weder aus der Pflicht zur Aufklärung über unmittelbare rechtliche Folgen i.S.d. § 17 Abs. 1 S. 1 BeurkG noch über das Entstehen einer besonderen Aufklärungspflicht über mittelbare Folgen aufgrund von besonderen Umständen.

Eine Verpflichtung zur Aufklärung über § 1742 BGB könnte sich aber auch ergeben, wenn der Notar dazu verpflichtet wäre über Entwicklungstendenzen einer durch die Einwilligung berührten Norm zu informieren, die in Rechtsprechung und Literatur thematisiert werden.[231]

---

halt des Adoptionsrechts, insbesondere über die Rechtswirkungen von § 1751 BGB belehrt wurde. Vgl. Anlage 2.

228 Armbrüster/Preuss/Renner, § 17 BeurkG, Rn. 31; Huhn/von Schuckmann, § 17 BeurkG, Rn. 30.

229 Huhn/von Schuckmann, § 17 BeurkG, Rn. 17.

230 Es ist aber zu beachten, dass sich in der Literatur keine konkreten Formulierungsvorschläge für die Annahme eines Kindes durch eine Einzelperson finden. Formulierungsvorschläge finden sich nur zu einer gemeinschaftlichen Annahme durch Eheleute, vgl. Münchener Vertragshandbuch/Langenfeld, XIII. 6-7; Kersten/Bühling/Kordel/Emmerling de Oliveira, § 93, Rn. 34 M f., 41 M f.; Wurm/Wagner/Zartmann/Reetz, Kap. 67, Rn. 20 siehe M 67.2.

231 Vgl. hierzu Armbrüster/Preuss/Renner, § 17 BeurkG, Rn. 34 f.; ; Eylmann/Vaasen/Frenz, § 17 BeurkG, Rn. 15; Huhn/von Schuckmann, § 17 BeurkG, Rn. 32; Lerch, § 17 BeurkG, Rn. 12a.

Die Regelung des § 1742 BGB ist durch die Einwilligung berührt, da durch die Einwilligung auch die Rechtsfolgen dieser Norm eintreten können. Für eine besondere Aufklärungspflicht über Entwicklungstendenzen wäre dann des Weiteren erforderlich, dass die Regelung des § 1742 BGB in der Rechtsprechung und Literatur diskutiert wird. Bezüglich des Anwendungsbereichs von § 1742 BGB ist sich die Rechtsprechung einig, dass lediglich Eheleute vom Verbot der Kettenadoption ausgenommen sind und eingetragene Lebenspartner davon nicht erfasst werden.[232] Im Gegensatz dazu wird im Schrifttum aber auch die Auffassung vertreten, die Ausnahme vom Verbot der Kettenannahme finde auch auf eingetragene Lebenspartner Anwendung.[233] Die Mehrheit der Stimmen, vor allem aus der Kommentarliteratur, spricht sich jedoch de lege lata gegen die Möglichkeit der Zweitannahme eines Adoptivkindes durch den eingetragenen Lebenspartner aus.[234] Aufgrund der Gegenstimmen aus der Literatur kann aber trotzdem von einem juristischen Streit über die Annahmemöglichkeit von adoptierten Kindern durch den eingetragenen Lebenspartner des Erstannehmenden ausgegangen werden.

Reicht dieser juristische Streit jetzt aber für eine Hinweispflicht des Notars auf diese mögliche Rechtsfolge aus? Grundsätzlich hat ein Notar bei der Prüfung einer Rechtsfrage die Rechtsprechung der obersten Gerichte, die in den amtlichen Sammlungen und in den für seine Amtstätigkeit wesentlichen Zeitschriften veröffentlicht sind, sowie die üblichen Erläuterungsbücher auszuwerten.[235] Er muss also Entwicklungstendenzen in Literatur und Rechtsprechung zur Kenntnis nehmen[236] und hat seine Mandanten dementsprechend zu belehren. Wird eine Rechtsfrage aber erst vereinzelt in der Literatur erörtert, bestehen grundsätzlich keine weiteren Aufklärungspflichten.[237] Ansonsten würden die Sorgfaltspflichten des Notars überspannt, indem von ihm verlangt werden könnte, vereinzelte Stimmen der Literatur zu einem Thema, welches am Rande notarieller Amtstätigkeit liegt, bei seiner Beratung erkannt zu haben und

232 OLG Hamburg, FamRZ 2011, 1312; OLG Hamm NJW 2010, 2065; AG Hamburg FamRZ 2009, 355.

233 v. Dickhuth-Harrach, FPR 2005, 273, 276; Grziwotz, DNotZ, 2005, 13,25; Grziwotz, FamRZ 2010, 1260 f. Hiervon musste zum Erstellungszeitpunkt der Arbeit noch ausgegangen werden, auch wenn sich dies durch das Urteil des Bundesverfassungsgerichts, BVerfG, 1 BvL 1/11 vom 19.2.2013, geändert hat.

234 Erman/Kaiser, § 9 LPartG Rn. 14, 19; Gernhuber/Coester-Waltjen, § 43, Rn. 46;. Bruns/Kemper/Kemper, § 9 LPartG, Rn. 30; MüKo/Maurer, § 1742 BGB, Rn. 2; Staudinger/Frank, § 1742 BGB, Rn. 14; Staudinger/Voppel, § 9 LPartG, Rn. 71.

235 BGH NJW-RR 1994, 1021.

236 BGH NJW 1993, 648, 649; BGH NJW 1992, 3237, 3239; Lerch, § 17 BeurkG, Rn. 12a.

237 BGH NJW-RR 1994, 1021.

zu berücksichtigen.[238] Im Ergebnis muss er sich in umstrittenen Fragen an die herrschende Meinung halten.[239]

Die Möglichkeit die Ausnahme vom Verbot der Kettenadoption aus § 1742 BGB auch auf eingetragene Lebenspartner anzuwenden wird, wie gezeigt, erst vereinzelt in der juristischen Literatur aufgeworfen. Deswegen ergibt sich aufgrund dieser Entwicklungstendenzen nicht das Erfordernis über § 1742 BGB aufzuklären.

Eine besondere Belehrungspflicht des Notars über den genauen Inhalt von § 1742 BGB, der die Zweitannahme durch den Ehepartner des Erstannehmenden ermöglicht, konnte somit nicht festgestellt werden. Den Notar trifft auch keine Pflicht die Einwilligenden auf eine mögliche Anwendung der Ausnahme von § 1742 BGB auf eingetragene Lebenspartner hinzuweisen.[240]

### *(cc) Ergebnis der Belehrungs- und Informationspflichten*

Als Ergebnis der Untersuchung der Belehrungs- und Informationspflichten der Adoptionsvermittlungsstellen und der Notare kann somit Folgendes festgehalten werden. Keine der Stellen ist dazu verpflichtet die leiblichen einwilligenden Eltern gezielt auf § 1742 BGB hinzuweisen. Also wird weder über das grundsätzlich geltende Verbot der Kettenannahme noch über die Ausnahme für Eheleute informiert.[241] Dementsprechend wird auch nicht darauf hingewiesen, dass diese Ausnahme vom Verbot der Kettenannahme de lege lata nicht auf eingetragene Lebenspartner anzuwenden ist oder dies in Literatur und Rechtsprechung diskutiert wird.

---

238 BGH NJW-RR 1994, 1021.

239 Armbrüster/Preuss/Renner, § 17 BeurkG, Rn. 34; Huhn/von Schuckmann, § 17 BeurkG, Rn. 32 f.;

240 Dass in der Praxis vom Notar nicht auf § 1742 BGB hingewiesen wird, ergibt sich auch aus dem Entwurf der Einwilligungserklärung zur Vorlage bei einem Notar der Adoptionsvermittlungsstelle Hamburg, in dem von § 1742 BGB nicht die Rede ist. Vgl. Anlage 2.

241 Aufgrund dieses Ergebnisses darf auch die Aussage, die Eltern willigten in Kenntnis des § 1742 BGB im Bezug auf Eheleute in die Erstannahme ein, nicht wörtlich verstanden werden.

#### *(b) Auswirkungen der Aufklärung über § 1742 BGB auf die Reichweite der Einwilligung in Bezug auf eine Zweitannahme durch den eingetragenen Lebenspartner*

Nachdem nun grundsätzlich festgestellt wurde, dass die einwilligenden leiblichen Eltern nicht explizit über § 1742 BGB aufgeklärt werden und so auch keine Kenntnis von der Tatsache haben, dass de lege lata nur eine Zweitannahme durch den Ehegatten des Erstannehmenden und nicht auch dessen eingetragenen Lebenspartner möglich ist, stellt sich weiterhin die Frage, wie sich dies auf die Behauptung auswirkt, die Einwilligung wäre bei einer Zweitannahme durch den eingetragenen Lebenspartner überschritten.[242]

Vor der Untersuchung der tatsächlichen Aufklärung über § 1742 BGB wurde die Vermutung angestellt, die Zweitannahme wäre nicht vom Willen den leiblichen Eltern gedeckt, wenn sie wüssten, dass eine Sukzessivannahme nur durch Eheleute möglich ist, weshalb die Einwilligung überschritten wäre. Auf der anderen Seite wäre die Einwilligung auf keinen Fall überschritten, wären sie über die Möglichkeit der in der Literatur befürworteten Zweitannahme eines eingetragenen Lebenspartners aufgeklärt worden. Da die Einwilligenden aber keinerlei Informationen zum Thema Kettenannahme erhalten, gilt es zu untersuchen, wie sich dies auf die Wirksamkeit der Einwilligung auswirkt. Die Formulierung der Überschreitung der Einwilligung legt den Schluss nahe, dass eine überschrittene Einwilligung unwirksam ist. Da dann eine unwirksame Einwilligung in die erste Annahme vorliegen würde, eine solche aber nach § 1747 BGB zur Annahme erforderlich ist, müsste dies negative rechtliche Folgen für die Erstannahme nach sich ziehen. Welche Rechtsfolgen ergeben sich also aufgrund einer mangelhaften Einwilligung? Ein automatisch bewirktes nichtig werden der Annahme ergibt sich aus dem Gesetz nicht. Die einzige Möglichkeit Fehler im Annahmeprozess geltend zu machen, wäre die Aufhebung des Annahmeverhältnisses nach § 1759 BGB in den Fällen der §§ 1760, 1763 BGB. In § 1760 BGB ist dabei die Aufhebung wegen fehlender Erklärung und in § 1763 BGB die Aufhebung von Amts wegen normiert. Wäre die Einwilligung also tatsächlich überschritten, müsste als Rechtsfolge bei einer Zweitannahme durch einen eingetragenen Lebenspartner des Erstannehmenden zumindest die Möglichkeit bestehen, das Annahmeverhältnis nach § 1760 BGB oder § 1763 BGB aufzuheben.

242 Davon geht ohne weitere Begründung das OLG Hamm, NJW 2010, 2065 aus.

### *(aa) Aufhebung nach § 1763 BGB*

Fraglich ist also, ob eine Aufhebung von Amts wegen nach § 1763 Abs. 1 BGB möglich wäre, wenn der eingetragene Lebenspartner das Kind des Erstannehmenden sukzessive auch annimmt. Dies ist grundsätzlich nur möglich, soweit dies aus schwerwiegenden Gründen zum Wohl des Kindes erforderlich ist. Dabei handelt es sich um eine Ausnahmevorschrift, welche nur zum Wohl des Kindes angewendet werden darf.[243] Durch eine spätere Zweitannahme erhält das Kind zwei rechtlich verantwortliche Eltern, vgl. § 9 Abs. 7 S. 2 LPartG i.V.m. § 1754 Abs. 1, 2. Alt. BGB. Eine solche Entwicklung ist grundsätzlich positiv für das Kindeswohl,[244] weswegen eigentlich keine schwerwiegenden Gründe vorliegen, die eine Aufhebung erforderlich machen würden. Da jedoch weiterhin Bedenken in Bezug auf das Aufwachsen von Kindern in gleichgeschlechtlichen Beziehungen geäußert werden, könnte daran gedacht werden, die rechtliche Elternschaft doch als schwerwiegenden, zur Aufhebung des Annahmeverhältnis führenden Grund sehen zu können. Im Falle einer Sukzessivadoption lebt das Kind aber schon in der eingetragenen Lebenspartnerschaft, der soziale Elternteil wird lediglich zum rechtlichen. Warum dies einen schwerwiegenden Grund darstellen sollte, der die Aufhebung erforderlichen machen sollte, das vorherige Zusammenleben mit einem rechtlichen und einem sozialen Elternteil jedoch nicht, ist nicht ersichtlich.[245] Das Annahmeverhältnis könnte demnach nicht nach § 1763 BGB aufgehoben werden.

### *(bb) Aufhebung nach § 1760 BGB*

Das Annahmeverhältnis könnte allerdings wegen fehlender Erklärung nach § 1760 BGB aufgehoben werden. Dies ist nach § 1760 Abs. 1 BGB möglich, wenn die Annahme ohne die erforderliche Einwilligung des Elternteils erfolgte. Von dem Fehlen der erforderlichen Einwilligung wird auch ausgegangen, wenn sie nach § 1760 Abs. 2 lit. a-e BGB unwirksam ist.[246] Fraglich ist somit, ob die Einwilligung aufgrund der nicht erteilten Informationen über § 1742 BGB i.S.d. § 1760 Abs. 2 BGB unwirksam wäre.

---

243 Palandt/Götz, § 1763 BGB, Rn. 1.

244 Schon der Gesetzgeber gibt der Annahme durch ein Ehepaar den Vorrang, wodurch das Kind zwei rechtliche Elternteile also mithin eine vollständige Familie hat. Vgl. Lipp/Wagenitz, § 1741 BGB, Rn. 12; Soergel/Liermann, § 1741 BGB, Rn. 25 f.

245 Eine Ausführliche Auseinandersetzung mit dem Wohl von Kindern in gleichgeschlechtlichen Beziehungen erfolgt noch unter Kapitel 1:B.II.1.b)aa).

246 Bamberger/Roth/Enders, § 1760 BGB, Rn. 2; jurisPK/Heiderhoff, § 1760 BGB, Rn. 9; Staudinger/Frank, § 1760 BGB, Rn. 11.

Nach § 1760 Abs. 2 lit. a BGB ist die Einwilligung unwirksam, wenn der Einwilligende sich bei der Erklärung im Zustand der Bewusstlosigkeit oder in einem vorübergehenden Zustand der Geistesstörung befand. Darunter lässt sich der Fall einer nicht erfolgten Aufklärung über eine Norm nicht subsumieren, weswegen keine Unwirksamkeit nach § 1760 Abs. 2 lit. a BGB vorliegen würde.

Nach § 1760 Abs. 2 lit. b BGB ist die Einwilligung unwirksam, wenn der Erklärende nicht gewusst hat, dass es sich um eine Annahme als Kind handelt, oder wenn er dies zwar gewusst hat, aber eine Einwilligung zur Annahme nicht hat abgeben wollen oder wenn sich der Annehmende in der Person des anzunehmenden Kindes oder wenn sich das anzunehmende Kind in der Person des Annehmenden geirrt hat.[247] Durch die nicht erfolgte Aufklärung über § 1742 BGB und eine spätere Zweitannahme durch den eingetragenen Lebenspartner könnte ein Irrtum vom Erklärenden über die Person des Annehmenden vorliegen.[248]
Dadurch stellt sich die Frage, ob eine Anfechtung der leiblichen Eltern wegen Irrtums über die Person des Annehmenden überhaupt unter § 1760 Abs. 2 lit. b BGB zu subsumieren ist. Denn ausgehend vom Wortlaut ist eine Anfechtung hiernach nur möglich, wenn sich der Annehmende in der Person des anzunehmenden Kindes oder wenn sich das anzunehmende Kind in der Person des Annehmenden geirrt hat. Vom einem Irrtum der Einwilligenden über die Person des Annehmenden ist nicht die Rede. Um einen solchen Fall handelt es sich aber vorliegend. Zum überwiegenden Teil wird in der Literatur davon ausgegangen, dass auch diese Konstellation unter die Anfechtung nach § 1760 Abs. 2 lit. b BGB fällt.[249] Andere hingegen orientieren sich am ihrer Meinung nach abschließenden Wortlaut der Norm, sodass eine Anfechtung nach § 1760 Abs. 2 lit. b BGB hier nicht möglich wäre.[250] Dessen ungeachtet, könnte der Streitentscheid aber dahinstehen, wenn ohnehin kein Irrtum über die Person des Annehmenden bei einer Zweitannahme vorliegen würde.

---

247 Die Unwirksamkeit wegen Nichtwissen, dass es sich um einen Annahmeantrag handelt wurde hier mangels Relevanz nicht mit aufgezählt.

248 Vgl. jurisPK/Heiderhoff, § 1760 BGB, Rn. 13. Diese Sachlage vergleichend mit einem Personenindentitätsirrtum Scholz/Stein/Eckebrecht, V, Rn. 92.

249 MüKo/Maurer, § 1760 BGB, Rn. 8; Scholz/Stein/Eckebrecht, V, Rn. 92; ähnlich auch Staudinger/Frank, § 1760 BGB, Rn. 16 der von einem Irrtum des gesetzlichen Vertreters des Kindes über die Person des Annehmenden ausgeht; in diesem Zusammenhang verweist auch Soergel/Liermann, § 1760 BGB, Rn. 9 auf § 166 Abs. 1 BGB.

250 Hoppenz/Hoffmann, § 1760 BGB, Rn. 5; Schmidt, Rn. 1242; so auch insbesondere unter ausdrücklicher Nennung dieses Falles RGRK/Dickescheid, § 1760 BGB, Rn. 6; Erman/Saar, § 1760 BGB, Rn. 5.

Ein Irrtum über die Person des Annehmenden würde nur vorliegen, wenn in die Annahme durch eine bestimmte Person, die unter der entsprechenden Listennummer bei der Adoptionsvermittlungsstelle geführt wird, eingewilligt wird, die Annahme dann aber durch eine andere Person erfolgt.[251] In dem vorliegend untersuchten Fall wird in die Annahme durch die Person eingewilligt, welche das Kind auch annimmt. Es liegt also kein Irrtum über den Erstannehmenden vor, welcher eine Aufhebung rechtfertigen könnte. Indem nicht über die Möglichkeit einer Zweitannahme nach § 1742 BGB aufgeklärt wird, könnte lediglich ein Irrtum über die Person des Zweitannehmenden vorliegen. Ein Irrtum über die Person des Zweitannehmenden fällt hingegen nicht unter den Anwendungsbereich des § 1760 Abs. 2 lit. b BGB.[252] Der Anwendungsbereich der Norm ist allgemein eher gering, da lediglich klargestellt wird, dass im Gegensatz zur Gesetzeslage vor der Reform von 1976 ein Eigenschaftsirrtum nach geltender Rechtslage unbeachtlich ist.[253]
Folglich könnte das Annahmeverhältnis nicht wegen einer unwirksamen Erklärung nach § 1760 Abs. 2 lit. b BGB aufgehoben werden.

Dadurch, dass die Einwilligenden nicht über § 1742 BGB informiert werden, könnte aber wegen der bestehenden Möglichkeit der Zweitannahme eine unwirksame Erklärung nach § 1760 Abs. 2 lit. c BGB vorliegen. Voraussetzung ist die Bestimmung des Einwilligenden durch arglistige Täuschung über wesentliche Umstände zur Erklärung.[254] Es müsste also eine Übel wollende und zumindest bedingt vorsätzliche Täuschung durch das Unterdrücken entsprechender Tatsachen vorliegen.[255] Dann müsste eine solche Täuschung durch die Nichtaufklärung über § 1742 BGB gegeben sein. Da Informationen über die Einwilligung nur von der Adoptionsvermittlungsstelle und dem Notar erteilt werden müssen, kommt nur eine Täuschung durch diese aufgrund der Nichtaufklärung in Betracht. Dann müssten sie aber zunächst zu dem Personenkreis gehören, von dem eine Täuschung i.S.d. § 1760 Abs. 2 lit. c BGB vorgenommen werden kann.[256] Dazu gehören nach

251 Vgl. Gernhuber/Coester-Waltjen, § 68, Rn. 155; MüKo/Maurer, § 1760 BGB, Rn. 8; Rauscher, Rn. 1181.
252 Hiervon muss mangels Thematisierung dieses Falls in der Literatur ausgegangen werden, vgl. Bamberger/Roth/Enders, § 1760 BGB, Rn. 5; MüKo/Maurer, § 1760 BGB, Rn. 8; Palandt/Diederichsen, 71. Auflage, § 1760 BGB, Rn. 5; Soergel/Liermann, § 1760 BGB, Rn. 9; Staudinger/Frank, § 1760 BGB, Rn. 16.
253 BT-Drucks 7/3061, 27, 47.
254 Staudinger/Frank, § 1760 BGB, Rn. 20 Erklärende können unproblematisch auch die leiblichen Eltern sein.
255 Soergel/Liermann, § 1760 BGB, Rn. 12 f.
256 MüKo/Maurer, § 1760 BGB, Rn. 9.

§ 1760 Abs. 4 BGB auch die Adoptionsvermittlungsstellen.[257] Die Mitarbeiter der Adoptionsvermittlungsstellen müssen die Einwilligenden aber auch über wesentliche Umstände getäuscht haben.[258] Bei diesen handelt es sich um alle Tatsachen, die aus der Sicht des Einwilligenden die künftige Entwicklung des Kindes maßgeblich beeinflussen könnten,[259] vor allem die Erziehungs- und Betreuungseignung des Annehmenden.[260] Eine von der Adoptionsvermittlungsstelle vorgenommene Täuschung über die Person des Annehmenden würde nach allgemeiner Ansicht eine Täuschung über wesentliche Umstände darstellen und zur Unwirksamkeit der Einwilligung i.S.d. § 1760 Abs. 2 lit. c BGB führen.[261] Im vorliegenden Fall wird jedoch - wenn überhaupt - nur über den Umstand getäuscht, dass auch eine Zweitannahme möglich ist. Eine Täuschung über den Annehmenden betreffende negative Tatsachen[262] liegt aber nicht vor. Das Erhalten eines zweiten rechtlichen Elternteils stellt für das Kind sogar ganz im Gegenteil dazu eine positive Tatsache dar.[263] Indem die Adoptionsvermittlungsstelle nicht über die Auswirkungen von § 1742 BGB aufklärt, liegt folglich keine Täuschung i.S.d. § 1760 Abs. 2 lit. c BGB vor. Die Einwilligung wäre dadurch nicht unwirksam und das Annahmeverhältnis könnte wegen der Möglichkeit der Sukzessivannahme nicht aufgehoben werden.
Eine Täuschung durch den Notar scheidet aus, da er nicht unter den Personenkreis derjenigen fällt, von denen eine nach § 1760 Abs. 2 lit. c BGB anfechtbare Täuschung ausgehen könnte.[264] Diese gesetzgeberische Wertung spiegelt sich schon in § 17 BeurkG wieder, bei dem es sich um eine Soll-Vorschrift handelt.[265] Der Notar, der nicht berät und belehrt, begeht somit zwar eine Dienstpflichtverletzung, welche zu einem Schadensersatzanspruch führen kann. Das führt aber nicht zur Nichtigkeit des Rechtsgeschäfts.[266]

Ferner würde eine Anfechtung aufgrund einer Drohung oder eines Fristablaufs nach § 1760 Abs. 2 lit. d und e BGB nicht in Betracht kommen. Auch andere als die in den Aufhe-

257 Palandt/Diederichsen, 71. Auflage, § 1760 BGB, Rn. 6; Staudinger/Frank, § 1760 BGB, Rn. 22.
258 Bamberger/Roth/Enders, § 1760 BGB, Rn. 5.
259 jurisPK/Heiderhoff, § 1760 BGB, Rn. 14.
260 MüKo/Maurer, §1760 BGB, Rn. 9
261 jurisPK/Heiderhoff, § 1760 BGB, Rn. 14; Staudinger/Frank, § 1760 BGB, Rn. 20.
262 Bamberger/Roth/Enders, § 1760 BGB, Rn. 5.2; MüKo/Maurer, § 1760 BGB, Rn. 9; Staudinger/Frank, § 1760 BGB, Rn. 20; ähnlich auch Palandt/Diederichsen, 71. Auflage, § 1760 BGB, Rn. 6.
263 Vor allem wenn davon ausgegangen werden kann, dass dieser zweite Elternteil die soziale Elternschaft schon vor der rechtlichen übernommen hat.
264 MüKo/Maurer, § 1760 BGB, Rn. 9; Staudinger/Frank, § 1760 BGB, Rn. 21.
265 Armbrüster/Preuss/Renner, § 17 BeurkG, Rn. 188; Huhn/von Schuckmann, § 17 BeurkG, Rn. 21.
266 Vgl. BGHZ 80, 76, 79.

bungstatbeständen genannten Gründe würden für ein Aufhebungsverfahren aufgrund des geltenden Enumerationsprinzips nicht in Betracht kommen.[267]

Im Falle einer Zweitannahme durch den eingetragenen Lebenspartner des Erstannehmenden könnte das Annahmeverhältnis also nicht nach § 1760 BGB aufgehoben werden.

### *(cc) Ergebnis der Auswirkungen der Nichtaufklärung über § 1742 BGB*

Im Ergebnis sieht das Gesetzt folglich keine Möglichkeit vor, das Annahmeverhältnis mangels erteilter Information über § 1742 BGB nach § 1763 BGB oder § 1760 BGB aufzuheben. Dies liegt vor allem in dem Umstand begründet, dass eine Aufhebung nach der Wertung des Gesetzgebers immer nur ultima ratio sein soll.[268] Deshalb muss eine Aufhebung des Annahmeverhältnisses vor allem in den Fällen möglich sein, in denen die Umstände für das Kind unerträglich geworden sind.[269] Könnten schon geringe Unzulänglichkeiten oder ein Gesinnungswandel zur Aufhebung des Adoptionsverhältnisses führen, wäre das nicht mit dem Ziel der Schaffung einer Familie vereinbar.[270] Dieser Gedanke spiegelt sich auch in der Tatsache wider, dass das Annahmeverhältnis auch bei dem Vorliegen der Voraussetzungen des § 1760 BGB nur aufgehoben werden kann, wenn das Wohl des Kindes dadurch nicht gefährdet wird, vgl. § 1761 Abs. 2 BGB. Die Interessen der Einwilligenden stehen folglich hinter denen des Kindes zurück.

### ***(c) Ergebnis zur Überschreitung der Einwilligung aufgrund einer Zweitannahme durch den eingetragenen Lebenspartner***

Wäre die Einwilligung wegen der Nichtaufklärung über § 1742 BGB und der damit verbundenen Möglichkeit der Zweitannahme für den eingetragenen Lebenspartner mit einem erheblichen Mangel behaftet, müsste dementsprechend auch die Aufhebung des Annahmeverhältnisses aufgrund der Unwirksamkeit der Einwilligung möglich sein. Eine Aufhebung wäre aber weder nach § 1760 BGB noch nach § 1763 BGB möglich, weswegen nicht von einer Überschreitung der Einwilligung bei einer Sukzessivannahme durch den eingetragenen Le-

267 jurisPK/Heiderhoff, § 1760 BGB, Rn. 9; Scholz/Stein/Eckebrecht, V, Rn. 81.
268 BayObLGZ 1979, 386, 391; jurisPK/Heiderhoff, § 1759 BGB, Rn. 2; ähnlich auch Staudinger/Frank, § 1760 BGB, Rn. 3, die als Reformziel den Bestandsschutz des Annahmeverhältnisses anführen.
269 OLG Oldenburg FamRZ 2004, 399, 400; BayObLGZ 1979, 386, 391.
270 Rauscher, Rn. 1180.

benspartner des Erstannehmenden ausgegangen werden kann.[271] Da die Einwilligung schon nach den geltenden Gesetzen nicht überschritten wäre, wäre sie erst recht nicht überschritten, wenn die Ausnahme in § 1742 BGB von Eheleuten auf eingetragene Lebenspartner durch eine Ergänzung des Wortlauts erweitert werden würde oder wenn ein Verweis auf die Anwendbarkeit der Ausnahme in § 1742 BGB in § 9 Abs. 7 S. 2 LPartG aufgenommen würde. Eine Überschreitung der elterlichen Einwilligung in die Erstannahme kann somit nicht gegen die Erweiterung von § 9 Abs. 7 LPartG angeführt werden.

#### (3) Ergebnis zum Überschreiten der Einwilligung durch Zweitannahme

Nach den vorangegangenen Untersuchungen kann festgestellt werden, dass die Einwilligung in die Annahme weder aufgrund einer Zweitannahme durch den Ehegatten noch durch den eingetragenen Lebenspartner des Erstannehmenden überschritten wäre. Eine Überschreitung der Einwilligung konnte insbesondere nicht im Hinblick auf eine Zweitannahme durch den eingetragenen Lebenspartner festgestellt werden.[272]

### *cc) Gesamtergebnis zur Überschreitung der Reichweite der Einwilligung in die Erstannahme*

Zur Beantwortung der Frage zum Überschreiten der Reichweite der Einwilligung in die Erstannahme durch eine später erfolgende Sukzessivannahme kann im Ergebnis Folgendes festgehalten werden.

Die Einwilligung der leiblichen Eltern in die Annahme würde nicht überschritten, indem der Ehegatte des Erstannehmenden das Kind sukzessive auch annimmt. Der Grund für das Verbot der Kettenannahme, nämlich ein Überschreiten der Einwilligung bei einer Zweitannahme, trifft somit auf Eheleute nicht zu. Dieser Umstand begründet folglich unter anderem die Ausnahme vom Verbot der Kettenadoptionen für Eheleute.[273] Wie gezeigt wurde, würde die Reichweite der Einwilligung ferner aber auch nicht bei einer Zweitannahme durch den einge-

271 Dafür spricht auch der Umstand, dass die Abgebenden ihre Einwilligung nur für einen Annahemden abgeben könnten, der zum Zeitpunkt der Annahme heterosexuell orientiert ist und so versuchen könnten auszuschließen, dass das Kind in einer gleichgeschlechtlichen Partnerschaft aufwächst. Vgl. dazu die Ausführungen zur Beschränkung der Einwilligung unter Kapitel 1:B.I.2.b)aa)(2).

272 A.A. OLG Hamm, NJW 2010, 2065, 2066, die einwenden, die Eltern würden in eine Einzeladoption einwilligen und könnten so nicht mit einer sukzessiven zweiten Annahme einverstanden sein.

273 Ferner wird diese auch, wie in Kapitel 1:B.I.2.a) gezeigt, dadurch gerechtfertigt, dass weder sich widersprechende noch sich gegenseitig ablösende Elternrechte entstehen, wenn der Ehegatte des Erstannehmenden das Kind auch annimmt.

tragenen Lebenspartner des Erstannehmenden überschritten. Dieser Grund für das Verbot von Kettenannahmen trifft somit also auch nicht auf eingetragene Lebenspartner zu. Er gilt also sowohl für Eheleute als auch für eingetragene Lebenspartner, weshalb eine Übertragung von Eheleuten auf eingetragene Lebenspartner insofern möglich ist.

### *c) Ergebnis zur Übertragbarkeit der Gründe für die Ausnahme vom Verbot der Kettenannahme von Ehepartnern auf eingetragene Lebenspartner*

Die Ausnahme vom Verbot der Kettenannahme für Eheleute wird mit dem Nichtentstehen von sich widersprechenden oder sich gegenseitig ablösenden Elternrechten und der Nichtüberschreitung der Einwilligung in die Erstannahme bei sukzessiver Annahme durch den Ehegatten begründet. Wie im Rahmen der Untersuchung gezeigt wurde, würden aber auch bei einer Zweitannahme durch den eingetragenen Lebenspartner des Erstannehmenden weder sich widersprechende oder sich gegenseitig ablösende Elternrechte entstehen, noch würde die Einwilligung der leiblichen Eltern überschritten. Die Gründe, die zu der Ausnahme von Eheleuten vom Verbot der Kettenannahme in § 1742 BGB führen, sind somit auch auf eingetragene Lebenspartner übertragbar.[274] Von diesem Aspekt ausgehend, würden einer Erweiterung von § 9 Abs. 7 LPartG um die Sukzessivannahme also keine Bedenken entgegenstehen.

## 3. Vergleichbarkeit von Eheleuten und eingetragenen Lebenspartnern

Für eine de lege ferenda mögliche Erweiterung der Ausnahme vom Verbot der Kettenannahme auf eingetragene Lebenspartner müsste ihre Situation des Weiteren auch mit der von Eheleuten vergleichbar sein. Ansonsten könnte ihre Nichteinbeziehung in die Ausnahme vom Verbot der Kettenannahme damit im Umkehrschluss noch begründet werden. Um eine abschließende Beurteilung zu der Erweiterung der Ausnahme von §1742 BGB auf eingetragene Lebenspartner vornehmen zu können, gilt es diesen Aspekt deshalb im Folgenden zu untersuchen.

Die Prüfung der Vergleichbarkeit von Eheleuten und eingetragenen Lebenspartnern erfolgt anhand von verschiedenen Kriterien. So werden zuerst die verschiedenen Personenkonstella-

274 So jetzt auch BVerfG, 1 BvL 1/11 vom 19.2.2013, Rn. 102.

tionen dargstellt und dann in Bezug auf ihre rechtlich ausgestaltete Stabilität, Beständigkeit und Absicherung geprüft. Danach werden die geltenden rechtlichen Möglichkeiten der Kindesannahme von beiden Personengruppen gegenübergestellt. Dadurch wird abschließend beurteilt werden können, ob die Verbindungen von Eheleuten und eingetragenen Lebenspartnern grundsätzlich vergleichbar sind, so dass eine Erweiterung der Sukzessivadoption für eingetragene Lebenspartner nicht aufgrund von gravierenden Unterschieden zu Eheleuten abgelehnt werden kann.

### *a) Vergleichbarkeit der Personenkonstellationen*

Fraglich ist somit zunächst, inwieweit die Personenkonstellation in einer eingetragenen Lebenspartnerschaft mit der in einer Ehe vergleichbar ist.

Bei einer Zweitannahme durch den Ehepartner des Erstannehmenden erhält das Kind zwei rechtlich Verantwortliche,[275] zum einen die Ehefrau als Mutter und zum anderen den Ehemann als Vater.[276] Auch im Fall einer Zweitannahme durch den eingetragenen Lebenspartner des Erstannehmenden erhält das Kind einen zweiten rechtlich Verantwortlichen dazu. Eingetragene Lebenspartnerschaften können aber gem. § 1 Abs. 1 S. 1 LPartG nur von zwei Personen gleichen Geschlechts begründet werden, weswegen das Kind entweder einen zweiten Vater oder eine zweite Mutter dazubekommt. Beide Elternteile haben also bei einer Zweitannahme durch den Lebenspartner des Erstannehmenden das gleiche Geschlecht.[277] Die unterschiedlichen Geschlechterkonstellationen scheinen somit zunächst gegen eine Vergleichbarkeit der Personenkonstellationen zu sprechen. Es stellt sich aber die Frage, ob dies wirklich einen beachtlichen Unterschied zwischen den Gruppen darstellt. Eine Antwort darauf könnte durch einen Vergleich zur Stiefkindadoption eines leiblichen Kindes des eingetragenen Lebenspartners gefunden werden. Denn auch bei dieser haben beide Elternteile das gleiche Geschlecht und sind dementsprechend grundsätzlich nicht mit verschiedengeschlechtlichen Eheleuten vergleichbar. Trotzdem wurde sie durch § 9 Abs. 7 LPartG zugelassen. Die bei der

275 Das ist vom Gesetzgeber auch so gewünscht, da es dem Kindeswohl dient. Vgl. MüKo/Maurer, § 1741 BGB, Rn. 24; Lipp/Wagenitz, § 1741 BGB, Rn. 12; Staudinger/Frank, § 1741 BGB, Rn. 50.

276 Denn eine Ehe kann nur von zwei Personen verschiedenen Geschlechts geschlossen werden, da ihr das Wesensmerkmal der Verschiedengeschlechtlichkeit innewohnt Vgl. BVerfGE 105, 313, 342; BVerfGE 10, 59, 66; Staudinger/Stätz, § 1310 BGB, Rn. 12.

277 Der maßgebliche Unterschied zwischen einer Ehe und einer eingetragenen Lebenspartnerschaft liegt somit in der jeweiligen Zugangsberechtigung zu dem Institut. So auch Grünberger, FPR 2010, 203, 203 f.

Einführung von § 9 Abs. 7 LPartG geführten Debatten[278] hatten deshalb hauptsächlich den Umstand zum Thema, dass dem annehmenden eingetragenen Lebenspartner die gleiche Rechtsstellung gegenüber dem Kind wie dem leiblichen Elternteil eingeräumt wird.[279] Mit diesem Einwand sollte sich auch das Bundesverfassungsgericht auseinandersetzen und die Verfassungsmäßigkeit der Norm prüfen.[280] Den Bedenken in Bezug auf die gleiche Rechtstellung des Annehmenden mit dem leiblichen Elternteil wurde ein Wandel des Rechtsverständnisses von Elternschaft entgegengehalten. Denn für die Vermittlung von Elternrechten kann nicht nur die biologische Abstammung ausschlaggebend sein, sondern auch die sozial-familiäre Verantwortungsgemeinschaft, die sich gebildet hat.[281] Nach der Rechtsprechung des Bundesverfassungsgerichts nimmt die biologische Elternschaft keine Vorrangstellung zu einer rechtlichen oder sozial-familiären Elternschaft ein.[282] Ansonsten wäre auch die Stiefkind- bzw. Sukzessivadoption bei Ehegatten nicht möglich, denn auch in diesem Falle besteht keine biologische Elternschaft des annehmenden Ehegatten, auch wenn eine solche zumindest rein theoretisch denkbar wäre. Aus der bundesverfassungsgerichtlichen Argumentation zur Verfassungsmäßigkeit der Stiefkindadoption von eingetragenen Lebenspartnern kann somit die Unbeachtlichkeit des Unterschieds der Geschlechterkonstellationen von eingetragenen Lebenspartnern und Eheleuten abgeleitet werden. Da die Annahme eines leiblichen Kindes wie auch die sukzessive Adoption eines Fremdkindes zur gemeinsamen Elternschaft von eingetragenen Lebenspartnern führt, kann davon ausgegangen werden, dass die Unterschiede in den Personenkonstellationen auch vorliegend einen zu vernachlässigenden Unterschied darstellen.[283]

278 So auch Stüber, FamRZ 2005, 574, 576.
279 Zum Folgenden vgl. BVerfG StAZ 2009, 307 ff.
280 BVerfG FamRZ 2009, 1653, 1653 ff.; dazu auch Schlütter, FF 2005, 234, 234 ff.
281 BVerfGE 92, 158, 178; BVerfGE 56, 363, 382.
282 BVerfGE 108, 82, 105 f.
283 Bei einer Stiefkindadoption eines leiblichen Kindes kann die rechtliche Elternschaft von dem eingetragenen Lebenspartner übernommen werden, obwohl es den zweiten leiblichen Elternteil sogar oftmals noch gibt. Vgl. dazu mit Kritik an der Stiefkindoption Frank, FamRZ 2007, 1693, 1695; Frank, StAZ 2010, 324, 325 f.; Kemper, FF 2005, 88, 95; Rupp, FPR 2010, 185, 187. Bei der Annahme eines Fremdkindes hingegen hat dieses keinen zweiten Elternteil, da mit der Erstannahme alle rechtlichen Beziehungen zu den leiblichen Eltern erloschen sind, vgl. § 1755 BGB. Wenn die Gleichgeschlechtlichkeit der Eltern bei der Annahme eines leiblichen Kindes, bei dem der anders geschlechtliche Elternteil damit aus seiner rechtlichen Elternrolle ausscheidet, nicht nachteilig ist, so kann sie es im Umkehrschluss auch nicht nachteilig sein wenn es gar keinen zweiten rechtlichen Elternteil gibt.

## *b) Vergleichbarkeit der Stabilität, Beständigkeit und Absicherung*

Da Kinder grundsätzlich durch eine Adoption in stabile Familienverhältnisse eingeordnet werden sollen,[284] ist es bei einer Annahme, die zur Eingliederung in eine Paarbeziehung führt, zwingend erforderlich, dass diese stabil und beständig ist und das Kind durch sie rechtlich abgesichert wird.[285] Fraglich ist deshalb, inwieweit eingetragene Lebenspartnerschaften und Ehen im Hinblick auf ihre Stabilität, Beständigkeit und Absicherungsmöglichkeiten vergleichbar sind.

Grundsätzlich handelt es sich bei der Ehe um eine auf Dauer angelegte Verbindung.[286] Auch bei einer eingetragenen Lebenspartnerschaft handelt es sich um eine rechtliche Verbindung, in der auf Dauer Verantwortung für den Partner übernommen wird.[287] Beide Verbindungen werden folglich auf Dauer geschlossen, weswegen die Situation der beiden Gruppen im Hinblick auf ihre Beständigkeit aus rechtlicher Sicht vergleichbar ist.[288]

Im Hinblick auf die Stabilität werden immer wieder Annahmen laut, eingetragene Lebenspartnerschaften seien instabiler als Beziehungen verschiedengeschlechtlicher Paare und damit auch Eheleuten.[289] Aus verschiedenen Studien geht allerdings hervor, dass es sich dabei lediglich um ein Vorurteil handelt.[290] Abgesehen von diesen Studien könnten auch statistische Daten zur Ehescheidung und Aufhebung von eingetragenen Lebenspartnerschaften weiteren Aufschluss über die diesbezügliche Vergleichbarkeit der Institute ergeben. Verlässliche Daten könnten dabei z.B. aus dem Mirkozensus gewonnen werden.[291] Zwar gibt es einen Datensatz zur Scheidungsstatistik,[292] eine vergleichbare Erbhebung über die Aufhebung von eingetrage-

284 Schulze/Kemper, § 1741 BGB, Rn. 4.

285 Ähnlich auch Gernhuber/Coester-Waltjen, § 68, Rn. 2; MüKo/Maurer, Vorbemerkungen vor §§ 1741 ff. BGB, Rn. 6; Schlüter, Rn. 414; Staudinger/Frank, Vorbemerkungen zu §§ 1741 ff. BGB, Rn. 32; Rauscher, Rn. 1146 f. Dies geht ferner auch daraus hervor, dass eine gemeinschaftliche Annahme nur durch Lebensgemeinschaften zugelassen werden soll, die rechtlich abgesichert sind, vgl. Staudinger/Frank, § 1741 BGB, Rn. 3.

286 Maunz/Dürig/Badura, Lfg. 65 April 2012, Art. 6 GG, Rn. 42 ff.

287 BVerfGE 124, 199, 225; BVerfGE 105, 313, 354; VG Stuttgart KommJur 2009, 317, 318.

288 So auch BVerfG, 1 BvL 1/11 vom 19.2.2013, Rn. 77.

289 Holzhauer, JZ 2000, 1076, 1083; auch mit hinweisen auf dieses Klischee Braun, S. 63 ff.; Rauchfleisch, 1997, S. 55 ff.

290 Vgl. dazu Buba/Vaskovics, S. 74 f.; Rupp, S. S. 75 f. Dieser Meinung schließt sich auch Pätzold, S. 117 an.

291 Dieser ist eine repräsentative Haushaltsbefragung der amtlichen Statistik in Deutschland. Weitere Informationen finden sich unter https://www.destatis.de/DE/ZahlenFakten/GesellschaftStaat/Bevoelkerung/Mikrozensus.html (letzter Aufruf am 1.4.2013).

292 Abrufbar unter https://www.destatis.de/DE/ZahlenFakten/GesellschaftStaat/Bevoelkerung/Ehescheidungen/Ehescheidungen.html (letzter Aufruf am 1.4.2013).

nen Lebenspartnerschaften findet sich hingegen leider noch nicht.[293] Somit kann aufgrund der genannten Studien nur davon ausgegangen werden, dass eingetragene Lebenspartnerschaften im Vergleich zu Ehen nicht grundsätzlich instabiler sind. Ferner ist auch darauf hinzuweisen, dass einer Kindesannahme immer eine Einzelfallprüfung durch die Adoptionsvermittlungsstellen vorausgeht, bei welcher auch die Stabilität der Paarbeziehung untersucht wird. Würde es sich bei der Partnerschaft des die Annahme begehrenden eingetragenen Lebenspartners daher um eine instabile Beziehung handeln, die sich negativ auf das Kindeswohl auswirken könnte, würde die Annahme nicht erfolgen können.

Fraglich bleibt somit zunächst nur noch die Vergleichbarkeit hinsichtlich der recht-lichen Absicherung durch die beiden Institute. Aufgrund der rechtlichen Eingliederung des Kindes in die Ehe stehen ihm gegen beide Ehegatten gesetzliche Erb- und Unterhaltsansprüche zu, vgl. § 1754 Abs. 1 BGB i.V.m. § 1602 BGB und §§ 1922, 1924 BGB. Bei der rechtlichen Elternschaft von zwei eingetragenen Lebenspartnern stehen dem Kind aufgrund der rechtlichen Zuordnung dieselben Ansprüche zu, vgl. § 1754 Abs. BGB i.V.m. § 1602 BGB und §§ 1922, 1924 BGB. Die rechtliche Absicherung der Kinder kann ferner auch nicht unabhängig von der rechtlichen Absicherung der Partner gesehen werden, da diese von ihren Eltern finanziell abhängig sind. Dementsprechend stellt sich auch die Frage, inwiefern die Partner von Ehen und eingetragenen Lebenspartnerschaften finanziell abgesichert sind.[294] Die Regelungen zum Unterhalt der Partner finden sich für Eheleute in §§ 1360 ff. BGB und für eingetragene Lebenspartner in § 5 LPartG. Die grundsätzliche Vergleichbarkeit dieser Vorschriften ergibt sich schon aufgrund der Verweise von § 5 S. 2 LPartG auf die §§ 1360 S. 2, 1360a, 1360b und 1609 BGB. Zum Teil wird aber davon ausgegangen, die Unterhaltspflicht der eingetragenen Lebenspartner würde nicht den Unterhalt für gemeinsame Kinder umfassen.[295] Dies wird mit der Nennung des Familienunterhalts in § 1360 S. 1 BGB begründet, währenddessen § 5 LPartG lediglich vom Lebenspartnerschaftsunterhalt ausgeht. Aus dem Verweis von § 5 S. 2 LPartG auf § 1360a BGB, in welchem der Lebensbedarf der

293 So finden sich keine Zahlen zu den Auflösungen von eingetragenen Lebenspartnerschaften im Kapitel 2 – Bevölkerung, Familien, Lebensformen im Statistischen Jahrbuch 2012- Gesellschaft und Staat, vgl. S. 58, obwohl diese Angaben von Eheleuten erhoben wurden, vgl. S. 55-57, abrufbar unter https://www.destatis.de/DE/Publikationen/StatistischesJahrbuch/GesellschaftundStaat/Artikel_Bevoelkerung.html (letzter Aufruf am 1.4.2013).

294 Zur Unterhaltspflicht vgl. auch Büttner/Niepmann/Schwamb, RN. 225 ff.; Schwab, FamRZ 2001, 385, 391 ff.; Wendl/Dose/Bömelburg, § 7, Rn. 310 ff.

295 So wohl jurisPK/Schausten, § 5 LPartG, Rn. 4. Mit kritischen Anmerkungen auch Grziwotz, DNotZ 2005, 13, 22; Muscheler, Rn. 649; Weber, FPR 2005, 151, 153.

gemeinsam unterhaltsberechtigten Kinder als Bestandteil des Familienunterhalts normiert ist, kann jedoch geschlossen werden, dass sich auch die Unterhaltsverpflichtung der eingetragenen Lebenspartner auf gemeinsame Kinder erstreckt.[296] Die unterschiedlichen Formulierungen können dabei mit dem Gedanken der grundsätzlichen biologischen Kinderlosigkeit von eingetragenen Lebenspartnern oder einer Scheu vor der Verwendung des Begriffs der Familie begründet werden.[297] Für die Einbeziehung der gemeinsamen Kinder in die Unterhaltsverpflichtung spricht aber vor allem die Intention der Rechtsstellungsverbesserung von Stiefkindern durch die Stiefkindadoption, indem die eingetragenen Lebenspartner zusammen die gemeinsame Elternverantwortung übernehmen sollen[298]. Die angestrebte Verbesserung tritt aber u.a. nur ein, wenn gemeinsame Kinder auch beim Unterhalt berücksichtigt werden.[299] Im Ergebnis sind die Kinder also sowohl beim Unterhalt von Eheleuten wie auch bei dem von eingetragenen Lebenspartnern zu berücksichtigen. Ferner können sowohl Eheleute nach § 1361 BGB als auch eingetragene Lebenspartner nach § 12 LPartG Unterhalt bei Getrenntleben verlangen. Auch die Regelung für den Unterhalt nach der Aufhebung der eingetragenen Lebenspartnerschaft gem. § 16 LPartG ist an den von geschiedenen Ehegatten angepasst, vgl. § 1569 BGB bzw. §§ 1570 ff. BGB. Im Bereich des Unterhalts sind die Beziehungsformen daher vergleichbar.[300] Ähnlich gestaltet sich auch die Lage im Rahmen der Erbrechts der Partner, vgl. § 10 LPartG und §§ 1931 ff. BGB.[301] Die Absicherung von eingetragenen Lebenspartnern entspricht somit der von Eheleuten, genauso wie sich die der in den Beziehungen lebenden Kinder entspricht. Hinsichtlich der rechtlichen Absicherung sind beide Institute somit vergleichbar.

Im Ergebnis sind Ehen und eingetragene Lebenspartnerschaften daher hinsichtlich ihrer Stabilität, Beständigkeit und Absicherung vergleichbar.

296 VG Berlin LKV 2006, 228, 230; Bruns/Kemper/Kemper, § 5 LPartG, Rn. 17; Erman/Kaiser, § 5 LPartG, Rn. 5; Gernhuber/Coester-Waltjen, § 42, Rn. 43; Grziwotz, FPR 2010, 191, 191; Kaiser, StAZ 2006, 65, 68; MüKo/Wacke, § 5 LPartG, Rn. 2; Staudinger/Voppel, § 5 LPartG, Rn. 2; Wellenhofer, NJW 2005, 705, 707. So wohl auch Schulz/Hauß/Haibach, § 5 LPartG, Rn. 4.

297 So Gernhuber/Coester-Waltjen, § 42, Rn. 43; Staudinger/Voppel, § 5 LPartG, Rn. 2.

298 BT-Drucks 15/3445, 15.

299 So ist wohl auch Pätzold, S. 248 zu verstehen.

300 Für die Vergleichbarkeit dieser Regelungen auch Kaiser, StAZ 2006, 65, 70 f.

301 Vgl. auch dazu Schwab, FamRZ 2001, 385, 395 f. Zum Pflichtteilsanspruch vgl. Kaiser, FPR 2005, 286, 286 ff.

### *c) Vergleichbarkeit anhand der sonstigen Adoptionsregelungen*

In Bezug auf die Vergleichbarkeit der rechtlichen Möglichkeiten einer Kindesannahme von Ehepaaren und eingetragenen Lebenspartnern stellt sich die Situation wie folgt dar.

Grundsätzlich können Ehepartner ein Kind nur gemeinschaftlich annehmen, vgl. § 1741 Abs. 2 S. 3 BGB. Eine stufenweise gemeinsame Annahme kommt nur in Betracht, wenn zum Zeitpunkt der Annahme durch den zuerst Annehmenden ein Annahmehindernis für dessen Ehegatten i.S.d. § 1741 Abs. 2 S. 4 BGB vorlag oder die Ehe erst nach diesem Zeitpunkt geschlossen wurde.[302] Die Möglichkeit einer sukzessiven Annahme bildet somit lediglich die Ausnahme, vgl. § 1741 Abs. 2 S. 2 BGB. Die Anwendung der Ausnahme vom Verbot der Kettenannahme führt also im Ergebnis zur gemeinsamen Elternschaft, wodurch schlussendlich dem Grundsatz der gemeinsamen Annahme für Eheleute Rechnung getragen wird, vgl. § 1741 Abs. 2 S. 1 BGB. Im Gegensatz dazu können eingetragene Lebenspartner nach § 9 Abs. 6 LPartG i.V.m. § 1741 Abs. 2 S. 1 BGB ein Kind grundsätzlich nur alleine annehmen. Auch wenn ein eingetragener Lebenspartner existiert oder später dazukommt, ist eine zweite Annahme durch diesen de lege lata nicht möglich.[303]

Die Ausnahme vom Verbot der Kettenannahme in § 1742 BGB führt somit bei Eheleuten zum Regelfall der zeitgleichen gemeinschaftlichen Annahme. Bei eingetragenen Lebenspartnern würde dies hingegen de lege lata lediglich zu einer gemeinsamen Elternschaft bei einer nacheinander erfolgenden Annahme von Fremdkindern führen.[304] Diese ist vom Gesetzgeber so aber nicht vorgesehen.[305] Bei der Beurteilung der Frage, ob dieser Umstand gegen eine Vergleichbarkeit der Gruppen spricht, muss allerdings beachtet werden, dass es sich vorliegend um die Untersuchung einer Erweiterung von § 1742 BGB de lege ferenda handelt. Im Falle einer tatsächlich vorzunehmenden Erweiterung um die Sukzessivadoption für eingetragene Lebenspartner stellt sich dann aber die Frage, ob eine Erweiterung der Ausnahme vom Verbot der Kettenannahme nicht nur sinnvoll wäre und keinen Widerspruch zur Gesamtheit der gesetzlichen Regelungen bilden würde, wenn auch für eingetragene Lebenspartner eine zeitgleiche gemeinsame Annahme wie für Eheleute in § 1741 Abs. 2 S. 1 BGB möglich wäre.

---

302 Rauscher, Rn. 1151.

303 Vergleich dazu das Ergebnis der vorhergehenden Untersuchung unter Kapitel 1:A.V.

304 Siehe zum Argument der Umgehung des Verbots der gemeinsamen Annahme auch MüKo/Wacke, § 9 LPartG, Rn. 9.

305 Vgl. Ablehnung des Gesetzesentwurfs der FDP BT-Drucks 15/2477 mit einem gemeinschaftlichen Adoptionsrecht, Plenarprotokoll 15/136, 12491.

Ansonsten würde durch die Möglichkeit einer sukzessiven Annahme schließlich nur eine nicht vorgesehene, anfängliche gemeinsame Annahme umgangen. Dass eine sukzessive Annahme durch den Lebenspartner somit nicht zum Regelfall der gemeinschaftlichen Annahme eines Kindes wie bei Eheleuten führen kann, kann der Vergleichbarkeit folglich nicht entgegenstehen. Es führt hingegen nur zu der Überprüfung, ob eingetragenen Lebenspartnern de lege ferenda auch die Möglichkeit gewährt werden sollte, Fremdkinder von Anfang an gemeinsam annehmen zu können.[306] Denn nur dann würde die Ausnahme vom Verbot der Kettenannahme für sie die gleiche Wirkung wie auch für Eheleute aufweisen, indem bei einem anfänglichen Annahmehindernis oder dem späteren Dazukommen eines eingetragenen Lebenspartners die gleiche sichere Situation für das Kind geschaffen werden kann, wie bei der Annahme durch ein Ehepaar.

### *d) Fazit*

Zusammenfassend lässt sich in Bezug auf die Vergleichbarkeit der Partnerschaften festhalten, dass beide Verbindungen rechtlich beständig sind und sich die verschiedenen geschlechtlichen Konstellationen nicht negativ auswirken können. Ferner ist auch von einer vergleichbaren Stabilität und einer sich entsprechenden rechtlichen Absicherung der Beziehungsformen auszugehen. Schließlich sprechen auch die derzeitig unterschiedlich ausgestalteten Annahmemöglichkeiten für eingetragene Lebenspartner und Eheleute nicht gegen eine grundsätzliche Vergleichbarkeit ihrer Situationen.
Im Ergebnis könnte eine Erweiterung der Ausnahme vom Verbot der Kettenadoption auf eingetragene Lebenspartner somit nicht mit dem Hinweis auf eine grundsätzliche Unvergleichbarkeit von Eheleuten und eingetragenen Lebenspartnern abgelehnt werden.

## 4. Ergebnis zur Möglichkeit der Erweiterung der Ausnahme vom Verbot der Kettenadoption in § 1742 BGB auf eingetragene Lebenspartner

Als Ergebnis der Möglichkeit einer Erweiterung der Ausnahme vom Verbot der Kettenadoption in § 1742 BGB auf eingetragene Lebenspartner lässt sich Folgendes feststellen.

306 Siehe hierzu die Ausführungen unter Kapitel 4:.

Der Zweck des Verbots der Kettenannahme ist, wie dargestellt wurde, das Entstehen von sich widersprechenden oder sich ablösenden Elternrechten zu vermeiden. Auch das Weiterreichen von Adoptivkindern kann so verhindert werden. Ferner ist eine Kettenannahme grundsätzlich auch nicht möglich, weil sonst die Einwilligung der leiblichen Eltern in die Annahme durch die zweite Annahme überschritten würde.[307]

Eheleute sind entsprechend den vorangegangen Untersuchungen von diesem Verbot ausgenommen, da die Folgen, die durch eine Kettenannahme grundsätzlich eintreten und verhindert werden sollen, bei einer Annahme innerhalb einer Ehe nicht eintreten. Wie dargestellt, würden diese Folgen aber auch bei einer Kettenannahme durch den eingetragenen Lebenspartner des Erstannehmenden nicht entstehen. Bei einem Vergleich von Eheleuten und eingetragenen Lebenspartnern konnte gezeigt werden, dass die Personengruppen weder in Bezug auf ihre Beständigkeit, die rechtliche Stabilität ihrer Verbindung oder ihrer Absicherung noch aufgrund der verschieden ausgestalteten Annahmemöglichkeiten signifikante Unterschiede aufweisen, die eine unterschiedliche Behandlung bei der Sukzessivkindadoption rechtfertigen würden.

Einer Erweiterung der Ausnahme vom Verbot der Kettenannahme aus § 1742 BGB auf eingetragene Lebenspartner stünde nach den obigen Ausführungen somit nichts im Wege.

## *II. Erfüllen der allgemeinen Adoptionsvoraussetzungen nach § 1741 Abs. 1 BGB bei der Sukzessivannahme durch den eingetragenen Lebenspartner des Erstannehmenden*

Eine Erweiterung des § 9 Abs. 7 LPartG auf zuvor angenommene Kinder wäre jedoch nach der Systematik der Regelungen zur Adoption nur möglich, soweit auch die allgemeinen Adoptionsvoraussetzungen nach § 1741 Abs. 1 BGB bei einer Zweitannahme durch den eingetragenen Lebenspartner erfüllt würden. Denn nach § 1741 Abs. 1 S. 1 BGB ist die Annahme als Kind nur zulässig, wenn sie dem Wohl des Kindes dient und zu erwarten ist, dass zwi-

307 Dies liegt jedoch darin begründet, dass davon ausgegangen wird, die leiblichen Eltern würden in Kenntnis des § 1742 BGB einwilligen. Die Untersuchung hat allerdings gezeigt, dass hiervon lediglich ausgegangen wird, weder die Adoptionsvermittlungsstelle noch der Notar ist dazu aber verpflichtet über § 1742 BGB zu informieren.

schen dem Annehmenden und dem Kind ein Eltern-Kind-Verhältnis entsteht.[308] Dementsprechend gilt es im Folgenden zu untersuchen, wann die Annahme als Kind dem Kindeswohl dient und unter welchen Umständen von dem Entstehen eines Eltern-Kind-Verhältnisses zwischen Annehmendem und Kind ausgegangen werden kann. Hierzu werden diese Aspekte zunächst unter einem allgemeinen Gesichtspunkt dargestellt, um dann die Situation einer Annahme durch den eingetragenen Lebenspartner des Erstannehmenden genauer analysieren zu können.

## 1. Kindeswohl

Der unbestimmte Rechtsbegriff des Kindeswohls[309] wird nicht nur in der juristischen, sondern auch in der pädagogischen und psychologischen Literatur seit vielen Jahren thematisiert und diskutiert.[310] Hierbei ist man sich nur in der Unmöglichkeit einer schlichten juristischen Definition dieses Begriffes, wie es bei anderen Rechtsbegriffen üblich ist, einig.[311] Dies liegt vor allem darin begründet, dass zur Annäherung an einen Umriss einer allgemeingültigen Definition die Heranziehung verschiedener Disziplinen notwendig ist.[312] Sogar im juristischen Bereich des Kindschaftsrechts kommen dem Begriff des Kindeswohls unterschiedliche Legitimationen zu. So rechtfertigt das Kindeswohl auf der einen Seite den Eingriff in die Elternrechte (Eingriffslegitimation), auf der anderen Seite dient es im Gegensatz dazu aber auch als Entscheidungsmaßstab für die positiv zu treffenden Entscheidungen.[313]

Deshalb soll im Folgenden zunächst auf den Begriff des Kindeswohls im Allgemeinen eingegangen werden. Erst in einem darauf folgenden Schritt wird dargestellt werden, wann eine Adoption dem Kindeswohl dient.

---

308 Zum praktischen Ablauf der vormundschaftsgerichtlichen Adoptionsverfahren Simitis/Rosenkötter/Vogel/Boost-Muss/Frommann/Hopp/Koch/Zens, S. 185 ff.

309 BayObLG ZfJ 1991, 431, 432; OLG Hamm FamRZ 1982, 194, 195; Dodegge, FPR 2001, 321, 325; MüKo/Maurer, § 1741 BGB, Rn. 8. Teilweise auch als Generalklausel mit dem Auftrag zur richterlichen Konkretisierung bezeichnet Staudinger/Coester, § 1666 BGB, Rn. 66.

310 Vgl. Coester, in Brühler Schriften zum Familienrecht, S. 35; Copur, S. 164; so schon Gernhuber, FamRZ 1973, 229, 299 ff.

311 So auch Coester, S. 1 ff.; Figdor, FS Rudolph, 164 ff., 166; Soergel/Liermann, § 1741 BGB, Rn. 7; Willutzki, DAVorm 2000, 378, 383 f., 387. Mit einem Versuch der Neubestimmung des Begriffs des Kindeswohls Balloff, S. 64 ff.; Köster, S. 115 ff.; Rassek, S. 28 ff.; Rosenboom, S. 10 ff.; Turko, S. 64; Willutzki, DAVorm 2000, 383, 388.

312 Balloff, S. 65; Dettenborn, S. 47 ff.; Staudinger/Frank, § 1741 BGB, Rn. 15.

313 So Coester, S. 134 ff. Coester, in Brühler Schriften zum Familienrecht, S. 35 ff., 51; nach welchem dem Kindeswohl ferner auch eine weitere Funktion als Verfahrensrichtlinie zukommt; ähnlich auch Balloff, S. 64.

## *a) Der Begriff des Kindeswohls*

Das Kindeswohl[314] findet sich als Leitmotiv des Kindschaftsrechts[315] z.B. in den §§ 1626 Abs. 3, 1627, 1666 Abs. 1, 1671 Abs. 1, 1672, 1696, 1697a und § 1741 BGB. Eine Legaldefinition findet sich hingegen in keiner der Normen. Bei dem Versuch einer solchen ergeben sich aufgrund seiner Natur als unbestimmtem Rechtsbegriff[316] und dem Bedarf an Konkretisierung durch pädagogische und psychologische Aspekte[317] Schwierigkeiten. Bei der Heranziehung der zur Ausfüllung verwendeten Kriterien ist zusätzlich zu beachten, dass diese auch einer rechtlichen Betrachtungsweise standhalten müssen, sie also in den Humanwissenschaften konsensfähig sein müssen.[318] Was nun aber unter Einbeziehung der verschiedenen Disziplinen[319] unter dem Begriff des Kindeswohls zu verstehen ist, wird in der Literatur uneinheitlich beantwortet. So wird festgestellt, dass Umstände erheblich seinen, die nach allgemeinen Erfahrungsgrundsätzen die körperlich-gesundheitliche Entwicklung und die charakterliche Bildung, das Lernverhalten und so die Berufsausbildung beeinflussen sowie ganz allgemein die Entwicklung und Erziehung des Kindes zu einer eigenverantwortlichen und gemeinschaftsfähigen Persönlichkeit fördern, vgl. § 1 Abs. 1 SGB VIII.[320] Andere hingegen greifen auf eine hiervon eher komprimierte Version zurück, indem das Kindeswohl als das Recht des Kindes auf Förderung seiner Entwicklung und auf Erziehung zu einer eigenverantwortlichen und gemeinschaftsfähigen Persönlichkeit verstanden wird.[321] In einem weiteren Teil der Literatur hingegen wird erst gar kein Definitionsversuch unternommen. Dieser strebt lediglich eine Annäherung an den Begriff des Kindeswohls durch die Eingrenzung der zu befriedigenden Bedürfnisse an. So beziehe sich das Kindeswohl auf körperliche, seelische und emotionale, geistige und geistliche sowie soziale Bedürfnisse des Kindes.[322] Um einer Definition des Kindeswohlbegriffs näher zu kommen, haben andere diese Bedürfnislagen aufgegriffen und ergänzt. So wird das Kindeswohl als die für die Persönlichkeitsentwicklung

---

314 Zur Entwicklung des Kindeswohlbegriffs vgl. Simitis, in Goldstein/Freud/Solnit, 95, 101 ff.

315 Zum Vorrang des Kindeswohls in der Rechtsordnung vgl. Simitis, in Goldstein/Freud/Solnit, S. 95.

316 BGH FamRZ 1985, 169; Bamberger/Roth/Enders, § 1741 BGB, Rn. 13; Dethloff, § 15, Rn. 9; Soergel/Liermann, § 1741 BGB, Rn. 7.

317 So Dettenborn, S. 11, 51 ff. der den juristisch vorgegebenen Begriff des Kindeswohls unter familienrechtspsychologischen Aspekten analysiert; Rassek, S. 38 ff.

318 Willutzki, DAVorm 2000, 385 f., 388.

319 Die Erforderlichkeit des Zusammenwirkens von Experten verschiedener Disziplinen bekräftigten auch Coester, in Brühler Schriften zum Familienrecht, S. 41; Rosenboom, S. 10; Simitis, in Goldstein/ Freud/Solnit, 95, 105.

320 LG Freiburg, FamRZ 2002, 1647, 1648; MüKo/Maurer, § 1741 BGB, Rn. 8.

321 OLG Köln, BeckRS 1999, 30063504.

322 Coester, in Brühler Schriften zum Familienrecht, S. 41.

günstige Relation zwischen den Bedürfnissen des Kindes und seinen Lebensbedingungen verstanden.[323] Um die Bedürfnisse eines Kindes näher einzugrenzen, werden hier Folgende genannt: die körperliche Zufriedenheit durch Nahrung, Pflege und Versorgung, Sicherheit, emotionale Zuwendung in stabilen sozialen Beziehungen, sichere Bindungen, Umwelterkundung, Zugehörigkeit, Anerkennung, Orientierung, Selbstbestimmung, Selbstverwirklichung sowie Wissen und Bildung.[324]

Betrachtet man nun diese Versuche, einer Definition des Kindeswohls näher zu kommen, so fällt auf, dass durchgängig versucht wird von dem auszugehen, was für die Erziehung eines Kindes als sinnvoll angesehen wird.[325] Hieraus wird versucht abzuleiten, was daraus resultierend als für das Kindeswohl dienlich angesehen werden kann. Problematisch daran erscheint allerdings schon die Tatsache, dass weder ein allgemeiner Konsens über die besten Erziehungsmaximen besteht, da sich diese ständig wandeln.[326] Noch ist ein allgemeingültiger Maßstab darüber vorhanden, was dem Glück des Kindes am ehesten dient.[327] Fest steht lediglich, es handelt sich um einen Begriff, der die Kindesinteressen wiedergeben soll.[328] Das bedeutet aber nicht, dass der Kindeswille gleichbedeutend mit dem Kindeswohl ist. Er kann aber ein bedeutsames Indiz zur Bestimmung des Kindeswohls sein.[329] Eine Übereinstimmung kann lediglich in der Hinsicht festgestellt werden, als dass alle eine geistige, seelische und körperliche Komponente zur Verwirklichung des Kindeswohls für erforderlich halten.[330] Zum Kindeswohl werden nach den meisten Definitionsansätzen das Wohlbefinden, die Gesundheit, die körperliche Unversehrtheit, die Erziehung zu einer selbstständigen und verantwortungsbewussten Person sowie die Stabilität und Kontinuität der Erziehungsverhältnisse gezählt.[331] Aus den Grundwertungen des Kindeswohls lässt sich außerdem noch der Vorrang der Kindesinteressen vor Interessen anderer Beteiligter sowie der Vorrang der Einzelfallgerechtigkeit vor

---

323 Nach Dettenborn, S. 51 ff; Rosenboom, S. 12 f.; so auch Turko, S. 63 f.

324 Nach Dettenborn, S. 53 f.; eine ähnliche Aufzählung von Grundbedürfnissen eines Kindes, die dem Aufbau der Persönlichkeit, Identität und des Selbstwertkonzeptes dienen findet sich bei Balloff, S. 67.

325 Rassek, S. 31. Anders Figdor, FS Rudolph, 164, 166 indem er sich für eine negative Festschreibung ausspricht.

326 Rassek, S. 32 f.

327 Rosenboom, S. 10; so im Ergebnis auch Figdor, FS Rudolph, 164, 166 der daraus jedoch folgert, dass nur eine negativ Annäherung in dem Sinne möglich sei, indem festgestellt werden kann was dem Kindeswohl abträglich ist.

328 So auch Willutzki, DAVorm 2000, 383,388.

329 Vgl. Balloff, FPR 2002, 240, 241 ff., 245; Rauscher, Rn. 960; Röchling, FPR 2008, 481, 483.

330 So auch Rassek, S. 28 ff.; Rauscher, Rn. 958; Rosenboom, S. 11; Staudinger/Coester, § 1666 BGB, Rn. 70 ff.; Turko, S. 64 f.

331Balloff, S. 64 ff.; Dettenborn, S. 53 f.; Staudinger/Coester, § 1666 BGB, Rn. 70 ff.; Turko, S. 63 f.

allgemeinen Regeln entnehmen.[332] Indem das Kindeswohl also als Generalklausel gefasst wurde, kann sowohl den Besonderheiten des Einzelfalles, als auch den sich wandelnden Bedürfnissen von Kindern in bestimmten Lebenssituationen Rechnung getragen werden.[333] Eine allgemeingültige Definition ist dadurch allerdings nicht möglich.

### *b) Wann dient die Annahme als Kind dem Kindeswohl?*

Mit diesem soeben gewonnenen Hintergrundwissen soll nun anschließend die Frage beantwortet werden, wann eine Annahme nach den Zulässigkeitsvoraussetzungen des § 1741 Abs. 1 S. 1 BGB[334] dem Kindeswohl dient.

Grundsätzlich soll das Kind durch die Annahme ein beständiges und ausgeglichenes Zuhause bekommen.[335] Nach dem sog. Förderungsprinzip[336] muss die Annahme die Lebensbedingungen des Kindes im Vergleich zu seiner gegenwärtigen Lage so ändern, dass eine merklich bessere Entwicklung der Persönlichkeit des Kindes zu erwarten ist.[337] Dabei sind Umstände erheblich, die nach allgemeinen Erfahrungssätzen die körperlich-gesundheitliche Entwicklung, die charakterliche Bildung, das Lernverhalten und die Berufsausbildung beeinflussen sowie ganz allgemein die Entwicklung und Erziehung des Kindes zu einer eigenverantwortlichen und gemeinschaftsfähigen Persönlichkeit fördern.[338] Dazu gehören auch Vermögensinteressen, wobei solche im Konfliktfall hinter den persönlichen Interessen an Pflege, Erziehung und Ausbildung zurücktreten.[339] Eine Besserstellung des Kindes im materiellen Sinn muss durch die Annahme nicht bewirkt werden,[340] wobei schlechte finanzielle Verhältnisse auch als

---

332 Rosenboom, S. 10; Staudinger/Coester, § 1666 BGB, Rn. 66.

333 Ähnlich Coester, in Brühler Schriften zum Familienrecht, S. 39.

334 Entgegen des Wortlauts der Norm handelt es sich um materielle Voraussetzungen für eine entsprechende Entscheidung des Vormundschaftsgerichts, vgl. Bamberger/Roth/Enders, § 1741 BGB, Rn. 12.1; MüKo/Maurer, § 1741 BGB, Rn. 13; Soergel/Liermann, § 1741 BGB, Rn. 6

335 Von Staudinger/Frank, § 1741 BGB, Rn. 16 als Zielfunktion benannt.

336 BGH FamRZ 1985, 169; Erman/Saar, 12. Auflage, § 1741 BGB, Rn. 3.

337 BayObLG FamRZ 1997, 839, 840; BayObLG FamRZ 1983, 532, 533; Dodegge, FPR 2001, 321, 326; Gerhardt/v. Heintschel-Heinegg/Klein/Schwarzer, S. 344 f., Rn. 385; Jauernig/Berger/Mansel, Anmerkungen zu den §§ 1741-1750 BGB, Rn. 2; jurisPK/Heiderhoff, § 1741 BGB, Rn. 14 mit der Forderung nach einer erheblichen Verbesserung des Lebensumstände; MüKo/Maurer, § 1741, Rn. 16; RGRK/Dickescheid, § 1741, Rn. 4; Soergel/Liermann, § 1741 BGB, Rn. 7; Staudinger/Frank, § 1741 BGB, Rn. 16 bezeichnet das als Vergleichsfunktion. Im Gegensatz dazu lassen OLG Hamm FamRZ 1982, 194, 195; Gernhuber/Coester-Waltjen, § 68, Rn. 98; Walper, S. 132 eine schlichte Verbesserung genügen.

338 LG Freiburg FamRZ 2002, 1647, 1648; MüKo/Maurer, § 1741 BGB, Rn. 16. Der letzte Teil ist an § 1 Abs. 1 SGB VIII angelehnt.

339 Gernhuber/Coester-Waltjen, § 68, Rn. 99; MüKo/Maurer, § 1741 BGB, Rn. 16.

340 Gerhardt/v. Heintschel-Heinegg/Klein/Schwarzer, S. 345, Rn. 385.

nicht dienlich für das Kindeswohl beurteilt werden können.[341] Die Kindeswohldienlichkeit wird insgesamt anhand der Gesamtumstände beurteilt. Bei dieser ist nicht das Eintreten einer Verbesserung jeder der Einzelbedingungen der psychischen, intellektuellen, moralischen und emotionalen Entwicklung des Kindes erforderlich.[342] Folglich kann auch eine Verschlechterung in einem einzelnen Bereich eintreten, solange sich diese nicht auf eine wesentliche Lebensbeziehung auswirkt[343] und die Besserstellungen insgesamt überwiegen.[344] Um eine solche Prognoseentscheidung treffen zu können, ist die Lage des Kindes und die Eignung des Annehmenden zu ermitteln.[345] Bei der Eignung des Annehmenden sind dessen Alter, seine Erziehungsfähigkeit und -willigkeit aber auch die Stabilität der Ehe, der körperliche und geistige Gesundheitszustand, bedenkliche Lebensumstände, die berufliche und soziale Stellung, die Wohnverhältnisse sowie die finanzielle Lage zu berücksichtigen.[346] Diesen Faktoren kommt jedoch je nach Einzelfall eine unterschiedliche Gewichtung zu. Hieraus wird deutlich, dass sich nicht abstrakt festlegen lässt, wann die Annahme dem Wohl des Kindes dient, da diese Frage immer nur im konkreten Einzelfall beantwortet werden kann.[347]

Um herauszufinden, ob die Annahme eines Fremdkindes durch den eingetragenen Lebenspartner des Erstannehmendem dem Kindeswohl dienen kann, muss somit versucht werden eine abstrakte und generelle Antwort auf diese Frage zu finden, obwohl dies eigentlich für jedes Paar im Einzelfall entschieden werden muss. Die Homosexualität des Annehmenden an sich steht der Annahme dabei nicht grundsätzlich im Wege.[348] Aber es stellt sich die Frage, ob dem Wohl eines Kindes überhaupt durch die Annahme, die zur Aufnahme in eine gleichgeschlechtliche Partnerschaft führt, gedient werden kann.[349] Kann also eine Annahme vom ein-

---

341 Jauernig/Berger/Mansel, Anmerkungen zu den §§ 1741-1750 BGB, Rn. 2. Dafür, das Vermögensinteressen nicht ausschlaggebend sind auch BayObLG FamRZ 1989, 1336; Soergel/Liermann, § 1741 BGB, Rn. 8.

342 Erman/Saar, § 1741 BGB, Rn. 2; RGRK/Dickescheid, § 1741 BGB, Rn. 4; Soergel/Liermann, § 1741 BGB, Rn. 8; Staudinger/Maurer, § 1741 BGB, Rn. 16.

343 Soergel/Liermann, § 1741 BGB, Rn. 8. Zur Prognosebildung durch persönliche Anhörung des Kindes BayObLG FamRZ 1993, 1480.

344 Gernhuber/Coester-Waltjen, § 68, Rn. 100; RGRK/Dickescheid, § 1741 BGB, Rn. 4.

345 Bamberger/Roth/Enders, § 1741, Rn. 13; MüKo/Maurer, § 1741, Rn. 16 ff.

346 Empfehlungen zur Adoptionsvermittlung der Bundesarbeitsgemeinschaft der Landesjugendämter, 6. Fassung 2009, S. 27 ff. abrufbar unter http://www.bagljae.de/ (letzter Aufruf am 1.4.2013); Erman/Saar, § 1741 BGB, Rn. 4 f.; Gerhardt/v. Heintschel-Heinegg/Klein/Schwarzer, S. 345, Rn. 385; Hoppenz/Hoffmann, § 1741 BGB, Rn. 5; ähnlich auch RGRK/Dickescheid, § 1741 BGB, Rn. 10 ff.

347 So auch Walper, S. 133.

348 EuGHMR FamRZ 2003, 149, 150; Bamberger/Roth/Enders, § 1741 BGB, Rn. 20, 20.2; Dethloff, § 15, Rn. 12; Gernhuber/Coester-Waltjen, § 68, Rn. 36; jurisPK/Heiderhoff, § 1741 BGB, Rn. 18; MüKo/Maurer, § 1741 BGB, Rn. 7, 20;

349 Wobei hier natürlich zu berücksichtigen ist, dass das Kind im Falle einer Sukzessivadoption schon rein tatsächlich in der eingetragenen Lebenspartnerschaft lebt und aufwächst.

getragenen Lebenspartner des Erstannehmenden dazu führen, dass eine merklich bessere Entwicklung der Persönlichkeit des Kindes zu erwarten ist? Dies wäre nur dann der Fall, wenn das Wohl von Kindern, die mit gleichgeschlechtlichen Eltern aufwachsen, grundlegend positiv beurteilt werden kann. Dazu ist es also notwendig im Folgenden einen Blick auf das Wohl von Kindern, die in gleichgeschlechtlichen Beziehungen aufwachsen, zu werfen.[350]

## *aa) Die Beurteilung des Wohls von Kindern, die in gleichgeschlechtlichen Beziehungen aufwachsen*

Bedenken bezüglich des Wohls von Kindern, die in gleichgeschlechtlichen Beziehungen aufwachsen, werden im Hinblick auf verschiedene Faktoren geäußert.[351] Zum einen wird die optimale Entwicklung des Kindes im Bereich seiner sexuellen Orientierung, seiner Geschlechtsidentität und dem damit verbundenen Rollenverhalten bezweifelt.[352] Zum anderen werden auch Zweifel in Bezug auf das psychische Wohlbefinden in Verbindung mit möglicher Diskriminierung und Stigmatisierung bekundet.[353] Ferner wird auch das Erziehungsverhalten von gleichgeschlechtlichen Eltern in Frage gestellt.[354] Auch Befürchtungen wegen eines möglichen sexuellen Missbrauchs sowie der Stabilität und Monogamie von gleichgeschlechtlichen Beziehungen sind vereinzelt zu vernehmen.[355]

All diese Bedenken werden nun im Folgenden anhand verschiedener Studien untersucht,[356] wodurch eine abschließende Beurteilung über das Wohl von Kindern, die bei gleichge-

350 An dieser Stelle sei darauf hingewiesen, dass es aufgrund des derzeitigen Forschungsstandes nicht möglich ist bei der Beurteilung des Kindeswohls zwischen Kindern mit zwei sozialen gleichgeschlecht-lichen Eltern und solchen mit zwei rechtlichen gleichgeschlechtlichen Eltern zu unterscheiden. Es gibt allerdings auch keine wissenschaftlichen Hinweise darauf, dass dies für die Beurteilung des Kindeswohls ausschlaggebend wäre. Vielmehr ist aufgrund des niedrigen Alters der untersuchten Kindergruppen davon auszugehen, dass für diese der Unterschied zwischen rechtlicher und sozialer Elternschaft keine gravierende Bedeutung hat.

351 Zu den folgenden Aspekten äußern sich Dittberner, S. 153; Gärditz, JZ 2011, 930, 936 f.; Grehl, S. 97 ff.; Muscheler, Rn. 411 ff.; Pätzold, S. 112 ff.; Paulitz/Griebel/Fthenakis, S. 170 ff.; Rupp, S. 23 ff., S. 240 ff.; Schüffner, S. 160 ff. Mit grundsätzlichen Bedenken zum Kindeswohl von Kindern aus gleichgeschlechtlichen Beziehungen Gutsche, ZRP 2005, 65, 65 f.; Rauscher, Rn. 753 ff.

352 OLG Hamm NJW 2010, 2065; Schlütter, FF 2005, 234, 237; Schüffner, S. 162; Sielert, S. 45, 50.

353 Fthenakis/Ladwig, S. 9, abrufbar unter https://www.familienhandbuch.de/elternschaft/besondere-formen-von-elternschaft/homosexuelle-vater (letzter Aufruf am 1.4.2013 ); Lähnemann, S. 14 ff.; Muscheler, Rn. 411.

354 Paulitz/Griebel/Fthenakis, S. 175; Rupp, S. 28 f.

355 Belling, S. 7 f.; Holzhauer, JZ 2000, 1076, 1083.

356 Die herangezogenen Studien werden oftmals wegen verschiedener Gründe kritisiert, vgl. dazu auch Dittberner, S. 153 f. So wird darauf hingewiesen, dass alle mit unterschiedlichen Fragestellungen arbeiten, unterschiedliche Methoden zugrunde legen, in ihrem Umfang erheblich variieren und zum Teil zeitlich sehr weit auseinander liegen. Diese Bedenken sind grundsätzlich alle berechtigt. Wobei die zeitliche Dimension auch durchaus als Vorteil gesehen werden kann, da es Studien aus den 80er Jahren bis heute gibt. Ferner wurde

schlechtlichen Partnern aufwachsen, ermöglicht werden soll. Kann dieses nicht als gefährdet angesehen werden, kann es auch nicht als Argument gegen eine Erweiterung der Sukzessivadoption auf eingetragene Lebenspartner angeführt werden.

## (1) Sexuelle Identität

Die sexuelle Identität setzt sich aus den drei Komponenten der Geschlechtsidentität, des Geschlechtsrollenverhaltens und der sexuellen Orientierung zusammen.[357] Diese Komponenten werden im Folgenden in Bezug auf Kinder, die in gleichgeschlechtlichen Beziehungen heranwachsen und solchen, die in verschiedengeschlechtlichen Beziehungen aufwachsen verglichen.

Die Geschlechtsidentität ist das Selbstbild eines jeden Menschen von sich selbst als männlich oder weiblich.[358] Bei Kindern, die bei gleichgeschlechtlichen Paaren aufwachsen, wird befürchtet, sie hätten kein der biologischen Realität entsprechendes Bild von sich als männlich oder weiblich. Die Begründung hierfür wir in dem Umstand gesehen, dass sie entweder zwei Mütter oder zwei Väter haben und ihnen deshalb die innerfamiliären gegengeschlechtlichen Rollenvorbilder als typisch männlich bzw. weiblich fehlen.[359] Nach derzeitigem Forschungsstand gibt es jedoch keine Hinweise auf das Auftreten vermehrter Störungen der Geschlechtsidentität von Kindern, die bei gleichgeschlechtlichen Paaren aufwachsen.[360] Mit der Abstinenz von einem Geschlecht kann somit nicht der Wunsch der Zugehörigkeit zu dem Ge-

---

auch häufig kritisiert, dass viele der Studien vorwiegend aus den USA stammen und diese so nicht auf Deutschland übertragbar seien. Dem kann jedoch entgegen gehalten werden, dass auch deutsche Studien herangezogen werden. Unter anderem stammt sogar die neuste Studie von *Rupp* aus dem Jahr 2009 aus Deutschland. Dass diese Studie speziell zur Erörterung der Adoptionsfrage von eingetragenen Lebenspartnern durch das Bundesministerium der Justiz in Auftrag gegeben wurde, ergibt sich dabei aus BT-Drucks 16/7642. Im Umfang dieser Arbeit ist es nicht möglich, sich detailliert mit der Repräsentativität und Aussagekraft der Studien auseinander zu setzen. Durch das Heranziehen vieler verschiedener Studien soll allerdings ein repräsentatives Bild von Kindern, die in gleichgeschlechtlichen Beziehungen aufwachsen, gezeichnet werden. Zu grundsätzlicher Kritik an verschiedenen Studien vgl. Granold, Plenarprotokoll 17/51, 5449; Kahrs, Plenarprotokoll 17/51, 5450; Pätzold, S. 114. Des Weiteren sei angemerkt, dass sich auch einige der zitierten Autoren auf verschiedene Studien anderer Wissenschaftler beziehen und ihre Ergebnisse oder Meinungen dann mit diesen vergleichen. Nicht jeder zitierte Autor hat somit zwangsläufig eine eigene Studie zum Thema durchgeführt.

357 Copur, S. 42; Fthenakis/Ladwig, S. 12, abrufbar unter https://www.familienhandbuch.de/elternschaft/besondere-formen-von-elternschaft/homosexuelle-vater (letzter Aufruf am 1.4.2013); Patterson, Journal of Marriage and Family 2000, 1052, 1059; Pätzold, S. 116; Rauchfleisch, 1997, S. 49.

358 Belling, S. 13.

359 Rupp, S. 22.

360 Hunfeld/Fauser/Beaufort/Passchier, Human Reproduction Update 2001, 579, 581 ff.; Rupp, S. 23.

schlecht, welches innerhalb der Familie in die Erziehung eingebunden ist, verbunden werden.[361] Die gleichgeschlecht-liche Orientierung und Lebensweise der Eltern führt folglich nicht zu einer Konfusion des Kindes in Bezug auf seine Geschlechtsidentität.[362] Dieses Ergebnis überrascht weiter auch nicht, da sich auch schwule Väter als Männer wahrnehmen sowie sich auch lesbische Mütter als Frauen sehen.[363] Kinder aus gleichgeschlechtlichen Beziehungen bilden also, genauso wie auch Kinder aus verschiedengeschlechtlichen Beziehungen, eine mit ihrem biologischen Geschlecht übereinstimmende Geschlechtsidentität aus.[364]

Fraglich ist, ob die Kinder auch das gleiche Geschlechtsrollenverhalten aufweisen wie Kinder, die in verschiedengeschlechtlichen Beziehungen aufwachsen. Unter Geschlechtsrollenverhalten werden solche Verhaltensweisen und Einstellungen verstanden, die innerhalb einer Kultur entweder als angemessen männlich oder angemessen weiblich betrachtet werden.[365] In verschiedenen Untersuchungen wurde das Geschlechtsrollenverhalten von Jungen und Mädchen anhand von Freizeitaktivitäten, bevorzugten Spielsachen, Spielen und Freundschaften untersucht.[366] Indem diese in typische Mädchen-, Jungen- oder neutrale Aktivitäten unterteilt wurden, war es möglich das Geschlechtsrollenverhalten zu bewerten. Im Ergebnis konnte in den Studien grundsätzlich festgehalten werden, dass sich Kinder aus gleichgeschlechtlichen Beziehungen in ihrem Geschlechtsrollenverhalten nicht von Kindern aus verschiedengeschlechtlichen Beziehungen unterscheiden.[367] Jungen benehmen sich somit unabhängig von ihren Eltern genauso jungenhaft, Mädchen grundsätzlich genauso mädchenhaft. Eine Abweichung wurde lediglich in einer Studie bei dem Verhalten von Mädchen, die bei zwei Müttern aufwachsen, festgestellt, denn diese wählten genauso oft mädchen- wie auch jungentypische Aktivitäten und konnten sich eher vorstellen männerdominierte Berufe auszuüben.[368] Ob dies als negative Abweichung vom typischen Geschlechtsrollenverhalten bewertet werden kann, darf aber bezweifelt werden. Zum einen stammt die Studie aus dem Jahr 1986, weswegen sich das Geschlechtsrollenverhalten der Mädchen mittlerweile anders darlegen könnte. Zum ande-

361 Dundas/Kaufmann, Journal of Homosexuality 2000, 65, 76; Green/Mandel/Hotvedt/Gray/Smith, Archives of Sexual Behaviour 1986, 167, 175.
362 So auch Copur, S. 42.
363 Dittberner, S. 161; Rauchfleisch, 1997, S. 48 f.
364 Fthenakis, S. 383; Golombok/Fivush, S. 160; Lähnemann S. 18 f.; Paulitz/Griebel/Fthenakis, S. 177; Perrin, Pediatrics 2002, 341, 342; Rupp, S. 23.
365 Copur, S. 43; Rupp, S. 22.
366 Lähnemann, S. 19; Pätzold, S. 117; Rupp, S. 23.
367 Belling, S. 13; Lähnemann, S. 19; Perrin, Pediatrics 2002, 341, 342; Rupp, S. 23;
368 Green/Mandel/Hotvedt/Gray/Smith, Archives of Sexual Behaviour 1986, 167, 176.

ren hat sich das Geschlechtsrollenverhalten der meisten Mädchen in den letzten 20 Jahren eher so entwickelt, dass mittlerweile tendenziell mehr Mädchen jungentypische Aktivitäten bevorzugen oder männerdominierte Berufe ausüben möchten.[369] Ein Abweichen von starrem Geschlechtsrollenverhalten kann in einer modernen, von Gleichberechtigung geprägten, individualistischen und freien Gesellschaft nur begrüßt werden, da dies zu einer stärkeren Ausrichtung an individuellen Fähigkeiten und Interessen führt.[370] Im Ergebnis zeigen somit Kinder, die bei gleichgeschlechtlichen Paaren aufwachsen, kein negativ abweichendes Geschlechtsrollenverhalten im Vergleich zu Kindern, die in verschiedengeschlechtlichen Beziehungen aufwachsen.[371]

Des Weiteren stellt sich auch die Frage, ob es Unterschiede im Bereich der sexuellen Orientierung der Kinder gibt. Die sexuelle Orientierung beschreibt die Anziehung eines Menschen und die damit zusammenhängende Wahl der Sexualpartner.[372] Bei Kindern, die in gleichgeschlechtlichen Beziehungen leben, wird vermehrt befürchtet, diese könnten durch die gleichgeschlechtliche Orientierung ihrer Eltern selber auch homosexuell werden.[373] An dieser Aussage sind allerdings schon zwei Aspekte problematisch. Zum einen wird durch diese Aussage impliziert, Homosexualität sei etwas nicht Wünschenswertes und Nachteiliges.[374] Zum anderen kann die Frage, warum ein Mensch homo- oder heterosexuell orientiert ist, wissenschaftlich noch nicht eindeutig beantwortet werden.[375] Die Möglichkeit der Entwicklung zur Homosexualität kann schon bezweifelt werden, da die sexuelle Orientierung eines Menschen auch genetisch bedingt sein könnte.[376] Bei verschiedenen Studien konnte ein Anteil von Kindern, die bei gleichgeschlechtlich orientierten Paaren aufwachsen und selber gleichgeschlechtlich orientiert sind, von sechs bis neun Prozent festgestellt werden.[377] Dabei handelt es sich um

369 Dies ist durch die Gleichstellung von Frauen und Männern im Rahmen des Feminismus sogar gewollt.
370 So auch Dittberner, S. 164.
371 Grehl, S. 106; Rauchfleisch, 1997, S. 77; Rupp, S. 24.
372 Paulitz/Griebel/Fthenakis, S. 177.
373 Fthenakis, S. 382; Paulitz/Griebel/Fthenakis, S. 177; Wacke, FamRZ 1990. 347, 349.
374 So auch Dittberner, S. 161.
375 So auch schon Dimski, ZEuP 1995, 465, 472; Dittberner, S. 162; Fthenakis, S. 381; Grehl, 106 f.; Pätzold, S. 1 f. Ferner kann sich die sexuelle Orientierung auch verändern, so Patterson, Journal of Marriage and Family 2000, 1052.
376 Bosinski, S. 13; Risse, S. 338 f. Hauptsächlich werden noch zwei Thesen zur Entstehung von homosexueller Veranlagung vertreten. Auf der einen Seite ist dies ein biologisch-genetischer Ansatz, nachdem die homosexuelle Veranlagung bereits im Erbgut verankert sein soll. Auf der anderen Seite steht ein psychologischer Ansatz, nachdem die sexuelle Festlegung durch Prägung entsteht. Vgl. dazu Gleixner/ Müller/Wirth, S. 378.
377 Fthenakis, S. 382.

eine Prozentangabe, die mit der Angabe der grundsätzlich homosexuell Orientierten übereinstimmt.[378] Kinder, die bei gleichgeschlechtlichen Paaren aufwachsen, sind dementsprechend im Durchschnitt genauso häufig homosexuell orientiert wie solche, die bei Heterosexuellen auswachsen.[379] Es konnte folglich kein Zusammenhang zwischen der sexuellen Orientierung der Eltern und derjenigen der Kinder gefunden werden.[380]

Im Ergebnis kann daher Folgendes festgehalten werden. Kinder, die in gleichgeschlechtlichen Beziehungen aufwaschen, bilden ihre sexuelle Identität nicht anderes aus als solche, die in heterosexuellen Beziehungen aufwachsen.[381] Weder im Bereich der Geschlechtsidentität noch im Bereich des Geschlechtsrollenverhaltens oder bei der sexuellen Orientierung konnten unterschiedliche Entwicklungen der verglichenen Gruppen festgestellt werden. Für die bei der Entwicklung der sexuellen Identität geäußerten Bedenken gegen das Aufwachsen von Kindern bei gleichgeschlechtlichen Partnern als Eltern finden sich letztlich also keine empirischen Belege.[382]

### (2) Psychisches Wohlbefinden und Belastungserleben

Fraglich ist aber des Weiteren auch, wie sich das Aufwachsen von Kindern in gleichgeschlechtlichen Beziehungen und die dadurch möglicherweise erfahrenen Diskriminierungen auf das psychische Wohlbefinden der Kinder auswirken.

Das psychische Wohlbefinden der Kinder kann in die Kategorien von emotionalen Problemen, Verhaltensauffälligkeiten und der kognitiven Entwicklung unterteilt werden.[383] Bei der Betrachtung dieser Aspekte kommen die herangezogenen Studien zu dem weitgehend einheit-

378 Eine genaue Prozentangabe, wie viele Deutsche homosexuell veranlagt sind gibt es nicht, so auch Pätzold, S. 7 f. In den USA sollen es ca. 10 % sein, vgl. Fthenakis, S. 382. Auch aus den Mikrozensusangaben ergibt sich lediglich ein Bild über zusammenlebende gleichgeschlechtliche Lebensgemeinschaften, auch dort fehlen jedoch Angaben zu homosexuellen alleinlebenden Personen, gleichgeschlechtliche Paare, die aber nicht in einem Haushalt leben und homosexuelle alleinerziehende Eltern, vgl. dazu Eggen, S. 37 ff.

379 Fthenakis, S. 382; Patterson, Journal of Marriage and Family 2000, 1052, 1059 f.; Pätzold, S. 11.6; Perrin, Pediatrics 2002, 341, 342.

380 Belling, S. 14; Copur, S. 44 f.; Dittberner, S. 163; Lähnemann, S. 19 f.; Paulitz/Griebel/Fthenakis, S. 177; Perrin, Pediatrics 2002, 341, 342.

381 Fitzgerald, Marriage and Family Review 1999, 57, 61 ff.; Patterson, Journal of Marriage and Family 2000, 1052; 1059; a.A. Wardle, FS Frank, 313, 323; Wächtler, S. 116 f. wobei sich nicht mit dem Forschungsstand auseinander gesetzt wird.

382 Belling, S. 14; Copur, S. 46; Grehl, S. 108; Hunfeld/Fauser/Beaufort/Passchier, Human Reproduction Update 2000, 579; 584; Pätzold, S. 117; Rupp, S. 25.

383 Rupp, S. 25.

lichen Ergebnis, dass Kinder aus gleichgeschlechtlichen Familien eine normale psychische, kognitive und körperliche Entwicklung aufweisen.[384] Durch das Aufwachsen bei gleichgeschlechtlich orientierten Eltern lernen die Kinder sogar eine überdurchschnittliche Toleranz gegenüber Anderen.[385] Ferner weisen sie auch im Gegensatz zu Kindern, die in heterosexuellen Beziehungen aufwachsen, ein ausgeprägteres Sozialverhalten gegenüber jüngeren Kindern auf.[386] Kinder, die in gleichgeschlechtlichen Beziehungen aufwachsen, weisen ferner einen höheren Selbstwert auf.[387] Grundsätzlich bestehen allerdings keine Unterschiede in Bezug auf soziale Beziehungen, Freundschaftsbeziehungen oder der Beliebtheit der Kinder.[388] Unterstützt wird diese vorliegend dargestellte positive Entwicklung der Kinder dabei dadurch, dass die Eltern ihre gleichgeschlechtliche Orientierung akzeptieren und offen leben.[389]

Auch wenn das psychische Wohlbefinden der Kinder scheinbar mit dem von Kindern aus heterosexuellen Beziehungen vergleichbar ist,[390] so stellt sich allerdings die Frage, ob sich eventuell vorkommende Diskriminierungen nicht doch negativ auf das Wohl der Kinder, die bei gleichgeschlechtlichen Paaren aufwachsen, auswirken können.[391] Denn auch wenn gleichgeschlechtliche Eltern optimale Entwicklungsmöglichkeiten für ihre Kinder in der Familie schaffen können, so haben sie keinen Einfluss auf die Auswirkungen von Reaktionen aus dem Umfeld des Kindes. Diese außerfamiliären Faktoren können das Wohl des Kindes allerdings genauso beeinflussen wie innerfamiliäre Gegebenheiten. Zur abschließenden Beurteilung des psychischen Wohlbefindens muss somit zunächst noch die Frage beantwortet werden, ob Kinder von gleichgeschlechtlichen Paaren vermehrt Diskriminierungen oder Stigmatisierungen ausgesetzt sind.[392] Danach stellt sich dann gegebenenfalls die Frage nach der Auswirkung dieser auf das Wohl der Kinder.

---

384 Copur, S. 46 f.; Fitzgerald, Marriage and Family Review 1999, 57, 64 f.; Hunfeld/Fauser/Beaufort/Passchier, Human Reproduction Update 2000, 579; 581 ff.; Golombok/Tasker/Murray, Journal of Child Psychology and Psychiatry 1997, 783; 787 f.; Green/Mandel/Hotvedt/Gray/Smith, Archives of Sexual Behaviour 1986, 167, 178 ff.; Pätzold, S. 121; Perrin, Pediatrics 2002, 341, 342; Rauchfleisch, 1997, S. 77.

385 Belling, S. 15; Rauchfleisch, 1997, S. 79.

386 Perrin, Pediatrics 2002, 341, 342.

387 Rupp, S. 242. Dies wurde auch von sachkundigen Auskunftspersonen bei der Verhandlung des Verbots der Sukzessivadoption vorgetragen, vgl. BVerfG, 1 BvL 1/11 vom 19.2.2013, Rn. 32.

388 Fitzgerald, Marriage and Family Review 1999, 57, 65; Fthenakis, S. 386.

389 Rauchfleisch, 1997, S. 79; So auch Fthenakis S. 388 im Bezug auf die Auswirkungen von Diskriminierungen.

390 So auch Stacey/Biblarz, American Sociological Review 2001, 159, 171.

391 Dazu auch Dethloff, ZRP 2004, 195, 200; Paulitz/Griebel/Fthenakis, S. 177 f.

392 Vgl. dazu auch Schüffner, S. 163 ff.

In den meisten Studien geben ca. 50 %[393] der Kinder, die bei gleichgeschlechtlichen Paaren leben, an, sie hätten aufgrund ihrer Lebenssituation Diskriminierungen erfahren.[394] Diese gehen zumeist von Gleichaltrigen aus.[395] Die Art und Häufigkeit der Diskriminierung variiert dabei meist sehr stark und geht von Beschimpfungen, über das Ausschließen des Kindes, das Androhen von Schlägen bis zu Erpressungen oder der Beschädigung von Sachen.[396] Bemerkenswert dabei ist allerdings, dass sich trotzdem rund 70 %[397] der Kinder, die aufgrund der Lebensweise ihrer Eltern diskriminiert werden, an diese bei Diskriminierungen gewendet haben.[398]

Diese Erkenntnis führt auch sogleich zu der Frage, ob und wie sich die Benachteiligungen auf die Entwicklung der Kinder auswirken. Kinder mit diesen Erfahrungen weisen ein niedrigeres Selbstwertgefühl und eine höhere Depressivität auf.[399] Körperliche Auswirkungen oder eine vermehrte Aggressivität konnten allerdings nicht festgestellt werden. Die Entwicklung von Kindern mit solchen Erfahrungen kann also nicht per se als problematisch eingestuft werden.[400] Deswegen ist fraglich, unter welchen Bedingungen diese Diskriminierungserfahrungen einen tatsächlichen Risikofaktor für die kindliche Entwicklung darstellen können.

Dafür muss die Häufigkeit der Vorfälle und die Beziehung zu den Eltern näher betrachtet werden. So lässt sich feststellen, dass Diskriminierungserfahrungen nur dann einen Risikofaktor für die kindliche Entwicklung darstellen können, wenn solche häufig auftreten und gleichzeitig die Beziehung zu den Eltern von großer emotionaler Unsicherheit geprägt ist.[401] Denn eine hohe emotionale Sicherheit in der Beziehung zu den Eltern erweist sich als bedeutsamer Schutzfaktor.[402] Das familiäre Verhältnis zwischen den Kindern und ihren gleichgeschlechtlichen Eltern zeigt sich aber insgesamt als sehr positiv.[403] Somit stellen vorkommende Diskri-

393 Rupp, S. 258.

394 Perrin, Pediatrics 2002, 341, 343; Fitzgerald, Marriage and Family Review 1999, 57, 65; Mit einem Überblick über verschiedene weitere Studien auch Fthenakis, S. 385 ff. Ähnlich auch Schüffner, S. 163 f. Lediglich Copur, S. 58; Patterson, Journal of Marriage and Family 2000, 1052, 1060 können keine verstärkte Stigmatisierung aufgrund der gleichgeschlechtlichen Lebensweise der Eltern feststellen.

395 Fthenakis/Ladwig, S. 14, abrufbar unter https://www.familienhandbuch.de/elternschaft/besondere-formen-von-elternschaft/homosexuelle-vater (letzter Aufruf am 1.4.2013 ); Rupp, S. 259.

396 Rupp, S. 259. Mit ähnlichen Arten der Diskriminierung auch Grehl, S. 101 f.

397 Rupp, S. 258.

398 Pätzold, S. 124;

399 Rupp, S. 261.

400 Fthenakis, S. 387; Pätzold, S. 124; Rupp, S. 261.

401 Rupp, S. 262.

402 Grehl, S. 102; Pätzold, S. 124; Rupp, S. 262, ähnlich auch Walper, S. 132.

403 So konnte in der Studie von Rupp, S. 241 ff. festgestellt werden, dass fast keine Unterschiede zwischen der Beziehung von Kindern zu ihrem leiblichen Elternteil in eingetragenen Lebenspartnerschaften und anderen

minierungen keinen erhöhteren Risikofaktor für Kinder in gleichgeschlechtlichen Beziehungen dar als für Kinder in verschiedengeschlechtlichen Beziehungen. Für das Wohl der Kinder ist somit nicht die Familienkonstellation der Geschlechter ausschlaggebend, sondern die Beziehungsqualität in der Familie.[404]

Im Ergebnis lässt sich somit Folgendes festhalten.[405] Das innerfamiliäre psychische Wohlbefinden von Kindern, die in gleichgeschlechtlichen Beziehungen aufwachsen, weicht nicht von dem der Kinder in verschiedengeschlechtlichen Beziehungen ab. Im außerfamiliären Bereich sind allerdings fast 50 % der Kinder mit gleichgeschlechtlich orientierten Eltern Diskriminierungen ausgesetzt.[406] Diese wirken sich jedoch nur negativ auf die kindliche Entwicklung aus, wenn sie vermehrt vorkommen und die emotionale Beziehung zu den Eltern von Unsicherheiten geprägt ist. Diese Unsicherheiten scheinen bei den meisten Kindern indes nicht vorzuliegen, da sich fast 70 % von ihnen nach einer Diskriminierungserfahrung an die Eltern wenden. Insgesamt wird die Eltern-Kind-Beziehung in gleichgeschlechtlichen Partnerschaften außerdem als sehr positiv beschrieben.

### (3) Erziehungsverhalten gleichgeschlechtlicher Paare

Weitere Bedenken in Bezug auf das Wohl der Kinder werden hinsichtlich des Erziehungsverhaltens von gleichgeschlechtlichen Paaren geäußert. Bei einem Vergleich des Erziehungsverhaltens von verschieden- und gleichgeschlechtlichen Paaren lassen sich sowohl Unterschiede als auch Übereinstimmungen[407] finden.[408] Vergleichbar ist das Erziehungsverhalten in Bezug

---

Familienformen besteht. Soweit Unterschiede bestehen, zeigt sich bei eingetragenen Lebenspartnern ein positiveres Bild der Beziehung zum leiblichen Elternteil. Im Bezug auf die Beziehung zum nichtleiblichen Elternteil konnte festgestellt werden, dass Kinder in eingetragenen Lebenspartnerschaften sich diesem stärker verbunden fühlen, als Kinder aus Kern- und Stiefvaterfamilien sich deren leiblichen Vätern bzw. Stiefvätern.

404 Fthenakis, S. 387 f.; Rupp, S. 306. So wohl auch die Auskunftspersonen, die im Rahmen der mündlichen Verhandlung zur Sukzessivadoption Stellung genommen haben, vgl. BVerfG, 1 BvL 1/11 vom 19.2.2013, Rn. 33

405 Das folgende Ergebnis scheint auch von den, schriftlich wie auch mündlich vorgetragenen, Erkenntnissen sachkundiger Auskunftspersonen in der Verhandlung des Verbots der Stiefkindadoption vertreten worden zu sein, vgl. dazu BVerfG, 1 BvL 1/11 vom 19.2.2013, Rn. 29, 32.

406 Untersuchungen darüber, wie oft Kinder aufgrund anderer familiärer Faktoren (z.B. Behinderungen von Eltern/Geschwistern, sozialer oder finanzieller Stellung) diskriminiert werden, konnten leider nicht gefunden werden. Ein Vergleich zu anderen familiär bedingten Diskriminierungen konnte deshalb leider nicht vorgenommen werden.

407 Lähnemann, S. 21; Walper, S. 131.

408 Fthenakis, S. 372 ff.; Paulitz/Griebel/Fthenakis, S. 175 f.; Rupp, S. 28.

auf die Förderung der Autonomie der Kinder und ihrer schulischen Entwicklung.[409] Ferner richten sich homosexuelle Eltern genauso an den Bedürfnissen ihrer Kinder aus, wie dies bei heterosexuellen Eltern der Fall ist.[410] Unterschiede lassen sich hingegen vor allem in folgenden Bereichen feststellen. Bei dem Erziehungsverhalten von homosexuellen Vätern zeigt sich, dass diese konsequenter bei der Einhaltung von Regeln vorgehen, diese aber auch ausführlicher erklären.[411] Ferner stimmen sie ihre Reaktionen mehr auf die kindlichen Bedürfnisse ab.[412] Grundsätzlich weisen sie ein eher autoritatives Erziehungsverhalten auf, welches sich durch ein hohes Maß an emotionaler Wärme und einem ausgeglichenen Maß an Autorität auszeichnet.[413] Weibliche Elternpaare weisen außerdem ein größeres Bewusstsein für schwierige Erziehungssituationen auf und nennen angemessenere Lösungen für diese.[414] Ferner zeigen sie sich kindkonzentrierter[415] und entspannter bei geschlechtsbezogenen Spielen.[416] Somit bleibt festzuhalten, soweit Unterschiede im Erziehungsverhalten bestehen, sprechen diese keineswegs gegen, sondern vielmehr für die Erziehungsfähigkeit von gleichgeschlechtlichen Paaren.[417]

Allerdings spielt auch die Eltern-Kind-Beziehung bei der Erziehungsfähigkeit eine große Rolle. Denn ohne eine gute Beziehung zum Kind könnte dieses die Annahme oder Umsetzung der Erziehungsmaßnahmen verweigern. Zumindest würde aber die grundsätzliche Erziehungsfähigkeit nicht die bestmöglichen Früchte tragen. Grundsätzliche Unterschiede zwischen gleichgeschlechtlich und verschiedengeschlechtlich orientierten Eltern lassen sich in ihrer Beziehung zu ihren Kindern nicht feststellen.[418] Die Beziehungen sind genauso offen,

---

409 Rupp, S. 28.

410 Rupp, S. 28; mit leicht abweichenden Ergebnissen zugunsten von homosexuellen Vätern Binger/Jacobsen, Journal of Homosexuality, 173, 180 f.

411 Binger/Jacobsen, Journal of Homosexuality, 173, 180; Fthenakis/Ladwig, S. 11 f., abrufbar unter https://www.familienhandbuch.de/elternschaft/besondere-formen-von-elternschaft/homosexuelle-vater (letzter Aufruf am 1.4.2013 ); Rupp, S. 28.

412 Fthenakis, S. 372; Paulitz/Griebel/Fthenakis, S. 176; Rupp. S. 28.

413 Binger/Jacobsen, Journal of Homosexuality 1989, 173, 180; Pätzold, S. 118.

414 Dabei wird allerdings zu bedenken gegeben, dass dieser Unterschied eher auf eine Differenz zwischen Müttern und Väter zurückzuführen ist, als auf die sexuelle Orientierung, vgl. Rupp. S. 28.

415 Copur, S. 54; Golombok/Tasker/Murray, Journal of Child Psychology and Psychiatry 1997, 783; 787.

416 Fthenakis, S. 374; Pätzold, S. 119; dies trifft laut Fthenakis/Ladwig, S. 11 f., abrufbar unter https://www.familienhandbuch.de/elternschaft/besondere-formen-von-elternschaft/homosexuelle-vater (letzter Aufruf am 1.4.2013) auch auf homosexuelle Väter zu.

417 AG Mettmann FamRZ 1985, 529; Binger/Jacobsen, Journal of Homosexuality, 173, 181; Lähnemann, S. 21; Dittberner, S. 158; Pätzold, S. 120; Rauchfleisch, S. 70; Risse, S. 339; Rupp, S. 309; Sielert, S. 51; Streib-Brzic/Gerlach, S. 176 f. Für eine grundsätzliche Erziehungsfähigkeit von Homosexuellen auch Niemeyer, FuR 1997, 141.

418 Rupp, S. 242 f.

liebevoll, vertrauensvoll und herzlich.[419] Das Erziehungsklima homosexueller Paare ist überwiegend von Wärme, Zuneigung und offenem Lob geprägt, weswegen das Erziehungsverhalten auch nicht von zu strengen Strafen geprägt ist.[420] Ferner teilen gleichgeschlechtliche Paare elterliche Pflichten gleichmäßiger auf.[421] Dies mag darin begründet sein, dass typische Rollenbilder auf diese Familienkonstellationen nicht zutreffen. Aufgrund des guten Verhältnisses zwischen Eltern und Kindern bestehen somit auch optimale Voraussetzungen für eine positive Umsetzung der festgestellten Erziehungsfähigkeit.[422]

Im Ergebnis können also auch die Bedenken hinsichtlich der Erziehungsfähigkeit von gleichgeschlechtlichen Paaren durch die dargelegten Studienergebnisse entkräftet werden.[423]

### (4) Sexuelles Missbrauchsrisiko

Weitere Zweifel am Wohl der Kinder bestehen aber auch hinsichtlich der Gefahr für Kinder, die in gleichgeschlechtlichen Partnerschaften leben, Opfer sexuellen Missbrauchs durch ihre Eltern zu werden.[424] Auch wenn diese nicht empirisch belegbaren Vorurteile gegenüber Homosexuellen mittlerweile eigentlich ausgeräumt sein sollten, sollen sie an dieser Stelle noch einmal widerlegt werden. Grundsätzlich verwechseln Vertreter dieser Bedenken meist Pädophilie und Homosexualität bzw. neigen dazu diese sexuellen Orientierungen gleichzustellen.[425] Ferner scheinen diese Behauptungen auch zu unterstellen, sexuelle Gewalt werde zu einem überwiegenden Teil von Männern gegen Jungen verübt, sodass diese nicht sicher wären, wenn sie bei homosexuellen Männern aufwachsen würden.[426]

Zum einen gilt es zwischen homosexueller und pädophiler Neigung klar zu trennen.[427] Eine homosexuelle Orientierung bedeutet lediglich die sexuelle Bevorzugung des eigenen Geschlechts. Die sexuelle Anziehung bei Homosexuellen bezieht sich jedoch wie bei Heterose-

419 Rupp, S. 190.
420 Rupp, S. 294.
421 Fthenakis, S. 378 f.; Pätzold, S. 119.
422 So im Ergebnis auch Belling, S. 12, der gleichgeschlechtliche Paare ferner auch für die besseren Eltern hält. Für die Erziehungsfähigkeit von gleichgeschlechtlich orientierten Menschen auch Rauchfleisch, 1997, S. 82.
423 Diese Meinung wurde auch teilweise schriftlich wie auch mündlich in der Verhandlung des Verbots der Stiefkindadoption durch sachkundige Auskunftspersonen vorgetragen, vgl. dazu BVerfG, 1 BvL 1/11 vom 19.2.2013, Rn. 29, 32.
424 Belling S. 7 f.; Müller, FF 2011, 56, 61.
425 So auch Paulitz/Griebel/Fthenakis, S. 177.
426 Diese Bedenken scheinen nämlich meist nur bei schwulen Paaren aufzutreten.
427 Schimmel, S. 106.

xuellen auch auf Personen aus einer ähnlichen Altersgruppe.[428] Pädophile[429] hingegen fühlen sich sexuell (fast) ausschließlich zu meist vorpubertären Kindern hingezogen.[430] Homosexualität und Pädophilie sind somit keine Synonyme. Es gibt sogar Studien, die darauf hinweisen, dass sich diese beiden sexuellen Neigungen gegenseitig nahezu ausschließen würden.[431] Bei einer Unterteilung in Kategorien kann somit also zwischen Personen mit sexueller Orientierung zu gleichaltrigen Personen und einem sexuellen Interesse an Kindern unterschieden werden. Diese beiden Gruppen lassen sich dann jeweils weiter in eine hetero-, homo- oder bisexuelle Orientierung unterteilen.[432] Zwischen einer homosexuellen und einer pädophilen Neigung ist also strikt zu unterscheiden, weswegen sexueller Missbrauch von Männern an Jungen nicht mit einer homosexuellen Orientierung bei Gleichaltrigen gleichgesetzt werden kann.[433] Zu untersuchen ist aber auch, ob es zutrifft, dass sexuelle Gewalt hauptsächlich von (homosexuellen) Männern gegen Jungen verübt wird und diese dadurch bei gleichgeschlechtlich orientierten Partnern einem besonderen Risiko des sexuellen Missbrauchs ausgesetzt sind. Aus den Forschungsergebnissen über sexuelle Gewalt gegen Kinder geht hervor, dass sexuelle Gewalt vor allem von Männern gegen weibliche Opfer verübt wird.[434] Allerdings wird auch die seltener vorkommende sexuelle Gewalt gegen Jungen meist von Männern verübt.[435] Dies macht also zunächst den geringen Anteil von Frauen als Täterinnen von sexueller Gewalt gegen Kinder deutlich.[436] Kinder in lesbischen Beziehungen müssten somit dem geringsten Risiko von sexuellen innerfamiliären Übergriffen ausgesetzt sein.[437] Indem also der größte Teil der sexuellen Gewalt von Männern gegen Mädchen verübt wird, findet der größte Teil des

428 Schmidt, Archives of Sexual Behavior 2002, 473.

429 Auch „Pädosexuelle" genannt, da „Pädophilie" in der wörtlichen Übersetzung „Liebe zu Kindern" bedeutet und so eine positive erotische Beziehung zwischen einem Kind und einem Erwachsenen suggeriert. Deshalb wird die Verwendung der Bezeichnung „Pädosexualität" teilweise bevorzugt vgl. Bange, 2007, S. 26; Bundschuh, S. 25 f.

430 Bange, 2007, S. 26.

431 Groth/Birnbaum, Archives of Sexual Behavior 1978, 175, 180.

432 So existieren die Untergruppen der Hetero-, Homo- und Bipädophilie, vgl. Dieth, S. 37 f. Auch mit einer Unterteilung in homosexuelle oder heterosexuelle Präferenz der dort sog. Pädosexuellen, Bundschuh, S. 33 f; Freund/Kuban, Archives of Sexual Behavior 1993, 619, 619 ff.

433 Bange, 2007, S. 108; Grehl, S. 108 f.; Pätzold, S. 115 f.; Rauchfleisch, 1997, S. 54 f.

434 Brockhaus/Kolshorn, S. 69; so auch Dittberner, S. 160.

435 Bei Mädchen sind 98 % der Täter männlich und bei Jungen sind es 86 % der Täter, Brockhaus/ Kolshorn, S. 68. Dafür, dass sexueller Missbrauch an Kindern vorwiegend von Männern begangen wird, vgl. auch Bange, 1992, S. 115 f.

436 Patterson, Journal of Marriage and Family 2000, 1052, 1060.

437 Wie bereits erwähnt, wird der Vorwurf eines möglichen sexuellen Interesses an Kindern aber auch zumeist nur homosexuellen Männern gemacht.

sexuellen Missbrauchs somit auf heterosexueller Basis statt.[438] Manche Täter vergehen sich aber sowohl an Mädchen als auch an Jungen.[439] Insgesamt gesehen missbrauchen homosexuell orientierte Männer aber nicht häufiger Kinder als heterosexuell orientierte Männer dies tun.[440] Teilweise wird auch vertreten, dass Personen, die sexuell sowohl an Kindern als auch an Erwachsenen interessiert sind, überwiegend heterosexuell orientiert seien, weswegen Heterosexuelle ein größeres Risiko für Kinder darstellen würden als Homosexuelle.[441] Unabhängig davon, ob man dieser These zustimmen möchte, geht aus den dargelegten Untersuchungsergebnissen zumindest hervor, dass kein größeres Risiko des sexuellen Missbrauchs von Kindern durch gleichgeschlechtlich Orientierte als durch verschiedengeschlechtlich Orientierte ausgeht.[442]

Im Ergebnis kann deshalb festgestellt werden, die Bedenken, dass Kinder, die bei gleichgeschlechtlich orientierten Personen aufwachsen, einem erhöhten Risiko des sexuellen Missbrauchs ausgesetzt sind, lassen sich mit keinerlei empirischen Beweisen belegen.[443] Von einem erhöhten Risiko kann folglich keinesfalls ausgegangen werden.

### (5) Stabilität von gleichgeschlechtlichen Beziehungen

Zum Wohl des Kindes trägt des Weiteren auch die Entwicklung eines stabilen Eltern-Kind-Verhältnisses bei.[444] Teilweise wird jedoch die Ansicht vertreten, ein solches könne sich nicht entwickeln, da Beziehungen von gleichgeschlechtlichen Paaren instabil und unbeständig wären.[445]

---

438 Fthenakis/Ladwig, S. 13, abrufbar unter https://www.familienhandbuch.de/elternschaft/besondere-formen-von-elternschaft/homosexuelle-vater (letzter Aufruf am 1.4.2013 ). Nach Blanchard/ Barbaree/Bogaert/Dickey/Klassen/Kuban/Zucker, Archives of Sexual Behavior 2000, 463, 464 sind nur 2-4 % der Männer homosexuell im Hinblick auf Gleichaltrige orientiert, aber 25-40 % der pädophilen Männer bevorzugen Jungen.

439 Unter Berufung auf mehrere Studien Bange, 2007, S. 104. Dazu mit verschiedenen Ergebnissen auch Bundschuh, S. 33.

440 Bange, 2007, S. 104.

441 Groth/Birnbaum, Archives of Sexual Behavior 1978, 175, 181.

442 Bange, 2007, S. 104 ff.; Groth/Birnbaum, Archives of Sexual Behavior 1978, 175, 180 f; Paulitz/ Griebel/Fthenakis, S. 177; Rauchfleisch, 1997, S. 54 f.; Wilmer, S. 83.

443 Fthenakis, S. 380; Grehl, S. 108; Patterson, Journal of Marriage and Family 2000, 1052., 1061; Pätzold, S. 115.

444 Pätzold, S. 117.

445 Holzhauer, JZ 2000, 1076, 1083; auch mit hinweisen auf dieses Klischee Braun, S. 63 ff.; Rauchfleisch, 1997, S. 55 ff.

In der Studie von *Rupp* wurde dieser Vermutung indes widersprochen.[446] Sowohl bei den teilnehmenden männlichen als auch den weiblichen Paaren handelte es sich um langfristige Bindungen.[447] Voraussetzung zur Teilnahme an der Studie war ein gemeinsamer Haushalt der Partner. In einem solchen wohnten die Männerpaare im Durchschnitt schon 9 Jahre, die Frauenpaare 7,7 Jahre zusammen. Die Beziehungsdauer gaben ein Viertel der Paare mit Kindern mit vier bis sechs Jahren und 30 % von ihnen mit sieben bis neun Jahren an. Bei 92 % der Paare bestand die Beziehung schon mehr als drei Jahre. Diese Ergebnisse deuten somit bereits darauf hin, dass gleichgeschlechtliche Paare mit Kinderwunsch in der Regel schon seit mehreren Jahren in einer festen Beziehung leben. Auch aus anderen Studien geht hervor, dass der größte Teil der homosexuellen Paare ihre Beziehung als dauerhaft und stabil ansieht.[448] Eine größere Instabilität von homosexuellen Beziehungen im Vergleich zu heterosexuellen kann somit nicht festgestellt werden.[449] Allerdings wurde zum Teil in männlichen homosexuellen Beziehungen im Vergleich zu heterosexuellen Beziehungen eine kleinere Anzahl monogamer Beziehung festgestellt.[450] Wobei sich dieses Ergebnis nicht durchgängig finden lässt,[451] denn Teilnehmer an anderen Studien haben überwiegend angegeben, ihre Beziehung sei monogam.[452] Welches dieser Ergebnisse zutreffender ist, muss an dieser Stelle dahingestellt bleiben. Selbst wenn man sich der Meinung anschließen wollte, mehr hetero- als homosexuelle Beziehungen würden monogam geführt, müsste man sich im Anschluss mit der Frage auseinandersetzten, ob Monogamie in unserer heutigen Gesellschaft überhaupt zwingende Voraussetzung einer stabilen Beziehung sein muss.[453] Ohne darauf näher eingehen zu wollen, sei

446 Zum Folgenden Rupp, S. 75 f. in der Studie wurden insgesamt 624 Paare befragt.

447 Der Mikrozensus erfasst seit dem Jahr 2006 eingetragene Partnerschaften. 2007 gab es 68.400 gleichgeschlechtliche Lebensgemeinschaften, wovon 23 % in der Form einer eingetragenen Lebenspartnerschaft gelebt haben. Insgesamt gab es bei den gleichgeschlechtlichen Paaren mindestens 5.000 Familien mit ca. 7.300 Kindern. Somit leben bei jedem dreizehnten gleichgeschlechtlichen Paar Kinder. Aufgrund einer statistischen Unterschätzung wird allerdings davon ausgegangen, dass ca. 18.000 bis 21.000 Kinder bei homosexuellen Paaren aufwachsen. Vgl. Eggen, S. 48 f.

448 In der Studie im Auftrag des Bundesministeriums der Justiz von Buba/Vaskovics, S. 74 f. sind die Angaben von 416 gleichgeschlechtlichen Partnerschaften erfasst.

449 Dannecker, S. 343; Pätzold, S. 117. Skeptisch hierzu noch Tillmanns, FS Frank, 271, 278.

450 Dannecker, S. 343; Patterson, Journal of Marriage and Family 2000, 1052, 1054. Ähnlich dazu auch Braun, S. 63 ff.

451 Mit Kritik an zum Teil gebildeten Vergleichsgruppen auch Dittberner, S. 159.

452 In der Studie von Buba/Vaskovics, S. 71 bezeichneten 57 % der Befragten ihre Beziehung als monogam, bei 37 % werden Sexualkontakte außerhalb der Beziehung toleriert und nur 6 % bezeichneten ihre Beziehung als „offen“ ohne Einschränkung sexueller Kontakte. Lesbische Paare sind sogar zu 73 % monogam. Wobei es sich bei den befragten Paaren nicht unbedingt um solche mit Kindern gehandelt hat, da es in der Studie nur um die Paarbeziehung der Partner ging. Abweichende Ergebnisse zu Paaren mit Kindern oder einem Kinderwunsch sind somit möglich.

453 Ähnlich auch Dittberner, S. 159, Rauchfleisch, 2001, S. 35 f.

lediglich darauf hingewiesen, dass Monogamie nicht zwangsläufig mit einer stabilen Beziehung einhergeht und nicht monogames Verhalten dementsprechend nicht automatisch auf eine instabile Beziehung hindeutet. Des Weiteren bedarf es aber auch bei jeder Kindesannahme einer Einzelfallprüfung. Sollte also bei dieser festgestellt werden, dass die polygame Lebensweise[454] eines Paares negative Auswirkungen auf das Kindeswohl haben könnte, wird es zu keiner Annahme kommen. Dies gilt sowohl bei einer Annahme durch Ehe- wie auch eingetragene Lebenspartner. Ferner soll auch noch einmal auf die hohen Scheidungsraten hingewiesen werden, wodurch schon fraglich erscheint, ob die Ehe überhaupt noch als Leitbild einer stabilen Beziehung für die gesunde Entwicklung des Wohls von Adoptivkindern angesehen werden kann.[455] Außerdem sollen Adoptionsrechte nur eingetragenen Lebenspartnerschaften zustehen, welche sich aber genauso wie die Ehe dadurch auszeichnet, dass sie auf Dauer angelegt ist und eine gegenseitige Einstandspflicht begründet.[456] Mit dieser Aussage des Bundesverfassungsgerichts kann wohl auch von einer vergleichbaren Stabilität von eingetragenen Lebenspartnerschaften und Ehen ausgegangen werden.

Bei einer Gesamtbetrachtung der dargelegten verschiedenen Aspekte kann eine angebliche Beziehungsinstabilität folglich nicht festgestellt werden.[457]

### (6) Abwesenheit von Mutter oder Vater

Vereinzelt wird auch der Einwand erhoben, Kinder bräuchten für eine gesunde Entwicklung eine Mutter und einen Vater. Die Abwesenheit von einer der beiden Personen sei deshalb schädlich für die Entwicklung des Kindes und damit auch dessen Wohl.

Im Rahmen dieser Argumentation wird häufig darauf verwiesen, Kinder würden für ihre Entwicklung ein gleich- und ein gegengeschlechtliches Rollenvorbild benötigen.[458] Dieses Argument wurde schon im Rahmen der Auseinandersetzung mit den Fragen nach der sexuellen Identität[459] und dem psychischen Wohlbefinden[460] der Kinder widerlegt. Wie gezeigt wurde, bilden Kinder, die bei zwei gleichgeschlechtlich orientierten Partnern aufwachsen, ihre sexu-

454 Polygam soll hier so verstanden werden, dass Paare eine sexuell offene Beziehung führen, nicht jedoch, dass sie mehrere Beziehungen nebeneinander führen.
455 Grehl, S. 109.
456 BVerfGE 124, 199, 225.
457 Grehl, S. 110; Pätzold, S. 115 f.; Rauchfleisch, 1997, S. 56 ff.
458 Gebauer, S. 59 ff.; Rauchfleisch, 1997, S. 108 f.; Schon, S. 26.
459 Siehe dazu die Ausführungen unter Kapitel 1:B.II.1.b)aa)(1).
460 Siehe dazu die Ausführungen unter Kapitel 1:B.II.1.b)aa)(2).

elle Identität nicht anders aus als Kinder, die bei einem verschiedengeschlechtlichen Paar leben. Auch das psychische Wohlbefinden der verglichenen Gruppen hat keine erheblichen Abweichungen voneinander gezeigt. Zusätzlich wird von unterschiedlichen Autoren bestätigt, dass homosexuelle Paare besondern Wert darauf legen, den Kindern den Kontakt zum nicht vertretenen Geschlecht zu ermöglichen und diesen zu fördern.[461] Außerdem wurden auch Einzelannahmen vom Gesetzgeber für alle unverheirateten Personen in § 1741 Abs. 2 S. 1 BGB ermöglicht, wodurch auch das Ausreichen entweder eines Vaters oder einer Mutter betont wird, ohne dass es hier ein gleich- und ein gegengeschlechtliches Rollenvorbild geben würde. Ferner wird aber auch noch angeführt, der Vater solle eine entscheidende Rolle bei der Loslösung des Kindes von der Mutter spielen, weswegen die Anwesenheit des Vaters als auch der Mutter erforderlich sei.[462] Dass dieser Loslösungsprozess des Kindes von seiner ersten Bezugsperson zwangsläufig eine weitere Person eines anderen Geschlechts voraussetzt, scheint dabei allerdings nicht eindeutig festzustehen.[463] Da es aber auch in einer eingetragenen Lebenspartnerschaft zwei Elternteile gibt, kann somit davon ausgegangen werden, dass dieser zweite Elternteil für den Ablösungsprozess vom ersten Bezugselternteil genügt.[464]
Grundsätzlich beschäftigen sich unter anderen Psychologen, Psychoanalytiker, Pädagogen, Soziologen und Historiker mit der Frage, ob die Abwesenheit der Mutter oder des Vaters negative Auswirkungen auf die generelle Entwicklung eines Kindes hat. Die Ergebnisse sind allerdings auch innerhalb der einzelnen Forschungsbereiche uneinheitlich.[465] Selbst wenn in einzelnen Studien negative Auswirkungen durch die Abwesenheit von Mutter oder Vater festgestellt werden konnten, so beziehen sich diese Ergebnisse lediglich auf gegengeschlechtliche Partnerschaften, bei denen ein Partner die Familie verlassen hat und daher nur noch ein Elternteil für das Kind da ist. Eine solche Situation liegt bei eingetragenen Lebenspartnern jedoch nicht vor. Deshalb können die Ergebnisse dieser Untersuchungen auch nicht auf die Lebenssituation von eingetragenen Lebenspartnern übertragen werden. Die einzige Studie aus dem deutschen Raum neueren Datums, die sich mit diesem Thema speziell beschäftigt, konn-

461 Dimski, ZEuP 1995, 465, 473; Fthenakis, S. 375; Rupp, S. 130 f.; Wächtler, S. 116.

462 Zum sog. Triangulierungsprozess vgl. Pätzold, S. 127 f.

463 Dazu auch Schon, S. 26 ff., der die Anwesenheit des Vaters als für die Entwicklung förderlich ansieht, sich allerdings auch auf andere Autoren bezieht, die lediglich eine andere Dritte Person zur Loslösung als notwendig erachten,

464 So auch Pätzold, S. 131; vgl. dazu auch Gebauer S. 61 f., der auch nicht klar herausstellt, warum sich gerade der Vater und nicht z.B. eine gleichgeschlechtliche dritte Person für den Loslösungsprozess eignet.

465 So auch Schon, S. 25 ff.; Pätzold, S. 126 ff. Vgl. auch Fthenakis, Väter, S. 102 ff.; Rauchfleisch, 1997, S. 108 ff.

te hingegen keine negativen Auswirkungen auf die Entwicklung von Kindern in eingetragenen Lebenspartnerschaften feststellen,[466] auch wenn in solchen von lesbischen Frauen der Vater oder in solchen von schwulen Männern die Mutter abwesend ist.
Von einer negativen Entwicklung von Kindern, die bei eingetragenen Lebenspartnern aufwachsen, kann also trotz der Abwesenheit von Mutter oder Vater nicht ausgegangen werden.

### *bb) Ergebnis zur Beurteilung des Kindeswohls*

Nachdem nun alle Bedenken, die in Bezug auf das Wohl von Kindern, die in eingetragenen Lebenspartnerschaften aufwachsen, untersucht wurden, kann folgendes Ergebnis festgehalten werden.
Die Entwicklung der sexuellen Identität der Kinder in gleichgeschlechtlichen Beziehungen ist mit der von Kindern, die in verschiedengeschlechtlichen Partnerschaften aufwachsen, vergleichbar. Auch das innerfamiliäre psychische Wohlbefinden von Kindern, die in gleichgeschlechtlichen Beziehungen aufwachsen, weicht nicht von dem der Kinder aus verschiedengeschlechtlichen Beziehungen ab. Im außerfamiliären Bereich sind allerdings die Hälfte aller Kinder mit gleichgeschlechtlich orientierten Eltern Diskriminierungen ausgesetzt. Auf die kindliche Entwicklung wirken sich diese allerdings nur negativ aus, wenn sie vermehrt vorkommen und die emotionale Beziehung zu den Eltern von Unsicherheiten geprägt ist. Diese Unsicherheiten liegen bei einem weit überwiegenden Teil der Kinder nicht vor, da die Eltern-Kind-Beziehung in homosexuellen Partnerschaften insgesamt als sehr positiv bewertet wird. Des Weitern konnten auch keine negativen Abweichungen der Erziehungsfähigkeit von homosexuellen im Vergleich zu heterosexuellen Eltern festgestellt werden. Sofern auf Abweichungen hingewiesen wurde, waren diese für gleichgeschlechtliche Eltern positiver Natur. Die Umsetzung dieser Fähigkeit wird dabei durch die gute Eltern-Kind-Beziehung gefördert. Auch die Bedenken im Hinblick auf ein erhöhtes Risiko des sexuellen Missbrauchs für Kinder, die bei gleichgeschlechtlich orientierten Partnern aufwachsen, konnten eindeutig widerlegt werden. Ein erhöhtes Risiko von sexuellen Übergriffen besteht somit nicht. Ferner konnte auch keine größere Instabilität oder Unbeständigkeit von homosexuellen Beziehungen festgestellt werden, sodass auch hier der Aufbau eines stabilen Eltern-Kind-Verhältnisses möglich ist. Zum Schluss wurde eine mögliche negative Beeinträchtigung der Entwicklung der Kinder, die in gleichgeschlechtlichen Beziehungen aufwachsen, aufgrund der Abwesenheit von Mut-

466 Rupp, S. 111 ff.; S. 233 ff.

ter oder Vater untersucht. Auch eine solche negative Entwicklung konnte indes nicht festgestellt werden.

Im Ergebnis konnten somit alle der geäußerten Bedenken in Bezug auf das Wohl von Kindern, die bei gleichgeschlechtlich orientieren Paaren aufwachsen, widerlegt werden. Das Kindeswohl ist durch das Aufwachsen bei homosexuell orientierten Paaren nicht per se negativ beeinträchtigt oder gefährdet.[467]

### *c) Fazit*

Wie die Prüfung des Wohls von Kindern, die in gleichgeschlechtlichen Beziehungen aufwachsen, gezeigt hat, ist das Kindeswohl in solchen Familienkonstellationen nicht negativ beeinträchtigt. Grundsätzlich kann die Annahme durch den eingetragenen Lebenspartner des Erstannehmenden somit dem Kindeswohl dienen, wie dies in § 1741 Abs. 1 S. 1 BGB gefordert wird. Ob die jeweilige Annahme auch im Einzelfall dem Kindeswohl dient, muss wie bei einer Annahme vom Ehepartner des Erstannehmenden auch im konkreten Fall geprüft werden. Bei einer sukzessiven Annahme eines Fremdkindes ist aber noch positiv zu berücksichtigen, dass im Gegensatz zur Annahme eines Stiefkindes keine Verwandtschaftsverhältnisse beendet werden. Das Gegenteil ist sogar der Fall, indem das Kind, welches vorher nur einen rechtlichen Elternteil hatte, noch einen weiteren dazubekommt. Dadurch erhält es auch Unterhalts- und Erbansprüche gegen eine weitere Person.[468]

## 2. Eltern-Kind-Verhältnis

Nach § 1741 Abs. 1 S. 1 BGB muss ferner das Entstehen eines Eltern-Kind-Verhältnis zwischen dem Annehmenden und dem Kind zu erwarten sein. Teilweise wird vertreten, die Kriterien des Kindeswohls und der Eltern-Kind-Beziehung seien zu verknüpfen, da nur die Annahme eines Kindes in ein solches Verhältnis und ein Aufgehen des Kindes darin seinem Wohl entsprechen könnten.[469] Dem ist zwar insofern zuzustimmen, als dass das Eintreten der

467 Dethloff, GS Heinze, 133, 136; Dethloff, § 15, Rn. 12, 19; Dethloff, ZRP 2004, 195, 199; Dittberner, S. 165 f.; Fthenakis, S. 387 f.; Grehl, S.110 f.; Kemper, FPR 2003, 1, 5; Müller, FF 2011, 56, 61 f.; Pätzold, S. 135; Rupp, S. 280; Sielert, S. 53; Stacey/Biblarz, American Sociological Review 2001, 159, 176; Wächtler, S. 117. A.A. wird wohl vom Deutschen Familienverbund in der mündlichen Verhandlung zum Verbot der Sukzessivadoption vertreten, vgl. BVerfG, 1 BvL 1/11 vom 19.2.2013, Rn. 37.

468 Dieser Gedanke findet sich auch bei BVerfG, 1 BvL 1/11 vom 19.2.2013, Rn. 86.

469 Dethloff, § 15, Rn. 13; Soergel/Liermann, § 1741 BGB, Rn. 10.

einen Voraussetzung von der Verwirklichung der anderen abhängen kann. Trotzdem könnte in der vom Gericht zu treffenden Prognoseentscheidung auch festgestellt werden, dass die Annahme dem Kindeswohl zwar dienen könnte, die Entwicklung eines Eltern-Kind-Verhältnisses aber unwahrscheinlich ist und die Annahme deshalb nicht erfolgen sollte. Eine solche Situation wäre z.B. denkbar, wenn die eingetragenen Lebenspartner einem Kind die besten Entwicklungschancen bieten könnten, es aber zu keinem Eltern-Kind-Verhältnis kommen wird, weil das Kind das Leben bei dem gleichgeschlechtlich orientierten Paar ablehnt. Die Voraussetzungen sind in der Prüfung somit nicht zwangsläufig zu verknüpfen. Daher ist im Folgenden zu prüfen, wann von dem Entstehen eines Eltern-Kind-Verhältnis zwischen einem Annehmenden und dem Kind auszugehen ist. Da es vorliegend um die Frage geht, ob die Annahme durch den eingetragenen Lebenspartner des Erstannehmenden die allgemeinen Adoptionsvoraussetzungen des § 1741 BGB erfüllen kann, erfolgt im Folgenden auch nur eine Auseinandersetzung mit dieser Konstellation. Die Frage nach dem Entstehen eines solchen Verhältnisses für Fälle, in denen das Kind noch nicht in der Familie lebt, soll daher außen vor bleiben. Zunächst werden daher Kriterien dargestellt, die grundsätzlich ein Entstehen des Eltern-Kind-Verhältnisses erwarten lassen, um diese dann auf die sukzessive Annahme durch den eingetragenen Lebenspartner des Erstannehmenden zu übertragen.

Die Annahme ist nur auszusprechen, wenn zwischen dem Kind und dem Annehmenden eine Intimgemeinschaft, wie sie zwischen Eltern und ihrem Kind üblich ist, besteht oder eine solche nach den Umständen und den geäußerten Absichten zu erwarten ist.[470] Es soll dementsprechend zu einem Verhältnis kommen, das sich an den durchschnittlichen Beziehungen zwischen leiblichen Eltern und Kindern orientiert.[471] Ein solches Verhältnis muss subjektiv vom Annehmenden gewünscht sein und objektiv möglich erscheinen.[472] Es wird somit die Übernahme der sozialen Elternrolle, welche durch Fürsorge und Erziehung geprägt ist, erwartet.[473] Gründe, die prinzipiell gegen die Erwartung der Entstehung eines Eltern-Kind-Verhältnisses sprechen, sind ein erheblicher Altersunterschied, kein räumliches Zusammenleben oder sexueller Kontakt zwischen dem Annehmenden und dem Kind.[474] Auch wenn *Risse* von dem Umstand ausgeht, dass die Erwartungen an das Eltern-Kind-Verhältnis bei der An-

470 MüKo/Maurer, § 1741 BGB, Rn. 26; RGRK/Dickescheid, § 1741 BGB, Rn. 8.
471 BGHZ 35, 75, 79 f.; Erman/Saar, § 1741 BGB, Rn. 9; MüKo/Maurer, § 1741 BGB, Rn. 26.
472 Hoppenz/Hoffmann, § 1741 BGB, Rn. 7; RGRK/Dickescheid, § 1741 BGB, Rn. 9.
473 Lüderitz, NJW 1976, 1856, 1866; Rauscher, Rn. 1147; Staudinger/Frank, § 1741 BGB, Rn. 27.
474 Bamberger/Roth/Enders, § 1741 BGB, Rn. 28; Gerhardt/v. Heintschel-Heinegg/Klein/Schwarzer, S. 345, Rn. 387; jurisPK/Heiderhoff, § 1741 BGB, Rn. 21 f.; RGRK/Dickescheid, § 1741 BGB, 15 f.

nahme durch einen gleichgeschlechtlich orientierten Partner regelmäßig dadurch enttäuscht würden, dass dabei das Entstehen eines klassischen Familienbildes erwartet werde,[475] finden sich dafür keine Anhaltspunkte. Ferner wurde das Eltern-Kind-Verhältnis bei allen schon erfolgten Stiefkindannahmen nach § 9 Abs. 7 LPartG bejaht,[476] da diese ansonsten auch nicht hätten ausgesprochen werden können. Zur Prognose über das Eltern-Kind-Verhältnis dienen grundsätzlich die während der Probezeit nach § 1744 BGB gesammelten Erkenntnisse des Jugendamtes bzw. der Adoptionsvermittlungsstelle.[477] Entgegen dem Wortlaut von § 1744 BGB :

> *„Die Annahme soll in der Regel erst ausgesprochen werden, wenn der Annehmende das Kind eine angemessene Zeit in Pflege gehabt hat."*

, welcher die Begriffe „soll" und „in der Regel" kumulativ verwendet, kann auf die Vollzeitpflege nach § 1744 BGB nur in Ausnahmefällen verzichtet werden.[478] Die Dauer der Pflegezeit beträgt minimal 12 Monate, ist allerdings von der Art der Annahme und dem Alter des Kindes abhängig.[479] Bei der Stiefkindadoption eines leiblichen Kindes ist § 1744 BGB entsprechend anwendbar. Zum Teil wird in diesen Fällen sogar eine längere Pflegezeit bzw. aufgrund der teils komplizierten innerfamiliären Interessenlagen erhöhte Vorsicht gefordert.[480] Andere Stimmen hingegen gehen eher von einem Zuwarten i.S.d. § 1744 BGB aus, wodurch die Überprüfung von stabilen Familienverhältnissen und einem gefestigten Verhältnis zum Annehmenden bei Zweifeln noch möglich ist.[481] Ob sich daraus praktische Unterschiede ergeben, sei an dieser Stelle dahingestellt. Entscheidend ist hingegen, dass nicht auf die Pflege-

475 Risse, S. 337, Fn. 129.

476 OLG Dresden, 21 UF 0177/10 vom 3.6.2010; LG Hamburg, 301 T 369/11 vom 23.9.2011 ; LG Berlin, 87 T 36/09 vom 15.9.2009; AG Elmshorn NJW 2011, 1086; AG Hamburg, 289 F 121/09 vom 24.1.2011 ; AG Münster NJW-RR 2010, 1308.

477 BT-Drucks 7/5087, 5; Empfehlungen zur Adoptionsvermittlung der Bundesarbeitsgemeinschaft der Landesjugendämter, 6. Fassung 2009, S. 34 f. abrufbar unter http://www.bagljae.de/ (letzter Aufruf am 1.4.2013); mit Kritik an der Probezeit Simitis, in Goldstein/Freud/Solnit, 95, 121 f. Bamberger/Roth/Enders, § 1741 BGB, Rn. 28, § 1744 BGB, Rn. 1; Erman/Saar, § 1744 BGB, Rn. 1; Gerhardt/v. Heintschel-Heinegg/Klein/Schwarzer, S. 345, Rn. 386; jurisPK/Heiderhoff, § 1744 BGB, Rn. 1; Staudinger/Frank, § 1744 BGB, Rn. 4.

478 Bamberger/Roth/Enders, § 1744 BGB, Rn. 3.

479 Empfehlungen zur Adoptionsvermittlung der Bundesarbeitsgemeinschaft der Landesjugendämter, 6. Fassung 2009, S. 34 f. abrufbar unter http://www.bagljae.de/ (letzter Aufruf am 1.4.2013); Balloff, S. 292; Bamberger/Roth/Enders, § 1744 BGB, Rn. 2; Erman/Saar, § 1744 BGB, Rn. 3; Staudinger/Frank, § 1744 BGB, Rn. 5.

480 Erman/Saar, § 1744 BGB, Rn. 3; Muscheler, FamRZ 2004, 913, 916; Staudinger/Frank, § 1744 BGB, Rn. 6.

481 Bamberger/Roth/Enders, § 1744 BGB, Rn. 4; jurisPK/Heiderhoff, § 1744 BGB, Rn. 2.

zeit verzichtet wird, obwohl das Kind schon in der Partnerschaft lebt.[482] Somit ist davon auszugehen, dass auch bei der sukzessiven Adoption durch den eingetragenen Lebenspartner eine Adoptionspflegezeit eingehalten werden muss. Lebt das Kind schon einige Zeit mit dem eingetragenen Lebenspartner des Erstannehmenden zusammen, kann sich bereits ein faktisches Eltern-Kind-Verhältnis gebildet haben. Besteht zu dem Kind schon eine damit einhergehende soziale Elternschaft, kann die Annahme sogar bereits aufgrund der Beziehungskontinuität zulässig sein.[483] Ist dies noch nicht der Fall, kann die Beurteilung über dessen Entstehung nur im jeweiligen Einzelfall aufgrund der Entwicklung in der Adoptionspflegezeit getroffen werden.

Insgesamt handelt es sich auch hier wiederum um eine Frage, die nur im Einzelfall und nicht generell beantwortet werden kann. Grundsätzlich ist aber für die Entstehung des geforderten Eltern-Kind-Verhältnisses vor allem die Übernahme der sozialen Elternrolle erforderlich. Dafür, dass diese nicht von einem eingetragenen Lebenspartner des Erstannehmenden übernommen werden kann, finden sich keine Hinweise. Vor allem der Vergleich zu der bereits zulässigen Stiefkindannahme eines leiblichen Kindes nach § 9 Abs. 7 LPartG zeigt, dass das Ent- oder Bestehen eines Eltern-Kind-Verhältnisses durchaus möglich ist.

## 3. Fazit

Wie die Untersuchung gezeigt hat, können Aussagen darüber, ob die Annahme dem Wohl des Kindes dient und ob ein Eltern-Kind-Verhältnis entstehen wird, nur im Einzelfall getroffen werden. Die Kriterien, aufgrund derer diese Prognoseentscheidung getroffen wird, können aber grundsätzlich genauso gut von einem eingetragenen Lebenspartner wie von einem Ehepartner, der das Kind sukzessive annehmen will, erfüllt werden. Es konnten dementsprechend keine Anhaltspunkte dafür gefunden werden, dass die Annahme durch den eingetragenen Lebenspartner des Erstannehmenden per se nicht dem Wohl des Kindes entsprechen würde oder die Entstehung eines Eltern-Kind-Verhältnisses grundsätzlich nicht möglich wäre.

Die Annahme durch den eingetragenen Lebenspartner des Erstannehmenden kann somit die allgemeinen Adoptionsvoraussetzungen des § 1741 Abs. 1 S. 1 BGB grundsätzlich erfüllen.

---

482 Bei Stiefkindadoptionen durch einen eingetragenen Lebenspartner wurde aber sogar schon auf die Adoptionspflege verzichtet, wenn das Kind durch künstliche Insemination auf den Wunsch von beiden Partnerinnen hin gezeugt wurde, vgl. AG Elmshorn NJW 2011, 1086.

483 MüKo/Maurer, § 1741 BGB, Rn. 30.

### *III. Ergebnis zur Möglichkeit der Erweiterung von Art. 9 Abs. 7 LPartG auf zuvor angenommene Kinder*

Nach den erfolgten Untersuchungen kann im Ergebnis Folgendes festgestellt werden.
Einer Erweiterung der Ausnahme vom Verbot der Kettenannahme aus § 1742 BGB von Eheleuten auf eingetragene Lebenspartner würde nach den obigen Ausführungen nichts im Wege stehen. Zunächst würde der Zweck des Verbots der Kettenannahme nicht unterlaufen, da die Rechtsfolgen, deren Eintreten bei Sukzessivadoptionen verhindert werden sollen, weder bei Sukzessivannahmen durch Eheleute noch durch eingetragene Lebenspartner eintreten. Ferner sind eingetragene Lebenspartner und Eheleute grundsätzlich im Hinblick auf ihre Beziehungsstabilität, Beziehungsbeständigkeit und rechtliche Absicherung vergleichbar. Unterschiede im Bereich der Personenkonstellationen sowie der de lege lata geltenden sonstigen Adoptionsregelungen haben sich außerdem als unbeachtlich herausgestellt. Des Weiteren konnte auch nicht festgestellt werden, dass eine Annahme durch den eingetragenen Lebenspartner des Erstannehmendem dem Kindeswohl per se nicht dienen würde oder kein Eltern-Kind-Verhältnis entstehen könnte. Die Annahme durch den eingetragenen Lebenspartner kann somit auch grundsätzlich die in § 1741 Abs. 1 S. 1 BGB genannten Adoptionsvoraussetzungen erfüllen.
Einer Erweiterung der Ausnahme vom Verbot der Kettenadoption auf eingetragene Lebenspartner würde somit nichts entgegenstehen. Daher wäre auch de lege ferenda eine Erweiterung des § 9 Abs. 7 LPartG auf zuvor angenommene Kinder des einen eingetragenen Lebenspartners möglich.[484]

## *C. Ergebnis zu den Annahmemöglichkeiten für eingetragene Lebenspartner nach § 9 Abs. 7 LPartG*

Im ersten Kapitel der Arbeit wurden die Annahmemöglichkeiten für eingetragene Lebenspartner nach § 9 Abs. 7 LPartG untersucht. Dabei wurde zunächst festgestellt, dass ein eingetragener Lebenspartner de lege lata nach § 9 Abs. 7 LPartG nur ein leibliches Kind seines Partners annehmen kann. Nach geltender Rechtslage ist eingetragenen Lebenspartnern daher

484 Ob durch die Einführung ein Widerspruch zu den sonstigen Adoptionsregelungen entstehen würde, indem die anfängliche gemeinschaftliche Annahme nicht möglich wäre, die sukzessive aber schon, ist im weiteren Verlauf der Arbeit unter Kapitel 5:B. zu thematisieren.

nur die Stiefkindannahme ermöglicht worden. Die Annahme eines zuvor vom eingetragenen Lebenspartner angenommenen Kindes, die sog. Sukzessivadoption ist hingegen nicht von § 9 Abs. 7 LPartG erfasst und daher nicht möglich.[485] In der danach folgenden Prüfung wurde untersucht, ob die Möglichkeit einer Erweiterung von § 9 Abs. 7 LPartG auf zuvor angenommene Kinder de lege ferenda bestehen würde. Dabei wurde von der Situation von Eheleuten ausgegangen. Für diese ist die Annahme eines zuvor angenommenen Kindes nach § 1741 Abs. 2 S. 3 BGB möglich, weil sie vom Verbot der Kettenannahme in § 1742 BGB ausgenommen sind. Demzufolge müsste diese Ausnahme vom Verbot der Kettenannahme auch für eingetragene Lebenspartner gelten, damit der Geltungsbereich von § 9 Abs. 7 LPartG auf zuvor angenommene Kinder erweitert werden könnte. Dazu müsste die Ausnahme vom Verbot der Kettenadoption in § 1742 BGB de lege ferenda auf eingetragene Lebenspartner erweiterbar sein. Wie die Prüfung gezeigt hat, ist dies der Fall. Ferner kann eine sukzessive Annahme durch den eingetragenen Lebenspartner des Erstannehmenden auch die allgemeinen Annahmevoraussetzungen des § 1741 Abs. 1 S. 1 BGB erfüllen, indem die Annahme dem Kindeswohl dienen und ein Eltern-Kind-Verhältnis entstehen kann. De lege ferenda wäre somit eine Erweiterung des Anwendungsbereichs von § 9 Abs. 7 LPartG auf zuvor angenommene Kinder möglich.

485 Dies hat sich am Ende der Arbeit durch die Entscheidung des BVerfG, 1 BvL 1/11 vom 19.2.2013 geändert, indem in Rn. 107 festgestellt wurde, dass durch die Übergangsregelung sichergestellt wird, dass die Sukzessivadoption durch eingetragene Lebenspartner sofort ermöglicht wird, da ein Zuwarten bis zur gesetzlichen Neuregelung bis zum 30. Juni 2014 nicht zumutbar sei.

# Kapitel 2: Das Verbot der Sukzessivadoption unter verfassungsrechtlichen Gesichtspunkten

Nachdem im vorangegangenen Kapitel die grundsätzliche Möglichkeit einer Erweiterung des § 9 Abs. 7 LPartG auf zuvor vom Lebenspartner angenommene Kinder aus zivilrechtlicher Sicht festgestellt werden konnte, stellt sich nun die Frage, ob die derzeitige Rechtslage, die gem. § 9 Abs. 7 LPartG i.V.m. § 1742 BGB die Zweitannahme eines zuvor von dem einen eingetragenen Lebenspartner angenommen Kindes durch den anderen Lebenspartner verbietet, mit der Verfassung in Einklang steht.[486] Wäre dies nicht der Fall, würde sich im weiteren Verlauf der Untersuchung auch die Frage stellen, ob die Verfassung die Einführung der Möglichkeit einer Sukzessivadoption für den eingetragenen Lebenspartner des Erstannehmenden vielleicht sogar gebietet.

Demnach soll sich im Folgenden zunächst mit der Verfassungsmäßigkeit des aus § 9 Abs. 7 LPartG i.V.m. § 1742 BGB folgenden Verbots der Sukzessivannahme eines Fremdkindes durch den eingetragenen Lebenspartner des Erstannehmenden befasst werden. Dieses könnte sowohl gegen Grundrechte der eingetragenen Lebenspartner als auch der angenommenen Kinder verstoßen.

## *A. Verstoß des Verbots einer Sukzessivadoption durch den eingetragenen Lebenspartner gegen Grundrechte der eingetragenen Lebenspartner*

Im Hinblick auf die eingetragenen Lebenspartner könnte das Verbot der sukzessiven Adoption eines Fremdkindes durch den eingetragenen Lebenspartner des Erstannehmenden gegen die in Art. 6 Abs. 1 GG geschützte Ehe und Familie, den Gleichbehandlungsgrundsatz des Art. 3 Abs. 1 GG und/oder das allgemeine Persönlichkeitsrecht aus Art. 2 Abs. 1 GG i.V.m. Art. 1 Abs. 1 GG verstoßen. Dies wird dementsprechend im Folgenden geprüft.

486 Mit dieser Frage musste sich auch das Bundesverfassungsgericht auseinandersetzen, vgl. BVerfG, 1 BvL 1/11 vom 19.2.2013.

## *I. Verstoß des Verbots der Sukzessivadoption gegen Art. 6 Abs. 1, 1. Alt. GG*

In dem Verbot der sukzessiven Adoption eines zuvor vom Partner angenommenen Kindes für eingetragene Lebenspartner könnte ein Verstoß gegen Art. 6 Abs. 1 GG vorliegen.

Zur Eröffnung des Schutzbereich von Art. 6 Abs. 1, 1. Alt. GG müsste sich die eingetragene Lebenspartnerschaft dann zunächst unter den Begriff der Ehe subsumieren lassen.[487] Eine gesetzliche Definition der Ehe findet sich weder im Grundgesetz noch im Bürgerlichen Gesetzbuch. Allgemein wird sie definiert als Vereinigung von Mann und Frau zu einer auf Dauer angelegten Lebensgemeinschaft, begründet auf freiem Entschluss unter Mitwirkung des Staates, in der gleichberechtigte Partner ihr Zusammenleben frei ausgestalten können.[488] Bei eingetragenen Lebenspartnern hingegen handelt es sich nach § 1 Abs. 1 S. 1 LPartG um Partner desselben Geschlechts, weshalb sie nach der obigen Definition nicht unter den Ehebegriff zu subsumieren sind.[489] Mittlerweile finden sich allerdings Meinungen in Literatur[490] und Rechtsprechung[491], nach denen die Ehe nicht mehr zwangsläufig die Verschiedengeschlechtlichkeit voraussetzt.[492] Deshalb könnten auch gleichgeschlechtliche Paare unter den Begriff der Ehe

487 Die Frage, ob gleichgeschlechtliche Paare eine Ehe eingehen können (sollten) ist nicht Schwerpunkt dieser Arbeit und wird daher auch nur im Ansatz thematisiert. Eine ausführliche Erörterung dieser Frage findet sich in den nachfolgend angegebenen Quellen.

488 BVerfGE 124, 199, 229; BVerfGE 121, 175, 198; BVerfGE 115, 1, 19; BVerfGE 105, 313, 345; Sachs/von Coelln, Art. 6 GG, Rn. 4. Eine ältere Definition, die noch auf die grundsätzliche Unauflöslichkeit abstellt findet sich bei BVerfGE 10, 59, 66; Schmidt-Bleibtreu/Hofmann/Hopfauf/Hofmann, Art. 6 GG, Rn. 9; v. Münch/Kunig/Coester-Waltjen, Art. 6 GG, Rn. 5.

489 OLG Köln, NJW 1993, 1997; BayObLGZ 1993, 125, 126; LG Gießen, NJW 1993, 942; Epping/ Hillgruber/Uhle, Art. 6 GG, Rn. 4; Isensee/Kirchhof/Ipsen, VII, § 154, Rn. 9; Klein, S. 109; Schimmel, FuR 1993, 347, 349; Schumacher, FamRZ 1994, 857, 858; Maunz/Dürig/Badura, Lfg. 65 April 2012, Art. 6 GG, Rn. 58; Stern, IV/1, S. 373 f.; Umbach/Clemens/Umbach, Art. 6 GG, RN. 23; v. Münch/Kunig/Coester-Waltjen, Art. 6 GG, Rn. 9; Willutzki, MDR 1993, 116, 117 f. Das Bundesverfassungsgericht hat zusätzlich betont, dass es gerade auf die Verschiedenheit der Geschlechter ankommt und nicht auf eine bestehende Fortpflanzungsmöglichkeit sodass auch Transsexuelle eine Ehe eingehen können vgl. dazu BVerfGE 49, 286, 300; Willutzki, MDR 1993, 116, 118.

490 Vgl. dazu Bruns, ZRP 1996, 6, 7 f.; Heun, S. 272 ff.; Bruns/Kemper/Stüber, Einführung, Rn. 108f.; Möller, DÖV 2005, 64, 68 ff. der im Wege der Auslegung zum Ergebnis der Öffnung der Ehe für gleichgeschlechtliche Paare kommt, wofür kein Verfassungswandel nötig ist; Ott, NJW 1998, 117, 188; Reiß, KJ 1994, 98, 104 f.; Schimmel, S. 162 mit vorangehender ausführlicher Prüfung, Schimmel, FuR 1993, 348, 3498 f.; Schimmel/Meier, StAZ 1993, 210, 211 ff.; Trimbach/Webert, NJ 1998, 63, 66; vgl. auch Bruns/Beck, MDR 1991, 832, 833 ff. nach deren Meinung die Ehe entweder für gleichgeschlechtliche Partner geöffnet werden sollte oder „registrierte Partnerschaften" eingeführt werden sollten.

491 AG Frankfurt a. M. NJW 1993, 940, 941.

492 Mit einer Übersicht zu Literatur und Rechtsprechung auch Verschraegen, S. 155 ff.

fallen.[493] Der dafür erforderliche Verfassungswandel des Ehebegriffs[494], welcher dazu führt, dass sich der Sinn einer Verfassungsnorm ändert, während ihr Text bestehen bleibt,[495] sei nach dieser Meinung schon eingetreten. Nach der allerdings noch überwiegenden Ansicht[496] setzt die Ehe aber immer noch die Verschiedengeschlechtlichkeit der Partner voraus, da im Bezug auf dieses Merkmal der Ehe noch kein grundlegender Wandel festzustellen sei.[497] Für diese Ansicht spricht, dass in allen verfassungsrechtlichen Entscheidungen zu eingetragenen Lebenspartnern nie davon ausgegangen wird, dass diese dem verfassungsrechtlichen Schutz der Ehe unterfallen.[498] Auch im Rechtsausschuss des Bundestages wurde Mitte des Jahres 2012 ein Gesetzentwurf[499] zur Einführung des Rechts auf Eheschließung für gleichgeschlechtliche Personen abgelehnt.[500] Schon allein der Vorschlag eines solchen Gesetzes verdeutlicht den Umstand, dass die Eheschließung de lege lata verschiedengeschlechtlichen Paaren vorbehalten ist. Dementsprechend kann nicht davon ausgegangen werden, verschiedengeschlechtliche Paare könnten gegenwärtig unter den Ehebegriff subsumiert werden.

Der Schutzbereich der Ehe ist demnach für eingetragene Lebenspartner nicht eröffnet.[501]

---

493 Dies diskutierend Strick, DEuFamR 2000, 82, 86 ff. Dies unabhängig von der Verschiedengeschlechtlichkeit diskutierend Kleinschmidt, ZRP 1993, 271, 271 f. Kritisch zum Erfordernis der Verschiedengeschlechtlichkeit auch Grüll, ZRP, 1994, 40.

494 Die Prüfung eines möglichen Verfassungswandels des Ehebegriffs findet sich bei Grehl, S. 38 ff.; Risse, S. 229 ff.; Strick, DEuFamR 2000, 82, 83 ff.; Trimbach/Webert, NJ 1998, 63, 64 f.

495 Sachs/Sachs, Einführung, Rn. 27; Stern, I, S. 160 f.; Maunz/Dürig/Badura, Lfg. 65 April 2012, Art. 6 GG, Rn. 36; Maunz/Dürig/Herdegen, Lfg. 51 Dez. 2007, Art 79 GG, Rn. 32; Pieroth/Kingreen, KritV 2002, 219, 221; Voßkuhle, Der Staat 2004, 450, 451 f.

496 So auch Pieroth/Kingreen, KritV 2002, 219, 220; Robbers, JZ 2001, 779, 781.

497 BVerfGE 105, 313, 345; BVerwG NVwZ 1997, 189, 190; Dreier/Gröschner, Art. 6 GG, Rn. 44; Grehl, S. 43; Krings, ZRP 2000, 409, 410; Maunz/Dürig/Badura, Lfg. 65 April 2012, Art. 6 GG, Rn. 58; Louven, ZRP 1993, 12, 12 f.; Robbers, JZ 2001, 779, 781; Sachs, JR 2001, 45, 45; Pauly, NJW 1997, 1955, 1956; Schlüter/Heckes/Stommel, DEuFamR 2000, 1, 9; v. Mangoldt/Klein/Starck/Robbers, Art. 6, Rn. 45; v. Münch/Kunig/Coester-Waltjen, Art. 6 GG, Rn. 9. Etwas offener allerdings schon BVerfGE 115, 1, 17 ff. in der von einer Duldung einer durch Geschlechtsumwandlung entstehenden Ehe die Rede ist, wobei auch vermehrt betont wird, dass die Entstehung des Anscheins vermieden werden soll, gleichgeschlechtliche Partner könnten eine Ehe miteinander eingehen. Grundsätzlich wird aber auch in dieser Entscheidung betont, dass eine Ehe ungeachtet des gesellschaftlichen Wandels nur von verschiedengeschlechtlichen Paaren geschlossen werden kann, vgl. BVerfGE 115, 1, 19.

498 BVerfGE 105, 313, 345 f.; BVerfG NJW 1993, 3058 f.

499 BT-Drucks 17/6343. Die Diskussionen über diesen Gesetzentwurf finden sich in Plenarprotokoll 17/126, 1486 ff. und Plenarprotokoll 17/187, 22403 ff.

500 Vgl. BT-Drucks 17/9611.

501 Bauer/Domel/Schimke, S. 133; Denninger/Richter, 2001, Art. 6 GG, Rn. 58; Grehl, S. 43; Bruns/Kemper/Stüber, Einführung, Rn. 108 f.; Kingreen, Jura 1997, 401, 402 Fn. 18; Risse, S. 238 f.; Sachs/von Coelln, Art. 6 GG, Rn. 6; Stern, IV/1, S. 485; Umbach/Clemens/Umbach, Art. 6 GG, Rn. 23; Wasmuth, Der Staat 2002, 47, 51; Wölfl, S. 143.

Ein Verstoß gegen die in Art. 6 Abs. 1, 1. Alt GG geschützte Ehe zulasten der eingetragenen Lebenspartner kann somit durch das Verbot der sukzessiven Adoption eines Fremdkindes durch den eingetragenen Lebenspartner des Erstannehmenden nicht vorliegen.

## *II. Verstoß des Verbots der Sukzessivadoption gegen Art. 6 Abs. 1, 2. Alt. GG*

Art. 6 Abs. 1 GG schützt allerdings nicht nur die Ehe, sondern auch die Familie, vgl. Art. 6 Abs. 1, 2. Alt. GG. Voraussetzung für einen Verstoß des Verbots der sukzessiven Adoption für eingetragene Lebenspartner gegen dieses Grundrecht wäre ein Eingriff in den Schutzbereich der Familie. Die Familie weist dabei, wie die Ehe auch, einen dreidimensionalen Schutzbereich auf. Dieser wird unterteilt in ein Abwehrrecht, eine Institutsgarantie und eine wertentscheidende Grundsatznorm.[502] Fraglich ist somit, ob durch das Verbot der Sukzessivadoption in den Schutzbereich der Familie eingegriffen wird.
Dazu müsste zunächst überhaupt ein Grundrechtseingriff durch eine gesetzliche Regelung des Zivilrechts, hier § 9 Abs. 7 LPartG i.V.m. § 1742 BGB, erfolgen können.[503] Der Zivilgesetzgeber müsste also an die Grundrechte gebunden sein. Diese Bindung liegt aufgrund von Art. 1 Abs. 3 GG vor,[504] in dem es heißt, die nachfolgenden Grundrechte binden die Gesetzgebung als unmittelbar geltendes Recht. Auch der Zivilgesetzgeber ist von dieser Bindung unproblematisch erfasst.[505] Die gesetzgeberische Bindung an die Grundrechte ergibt sich des Weiteren aber auch aus dem Prinzip der Normenhierarchie. Nach diesem ist das im Rang unter dem Grundgesetz stehende Zivilrecht grundsätzlich an höherrangigem Verfassungsrecht zu messen.[506] Indem der Zivilgesetzgeber somit an die Grundrechte gebunden ist, können von ihm erlassene Gesetze auch gegen Grundrechte verstoßen und so einen Grundrechtseingriff darstellen.[507] Ein Grundrechtsverstoß durch das aus § 9 Abs. 7 LPartG i.V.m. § 1742 BGB folgende Verbot der Sukzessivadoption wäre somit grundsätzlich möglich.

---

502 Bauer/Dohmel/Schimke, S. 132; Di Fabio, NJW 2003, 993, 994; Krings, ZPR 2000, 409, 411; Sachs/von Coelln, Art. 6 GG, Rn. 21; v. Münch/Kunig/Coester-Waltjen, Art. 6 GG, Rn. 1.

503 Zum Schutz von Ehe und Familie im Privatrecht vgl. Ruffert, S. 398.

504 Bleckmann, DVBl 1988, 938, 942; Canaris, S. 11 f.; Epping/Hillgruber/Hillgruber, Art. 1 GG, Rn. 72; Maunz/Dürig/Herdegen, Lfg. 44 Feb. 2005, Art. 1 Abs. 3 GG, Rn. 1; Rupp, AöR 1976, 161, 171 f.; Stern, III/1, S. 1201, 1257.

505 St. Rspr. BVerfGE 30, 173, 197; BVerfGE 96, 375, 398; A.A. Diederichsen, AcP 1998, 171, 225.

506 BVerfGE 75, 201, 218; Canaris, S. 15; Ipsen, Rechtsfolgen der Verfassungswidrigkeit, S. 74.

507 Dafür, dass adoptionsrechtliche Regelungen in Art. 6 GG eingreifen können BVerfGE 24, 119, 135 ff.

## 1. Schutzbereich und Eingriff

Fraglich ist daher, ob in den familiären Schutzbereich des Art. 6 Abs. 1, 2. Alt. GG als Abwehrrecht, Institutsgarantie oder wertentscheidende Grundsatznorm durch das Verbot der Sukzessivadoption für eingetragene Lebenspartner eingegriffen wird.

### *a) Abwehrrecht*

In dieser Funktion enthält Art. 6 Abs. 1, 2. Alt. GG für die Familie ein Abwehrrecht des Bürgers gegen staatliche Eingriffe in ihre Privatsphäre.[508] Die Familie ist dabei als ein in sich geschlossener, eigenständiger Lebensraum geschützt.[509] Die Reichweite dieses Schutzes erstreckt sich von der Familiengründung, über die Ausgestaltung des familiären Zusammenlebens bis hin zu den familiären Beziehungen von räumlich getrennt lebenden Familienmitgliedern.[510] Eingriffe in den Schutzbereich der Familie können dementsprechend durch alle staatlichen Maßnahmen verursacht werden, welche die Familie schädigen, stören oder sonst beeinträchtigen.[511] Die Berührung des Schutzbereichs der abwehrrechtlichen Dimension von Art. 6 Abs. 1, 2. Alt. GG durch das Verbot der Sukzessivadoption für eingetragene Lebenspartner ist somit in zweifacher Hinsicht denkbar. Zum einen könnte die Familiengründungsfreiheit dadurch berührt sein, dass es dem eingetragenen Lebenspartner verwehrt ist das Kind des Erstannehmenden auch anzunehmen und dadurch keine Familiengründung für zwei eingetragene Lebenspartner mit einem Fremdkind möglich ist. Zum anderen wäre aber auch ein Eingriff in die Ge-staltungsfreiheit der Familie denkbar, indem der eingetragene Lebenspartner des Annehmenden aufgrund des Sukzessivadoptionsverbots zwar sozial-familiäre, aber keine rechtlich-verwandtschaftlichen Beziehungen zu dem Kind herstellen kann.
Die Schutzbereiche und Eingriffe in diese möglicherweise betroffenen Facetten der abwehrrechtlichen Dimension des Familienschutzes gilt es daher im Einzelnen zu untersuchen.

#### *aa) Familiengründungsfreiheit*

Wie bereits in Erwägung gezogen wurde, könnte der Schutzbereich der Familiengründungsfreiheit berührt sein, indem dem eingetragenen Lebenspartner verwehrt wird das angenom-

508 Maunz/Dürig/Badura, Lfg. 37August 2000, Art. 6 GG, Rn. 73; v. Münch/Kunig/Coester-Waltjen, Art. 6 GG, Rn. 19.
509 BVerfGE 80, 81, 92; Epping/Hillgruber/Uhle, Art. 6 GG, Rn. 27.
510 Epping/Hillgruber/Uhle, Art. 6 GG, Rn. 27
511 Spiegelbildlich im Bezug auf die Ehe BVerfGE 81, 1, 6; BVerfGE 55, 114, 126 f.; BverfGE 6, 55, 76.

mene Kind seines Partners sukzessive auch anzunehmen. Denn der Staat muss die Freiheit der Familiengründung im Prinzip ermöglichen und ist dabei nur durch andere entgegenstehende Grundrechte beschränkt.[512]

Dann müsste zunächst aber nicht nur die Familiengründung durch Geburt, sondern auch durch Adoption unter den Schutzbereich von Art. 6 Abs. 1, 2. Alt. GG fallen.[513] Ansonsten könnte weder der Erstannehmende noch der Zweitannehmende eine Familie im Sinne des Grundgesetzes mit dem Kind begründen. Dass auch diese Form der Familiengründung unter den Schutzbereich fällt, wird in der Literatur allerdings nicht eindeutig benannt. Unstrittig wird aber die bestehende Adoptivfamilie unter den Schutz der Familie subsumiert.[514] Davon ausgehend würde der verfassungsrechtliche Schutz der bestehenden Adoptivfamilie aber nur eine leere Hülle darstellen, wenn die Familiengründung durch Adoption nicht auch geschützt wäre.[515] Denn für einen wirksamen und umfänglichen Grundrechtsschutz eines Instituts ist es erforderlich, auch schon dessen Gründung zu schützen, da es ansonsten gar nicht erst zum geschützten Bestand kommen könnte. Deshalb wird in der Literatur auch festgestellt, dass alle die Adoption betreffenden gesetzlichen Vorschriften den Schutzbereich des Art. 6 Abs. 1 GG berühren. Dem scheint auch von anderer Seite zugestimmt zu werden, indem das ganze Rechtsinstitut der Adoption als unter Art. 6 Abs. 1 GG verfassungsrechtlich gesichert angesehen wird, da Art. 6 Abs. 1 GG die Gewährleistung der Möglichkeit umfasse, dem Einzelnen die mit Familienbeziehungen verbundene Lebenshilfe zu verschaffen.[516] Auch die Ausführungen von *Stern* fügen sich hierin ein, wenn er feststellt,[517] einem Kind würde durch die Adoption die Schutzfunktion der Familie zukommen, weshalb gesetzliche Adoptionshindernisse den Anschein erwecken würden, das Recht auf Familiengründung zu beschränken. Zum Teil wird angenommen,[518] dass *Stern* sich mit seinen folgenden Ausführungen dann aber widersprechen würde, wenn er feststellt, ein subjektiver Anspruch auf Eingehung einer Familie würde erst durch einfachgesetzliche Ausgestaltung und nicht bereits durch das Grundgesetz

512 Jarass/Pieroth, Art. 6 GG, Rn. 11; v. Mangoldt/Klein/Starck/Robbers, Art. 6 GG, Rn. 92; v. Münch/Kunig/Coester-Waltjen, Art. 6 GG, Rn. 32.

513 Hömig/Antoni, Art. 6 GG, Rn. 6; v. Mangoldt/Klein/Starck/Robbers, Art. 6 GG, Rn. 95.

514 BVerfGE 80, 81, 87, 90, BVerfGE 18, 97, 105 f.; Epping/Hillgruber/Uhle, Art. 6 GG, Rn. 15; Hömig/Antoni, Art. 6 GG, Rn. 6; Maunz/Dürig/Badura, Lfg. 65 April 2012, Art. 6 GG, Rn. 60a; Sachs/von Coelln, Art. 6 GG, Rn. 17; Stern, VI/1, S. 397; v. Münch/Kunig/Coester-Waltjen, Art. 6 GG, Rn. 11.

515 So auch Pätzold, S. 149.

516 v. Mangoldt/Klein/Starck/Robbers, Art. 6 GG, Rn. 95, der sich dabei auch in Fn. 140 auf BK/Prison, 38. Lfg. April 1978, Art. 6 GG, Rn. 52 bezieht.

517 Vgl. Dazu Stern, VI/1, S. 417.

518 So wohl Pätzold, S. 150, worauf sich Grehl, S. 154 f. dann scheinbar bei ihren Ausführungen bezieht.

vermittelt. Dem kann aber nicht zugestimmt werden, da ein subjektiver Anspruch auf eine Adoption zur Familiengründung in der Tat nicht mit der grundsätzlich zu gewährleistenden Möglichkeit der Annahme gleichgesetzt werden kann. Die Frage nach einem generellen Anspruch auf Adoption oder sogar auf Ausspruch einer bestimmten Annahme[519] setzt die hier thematisierte Berührung des Schutzbereichs jedoch schon denklogisch voraus, führt aber an dieser Stelle der Prüfung zu weit. Zusammenfassend kann somit festgehalten werden, dass auch die Familiengründung durch Adoption vom Schutzbereich des Art. 6 Abs. 1, 2. Alt. GG erfasst ist.[520]

Fraglich ist vorliegend allerdings, zu welchem Zeitpunkt und in welcher Konstellation eine verfassungsrechtlich geschützte Familie entsteht. Dies ist vor folgendem Hintergrund bedeutsam: Würde der eingetragene Lebenspartner des Erstannehmenden schon ohne eine Zweitannahme eine Familie mit dem Kind und seinem Partner bilden, so wäre die Familiengründungsfreiheit der Betroffenen aufgrund einer Versagung einer solchen Adoption auch nicht berührt. Denkbar wäre eine solche schon bestehende Familie aufgrund der rechtlich verfestigten Beziehung zwischen dem Kind und dem Erstannehmenden und der tatsächlichen Verantwortungsübernahme für das Kind durch den anderen Partner. Aufgrund dieser Überlegung wird zunächst der Begriff der Familie erörtert. Dann wird unter diesen die vorliegende Personenkonstellation subsumiert. Erst dann kann beurteilt werden, ob ein Eingriff in die Familiengründungsfreiheit der lebenspartnerschaftlichen Familie[521] durch das Verbot der sukzessiven Adoption möglich ist.

### (1) Begriff der Familie i.S.d. Art. 6 Abs. 1, 2. Alt. GG

Die verfassungsrechtlich geschützte Familie wird grundsätzlich als Gemeinschaft von Eltern und ihren Kindern verstanden.[522] Das familiäre Leitbild des Grundgesetzes ist dabei das der ehebasierten Familie.[523] Die Frage, ob die Familie aus der Ehe folgt, war geschichtlich betrachtet von Bedeutung, um nichteheliche Kinder in diesen Begriff ein- oder ausschließen zu

519 Vgl. dazu BK/Prison 38. Lfg. April 1978, Art. 6 GG, Rn. 95; Grehl, S. 153; Pätzold, S. 150; v. Mangoldt/Klein/Starck/Robbers, Art. 6 GG, Rn. 95

520 So auch Bauer/Dohmel/Schimke, S. 132; Grehl, S. 148; Pätzold, S. 149; Reinhardt/Kemper/Weitzel/Reinhardt, § 7 AdVermiG, Rn. 3; Stern, VI/1, S. 417; v. Mangoldt/Klein/Starck/Robbers, Art. 6 GG, Rn. 95.

521 Diese Bezeichnung soll im Folgenden für Familien verwendet werden, die aus eingetragenen Lebenspartnern und einzeln angenommenen Kindern bestehen.

522 BVerfGE 80, 81, 90; BVerfGE 10, 59, 66; Dreier/Gröschner, Art. 6 GG, Rn. 67; Friauf/Höfling/Burgi, 4. Erg. Lfg. 04/02, Art. 6 GG, Rn. 20.

523 Epping/Hillgruber/Uhle, Art. 6 GG, Rn. 14; Sickert, S. 123.

können.[524] Nach der Weimarer Reichsverfassung wurde die Ehe noch als Grundlage der Familie angesehen.[525] So lautete Art. 119 WRV:[526]

> *„Die Ehe steht als Grundlage des Familienlebens und der Erhaltung und Vermehrung der Nation unter besonderem Schutz der Verfassung. (...)"*

Mittlerweile wird die Ehe zwar teilweise noch als Vorstufe zur Familie angesehen,[527] es kommt aber zunehmend zu einer Entkopplung,[528] weshalb die Ehe nicht mehr als begriffsnotwendige Grundlage der Familie angesehen wird.[529] Eine Familie kann deshalb nicht nur von verheirateten Eltern und ihren Kindern gebildet werden, sondern auch von unverheirateten und ihren Kindern.[530] Ferner werden auch Ein-Eltern-Familien von diesem Begriff erfasst.[531] Des Weiteren ist es mittlerweile auch anerkannt, dass es sich bei den Elternteilen nicht um verschiedengeschlechtliche Personen handeln muss.[532] Auch die sexuelle Orientierung der Eltern(teile) ist hierbei unerheblich.[533] Die Familie, die homosexuell Orientierte mit ihren Kindern bilden, wird somit genauso geschützt wie diejenige, die von heterosexuell Orientierten mit ihren Kindern gebildet wird.[534] Fraglich ist damit aber noch, in welchem rechtli-

---

524 Stern, IV/1, S. 364 ff.

525 Pätzold, S. 78 f.; Schmid, S. 261. Eine detaillierte Auseinandersetzung mit der Geschichte des verfassungsrechtlichen Schutzes der Familie kann im Rahmen dieser Arbeit nicht erfolgen, Ausführungen dazu finden sich bei Schmid, S. 244 ff. Mit einem Blick auf Familie im Wandel von Recht und Gesellschaft Hohmann-Dennhardt, ZKJ 2007, 382, 382 ff.

526 Eine Kommentierung hierzu findet sich bei Nipperdey/Wieruszowski, Kommentar zum zweiten Teil der Reichsverfassung, Art. 119 Abs. 1 S. 1 WRV, S. 74 ff.

527 BVerfGE 76, 1, 51; BVerfGE 6, 55, 73; Isensee/Kirchhof/Ipsen, VII, § 154, Rn. 14; Klein, S. 135; Wächtler, S. 120.

528 Dreier/Gröschner, Art. 6 GG, Rn. 69; Erfurter Kommentar zum Arbeitsrecht/Schmidt, Art. 6 GG, Rn. 6; Grünberger, FPR 2010, 203, 206; Grziwotz, FamRZ 2009, 1982, 1983; Michael, NJW 2010, 3537, 3538; Schwab, FamRZ 2007, 1, 3. Kritisch dazu Braun, S. 29.

529 Ähnlich Schwab, FamRZ 2007, 1, 3; a.A. Kirchhof, FPR 2001, 436, 437 f.

530 BVerfGE 106, 166, 176; Denninger/Richter, 2001, Art. 6 GG, Rn. 26; Nesselrode, S. 122 ff.; Rijsbergen, S. 66 f.; Sickert, S. 196 ff.

531 BVerfGE 108, 82, 112; BVerfGE 25, 167, 196; Pätzold, S. 102.

532 OLG Hamm, NJW 2010, 2065, 2066; Jarass/Pieroth, Art. 6 GG, Rn. 9; Sachs/von Coelln, Art. 6 GG, Rn. 16; Sickert, S. 199 f.; Stern IV/1, S. 402 f.; a.A. Epping/Hillgruber/Uhle, Art. 6 GG, Rn. 18. Risse, S. 243 hingegen differenziert nach der rechtlichen Beziehung des Nichtelternteils zu dem Kind. So läge erst durch eine Adoption eine verfassungsrechtlich geschützte Familie vor, da das Kind sonst Mitglied von zwei Familien wäre. Ähnlich auch v. Münch/Kunig/Coester-Waltjen, Art. 6 GG, Rn. 11. Dafür, dass ein Kind grundsätzlich Mitglied von zwei Familien sein kann BVerfGE 108, 82, 112; BVerfGE 45, 104, 123; Epping/Hillgruber/Uhle, Art. 6 GG, Rn. 15; Jarass/Pieroth, Art. 6 GG, Rn. 8.

533 Forkert, S. 21.

534 Dies im Ergebnis offen lassend Jakob, S. 114, Fn. 556. Mit Zweifeln, ob im Jahr 2006 schon von einem vollzogenen Wandel des verfassungsrechtlichen Familienbegriffs ausgegangen werden konnte, so dass dieser auch eingetragene Lebenspartner und ihre Kinder erfassen würde, Pätzold S. 108. Zustimmend

chen bzw. verwandtschaftlichen Verhältnis Eltern und Kinder zueinander stehen müssen um unter den verfassungsrechtlichen Schutz der Familie zu fallen.

Nach der Rechtsprechung des Bundesverfassungsgerichts ist die Blutsverwandtschaft von Eltern und Kindern nicht mehr[535] ausschlaggebend.[536] Die Einbeziehung von Stief-, Adoptiv- und Pflegekindern[537] in die Gruppe der Kinder einer Familie ist daher allgemein anerkannt.[538] Die rechtliche Verwandtschaft ist somit nicht mehr Voraussetzung für den familiären Grundrechtsschutz, der sich somit auch auf soziale Familien erstreckt[539]. Die Begründung hierfür liegt in dem Ziel des Schutzes der spezifischen psychologischen und sozialen Funktion der familiären Bindungen,[540] welche unabhängig von der rechtlichen Verwandtschaft sind. Indem der verfassungsrechtliche Familienbegriff also auch die soziale Familie schützt, geht dieser Schutz weiter als derjenige des in Art. 6 Abs. 2 GG geschützten Elternrechts. Denn Träger des verfassungsrechtlichen Elternrechts können nur Personen sein, deren Elternverhältnis zum Kind auf Abstammung oder einfachgesetzlicher Zuordnung besteht.[541] Die rein soziale Elternschaft begründet dementsprechend zwar keinen verfassungsrechtlichen Schutz durch das Elternrecht des Art. 6 Abs. 2, S. 1 GG, dafür aber den Familienschutz aus Art. 6 Abs. 1, 2. Alt. GG. Daraus ergibt sich, dass für den verfassungsrechtlichen Familienbegriff nicht mehr Abstammung und formelle Elternschaft ausschlaggebend sind, sondern dass es darauf ankommt, wer die Elternverantwortung für das Kind übernimmt. Insbesondere werden die dauerhafte Übernahme dieser Aufgabe der Erziehung und das dauerhafte Begleiten

Grehl, S. 78; Kingreen, JZ 2004, 938, 941; Stern, IV/1, S. 402 f.; v. Münch/Kunig/Coester-Waltjen, Art. 6 GG, Rn. 50. Wölfel, S. 413 f. Wächtler, S. 120 geht lediglich von einer sozialen Elternschaft von gleichgeschlechtlichen Paaren aus.

535 In früheren Entscheidungen wurde zur Begründung der Elternstellung auf die Blutsverwandtschaft abgestellt, vgl. KG, NJW 1968, 1679, 1680; mit Anmerkungen dazu Dellian, NJW 1968, 2149. Nach BVerwG NJW 1968, 1645, 1646 wurde aber schon nicht mehr nur auf die Blutsverwandtschaft abgestellt. Zur Abkehr vom Merkmal der Blutsverwandtschaft als Anknüpfungspunkt für das Elternrecht auch Salgo, NJW 1995, 2129, 2131.

536 BVerfGE 108, 82, 112; BVerfGE 18, 97, 105 f.

537 BVerfGE 79, 256, 267; BVerfGE 79, 51, 59 Voraussetzung ist aber, dass eine Bindung aufgrund eines schon länger andauernden Pflegeverhältnisses entstanden ist, dazu auch Nesselrode, S. 126; Schulz/Hauß/Diwell, Art. 6 GG, Rn. 27; BVerfGE 68, 176, 187.

538 BVerfGE 79, 256, 267; BVerfGE 18, 97, 105 f.; Denninger/Richter, 2001, Art. 6 GG, Rn, 26 ff.

539 BVerfGE 108, 82, 107, 116; BVerfGE 99, 216, 231 f.; BVerfGE 80, 81, 90.

540 BK/Prison, 36. Lfg. August 1976, Art. 6 Abs. 1 GG, Rn. 24; v. Mangoldt/Klein/Starck/Robbers, Art. 6 GG, Rn. 90.

541 BVerfGE 108, 82, 100, 103. Dies wurde so auch wieder vom Bundesverfassungsgericht bei der Entscheidung zur Sukzessivadoption gesehen, vgl. BVerfG, 1 BvL 1/11 vom 19.2.2013, Rn. 58. Dementsprechend wurde ein Verstoß des Sukzessivadoptionsverbots gegen Art. 6 Abs. 2 GG auch mit der Begründung abgelehnt, die soziale Elternschaft begründe keine in diesem Sinne geschützte Elternposition und vermittele daher auch kein Recht auf Adoption, vgl. BVerfG, 1 BvL 1/11 vom 19.2.2013, Rn. 59.

des Heranwachsensprozesses in einer tatsächlichen Generationengemeinschaft zwischen Erwachsenen und Kindern verlangt.[542]

Im Ergebnis kann eine Familie also unabhängig von den rechtlichen Beziehungen der Eltern untereinander durch die tatsächliche Erziehungs- und Lebensgemeinschaft zwischen Eltern und Kindern, in der Eltern für die Kinder Verantwortung tragen, gebildet werden.[543]

## (2) Subsumtion unter den Familienbegriff

Wie die Untersuchung gezeigt hat, fallen unter den Familienbegriff des Art. 6 Abs. 1, 2. Alt. GG Kinder mit ihren Eltern unabhängig davon, ob es ein oder zwei Elternteile gibt, in welchem rechtlichen Verhältnis diese zueinander stehen und ob sie mit ihren Kindern blutsverwandt sind oder nicht. Ausschlaggebend ist lediglich die Verantwortungsübernahme für das Kind.

Mit diesen Erkenntnissen kann nun die Frage beantwortet werden, ab welchem Zeitpunkt und zwischen wem eine Familie bei eingetragenen Lebenspartnern und einem von einem Partner angenommenen Kind entsteht. Da auch Ein-Eltern-Kind-Familien vom Schutzbereich des Art. 6 Abs. 1, 2. Alt. GG erfasst sind, entsteht bereits durch die erste Annahme zwischen dem Erstannehmenden und dem Kind eine Familie.[544] Fraglich ist, ob der eingetragene Lebenspartner des Erstannehmenden mit in diese Familie einbezogen wird, wenn er mit ihnen zusammenlebt und für das Kind die emotionale und soziale Elternschaft, also die Verantwortung, übernimmt. Dies wird zum Teil mit dem Argument bejaht, nicht die Abstammung sondern die tatsächliche Übernahme von Verantwortung sei ausschlaggebend.[545] Es gibt jedoch auch Stimmen in der Literatur, die vertreten, dass die Elternrechte nur Personen zustehen können, die Inhaber des Sorgerechts sind.[546] Das Elternrecht würde dementsprechend nicht allen faktisch Erziehenden, sondern nur rechtlich Erziehungsberechtigten zustehen. Dem ein-

542 Nesselrode, S. 125.

543 Nesselrode, S. 127; ähnlich auch unter Einbeziehung der lebenspartnerschaftlichen Familie, welche die eingetragene Lebenspartnerschaft mit den darin lebenden minderjährigen Kindern meint, in den Schutzbereich Sickert, S. 200. Dafür, dass der gleichgeschlechtliche Lebenspartner des leiblichen Elternteils nicht Elternteil i.S.d. Art. 6 Abs. 2 GG ist und deshalb auch keine Familie nach Art. 6 Abs. 1 GG vorliegt, Kanther, NJW 2003, 797, 798. So jetzt auch in Bezug auf das Elternrecht BVerfG, 1 BvL 1/11 vom 19.2.2013, Rn. 62.

544 Ähnlich auch Henkel, NJW 2011, 259, 262. Zu dem Schutz der lebenspartnerschaftlichen Familie vgl. die ausführliche Untersuchung bei Sickert, S. 119 ff.

545 OLG Hamm NJW 2010, 2065, 2066; mit ausführlicher Prüfung eines Verfassungswandels Rijsbergen, S. 194; für eine Einbeziehung der lebenspartnerschaftlichen Familie in den Schutzbereich von Art. 6 Abs. 1, 2. Alt. GG Sickert, S. 200; Stern, IV/1, S. 402 f. a.A. Kanther, NJW 2003, 797, 798; Risse, S. 242 f.

546 Gernhuber/Coester-Waltjen, § 5, Rn. 43.

getragenen Lebenspartner des Erstannehmenden steht zwar kein elterliches Sorgerecht nach §§ 1626 ff. BGB zu,[547] welches nach § 1626 Abs. 1 S. 2 BGB die Personensorge i.S.d. §§ 1632 ff. BGB und die Vermögenssorge nach §§ 1638 ff., 1683, 1698 ff. BGB umfasst.[548] Aber nach § 9 Abs. 1 LPartG kann er im Einvernehmen mit dem sorgeberechtigten Partner in Angelegenheiten des täglichen Lebens mitentscheiden. Es handelt sich dabei um das sog. kleine Sorgerecht.[549] Mitentscheiden kann der eingetragene Lebenspartner dadurch über Angelegenheiten, die häufig vorkommen und keine schwer abzuändernden Wirkungen auf die Entwicklung des Kindes haben, vgl. §1687 Abs. 1 S. 3 BGB.[550] Entscheidungen, die sich auf den Gesundheitszustand des Kindes oder auf ähnlich wichtige Rechtsgüter des Kindes auswirken können, sind nicht erfasst.[551] Nur bei Gefahr im Verzug darf er Rechtshandlungen vornehmen, die zum Wohl des Kindes erforderlich sind, vgl. § 9 Abs. 2 LPartG. So wird durch die Schaffung des kleinen Sorgerechts die rechtliche Absicherung der tatsächlichen Übernahme von Erziehungsaufgaben und der Betreuung des Kindes bewirkt.[552] Der sorgeberechtigte Erstannehmende hat ferner auch die Möglichkeit, die Ausübung von elterlichen Befugnissen an seinen Partner durch private Gestaltung, insbesondere durch eine Vollmachterteilung, zu übertragen.[553] So kann er ihm die Wahrnehmung der vollen Elternverantwortung ermöglichen.[554] Indem der eingetragene Lebenspartner so die tatsächliche Sorge ausüben kann, ist es unerheblich, dass er nicht der Allein- oder Mitinhaber der in §§ 1626 ff. BGB normierten elterlichen Sorge ist.[555] Die verfassungsrechtlich geschützte Familie zwischen dem Erstannehmenden, seinem eingetragenen Lebenspartner und dem Kind entsteht somit schon durch die Übernahme von tatsächlicher Verantwortung, welche durch die Übertragung von

547 MüKo/Maurer, Vor § 1741, Rn. 27.
548 Jauernig/Berger/Mansel, § 1626 BGB, Rn. 2; Staudinger/Peschel-Gutzeit, § 1626 BGB, Rn. 56.
549 Staudinger/Voppel, § 9 LPartG, Rn. 8; Löhnig, FPR 2008, 157, 157; MüKo/Wacke, § 9 LPartG, Rn. 2. Zur Verfassungsmäßigkeit des kleinen Sorgerechts Kanther, NJW 2003, 797 ff.
550 Bruns/Kemper/Kemper, §9 LPartG, Rn. 10; Hoppenz/van Els, §1687 BGB, Rn. 4 f.
551 Hoppenz/van Els, § 1687, Rn. 5. Zur Erlaubnis einer Urlaubsreise OLG Köln NJW 1999, 295. Zur Wahl der Schule OLG Rostock FamRZ 2007, 1835.
552 BT-Drucks 14/3751, 39; Staudinger/Voppel, § 9 LPartG, Rn. 8.
553 BVerfGE 84, 169, 179 f.; Bamberger/Roth/Veit, § 1626 BGB, Rn. 9.
554 BVerfGE 84, 168, 180.
555 Vgl. MüKo/Maurer, Vor § 1741 BGB, Rn. 24. Ähnlich auch BVerfGE 79, 203, 210; BVerfGE 56, 363, 382 f.

elterlichen Befugnissen ermöglicht wird,[556] sofern die Gemeinschaft dauerhaft angelegt ist und als solche gelebt wird.[557]

### (3) Fazit zur Familiengründungsfreiheit

Im Ergebnis kann folglich festgestellt werden, dass eine vom Schutzbereich des Art. 6 Abs. 1,2. Alt. GG erfasste Familie auch ohne sukzessive Annahme zwischen den eingetragenen Lebenspartnern und dem einzeln angenommenen Kind besteht.[558] Die Verwehrung einer sukzessiven Annahme durch den eingetragenen Lebenspartner kann die Familiengründungsfreiheit somit nicht berühren, da die Familie schon ohne die Annahme entstanden ist.

## *bb) Gestaltungsfreiheit der Familie*

Da in der abwehrrechtlichen Dimension des Familienschutzes aber nicht nur die Familiengründung sondern auch die Ausgestaltung des familiären Zusammenlebens geschützt ist, stellt sich weiterhin die Frage, ob durch das Verbot der Sukzessivadoption in diese Gestaltungsfreiheit eingegriffen wird. Dies könnte darin begründet sein, dass der eingetragene Lebenspartner des Erstannehmenden zwar aufgrund seiner Verantwortungsübernahme für das Kind mit in den Schutzbereich der Familie aus Art. 6 Abs. 1, 2. Alt. GG einbezogen wird, ihm aber die Herstellung von verwandtschaftlichen Beziehungen zu dem Kind aufgrund des Sukzessivannahmeverbots verwährt wird.

556 So auch OLG Hamm NJW 2010, 2065 f.; Dittberner, S. 167.

557 So jetzt auch ganz deutlich BVerfG, 1 BvL 1/11 vom 19.2.2013, Rn. 61 ff. mit Verweis auf Jarass/Pieroth, Art. 6 GG, Rn. 9; Sachs/v. Coelln, Art. 6 GG, Rn. 16; Sickert, S. 119 ff., 208 ff.; Stern, IV/1, S. 402 f.; v. Münch/Kunig/Coester-Waltjen, Art. 6 GG, Rn. 11.

558 OLG Hamm, NJW 2010, 2065, 2066; für eine Einbeziehung der lebenspartnerschaftlichen Familie in den Schutzbereich von Art. 6 Abs. 1, 2. Alt. GG Dittberner, S. 167; Sickert, S. 200; Stern, IV/1, S. 402 f. a. Zur grundsätzlichen Einbeziehung der Adoptivfamilie in den Familienbegriff vgl. BVerfGE 80, 81, 90; Epping/Hillgruber/Uhle, Art. 6 GG, Rn 15; Dreier/Gröschner, Art. 6 GG, Rn. 71; Friauf/Höfling/Burgi, 4. Erg. Lfg. 04/02, Art. 6 GG, Rn. 20 f. Nach heute h.A. sind auch solche Lebensgemeinschaften in den Familienbegriff mit einbezogen, bei denen keine Ehe besteht, vgl. Friauf/Höfling/Burgi, 4. Erg. Lfg. 04/02, Art. 6 GG, Rn. 21, weswegen auch eingetragene Lebenspartner, die das Kind angenommen haben mit dem Kind eine Familie bilden. Vgl. dazu auch Michael/Morlok, Rn. 255. So jetzt auch BVerfG, 1 BvL 1/11 vom 19.2.2013, Rn. 61 ff. Nach Ansicht des Bundesverfassungsgerichts sind eingetragene Lebenspartner mit einem einzeln angenommenen Kind jedoch mangels rechtlicher oder biologischer Zuordnung zu beiden Elternteilen keine Eltern im verfassungsrechtlichen Sinn des Art. 6 Abs. 2 GG, weshalb ein Verstoß des Sukzessivadoptionsverbots gegen dieses Grundrecht ausschied, vgl. BVerfG, 1 BvL 1/11 vom 19.2.2013, Rn. 47 ff.

## (1) Schutzbereich

Die Berufung auf den Schutz der Gestaltungsfreiheit des familiären Zusammenlebens setzt zunächst das Bestehen einer von Art. 6 Abs. 1, 2. Alt. GG geschützten Familie voraus.[559] Wie bereits geprüft, liegt bei zwei eingetragenen Lebenspartnern und einem einzeln angenommenen Kind eine solche Familie vor.[560] Die erste Voraussetzung zur Eröffnung des Schutzbereichs ist damit erfüllt.

Des Weiteren müsste die Gestaltungsfreiheit des familiären Zusammenlebens aber auch die Herstellung von rechtlichen Beziehungen zu einzelnen Familienmitgliedern schützen. Wäre dies nämlich nicht der Fall, könnte durch die Versagung der Herstellung von verwandtschaftlichen Beziehungen zwischen dem sozialem Elternteil und dem Kind aufgrund des Sukzessivannahmeverbots auch nicht in die Gestaltungsfreiheit der Familie eingegriffen werden. Fraglich ist somit, wie der Schutzbereich der familiären Gestaltungsfreiheit definiert wird. Hierzu findet sich in Literatur und Rechtsprechung Folgendes: Erfasst sei die freie Ausformung der gesamten Verhältnisse der Familienangehörigen untereinander.[561] Die Familie solle ihre Gemeinschaft nach innen und außen in familiärer Verantwortlichkeit und Rücksicht gestalten können.[562] Geschützt seien deshalb das Zusammenleben von Eltern und ihren Kindern in häuslicher Gemeinschaft,[563] Entscheidungen bzgl. religiöser und weltanschaulicher Fragen,[564] die Ausformung des erbrechtlichen Verhältnisses von Eltern zu ihren Kindern[565] sowie grundsätzlich die familiäre Solidarität[566]. Auch wenn sich hieraus keine präzise Definition der familiären Ge-staltungsfreiheit ableiten lässt, muss dennoch beurteilt werden, ob auch die Herstellung von verwandtschaftlichen Beziehungen mit zum Schutzbereich gehört. So könnte die Eröffnung des Schutzbereichs der familiären Gestaltungsfreiheit dadurch denkbar sein, dass diese auch den Schutz der familiären Verhältnisse erfasst und unter diese auch die verwandtschaftlichen Verhältnisse der Familienmitglieder zu subsumieren sein könnten. Aufgrund ei-

559 BVerfGE 79, 203, 207.

560 Vgl. dazu schon Kapitel 2:A.II.1.a)aa)(2).

561 Epping/Hillgruber/Uhle, Art. 6 GG, Rn. 28.

562 BVerfGE 80, 81, 92; BVerfGK 17, 44, 55; Dreier/Gröschner, Art. 6 GG; Rn 81; Epping/Hillgruber/Uhle, Art. 6 GG, Rn. 27; Jarass/Pieroth, Art. 6 GG, Rn. 11, 25; Schluz/Hauß/Diwell, Art. 6 GG, Rn. 27; Sodan, Art. 6 GG, Rn. 6; Umbach/Clemens/Umbach, Art. 6 GG, Rn. 30.

563 BVerfGE 80, 81, 92; BVerfGE 79, 203, 211; BVerfGE 28, 104, 112; BK/Prison, 38. Lfg. April 1978, Art. 6 GG, Rn. 55; Hömig/Antoni, Art. 6 GG, Rn. 6; v. Mangoldt/Klein/Starck, Art. 6 GG, Rn. 91.

564 BVerfGE 10, 59, 85.

565 BVerfGE 112, 332, 352 f.; Jarass/Pieroth, Art. 6 GG, Rn. 11; Sodan, Art. 6 GG, Rn. 6.

566 OLG Nürnberg FamRZ 1999, 961, 962; Epping/Hillgruber/Uhle, Art. 6 GG, Rn. 28; Stern, IV/1, S. 418; v. Münch/Kunig/Coester-Waltjen, Art. 6 GG, Rn. 33.

ner Verwandtschaft würden auch Unterhalts- und Erbansprüche entstehen, welche zum Schutz der Familie als Versorgungsverhältnis[567] beitragen könnten.[568] Allerdings können solche Ansprüche aber auch durch privatschriftliche Vereinbarung von den Familienmitgliedern untereinander begründet werden, weswegen nicht unbedingt ein verwandtschaftliches Verhältnis erforderlich wäre. So erscheint die Einbeziehung von verwandtschaftlichen Verhältnissen zwischen den Familienmitgliedern in den Schutzbereich aufgrund der Bildung einer familiären Verantwortungsgemeinschaft[569] zunächst nicht zwingend. Weitere Hinweise auf die Einbeziehung der Möglichkeit der Herstellung von Verwandtschaftsverhältnissen in den Schutzbereich der familiären Gestaltungsfreiheit könnte der Schutz der häuslichen Gemeinschaft geben. Auch das familiäre Zusammenleben der Familienmitglieder, welches unter anderem dem Erhalt des Versorgungsverhältnisses der Familie dient, ist nämlich vom Schutzbereich der Gestaltungsfreiheit der Familie erfasst.[570] Wenn aber der soziale Elternteil keine rechtliche Verbindung zu dem Kind erlangen kann und der Annehmende als rechtlicher Elternteil verstirbt, kann das Zusammenleben des Kindes mit seinem sozialen Elternteil als Familie nicht mehr als gewährleistet angesehen werden. Die Versorgung des Kindes könnte zwar aufgrund von privatrechtlich vereinbarten Unterhaltsleistungen weiterhin gesichert sein, aber eine Garantie diese Versorgung in der häuslichen Gemeinschaft weiter wahrnehmen zu können, kann nicht gegeben werden. Das Zusammenleben der Familie wäre somit gefährdet. Dies könnte in einem nächsten Schritt zu einer Gefährdung des Bestands der Familie in einer solchen Situation führen. Denn der soziale Elternteil bildet nur durch die Übernahme tatsächlicher Verantwortung eine von Art. 6 Abs. 1, 2. Alt. GG geschützte Familie mit dem Kind. Wird die häusliche Gemeinschaft aber in Ermangelung der rechtlichen Elternschaft des Überlebenden aufgelöst, dürfte es schwierig werden weiterhin die tatsächliche Verantwortung zu übernehmen. Da aber die Bestandsfähigkeit der Familie Vorraussetzung der ihr zustehenden Gestaltungsfreiheit ist, muss der Schutzbereich der familiären Gestaltungsfreiheit spätestens dann berührt sein, wenn der Bestand der Familie gefährdet ist.

Für einen umfänglichen Schutz der familiären Gestaltungsfreiheit ist es somit notwendig, die Herstellung von verwandtschaftlichen Verhältnissen mit in den Schutzbereich einzubeziehen.

---

567 Umbach/Clemens/Umbach, Art. 6 GG, Rn. 30.

568 So sprechen Bauer/Dohmel/Schimke, S. 132 z.B. davon, dass der Staat für die Absicherung der bestehenden Familie im Rechtssystem zu sorgen hat.

569 Sodan, Art. 6 GG, Rn. 6.

570 So auch Stern, VI/1, S. 583 nach welchem ein Abwehrrecht zur Verhinderung des Auseinanderreißens der Familienmitglieder enthalten ist.

Dies liegt vor allem darin begründet, dass im Todesfall des rechtlichen Elternteils sogar der Bestand der Familie gefährdet sein könnte.

## (2) Eingriff

Ein Eingriff in den Schutzbereich der Ausgestaltungsfreiheit der Familie wäre nun dadurch denkbar, dass auch der eingetragene Lebenspartner mit dem Kind bereits eine von Art. 6 Abs. 1, 2. Alt. GG geschützte Familie bildet, ihm die Herstellung einer verwandtschaftlichen Beziehung zu dem Kind allerdings aufgrund des Sukzessivannahmeverbots verwährt bleibt.[571]

Dann müssten diejenigen Normen, aus denen das Sukzessivadoptionsverbot folgt, zunächst eingreifende und nicht lediglich ausgestaltende Normen sein.[572] Denn dadurch, dass erst das einfache Recht den Schutzbereich des Art. 6 Abs. 1 GG ausformt,[573] kann eine den Schutzbereich ausformende Norm nicht zugleich einen Eingriff darstellen.[574] Eine ausgestaltende und damit nicht eingreifende Regelung würde vorliegen, wenn sie im Zusammenhang mit den sozialen und rechtlichen Spezifika der Familie steht.[575] Der Gesetzgeber darf somit mit ausgestaltenden Regelungen nicht über das hinausgehen, was zur rechtlichen Ausgestaltung des soziologischen Phänomens der Familie erforderlich ist.[576] Das aus § 1741 Abs. 2 S. 1 BGB i.V.m. § 9 Abs. 7 LPartG folgende Verbot der Sukzessivadoption müsste also zur Ausformung des Rechtsinstituts der Familie erforderlich sein. Es bewirkt jedoch lediglich die Nichtentstehung eines verwandtschaftlichen Verhältnisses zwischen dem eingetragenen Lebenspartner des Erstannehmenden und dessen Kind. Deshalb erfolgt die Familienbildung i.S.d. Art. 6 Abs. 1, 2. Alt. GG auch nicht aufgrund rechtlicher Zuordnung sondern tatsächlicher Verantwortungsübernahme. Das Institut der Familie wird somit nicht ausgeformt, sondern seine Entstehung wird erschwert, da dies nur durch die Übernahme von Rechten und Pflichten möglich ist und nicht aufgrund von rechtlicher Zuordnung und verwandtschaftlichen

571 Dieser Aspekt wurde auch vom Bundesverfassungsgericht in Betracht gezogen. Ein Eingriff wurde jedoch im Ergebnis abgelehnt, da das tatsächliche Zusammenleben der Lebenspartner mit dem Kind nicht unmittelbar betroffen sei und der Ausschluss der Sukzessivadoption von der Befugnis des Gesetzgebers zur rechtlichen Ausgestaltung der Familie gedeckt sei, vgl. BVerfG, 1 BvL 1/11 vom 19.2.2013, Rn. 67 ff.

572 Vgl. zu diesem Gedanken BVerfGE 28, 104, 112; Jarass/Pieroth, Art. 6 GG, Rn. 13, 18, ähnlich wohl auch Grehl, S. 151 ff. Dies legt auch die Formulierung bei Ipsen, Rn. 342 nahe.

573 Maunz/Dürig/Badura, Lfg. 65 April 2012, Art. 6 GG, Rn. 34; v. Mangoldt/Klein/Starck/Robbers, Art. 6 GG, Rn. 30.

574 Vgl. zu diesen sog. normgeprägten Schutzbereichen Kingreen, Jura 1997, 401, 402 ff.; Stern, IV/1, S. 581 ff.

575 Kingreen, Jura 1997, 401, 403.

576 Grehl, S. 152.

Verhältnissen. Bei den Regelungen des § 1741 Abs. 2 S. 1 BGB i.V.m. § 9 Abs. 7 LPartG, aus denen das Verbot der Sukzessivadoption folgt, handelt es sich somit nicht um ausgestaltende Normen sondern um grundsätzlich eingreifende Regelungen.

Fraglich ist jetzt aber noch, ob durch diese Regelungen auch tatsächlich in die Gestaltungsfreiheit der Familie eingegriffen wird. Eingriffe in diesen Schutzbereich können insbesondere durch Regelungen vorliegen, welche die familiäre Solidarität missachten oder die Kennzeichnung als Familie verhindern.[577] So soll die Familie vor allem vor solchen Regelungen geschützt werden, die Eingriffe gerade wegen ihrer familiären Verbindung vorsehen oder erlauben.[578] Wie bereits die Erwägungen zum Schutzbereich nahegelegt haben, ist dies nicht schon dadurch der Fall, dass das angenommene Kind keine auf einer Verwandtschaft beruhenden gesetzlichen Unterhalts- und Erbansprüche gegen den Nicht-Erstannehmenden erlangt. Denn die familiäre Verantwortungsgemeinschaft kann auch de lege lata schon durch die privatschriftliche Begründung von Unterhalts- und Erbansprüchen des Kindes gegen den sozialen Elternteil und die Übertragung von sorgerechtlichen Befugnissen auf den sozialen Elternteil[579] gebildet werden. So scheint in den Schutz des Versorgungsverhältnisses Familie zunächst nicht eingegriffen zu werden, indem aufgrund des Sukzessivadoptionsverbots kein verwandtschaftliches Verhältnis zum eingetragenen Lebenspartner des Erstannehmenden entstehen kann.[580] Das Vorliegen eines Eingriffs wird aber dann deutlich, wenn wiederum die Situation des Todes des erstannehmenden rechtlichen Elternteils beleuchtet wird. Verstirbt dieser nämlich, ist das räumliche Zusammenleben der Restfamilie und so auch die Gestaltung der Verantwortungsübernahme gefährdet, da der überlebende eingetragene Lebenspartner keine rechtliche Elternstellung aufgrund des Sukzessivannahmeverbots erlangen konnte. Lebt die Restfamilie aber nicht mehr zusammen, ist nicht nur die Gestaltung der Familie in Bezug auf ihren räumlichen Aufenthalt und ihre Verantwortungsgemeinschaft bedroht, sondern auch der Bestand der Familie an sich. Denn wie schon erläutert wurde, entsteht die Familie mit dem nichtannehmenden eingetragenen Lebenspartner nur aufgrund der tatsächlichen Verantwortungsübernahme. Die Familie wäre somit im Todesfall des Annehmenden in ihrem Bestand

577 Epping/Hillgruber/Uhle, Art. 6 GG, Rn. 28; Stern, IV/1, S. 418; v. Münch/Kunig/Coester-Waltjen, Art. 6 GG, Rn. 33.

578 Stern, VI/1, S. 418; v. Münch/Kunig/Coester-Waltjen, Art. 6 GG, Rn. 33.

579 Vgl. dazu schon die Ausführungen unter Kapitel 2:A.II.1.a)aa)(2).

580 Ausführungen zu diesem weiterführenden Gedanken der Entfaltung von familiären Beziehungen finden sich in den Überlegungen des Bundesverfassungsgerichts hierzu leider nicht, vgl. BVerfG, 1 BvL 1/11 vom 19.2.2013, Rn. 67 ff.

bedroht. Eine nicht bestehende Familie kann aber auch nicht in ihrer Gestaltung geschützt werden.[581]

Indem also das Verbot der Sukzessivadoption ein verwandtschaftliches Verhältnis zum eingetragenen Lebenspartner des Erstannehmenden verhindert, wird in die Gestaltungsfreiheit der von Art. 6 Abs. 1, 2. Alt. GG geschützten Familie eingegriffen.

#### (3) Fazit zur Gestaltungsfreiheit der Familie

Der Schutz der familiären Gestaltungsfreiheit erstreckt sich auch auf die Bildung von verwandtschaftlichen Beziehungen zwischen den einzelnen Familienmitgliedern. Indem die Entstehung eines verwandtschaftlichen Verhältnisses zwischen dem Kind des Annehemden und dessen eingetragenen Lebenspartner aufgrund des Sukzessivannahmeverbots nicht möglich ist, wird in diese Gestaltungsfreiheit der Familie eingegriffen.

### *cc) Ergebnis zur abwehrrechtlichen Dimension*

In das Abwehrrecht des Familiengründungsschutzes wird durch das Sukzessivannahmeverbot für eingetragene Lebenspartner nicht eingegriffen, da die verfassungsrechtlich geschützte lebenspartnerschaftliche Familie auch schon ohne Sukzessivadoption zwischen beiden eingetragenen Lebenspartnern und dem angenommenen Kind entstehen kann. Durch das Sukzessivannahmeverbot für eingetragene Lebenspartner liegt jedoch ein Eingriff in die Facette der familiären Ausgestaltungsfreiheit der abwehrrechtlichen Dimension des Familienschutzes aus Art. 6 Abs. 1, 2. Alt. GG vor.

## ***b) Institutsgarantie***

Der Schutzbereich der Familie könnte auch in der Dimension der Institutsgarantie berührt sein. In dieser Dimension ist die Familie als Institution in Staat und Gesellschaft in ihren wesentlichen Grundzügen und somit in ihrem Kernbereich rechtlich zu garantieren.[582] Dazu sind Rechtssätze erforderlich, welche die in Art. 6 Abs. 1, 2. Alt. GG genannte Lebensform recht-

---

581 Das Bundesverfassungsgericht hingegen ist davon ausgegangen, dass der gesetzgeberische Ausgestaltungsspielraum nicht überschritten sei, da der Gesetzgeber nicht aus Art. 6 Abs.1 GG verpflichtet sei einer faktischen Eltern-Kind-Beziehung, die zwar unter Art. 6 Abs. 1GG nicht aber unter Art. 6 Abs. 2 GG geschützt sei, das volle Elternrecht zu gewähren, vgl. BVerfG, 1 BvL 1/11 vom 19.2.2013, Rn. 70. Dass diese Sichtweise jedoch zu der Tatsache führt, dass auch der Bestand der Familie in bestimmten dargestellten Situationen nicht geschützt werden kann, wurde hingegen scheinbar leider nicht bedacht.

582 BVerfGE 24, 119, 135; BVerfGE 6, 55, 72; Friauf, NJW 1986, 2595, 2600 f.; Sachs/von Coelln, Art. 6 GG, Rn. 31.

lich definieren. Innerhalb dieser Rechtssätze müssen die wesentlichen Strukturprinzipien beachtet werden, die sich aus dem verfassungsrechtlichen Begriff der Familie ergeben.[583] Die Institutsgarantie sichert somit den Kern[584] der das Familienrecht bildenden Vorschriften insbesondere des bürgerlichen Rechts, gegen eine Aufhebung oder wesentliche Umgestaltung und schützt gegen staatliche Maßnahmen, die bestimmende Merkmale desjenigen Bildes der Familie, welches der Verfassung zugrunde liegt, beeinträchtigen.[585] Für eine Beeinträchtigung dieser Dimension wäre somit die Berührung oder Beeinträchtigung des Bestands der wesentlichen Strukturen der Familie durch das Sukzessivannahmeverbot für eingetragene Lebenspartner erforderlich. Weder der Bestand noch die wesentlichen Strukturen von Familien, die eingetragene Lebenspartner mit ihren Kindern bilden, werden durch das Verbot der Sukzessivadoption berührt. Die Familien bestehen auch trotz des Verbots bereits und auch weiterhin, wie die Untersuchungen soeben schon gezeigt haben.[586] Ein Eingriff in die Familie als Institutsgarantie ist deshalb nicht ersichtlich.

### *c) Wertentscheidende Grundsatznorm*

Neben dem bereits genannten subjektiven Wertgehalt der Grundrechte kommt Art. 6 Abs. 1 GG auch ein objektiver Wertgehalt zu. Dieser besteht aus von den Grundrechten ausgehenden objektiven Wertentscheidungen des Verfassungsgebers, die für das gesamte staatliche und gesellschaftliche Leben Geltung beanspruchen und so als Richtlinien und Impulse für alle drei Gewalten fungieren. Der objektive Wertgehalt der familienrechtlichen Dimension von Art. 6 Abs. 1 GG könnte durch die Versagung einer sukzessiven Adoptionsmöglichkeit für eingetragene Lebenspartner berührt sein. In dieser Dimension ergibt sich nämlich für den Staat und daher auch für den Gesetzgeber die Pflicht die Familie zu schützen und zu fördern.[587] Aus der Förderungspflicht ergibt sich dementsprechend im Umkehrschluss auch ein Benachteiligungsverbot für die Familie im Verhältnis zu Nicht-Familien.[588] Ein Nachteil

583 Epping/Hillgruber/Uhle, Art. 6 GG, Rn. 29.

584 Der Ordnungskern der Familie ist im Gegensatz zu dem der Ehe schwieriger festzulegen, vgl. dazu nur die spärlichen Angaben zum Ordnungskern der Familie im Vergleich zu denen der Ehe bei Friauf/Höfling/Burgi, 4. Erg. Lfg. 04/02, Art. 6 GG, Rn. 31 ff.

585 BVerfGE 80, 81, 92; BVerfGE 76, 1, 49; Maunz/Dürig/Badura, Lfg. 37 August 2000, Art. 6 GG, Rn. 70.

586 Vgl. dazu nochmals die Untersuchung unter Kapitel 2.A.II.1.a)aa).

587 BK/Prison, 38. Lfg. April 1978, Art. 6 GG, Rn. 70 ff.; Epping/Hillgruber/Uhle, Art. 6 GG, Rn. 33; Sachs/von Coelln, Art. 6 GG, Rn. 34; v. Münch/Kunig/Coester-Waltjen, Art. 6 GG, Rn. 35, 39.

588 BVerfGE 109, 96, 125; BVerfGE 107, 205, 215; BVerfGE 99, 216, 232; BVerfGE 9, 237, 247; Epping/Hillgruber/Uhle, Art. 6 GG, Rn. 34; Isensee/Kirchhof/Ipsen, VII, § 154, Rn. 79; Sachs/von Coelln, Art. 6 GG, Rn. 36; v. Münch/Kunig/Coester-Waltjen, Art. 6 GG, Rn. 37.

kann dabei auch die Versagung eines Vorteils sein.[589] Eingetragenen Lebenspartnern entsteht durch die Versagung der Annahme ein Nachteil, indem der eingetragene Lebenspartner nicht auch die rechtliche Elternschaft für das Kind übernehmen kann. Aus diesem Umstand können sich sowohl rechtliche als auch finanzielle Nachteile[590] für den betroffenen Partner und die Familie ergeben. Problematisch bei dieser Überlegung ist aber der Umstand, dass es sich, wie schon gezeigt wurde, auch bei den eingetragenen Lebenspartnern und dem einzeln angenommen Kind bereits um eine Familie i.S.d. Art. 6 Abs. 1, 2. Alt. GG handelt. Dadurch würde es sich um eine Benachteiligung von einer lebenspartnerschaftlichen Familie im Verhältnis zu einer ehelichen Familie handeln, indem der Ehepartner das Kind sukzessive annehmen kann, der eingetragene Lebenspartner aber nicht. Das Benachteiligungsverbot kommt allerdings nur für Familien im Verhältnis zu Nicht-Familien in Betracht. Ein solches Verhältnis liegt hier jedoch nicht vor. Beim Vergleichen von verschiedenen Familien kann kein Eingriff in die wertentscheidende Grundsatznorm vorliegen, denn diese sind gleichermaßen von Art. 6 Abs. 1 GG geschützt.[591] Dies bedeutet aber keine Nichtberücksichtigung dieser ungleichen Behandlung, sondern sie ist lediglich unter Art. 3 Abs. 1 GG i.V.m. Art. 6 Abs. 1 GG zu prüfen.[592] Dementsprechend muss auch eine ungleiche Behandlung von Eheleuten und eingetragenen Lebenspartnern als Elternteilen mit ihren Kindern unter dem Prüfungsmaßstab von Art. 3 Abs. 1 GG i.V.m. Art. 6 Abs. 1 GG zu prüfen sein. Eine reine Ungleichbehandlung unter Art. 6 Abs. 1, 2. Alt. GG zu prüfen scheidet daher aus. Die Familie in ihrer Dimension als wertentscheidende Grundsatznorm ist folglich nicht durch die Versagung der sukzessiven Adoption durch eingetragene Lebenspartner berührt.

### *d) Ergebnis*

Durch das Verbot einer sukzessiven Adoption von Fremdkindern für eingetragene Lebenspartner wird der in Art. 6 Abs. 1, 2. Alt. GG verfassungsrechtlich gewährte Familienschutz somit weder als Institutsgarantie noch als objektive Wertentscheidung beeinträchtigt. Es liegt

589 BVerfGE 99, 216, 232; BVerfGE 12, 151, 167; Epping/Hillgruber/Uhle, Art. 6 GG, Rn. 34; Sachs/von Coelln, Art. 6 GG, Rn. 36.

590 Rechtliche Nachteile können sich daraus ergeben, dass dem eingetragenen Lebenspartner des Erstannehmenden nur das sog. kleine Sorgerecht des § 9 Abs. 1 LPartG zusteht. Aufgrund der fehlenden rechtlichen Zuordnung des Kindes zum eingetragenen Lebenspartner können sich ferner auch finanzielle Nachteile z.B. im Steuerrecht ergeben. Vgl. dazu auch Niemeyer, FuR 1997, 141.

591 BVerfGE 47, 1, 19; BVerfGE 45, 104, 126; BVerfGE 43, 108, 118; BVerfGE 11, 64, 69; BVerfGE 9, 237, 242 f.; Jarass/Pieroth, Art. 6 GG, Rn. 16, Sachs/von Coelln, Art. 6 GG, Rn. 36.

592 Vgl. in Bezug auf die Ungleichbehandlung von Familien mit verheirateten und unverheirateten Eltern BVerfGE 112, 50, 60 f.

allerdings ein Eingriff in die abwehrrechtliche Dimension vor, indem das Verbot der Sukzessivadoption dazu führt, dass eingetragene Lebenspartner und von ihnen einzeln angenommene Kinder in ihrer familiären Gestaltungsfreiheit beschränkt sind, da der Nicht-Erstannehmende kein verwandtschaftliches Verhältnis zu dem Kind begründen kann.[593]

## 2. Verfassungsrechtliche Rechtfertigung

Eingriffe in die von Art. 6 Abs. 1, 2. Alt. GG geschützte Familie können nur durch kollidierendes Verfassungsrecht gerechtfertigt werden.[594] Eine Rechtfertigung des festgestellten Eingriffs wäre also nur möglich, wenn durch die Einführung einer Sukzessivadoptionsmöglichkeit für eingetragene Lebenspartner, welche die Verwandtschaft und damit auch die rechtliche Elternschaft entstehen lassen würde, in Grundrechte Dritter eingegriffen werden würde.

Denkbar wäre, dass durch eine de lege ferenda mögliche Sukzessivadoption durch eingetragene Lebenspartner in das durch Art. 2 Abs. 1 GG i.V.m. Art. 1 Abs. 1 GG geschützte Kindeswohl oder die in Art. 6 Abs. 1, 1. Alt. GG geschützte Ehe eingegriffen wird. Genauso wäre aber auch die Entstehung einer Ungleichbehandlung nach Art. 3 Abs. 1 GG oder ein Verstoß gegen die evtl. verfassungsrechtlich in Art. 2 Abs. 1 GG oder Art. 6 Abs. 2 GG vorgesehene Verschiedengeschlechtlichkeit von Eltern denkbar. Die Gründe hierfür werden in der Prüfung der möglicherweise entstehenden Kollision mit diesen Grundrechten näher erläutert.

### *a) Allgemeines Persönlichkeitsrecht der Kinder Art. 2 Abs. 1 GG i.V.m. Art. 1 Abs. 1 GG*

Der Eingriff in die familiäre Gestaltungsfreiheit von eingetragenen Lebenspartnern aufgrund des für sie geltenden Sukzessivannahmeverbots könnte gerechtfertigt sein, wenn die Einführung einer solchen Adoptionsmöglichkeit mit dem in Art. 2 Abs. 1 GG i.V.m. Art. 1 Abs. 1 GG geschützten Wohl der angenommenen Kinder kollidieren würde.

Dazu wäre es erforderlich, dass durch ein Sukzessivadoptionsrecht für eingetragene Lebenspartner ein Eingriff in den Schutzbereich des allgemeinen Persönlichkeitsrechts der zuerst einzeln adoptierten Kinder vorliegen würde. Dieser dürfte des Weiteren auch nicht gerechtfertigt sein.

---

593 A.A. BVerfG, 1 BvL 1/11 vom 19.2.2013, Rn. 60 ff.

594 BVerfGE 31, 58, 68 f.; Epping/Hillgruber/Uhle, Art. 6 GG, Rn. 21; Kingreen, Jura 1997, 401, 404; Sachs, Art. 6 GG, Rn. 23; Stern, IV/1, S. 581; v. Münch/Kunig/Coester-Waltjen, Art. 6 GG, Rn. 33.

### *aa) Schutzbereich*

Zunächst müsste also das Kindeswohl als Teil des allgemeinen Persönlichkeitsrechts von Kindern aus Art. 2 Abs. 1 GG i.V.m. Art. 1 Abs. 1 GG geschützt werden.

Grundsätzlich wird durch Art. 2 Abs. 1 GG i.V.m. Art. 1 Abs. 1 GG die Intim-, Privat- und Sozialsphäre geschützt,[595] welche einen grundrechtlich abgeschirmten Bereich der freien Entfaltung darstellen.[596] Durch das allgemeine Persönlichkeitsrecht wird somit jedem Einzelnen ein autonomer Bereich privater Lebensgestaltung gesichert, in dem er seine Individualität entwickeln und wahren kann.[597] Es wird aber nicht nur die aktive Selbstentfaltung erfasst, sondern in bestimmten Fällen sind auch die Vorraussetzungen chancengleicher und anlagengerechter Entwicklung mit einbezogen.[598] Eine solche chancengleiche und anlagengerechte Entfaltung spielt insbesondere bei Kindern eine große Rolle, weil sie sich erst in der Entwicklung zu einer eigenverantwortlichen Person befinden.[599] Für Kinder beinhaltet das allgemeine Persönlichkeitsrecht folglich ein Recht auf die Entwicklung zu einer Persönlichkeit,[600] sozusagen ein Recht auf „Person-Werden".[601] Dadurch kommt dem Staat die Aufgabe zu, dieses Recht des Kindes auf die Schaffung von Lebensbedingungen, die für ein gesundes Aufwachsen günstig sind, zu schützen und zu verwirklichen.[602] Das Wohl eines Kindes wird deshalb auch durch sein allgemeines Persönlichkeitsrecht aus Art. 2 Abs. 1 GG i.V.m. Art. 1 Abs. 1 GG geschützt. Indem die Entwicklung und das damit zusammenhängende Wohl eines Kindes durch die Annahme und die damit einhegende Eingliederung in die Familie berührt werden kann, ist der Schutzbereich des allgemeinen Persönlichkeitsrechts eröffnet.

595 Vgl. zur Sphärentheorie Epping/Hillgruber/Lang, Art. 2, Rn. 35 ff.; Sachs/Murswiek, Art. 2 GG, Rn. 60 f.

596 Degenhart, JuS 1992, 361, 363 f.; Pieroth/Jarass, Art. 2 GG, Rn. 41.

597 BVerfGE 117; 202, 225; BVerfGE 79, 256, 268; BVerfGE 35, 202, 220.

598 Maunz/Dürig/Di Fabio, Lfg. 39 Juli 2001, Art. 2, Rn. 207 ff.

599 BVerfGE 99, 145, 156 ff.; BVerfGE 79, 51 63; BVerfGE 57, 361 383; 75; BVerfGE 24, 119 144.

600 So auch Coester, FPR 2005, 60, 60, der davon ausgeht, dass es sich bei dem Grundrecht um das Recht auf Persönlichkeitsentfaltung, Schutz und Fürsorge handelt.

601 Engels, AöR 1997, 212, 219, 226; Langenfeld, MMR 2003, 303, 305; Maunz/Dürig/Di Fabio, Lfg. 39 Juli 2001, Art. 2 GG, Rn. 208.

602 BVerfGE 24, 119, 144 f.; Ditzen, NJW 1989, 2519, 2519; Langenfeld, MMR 2003, 303, 305; dazu in Bezug auf die Stiefkindadoption eines leiblichen Kindes schon Schlütter, FF 2005, 234, 237.

### *bb) Eingriff*

In dieses Wohl der angenommenen Kinder müsste nun durch die Einführung einer Sukzessivadoptionsmöglichkeit auch eingegriffen werden.[603] Dies wäre denkbar, wenn ihnen aufgrund einer Sukzessivadoption durch den eingetragenen Lebenspartner des Erstannehmenden keine chancengleiche Entwicklung[604] mehr gewährt werden könnte.[605] Problematisch an diesem Gedanken erscheint zunächst schon ein Vergleich zu den Wertungen der sonstigen Adoptionsmöglichkeiten für eingetragene Lebenspartner. Denn nach § 9 Abs. 6 LPartG i.V.m. § 1741 Abs. 2 S. 1 BGB ist einem eingetragenen Lebenspartner die Einzelannahme eines Kindes ermöglicht worden. Dadurch wächst es bei eingetragenen Lebenspartnern auf, bei denen dem Annehmenden die rechtliche Elternschaft und dem Anderen die soziale Elternschaft zukommt. Ferner wurde auch die Stiefkindadoption für leibliche Kinder des eingetragenen Lebenspartners nach § 9 Abs. 7 LPartG eingefügt. Hier kommt sogar beiden Partnern die rechtliche Elternschaft zu. Bei diesen Annahmemöglichkeiten ist das Kindeswohl, im Gegensatz zur Sukzessivannahme eines Fremdkindes, nicht als gefährdet angesehen worden.[606] Dadurch entsteht der Eindruck, als würde der Gesetzgeber das Kindeswohl von Fremdkindern und leiblichen Kindern in unterschiedlichen Situationen unterschiedlich beurteilen. Ein Eingriff in das Kindeswohl eines zunächst einzeln angenommenen Kindes wäre aber dennoch denkbar, wenn das Aufwachsen mit zwei rechtlichen gleichgeschlechtlichen Elternteilen Nachteile in der Entwicklung der Kinder bergen würde.[607] Weshalb dies zumindest für Fremdkinder, die auch bei verschiedengeschlechtlichen Elternteilen aufwachsen könnten,

---

603 Zur grundsätzlichen Berücksichtigung des Kindeswohl bei Entscheidungen in welcher Familie ein Kind aufwachsen soll vgl. BVerfGE 79, 51, 63 f.; BVerfGE 75, 201, 218 f.; Jarass/Pieroth, Art. 2 GG, Rn. 49.

604 Auch als besonderen Schutz der Entfaltungsvoraussetzungen des Kindes benannt vgl. Isensee/ Kirchhof/Kube, VII, § 148, Rn. 72.

605 BVerfGE 79, 51, 63 f.; Ditzen, NJW 1989, 2519; Grehl, S. 95, die auch im Fall einer Kindeswohlgefährdung von einer Verletzung von Art. 2 Abs. 1 i.V.m. Art.1 Abs. 1 GG ausgehen; Hoppe, WD 3-060/10, S. 5; Hoppe, StAZ 2010, 107, 108. Robbers, S. 52 unterstellt dem Gesetzgeber die gemeinsame Adoption deshalb abzulehnen.

606 So auch Grünberger, FPR 2010, 203, 207; Walper, S. 132.

607 Wobei dieses Argument in der politischen Diskussion bereits oft kritisiert wurde. Denn schon durch Geburt, die Einzeladoptionsmöglichkeit nach § 9 Abs. 6 LPartG oder die Stiefkindadoption eines leiblichen Kindes nach § 9 Abs. 7 LPartG wachsen Kinder längst in gleichgeschlechtlichen Beziehungen auf. Somit könnten sie bereits durch diese rein tatsächlich vorliegende Familienkonstellation möglichen Entwicklungsnachteilen ausgesetzt sein. Vgl. dazu BT-Drucks 17/1429, 3; Raab, Plenarprotokoll 15/136, 12484; Lambrecht, Plenarprotokoll 15/136, 12488; Zypries, Plenarprotokoll 15/119, 10912; Beck, Plenarprotokoll 15/119, 10915 f. Raab und Beck, Plenarprotokoll 15/119, 10919. Ferner erscheint es in diesem Zusammenhang widersprüchlich, dass mit der Ausklammerung von eingetragenen Lebenspartnern von der gemeinsamen Adoption keine negative Aussage über die Erziehungsfähigkeit von gleichgeschlechtlich Orientierten verbunden sein soll BT-Drucks. 14/4550, 6.

vermieden werden sollte. Dies wird in der Diskussion um die Möglichkeit der hier thematisierten Sukzessivadoption oftmals angeführt, indem behauptet wird, dass Kinder, die in gleichgeschlechtlichen Beziehungen aufwachsen, im Vergleich zu solchen in heterosexuellen Beziehungen Defizite in ihrer Entwicklung aufweisen würden.[608] Wie die Untersuchung aber bereits gezeigt hat,[609] lassen sich diese Behauptungen nicht wissenschaftlich belegen. Kinder mit gleichgeschlechtlichen Elternteilen entwickeln sich genauso wie solche mit verschiedengeschlechtlichen. Bei der Untersuchung des Wohls von Kindern von gleichgeschlechtlichen Eltern ließen sich auch keine Anhaltspunkte dafür finden, dass die Entwicklung davon abhängig sein könnte, in welchem rechtlichen Verhältnis Eltern und Kinder zueinander stehen.[610] Indem also grundsätzlich festgestellt werden konnte, dass Kinder, die bei gleichgeschlechtlichen Paaren aufwachsen keine schlechteren Entwicklungschancen haben als Kinder mit verschiedengeschlechtlichen Eltern,[611] kann also auch kein Eingriff in das Wohl von Kindern vorliegen, wenn durch die Sukzessivadoption der soziale zum rechtlichen Elternteil werden könnte.[612]

Es wäre zwar denkbar, dass das Aufwachsen bei gleichgeschlechtlichen Paaren keine negativen Auswirkungen auf das Kindeswohl hat, dies jedoch auf die Sukzessivadoption an sich nicht zutrifft.[613] Eine sukzessive Adoption würde jedoch die unterhalts- und erbrechtliche Stellung des Kindes gegenüber dem Lebenspartner des Erstannehmenden verbessern. Gleichzeitig würde es keine verwandtschaftlichen Beziehungen mit den dadurch begründeten gesetzlichen Ansprüchen einbüßen, da diese schon durch die Erstannahme erloschen sind. Es würde also nur ein Zugewinn an Rechten, aber kein weiterer Rechtsverlust bewirkt. Durch das Dazukommen des zweiten Lebenspartners als rechtlichem Elternteil entsteht zwar auch diesem gegenüber eine Unterhaltsverpflichtung, dieser Elternunterhalt ist im Vergleich zum Kindesunterhalt aber schwächer ausgestaltet[614] und realisiert sich erst in einem fortgeschrittenen Le-

---

608 Müller, DNotZ 2010, 701. Mit einem Überblick über mögliche Aspekte der Beeinträchtigung des Kindeswohls Grehl, S. 97 ff.; Pätzold, S. 112 ff.; Ausführlich hierzu Rupp, S. 22 ff., S. 233 ff.

609Vgl. die Untersuchung Kapitel 1:B.II.1.b)aa).

610 Zu der Frage, ob es sich positiv auf das Wohl von Kindern auswirken kann einen sozialen Elternteil als rechtlichen hinzuzugewinnen vgl. die Ausführungen unter Kapitel 2:B.V.

611 Dethloff, GS Heinze, 133, 136; Dittberner, S. 165 f.; Fthenakis, S. 387 f.; Grehl, S.110 f.; Pätzold, S. 135; Rupp, S. 280; Sielert, S. 53; Stacey/Biblarz, American Sociological Review 2001, 159, 176.

612 Vgl. zu diesem Gedanken auch Grünberger, FPR 2010, 203, 208 f.; ähnlich auch Schüffner, S. 164 f. So jetzt auch BVerfG, 1 BvL 1/11 vom 19.2.2013, Rn. 79 ff.

613 Die nachfolgenden Ausführungen finden sich auch im Rahmen der Rechtfertigung der Ungleichbehandlung von den einzeln angenommenen Kindern von Lebenspartners bei BVerfG, 1 BvL 1/11 vom 19.2.2013, Rn. 83 ff.

614 Vgl. BGH FamRZ 2006, 1511, 1513.

bensalter des Kindes. Auch im Fall einer Auflösung der Partnerschaft durch Tod oder Trennung würde sich die Rechtsstellung des Kindes verbessern. Insbesondere im Trennungsfall kann nur durch eine Sukzessivadoption eine kindeswohldienliche Regelung des Sorgerechts erlangt werden, denn ohne Sukzessivadoption verbleibt das alleinige Sorgerecht de lege lata beim Adoptivelternteil. Dies wird der emotionalen Bindung, die das Kind auch zu dessen Partner erlangt hat, aber nicht gerecht. Im Ergebnis hat die Sukzessivadoption an sich also nur positive Auswirkungen auf das Kindeswohl.
Ein Eingriff in das Kindeswohl aufgrund einer Sukzessivadoption scheidet des Weiteren auch aufgrund der jeder Annahme vorausgehenden konkreten Einzellfallprüfung aus, da bei dieser etwaige Nachteile der Adoption Berücksichtigung finden.

Durch die Möglichkeit der Sukzessivadoption für eingetragene Lebenspartner würde somit kein Eingriff in das durch das allgemeine Persönlichkeitsrecht des angenommenen Kindes geschützte Kindeswohl vorliegen.

#### *cc) Ergebnis*

Im Ergebnis würde also durch die Einführung der Sukzessivadoption für eingetragene Lebenspartner kein ungerechtfertigter Eingriff in das allgemeine Persönlichkeitsrecht der angenommenen Kinder vorliegen. Dementsprechend kann der Eingriff in die familiäre Gestaltungsfreiheit der eingetragenen Lebenspartner und ihren Kindern auch nicht durch den Schutz des allgemeinen Persönlichkeitsrechts der angenommenen Kinder gerechtfertigt werden.[615]

### *b) Schutz der Ehe Art. 6 Abs. 1, 1. Alt. GG*

Der Eingriff in die abwehrrechtliche Dimension der Familie durch das geltende Verbot der Sukzessivadoption für eingetragene Lebenspartner könnte jedoch durch eine Kollision mit der in Art. 6 Abs. 1, 1. Alt. GG geschützten Ehe gerechtfertigt werden.
Denkbar wäre eine Beeinträchtigung der Ehe, indem bei der Möglichkeit einer Sukzessivannahme von Fremdkindern für eingetragene Lebenspartner diese ein Recht erhalten würden, welches bisher Eheleuten vorbehalten ist.[616] Fraglich ist, ob dadurch ein nicht gerechtfertigter Eingriff in den Schutzbereich der Ehe vorliegen würde. Wäre dies der Fall, wäre der durch

615 Ähnlich auch OLG Hamburg FamRZ 2011, 1312, 1313; Hilbig, FamRZ 2011, 1315.
616 Diesen Gedanken äußert auch Pätzold, S. 65 im Hinblick auf eine gemeinschaftliche Adoption.

das Sukzessivadoptionsverbot entstehende Eingriff in die Familiengründungsfreiheit der eingetragenen Lebenspartner gerechtfertigt.

### *aa) Schutzbereich und Eingriff*

Grundsätzlich hat der Staat im Rahmen des Schutzes der Ehe zum einen alles zu unterlassen, was die Ehe beschädigen oder beeinträchtigen könnte, zum anderen hat er sie zu fördern.[617] Der Schutz der Ehe lässt sich dabei in drei Dimensionen unterteilen, indem Art. 6 Abs. 1, 1. Alt. GG ein Abwehrrecht, eine Institutsgarantie und eine objektive Wertentscheidung zu entnehmen ist.[618] Fraglich ist deshalb, in welcher Dimension der Schutzbereich des Art. 6 Abs. 1, 1. Alt GG betroffen sein könnte.

#### (1) Abwehrrecht

Art. 6 Abs. 1 S. 1, 1. Alt. GG gewährt ein Abwehrrecht gegen staatliche Engriffe, welche die Ehe im materiellen oder persönlichen Bereich ungerechtfertigt beeinträchtigen.[619] Unter die geschützten Verhaltensweisen fallen grob zusammengefasst u.a. die Eheschließungsfreiheit, die Ausgestaltung des ehelichen Zusammenlebens sowie die Entscheidung zur Scheidung.[620] Es ist nicht ersichtlich, wie in eine der geschützten Verhaltensweisen durch die Einräumung der Möglichkeit der Sukzessivadoption für eingetragene Lebenspartner eingegriffen würde. Weder die Eheschließungsfreiheit noch die Eheführungsfreiheit oder die Freiheit sich aus der Ehe wieder zu lösen würden dadurch in irgendeiner Weise berührt.
Es liegt somit kein Eingriff in den Schutzbereich der Ehe als Abwehrrecht vor.[621]

#### (2) Institutsgarantie

Art. 6 Abs. 1, 1. Alt. GG könnte allerdings in seiner Funktion als Institutsgarantie[622] beeinträchtigt sein. In dieser Dimension werden der Bestand und die wesentlichen Strukturen der

617 OLG Hamburg, FamRZ 2011, 1312, 1314; Sachs/Schmitt-Kammler/von Coelln, Art. 6 GG, Rn. 19 ff.

618 Epping/Hillgruber/Uhle, Art 6 GG, Rn. 20; Friauf/Höfling/Burgi, 4. Erg. Lfg. 04/02, Art. 6 GG, Rn. 23; Jarass/Pieroth, Art. 6, Rn. 1 f.; Klein, S. 11 ff.; Pieroth/Kingreen, KritV 2002, 219, 223; Schmidt-Bleibtreu/Hofmann/Hopfauf/Hofmann, Art. 6 GG, Rn. 3; v. Münch/Kunig/Coester-Waltjen, Art. 6 GG, Rn. 1.

619 Sachs/Schmitt-Kammler/von Coelln, Art. 6 GG, Rn. 20 ff.; Schulz/Hauß/Diwell, Art. 6 GG, Rn. 12; Zuck, FamRZ 1979, 873, 874.

620 Für einen detaillierteren Überblick vgl. Epping/Hillgruber/Uhle, Art 6 GG, Rn. 22 ff.; Friauf/ Höfling/Burgi, 4. Erg. Lfg. 04/02, Art. 6 GG, Rn. 24; Maunz/Dürig/Badura, Lfg. 44 Februar 2005, Art. 6 GG, Rn. 47 f.; v. Münch/Kunig/Coester-Waltjen, Art. 6 GG, Rn. 20 ff.

621 So auch BVerfG, 1 BvL 1/11 vom 19.2.2013, Rn. 96.

Ehe geschützt.[623] Die Ehe wird dadurch in ihren wesentlichen Grundzügen als Institution in Staat und Gesellschaft garantiert.[624] Demnach darf das Institut der Ehe nicht abgeschafft oder ausgehöhlt werden. Allerdings erstreckt sich der Schutz aber auch nur auf den Kern, der das Familienrecht bildenden Vorschriften und diejenigen Merkmale, die dem verfassungsrechtlichen Bild der Ehe zugrunde liegen.[625] Der Gesetzgeber muss somit die wesentlichen, das Institut der Ehe bestimmenden Strukturprinzipien bei der Ausgestaltung der einfachrechtlichen Ordnung beachten.[626] Als Strukturprinzipien der Ehe sind dabei vom Bundesverfassungsgericht die Verschiedengeschlechtlichkeit der beiden Ehegatten, die Dauerhaftigkeit der Verbindung, die Mitwirkung des Staates bei der Eheschließung, die freie Entscheidung der Ehepartner für dessen Eingehung, die Gleichberechtigung und die freie Entscheidung der Ehepartner über die freie Ausgestaltung des gemeinsamen Lebens anerkannt worden.[627] Ob das Adoptionsrecht von Ehepartnern auch zu diesen Strukturprinzipien gehört ist zu bezweifeln. Selbst wenn dies aber der Fall sein sollte, werden die Adoptionsvarianten, die Eheleuten zur Verfügung stehen, durch die Möglichkeit einer sukzessiven Annahme für eingetragene Lebenspartner nicht berührt. Die ehelichen Annahmemöglichkeiten würden sich nämlich nicht ändern.

Deshalb ist durch die Einführung eines Sukzessivadoptionsrechts für eingetragene Lebenspartner auch nicht der Schutzbereich der Ehe als Institutsgarantie betroffen.[628]

## (3) Wertentscheidende Grundsatznorm

Als Grundsatznorm enthält Art. 6 Abs. 1, 1. Alt GG eine verbindliche Wertentscheidung[629] für den gesamten Bereich des die Ehe betreffenden privaten und öffentlichen Rechts.[630] Art. 6 Abs. 1 GG dient dementsprechend als Auslegungsmaßstab für einfachgesetzliche Rege-

---

622 Zur Entwicklung der Institutsgarantie vgl. Pieroth/Kingreen, KritV 2002, 219, 224 ff.

623 BVerfGE 24, 119, 135; BVerfGE 6, 55, 72.

624 Pätzold, S. 67.

625 Papier, NJW 2002, 2129, 2130.

626 BVerfGE 31, 58, 69 f.; v. Münch/Kunig/Coester-Waltjen, Art. 6 GG, Rn. 13; Zuck, NJW 2009, 1449, 1452 f.

627 BVerfGE 105, 313, 345; BVerfGE 39, 169, 183; BVerfGE 37, 217, 249; BVerfGE 10, 59, 66; Hufen, §16, Rn. 5. Zur Frage, ob gleichgeschlechtlichen Paaren der Weg zur Ehe offen steht, bzw. offen stehen könnte vgl. Schüffner, Kapitel 2, S. 122 ff.

628 So auch BVerfG, 1 BvL 1/11 vom 19.2.2013, Rn. 97.

629 Zur Entwicklung der Qualifizierung der Grundrechte als objektive Grundsatznormen vgl. Böckenförde, Der Staat 1990, 1, 3 ff.

630 BVerfGE 108, 351, 363; BVerfGE 31, 58, 67; BVerfGE 9, 237, 242, 248; BVerfGE 6, 55, 71 ff.; Schulz/Hauß/Diwell, Art. 6 GG, Rn. 11.

lungen.[631] Aus der Wertentscheidung zugunsten der Ehe werden dabei verschiedene Rechtswirkungen abgeleitet. Diese bestehen in einer Schutz- und Förderpflicht, einem Benachteiligungsverbot und der Ausstrahlungswirkung.[632] Der Staat ist folglich also nicht nur verpflichtet die Ehe vor Eingriffen durch ihn und durch Dritte zu schützen,[633] sondern er ist auch verpflichtet die Ehe zu fördern.[634] Dementsprechend ergibt sich aus der Förderungspflicht auch das Verbot, die Ehe gegenüber anderen Rechtsgemeinschaften zu benachteiligen.[635] Es stellt sich demnach die Frage, ob eine dieser Rechtswirkungen der Ehe als objektive Wertentscheidung dadurch beeinträchtigt sein könnte, dass eingetragene Lebenspartner de lege ferenda ein von ihrem Partner angenommenes Kind sukzessive annehmen könnten, wie Eheleute auch. Denn damit würden eingetragenen Lebenspartnern Möglichkeiten zustehen, die bisher Eheleuten vorbehalten sind.

Die Einführung einer Sukzessivadoption durch eingetragene Lebenspartner könnte der Schutz- und Förderpflicht des Staates widersprechen. De lege lata ist die Möglichkeit ein Fremdkind sukzessive anzunehmen schließlich noch Eheleuten vorbehalten. Wenn dieses Recht nun auch eingetragenen Lebenspartnern zugestanden würde, so würde in dieser Hinsicht kein Unterschied mehr zwischen der Ehe und der eingetragenen Lebenspartnerschaft bestehen. Dadurch könnte das Abstandsgebot, welches Art. 6 Abs. 1, 1. Alt. GG teilweise entnommen wird,[636] verletzt sein.[637] Ob ein solches dem verfassungsrechtlichen Schutz der

631 BVerfGE 22, 93, 98; Pätzold, S. 68; Schmidt-Bleibtreu/Hofmann/Hopfauf/Hofmann, Art. 6 GG, Rn. 4; Schumann, S. 199.

632 Sachs/Schmitt-Klammer/von Coelln, Art. 6 GG, Rn. 34 ff.; Schüffner, S. 290 ff.; Sodan, Art. 6 GG, Rn. 13; v. Münch/Kunig/Coester-Waltjen, Art. 6 GG, Rn. 35 ff.

633 BVerfGE 6, 55, 76; BVerfGE 87, 1, 35.

634 BVerfGE 105, 313, 346; BVerfGE 82, 60, 81; BVerfGE 32, 260, 267.

635 BVerfGE 109, 96, 125; BVerfGE 99, 216, 232; BVerfGE 13, 290, 299; Friauf/Höfling/Burgi, 4. Erg. Lfg. 04/02, Art. 6 GG, Rn. 40 ff.; Pieroth/Kingreen, KritV 2002, 219, 232; Schüffner, S. 291 f.; Schulz/Hauß/Diwell, Art. 6 GG, Rn. 13.

636 Hoppe, WD 3-429/09, S. 4 f. der sich nur für ein Abstandsgebot zu unverbindlichen Partnerschaften ausspricht; Gärditz, JZ 2011, 930, 935; Michael, NJW 2010, 3537, 3541 welcher sich auch nur für ein Abstandsverbot zu unverbindlichen Partnerschaften ausspricht; Klein, FPR 2001, 434, 435 mit einer Aufzählung möglicher Kriterien eines Abstandsgebots; Krings, NVwZ 2001, 26, 26 nach dessen Ansicht der Zweite Senat ein Differenzierungsgebot auch bejaht und aus einem Abstandsgebot noch nicht unbedingt ein Abstandsverbot folgen müsse; Krings, ZPR 200, 409, 411 f.; Scholz/Uhle, NJW 2001, 393, 398; Pauly, NJW 1997, 1955, 1956. Vgl. auch Robbers, JZ 2001, 779, 783 f., der Unterschiede zwischen einem Abstands- und Differenzierungsgebot macht. Mit ausführlichen Ausführungen zum Abstandsgebot auch Sickert, S. 170 ff.

637 Mit einer Zusammenfassung dieses Problems Jakob, Jura 2003, 762, 767 f.

Ehe allerdings überhaupt entnommen werden kann, ist strittig.[638] In der Diskussion um die Existenz und Ausgestaltung eines solchen Abstands- oder Differenzierungsgebots besteht lediglich in einem Punkt Einigkeit. Dieser besteht darin, dass es aufgrund des verfassungsrechtlichen Schutzes der Ehe dem Gesetzgeber grundsätzlich nicht verwehrt sein soll, sie gegenüber anderen Lebensformen zu begünstigen.[639] Strittig ist dann allerdings schon, gegenüber welchen anderen Lebensformen die Ehe begünstigt werden darf und ob diese Begünstigung aufgrund der Förderungspflicht der Ehe erforderlich ist.

Zum Teil wird hier vertreten, Begünstigungen seien gegenüber jeglichen anderen Lebensformen zulässig und erforderlich.[640] Also wäre eine solche auch gegenüber eingetragenen Lebenspartnern bei der Sukzessivadoption möglich und notwendig um das Abstandsgebot einzuhalten. Nach anderer Ansicht darf die Ehe jedoch nur gegenüber Lebensformen begünstigt werden, die weniger verbindlich sind.[641] Weniger verbindlich als die Ehe ist die eingetragene Lebenspartnerschaft aber nicht, denn diese ist, genauso wie die Ehe, durch eine auf Dauer übernommene gegenseitige auch rechtlich verbindliche Verantwortung für den Partner geprägt.[642] Eine Begünstigung der Ehe gegenüber der eingetragenen Lebenspartnerschaft wäre somit im Rahmen der Förderungspflicht nicht erforderlich. Durch eine Angleichung der Sukzessivadoptionsvorschriften wäre deshalb auch nicht die Pflicht des Staates die Ehe zu fördern verletzt. Nach Ansicht des Bundesverfassungsgerichts lässt sich aus dem Förderauftrag, die Ehe gegenüber anderen Lebensformen zu privilegieren, kein Gebot ableiten, andere Lebensformen zu benachteiligen.[643] Es sei verfassungsrechtlich nicht begründbar, aus dem besonderen Schutz der Ehe abzuleiten, dass andere Lebensgemeinschaften im Abstand zur Ehe auszugestalten seien.[644] Zur Rechtfertigung der Benachteiligung vergleichbarer Lebensgemeinschaften bedürfe es jenseits der Berufung auf den Eheschutz eines hinreichend gewichtigen Sachgrundes, der gemessen am jeweiligen Regelungsgegenstand und –ziel die Benachteili-

---

638 Dazu auch die Ausführungen von Pieroth/Kingreen, KritV 2001, 219 ff. Eine Auslegung von Art. 6 Abs. 1 GG zur Klärung der Frage, ob es ein Abstandsgebot gibt findet sich bei Freytag, DÖV 2002, 445, 449 ff.

639 BVerfGE 126, 400, 420; BVerfGE 124, 199, 225; BVerfGE 105, 313, 348; BVerfGE 6, 55, 76 f.; BVerfG NJW 2012, 2719, 2721.

640 Epping/Hillgruber/Uhle, Art. 6 GG, Rn. 36; Hillgruber, JZ 2010, 42.

641 Hoppe, WD 3-429/09, S. 4 f.; Michael, NJW 2010, 3537, 3541. Ein ähnlicher Ansatz findet sich auch bei Pieroth/Kingreen, KritV 2002, 219, 234 ff., die sich fragen, wann es sich um Gleiches oder Ungleiches bei der Gleichheitsfrage handelt.

642 BVerfGE 124, 199, 225; BVerfG NJW 2012, 2719, 2721.

643 BVerfGE 126, 400, 420; BVerfGE 124, 199, 226; Michael/Morlok, Rn. 252; Rengier, BB 2005, 2574, 2578.

644 BVerfGE 105, 313, 348; so auch Rijsbergen, S. 38 ff.; a.A. Tettinger, JZ 2002, 1146, 1148 f.

gung anderer Lebensformen rechtfertigt.[645] Solche Sachgründe sind aufgrund der schon dargelegten Vergleichbarkeit der Institute jedoch nicht gegeben.[646] Demnach würde der Staat seinem ehelichen Förderauftrag auch dann gerecht werden, wenn auch eingetragene Lebenspartner Fremdkinder sukzessive annehmen könnten.

Dementsprechend würde die Förderungspflicht der Ehe durch die Einführung einer Möglichkeit der sukzessiven Annahme nur verletzt, wenn es ein Abstandsgebot zu jeglichen anderen Lebensgemeinschaften gäbe. Dieses wäre dann nämlich de lege ferenda durch die Gleichbehandlung verletzt. Für ein solches Abstandsgebot findet sich allerdings keine verfassungsrechtliche Begründung.[647] Der verfassungsrechtlich angeordnete *„besondere(n)"* Schutz der Ehe[648] deutet nicht auf eine Förderungspflicht gegenüber allen anderen Lebensgemeinschaften hin.[649] Wenn überhaupt ist diese Formulierung lediglich ein Indiz dafür, dass die Ehe als verbindliche Lebensgemeinschaft gegenüber unverbindlicheren mehr gefördert werden kann.[650] Dass dies gegenüber allen Lebensformen erfüllt werden muss, würde allerdings eine Überinterpretation darstellen.[651] Demnach gibt es kein Abstandsgebot zu jeglichen anderen Lebensgemeinschaften.[652] Folglich liegt auch keine Verletzung durch die Angleichung der Sukzessivadoptionsmöglichkeiten von Ehepartnern und eingetragenen Lebenspartnern vor, da letztere nicht benachteiligt werden müssen.

Die Förderungspflicht des Staates könnte jedoch unter dem Aspekt der Austauschbarkeit verletzt sein, da die Ehe durch die Schaffung gleicher sukzessiver Adoptionsmöglichkeiten für

645 BVerfGE 124, 199, 226.

646 So auch BVerfG, 1 BvL 1/11 vom 19.2.2013, Rn. 98.

647 BVerfGE 126, 400, 420; BVerfGE 124, 199, 226; BVerfG NJW 2012, 2719, 2721; Henkel, NJW 2011, 259, 261; Robbers, JZ 2001, 779, 783.

648 Zum besonderen Schutz der Ehe vgl. auch Ruffert, S. 413 ff.

649 Ähnlich auch Classen, JZ 2010, 411; Freytag, DÖV 2002, 445, 449; Klein, FPR 2001, 434, 435; a.A. Epping/Hillgruber/Uhle, Art. 6 GG, Rn. 36; Schmidt-Bleibtreu/Hofmann/Hopfauf/Hofmann, Art. 6 GG, Rn. 19; eine detaillierte Auseinandersetzung auch mit der Entstehungsgeschichte des *„besonderen Schutze(s)"* der Ehe findet sich bei Tettinger, JZ 2002, 1146, 1148 ff. So auch Dittberner, S. 70 f., die zusätzlich anmerkt, dass die Wortbedeutung von „besonders" von „ausschließlich" abweicht.

650 Michael, NJW 2010, 3537, 3538; Robbers, JZ 2001, 779, 783 spricht davon, dass es ein Differenzierungsgebot zwischen der Ehe und anderen Rechtsinstituten zur Wahrung der partnerschaftlichen Verantwortung besteht.

651 Ähnlich auch Beck, NJW 2001, 1894, 1899; Erfurter Kommentar zum Arbeitsrecht/Schmidt, Art. 6 GG, Rn. 10 spricht sich sogar gänzlich gegen ein Abstandsgebot aus. Zu diesem Ergebnis gelangt auch Freytag, DÖV 2002, 445, 451.

652 Dittberner, S. 70 f.; Brandt, S. 124 f.; Sodan, Art. 6 GG, Rn. 13; v. Münch/Kunig/Coester-Waltjen, Art. 6 GG, Rn. 16, 50.

eingetragene Lebenspartner austauschbar wird.[653] Das wäre aber nur dann der Fall, wenn der Gesetzgeber ein anderes Institut als Konkurrenz zur Ehe schaffen würde, welches mit gleichen Rechten aber geringern Pflichten versehen wäre.[654] Austauschbar wären die eingetragene Lebenspartnerschaft und die Ehe jedoch nur, wenn sie sich zunächst an denselben Adressatenkreis richten würden. Die Ehe richtet sich an jeweils einen Mann und eine Frau, die eine auf Dauer angelegte, rechtlich verbindliche Verbindung eingehen wollen. Die eingetragene Lebenspartnerschaft hingegen richtet sich entweder an zwei Frauen oder an zwei Männer, die eine auf Dauer angelegte, rechtlich verbindliche Partnerschaft eingehen wollen. Aufgrund des unterschiedlichen Adressatenkreises der eingetragenen Lebenspartnerschaft wird das Institut der Ehe also schon nicht berührt. Zwischen den Instituten besteht demnach keine Konkurrenz, sondern die eingetragene Lebenspartnerschaft stellt ein aliud zur Ehe dar.[655] Nur weil eingetragene Lebenspartner die gleichen Möglichkeiten zur Sukzessivannahme wie Ehepartner hätten, wären die Institute nicht austauschbar. Sie richten sich nach wie vor an unterschiedliche Personenkreise, weshalb der Gesetzgeber seine Förderungspflicht gegenüber der Ehe auch nicht verletzten würde.

Weitere mögliche Beeinträchtigungen der Schutz- und Förderungspflicht, des Benachteiligungsverbotes oder der Ausstrahlungswirkungen der Ehe sind nicht ersichtlich.

Eine Beeinträchtigung des Eheschutzes aus Art. 6 Abs. 1, 1. Alt. GG als wertentscheidende Grundsatznorm durch die Einführung einer sukzessiven Adoptionsmöglichkeit für eingetragene Lebenspartner kann somit nicht angenommen werden.

### *bb) Ergebnis*

Bei der Untersuchung konnte kein Eingriff in eine der drei Dimensionen des Schutzbereichs der Ehe aus Art. 6 Abs. 1, 1. Alt. GG festgestellt werden. Es konnte weder eine Beeinträchtigung von Art. 6 Abs. 1, 1. Alt. GG als Abwehrrecht, als Institutsgarantie oder als wertentscheidende Grundsatznorm festgestellt werden, auch wenn eingetragenen Lebenspartnern eine Sukzessivadoptionsmöglichkeit gewährt würde.

653 Ähnlich in Bezug auf die gemeinschaftliche Adoption auch Pätzold, S. 69.
654 BVerfGE 105, 313, 350 f.
655 BVerfGE 105, 313, 351; mit abweichendem Votum Haas, BVerfGE 105, 313, 361 ff.; v. Münch/Kunig/Coester-Waltjen, Art. 6 GG, Rn. 16.

Eine Rechtfertigung des durch das Sukzessivadoptionsverbot entstehenden Eingriffs in die Gestaltungsfreiheit der lebenspartnerschaftlichen Familie durch den Schutz der Ehe aus Art. 6 Abs. 1, 1. Alt. GG liegt somit nicht vor.

### *c) Allgemeiner Gleichheitssatz Art. 3 Abs. 1 GG im Verhältnis zu rechtlich unverbindlichen Partnerschaften*

Der Eingriff in die familiäre Gestaltungsfreiheit könnte aber gerechtfertigt sein, wenn durch die Einführung einer Sukzessivadoptionsmöglichkeit für eingetragene Lebenspartner eine ungerechtfertigte Ungleichbehandlung i.S.d. Art. 3 Abs. 1 GG entstehen würde. Der Gleichheitssatz könnte im Hinblick auf die Behandlung von rechtlich unverbindlichen Paarbeziehungen bei den Adoptionsmöglichkeiten verletzt sein. Denn aus § 1741 Abs. 2 S. 1 BGB geht hervor, dass derjenige, der nicht verheiratet ist, ein Kind nur alleine annehmen kann. Eine sukzessive Annahme ist gem. § 1741 Abs. 2 S. 2 BGB i.V.m. § 1742 BGB Eheleuten vorbehalten. Wenn diese Möglichkeit der Sukzessivannahme de lege ferenda auch eingetragenen Lebenspartnern eingeräumt würde, könnte eine nicht gerechtfertigte Ungleichbehandlung im Vergleich zu rechtlich unverbindlichen Paarverbindungen vorliegen. Denn diesen wäre eine Sukzessivannahme weiterhin verwehrt.

Es stellt sich also die Frage, ob durch die Einführung der Sukzessivadoption für eingetragene Lebenspartner eine ungerechtfertigte Ungleichbehandlung im Verhältnis zu rechtlich unverbindlichen Paarbeziehungen eintreten würde. Wäre dies der Fall, wäre der durch das geltende Sukzessivadoptionsverbot entstehende Eingriff in die Ausgestaltungsfreiheit der lebenspartnerschaftlichen Familie gerechtfertigt. Dazu müsste dann also zunächst eine Ungleichbehandlung von wesentlich Gleichem vorliegen, die ferner auch nicht verfassungsrechtlich gerechtfertigt sein dürfte.

#### *aa) Ungleichbehandlung von wesentlich Gleichem*

Um eine Ungleichbehandlung von wesentlich Gleichem feststellen zu können, bedarf es zunächst eines geeigneten Vergleichspaares.[656] Dieses wird vorliegend auf der einen Seite von

656 Zur Bildung von Vergleichsgruppen BVerfGE 52, 277, 280; BK/Rüfner, 67. Lfg. Okt. 1992, Art. 3 GG, Rn. 11 ff.; Sachs/Osterloh, Art. 3 GG, Rn. 3; v. Münch/Kunig/Boysen, Art. 3 GG, Rn. 62.

eingetragenen Lebenspartnern[657] und auf der anderen Seite von Partnern, die in nicht rechtlich verbindlichen Lebensgemeinschaften leben, gebildet. Bei diesem Vergleichspaar müsste es sich auch um wesentlich Gleiches handeln.[658] Wesentlich Gleiches liegt bei einem Vergleichspaar vor, welches in seinen überwiegenden Merkmalen übereinstimmt und in anderen Unterschiede aufweist.[659] Somit ist also keine Übereinstimmung in allen Eigenschaften, was einer Identität entsprechen würde, erforderlich.[660]

Eingetragene Lebenspartnerschaften zeichnen sich durch ein enges, persönliches und auf Dauer angelegtes Verhältnis der Partner zueinander aus.[661] Sie möchten füreinander einstehen und gegenseitige Verantwortung übernehmen, vgl. § 2 LPartG.[662] Durch das Eingehen einer eingetragenen Lebenspartnerschaft werden ihre gegenseitigen Rechte und Pflichten rechtlich verfestigt, wodurch die in § 2 S. 1 LPartG genannten Pflichten auch einklagbar werden.[663] Es handelt sich somit um eine rechtlich institutionalisierte Form der Partnerschaft.

Was hingegen unter rechtlich nicht verbindlichen Lebensgemeinschaften zu verstehen ist, lässt sich mangels gesetzlicher Normierung nicht eindeutig definieren.[664] Trotz der Vielfältigkeit der Erscheinungsformen von rechtlich unverbindlichen Paarbeziehungen soll aber der Versuch einer Charakterisierung unternommen werden.[665] In Literatur und Rechtsprechung finden sich vor allem Ansätze einer Charakterisierung von nichtehelichen bzw. nichtlebenspartnerschaftlichen Beziehungen. Diese werden im Folgenden kombiniert um den hier alle Geschlechterkonstellationen umfassenden Begriff der rechtlich nicht verbindlichen Beziehungen charakterisieren zu können. Zunächst wurde die nichteheliche Lebensgemeinschaft als

657 Als Vergleichspaar hätten auch auf der einen Seite rechtlich verbindliche Vereinigungen wie die Ehe und die eingetragene Lebenspartnerschaft, und auf der anderen Seite die rechtlich unverbindlichen Beziehungen stehen können. Da es vorliegend aber um die Einführung eines sukzessiven Adoptionsrechts für eingetragene Lebenspartner geht, liegt ein Vergleich von nur dieser Gruppe zu rechtlich unverbindlichen Paarbeziehungen näher.

658 Zum Begriff der Gleichheit Bärsch, S. 63 ff.

659 Ipsen, Rn. 801 f.; Stern, IV/2, S. 1472.

660 Kallina, S. 13; Kloepfer, S. 16 f.; Stern, IV/2, S. 1472; so auch BVerfGE 21, 12, 26 nach dem gewisse Verschiedenheiten vernachlässigt werden können.

661 Die eingetragene Lebenspartnerschaft ist grds. als lebenslange Gemeinschaft angelegt, vgl. Hausmann/Hohloch/Röthel, S. 166 f.; Bruns/Kemper/Kemper, § 1 LPartG, Rn. 2.

662 BT-Drucks. 14/3751, 36. Zur Ausgestaltung der Fürsorge-, Beistands- und Verantwortungsgemeinschaft vgl. Bruns/Kemper/Kemper, § 2 LPartG, Rn. 4 ff.; Staudinger/Voppel, § 2 LPartG, Rn. 2 ff.

663 jurisPK/Schausten, § 2 LPartG, Rn. 1; Palandt/Brudermüller, § 2 LPartG, Rn. 1; Staudinger/Voppel, § 2 LPartG, Rn. 7.

664 So auch in Bezug auf nichteheliche Lebensgemeinschaften Burhoff, Rn. 644; Coester-Waltjen, NJW 1988, 2085, 2085 ff. mit einer Unterteilung in drei Gruppen in die auch schon gleichgeschlechtliche Lebensgemeinschaften mit einbezogen sind; Grziwotz, Nichteheliche Lebensgemeinschaft, § 3, Rn. 33.

665 Angemerkt sei allerdings, dass es sich dabei nicht um eine allgemeingültige Definition von nicht rechtlich verbindlichen Partnerschaften handeln kann. Eine solche wird in der Literatur teilweise als nicht möglich erachtet, vgl. Schlüter, FamRZ 1986, 405, 416.

Gemeinschaft von Mann und Frau außerhalb der Ehe beschrieben.[666] Dann kam es zu einem Definitionsversuch, bei dem auch gleichgeschlechtliche Partner mit einbezogen wurden und in dem eine nichteheliche Lebensgemeinschaft als Lebensgemeinschaft beschrieben wird, die zwischen Mann und Frau oder zwischen zwei gleichgeschlechtlichen Personen geschlossen wird, die auf Dauer angelegt ist, die daneben keine weiteren Partnerverbindungen gleicher Art zulässt, sich durch innere Bindung und gegenseitiges Einstehen auszeichnet und über die Beziehungen in einer reinen Haushalts- und Wirtschaftsgemeinschaft hinausgeht.[667] Bei dieser Umschreibung wurde teilweise aber das Fehlen einer emotionalen Komponente kritisiert.[668] Im Rahmen eines neuen Definitionsversuchs wurden deshalb in der Literatur folgende Merkmale als wesentlich erachtet. Die Lebensgemeinschaft würde sich durch eine besondere emotionale Beziehung, Exklusivität, eine gemeinsame Lebens- bzw. Haushaltsführung sowie eine gewisse Dauerhaftigkeit auszeichnen.[669] Diese Merkmale sollen vorliegend dem Begriff der rechtlich nicht verbindlichen Beziehungen zugrunde gelegt werden.[670]
Bei beiden Personengruppen handelt es sich folglich um Gemeinschaften, die aus jeweils zwei Personen bestehen, welche ein enges, persönliches und intensives Verhältnis zueinander verbindet.[671] Hinsichtlich ihrer rechtlichen Verbindlichkeit weisen die Vergleichsgruppen allerdings Unterschiede auf. Während es sich bei eingetragenen Lebenspartnern um zwei Personen handelt, die eine rechtlich verbindliche Paarbeziehung eingegangen sind, welche als eine auf Dauer angelegte, freiwillige, rechtlich verfestigte Vereinigungen von zwei Personen angesehen wird,[672] handelt es sich bei rechtlich unverbindlichen Paarbeziehungen gerade um solche, die sich nicht durch das Eingehen von einer rechtlich verbindlichen Vereinigung zwischen den Partnern auszeichnen. Sie kommen ohne einen Mitwirkungsakt zustande, sind nicht zwangsläufig auf eine lebenslange Bindung angelegt und können jederzeit durch einen der

666 Strätz, FamRZ 1980, 301, 303; Wingen, FamRZ 1981, 331, 332 f.

667 Schumacher, FamRZ 1994, 857, 860, 864; ohne die Einbeziehung von gleichgeschlechtlichen Personen mit der Bezeichnung der eheähnlichen Gemeinschaft auch BVerfGE 87, 234, 264. Dafür, dass unter diese Definition keine gleichgeschlechtlichen Partnerschaften fallen können, da eheähnlich nur die Partnerschaft zwischen Mann und Frau sei, Hausmann/Hohloch, S. 65. Grehl, S. 123 f. legt die Beschreibung bei ihrem Vergleich zugrunde.

668 Rijsbergen, S. 69. Mit ähnlichen Kennzeichen einer nichtehelichen Lebensgemeinschaft auch Grziwotz, Nichteheliche Lebensgemeinschaft, § 3, Rn. 41 ff.

669 Mit näheren Erläuterungen zu den einzelnen Kriterien Rijsbergen, S. 69 ff.

670 Wobei für eine nicht rechtlich verbindliche Paarbeziehung sogar auch das Merkmal der gemeinsamen Lebensführung bzw. Haushaltsführung entbehrlich sein könnte.

671 Ähnlich auch Pätzold, S. 137. Zur Begriffsbestimmung von Nichtehelichen Lebensgemeinschaften vgl. Grehl, S. 123 f.

672 BVerfGE 124, 199, 222; Bruns/Kemper/Stüber, Einführung, Rn. 116;

Partner aufgelöst werden.[673] Auch hinsichtlich der Konstellation der Geschlechter können die Vergleichspaare Unterschiede aufweisen, wobei dies nicht zwingend ist. So können eingetragene Lebenspartnerschaften nur von zwei Personen des gleichen Geschlechts eingegangen werden, vgl. § 1 Abs. 1 S. 1 LPartG. Rechtlich unverbindliche Beziehungen können sowohl von zwei Personen des gleichen Geschlechts als auch von solchen verschiedenen Geschlechts eingegangen werden. Es würde sich dann dementsprechend um nichtlebenspartnerschaftliche bzw. um nichteheliche Lebensgemeinschaften handeln. Aufgrund der festgestellten vergleichbaren und unterschiedlichen Merkmale der Vergleichspaare stellt sich nun die Frage, ob es sich trotz der Unterschiede bei dem Vergleichspaar um wesentlich Gleiches handelt.[674] Hierzu ist der Gesichtspunkt zu bedenken, unter dem der Vergleich angestellt wird.[675] Dieser wird vorliegend im Verhältnis zu der Frage gestellt, welche Paare die gemeinsame rechtliche Elternschaft für Adoptivkinder übernehmen können sollten. Dabei könnte es auf der einen Seite auf die vergleichbare Art der Verbindung der Paare ankommen. Auf der anderen Seite aber auch auf die unterschiedliche rechtliche Verbindlichkeit der Beziehungen. Der Gedanke, unter welchem Gesichtspunkt der Vergleich angestellt wird, führt deshalb zu keinem eindeutigen Ergebnis. Die Frage der Wesentlichkeit des Gleichen könnte aber auch dahinstehen, denn in der Rechtsprechung ist der Begriff „wesentlich“ lediglich Ausdruck der anzustellenden Rechtfertigungsprüfung und dient nicht etwa der Beschränkung der Vergleichspaare.[676] So führt das Bundesverfassungsgericht in diesem Zusammenhang aus, dass es Sache des Gesetzgebers sei, Sachverhalte auszuwählen, an die dieselbe Rechtsfolge geknüpft werde und die somit als Gleich im Rechtssinne anzusehen seien.[677] Diese Auswahl müsse allerdings sachgerecht getroffen werden.[678] Dabei komme es darauf an, ob die Unterschiede der zu regelnden Sachverhalte für eine gerechtigkeitsorientierte Betrachtungsweise so erheblich seien, dass ihre Außerachtlassung als willkürlich zu betrachten sei.[679] Demnach ist also ein Unterschied dann we-

673 Isensee/Kirchhof/Ipsen, VII, § 154, Rn. 18.

674 In welchen Punkten Übereinstimmung gegen sein muss, damit von einer „Gleichheit“ auszugehen ist, bleibt laut Stern, IV/2, S. 1472 offen. Dafür, dass die Ungleichheiten zum gemeinsamen Maßstab gemacht werden sollten Michael, S. 226. Mit Kritik an der Kategorie der Wesentlichkeit Podlech, S. 76.

675 Hesse, Rn. 432 f.

676 Epping/Hillgruber/Kischel, Art. 3 GG, Rn. 17; Wendt, NVwZ 1988, 778, 782.

677 BVerfGE 75, 108, 157; BVerfGE 21, 12, 26.

678 BVerfGE 53, 313, 329; Sachs/Osterloh, Art. 3 GG, Rn. 82.

679 St. Rspr. BVerfGE 17, 319, 330; so auch Alexy, S. 367 ff.

sentlich, wenn er die unterschiedliche Behandlung rechtfertigt.[680] Weil es sich hierbei aber um eine Frage der Rechtfertigung einer Ungleichbehandlung von wesentlich Gleichem handelt, kann die Frage der Wesentlichkeit der Vergleichspaare an dieser Stelle zurücktreten.[681]

Im Ergebnis ist festzustellen, dass ein (wesentlich) gleiches Vergleichspaar bei eingetragenen Lebenspartnern und nicht rechtlich verbindlichen Partnerschaften vorliegt.[682]

Diese Gruppen müssten ferner auch durch den gleichen Hoheitsträger ungleich behandelt werden.[683] Wenn eingetragenen Lebenspartnern de lege ferenda die Möglichkeit der sukzessiven Annahme eines Fremdkindes eingeräumt würde, läge eine Ungleichbehandlung zu rechtlich unverbindlichen Paarbeziehungen in der Form vor, dass diese weder das leibliche noch ein Fremdkind des Partners annehmen können. Die Gesetzgebungskompetenz für die Adoptionsvorschriften steht nach Art. 74 Abs. 1 Nr. 1 GG i.V.m. Art. 72 Abs. 1 GG dem Bund zu, der auch von ihr Gebrauch gemacht hat. Somit erfolgt die Ungleichbehandlung auch durch denselben Hoheitsträger.

Problematisch könnte jedoch noch der Umstand sein, dass diese Ungleichbehandlung bereits dadurch entstehen würde, dass der Gesetzgeber für rechtlich nicht verbindliche Paare und eingetragene Lebenspartner verschiedene Regelungen mit unterschiedlichen Rechtsfolgen einer Sukzessivannahme erlassen hätte. Die Ungleichbehandlung würde deshalb schon durch den Akt der Gesetzgebung erfolgen. Der Wortlaut von Art. 3 Abs. 1 GG bezieht sich aber in erster Linie auf die Rechtsanwendungsgleichheit,[684] indem alle Menschen vor dem Gesetz gleich zu behandeln sind. Das Bundesverfassungsgericht hat den Gleichheitssatz allerdings

---

680 Vgl. dazu auch die Ausführungen bei Stern IV/2, S. 1512 ff. Ähnlich auch Rupp, FS 25jähriges Bestehen BVerfG, 365, 380, der in diesem Zusammenhang schon einen Bezug zur Systemgerechtigkeit darstellt. So im Ergebnis auch Bleckmann, Staatsrecht II, S. 524 ff.

681 So auch Dreier/Heun, Art. 3 GG, Rn. 24; Friauf/Höfling/Huster, 7. Erg. Lfg. 12/02, Art. 3 GG, Rn. 54 ff.; Pieroth/Jarass, Art. 3 GG, Rn. 6; Sachs/Osterloh, Art. 3 GG, Rn. 82; Wendt, NVwZ 1988, 778, 782. Nach Martini, S. 242 kann jeder unter Berufung auf Art. 3 Abs. 1 GG Gleichbehandlung einfordern, ohne dass es einer Feststellung der Gleichheit bedürfe.

682 So auch Grehl, S. 125. Davon ist auch vor dem folgenden Hintergrund auszugehen. Das Bundesverfassungsgericht ist in BVerfGE 117, 316, 325 davon ausgegangen, dass bei Eheleuten und nichtehelichen Lebensgemeinschaften ein Vergleichspaar vorliegt. Nach BVerfGE 124, 199, 222 unterscheiden sich die Ehe und die eingetragene Lebenspartnerschaft hinsichtlich ihrer auf Dauer übernommenen, auch rechtlich verbindlichen Verantwortung füreinander nicht und sind somit unproblematisch als im wesentlichen Gleich zu qualifizieren. Im Ergebnis sind somit eingetragene Lebenspartnerschaften und Ehen im wesentlichen Gleich und da Ehen und nicht rechtlich verbindliche Paarbeziehungen im Hinblick auf eine Ungleichbehandlung schon verglichen wurden, muss es sich auch bei eingetragenen Lebenspartnern und nicht rechtlich verbindlichen Beziehungen um ein mögliches Vergleichspaar handeln. Ähnlich auch Grehl, S. 124 f.

683 BVerfGE 79, 127, 158; BVerfGE21, 54, 68; BVerfGE10, 354, 371; Pieroth/Jarass, Art. 3 GG, Rn. 8a; v. Münch/Kunig/Boysen, Art. 3 GG, Rn. 67.

684 Epping, Rn. 759, Epping/Hillgruber/Kischel, Art. 3 GG, Rn. 9; Erfurter Kommentar zum Arbeitsrecht/Schmidt, Art. 3 GG, Rn. 1.

seit jeher auch auf den Gesetzgeber bezogen und Art. 3 Abs. 1 GG eine Garantie der Rechtssetzungsgleichheit entnommen.[685] Für die Richtigkeit dieses Bezugs auf den Gesetzgeber spricht vor allem Art. 1 Abs. 3 GG, der auch den Gesetzgeber an die nachfolgenden Grundrechte und damit auch an Art. 3 GG bindet.[686] Ferner würde nur die Rechtsanwendungsgleichheit allein lediglich einen geringen Schutz bieten, da der Gesetzgeber nach Belieben zur Ungleichbehandlung ermächtigt wäre und die Verwaltung sowie Rechtsprechung die ungleich behandelnden Gesetze dann gem. Art. 20 Abs. 3 GG umsetzen müssten.[687] Dementsprechend schützt Art. 3 Abs. 1 GG auch vor der Ungleichbehandlung durch den Erlass von unterschiedlich behandelnden Gesetzen.[688]

Eine rechtliche relevante Ungleichbehandlung von wesentlich Gleichem durch den selben Hoheitsträger läge somit bei der Einführung einer Sukzessivadoptionsmöglichkeit für den eingetragenen Lebenspartner des Erstannehmenden im Vergleich zum Fehlen einer solchen Regelung für rechtlich unverbindliche Paarbeziehungen vor.

### *bb) Verfassungsrechtliche Rechtfertigung der Ungleichbehandlung*

Die entstehende Ungleichbehandlung von eingetragenen Lebenspartnern und rechtlich unverbindlichen Partnern könnte allerdings verfassungsrechtlich gerechtfertigt sein. Wäre dies der Fall, läge keine Beeinträchtigung des allgemeinen Gleichheitssatzes durch die Einführung einer Sukzessivannahme für eingetragene Lebenspartner im Vergleich zu nichtehelichen oder nichtlebenspartnerschaftlichen Verbindungen vor. Dementsprechend würde eine Verletzung des Gleichheitssatzes in dieser Konstellation auch nicht zur Rechtfertigung des de lege lata vorliegenden Eingriffs in die familiäre Gestaltungsfreiheit der lebenspartnerschaftlichen Familien angeführt werden können.

#### (1) Rechtfertigungsmaßstab

Aus dem allgemeinen Gleichheitssatz ergeben sich je nach Regelungsgegenstand und Differenzierungsmerkmalen unterschiedliche Grenzen für die Rechtfertigung einer Ungleichbe-

685 BVerfGE 110, 141, 167; BVerfGE 1, 14, 52; Denninger/Stein, 2001, Art. 3 Abs. 1 GG, Rn. 45 ff.; Friauf/Höfling/Huster, 7. Erg. Lfg. 12/02, Art. 3 GG, Rn. 16; v. Münch/Kunig/Boysen, Art. 3 GG, Rn. 31.
686 BVerfGE 1, 14, 52; Dreier/Haun, Art. 3 GG, Rn. 46; Epping, Rn. 759; Hömig/Bergmann, Art. 3 GG, Rn. 4 f.; Pieroth/Schlink, Rn. 460.
687 Epping, Rn. 759.
688 BK/Rüfner, 67. Lfg. Okt. 1992, Art. 3 GG, Rn. 168 ff.

handlung.[689] Diese Grenzen reichen von einem bloßen Willkürverbot bis hin zu einer strengen Bindung an die Verhältnismäßigkeitserfordernisse,[690] der sog. neuen Formel.[691] Deshalb gilt es zu untersuchen, welcher Maßstab zur Rechtfertigung der Ungleichbehandlung der Vergleichsgruppen vorliegend anzuwenden ist.

### *(a) Willkürformel oder neue Formel*

Um die oben aufgeworfene Frage nach dem Maßstab der Rechtfertigung beantworten zu können, werden das Willkürverbot und die neue Formel zunächst kurz gegenübergestellt. Anschließend wird der anzuwendende Rechtfertigungsmaßstab herausgearbeitet.

Würde das Willkürverbot Anwendung finden, wäre der Gleichheitssatz erst dann verletzt, wenn sich kein vernünftiger, sich aus der Natur der Sache ergebender oder sonst wie sachlich einleuchtender Grund für die gesetzliche Differenzierung finden lassen würde.[692] Die Ungleichbehandlung dürfte somit lediglich nicht willkürlich erfolgen.[693] Aus der Anwendung der Willkürformel zur Rechtfertigung von Ungleichbehandlungen entsteht infolgedessen also grundsätzlich ein weiter Gestaltungsspielraum des Gesetzgebers.[694] Das Bundesverfassungsgericht kann dementsprechend nur die äußersten Grenzen dieser gesetzgeberischen Freiheit nachprüfen, nicht jedoch, ob der Gesetzgeber im Einzelfall auch die zweckmäßigste, vernünftigste oder gerechteste Lösung gefunden hat.[695]

Dies stellt sich bei der Anwendung der sog. neuen Formel[696] anders dar. Nach dieser wäre der allgemeine Gleichbehandlungsgrundsatz vor allem dann verletzt, wenn eine Gruppe von Normadressaten im Vergleich zu anderen Normadressaten anders behandelt würde, obwohl zwischen beiden Gruppen keine Unterschiede solcher Art und solchen Gewichts bestehen, dass sie die ungleiche Behandlung rechtfertigen könnten.[697] Zur Rechtfertigung der Ungleichbehandlung würde somit nicht mehr jeder sachliche Grund genügen. Vielmehr müsste auf die

---

689 BVerfGE 124, 199, 219.

690 St. Rspr. BVerfGE 88, 87, 96; BVerfGE 110, 274, 291; BVerfGE 117, 1, 30. Zur Einbeziehung des Grundsatzes der Verhältnismäßigkeit in die Gleichheitsprüfung vgl. die Ausführungen bei Martini, S. 102 ff.

691 Ipsen, Rn. 807; Isensee/Kirchhof/Kirchhof, VIII, § 181, Rn. 233; Michael/Morlok, Rn. 785 ff. Vgl. dazu auch Sachs, JuS 1997, 124, 124 ff. Ein detaillierter Überblick zum Willkürverbot und der neuen Formel findet sich in der Arbeit von Kallina, S. 7 ff.

692 BVerfGE 80, 109, 118; BK/Rüfner, 67. Lfg. Okt. 1992, Art. 3 GG, Rn. 16 f.

693 BVerfGE 1, 14, 52; Epping, Rn. 783; Stern, IV/2, S. 1514 ff.

694 So auch Hufen , § 39, Rn. 14; Risse, S. 155.

695 BVerfGE 50, 57, 77; BVerfGE 31, 119, 130; BVerfGE 26, 302, 310.

696 Zu zwei unterschiedlichen Varianten der neuen Formel, die jedoch nebeneinander verwendet werden und zwischen denen scheinbar auch kein Unterschied besteht, vgl. die Ausführungen bei Epping, Rn. 785 ff.

697 St. Rspr. BVerfGE 22, 387, 415; BVerfGE 55, 72, 88; BVerfGE 117, 272, 300 f.; BVerfGE 124, 199, 220.

Art und das Gewicht der Unterschiede zwischen den Gruppen abgestellt werden,[698] wobei die rechtliche Unterscheidung zwischen den beiden Gruppen in den sachlichen Unterschieden eine ausreichende Stütze finden müsste.[699] Im Gegensatz zu der Willkürformel wird die Gestaltungsfreiheit des Staates deshalb bei der Anwendung der neuen Formel eher beschnitten. Im Rahmen der Prüfung anhand der neuen Formel wäre eine Verhältniskeitsprüfung vorzunehmen.[700] Bei dieser müsste der Grund für die Ungleichbehandlung als staatlich verfolgtes Ziel umso wichtiger sein, je gravierender die Ungleichbehandlung ist.[701] Durch die Prüfung des Verhältnisses wird eine Zweck-Mittel-Relation erforderlich, bei welcher der Differenzierungszweck mit einfließen würde. Dieser bestünde in dem vom Staat verfolgten Ziel der Regelung, welches in ein angemessenes Verhältnis zu Ausmaß und Schwere der Ungleichbehandlung zu setzen wäre.
Nachdem nun die unterschiedlichen Anforderungen an die Rechtfertigung einer Ungleichbehandlung dargestellt wurden, stellt sich folglich die Frage, welcher der beiden Maßstäbe zur Rechtfertigung der Ungleichbehandlung von rechtlich unverbindlichen Paaren und eingetragenen Lebenspartnern im vorliegenden Fall zur Anwendung kommt.
Dazu wird grundsätzlich zwischen personenbezogenen und sachbezogenen Ungleichbehandlungen differenziert.[702] Bei personenbezogenen Ungleichbehandlungen, die typischerweise schwerer wiegen,[703] ist eine umfassende Verhältnismäßigkeitsprüfung durchzuführen, in der die Angemessenheit der Ungleichbehandlung im Verhältnis zum Differenzierungsziel zu untersuchen ist.[704] Das entspricht der neuen Formel. Sachbezogene Unterscheidungen hingegen sind nur einer Willkürprüfung zu unterziehen, bei der jeder vernünftige Sachgrund ausreicht um die Differenzierung zu rechtfertigen.[705] Um die Grenzen zu bestimmen, die der Gesetzge-

698 BVerfGE 95, 267, 317; BVerfGE 88, 87, 97; BVerfGE 82, 126, 146; BVerfGE 55, 72, 88; Stern, IV/2, S. 1530 ff.

699 BVerfGE 87, 234, 255.

700 BVerfGE 82, 126, 146; Epping, Rn. 785: Kallina, S. 87 ff.; Sachs/Osterloh, Art. 3 GG, Rn. 14 ff.; Schmidt-Bleibtreu/Hofmann/Hopfauf/Kannengießer, Art. 3 GG, Rn. 17; Sodan, Art. 3 GG, Rn. 14; v. Mangoldt/Klein/Starck, Art. 3 GG, Rn. 11.

701 v. Münch/Kunig/Boysen, Art. 3 Rn. 103 ff.

702 Epping/Hillgruber/Kischel, Art. 3 GG, Rn. 42 ff.; Friauf/Höfling/Huster, 12. Erg. Lfg. 05/05, Art. 3 GG, Rn. 95 f.; Hömig/Bergmann, Art. 3 GG, Rn. 5; Schmidt-Bleibtreu/Hofmann/Hopfauf/Kannengießer, Art. 3 GG, Rn. 17; Sodan, Art. 3 GG, Rn. 15; v. Münch/Kunig/Boysen, Art. 3 GG, Rn. 105.

703 Pieroth/Schlink, Rn. 472.

704 BVerfGE 103, 310, 318; BVerfGE 91, 346, 362; Pieroth/Jarass, Art. 3 GG, Rn. 19. Mit kritischen Äußerungen zur Verhältniskeitsprüfung Ipsen, Rn. 813 ff.

705 BVerfGE 55, 72, 89; Pieroth/Schlink, Rn. 471.

ber bei einer Ungleichbehandlung einhalten muss, muss demnach festgestellt werden, ob es sich vorliegend um personenbezogene oder sachbezogene Unterscheidungen handelt.
Personenbezogen sind solche Ungleichbehandlungen, bei denen Eigenschaften der Person als Differenzierungskriterium herangezogen werden.[706] Dabei kann es sich z.B. um eine Differenzierung nach Alter, Religionszugehörigkeit, Ausbildungs- oder Familienstand handeln. Es wird also nach persönlichen Eigenschaften unterschieden, wodurch im Endeffekt Personen mit bestimmten Eigenschaften anders behandelt werden als Personen ohne diese Eigenschaften. Sachbezogene Unterscheidungen sind hingegen solche, bei denen Sachverhalte, z.B. das Verhalten von Personen, verglichen werden.[707]
Vorliegend geht es um die unterschiedliche Behandlung von Personengruppen bei der Adoption. Es könnte somit eine Anknüpfung an die Person bzw. den Personenstand vorliegen, indem de lege ferenda auch eingetragene Lebenspartner im Gegensatz zu Partnern in rechtlich unverbindlichen Beziehungen ein Fremdkind sukzessive annehmen könnten. Die Gestaltungsfreiheit des Gesetzgebers ginge allerdings bei einer Rechtfertigung anhand des Willkürverbots weiter, wenn es sich um eine Verschiedenbehandlung von Lebenssachverhalten handeln würde, bei denen sich die Betroffenen durch eigenes Verhalten auf unterschiedliche Regelungen einstellen könnten.[708] Die engeren Grenzen der neuen Formel finden dementsprechend nur Anwendung, je weniger der Einzelne in der Lage ist nachteilige Folgen durch sein eigenes Verhalten zu vermeiden.[709] Fraglich ist somit, ob davon ausgegangen werden kann, dass der Einzelne in der vorliegenden Konstellation in der Lage ist, die nachteiligen Folgen der nicht existierenden Adoptionsmöglichkeit durch eigenes Verhalten zu vermeiden. Auf der einen Seite scheint diese Frage einfach bejaht werden zu können, indem argumentiert werden kann, dass es Paaren, die in nicht rechtlich verbindlichen Beziehungen leben, jederzeit freistünde eine Ehe oder eingetragene Lebenspartnerschaft einzugehen.[710] Dadurch könnten die Paare selbst eine Situation schaffen, in der eine Sukzessivannahme möglich wäre. Auf der anderen Seite könnte die Frage bei wörtlicher Auslegung auch zu verneinen sein. Denn nach der Formulierung des Bundesverfassungsgerichts müsste es für den Einzelnen möglich sein, die

706 Zum Folgenden vgl. Epping, Rn. 794; Stern, IV/2, S. 1491. Mit kritischen Anmerkungen zu dieser Differenzierung Sachs/Osterloh, Art. 3 GG, Rn. 27 ff.
707 Jarass, NJW 1997, 2545, 2547.
708 BVerfGE 88, 5, 12; BVerfGE 55, 72, 89; Hömig/Bergmann, Art. 3 GG, Rn. 5.
709 BVerfGE 111, 160, 169 f.; BVerfGE 88, 87, 96; BVerfGE 88, 5, 12.
710 So Grehl, S. 131. Von einer Rechtfertigung anhand der Willkürformel geht auch BVerfGE 117, 316, 325 ff. bei Eheleuten und Paaren in nicht rechtlich verbindlichen Beziehungen aus, dies allerdings ohne Begründung.

nachteiligen Folgen durch eigenes Verhalten zu vermeiden. Für den einzelnen betroffenen Partner, der das Kind seines Partners sukzessive nicht annehmen kann, trifft dies allerdings nicht zu. Denn um als Ehepartner oder eingetragener Lebenspartner das Kind auch annehmen zu können, ist eine Eheschließung oder Verpartnerung des Paares erforderlich. Eine solche wird aber durch gegenseitige Erklärung der Partner vor dem Standesbeamten geschlossen, vgl. § 1310 BGB bzw. § 1 Abs. 1 LPartG. Der betroffene Partner allein ist folglich nicht in der Lage die nachteiligen Folgen alleine abzuwenden. Dazu bedürfte es der Mitwirkung des anderen, nicht direkt betroffenen Partners. Derjenige Partner, der das Kind sukzessive auch annehmen möchte und so von dieser fehlenden Möglichkeit direkt betroffen ist, ist somit im Ergebnis nicht alleine dazu in der Lage diese Folge durch eigenes Verhalten abzuwenden. Die Abwendung ist also nicht ohne Weiteres möglich.[711] Es handelt sich deshalb nicht um eine rein verhaltensbezogene Unterscheidung, weshalb das Vorliegen eines sachlichen Grundes zur Rechtfertigung der Ungleichbehandlung nach der Willkürformel nicht ausreicht.[712] Nach der neuen Formel[713] ist es vielmehr erforderlich, dass der sachliche Grund einen legitimen Zweck verfolgt, die Ungleichbehandlung zur Zweckerreichung geeignet und erforderlich ist sowie dass sie in einem angemessenen Verhältnis zum Wert des Zweckes steht.[714]

#### *(b) Festlegung des Rechtfertigungsmaßstabs aufgrund der Berührung anderer Grundrechte*

Der gesetzgeberische Gestaltungsfreiraum könnte sich jedoch noch weiter verengen, wenn sich die Ungleichbehandlung auf andere grundrechtlich geschützte Freiheiten nachteilig aus-

711 Dafür, dass dies aber der Fall sein müsste Erfurter Kommentar zum Arbeitsrecht/Schmidt, Art. 3 GG, Rn. 39.

712 Nach BVerfGE 124, 199, 220 ist es zur Begründung einer Ungleichbandlung von Personengruppen grundsätzlich nicht ausreichend, dass der Normgeber ein seiner Art nach geeignetes Unterscheidungsmerkmal berücksichtigt hat. Für die Anwendung der neuen Formel bei der Rechtfertigung von Ungleichbehandlungen zwischen Personen in rechtlich verbindlichen und rechtlich unverbindlichen Beziehungen, vgl. Pätzold, S. 137 ff. Auch nach den Ausführungen von Kallina, S. 91 ist eine Ungleichbehandlung von Personengruppen anzunehmen, da dem Normadressaten die Wahl der Rechtsfolge nicht ohne jegliche vorherige „Entziehungshandlung" freisteht. Dort findet sich eine detaillierte Untersuchung der Abgrenzung der möglichen Anknüpfungsmerkmale, vgl. Kallina S. 87-108.

713 Zur Uneinheitlichen Anwendung der verschiedenen Rechtfertigungsmaßstäbe vgl. BVerfGE 81, 1, 8; BVerfGE 87, 232, 247 f. So auch Risse, S. 156.

714 BVerfGE 82, 126, 146; Epping/Hillgruber/Kischel, Art.3 GG, Rn. 34 ff.; Jarass/Pieroth, Art. 3 GG, Rn. 27 f.; mit dem Hinweis auf die Verhältnismäßigkeitsprüfung auch Schmidt-Bleibtreu/ Hofmann/Hopfauf/Kannengießer, Art. 3 GG, Rn. 17.

wirken würde.[715] Denkbar wäre die Berührung von solchen grundrechtlich verbürgten Positionen durch einen Zwang zur Institutionalisierung von Paarbeziehungen, indem nur solche ein von ihrem Partner angenommenes Kind sukzessive annehmen können.[716] Sowohl verschiedengeschlechtliche als auch gleichgeschlechtliche Paare sind in ihrer Entscheidung frei keine Ehe oder eingetragene Lebenspartnerschaft miteinander einzugehen. Ihre dahingehende Entschlussfreiheit wird von der allgemeinen Handlungsfreiheit des Art. 2 Abs. 1 GG geschützt.[717] Der Schutzbereich von Art. 2 Abs. 1 GG ist somit grundsätzlich für Paare eröffnet, die von ihrer Freiheit ihre Beziehung nicht rechtlich festigen zu wollen Gebrauch machen wollen. In diesen Schutzbereich müsste nun dadurch eingegriffen werden, dass eine Sukzessivadoption de lege ferenda nur in rechtlich verfestigten Beziehungen möglich wäre. Dies scheint jedoch vor dem Hintergrund zu weit zu gehen, dass damit jede Vorteilsgewährung für rechtlich verbindliche Beziehungen einen Eingriff darstellen würde. Denn die bloße Vorteilsgewährung führt nicht zu einem Zwang seine Partnerschaft rechtlich zu festigen. Dem Gesetzgeber sind nur solche Maßnahmen verwehrt, die einem faktischen oder rechtlichen Zwang zur Schließung einer Ehe gleichkommen.[718] Indem sich Paare gegen eine Ehe oder eingetragene Lebenspartnerschaft entscheiden, entstehen die damit einhergehenden Pflichten genauso wenig wie die damit verbunden Rechte.[719] Diese Rechte und Pflichten werden in einer Gesamtschau gegeneinander abgewogen, weswegen kein Zwang aufgrund einzelner Aspekte der Entscheidung angenommen werden kann.[720] Schließlich darf die negative Eheschließungsfreiheit den Staat nicht an der Förderung der Ehe hindern. Die sich aus Art. 2 Abs. 1 GG ergebende Freiheit eine Ehe oder eingetragene Lebenspartnerschaft einzugehen oder dies nicht zu tun, ist durch eine Begrenzung der Sukzessivadoption auf diese beiden Gruppen nicht berührt. Folg-

---

715 BVerfGE 111, 160, 169; BVerfGE 91, 346, 363; BVerfGE 74, 9, 24; BVerfGE 60, 123, 134; Jarass, NJW 1997, 2545, 2547; Sachs, JuS 1997, 124, 128; Stern, IV/2, S. 1535 ff. nach dem eine Berührung von grundrechtlich geschützten Belangen ausreicht, da ihre Beeinträchtigung nicht erforderlich ist; v. Münch/Kunig/Boyen, Art. 3 GG, Rn. 107 f. mit kritischer Würdigung.

716 Vgl. Grehl, S. 132 ff.

717 Für die Eheschließungsfreiheit: BVerfGE 87, 234, 267, BVerfGE 82, 6, 16; BVerfGE 56, 363, 384 f.; Epping/Hillgruber/Lang, Art. 2 GG, Rn. 6; Grehl, S. 132; Ipsen, Rn. 337; Jarass, Art. 2 GG, Rn. 8; Maunz/Dürig/Badura, Lfg. 41 Oktober 2002, Art 6, Rn. 93; v. Münch/Kunig/Coester-Waltjen, Art. 6, Rn. 24. Für die Freiheit eine eingetragene Lebenspartnerschaft einzugehen: Grehl, S. 133; Grziwotz, Nichteheliche Lebensgemeinschaft, § 4, Rn. 5. Stern, IV/1, S. 415 sieht die negative Eheschließungsfreiheit durch Art. 6 Abs. 1 GG garantiert, so auch Merten, FS Leisner, 615, 616 f.; Sodan, Art. 6 GG, Rn. 5. Allgemein zur Komponente der negativen Verhaltensfreiheit von Grundrechten Stern, III/1, S. 629 ff.

718 Merten, FS Leisner, 615, 618; ähnlich auch Ipsen, Rn. 334 ff.

719 Freytag, DÖV 2002, 445, 454; Pieroth/Kingreen, KritV 2002, 219, 237.

720 So auch Grehl, S. 133.

lich kann sich dementsprechend daraus auch keine Verengung des Rechtfertigungsmaßstabs ergeben.

Eine Verengung könnte sich aber auch durch einen Eingriff in den grundrechtlich gewährleisteten Familienschutz aus Art. 6 Abs. 1, 2. Alt. GG ergeben. Im Rahmen des Familienschutzes sind unter anderem die Freiheit der Familiengründung und die freie Familiengestaltung zu gewährleisten.[721] Dafür, dass der Rechtfertigungsmaßstab aufgrund einer Berührung dieser Facetten des Familienschutzes verengt würde, müsste diese Berührung durch die de lege ferenda erfolgende Ungleichbehandlung von eingetragenen Lebenspartnern und nicht rechtlich verbindlichen Lebensgemeinschaften bei den Sukzessivadoptionsmöglichkeiten entstehen. Denn die Gestaltungsfreiheit des Gesetzgebers soll schließlich nur dann enger begrenzt sein, wenn sich die Ungleichbehandlung auf grundrechtliche Freiheiten auswirkt. Die Ungleichbehandlung muss also kausal für die Einwirkung auf die Freiheitsrechte sein. Die entstehende Ungleichbehandlung von eingetragenen Lebenspartnern und Partnern nicht rechtlich verbindlicher Partnerschaften wirkt sich aber nicht auf den Familienschutz von rechtlich nichtverbindlichen Beziehungen aus. Die mögliche Berührung von Art. 6 Abs. 1, 2. Alt. GG entsteht unabhängig von der Ungleichbehandlung schon durch die derzeit fehlende Möglichkeit der Sukzessivadoption für diese rechtlich unverbindliche Gruppe. Durch die Ungleichbehandlung selbst wird also nicht in den Familienschutz von rechtlich nicht verbindlichen Beziehungen eingegriffen. Folglich scheidet eine Verschärfung des Rechtfertigungsmaßstabs aufgrund der durch die Ungleichbehandlung entstehenden Berührung von anderen Grundrechten der nicht rechtlich verbindlichen Paare aus.

Im Ergebnis ist weder die negative Eheschließungsfreiheit noch der Schutz der Familiengründung oder ihrer Gestaltung dadurch berührt, dass eingetragene Lebenspartner als rechtlich verbindliche Beziehungen im Gegensatz zu rechtlich unverbindlichen Partnerschaften de lege ferenda das Kind des Partners sukzessive auch annehmen könnten. Die Rechtfertigung dieser Ungleichbehandlung kann sich damit lediglich aufgrund der Anknüpfung an den Personenstand als personenbezogenes Merkmal mittels der neuen Formel ergeben.[722]

---

721 BVerfGE 76, 1, 42; Epping/Hillgruber/Uhle, Art. 6 GG, Rn. 27; Hömig/Antoni, Art. 6 GG, Rn. 6; Sodan, Art. 6 GG, Rn. 6; v. Mangoldt/Klein/Starck/Robbers, Art. 6 GG, Rn. 92; v. Münch/Kunig/Coester-Waltjen, Art. 6 GG, Rn. 32.

722 Dafür, dass bei Ungleichbehandlungen von Personengruppen die neue Formel angewendet wird auch Risse, S. 157. Sofern die Ansicht vertreten wird, es würde sich vorliegend um eine rein verhaltensbezogene Unterscheidung handeln, weshalb ein sachlicher Grund zur Rechtfertigung der Ungleichbehandlung nach

### *(c) Strengere Rechtfertigungsmaßstab aufgrund einer Annäherung an ein Merkmal des Art. 3 Abs. 3 GG*

Ein strengerer Rechtfertigungsmaßstab könnte sich noch daraus ergeben, dass eine Ungleichbehandlung wegen einer Anknüpfung an ein in Art. 3 Abs. 3 GG genanntes Merkmal vorliegen könnte, oder an ein Merkmal angeknüpft wird, welches sich an die dort genannten annähert.[723] Eine Benachteiligung aufgrund eines der in Art. 3 Abs. 3 GG genannten Merkmale ist nicht ersichtlich. Fraglich ist, ob bei der festgestellten Ungleichbehandlung an ein Merkmal angeknüpft wird, welches sich einem der in Art. 3 Abs. 3 GG genannten annähert. Hier käme eine Anknüpfung an die sexuelle Orientierung in Betracht.[724] Dann müsste die Ungleichbehandlung der beiden vorliegenden Vergleichsgruppen an ihre unterschiedliche sexuelle Orientierung anknüpfen.[725] Eine rechtlich unverbindliche Partnerschaft kann aber sowohl von Heterosexuellen als nichteheliche als auch von Homosexuellen als nichtlebenspartnerschaftliche Lebensgemeinschaft eingegangen werden. Eine Anknüpfung an die sexuelle Orientierung kann bei dieser Gruppe somit nicht festgestellt werden. Homosexuell orientierte Paare in rechtlich unverbindlichen Partnerschaften würden folglich im Gegensatz zu solchen, die eine eingetragene Lebenspartnerschaft eingegangen sind unabhängig von ihrer sexuellen Orientierung bei der Sukzessivadoption von Fremdkindern de lege ferenda unterschiedlich behandelt werden. Eine Anknüpfung an die sexuelle Orientierung als Merkmal, welches den in Art. 3 Abs. 3 GG genannten angenähert ist, liegt somit nicht vor.

### *(d) Ergebnis zum Rechtfertigungsmaßstab*

Im Ergebnis kann deshalb Folgendes festgehalten werden. Die Ungleichbehandlung, die de lege ferenda durch die Möglichkeit zur Sukzessivadoption für eingetragene Lebenspartner im Vergleich zu nicht rechtlich verbindlichen Lebensgemeinschaften vorläge, würde zu keiner Verletzung des Gleichheitssatzes führen, wenn zwischen beiden Gruppen Unterschiede von

---

der Willkürformel genügen würde sind die folgenden Ausführungen überflüssig. An dem Ergebnis ändert dies jedoch nichts, da die Ungleichbehandlung ansonsten schon unter dem Gesichtspunkt des Kindeswohls gerechtfertigt werden könnte.

723 BVerfGE 97, 169, 181; BVerfGE 88, 87, 96.

724 Vgl. dazu BVerfGE 124, 199, 220 ff.

725 Eine solche Anknüpfung an die sexuelle Orientierung von Personengruppen wird erst bei der Ungleichbehandlung von Eheleuten und eingetragenen Lebenspartnern durch das geltende Sukzessivadoptionsverbot bedeutsam. Deshalb wird dieser Punkt erst in Kapitel 2.A.III.2.a)cc) ausführlich erörtert.

solchem Gewicht und solcher Art bestünden, die diese ungleiche Behandlung rechtfertigen könnten.[726] Diese Prüfung erfolgt in den nachfolgenden Schritten.[727]

In einem ersten Schritt gilt es demnach zu erörtern, ob der Hoheitsakt, der die Ungleichbehandlung herbeigeführt hat, einem legitimen Zweck dient.[728] In einem zweiten Schritt gilt es dann zu untersuchen, ob die Ungleichbehandlung der Erreichung dieses Zweckes dient. Dazu muss die Wahl des Differenzierungskriteriums im Hinblick auf den Zweck sachlich begründet werden können.[729] In einem dritten Schritt erfolgt eine Auseinandersetzung mit der Frage, ob die Differenzierung erforderlich ist.[730] Denn die durch die Ungleichbehandlung bewirkte Belastung darf nicht weiter reichen, als es der die Verschiedenbehandlung tragende Differenzierungsgrund rechtfertigt.[731] Dieser Punkt beschäftigt sich also mit der Frage eines milderen Mittels gleicher Effektivität.[732] Auf der vierten Stufe ist dann eine Angemessenheitsprüfung vorzunehmen, bei welcher der Zweck und die Mittel gegeneinander abgewogen werden.[733]

## (2) Rechtfertigung

Die festgestellte Ungleichbehandlung könnte durch das durch Art. 2 Abs. 1 GG i.V.m. Art. 1 Abs. 1 GG geschützte Kindeswohl gerechtfertigt sein, indem Kinder in rechtlich verbindlichen Paarbeziehungen bessere Entwicklungschancen haben als in rechtlich nicht verbindlichen.[734]

---

726 Vgl. zum Prüfungsmaßstab st. Rspr. BVerfGE 55, 72, 82; BVerfGE 100, 195, 205; BVerfGE 109, 96, 123; BVerfGE 124, 199, 219 f.

727 In der vorliegenden Arbeit kann nicht näher auf den Streit zum genauen Prüfungsaufbau der Rechtfertigung einer Ungleichbehandlung eingegangen werden, vgl. dazu Dreier/Heun, Art. 3 GG, Rn. 26 ff.; Epping/Hillgruber/Kischel, Art. 3, Rn. 34 ff.; Ipsen, Rn. 813 ff.; Michael, JuS 2001, 148, 152 ff.; Pieroth/Schlink, Rn. 472; insb. zur Erforderlichkeitsprüfung Grehl, S. 142 f.; Michael/Morlok, Rn. 802. Mit einem neuen Ansatz einer gestuften Prüfung Huster, S. 223 ff, S. 382 ff; Huster, JZ 1994, 541, 542 ff.

728 Zum Folgenden vgl. die Ausführungen bei Epping, Rn. 805 ff.; Pieroth/Schlink, Rn. 472 ff.; ähnlich auch Denninger/Stein, 2001, Art. 3 Abs. 1 GG, Rn. 54 ff.; Stüber, FPR 2006, 117, 119.

729 Zur Zweck Mittel Relation vgl. auch Hufen, § 39, Rn. 15 ff.

730 Wendt, NVwZ 1988, 778, 785.

731 BVerfGE 85, 238, 245; den Prüfungspunkt der Erforderlichkeit lehnen Grehl, S. 142 f.; Ipsen, Rn. 817; Michael, JuS 2001, 148, 154 bei der Rechtfertigung einer Ungleichbehandlung nach Art. 3 Abs. 1 GG ab. Mit kritischen Anmerkungen Dreier/Heun, Art. 3 GG, Rn. 27 ff. Michael, JuS 2001, 148, 154 plädiert allerdings für eine Erforderlichkeitsprüfung bei der Rechtfertigung einer Ungleichbehandlung nach Art. 3 Abs. 3 GG. So auch BVerfGE 85, 191, 207; BVerfGE 92, 91, 109. Grundsätzlich für die Prüfung der Erforderlichkeit sprechen sich aus Jarass, NJW 1997, 2545, 2549; Pieroth/Schlink, Rn. 472; Risse, S. 159 f. Ob die Prüfung der Erforderlichkeit der Differenzierung bei einer Ungleichbehandlung nach Art. 3 Abs. 1 GG, die aber an ein ähnliches Merkmal zu Art. 3 Abs. 3 GG anknüpft tatsächlich (zwingend) notwendig ist, kann im Rahmen der vorliegenden Arbeit nicht näher erörtert werden.

732 Hufen, § 39, Rn. 16. Mit ausdrücklicher Erwähnung zu Überlegungen eines milderen Mittels BVerfGE 121, 69, 96.

733 Jarass, NJW 1997, 2545, 2549.

734 Vgl. zum Schutz des Kindeswohls unter dem allgemeinen Persönlichkeitsrecht schon Kapitel 2:A.II.2.a).

### *(a) Legitimer Zweck der Ungleichbehandlung*

Ein legitimer Zweck der Ungleichbehandlung von eingetragenen Lebenspartnern und Paaren in rechtlich unverbindlichen Beziehungen könnte im Kindeswohl gesehen werden. Dieses steht im Mittelpunkt des Adoptionsrechts,[735] weswegen auch schon eine Beeinträchtigung des Kindeswohls durch die Einführung der Sukzessivadoption von Fremdkindern durch eingetragene Lebenspartner geprüft und verneint wurde.[736] Mit einer Beschränkung von Sukzessivadoptionen auf Eheleute und de lege ferenda auch eingetragene Lebenspartner kann die Gewährleistung der Sicherung des Kindeswohls beabsichtigt sein. Dieses ist durch das allgemeine Persönlichkeitsrecht des Kindes als Recht zur bestmöglichen Entwicklung in Art. 2 Abs. 1 GG i.V.m. Art. 1 Abs. 1 GG verfassungsrechtlich geschützt.[737] Die bestmögliche Wahrung des Kindeswohls stellt somit einen verfassungsrechtlich legitimen Zweck der Ungleichbehandlung von eingetragenen Lebenspartnern und Partnern in nicht rechtlich verbindlichen Lebensgemeinschaften dar.

### *(b) Geeignetheit*

Die Ungleichbehandlung muss ferner auch geeignet sein das Recht des Kindes auf „Person-Werden“ und somit sein Wohl zu schützen. Das bedeutet, die Versagung einer sukzessiven Adoption für Paare in rechtlich unverbindlichen Beziehungen müsste dazu geeignet sein das Wohl der Kinder zu schützen. Geeignet wäre die Ungleichbehandlung dabei, wenn das angestrebte Ziel entweder erreicht oder auch nur gefördert würde.[738] Zumindest gefördert würde das Kindeswohl, wenn es im Umkehrschluss durch eine sonst mögliche sukzessive Annahme von einer Person in einer rechtlich unverbindlichen Partnerschaft nicht optimal gefördert würde oder sogar gefährdet sein könnte.

Zunächst gilt es somit die Frage zu beantworten, ob das Kindeswohl in rechtlich verbindlichen Paarbeziehungen besser gefördert werden kann als in rechtlich unverbindlichen. Grundsätzlich wird davon ausgegangen, dass der rechtliche Rahmen einer rechtlich verbindlichen Paarbeziehung dem Kindeswohl besonders dient,[739] indem ihnen dort eine rechtliche und fi-

735 Röchling, FPR 2008, 481, 483.

736 Siehe zur Prüfung dieses Aspekts die Ausführungen unter Kapitel 1:B.II.1.b)aa).

737 Siehe dazu schon die Ausführungen unter Kapitel 2:A.II.2.a)aa).

738 BVerfGE 30, 292, 316; BVerfGE 39, 210, 230.

739 Zur Vergleichbarkeit der Stabilität, Beständigkeit und Absicherung von eingetragenen Lebenspartnerschaften und Ehen als rechtlich verbindlichen Partnerschaften vgl. auch schon die Ausführungen unter Kapitel

nanzielle Absicherung geboten wird.[740] So erfolgt eine Absicherung durch die gesetzlichen Regelungen zum Unterhalt gem. §§ 1360 ff. BGB bzw. § 5 LPartG. Dies gilt insbesondere auch im Falle einer Trennung der Eltern gem. §§ 1569 ff. BGB bzw. § 12 LPartG sowie im Falle der Scheidung bzw. Aufhebung der Partnerschaft gem. § 1361 BGB bzw. § 16 LPartG. Ferner wird der Ehe als Grundfall der rechtlich verbindlichen Beziehungen eine höhere Stabilität zugesprochen, wodurch dem Kind ein beständiges Umfeld gesichert werden soll.[741] Ob diese Stabilität tatsächlich pauschal vor allem rechtlich verbindlichen Beziehungen zugesprochen werden kann, muss dahingestellt bleiben.[742]
In einer Gesamtbetrachtung kann rechtlich unverbindlichen Beziehungen somit zwar nicht abgesprochen werden, dass eine dauerhafte und feste Beziehung auch in dieser Form geführt werden kann und Kindern so ein sicheres Zuhause geboten werden kann. Die Rahmenbedingungen für ein abgesichertes Lebensumfeld sind hingegen durch die gesetzliche Absicherung in Ehen und eingetragenen Lebenspartnerschaften günstiger.[743]

Im Ergebnis kann somit die Eignung der Ungleichbehandlung von eingetragenen Lebenspartnern und nicht rechtlich verbindlichen Paarbeziehungen bei der Möglichkeit der Sukzessivannahme von Fremdkindern zur Förderung des Kindeswohls festgehalten werden.

### *(c) Erforderlichkeit*

Fraglich ist allerdings, ob die Ungleichbehandlung auch erforderlich ist um das Kindeswohl zu gewährleisten. Denn die durch die Ungleichbehandlung bewirkte Belastung darf nicht weiter reichen, als es der die Verschiedenbehandlung tragende Differenzierungsgrund rechtfertigt. Erforderlich wäre sie dann, wenn kein milderes Mittel den gleichen Erfolg mit der glei-

---

1:B.I.3.b). Eine Ausführliche Auseinandersetzung mit dem Erfordernis der rechtlichen Verbindlichkeit als Voraussetzung zur gemeinsamen Adoption findet sich detailliert unter Kapitel 2:A.III.2.b)ee).

740 So wird in BT-Drucks 7/3061, 30 ausdrücklich gesagt, dass jede andere Lebensgemeinschaft als die Ehe nicht rechtlich abgesichert ist und deshalb auch keine Annahme eines Kindes rechtfertigen könnte. Dass dort nicht auf die eingetragene Lebenspartnerschaft als rechtlich abgesicherte Verbindung eingegangen wird, ist dadurch zu begründen, dass das Dokument vom 07.01.1975 ist und es zu diesem Zeitpunkt noch keine eingetragene Lebenspartnerschaft gab.

741 BVerfGE 117, 316, 327 ff.

742 Zwar gibt es Statistiken zur Ehescheidung, die etwas zur Verbindlichkeit der Ehe als rechtlich verbindliche Partnerschaft aussagen können, vergleichbare verlässliche Daten zu rechtlich nicht verbindlichen Beziehungen lassen sich allerdings nicht finden. Statistiken zur Ehescheidung sind abrufbar unter https://www.destatis.de/DE/ZahlenFakten/GesellschaftStaat/Bevoelkerung/Ehescheidungen/Ehescheidungen.html (letzter Aufruf am 1.4.2013).

743 So auch Pätzold S. 140.

chen Sicherheit und einem vergleichbaren Aufwand herbeiführen könnte.[744] Ein milderes Mittel als die Verwehrung einer sukzessiven Adoption für rechtlich unverbindliche Lebensgemeinschaften könnte die Einzelfallprüfung des Familiengerichts darstellen.[745] Denn nach § 1752 Abs. 1 BGB i.V.m. § 197 Abs. 1 FamFG spricht das Gericht den Beschluss über die Annahme des Kindes erst nach vorheriger Anhörung verschiedener Beteiligter aus. Während des Verfahrens sind die Annehmenden und das Kind, soweit dies möglich ist, nach §192 FamFG anzuhören. Ferner ist eine fachliche Äußerung der Adoptionsvermittlungsstelle, die das Kind vermittelt hat, darüber einzuholen, ob das Kind und die Familie des Annehmenden für die Annahme geeignet sind, vgl. § 189 FamFG. Liegt eine solche fachliche Äußerung nicht vor, ist das Jugendamt nach § 194 FamFG anzuhören. Das Gericht hat durch diese Maßnahmen vor der Beschlussfassung zu überprüfen, ob die Annahme dem Wohl des Kindes nach § 1741 Abs. 1 BGB dient.[746] Bei dieser Einzelfallprüfung durch das Gericht könnte es sich somit um ein milderes Mittel gleicher Effektivität zum Schutz des Kindeswohls handeln.[747] Dann müsste diese Einzelfallprüfung das Erreichen von optimalen Entwicklungsmöglichkeiten bei einer Prüfung von jedem Paar mit der gleichen Sicherheit und einem vergleichbarem Aufwand gewährleisten können. Da es keine rechtlich normierten Pflichten der Partner gibt, müsste das Familiengericht sich detailliert mit der Stabilität und Ausgestaltung der Beziehung der Partner befassen. Dies geschieht zwar auch bei der Überprüfung von Ehepaaren, aufgrund der rechtlichen Absicherung jedoch in einem anderen Ausmaß.[748] So bleibt zumindest fraglich, ob die Einzelfallprüfung wirklich ein milderes Mittel mit vergleichbarem Aufwand darstellen könnte. Dieses mildere Mittel müsste dann allerdings auch den gleichen Erfolg herbeiführen können. Das heißt, dass durch die Einzelfallprüfung der rechtlich unverbindlichen Beziehungen die gleiche Sicherheit und Stabilität der Verhältnisse für das Kind gewährleistet werden können müsste. Die rechtliche Absicherung des Kindes auch bei einer Trennung der Partner erscheint hier unproblematisch. Probleme treten jedoch im Hinblick auf die Absicherung der Partner während und nach der Beziehung auf. Zwar können sich die Partner in privatrechtlichen Verträgen gegenseitig zu Unterhalt während und nach der Bezie-

744 Hufen, § 39, Rn. 16. Mit ausdrücklicher Erwähnung der Prüfung eines milderen Mittels auch BVerfGE 120, 224, 255.

745 Henkel, NJW 2011, 259, 264; Hoppe, WD 3-060/10, S. 5; Hoppe, StAZ 2010, 107, 108.

746 Hahne/Munzig/Nickel, § 197 FamFG, Rn. 5; Musielak/Borth/Grandel, § 197 FamFG, Rn. 3.

747 So auch Hoppe, WD 3-060/10, S. 5.

748 Empfehlungen zur Adoptionsvermittlung der Bundesarbeitsgemeinschaft der Landesjugendämter, 6. Fassung 2099, S. 28 f. abrufbar unter http://www.bagljae.de/ (letzter Aufruf am 1.4.2013).

hung verpflichten. Dies kann jedoch auch bei Vorlage dieser Dokumente als Beweis der rechtlichen Absicherung der Familie nicht genügen, da solche Verträge jederzeit aufgehoben werden können. Ob die Partner sich daher wirklich gegenseitig zu Unterhalt verpflichtet sind, sodass eine Trennung keine Auswirkungen auf den Lebensrahmen des Kindes hätte, kann somit nicht sichergestellt werden. Derselbe Erfolg, also dieselbe rechtliche Sicherheit kann somit auch durch eine detaillierte Einzelfallprüfung nicht geboten werden.

Die de lege ferenda eintretende Ungleichbehandlung zwischen eingetragenen Lebenspartnern und Partnern in nicht rechtlich verbindlichen Beziehungen ist somit auch zum Schutz der Kindeswohls erforderlich.

### *(d) Angemessenheit*

Fraglich ist, ob die de lege ferenda stattfindende Ungleichbehandlung auch angemessen wäre. Bei dieser Angemessenheitsprüfung sind der Zweck und die Mittel der Ungleichbehandlung gegeneinander abzuwägen.[749] Angemessenheit würde dann vorliegen, wenn die Ungleichbehandlung und das Differenzierungsziel in einem angemessenen Verhältnis zueinander stünden.[750] Das Differenzierungsziel stellt dabei die bestmögliche Förderung des Kindeswohls dar. Der Gesetzgeber würde die sukzessive Annahme eines Fremdkindes de lege ferenda auf rechtlich verbindliche Gemeinschaften von Eheleuten und eingetragenen Lebenspartnerschaften begrenzen. Diese Ungleichbehandlung im Hinblick auf nicht rechtlich verbindliche Lebensgemeinschaften, denen diese Möglichkeit weiterhin verwehrt bliebe, müsste somit in einem angemessenen Verhältnis zur Förderung des Kindeswohls stehen. Die Förderung des Kindeswohls steht grundsätzlich im Mittelpunkt des Adoptionsrechts.[751] Dient die Annahme nicht dem Kindeswohl, ist sie nicht zulässig, vgl. § 1741 Abs. 1 S. 1 BGB. Dem Kindeswohl kommt somit bei Adoptionsentscheidungen Priorität zu. Da im Laufe der Untersuchung festgestellt werden konnte,[752] dass allgemein davon ausgegangen wird, dem Kindeswohl in rechtlich verbindlichen Paarbeziehungen könne besser gedient werden als in unverbindlichen, kann schon angenommen werden, dass die Ungleichbehandlung und die Förderung des Kindeswohls in einem angemessenen Verhältnis stehen. Ferner könnten sich rechtlich unverbindli-

749 Jarass, NJW 1997, 2545, 2549.

750 Ipsen, Rn. 815; Jarass/Pieroth, Art. 3 GG, Rn. 27 f.; Wendt, NVwZ 1988, 778, 785.

751 Brandt, S. 125; Pätzold, S. 142.

752 Vgl. hierzu Kapitel 2:A.II.2.c)bb)(2)(b) Dies wird auch später noch einmal ausführlich dargelegt und begründet, vgl. dazu Kapitel 2:A.III.2.b)ee).

che Partner auch zu einer Eheschließung oder Eingehung einer eingetragenen Lebenspartnerschaft entscheiden, wodurch eine Annahme dem Kindeswohl grundsätzlich dienen würde. Insgesamt kann deshalb von einem angemessenen Verhältnis zwischen der Ungleichbehandlung und der Förderung des Kindeswohls als Recht des Kindes ausgegangen werden. Die Rechte von Paaren aus rechtlich verbindlichen und unverbindlichen Beziehungen können durch die Ungleichbehandlung zur Förderung des Kindeswohls in einen angemessenen Ausgleich gebracht werden.

Im Ergebnis ist die Ungleichbehandlung somit als angemessen zu beurteilen.

### (3) Ergebnis zur verfassungsrechtlichen Rechtfertigung

Die de lege ferenda entstehende Ungleichbehandlung bei den Sukzessivadoptionsmöglichkeiten durch eingetragene Lebenspartner (und Eheleute) im Vergleich zu Paaren, die in einer rechtlich unverbindlichen Partnerschaft leben, wäre verfassungsrechtlich gerechtfertigt. Das Kindeswohl stellt dabei einen legitimen Zweck der Ungleichbehandlung dar. Die Beschränkung auf rechtlich verbindliche Partnerschaften ist dazu geeignet das Kindeswohl bei einer Sukzessivannahme bestmöglich zu sichern. Indem kein gleich geeignetes milderes Mittel dieses Ziel sichern kann, ist die Ungleichbehandlung der Personengruppen auch erforderlich. Die Versagung einer Sukzessivadoption für Partner aus nicht rechtlich verbindlichen Beziehungen ist ferner auch im Verhältnis zum Schutze des Kindeswohls angemessen.

Die durch die Einführung einer Sukzessivadoptionsmöglichkeit für eingetragene Lebenspartner entstehende Ungleichbehandlung mit rechtlich unverbindlichen Paarbeziehungen ist somit gerechtfertigt.

## *cc) Ergebnis*

Indem die durch eine de lege ferenda gegebene Möglichkeit der Sukzessivadoption für eingetragene Lebenspartner entstehende Ungleichbehandlung mit rechtlich nicht verbindlichen Paarbeziehungen anhand des Kindeswohls gerechtfertigt wäre, würde keine ungerechtfertigte Ungleichbehandlung dieser Gruppen i.S.d. Art. 3 Abs. 1 GG entstehen. Dementsprechend kann der Eingriff in die Gestaltungsfreiheit der lebenspartnerschaftlichen Familie aufgrund des de lege lata geltenden Sukzessivannahmeverbots auch nicht durch eine entstehende Kollision mit Art. 3 Abs. 1 GG im Verhältnis zu rechtlich unverbindlichen Partnerschaften gerechtfertigt werden.

### *d) Verschiedengeschlechtlichkeit der Eltern aus Art. 2 Abs. 1 GG oder Art. 6 Abs. 2 GG*

Der Eingriff in die Gestaltungsfreiheit der lebenspartnerschaftlichen Familie könnte allerdings dann gerechtfertigt sein, wenn Kinder ein Recht auf verschiedengeschlechtliche rechtliche Elternteile hätten. Würde die Sukzessivannahme eines Fremdkindes durch den eingetragenen Lebenspartner des Erstannehmenden de lege ferenda ermöglicht, könnte dieses Recht der anzunehmenden Kinder betroffen sein, indem sie dann zwei rechtliche gleichgeschlechtliche Elternteile hätten.

Dazu bedarf es zunächst aber eines Rechts von Kindern auf zwei verschiedengeschlechtliche rechtliche Elternteile. Ein solches Recht könnte sich aus dem allgemeinen Persönlichkeitsrecht des Kindes nach Art. 2 Abs. 1 GG i.V.m. Art. 1 Abs. 1 GG oder aus Art. 6 Abs. 2 S. 1 GG ergeben.

Aus dem allgemeinen Persönlichkeitsrecht des Kindes ergibt sich das Recht auf „Person-Werden“. Dieses könnte ein Recht auf verschiedengeschlechtliche Eltern beinhalten, da optimale Entwicklungsbedingungen nur von verschiedengeschlechtlichen Eltern geboten werden könnten.[753] Die Frage, ob sich die Abwesenheit von Mutter oder Vater in einer Elternkonstellation von Vater/Vater oder Mutter/Mutter negativ auf das Wohl des Kindes und damit auf seine Entwicklung auswirken kann, wurde allerdings schon verneint.[754] Indem das allgemeine Persönlichkeitsrecht des Kindes somit durch ein Aufwachsen bei gleichgeschlechtlichen Eltern nicht berührt ist, kann sich aus diesem Recht auch kein Recht auf verschiedengeschlechtliche rechtliche Elternteile ergeben.

Ein solches Recht könnte sich aber auch aus Art. 6 Abs. 2 S. 1 GG ergeben. Danach sind Pflege und Erziehung der Kinder das natürliche Recht der Eltern und die ihnen zuförderst obliegende Pflicht. Fraglich ist, ob sich daraus überhaupt ein Recht des Kindes ergeben kann, oder ob lediglich die Eltern Träger dieses Grundrechts sind. Nach teilweise in der Literatur und älteren Rechtsprechung vertretener Auffassung sind Kinder keine Grundrechtsträger des Art. 6 Abs. 2 S. 1 GG und können deshalb keine eigenen Rechte aus der Vorschrift herleiten.[755] In einem Urteil aus dem Jahr 2008 hat das Bundesverfassungsgericht jedoch festge-

---

753 Vgl. dazu schon die Ausführungen unter Kapitel 1:B.II.1.b)aa).

754 Vgl. dazu Kapitel 1:B.II.1.b)aa)(6).

755 BVerfGE 61, 18, 27; BVerfGE 28, 104, 112; Engels, AöR 1997, 212, 233 ff.; Maunz/Dürig/Badura, Lfg. 41 Oktober 2002, Art. 6 GG, Rn. 94; Stern, IV/1, S. 534; v. Mangoldt/Klein/Starck/Robbers, Art. 6 GG, Rn.

stellt, dass mit der Pflicht der Eltern aus Art. 6 Abs. 2 S. 1 GG ein Recht des Kindes auf Pflege und Erziehung[756] durch seine Eltern korrespondiert.[757] Diese Ansicht vertritt auch ein Teil der Literatur.[758] Das Bundesverfassungsgericht argumentierte,[759] die Elternverantwortung sei aufgrund der für das Kind nötigen Unterstützung allein dem Wohl des Kindes verpflichtet und geschuldet, sodass seine Eltern für es Sorge tragen und so ein Recht darauf entstehen würde, dass die Eltern der mit ihrem Elternrecht untrennbar verbundenen Pflicht auch nachkämen. Dieses Recht finde seinen Grund somit in der elterlichen Verantwortung und würde deshalb von Art. 6 Abs. 2 S. 1 GG geschützt. Es stehe in engem Zusammenhang mit dem Grundrecht des Kindes auf Schutz seiner Persönlichkeit aus Art. 2 Abs. 1 GG i.V.m. Art. 1 Abs. 1 GG, denn es sichere dem Kind den familiären Bezug, der für seine Persönlichkeitsentwicklung von Bedeutung sei.

Sofern man sich der Meinung des Gerichts anschließen will, einem Kind stünde ein Recht auf Pflege und Erziehung durch seine Eltern zu,[760] stellt sich die Frage, ob sich aus diesem Recht auch die Erfüllung dieser Pflichten gerade durch verschiedengeschlechtliche Elternteile ergibt. Weder Art. 6 Abs. 1 GG noch Art. 6 Abs. 2 GG enthält allerdings eine genaue Definition der Elternschaft.

In der klassischen Vorstellung sind die Eltern eines Kindes deren biologische(r) und rechtliche(r) Mutter und Vater. Der Geltungsanspruch von Art. 6 Abs. 2 S. 1 GG ist allerdings nicht auf eine solche klassische Elternkonstellation begrenzt. Inhaber des Elternrechts ist deshalb derjenige, der die Elternverantwortung trägt und zwar unabhängig davon, ob die Elternstel-

---

182; v. Münch/Kunig/Coester-Waltjen, Art. 6 GG, Rn. 61; zwar geht Gärditz, JZ 2011, 930, 931 nicht zwangsläufig davon aus, dass Kinder keine Träger des Grundrechts aus Art. 6 Abs. 2 S. 1 GG sind, er prüft allerdings einen Eingriff in das Elternrecht des leiblichen Elternteils bei einer Adoption gegen den Willen eines biologischen Elternteils.

756 Schutzgegenstand von Art. 6 Abs. 2 S. 1 GG ist unstrittig die Pflege und Erziehung der Kinder, vgl. Isensee/Kirchhof/Höfling, VII, § 155 ; Rn. 17.

757 BVerfGE 121, 69, 93; ähnliche Feststellungen wurden auch schon in BVerfGE 103, 89, 107; BVerfGE 72, 122, 134; BVerfGE 24, 119, 144 getroffen. So jetzt auch wieder in BVerfG, 1 BvL 1/11 vom 19.2.2013, Rn. 41.

758 Altrogge, FPR 2009, 34, 36; Ditzen, NJW 1989, 2519; Hohmann-Dennhardt, FPR 2008, 476, 477; Isensee/Ipsen/Zacher, VI Freiheitsrechte 2. Auflage, § 134, Rn. 53; Künast, FPR 2008, 478, 480; Schulz/Hauß/Diwell, Art. 6 GG, Rn. 57; differenzierend Herdegen, FamRZ 1993, 374, 375; dies lediglich als Frage aufwerfend und sich dann auf BVerfGE 121, 96 berufend Isensee/Ipsen/Höfling, VII, § 155, Rn. 67.

759 Vgl. zur folgenden Argumentation BVerfGE 121, 69, 93.

760 Davon ging das Bundesverfassungsgericht auch bei seiner Entscheidung zum Verbot der Sukzessivadoption aus, weshalb es auch einen Verstoß des Sukzessivadoptionsverbots gegen dieses Kindesgrundrecht geprüft hat. Im Ergebnis wurde ein Verstoß gegen dieses Grundrecht dann aber abgelehnt, da die Frage wie der Staat das Recht auf Pflege und Erziehung durch die Eltern gewähren würde dem Gesetzgeber überlassen sei. Vgl. dazu BVerfG, 1 BvL 1/11 vom 19.2.2013, Rn. 40-46.

lung auf Abstammung oder Rechtszuweisung beruht.[761] Elternschaft i.S.d. Art. 6 Abs. 2 GG setzt somit eine sozial-familiäre Beziehung und die tatsächliche Übernahme von Verantwortung sowie eine rechtliche Verwandtschaft oder Abstammung voraus.[762] Die Abstammung und die sozial-familiäre Verantwortungsgemeinschaft machen dabei gleichermaßen den Gehalt von Art. 6 Abs. 2 S. 1 GG aus.[763] Träger von Elternverantwortung sind somit alle den Kindern biologisch oder rechtlich zugeordneten Personen, die auch tatsächlich Verantwortung für sie übernehmen. Das ist unter anderem bei eingetragenen Lebenspartnern der Fall, welche die gemeinsame rechtliche Elternschaft für ein leibliches Kind des einen Partners im Wege der Stiefkindadoption nach § 9 Abs. 7 LPartG übernommen haben.[764] Dafür, dass auch gleichgeschlechtliche Paare Eltern i.S.d. Art. 6 Abs. 2 S. 1 GG sein können, könnte auch der Umstand sprechen, dass Träger des Elternrechts nicht die Gemeinschaft, sondern jeder Elternteil für sich ist[765].[766] Somit scheint es schon nicht auf die durch beide Elternteile entstehende Gemeinschaft zur Ausübung dieses Grundrechts anzukommen, weswegen es im Umkehrschluss dazu auch nicht auf die aus beiden Elternteilen entstehende Konstellation der Geschlechter ankommen kann, damit sie das Elternrecht ausüben können oder eine am Kindeswohl orientierte Ausübung dieses Rechts von ihnen eingefordert werden kann. Dafür, dass auch gleichgeschlechtliche Personen Eltern i.S.d. Art. 6 Abs. 2 S. 1 GG sein können, spricht auch die Einbeziehung dieser in den Familienbegriff des Art. 6 Abs. 1 GG. Die Familie wird schließlich durch die umfassende Gemeinschaft von Eltern und ihren Kindern gebildet.[767] Dass zu diesen Eltern auch gleichgeschlechtliche gehören, die mit ihren Kindern eine Familie bilden, ist mittlerweile überwiegend anerkannt.[768]

---

761 BVerfGE 92, 158, 178; Schulz/Hauß/Diwell, Art. 6 GG, Rn. 51. Siehe hierzu auch schon die Untersuchungsergebnisse unter Kapitel 2:A.II.1.a)aa).

762 BVerfGE 108, 82, 106; BVerfGE 56, 363, 382; Isensee/Kirchhof/Höfling, VII, § 155, Rn71; Schulz/Hauß/Diwell, Art. 6 GG, Rn. 51.

763 BVerfG NJW 2008, 2835; BVerfGE 108, 82, 106; BVerfGE 92, 158, 178; Weber, NJW 2009, 3283, 3288.

764 Leipold, FamFR 2009, 56; v. Münch/Kunig/Coester-Waltjen, Art. 6, Rn. 76; auch OLG Hamburg FamRZ 2011, 1312, 1313, das feststellt, dass die Elternstellung eines Lebenspartners durch eine Zweitadoption gem. Art. 6 Abs. 2 GG rechtlich abgesichert wäre; a.A. Gärditz, JZ 2011, 930, 931 der wegen der Unvereinbarkeit einer gleichgeschlechtlichen Elternschaft mit Art. 6 Abs. 2 S. 1 GG schon § 9 Abs. 7 LPartG für verfassungswidrig hält.

765 BVerfGE 99, 145, 164; BVerfGE 47, 46, 76.

766 Auf diesen Gedanken könnte die Anmerkung des Bundesverfassungsgerichts in BVerfG FamRZ 2009, 1653, 1654 hindeuten. So jetzt auch BVerfG, 1 BvL 1/11 vom 19.2.2013, Rn. 50 ff.

767 Epping/Hillgruber/Uhle, Art. 6 GG, Rn. 14.

768 OLG Hamm NJW 2010, 2065, 2066; Grziwotz, FamRZ 2009, 1982, 1983; Jarass/Pieroth, Art. 6 GG, Rn. 9; Sachs/von Coelln, Art. 6 GG, Rn. 16; Sickert, S. 199 f.; Stern IV/1, S. 402 f.; Leipold, FamFR 2009, 56; v. Münch/Kunig/Coester-Waltjen, Art. 6 GG, Rn. 11; a.A. Epping/Hillgruber/Uhle, Art. 6 GG, Rn. 18. Risse, S. 243 hingegen differenziert nach der rechtlichen Beziehung des Nichtelternteils zu dem Kind. So läge

Aus den vorangegangenen Überlegungen lässt sich schließen, dass das Elternrecht auch von gleichgeschlechtlichen Elternpaaren wahrgenommen werden kann, wenn sie dem Kind durch rechtliche Verwandtschaft oder Abstammung zugeordnet werden können. Korrespondierend dazu kann das Recht des Kindes auf Pflege und Erziehung aus Art. 6 Abs. 2 S. 1 GG nicht darauf ausgerichtet sein, von Personen verschiedenen Geschlechts ausgeübt zu werden.[769] Kinder haben somit kein Recht auf verschiedengeschlechtliche Eltern.[770]

Im Ergebnis kann somit festgehalten werden, dass das Elternrecht auch zwei Personen gleichen Geschlechts zuteilwerden kann. Indem zwei gleichgeschlechtliche Personen aber Eltern i.S.d. Art. 6 Abs. 2 S. 1 GG sein können, kann aus dieser Vorschrift kein Recht auf verschiedengeschlechtliche rechtliche Elternteile korrespondieren. Da Kinder kein Recht auf verschiedengeschlechtliche rechtliche Eltern haben, kann der de lege lata vorliegende Eingriff in die Familiengestaltungsfreiheit von eingetragenen Lebenspartnern durch das Sukzessivannahmeverbot damit auch nicht gerechtfertigt werden.

### *e) Fazit zur Rechtfertigung anhand von kollidierendem Verfassungsrecht*

Wie die vorangegangene Untersuchung gezeigt hat, kann der durch das de lege lata geltende Verbot der Sukzessivadoption entstehende Eingriff in die lebenspartnerschaftliche familiäre Gestaltungsfreiheit weder anhand des allgemeinen Persönlichkeitsrechts des Kindes aus Art. 2 Abs. 1 GG i.V.m. Art. 1 Abs. 1 GG, noch aus dem Schutz der Ehe aus Art. 6 Abs. 1, 1. Alt. GG, einer sonst entstehenden nicht zu rechtfertigenden Ungleichbehandlung i.S.d. Art. 3 Abs. 1 GG im Vergleich zu rechtlich unverbindlichen Partnerschaften oder einem angeblichen Recht des Kindes auf verschiedengeschlechtliche rechtliche Elternteile gerechtfertigt werden.

---

erst durch eine Adoption eine verfassungsrechtlich geschützte Familie vor, da das Kind sonst Mitglied von zwei Familien wäre. Dafür, dass es auch nicht auf die sexuelle Orientierung von gleichgeschlechtlichen Elternpaaren ankommt Forkert, S. 21. So jetzt auch BVerfG, 1 BvL 1/11 vom 19.2.2013, Rn. 61 ff.

769 Dies wird auch durch BVerfG, 1 BvL 1/11 vom 19.2.2013, Rn. 40 ff. bestätigt.

770 Davon scheint auch Pätzold, S. 134, allerdings mit anderer Argumentation, auszugehen. So jetzt BVerfG, 1 BvL 1/11 vom 19.2.2013, Rn. 99 indem die Ungleichbehandlung durch den Ausschluss von der Sukzessivadoption nicht durch Art. 6 Abs. 2 S. 1 GG gerechtfertigt werden kann, da dieses Grundrecht nicht verlange die Elternschaft auf verschiedengeschlechtliche Paare zu beschränken.

### 3. Ergebnis

Aufgrund des geltenden Verbots der Sukzessivadoption für eingetragene Lebenspartner kann der Partner des Erstannehmenden das Kind nicht sukzessive annehmen und so auch keine verwandtschaftliche Beziehung zu ihm erlangen. Dadurch wird in die in Art. 6 Abs. 1, 2. Alt. GG geschützte Gestaltungsfreiheit der lebenspartnerschaftlichen Familie eingegriffen. Dieser Eingriff konnte nicht durch kollidierendes Verfassungsrecht gerechtfertigt werden. Das Verbot der Sukzessivadoption für eingetragene Lebenspartner verstößt somit gegen Art. 6 Abs. 1, 2. Alt. GG.[771]

## *III. Verstoß des Verbots einer sukzessiven Adoption gegen Art. 3 Abs. 1 GG bei einem Vergleich von Eheleuten und eingetragenen Lebenspartnern*

Es könnte auch ein Verstoß gegen den Gleichbehandlungsgrundsatz aus Art. 3 Abs. 1 GG vorliegen.[772] Dieser besagt, dass gleiche Sachverhalte nicht unterschiedlich und unterschiedliche Sachverhalte nicht gleich behandelt werden dürfen, es sei denn, eine solche Behandlung wäre verfassungsrechtlich gerechtfertigt.[773] Anders formuliert liegt eine Verletzung des Rechts auf Gleichbehandlung in einer Ungleichbehandlung von wesentlich Gleichem oder einer Gleichbehandlung von wesentlich Ungleichem.[774] Im Hinblick auf die Möglichkeiten einer sukzessiven Adoption finden sich unterschiedliche Regelungen für Eheleute und eingetragene Lebenspartner. Da der eingetragene Lebenspartner des Erstannehmenden das angenommene Kind durch die Regelungen des § 9 Abs. 7 LPartG i.V.m. § 1742 BGB nicht sukzessive auch annehmen kann, dies für Ehepartner jedoch möglich ist, vgl. § 1742 Abs. 2 S. 3 BGB i.V.m. § 1742 BGB, kommt eine Ungleichbehandlung von wesentlich Gleichem in Betracht.

---

771 Dies scheint auch von Auskunftspersonen, die in der mündlichen Verhandlung zum Verbot der Sukzessivadoption Stellung genommen haben so gesehen worden zu sein, vgl. BVerfG, 1 BvL 1/11 vom 19.2.2013, Rn. 35. Weitere inhaltliche Begründungen fehlen leider in dem Urteil.

772 So auch OLG Hamburg FamRZ 2011, 1312, 1313; Dazu, dass durch zivilrechtliche Regelungen in Grundrechte eingegriffen werden kann vgl. die Arbeiten von Canaris, S. 11 ff.; Ruffert, S. 31 ff.

773 BVerfGE 42, 64, 72; BVerfGE 1, 14, 52; Epping/Hillgruber/Kischel, Art. 3 GG, Rn. 14, Hufen, § 39, Rn. 5, Sachs, S. 222 ff.

774 BVerfGE 4, 144, 155; BVerfGE 1, 13, 52; Vgl. auch Hufen, § 39, Rn. 5; Ipsen, Rn. 799 ff.

Fraglich ist aber zunächst, ob der allgemeine Gleichbehandlungsgrundsatz hier überhaupt Anwendung findet oder im Wege einer Gesetzeskonkurrenz zurücktritt.[775] Eine solche ergibt sich immer dann, wenn mehrere Grundrechte für denselben Träger in Bezug auf denselben Sachverhalt eingreifen und sich die Schutzbereiche mehrerer Grundrechte somit überschneiden.[776] Wie bereits geprüft wurde,[777] ist der Schutzbereich der Familie aus Art. 6 Abs. 1, 2. Alt. GG eröffnet. Deshalb stellt sich die Frage, ob der allgemeine Gleichheitssatz hier anwendbar ist.[778] Grundsätzlich schließt Art. 6 Abs. 1 GG die Anwendung von Art. 3 Abs. 1 GG nicht aus.[779] Auch wenn zum Teil vertreten wird, Art. 6 Abs. 1 GG sei gegenüber Art. 3 Abs. 1 GG spezieller,[780] kann dies nur der Fall sein, wenn Art. 6 Abs. 1 GG ein besonderes Diskriminierungsverbot hinsichtlich von Ehe oder Familie enthält.[781] Grundsätzlich scheint aber Einigkeit darüber zu bestehen, dass der Maßstab von Art. 3 Abs. 1 GG durch die besondere Wertentscheidung des Art. 6 Abs. 1 GG verstärkt wird und Art. 6 Abs. 1 GG somit kein grundsätzlicher Vorrang zukommt.[782] Bei der vorliegend zu prüfenden Schlechterstellung von eingetragenen Lebenspartnern im Vergleich zu Eheleuten kommt Art. 6 Abs. 1 GG kein sperrender Vorrang zu, da eingetragene Lebenspartner nicht von der Ehe erfasst sind.[783] Daran ändert sich auch nichts durch die Einbeziehung der lebenspartnerschaftlichen Familie in den Schutzbereich der Familie, denn eine Ungleichbehandlung von verschiedenen Familien kann, wie schon erläutert wurde, nur unter Art. 3 Abs. 1 GG relevant werden.[784] Der allgemeine Gleichheitssatz findet daher Anwendung.

Im Folgend gilt es dementsprechend zu untersuchen, ob ein Verstoß gegen den Gleichheitssatz aus Art. 3 Abs. 1 GG aufgrund der unterschiedlichen Regelungen zur Sukzessivadoption

775 Zum allgemeinen Problem der Grundrechtskonkurrenz Stern, III/2, S. 1367 ff.

776 Erfurter Kommentar zum Arbeitsrecht/Dieterich, Einleitung, Rn. 68.

777 Vgl. dazu die Untersuchung unter Kapitel 2:A.II.1.

778 Dazu auch Kingreen, Jura 1997, 401, 406.

779 Denninger/Stein, 2001, Art. 3 Abs. 1 GG, Rn. 80; Henkel, NJW 2011, 259, 262; A.A. Dreier/Heun, Art. 6 GG, Rn. 140; Schmidt-Bleibtreu/Hofmann/Hopfauf/Kannengießer, Art. 3, Rn. 11.

780 v. Münch/Kunig/Coester-Waltjen, Art. 6 GG, Rn. 124, die von diesem Grundsatz aber noch Ausnahmen machen.

781 So auch BK/Prison, 38. Lfg. April 1978, Art. 6 GG, Rn. 83 f.; Freytag, DÖV 2002, 445, 451 f. Das Bestätigen auch die Entscheidungen des Bundesverfassungsgerichts in denen der besondere Vorrang von Art. 6 Abs. 1 GG in der jeweiligen Entscheidung betont wird, vgl. BVerfGE 17, 210, 217; BVerfGE 12, 151, 163.

782 So auch in BVerfGE 89, 346, 352; BVerfGE 87, 1, 26; BVerfGE 82, 60, 86; BVerfGE 69, 188, 205. Vgl. auch Dreier/Heun, Art. 6 GG, Rn. 140; Isensee/Kirchhof/Sachs, VIII, § 183, Rn. 170; Jarass/Pieroth, Art. 6 GG, Rn. 3; Maunz/Dürig/Badura, Lfg. 65 April 2012, Art. 6, Rn. 31 ff.; Stern, IV/1, S. 620 ff.; v. Mangoldt/Klein/Starck/Starck, Art. 3GG, Rn. 301.

783 So auch Freytag, DÖV 2002, 445, 451 f.

784 So auch Stern, IV/1, S. 622.

vorliegt. Dazu müsste also eine rechtlich relevante Ungleichbehandlung von wesentlich Gleichem vorliegen, die nicht verfassungsrechtlich gerechtfertigt werden kann.[785]

## 1. Rechtlich relevante Ungleichbehandlung von wesentlich Gleichem

Fraglich ist, ob eine Ungleichbehandlung von wesentlich Gleichem durch die unterschiedlichen Möglichkeiten einer sukzessiven Annahme eines Fremdkindes für Eheleute und eingetragene Lebenspartner vorliegt. Dazu müsste es sich bei Eheleuten und eingetragenen Lebenspartnern zunächst um wesentlich Gleiches handeln.

Wesentlich Gleiches liegt bei einem Vergleichspaar[786] vor, welches in der Mehrheit der Merkmale übereinstimmt und in anderen Unterschiede aufweist.[787] Die zu vergleichenden Personengruppen[788] werden vorliegend durch Eheleute und eingetragene Lebenspartner gebildet. Sowohl bei eingetragenen Lebenspartnern als auch bei Eheleuten handelt es sich um auf Dauer angelegte, freiwillige, rechtlich verfestigte Vereinigungen von zwei Personen.[789] Der einzige Unterschied besteht hinsichtlich des Geschlechts der Partner. Denn in einer eingetragenen Lebenspartnerschaft handelt es sich um die Verbindung von zwei gleichgeschlechtlichen Personen, vgl. § 1 Abs. 1 S. 1 LPartG, währenddessen eine Ehe nur von verschiedengeschlechtlichen Personen geschlossen werden kann.[790] Das Vergleichspaar stimmt somit hinsichtlich der rechtlich verbindlichen Gemeinschaft überein, weist aber bezüglich der Geschlechterkonstellation einen Unterschied auf. Bei dem Vergleichspaar handelt es sich demnach um wesentlich Gleiches.[791]

---

785 Pieroth/Schlink, Rn. 462 ff.

786 Träger des Grundrechts sind alle Menschen, vgl. Hömig/Bergmann, Art. 3 GG, Rn. 3; Hufen, § 39, Rn. 7.

787 Epping/Hillgruber/Kischel, Art. 3, Rn. 15; Ipsen, Rn. 801 f.; mit weiteren Ausführungen zur rechtlichen Gleichheit Isensee/Kirchhof/Kirchhof, VIII, § 181, Rn. 3.

788 Zur Bildung von Vergleichsgruppen BVerfGE 52, 277, 280; BK/Rüfner, 67. Lfg. Okt. 1992, Art. 3 GG, Rn. 11 ff.

789 BVerfGE 126, 400, 419; BVerfGE 124, 199, 225; BVerfG NJW 2012, 2719, 2720 f.; Bruns/Kemper/Stüber, Einführung, Rn. 116; Pätzold, S. 153.

790 BVerfGE 10, 59, 66; Bauer/Dohmel/Schimke, S. 133; Schulz/Hauß/Diwell, Art. 6 GG, Rn. 16; Sodan, Art. 6 GG, Rn. 3. Möller, DÖV 2005, 64 ff. hingegen kommt zu dem Schluss, dass Art. 6 Abs. 1 GG auch die gleichgeschlechtliche Ehe schütze und die eingetragene Lebenspartnerschaft verfassungswidrig sei.

791 BVerfGE 124, 199, 217 f.; OLG Hamburg FamRZ 2011, 1312, 1313; Freytag, DÖV 2002, 445, 452; Grehl, S. 93, 158; Bruns/Kemper/Stüber, Einführung, Rn. 116; Hoppe, WD 3 – 060/10, S. 4; Hoppe, StAZ 2010, 107; Pätzold, S. 153; ähnlich auch Robbers, JZ 2001, 779, 784; a.A. Isensee/Kirchhof/Ipsen, VII, § 154, Rn. 58 da sich die Ehe aufgrund ihrer Vorstufe zur Familie von der Lebenspartnerschaft unterscheide. Wobei unter Rn. 63 festgestellt wird, dass Ehen zunehmend kinderlos bleiben und sich somit die Frage stellen würde, ob die tradierte Vorstellung der Ehe als Vorstufe zur Familie noch zeitgemäß wäre. Davon,

Dieses wesentlich Gleiche müsste ferner auch eine unterschiedliche Behandlung durch denselben Hoheitsträger erfahren.[792] In tatbestandlich gleichen Fällen dürfte also nicht die gleiche Rechtsfolge eintreten.[793] Eine unterschiedliche Behandlung dieser Personengruppen könnte, wie bereits dargestellt wurde, im Bereich der sukzessiven Adoptionsmöglichkeiten bestehen. Denn der Ehegatte des Erstannehmenden kann ein von ihm angenommenes Kind sukzessive auch annehmen, vgl. § 1741 Abs. 2 S. 2 BGB i.V.m. § 1742 BGB. Eingetragenen Lebenspartnern ist dies jedoch verwehrt, vgl. § 9 Abs. 7 LPartG i.V.m. § 1742 BGB.[794] Fraglich ist, ob hierdurch eine ungleiche Behandlung in tatbestandlich gleichen Fällen vorliegt, denn auf der einen Seite stehen Eheleute und auf der anderen eingetragene Lebenspartner. Dabei handelt es sich aber insoweit um tatbestandlich gleiche Fälle, als es sich bei beiden Arten der Verbindungen um auf Dauer angelegte, freiwillige, rechtlich verfestigte Vereinigungen von zwei Personen handelt.[795] Eine unterschiedliche Behandlung liegt somit vor. Sie entsteht allerdings schon, indem der Gesetzgeber für Eheleute und eingetragene Lebenspartner verschiedene Regelungen mit unterschiedlichen Rechtsfolgen einer Sukzessivannahme erlassen hat, also durch einen Akt der Gesetzgebung. Wie bereits erläutert wurde,[796] schützt Art. 3 Abs. 1 GG aber auch vor einer Ungleichbehandlung durch den Erlass von unterschiedlich behandelnden Gesetzen.[797]

Die Ungleichbehandlung durch die erwähnten Normen muss ferner auch noch vom selben Hoheitsträger ausgehen.[798] Sowohl bei den Regelungen für Eheleute als auch bei denen für eingetragene Lebenspartner handelt es sich um Regelungen des bürgerlichen Rechts. Diese unterliegen nach Art. 74 Abs. 1 Nr. 1 GG der konkurrierenden Gesetzgebung, bei denen der Bund von seiner Gesetzgebungsbefugnis nach Art. 72 Abs. 1 GG Gebrauch gemacht hat. Es handelt sich somit um Regelungen desselben Hoheitsträgers.

Im Ergebnis liegt durch den Umstand, dass der Ehepartner das Kind des Erstannehmenden sukzessive auch annehmen kann, vgl. § 1741 Abs. 2 S. 3 BGB i.V.m. § 1742 BGB, während-

dass es sich um wesentlich Gleiches handelt geht jetzt auch wieder das Bundesverfassungsgericht aus, vgl. BVerfG, 1 BvL 1/11 vom 19.2.2013, Rn. 104.

792 BVerfGE 79, 127, 158; BVerfGE 21, 54, 68.

793 Vgl. Epping, Rn. 768.

794 Vergleich dazu schon die Ausführungen aus Kapitel 1: und die dazugehörende Konklusion unter Kapitel 1:C.

795 BVerfGE 124, 199, 225; Bruns/Kemper/Stüber, Einführung, Rn. 116; Pätzold, S. 153; ähnlich auch Schulz/Hauß/Haibach, § 2 LPartG, Rn. 1 f.

796 Vgl. dazu Kapitel 2:A.II.2.c)aa).

797 BK/Rüfner, 67. Lfg. Okt. 1992, Art. 3 GG, Rn. 168 ff.

798 Pieroth/Schlink, Rn. 463; Stern, IV/2, S. 1499 f., 1506 f.

dessen diese Möglichkeit dem eingetragenen Lebenspartner des Erstannehmenden verwehrt bleibt, vgl. § 9 Abs. 7 LPartG i.V.m. § 1742 BGB, also eine rechtlich relevante Ungleichbehandlung von wesentlich Gleichem vor.[799]

## 2. Verfassungsrechtliche Rechtfertigung der Ungleichbehandlung

Es stellt sich somit die Frage, ob diese Ungleichbehandlung von wesentlich Gleichem verfassungsrechtlich gerechtfertigt werden kann. Sollte dies nicht der Fall sein, würde der Gesetzgeber durch die unterschiedlichen Regelungen zur Sukzessivannahme für Eheleute und eingetragene Lebenspartner gegen den Gleichbehandlungsgrundsatz verstoßen.

### *a) Maßstab der Rechtfertigung*

Zunächst ist der Maßstab zur Rechtfertigung der vorliegenden Ungleichbehandlung der Vergleichsgruppen zu bestimmen.[800]

#### *aa) Willkürverbot oder neue Formel*

Im Hinblick auf die Frage, ob das Willkürverbot oder die neue Formel heranzuziehen ist, ist nach personenbezogenen und sachbezogenen Ungleichbehandlungen zu unterscheiden.[801] Indem es verschiedene Regelungen für Eheleute und eingetragene Lebenspartner bei der Sukzessivadoption gibt, wird an den Familienstand der Gruppen angeknüpft. Es handelt sich also um eine Differenzierung anhand einer Personengruppe, wodurch sich die Rechtfertigungsanforderungen folglich nach einer strengen Bindung an die Verhältnismäßigkeitserfordernisse richten.[802] Zur Begründung einer Ungleichbehandlung der Personengruppen reicht also nicht die Berücksichtigung eines seiner Art nach geeigneten Unterscheidungsmerkmals durch den Normgeber aus.[803] Vielmehr ist auch für das Maß der Differenzierung ein innerer Zusammenhang zwischen den vorgefundenen Verschiedenheiten und der differenzierenden Regelung erforderlich, der sich als sachlich vertretbarer Unterscheidungsgesichtspunkt von hinreichen-

799 So auch OLG Hamburg FamRZ 2011, 1312, 1313.
800 Vgl. hierzu schon Kapitel 2:A.II.2.c)bb)(1).
801 Dazu auch Stern IV/2, S. 1531 ff.; v. Münch/Kunig/Boysen, Art. 3 GG, Rn. 105 f.; mit Kritik an dieser Unterscheidung Sachs/Osterloh, Art. 3 GG, Rn. 27 ff.
802 So auch BVerfGE 124, 199, 219.
803 BVerfGE 124, 199, 220. Zur Anwendung der neuen Formel auch Hömig/Bergmann, Art. 3 GG, Rn. 5; Schmidt-Bleibtreu/Hofmann/Hopfauf/Kannengießer, Art. 3 GG, Rn. 17; Stern, IV/2, S. 1491.

dem Gewicht anführen lässt.[804] Der Gesetzgeber unterliegt somit bei der vorliegenden Ungleichbehandlung der Personengruppen einer strengen Bindung an die Verhältnismäßigkeitsgrundsätze.

### *bb) Festlegung des Rechtfertigungsmaßstabs aufgrund der Berührung anderer Grundrechte*

Dem Gesetzgeber wären aber umso engere Grenzen zur Rechtfertigung gesetzt, wenn sich der die Ungleichbehandlung der Personengruppen tragende Sachgrund auf die Ausübung von grundrechtlich geschützten Freiheiten nachteilig auswirken könnte.[805] Eine strengere Bindung des Gesetzgebers an den Verhältnismäßigkeitsgrundsatz könnte im vorliegenden Fall bei einer Auswirkung auf die verfassungsrechtlich geschützte Familie aus Art. 6 Abs. 1, 2. Alt. GG gegeben sein.[806]

Die Berührung der Familie könnte aus der ungleichen Behandlung von Eheleuten und eingetragenen Lebenspartnern bei den Sukzessivadoptionsmöglichkeiten von Fremdkindern resultieren. Das wäre der Fall, wenn die von Art. 6 Abs.1, 2. Alt. GG geschützte Familiengründungsfreiheit[807] wegen der Verwehrung der Annahme durch den Partner des Erstannehmenden berührt wäre. Wie allerdings bereits festgestellt wurde, wird eine verfassungsrechtlich geschützte Familie zwischen dem Erstannehmenden und dem Kind schon durch die Adoption gebildet. In diese wird der eingetragene Lebenspartner auch ohne Sukzessivadoption mit einbezogen, wenn er die tatsächliche Verantwortung für das Kind übernimmt. Eine Berührung der familiären Gestaltungsfreiheit scheidet somit aus. Da allerdings durch das Sukzessivannahmeverbot in die Gestaltungsfreiheit der lebenspartnerschaftlichen Familie eingegriffen wird,[808] ergibt sich hierdurch eine strengere Bindung an die Verhältnismäßigkeitserfordernisse.

---

804 BVerfGE 93, 386, 401; BVerfGE 81, 208, 224; BVerfGE 71, 39, 58 f.

805 BVerfGE 105, 73, 110 f.; BVerfGE 95, 267, 316 f.; BVerfGE 88, 87, 96; Sachs/Osterloh, Art. 3 GG, Rn. 32; Stern, IV/2, S. 1535 f.; v. Münch/Kunig/Boysen, Art. 3 GG, Rn. 107. Die Beeinträchtigung von grundrechtlich geschützten Belangen ist nicht erforderlich, eine Berührung dieser ist ausreichend, vgl. Stern, IV/2, S. 1537.

806 Für den Schutz der Familie in der Gleichheitsprüfung vgl. BVerfGE 87, 1, 35 f.; BVerfGE 82, 60, 86.

807 BVerfGE 76, 1, 42; Epping/Hillgruber/Uhle, Art. 6 GG, Rn. 27; Hömig/Antoni, Art. 6 GG, Rn. 6; Sodan, Art. 6 GG, Rn. 6; v. Mangoldt/Klein/Starck/Robbers, Art. 6 GG, Rn. 92; v. Münch/Kunig/Coester-Waltjen, Art. 6 GG, Rn. 32.

808 Vgl. dazu Kapitel 2:A.II.1.d).

Durch die Berührung des Schutzbereichs der Familie unterliegt der Gesetzgeber wegen der vorliegenden Ungleichbehandlung der Personengruppen einer strengeren Bindung an die Verhältnismäßigkeitserfordernisse.

### *cc) Strengerer Rechtfertigungsmaßstab aufgrund einer Annäherung an ein Merkmal des Art. 3 Abs. 3 GG*

Die Bindung an die Verhältnismäßigkeitserfordernisse wäre zusätzlich umso strenger je mehr sich diese personenbezogenen Merkmale denen aus Art. 3 Abs. 3 GG annähern würden.[809] Denn in einem solchen Fall ist die Gefahr umso größer, dass eine an eines dieser Persönlichkeitsmerkmale anknüpfende Ungleichbehandlung zu einer Diskriminierung einer Minderheit führt.[810]

Dementsprechend müsste eine Ungleichbehandlung aufgrund von personenbezogenen Merkmalen vorliegen, die sich den in Art. 3 Abs. 3 GG genannten Merkmalen annähern. Art. 3 Abs. 3 GG benennt die Benachteiligung oder Bevorzugung aufgrund des Geschlechts, der Abstammung, der Rasse, der Sprache, der Heimat und Herkunft, des Glaubens, der religiösen oder politischen Anschauungen sowie die Benachteiligung aufgrund einer Behinderung. Es handelt sich dabei um eine abschließende Aufzählung,[811] weswegen eine judikative Erweiterung überwiegend abgelehnt wird.[812] Um eine solche Erweiterung geht es allerdings im Vorliegenden nicht, denn der Katalog der Merkmale in Art. 3 Abs. 3 GG soll nicht erweitert werden.[813] Vorliegend würde es sich lediglich um eine „Annäherung“[814] an eines der in Art. 3 Abs. 3 GG genannten Merkmale handeln.[815] Aus dieser „Annäherung“ könnte ein strengerer Rechtfertigungsmaßstab resultieren als bei einer Ungleichbehandlung nach

---

809 BVerfGE 88, 87, 97; Bruns/Kemper/Stüber, Einführung, Rn. 115; Hömig/Bergmann, Art. 3 GG, Rn. 5; v. Münch/Kunig/Boysen, Art. 3 GG, Rn. 105.

810 BVerfGE 124, 199, 220; BVerfGE 88, 87, 96 f.

811 Epping/Hillgruber/Kischel, Art 3 GG, Rn. 188 a; differenzierend v. Mangoldt/Klein/Starck, Art. 3 GG, Rn. 368; a.A. Schmidt-Bleibtreu/Hofmann/Hopfauf, Art. 3 GG, Rn. 57.

812 So Michael, NJW 2010, 3537, 3538; Pieroth/Jarass, Art. 3 GG, Rn. 120. Zur mangelnden Analogiefähigkeit von Art. 3 Abs. 3 GG in Bezug auf den Schutz der Homosexualität Risse, S. 125 ff. Zu Erweiterungsversuchen des Nichtdiskriminierungstatbestands auf die sexuelle Orientierung Braun, S. 39 f.

813 So aber noch BVerfG, NJW 2008, 209, 210.

814 Dazu was unter einer „Annäherung“ zu verstehen ist und wann diese vorliegt sogleich.

815 Henkel, NJW 2011, 259, 261. Ausführlich zum Schutz der Homosexualität aus Art. 3 Abs. 3 GG Risse, S. 114 ff.

Art. 3 Abs. 1 GG ohne „Annäherung" vorliegen würde. Es würde sich aber trotzdem um die Rechtfertigung einer Ungleichbehandlung nach Art. 3 Abs. 1 GG handeln.[816]

Wie bereits erläutert wurde, wird bei der dargelegten Ungleichbehandlung von Eheleuten und eingetragenen Lebenspartnern an die unterschiedlichen Personenstände angeknüpft. Es stellt sich somit die Frage, ob dadurch nicht auch an die sexuelle Orientierung der betroffenen Personen angeknüpft wird und diese wiederum eine gewisse Nähe zu der Diskriminierung aufgrund des Geschlechts aus Art. 3 Abs. 3 GG aufweist.[817] Dafür würde es schon genügen, wenn bei der Ungleichbehandlung an ein neutrales Merkmal angeknüpft würde, welches typischerweise sowie nach der gesetzgeberischen Intention zu einer Unterscheidung aufgrund der sexuellen Orientierung führt.[818] Das könnte bei der vorliegenden Anknüpfung an die Institute der Ehe und der eingetragenen Lebenspartnerschaft der Fall sein, wenn die Wahl für eines der jeweiligen Institute mit einer bestimmen sexuellen Orientierung verknüpft wäre. Anhand des Gesetzestextes lässt sich allerdings kein Hinweis darauf finden, dass eine Ehe nur von heterosexuell orientierten Menschen und eine eingetragene Lebenspartnerschaft nur von homosexuell orientierten Menschen geschlossen werden kann.[819] In der Realität kann jedoch genau von dieser Verknüpfung ausgegangen werden.[820] Die Entscheidung für eines der beiden Institute wird kaum trennbar mit der sexuellen Orientierung verbunden sein.[821] Dies scheint auch der Gesetzgeber so gesehen zu haben, indem die Regelungen als „Gesetz zur Beendigung der Diskriminierung von gleichgeschlechtlichen Gemeinschaften" bezeichnet wurden.[822] Dem könnte aber noch entgegen gehalten werden, der Gesetzgeber würde damit nur die Verbindung von zwei Personen gleichen Geschlechts bezeichnen. Dafür, dass es sich dabei um sexu-

---

816 Stern, IV/2, S. 1740 f.

817 Vgl. dazu Krings, ZRP 2000, 409, 410 f. Zur Interpretation des Merkmals „Geschlecht" vgl. Risse, S. 116 ff., der zwar nicht die Annäherung der sexuellen Orientierung an dieses Merkmal diskutiert, sich dafür aber ausführlich mit einer möglichen Analogie beschäftigt. Diese wird im Ergebnis abgelehnt, Risse, S. 125 ff., 153. Eine direkte Anwendung von Art. 3 Abs. 3 GG lehnt auch Wiemann, NJW 2010, 1427, 1428 ab.

818 BVerfGE 124, 199, 221 f.; Epping/Hillgruber/Kischel, Art. 3 GG, Rn. 42.1.

819 So auch der BGH NJW-RR 2007, 1441, 1442, der daran festhält, dass das einzige Differenzierungskriterium der Betroffenen der Familienstand sei. Dafür, dass die Homosexualität keine Voraussetzung für die Eingehung einer eingetragenen Lebenspartnerschaft ist Kemper, FF 2001, 156; Wellenhofer-Klein, Rn. 44. Ferner besteht auch keine Verpflichtung zu einer Geschlechtsgemeinschaft Staudinger/Voppel, § 2 LPartG, Rn. 27; Wellenhofer-Klein, Rn. 107.

820 BAG FamRZ 2010, 1333; BAG FamRZ 2010, 1335; Dethloff, NJW 2001, 2598, 2598; Eggen, FPR 2001, 444, 447; Grünberger, FPR 2010, 203, 204; Bruns/Kemper/Kemper, § 2 LPartG, Rn. 6; Mahlmann, EuZW 2008, 318, 319; Wiemann, NJW 2010, 1427, 1427.

821 Vgl. BVerfGE 126, 400, 419; BVerfGE 124, 199, 221; BVerfG NJW 2012, 2719, 2720; Braun, NJW 2003, 21, 24; Klein, FPR 2001, 434, 434.

822 Vgl. die Benennung des Lebenspartnerschaftsgesetzes in Langform.

ell gleichgeschlechtlich orientierte Menschen handelt,[823] finden sich allerdings etliche Hinweise in unterschiedlichen Dokumenten zum Gesetzgebungsprozess. So wird unter anderem von der gleichgeschlechtlichen Identität gesprochen,[824] von gleichgeschlechtlich empfindenden Personen[825] oder auch der Möglichkeit der Entfaltung der Persönlichkeit und dem Abbau langandauernder Diskriminierungen[826]. Im Ergebnis sollte also kein Zweifel daran bestehen, dass auch wenn die sexuelle Orientierung der Personen keine Voraussetzung für das Eingehen einer Verbindung ist,[827] sich die eingetragene Lebenspartnerschaft nach der gesetzgeberischen Intention und der Lebenswirklichkeit an homosexuell Orientierte wendet und die Ehe an heterosexuell Orientierte.[828] Im Ergebnis knüpft die Ungleichbehandlung also auch an die sexuelle Orientierung der beteiligten Personen an.

Bei dem Merkmal der sexuellen Orientierung müsste es sich dann ferner auch um ein Merkmal handeln, welches einem der in Art. 3 Abs. 3 GG genannten „angenähert" ist. Erst dann würde daraus ein strengerer Rechtfertigungsmaßstab resultieren.[829]

Die sexuelle Orientierung ist in Art. 3 Abs. 3 GG nicht ausdrücklich benannt. Auch eine Vergleichbarkeit mit dem in Art. 3 Abs. 3 GG genannten Merkmal des Geschlechts sprechen vereinzelte Stimmen der sexuellen Orientierung ab.[830] In neueren Entscheidungen zur Ungleichbehandlung von eingetragenen Lebenspartnern und Eheleuten wurde allerdings festgestellt, das Merkmal der sexuellen Orientierung komme insbesondere dem des Geschlechts aus Art. 3 Abs. 3 GG sehr nahe,[831] woraus sich eine besonders enge Bindung an den Gleichheitssatz ergebe.[832] Die Begründung für eine Vergleichbarkeit des Merkmals der sexuellen Orientierung mit den in Art. 3 Abs. 3 GG genannten ergibt sich dabei aus einer näheren Auseinandersetzung mit den aufgezählten Merkmalen. Geschichtlich betrachtet wurde Art. 3 Abs. 3 GG aufgrund der Verfolgung von Minderheiten während des Nationalsozialis-

823 So auch Bruns/Kemper/Kemper, § 1 LPartG, Rn. 6; Kemper, FPR 2001, 449, 450; Staudinger/Voppel, § 2 LPartG, Rn. 27; Stern, IV/1, S. 482.
824 BT-Drucks 14/3751, 1.
825 Plenarprotokoll 15/119,10916.
826 BVerfGE 104, 51, 60.
827 Eine Überprüfung der sexuellen Orientierung wäre weder rechtlich möglich, noch praktisch umsetzbar.
828 So auch BVerfGE 126, 400, 419; BVerfGE 124, 199, 221; BVerfG NJW 2012, 2719, 2720.
829 Epping/Hillgruber/Kischel, Art. 3 GG, Rn. 42.1, 188 a; Stern, IV/2, S. 1740.
830 So wohl Michael, NJW 2010, 3535, 3538.
831 BVerfGE 124, 199, 220; Schwab, DNotZ 2006, 649, 653, 655; Stern, IV/2 S. 1740; a.A. Diederichsen, NJW 2000, 1841, 1842; Krings, NVwZ 2011, 26; Krings, ZPR 2000, 409, 410.
832 BVerfGE 124, 199, 211, 220; BAG FamRZ 2010, 1333; BAG FamRZ 2010, 1335.

mus in das Grundgesetz aufgenommen.[833] Die Gemeinsamkeit der normierten Unterscheidungsmerkmale besteht in der, wenn überhaupt vorhandenen, begrenzten Einflussnahmemöglichkeit des Einzelnen auf das Vorhandensein oder Fehlen dieser persönlichen Eigenschaften.[834] Bei einer Anknüpfung an eines der Merkmale wurde deshalb immer befürchtet, diese könne zu einer Diskriminierung von Minderheiten führen.[835] Eine vergleichbare Situation spiegelt sich auch bei dem nicht genannten Merkmal der sexuellen Orientierung wider. Auch auf seine sexuelle Orientierung hat der Einzelne keinen Einfluss. Wird aber an dieses Merkmal angeknüpft, kann dies zu einer Diskriminierung einer Minderheit führen. Dementsprechend ist die sexuelle Orientierung mit den in Art. 3 Abs. 3 GG genannten Merkmalen vergleichbar[836], woraus sich eine besonders enge Bindung an den Gleichheitssatz ergibt.[837]

Es ist somit aufgrund der Anknüpfung an die sexuelle Orientierung ein gesteigerter Rechtfertigungsmaßstab bei der Ungleichbehandlung von eingetragenen Lebenspartnern und Eheleuten[838] bei der sukzessiven Adoption eines Fremdkindes anzulegen.[839]

### *dd) Strengerer Rechtfertigungsmaßstab aufgrund einer Systembindung*

Ein gesteigerter Rechtfertigungsbedarf wäre des Weiteren auch aufgrund einer Systembindung des Gesetzgebers denkbar. Dies wäre dann der Fall, wenn der Gesetzgeber mit anderen Regelungen ein bestimmtes System geschaffen hat, von welchem er durch den Ausschluss eingetragener Lebenspartner von der Sukzessivadoption abweicht.[840]
Da aber schon über die Auswirkungen der gleichheitsrechtlichen Folgerichtigkeit, auch Systembindung bzw. –gerechtigkeit genannt, Uneinigkeit besteht,[841] sind diese zunächst zu erör-

833 BK/Rüfner, 76. Lfg. Mai 1996, Art. 3 GG, Rn. 538; Maunz/Dürig/Scholz, Lfg. 32 Okt. 1996, Art. 3 GG, Rn. 287 a ff.; Pieroth/Jarass, Art. 3 GG, Rn. 114; Sachs/Osterloh, Art. 3 GG, Rn. 226.
834 BVerfGE 96, 288, 302; Wiemann, NJW 2010, 1427, 1428.
835 BVerfGE 124, 199, 220; BVerfGE 88, 87, 96 f.; Grünberger, FPR 2010, 203, 204 f.; Schmidt-Bleibtreu/Hofmann/Hopfauf, Art. 3 GG, Rn. 58.
836 Die sexuelle Orientierung ist somit den in Art. 3 Abs. 3 GG genannten Merkmalen angenähert.
837 BVerfGE 126, 400, 419; BVerfGE 124, 199, 211, 220; BVerfG NJW 2012, 2719, 2720; BAG FamRZ 2010, 1333; BAG FamRZ 2010, 1335; Wiemann, NJW 2010, 1427, 1428.
838 So auch Stüber, NJW 2006, 1774, 1775; Wenzel, DStR 2009, 2403, 2404.
839 So jetzt auch ohne nähere Erörterung BVerfG, 1 BvL 1/11 vom 19.2.2013, Rn. 104.
840 Dafür, dass sich aus einer Systemabweichung ein gesteigerter Rechtfertigungsbedarf ergibt BVerfGE 124, 199, 222 ff.
841 Mit einem zusammenfassenden Überblick, Martini, S. 288 ff.; Stern IV/2, S. 1527 ff. Mit einer Darstellung der möglichen Konsequenzen eines Systemverstoßes auch Kischel, AöR 1999, 174, 177 ff.

tern. Erst im Anschluss kann dann untersucht werden, welches System vom Gesetzgeber geschaffen wurde und ob von diesem durch die Ungleichbehandlung eventuell abgewichen wird.

### (1) Systembindung

Teilweise wird davon ausgegangen, ein Gleichheitsverstoß könne insbesondere immer dann angenommen werden, wenn der Gesetzgeber in einem bestimmten Fall von einem selbst gesetzten System abweiche.[842] Argumentiere der Gesetzgeber nicht folgerichtig im bestehenden System, so bleibe ihm im Rahmen des Art. 3 Abs. 1 GG auch kein Gestaltungsspielraum um die Ungleichbehandlung zu rechtfertigen.[843] Folge dieser Systemwidrigkeit für den Rechtfertigungsmaßstab wäre demnach, dass die Ungleichbehandlung verfassungsrechtlich nicht zu rechtfertigen wäre. Bei dieser Argumentation muss jedoch der Umstand bedacht werden, dass eine demokratische Gesetzgebung zur Mehrheitsbildung Kompromisse eingehen muss und deswegen nur schwer an das Gebot der strikten Folgerichtigkeit gebunden werden kann.[844] Eine Systemwidrigkeit an sich kann somit noch keinen nicht zu rechtfertigenden Verstoß gegen den Gleichheitssatz darstellen, sondern für einen solchen nur ein Indiz sein.[845] Dies allerdings auch nur solange sich kein plausibler Grund für die Ungleichbehandlung finden lässt.[846] Wenn also die Systemwidrigkeit nur innerhalb der gesetzlich geschaffenen Ordnung besteht und nicht in Bezug auf verfassungsrechtliche Maßstäbe willkürlich ist, bleibt sie eine bloße gesetzespolitische Unzulänglichkeit.[847] Müsste sich der Gesetzgeber immer an ein strenges und ausnahmsloses System halten, bestünde schließlich die Gefahr, dass er auf neue Situationen nicht mehr angemessen reagieren könnte.[848]

Im Ergebnis kann somit Folgendes festgehalten werden. Eine Systemwidrigkeit kann nur ein Indiz für einen Verstoß gegen Art. 3 GG sein, solange kein plausibler Grund für den Systemb-

842 Grehl, S. 164 ff.; Sachs, JuS 2010, 561, 564. Grundsätzlich zur Systemgerechtigkeit vgl. auch die Arbeit von Peine, S. 24 ff.

843 OLG Hamburg FamRZ 2011, 1312, 1314; Hoppe, WD 3-060/10, S. 6.

844 Hillgruber, JZ 2010, 41, 43; ähnlich auch Epping/Hillgruber/Kischel, Art. 3 GG, Rn. 87.

845 BVerfGE 81, 156, 207; BVerfGE 68, 237, 253; BVerfGE 59, 36, 49; BVerfGE 34, 103, 115; BverfGE 24, 75, 100; BK/Rüfner, 67. Lfg. Okt. 1992, Art. 3, Rn. 38; Classen, JZ 2010, 411, 411. Mit einem zusammenfassenden Überblick über die Auswirkungen auf die Prüfung des Gleichheitssatzes Epping/ Hillgruber/Kischel, Art. 3 GG, Rn. 87.

846 BVerfGE 124, 199, 223; BVerfGE 85, 238, 247; BVerfGE 81, 156, 207; BVerfGE 59, 36, 49; Classen, JZ 2010, 411; Hömig/Bergmann, Art. 3 GG, Rn. 8; Pieroth/Jarass, Art. 3 GG, Rn. 29; Sachs, JuS 2010, 561, 563; Sachs/Osterloh, Art. 3 GG, Rn. 99.

847 Brüning, NVwZ 2002, 33, 36.

848 BVerfGE 60, 16, 43; BK/Rüfner, 67. Lfg. Okt. 1992, Art. 3 GG, Rn. 39; Kischel, AöR 1999, 174, 205 f.

ruch vorliegt.[849] Sollte ein Systembruch vorliegen, würde daraus somit ein gesteigerter Rechtfertigungsbedarf für die festgestellte Ungleichbehandlung resultieren.[850]

## (2) Einheitliches System und Systembruch

Fraglich ist somit zunächst, ob es ein System gibt, von dem der Gesetzgeber durch die Versagung der sukzessiven Annahme für eingetragene Lebenspartner abweicht. Um ein solches festzustellen, gilt es zunächst zu erörtern, worin der Grund für die Verwehrung der Sukzessivadoption für eingetragene Lebenspartner liegt.

Da dem Kindeswohl grundsätzlich in allen kindschaftsrechtlichen Bereichen eine vorrangige Beachtung zukommt, also auch bei der Adoption,[851] könnte es eine ausschlaggebende Rolle gespielt haben. Dass dementsprechende Gedanken zum Wohl der anzunehmenden Kinder bei den vorliegend untersuchten unterschiedlichen Regelungen eine tragende Rolle zukam, lässt sich aus verschiedenen Äußerungen herleiten.[852] So wurden schon bei der Einführung der Stiefkindadoption von leiblichen Kindern nach § 9 Abs.7 LPartG Bedenken geäußert, dies könnte einer gemeinsamen Elternschaft von Fremdkindern den Weg ebnen.[853] Für eine gesunde Entwicklung seinen aber Vater und Mutter erforderlich,[854] weswegen das Kindeswohl schon gegen die Einführung von § 9 Abs. 7 LPartG gesprochen habe[855] sowie es auch gegen eine Sukzessivadoption eines Fremdkindes spräche.[856] Es scheint somit Bedenken in Bezug auf das Wohl von Kindern, die mit zwei Müttern oder zwei Vätern aufwachsen gegeben zu haben. Dem Kindeswohl kam somit bei dem Erlass der Adoptionsregelungen für eingetragene Lebenspartner eine nicht unbedeutende Rolle zu.[857]

Fraglich ist deshalb, ob den Adoptionsvorschriften für eingetragene Lebenspartner ein grundsätzliches System zum Kindeswohl zu entnehmen ist, von welchem eventuell durch die Ver-

849 BVerfGE 81, 156, 207; BVerfGE 68, 237, 253; BVerfGE 59, 36, 49; BVerfGE 34, 103, 115; BK/Rüfner, 67. Lfg. Okt. 1992, Art. 3 GG, Rn. 38 f.; Classen, JZ 2010, 411; Hömig/Bergmann, Art. 3 GG, Rn. 8; Sachs, JuS 2010, 561, 563; Sachs/Osterloh, Art. 3 GG, Rn. 99.

850 BVerfGE 124, 199, 222 ff.

851 Brandt, S. 125.

852 Vgl. zu einem ähnlichen Gedanken Schüffner , S. 160 f. Davon ausgehend geht auch Grünberger, FPR 2010, 203, 207 f.

853 Raab, Plenarprotokoll 15/136, 12484.

854 Granold, Plenarprotokoll 17/51, 5448.

855 Granold, Plenarprotokoll 15/136, 12488.

856 Eine solche wurde auch von den Gerichten unter Verweis auf das Kindeswohl bislang abgelehnt, vgl. OLG Hamm DNotZ 2010, 699, 700 f.; dem grundsätzlich zustimmend Hillgruber, JZ 2010, 41, 44; dazu auch Hoppe, StAZ 107, 108.

857 Für eine zentrale Bedeutung des Kindeswohls in der Diskussion über das Aufwachsen von Kindern in einer gleichgeschlechtlichen Partnerschaft auch Rauchfleisch, 1997, S. 75 ff.

sagungen der Sukzessivadoption abgewichen wurde. Anschließend ist auch zu untersuchen, ob das System anhand von anderen Vorschriften noch zu ergänzen ist.

### *(a) System aus dem Bereich der Adoptionsregelungen*

Wie bereits dargelegt, besteht nach § 9 Abs. 6 LPartG i.V.m. § 1741 Abs. 2 S. 1 BGB für einen der eingetragenen Lebenspartner die Möglichkeit ein Kind alleine anzunehmen. Auch die Stiefkindadoption eines leiblichen Kindes eines eingetragenen Lebenspartners ist nach § 9 Abs. 7 LPartG ermöglicht worden. Somit wurde das Wohl von Kindern, die bei eingetragenen Lebenspartnern aufwachsen, nicht per se als gefährdet angesehen. Zwar hat das Kind durch die Einzelannahme nach § 9 Abs. 6 LPartG nur einen rechtlichen Elternteil, wenn dieser aber in einer Partnerschaft lebt, wächst es nichts desto trotz in einer eingetragenen Lebensgemeinschaft mit zwei gleichgeschlechtlichen Elternteilen auf, nämlich einem sozialen und einem rechtlichen.[858] Bei der Stiefkindadoption eines leiblichen Kindes wächst dieses nicht nur mit zwei gleichgeschlechtlichen kombiniert sozial-rechtlichen Elternteilen, sondern mit zwei gleichgeschlechtlichen rechtlichen Elternteilen auf. Nach dieser Wertung gefährdet weder die gemeinsame gemischte rechtlich-soziale, noch die gemeinsame rechtliche Elternschaft von eingetragenen Lebenspartnern, also zwei Müttern oder zwei Vätern, das Wohl eines Kindes per se.[859]

Eine einheitliche Wertung bzgl. Kindeswohls hätte der Gesetzgeber hier allerdings nur wirksam vorgenommen, wenn die Stiefkindadoption nach § 9 Abs. 7 LPartG auch verfassungsgemäß wäre. Ansonsten würde nur die gemeinsame gemischte rechtlich-soziale Elternschaft von eingetragenen Lebenspartnern, die aufgrund einer Einzelannahme entsteht, ein zulässiges System im Rahmen der Adoptionsvorschriften darstellen, an welches der Gesetzgeber gebunden wäre. Da es aber bei der Sukzessivadoption um die gemeinsame rechtliche Elternschaft von zwei Müttern oder zwei Vätern geht, würde kein Systembruch bestehen. Wäre also die Stiefkindadoption eines leiblichen Kindes durch den eingetragenen Lebenspartner verfassungswidrig, so würde kein Widerspruch dazu bestehen, dass eine Sukzessivannahme eines Fremdkindes aufgrund des Kindeswohls ausgeschlossen wurde. Denn dann hätte der Gesetzgeber durch

858 Dies ist nach der derzeitigen Gesetzeslage durchaus denkbar, da Homosexuelle auch wenn sie in einer eingetragenen Lebenspartnerschaft leben ein Kind nur alleine annahmen können, vgl. § 9 Abs. 6 LPartG, § 1741 Abs. 2 S. 1 BGB.

859 So auch Grünberger, FPR 2010, 203, 207 f.; Müller, FF 2011, 56, 63.

die Einführung der Stiefkindadoption kein verbindliches System für das Wohl von Kindern, die mit zwei rechtlichen Müttern oder Vätern aufwachsen, geschaffen.

### *(aa) Verfassungsmäßigkeit von § 9 Abs. 7 LPartG*

Es gilt somit die Frage zu beantworten, ob die Stiefkindadoption nach § 9 Abs. 7 LPartG verfassungsgemäß ist.

Obwohl ein Vorlageverfahren, welches die Verfassungsmäßigkeit von § 9 Abs. 7 S. 2 LPartG i.V.m. § 1754 Abs. 1, 3 BGB betraf, vom Bundesverfassungsgericht als unzulässig aufgrund von Formmängeln und einer unzureichenden Begründung zurückgewiesen wurde,[860] gibt es weiterhin Stimmen in der Literatur, welche die Stiefkindadoption von einem leiblichen Kind des einen eingetragenen Lebenspartners durch den Anderen als verfassungswidrig ansehen.[861] Die Verfassungswidrigkeit der Norm wird dabei anhand verschiedener Grundrechte begründet.[862] So wird für die Verfassungswidrigkeit der Stiefkindadoption angeführt,[863] durch diese würde eine künstliche Fiktion der Elternschaft erzeugt, welche sich an der Verfassung messen lassen müsse. Mit Art. 3 Abs. 1 GG sei es indes nicht vereinbar, wenn eingetragene Lebenspartner wie Eheleute gemeinsam die rechtliche Elternschaft übernehmen könnten. Ferner gehöre zu der durch Art. 2 Abs. 1 GG i.V.m. Art. 1 Abs. 1 GG garantierten freien Persönlichkeitsentfaltung das Recht des Kindes auf Vater und Mutter.[864] Dieses sei bei der Zuordnung von zwei gleichgeschlechtlichen rechtlichen Elternteilen verletzt. Darüber hinaus würde außerdem eine Unvereinbarkeit mit der in Art. 6 Abs. 1, 1. Alt. GG geschützten Ehe vorliegen.[865] Denn der Gesetzgeber würde durch die Einführung der Möglichkeit einer gemeinsamen rechtlichen Elternschaft eines leiblichen Kindes die eingetragene Lebenspartnerschaft mit Rechten ausstatten, die sich sonst nur bei der Ehe finden lassen würden. Damit würde der Staat gegen seinen Schutzauftrag aus Art. 6 Abs. 1, 1. Alt. GG verstoßen, der es gebiete alles

---

860 BVerfG, FamRZ 2009, 1653 ff.

861 Jestaedt, FS Bartlsperger, 89, 96 ff.; Gärditz, JZ 2011, 930, 932; Schlütter, FF 2005, 234 ff.; Zimmermann, FS Steinberger, 645, 663; kritisch zur Verfassungsmäßigkeit des Lebenspartnerschaftsgesetzes an sich äußern sich Kirchhoff, FPR 2001, 436 ff.; Krings, ZPR 2000, 409 ff.

862 Es sei darauf hingewiesen, dass eine detaillierte Prüfung der Verfassungsmäßigkeit von § 9 Abs. 7 LPartG unterbleibt, da die Stiefkindadoption leiblicher Kinder keinen Schwerpunkt der vorliegenden Arbeit darstellen soll. Ausführlichere Untersuchungen finden sich bei Grehl, Kapitel 2, S. 35 ff.; Schlütter, FF 2005, 234, 236 ff.

863 Vgl. zum Folgenden Gärditz, JZ 2011, 930, 931 f.; Schlütter, FF 2005, 234, 236 f. Mit grundlegenden Bedenken gegen die Stiefkindadoption, unabhängig von der geschlechtlichen Orientierung Schlüter, S. 330; Tillmanns, FS Frank, 271, 279.

864 Vgl. zu diesem angeblichen Recht des Kindes die Untersuchung unter Kapitel 2:A.II.2.d).

865 Vgl. zu der folgenden Argumentation Schlütter, FF 2005, 234, 236 f.

zu unterlassen, was die Ehe schädigt oder beeinträchtigt, sowie sie aktiv zu fördern. Mit § 9 Abs. 7 LPartG komme der Gesetzgeber seiner Förderungspflicht[866] nicht nach und statte die eingetragene Lebenspartnerschaft als Konkurrenzangebot zur Ehe aus.

Diesen Argumenten für eine Verfassungswidrigkeit von § 9 Abs. 7 LPartG muss allerdings Folgendes entgegen gehalten werden. Zunächst kann festgestellt werden, dass die Elternstellung zu dem Kind aus Art. 6 Abs. 2 S. 1 GG, um die es letztendlich bei der Frage nach der Zuordnung zu zwei gleichgeschlechtlichen rechtlichen Eltern geht, nicht nur durch die Abstammung, sondern auch aufgrund von rechtlicher Zuordnung vermittelt werden kann. [867] Auch der sozial-familiären Verantwortungsgemeinschaft von eingetragenen Lebenspartnern und ihren Kindern kommt folglich der Schutz des Art. 6 Abs. 2 S. 1 GG zugute, wenn beide Partner die rechtliche Elternstellung innehaben.[868] Dies liegt vor allem auch darin begründet, dass die Träger des Elternrechts nicht die Gemeinschaft der Eltern sind, sondern unabhängig vom Geschlecht jeder Elternteil für sich.[869] Durch die Stiefkindadoption nach § 9 Abs. 7 LPartG wird also gleichrangig neben die Vater-Mutter-Familie in zulässiger Weise die Mutter-Mutter- oder Vater-Vater-Familie gestellt.[870]
Ferner wird durch diese Gleichstellung auch nicht in ein dem Grundgesetz zugrunde liegendes Vater-Mutter-Kind-Bild eingegriffen. Denn auch ohne die Stiefkindadoption bilden die beiden gleichgeschlechtlichen Partner mit dem Kind eine Familie i.S.d. Art. 6 Abs. 1, 2. Alt. GG, vorausgesetzt beide tragen Elternverantwortung.[871] Die Familie, die homosexuell Orientierte mit Kindern bilden wird somit genauso geschützt, wie diejenige, die von heterosexuell Orientierten mit ihren Kindern gebildet wird.[872] Da beide Konstellationen unter den Familienbegriff

866 Zum besonderen Schutz und dem Abstandsgebot der Ehe im Verhältnis zur eingetragenen Lebenspartnerschaft Braun, JuS 2003, 21, 22 f.; Rijsbergen, S. 32 ff.; Wasmuth, Der Staat 2002, 47, 55 f. Zum Abstandsgebot auch Wölfl, S. 339 ff. Nach abweichender Ansicht von Richterin Haas BVerfGE 105, 313, 361 geht mit der Förderungspflicht eine Privilegierung der Ehe einher. *Puls* hingegen vertritt den Standpunkt, dass homosexuelle Paare lediglich nicht besser als Ehepaare geschützt werden dürften Puls, S. 39.

867 BVerfGE 108, 82, 100 f.

868 Leipold, FamFR 2009, 56; siehe dazu auch schon die Ausführungen zur Untersuchung des Familienbegriffs unter Kapitel 2:A:1.a)aa)(3). A.A. Jestaedt, FS Bartlsperger, 79, 92; Kanther, NJW 2003, 797, 798. So jetzt auch noch einmal BVerfG, 1 BvL 1/11 vom 19.2.2013, Rn. 57.

869 BVerfGE 99, 145, 164; BVerfGE 47, 46, 76.

870 BVerfG FamRZ 2009, 1653; OLG Hamburg FamRZ 2011, 1313; Grehl, S. 67; Wölfl, S. 413 f

871 OLG Hamm NJW 2010, 2065, 2066; für eine Einbeziehung der lebenspartnerschaftlichen Familie in den Schutzbereich von Art. 6 Abs. 1, 2. Alt. GG Sickert, S. 200; Stern, IV/1, S. 402 f. a.A. Risse, S. 242 f. So jetzt auch ganz deutlich BVerfG, 1 BvL 1/11 vom 19.2.2013, Rn. 61 ff.

872 Dies im Ergebnis offen lassend Jakob, S. 114, Fn. 556. Mit Zweifeln, ob im Jahr 2006 schon von einem vollzogenen Wandel des verfassungsrechtlichen Familienbegriffs ausgegangen werden konnte, so dass die-

des Grundgesetztes fallen und es keinen ausschließlichen Vater-Mutter-Kind-Familienschutz gibt, kann durch die Stiefkindadoption durch den eingetragenen Lebenspartner in einen solchen auch nicht eingegriffen werden. Dies spricht auch gegen die Existenz eines Rechts von Kindern auf Mutter und Vater.
Der Ansicht, § 9 Abs. 7 LPartG sei nicht mit der verfassungsrechtlich geschützten Ehe in Art. 6 Abs. 1, 1. Alt. GG vereinbar,[873] ist entgegenzuhalten, dass sich aus der Förderungspflicht der Ehe kein Gebot ableiten lässt, andere Lebensformen zu benachteiligen.[874] Ferner stehen die Institute der Ehe und der eingetragenen Lebenspartnerschaft in keinem Konkurrenzverhältnis zueinander. Indem sich die Ehe an verschiedengeschlechtliche und die eingetragene Lebenspartnerschaft an gleichgeschlechtliche Paare richtet, ist schon der Adressatenkreis der Institute unterschiedlich. Deshalb verkörpert die eingetragene Lebenspartnerschaft lediglich ein aliud zur Ehe und steht nicht in Konkurrenz zu ihr.[875]
Die kritisierte unberechtigte Gleichbehandlung von Eheleuten und eingetragenen Lebenspartnern durch die Stiefkindadoption gem. Art. 3 Abs. 1 GG[876] kann aufgrund der folgenden Überlegung verworfen werden. Voraussetzung für eine unberechtigte Gleichbehandlung wäre, dass es sich bei eingetragenen Lebenspartnern und Eheleuten um etwas Ungleiches handeln müsste, was durch die Möglichkeit zur Stiefkindadoption gleich behandelt wird. Wie die bisherige Untersuchung aber schon gezeigt hat, handelt es sich bei eingetragenen Lebenspartnern und Eheleuten um etwas wesentlich Gleiches i.S.v. Art. 3 Abs. 1 GG,[877] indem es sich bei beiden Instituten um die Vereinigung von zwei Personen handelt, die auf Dauer angelegt ist und eine gegenseitige Einstandspflicht begründet wird.[878]

Im Ergebnis kann folglich festgestellt werden, dass die Stiefkindadoption eines leiblichen Kindes eines eingetragenen Lebenspartners durch den Anderen verfassungsgemäß ist.[879]

---

ser auch eingetragene Lebenspartner und ihre Kinder erfassen würde, Pätzold S. 108. Zustimmend Kingreen, JZ 2004, 938, 941; Stern, IV/1, S. 402 f.; v. Münch/Kunig/Coester-Waltjen, Art. 6 GG, Rn. 50. Wächtler, S. 120 geht lediglich von einer sozialen Elternschaft von gleichgeschlechtlichen Paaren aus.

873 Schlütter, FF 2005, 234, 236 f.

874 BVerfGE 124, 199, 225 f.; BVerfGE 105, 313, 348.

875 BVerfGE 105, 313, 350 f.; so im Ergebnis auch Grehl, S. 43 ff.; Pieroth/Kingreen, KritV 2002, 219, 238 f.; Wölfl, S. 192, 345. Robbers, JZ 2001, 779, 783 vertritt sogar den Standpunkt, dass die eingetragene Lebenspartnerschaft aktiv zum Schutz von Ehe und Familie beitrage.

876 Mit einer genauen Untersuchung zu diesem Gedanken Grehl, S. 84 ff.

877 Siehe dazu schon die Ausführungen unter Kapitel 2:A.III.1. A.A. Kämper, FS Rüfner, 401, 409 f.

878 BVerfGE 124, 199, 218, 225; Grehl, S. 93.

879 BVerfG FamRZ 2009, 1653 ff.; Dethloff, ZPR 2004, 195, 200; Dittberner, S. 172 ff.; Hoppe, DVBl 2009, 1516, 1519; Leipold, FamFR 2009, 56; a.A. Gärditz, JZ 2011, 930, 931 f.

### *(bb) Fazit*

Indem die Stiefkindadoption eines leiblichen Kindes nach § 9 Abs. 7 LPartG verfassungsgemäß ist, hat der Gesetzgeber das Kindeswohl in seinen bisher erlassenen Vorschriften zur Adoption zu Recht als nicht grundsätzlich gefährdet angesehen. Dies gilt sowohl in Bezug auf die Kombination der sozialen und rechtlichen Elternschaft als auch in Bezug auf die rechtliche Elternschaft von zwei eingetragenen Lebenspartnern.

## *(b) System aus dem Bereich der Pflegeverhältnisse*

Die Wertungen zur sozialen Elternschaft von eingetragenen Lebenspartnern könnten sich nicht nur aus den Adoptionsvorschriften, sondern auch aus den Wertungen im Bereich der Pflegeverhältnisse ergeben. Denn auch als Pflegeeltern werden eingetragene Lebenspartner vermehrt eingesetzt,[880] wodurch Kinder teils dauerhaft bei ihnen leben. Dabei sind zunächst die verschiedenen Arten von Pflegeverhältnissen zu berücksichtigen. Zu unterscheiden ist zwischen der Tages-, Teilzeit- und Vollzeitpflege.[881] Lediglich die Vollzeitpflege[882] nach § 33 SGB VIII umfasst dabei die Unterkunft, Betreuung und Erziehung eines Kindes oder Jugendlichen über Tag und Nacht in einer Pflegefamilie.[883] Sie lässt sich des Weiteren in die

880 Siehe hierzu die folgenden Webseiten der Länder zum Thema Pflegekinder: Berlin http://www.pflegekinder-berlin.de/index.php?article_id=2 (letzter Aufruf am 1.4.2013); Bremen http://www.pib-bremen.de/vollzeitpflege/faq (letzter Aufruf am 1.4.2013); Hamburg, Arbeitshilfe zur Auswahl von Pflegeeltern S. 2, http://www.hamburg.de/jugendhilfe/3266658/regularien-pflegeelternberatung.html (letzter Aufruf am 1.4.2013). Ein Überblick zu der Frage, wie viele gleichgeschlechtliche Paare in den Ländern Pflegeeltern sind, findet sich in der statistischen Untersuchung von gleichgeschlechtlichen Pflegeeltern, S. 12 abrufbar unter http://www.dg-art.de/lfp/ergebnisse.html (letzter Aufruf am 1.4.2013). Zu einem Fallbeispiel vgl. Funcke, S. 321 ff. Zu beachten ist allerdings, dass den Eltern ein Wunschrecht nach § 5 SGB VIII in Bezug auf die Pflegepersonen zusteht, diesem muss in der Regel auch entsprochen werden vgl. Rolfs/Giesen/Kreikebohm/Udsching/Winkler, § 5 SGB VIII, Rn. 4, 8; Kreikebohm/Winkler, Sammelkommentierung SGB VIII, Rn. 11 f. Dementsprechend können homosexuelle Pflegeeltern von den Eltern abgelehnt werden.

881 Wiesner/Schmid-Obkirchner, § 33 SGB VIII, Rn. 19.

882 Für 4586 Kinder bestand am Jahresende 2011 eine Vollzeitpflegeerlaubnis nach § 44 SGB VIII, lediglich 14 dieser Kinder befanden sich davon in Wochenpflege. Statistiken der Kinder- und Jugendhilfe, Pflegschaften, Vormundschaften, Beistandschaften, Pflegeerlaubnis, Sorgerechtsentzug, Sorgeerklärungen, 2011, S. 6 abrufbar unter https://www.destatis.de/DE/Publikationen/Thematisch/Soziales/KinderJugendhilfe/PflegeVormundBeistandschaftPflegeerlaubnis.html (letzter Aufruf am 1.4.2013). Im Rahmen der Wochenpflege leben die Kinder lediglich in der Woche bei ihren Pflegefamilien, die Wochenenden verbringen sie in ihren Herkunftsfamilien. Hamburg sucht Eltern für Pflegekinder, S. 15 abrufbar unter http://www.hamburg.de/familienwegweiser/pflegekinder/broschuere/119058/start.html (letzter Aufruf am 1.4.2013). Insgesamt befanden sich im Jahr 2010 60 451 Kinder und Jugendliche in Vollzeitpflege in einer anderen Familie, Statistik abrufbar unter https://www.destatis.de/DE/ZahlenFakten/GesellschaftStaat/Soziales/Sozialleistungen/KinderJugendhilfe/Tabellen/HilfenErziehungAusElternhaus.html (letzter Aufruf am 1.4.2013).

883 MüKo/Tillmanns, § 33 SGB VIII, Rn. 1; Wiesner/Schmid-Obkirchner, § 33 SGB VIII, Rn. 19.

Kurzzeit-, Langzeit- und Dauerpflege unterteilen.[884] Dauerpflegeverhältnisse können dabei eine familienergänzende Funktion haben, indem eine spätere Rückkehr des Kindes in seine Herkunftsfamilie geplant ist, oder eine familienersetzende Funktion, wenn das Kind dauerhaft in der Pflegefamilie bleiben soll.[885] Unabhängig davon, welche Funktion das Dauerpflegeverhältnis im Einzelfall erfüllt, haben die Pflegeeltern einen bedeutenden Einfluss auf die Erziehung und Entwicklung des Kindes, mithin also sein Wohl. Dies gilt umso mehr, je länger das Kind in der Pflegefamilie wohnt. Denn grundsätzlich kann von einer Prägung der Kinder durch die Pflegefamilie ausgegangen werden, wenn sie zwei Jahre oder länger in dieser leben.[886] Nach einer Untersuchung aus Bremen leben ca. 18 % der Pflegekinder zwischen drei bis sieben Jahren in ihrer Pflegefamilie, ca. 8 % für sieben bis zehn Jahre und ca. 11 % sogar länger als zehn Jahre.[887] Nach anderen Untersuchungen leben sogar ca. 31 % der Pflegekinder länger als zehn Jahre in ihrer Pflegefamilie.[888] Auch wenn diese Ergebnisse teilweise erheblich abweichen, lässt sich aus den Untersuchungen trotzdem ableiten, dass ein großer Teil der Pflegekinder durch ihre Pflegeeltern geprägt wird, da sie länger als zwei Jahr bei diesen leben.[889] Indem auch die Inpflegenahme durch gleichgeschlechtliche Paare möglich ist, wird also davon ausgegangen, dass die Prägung dieser Kinder durch ein gleichgeschlechtliches Paar keinen negativen Einfluss auf ihre Entwicklung hat. Indem die Aufnahme eines Pflegekindes bei einem gleichgeschlechtlichen Paar möglich ist, hat der Gesetzgeber somit auch eine positive Aussage über das Wohl von Kindern, die bei diesen Paaren leben, getroffen.[890]

---

884 Kindler/Helming/Meysen/Jurczyk, Handbuch Pflegekinderhilfe, S. 49 abrufbar unter http://www.bmfsfj.de/BMFSFJ/Service/Publikationen/publikationsliste,did=172908.html (letzter Aufruf am 1.4.2013). Wobei auch diese Terminologie in der Fachliteratur nicht ganz einheitlich verwendet wird.

885 Hamburg sucht Eltern für Pflegekinder, S. 15 abrufbar unter http://www.hamburg.de/familienwegweiser/pflegekinder/broschuere/119058/start.html (letzter Aufruf am 1.4.2013).

886 Blandow, S. 140.

887 Diese Daten nennt Blandow, S. 140 aus einer Statistik des statistischen Bundesamtes aus dem Jahr 2001. Diese Daten stimmen zwar nicht genau mit den von Erzberger, S. 127 gefundenen überein, werden aber insoweit von diesen untermauert, als auch durch sie belegt wurde, dass ein hoher Prozentsatz der Pflegeverhältnisse zehn Jahre oder länger besteht. Die Hilfen, die im Jahr 2001 in Niedersachsen beendet wurden wiesen einen durchschnittlichen Verbleib von 6,8 Jahren in der Pflegefamilie auf, vgl. Erzberger, S. 128. Die Arbeit von Christian Erzberger, Strukturen der Vollzeitpflege in Niedersachsen, Bremen 2003 kann unter http://www.giss-ev.de/texte.html abgerufen werden (letzter Aufruf am 1.4.2013). Nach der Untersuchung von Gassmann, S. 165 haben die untersuchten Pflegebeziehungen eine durchschnittliche Dauer von 10,8 Jahren erreicht.

888 Erzberger, S. 127 abrufbar unter http://www.giss-ev.de/texte.html (letzter Aufruf am 1.4. 2013).

889 Zur Bindung von Pflegekindern an ihre Pflegeeltern auch Nienstedt/Westermann, Pflegekinder und ihre Entwicklungschancen, S. 191.

890 So auch Funcke, S. 323.

### *(c) Systembildung*

Ob diese positive Beurteilung des Kindeswohls allerdings demselben System wie dem im Rahmen der Adoptionsmöglichkeiten zugeordnet werden kann, bleibt fraglich. Denn zwischen einer Adoption und einem Pflegeverhältnis bestehen diverse Unterschiede. Ein entscheidender Unterschied liegt in dem Ziel der Rückkehr in die Herkunftsfamilie, vgl. § 37 Abs. 1 S. 2 SGB VIII.[891] Des Weiteren soll der Kontakt zur Herkunftsfamilie vor allem vor dem Hintergrund der Rückführung bestehen bleiben und von den Pflegeeltern gefördert werden, vgl. § 1684 BGB.[892] Ferner bleiben auch die rechtlichen Beziehung zur Herkunftsfamilie bestehen, indem den Pflegeeltern lediglich die Ausübung der Entscheidungsbefugnis sowie der Vertretungsmacht in Angelegenheiten des täglichen Lebens zusteht, § 1688 BGB, und ein Sorgerecht in Angelegenheiten der elterlichen Sorge übertragen werden kann, vgl. § 1630 Abs. 3 BGB. Dabei bleiben die leiblichen Eltern aber grundsätzlich weiterhin Inhaber der elterlichen Sorge.[893]

Aufgrund dieser Unterschiede zwischen den Konzepten einer Annahme und eines Pflegeverhältnisses stellt sich die Frage, ob beide dem gleichen Systemzusammenhang zugeordnet werden können.

Dadurch wird zunächst die Frage aufgeworfen, wonach es sich bestimmt, welche gesetzgeberischen Wertungen bzw. Normen zu einem System gehören und welche nicht. Zum Teil wird vertreten, ein Systemzusammenhang könne nur zwischen Regelungen eines Gesetzes bestehen.[894] Dagegen spricht jedoch, dass verschiedene Gesetzte teilweise ähnliche oder sogar gleiche Sachverhalte regeln, weshalb sie auch üblicherweise aufeinander verweisen [895] oder

891 MüKo/Tillmanns, § 37 SGB VIII, Rn. 1; Staudinger/Peschel-Gutzeit, Vorbemerkungen zu §§ 1626 ff. BGB und RKEG, Rn. 56; Wiesner/Schmid-Obkirchner, § 37 SGB VIII, Rn. 14 a. Dies geht auch aus der Evaluation des Trägers PiB – Pflegekinder in Bremen GGmbH, 2011, S. 36 hervor, abrufbar unter http://www.giss-ev.de/texte.html (letzter Aufruf am 1.4.2013).

892 Kindler, JAmt 2005, 541, 543; Staudinger/Peschel-Gutzeit, Vorbemerkungen zu §§ 1626 ff. BGB und RKEG, Rn. 57; Walter, FPR 2004, 415, 415 ff. Mit einer kritischen Würdigung von Umgangskontakten auch Nienstedt/Westermann, Pflegekinder und ihre Entwicklungschancen, S. 191 ff.; Salgo, FPR 2004, 419, 423 ff. Wobei ca. 40–70 % der Pflegekinder im Verlauf ihrer Fremdunterbringung den Kontakt zu ihrer Herkunftsfamilie weitgehend verlieren, vgl. Kindler, JAmt 2005, 541; zu ähnlichen Ergebnissen vgl. auch Blandow, S. 133 ff.

893 Bamberger/Roth/Veit, § 1688 BGB, Rn. 6.

894 So wohl Starck, S. 72 der in seinem Beitrag nur Systeme innerhalb einzelner Gesetze bildet; davon ausgehend auch Grehl, S. 167.

895 Dies ist z.B. bei vielen Regelungen des Lebenspartnerschaftsgesetzes der Fall, in denen auf die Anwendbarkeit verschiedener Normen des Bürgerlichen Gesetzbuchs verwiesen wird.

sich ergänzen.[896] Ferner besteht auch die Möglichkeit der Zugehörigkeitsänderung einer Norm zu einem Gesetz. Dies war z.B. durch das „Gesetz zur Modernisierung des Schuldrechts vom. 26. November 2001“[897] der Fall, wodurch das „Gesetz zur Regelung des Rechts der Allgemeinen Geschäftsbedingungen“ und auch das „Gesetz über den Widerruf von Haustürgeschäften“ in das Bürgerliche Gesetzbuch in die §§ 305-310 BGB und §§ 312-213a, 312f BGB integriert wurden.[898] Dementsprechend ist es naheliegender und sachgerechter ein System nach dem Sachzusammenhang bzw. einem Lebensbereich zu bestimmen.[899]

Fraglich ist also, ob eine Adoption und ein Pflegeverhältnis demselben Sachzusammenhang bzw. Lebensbereich zuzuordnen sind.[900] Dagegen könnten die schon eben aufgezählten Unterschiede in Bezug auf die ungewisse Dauer, die bestehen bleibenden Rechtsbeziehungen zur Herkunftsfamilie und die Förderung von Kontakt zu dieser sprechen.[901] Dafür lässt sich aber der Umstand anführen, dass Pflegekinder im Durchschnitt ca. sechs Jahre[902], nach anderen Untersuchungen sogar zehn Jahre[903] in ihrer Pflegefamilie leben. Eine große Anzahl lebt sogar länger als zehn Jahre in dieser.[904] Wie auch bereits erwähnt wurde, wird ein Kind aber schon durch seine Familie geprägt, wenn es zwei Jahre oder länger in dieser lebt.[905] Dies trifft

896 So werden z.B. Käufe im handelsrechtlichen Bereich sowohl durch Vorschriften des Handelsgesetzbuchs als auch durch solche des Bürgerlichen Gesetzbuchs geregelt. Auch das Adoptionsrecht ist in unterschiedlichen Gesetzen geregelt, vgl. §§ 1741 ff. BGB und das Adoptionsvermittlungsgesetz.

897 BGBl I, 2001, S. 3138 ff.

898 Vgl. dazu Dörner/Staudinger, Einführung zum Gesetz zur Modernisierung des Schuldrechts, abrufbar unter http://beckonline.beck.de/Default.aspx?vpath=bibdata%2Fges%2FSchRModG%2Fcont%2FSchRModG.Vertragsergaenzung1.htm (letzter Aufruf am 1.4.2013).

899 Grehl, S. 167; v. Mangoldt/Klein/Starck, Art. 3 GG, Rn. 44. Dies implizieren auch die Ausführungen bei Brüning, NVwZ 2002, 33, 36; Epping/Hillgruber/Kischel, Art. 3 GG, Rn. 88; Schmidt-Bleibtreu/Hofmann/Hopfauf/Kannengießer, Art. 3, Rn. 19; Sachs/Osterloh, Art. 3 GG, Rn. 98 ff. Ähnlich auch Umbach/Clemens/Paehlke-Gärtner, Art. 3 GG, Rn. 175 ff. die davon ausgehen, dass die Folgerichtigkeit innerhalb der Gesamtrechtsordnung vorliegen muss. Dafür sprechen ferner auch die Fälle, in denen das Bundesverfassungsgericht eine Systemwidrigkeit angesprochen hat und das System auch aus verschiedenen Gesetzen gebildet wurde, vgl. BVerfGE 124, 199, 222 ff.; BVerfGE 81, 156, 207; BVerfGE 18, 366, 373; BVerfGE 13, 331, 340. Dafür, dass ein System anhand der rechtlichen Ordnung eines Lebensbereiches vom Bundesverfassungsgericht gebildet wird, auch Starck, S. 71.

900 Mit einer Gegenüberstellung beider Institute Staudinger/Frank, Vorbemerkungen zu §§ 1741 ff. BGB, Rn. 30 ff.

901 Ähnlich Grehl, S. 170.

902 Erzberger, S. 128 abrufbar unter http://www.giss-ev.de/texte.html (letzter Aufruf am 1.4.2013). Nach einer Hamburger Studie von PFIFF e.V. betrug 2009 die durchschnittliche Dauer von Pflegeverhältnissen 5,1 Jahre, Jahrbuch 2010/2011, PFIFF stellt sich vor, S. 19 abrufbar unter http://www.pfiff-hamburg.de/publikationen/jahrbuecher/ (letzter Aufruf am 1.4.2013).

903 Gassmann, S. 165.

904 Blandow, S. 140; Erzberger, S. 127 abrufbar unter http://www.giss-ev.de/texte.html (letzter Aufruf am 1.4.2013).

905 Detailliert zur Entwicklung von Beziehungen in Ersatzfamilien Nienstedt/Westermann, Pflegekinder und ihre Entwicklungschancen, S. 80 ff.; Nienstedt/Westermann, Pflegekinder-Psychologische Beiträge, S. 48 ff.

somit auf einen großen Teil der Pflegekinder zu. Die Prägung von Kindern in Adoptions- oder Pflegeverhältnissen durch ihre Eltern dürfte damit vergleichbar sein. Entscheidend ist deshalb, wie ausschlaggebend die genannten Unterschiede sind.

Zum einen gibt es da die Unterschiede im Bereich der Rechtsbeziehungen. Pflegekinder werden im Gegensatz zu Adoptivkindern nicht die rechtlichen Kinder der Pflegeeltern, da die rechtlichen Beziehungen zu ihrer Herkunftsfamilie bestehen bleiben. Zwar wird auch ein Kind, welches im Wege der Einzelannahme angenommen wird, nicht das gemeinsame Kind der Partner, weshalb nur rechtliche Beziehungen zum Adoptivelternteil entstehen. Allerdings erlöschen die Rechtsbeziehungen zur Herkunftsfamilie trotzdem, vgl. §§ 1754 Abs. 2, 1755 Abs. 1 BGB. Die Unterschiede in Bezug auf den Kontakt zur Herkunftsfamilie hingegen dürften zu vernachlässigen sein, da zum einen der Kontakt im Bereich der Pflegeverhältnisse oft abreißt[906] und es zum andern auch Adoptionen gibt, bei denen Kontaktmöglichkeiten bestehen[907]. Auch das Ziel der Rückkehr in die Herkunftsfamilie in Pflegeverhältnissen erscheint im Vergleich zu der Finalität einer Adoption geringer, wenn bedacht wird, dass im Rahmen der familienersetzenden Funktion keine Rückkehr des Kindes geplant ist. Dass ein Pflegeverhältnis auch auf Dauer angelegt sein kann, geht schon aus § 33 Abs. 1 S. 1 SGB VIII hervor, in dem es heißt, Kindern und Jugendlichen solle durch die Vollzeitpflege eine zeitlich befristete Erziehungshilfe oder eine auf Dauer angelegte Lebensform geboten werden. Die Rückkehroption ist in der Lebenswirklichkeit außerdem oftmals nicht durchführbar.[908]

Ausschlaggebend ist, dass die Entscheidung über eine Gewichtung von Unterschieden und Gemeinsamkeiten vorliegend vor dem Hintergrund des zu bildenden Systems zu treffen ist. Aus dem Rahmen der Adoptionsmöglichkeiten für eingetragene Lebenspartner ergibt sich eine Wertung des Gesetzgebers, nach der das Wohl von Kindern nicht per se gefährdet ist, wenn sie bei eingetragenen Lebenspartnern aufwachsen. Das Wohl des Kindes wird im Grundgesetz unter dem allgemeinen Persönlichkeitsrecht als Recht des Kindes auf chancengleiche Entwicklung geschützt. Diese chancengleiche Entwicklung wird nach Ansicht des Gesetzgebers bei einer der bestehenden Adoptionsmöglichkeiten durch eingetragene Lebens-

906 Blandow, S. 133 ff.; Kindler, JAmt 2005, 541.

907 Hoffmann, JAmt 2003, 453, 455; Knobbe, FPR 2001, 309, 311; MüKo/Maurer, Vorbemerkungen vor §§ 1741 ff. BGB, Rn. 43 ff.; Staudinger/Frank, Vorbemerkungen zu §§ 1741 ff. BGB, Rn. 40. Ausführlich zu offenen Adoptionen Schlieffen, S. 38 ff.

908 Dazu auch Wiemann, S. 67 f.

partner gewährleistet. Diese Aussage wird unabhängig von der rechtlichen Eingliederung des Kindes in die Partnerschaft getätigt, da sowohl eine Einzeladoption mit rechtlichem und sozialem Elternteil als auch eine Stiefkindadoption mit zwei rechtlichen Elternteilen möglich ist. Auf die rechtliche Zuordnung kann es daher bei der gesetzgeberischen Bewertung des Kindeswohls nicht ankommen. Schon der Umstand einer Gewährleistung einer chancengleichen Entwicklung deutet darauf hin, dass es um Situationen geht, in denen sich das Kind, während es bei einem gleichgeschlechtlichen Paar lebt, entwickelt. Ob diese Entwicklung vollständig oder nur teilweise bei eingetragenen Lebenspartnern stattfindet, ist unbeachtlich. Schliesslich wird eingetragenen Lebenspartnern nicht nur die Adoption oder Inpflegenahme von Kindern aus höheren Altersklassen ermöglicht, die daher schon einen wichtigen Teil ihrer Entwicklung abgeschlossen haben. Da Kinder aber schon ab einem Aufenthalt von zwei Jahren in einer Pflegefamilie von dieser geprägt werden und die durchschnittliche Dauer eines Dauerpflegeverhältnisses fünf Jahre oder mehr beträgt, geht es bei Pflegeverhältnissen genauso um die Gewährleistung von chancengleichen Entwicklungsmöglichkeiten. Trotz der Unterschiede zwischen den beiden Instituten gehören sie daher vor dem Hintergrund der stattfindenden kindlichen Entwicklung zum selben System.[909]

#### *(d) Fazit und Systembruch*

Sowohl die positive Beurteilung des Kindeswohls bei der Einzel- und Stiefkindadoption, als auch diejenigen im Rahmen von Pflegeverhältnissen gehören demselben gesetzgeberischen System an.

Indem eingetragenen Lebenspartnern zwar die Aufnahme von Kindern im Rahmen von Einzel- und Stiefkindadoptionen sowie Pflegeverhältnissen ermöglicht wird, nicht aber im Rahmen einer sukzessiven Adoption eines zunächst von einem Partner angenommen Kindes, wird das Kindeswohl in diesen Fällen unterschiedlich beurteilt. Ein Systembruch liegt daher vor.

### (3) Ergebnis zum Rechtfertigungsmaßstab aufgrund einer Systembindung

Indem sich der Gesetzgeber aufgrund von Kindeswohlerwägungen gegen eine Sukzessivadoption für eingetragene Lebenspartner entschieden hat, das Kindeswohl aber bei leiblichen Kindern oder einer sozialen Elternschaft sowie einer Kombination aus rechtlicher und sozialer Elternschaft von eingetragenen Lebenspartnern nicht per se als gefährdet angesehen hat, ist er

909 A.A. Grehl S. 171.

von seinem selbst geschaffenen System abgewichen. Diese Abweichung hat einen gesteigerten Rechtfertigungsbedarf der vorliegenden Ungleichbehandlung zur Folge.[910]

### *ee) Ergebnis zum Rechtfertigungsmaßstab*

Bei der Ungleichbehandlung von eingetragenen Lebenspartnern und Eheleuten in Bezug auf die Möglichkeiten einer sukzessiven Annahme eines Kindes wird an personenbezogene Merkmale angeknüpft, indem der Personenstand der Annehmenden ausschlaggebend ist. Um eine an dieses Merkmal anknüpfende Ungleichbehandlung zu rechtfertigen, ist die Berücksichtigung eines geeigneten Unterscheidungsmerkmals erforderlich. Für das Maß der Differenzierung muss dabei ein innerer Zusammenhang zwischen der Verschiedenheit und der differenzierenden Regelung vorzuweisen sein. Dieser innere Zusammenhang muss einen sachlich vertretbaren Unterscheidungsgesichtspunkt von hinreichendem Gewicht darstellen.[911] Strengere Anforderungen an die Rechtfertigung dieser Ungleichbehandlung haben sich auch noch aufgrund der Berührung der in Art. 6 Abs. 1, 2. Alt. GG geschützten lebenspartnerschaftlichen Familie als anderem grundrechtlich geschützten Bereich ergeben. Ferner ergab sich auch aus der Anknüpfung an ein zu Art. 3 Abs. 3 GG ähnliches Merkmal, nämlich der sexuellen Orientierung,[912] eine engere Bindung an die Verhältnismäßigkeitsgrundsätze. Ein gesteigerter Rechtfertigungsbedarf folgt ferner daraus, dass der Gesetzgeber durch die Versagung der Sukzessivadoption für eingetragene Lebenspartner von seiner bisherigen Beurteilung des Kindeswohls bei den Adoptionsmöglichkeiten und der Inpflegenahme durch eingetragene Lebenspartner abgewichen ist.

Daraus folgt, dass im Einzelnen geprüft werden muss, ob für die Differenzierung Gründe von solcher Art und solchem Gewicht bestehen, dass sie die ungleichen Rechtsfolgen rechtfertigen können und die Ungleichbehandlung dadurch verhältnismäßig ist.[913] Die Ungleichbehandlung müsste somit einem legitimen Zweck dienen. Um diesen zu erreichen müsste sie dann des Weiteren auch geeignet, erforderlich und angemessen sein.[914]

---

910 BVerfGE 124, 199, 219.

911 Vgl. zur Rechtfertigung einer personenbezogenen Ungleichbehandlung BVerfGE 124, 199, 220; BVerfGE 62, 256, 274; BVerfGE 60, 123, 133 f.; BVerfGE 58, 369, 373 f.; BVerfGE 55, 72, 88.

912 BVerfGE 124, 199, 220; BVerfGE 97, 169, 181; Epping/Hillgruber/Kischel, Art. 3 GG, Rn. 188 a.

913 BVerfGE 88, 87, 96; BVerfGE 82, 126, 146.

914 Vgl. die ausführlicheren Erörterungen unter Kapitel 2:A.II.2.c)bb)(1)(d).

### *b) Rechtfertigung anhand verschiedener Aspekte*

Zur Rechtfertigung der dargestellten Ungleichbehandlungen werden verschiedene Aspekte herangezogen.[915] So wird versucht die Ungleichbehandlung mit dem Ziel der Beschränkung von sukzessiven Adoptionen auf Eheleute oder dem Aspekt des allgemeinen Persönlichkeitsrechts des Kindes aus Art. 2 Abs. 1 GG i.V.m. Art. 1 Abs. 1 GG zu rechtfertigen. Auch der Schutz der Familie oder die Förderung der Ehe aus Art. 6 Abs. 1 GG werden zur Rechtfertigung angeführt sowie ein Recht des anzunehmenden Kindes auf verschiedengeschlechtliche Elternteile oder wie eine Verletzung des Gleichheitssatzes im Hinblick auf andere nicht rechtlich verbindliche Lebensgemeinschaften. Schlussendlich wird auch die Einhaltung von Adoptionsüberabkommen als Rechtfertigung herangezogen.

All diese Aspekte werden deshalb im Hinblick darauf untersucht, ob sie einen legitimen Zweck der Ungleichbehandlung darstellen, die Ungleichbehandlung zum Erreichen dieses Zweckes geeignet und erforderlich ist und die Ungleichbehandlung und der verfolgte Zweck in einem angemessenen Verhältnis zueinander stehen.[916]

#### *aa) Beschränkung von Sukzessivadoptionen*

Wie die Untersuchung bereits gezeigt hat,[917] sollen Sukzessivadoptionen nur für Eheleute möglich sein, da es ansonsten zu der kindeswohlgefährdenden Situation von konkurrierenden Elternrechten oder dem Weiterreichen zur nächsten Familie kommen kann. Ferner wird auch eine ansonsten entstehende Überschreitung der Einwilligung befürchtet. Durch dieses Ziel der Beschränkung von Sukzessivadoptionen auf Eheleute käme dementsprechend auch eine Rechtfertigung der vorliegenden Ungleichbehandlung in Betracht. Bei der vorhergehenden Prüfung konnte allerdings auch schon festgestellt werden,[918] dass auch bei einer Zweitannahme durch einen eingetragenen Lebenspartner keine sich widersprechenden oder sich ablösenden Elternrechte entstehen würden und auch die Einwilligung der leiblichen Eltern nicht überschritten wäre. Da sich die eingetragene Lebenspartnerschaft und die Ehe in dieser Situation nicht unterscheiden, kann die vorliegende Ungleichbehandlung auch nicht durch den an sich

915 Vgl. zum Folgenden OLG Hamburg FamRZ 2011, 1312, 1313 ff.

916 Unter ausdrücklicher Nennung der Prüfungskriterien BVerfGE 113, 167, 232 ff., wobei das Problem des Aufbaus Gegenstand von zahlreichen rechtsdogmatischen, rechtstheoretischen und rechtsphilosophischen Texten ist, vgl. dazu Friauf/Höfling/Huster, 7. Erg. Lfg. 12/02, Art. 3 GG, Rn. 65 ff., 120 ff. weswegen darauf in der vorliegenden Arbeit auch nicht näher eingegangen werden kann.

917 Vgl. dazu bereits die Untersuchung unter Kapitel 1:B.I.1.

918 Vgl. dazu schon Kapitel 1:B.I.2.

legitimen Zweck des generellen Ausschlusses von Kettenannahmen bzw. der Beschränkung auf Eheleute gerechtfertigt werden.[919]

## *bb) Allgemeines Persönlichkeitsrecht des Kindes Art. 2 Abs. 1 GG i.V.m. Art. 1 Abs. 1 GG*

Damit das allgemeine Persönlichkeitsrecht des sukzessiv anzunehmenden Kindes aus Art. 2 Abs. 1 GG i.V.m. Art. 1 Abs. 1 GG die festgestellte Ungleichbehandlung rechtfertigen könnte,[920] müsste es einen legitimen Zweck der Ungleichbehandlung von eingetragenen Lebenspartnern und Eheleuten bei der sukzessiven Annahme eines Fremdkindes darstellen. Des Weiteren müsste die vorgenommene Differenzierung zur Gewährleistung des allgemeinen Persönlichkeitsrechts des Fremdkindes geeignet und erforderlich sein. Außerdem müssten die Ungleichbehandlung und das allgemeine Persönlichkeitsrecht des Kindes auch in einem angemessenen Verhältnis zueinander stehen. Nur wenn all diese Kriterien erfüllt werden, kann die vorliegende Ungleichbehandlung mit dem allgemeinen Persönlichkeitsrecht des Kindes gerechtfertigt werden.

### (1) Allgemeines Persönlichkeitsrecht des Kindes als legitimer Zweck

Zunächst müsste das allgemeine Persönlichkeitsrecht des anzunehmenden Kindes einen legitimen Grund für die dargelegte Ungleichbehandlung darstellen. Dazu müsste das allgemeine Persönlichkeitsrecht des Kindes vor der erfolgenden Ungleichbehandlung geschützt werden. Wie bereits festgestellt werden konnte,[921] beinhaltet das allgemeine Persönlichkeitsrecht für Kinder ein Recht auf die Entwicklung zu einer Persönlichkeit,[922] also ein Recht auf „Person-Werden".[923] Dadurch muss der Staat dieses Recht des Kindes auf die Schaffung von Lebensbedingungen, die für ein gesundes Aufwachsen günstig sind, schützen und verwirklichen.[924] Sollte der Gesetzgeber der Auffassung sein, das Recht des Kindes auf freie Entwicklung

---

919 So auch BVerfG, 1 BvL 1/11 vom 19.2.2013, Rn. 75 ff.

920 Zur Berücksichtigung des Kindeswohl bei Entscheidungen in welcher Familie ein Kind aufwachsen soll vgl. BVerfGE 79, 51, 63 f.; BVerfGE 75, 201, 218 f.; Jarass/Pieroth, Art. 2 GG, Rn. 49.

921 Vgl. dazu schon Kapitel 2:A.II.2.a)aa).

922 So auch Coester, FPR 2005, 60, 60, der davon ausgeht, dass es sich bei dem Grundrecht um das Recht auf Persönlichkeitsentfaltung, Schutz und Fürsorge handelt.

923 Engels, AöR 1997, 212, 219, 226; Langenfeld, MMR 2003, 303, 305; Maunz/Dürig/Di Fabio, Lfg. 39 Juli 2001, Art. 2 GG, Rn. 208.

924 BVerfGE 24, 119, 144 f.; Ditzen, NJW 1989, 2519; Langenfeld, MMR 2003, 303, 305; dazu in Bezug auf die Stiefkindadoption eines leiblichen Kindes schon Schlütter, FF 2005, 234, 237.

könnte eingeschränkt sein, wenn es vom eingetragenen Lebenspartner das Erstannehmenden sukzessive auch angenommen wird,[925] könnte der Schutz des Kindeswohls als legitimer Zweck der Ungleichbehandlung angeführt werden.[926] Wie im Laufe der Untersuchung bereits dargelegt wurde, kam Kindeswohlerwägungen bei der Entscheidung gegen eine sukzessive Adoptionsmöglichkeit für eingetragene Lebenspartner eine entscheidende Bedeutung zu.[927] Indem das Wohl des Kindes über Art. 2 Abs. 1 GG i.V.m. Art. 1 Abs. 1 GG geschützt wird, kann dieser Schutz somit als Zweck für eine Ungleichbehandlung von eingetragenen Lebenspartnern und Eheleuten bei der Zweitannahme eines Fremdkindes angeführt werden.

### (2) Geeignetheit des allgemeinen Persönlichkeitsrechts des Kindes

Die Ungleichbehandlung müsste auch der Erreichung dieses Zweckes dienen. Dazu muss die Wahl des Differenzierungskriteriums im Hinblick auf den Zweck sachlich begründet werden können.[928] Die Ungleichbehandlung muss somit auch geeignet sein das Recht des Kindes auf „Person-Werden" zu schützen. Grundsätzlich ist die Ungleichbehandlung geeignet, wenn sie das Ziel, also den Schutz des Kindeswohls, durch die Differenzierung herbeiführen würde.[929] Ausreichend wäre es aber auch schon, wenn mit der Ungleichbehandlung der gewünschte Erfolg zumindest gefördert würde.[930]

Die Wahrung des Kindeswohls müsste also durch die Ungleichbehandlung von eingetragenen Lebenspartnern und Eheleuten bei den Sukzessivannahmemöglichkeiten von Fremdkindern zumindest gefördert werden. Das würde es aber nur dann, wenn es durch eine sonst mögliche sukzessive Annahme gefährdet wäre.[931] Auch hier hat die Untersuchung schon gezeigt,[932] dass Kinder sich genauso gut entwickeln, wenn sie bei gleichgeschlechtlichen Paaren aufwachsen, wie wenn sie bei verschiedengeschlechtlichen Elternteilen aufwachsen.[933] Aus den dazu herangezogenen Studien konnten auch keine Hinweise darauf gefunden werden, dass dies anders beurteilt werden könnte, wenn ein gleichgeschlechtlicher sozialer Elternteil durch

925 Diese Intention unterstellt bei der gemeinsamen Adoption auch Robbers, S. 52 dem Gesetzgeber.

926 BVerfGE 79, 51, 63 f.; Ditzen, NJW 1989, 2519; Grehl, S. 95, die auch im Fall einer Kindeswohlgefährdung von einer Verletzung von Art. 2 Abs. 1 GG i.V.m. Art.1 Abs. 1 GG ausgehen; Hoppe, WD 3-060/10, S. 5.

927 Vgl. dazu schon die Ausführungen unter Kapitel 2:A.III.2.a)dd)(2).

928 Zur Zweck Mittel Relation vgl. auch Hufen, § 39, Rn. 15 ff.

929 Hirschberg, S. 51.

930 BVerfGE 30, 292, 316; BVerfGE 39, 210, 230.

931 Hoppe, StAZ 2010, 107, 108.

932 Vgl. dazu schon Kapitel 1:B.II.1.b)aa).

933 Dethloff, GS Heinze, 133, 136; Dittberner, S. 165 f.; Fthenakis, S. 387 f.; Grehl, S.110 f.; Pätzold, S. 135; Rupp, S. 280; Sielert, S. 53; Stacey/Biblarz, American Sociological Review 2001, 159, 176.

eine Sukzessivadoption zu einem rechtlichen Elternteil wird. Insgesamt wurde nämlich bei den Studien nicht nach den rechtlichen Beziehungen unterschieden, wodurch davon ausgegangen werden muss, dass diese keinen ausschlaggebenden Faktor darstellen.[934] Auch die Sukzessivannahme an sich hat keine negativen Auswirkungen auf das Kindeswohl,[935] denn ganz im Gegenteil kommt es sogar zu einer Verbesserung der Rechtsstellung, indem das Kind einen zweiten gesetzlichen Unterhaltsschuldner und Erblasser erhält und im Falle der Auflösung der Partnerschaft durch Tod oder Trennung besser abgesichert ist. Da alle verwandtschaftlichen Beziehungen zu der leiblichen Familie bereits durch die Erstannahme erloschen sind, kommt es auch nicht zu einem zusätzlichen Rechtsverlust, sondern einem Zugewinn an Rechten. Ferner ist eine grundsätzliche Gefährdung des Kindeswohls auch wegen der zu erfolgenden Einzelfallprüfung auszuschließen.

Der Schutz des Kindeswohls ist somit nicht dazu geeignet die ungleiche Behandlung von eingetragenen Lebenspartnern und Eheleuten bei der Sukzessivannahme zu rechtfertigen.[936]

### (3) Ergebnis zum allgemeinen Persönlichkeitsrecht als Rechtfertigungsgrund

Im Ergebnis lassen sich somit folgende Erkenntnisse festhalten. Damit die Ungleichbehandlung von Eheleuten und eingetragenen Lebenspartnern bei der Sukzessivannahme von Fremdkindern im Hinblick auf den Schutz des Kindeswohls aus Art. 2 Abs. 1 GG i.V.m. Art. 1 Abs. 1 GG gerechtfertigt wäre, hätte dieses einen legitimen Grund für die Ungleichbehandlung darstellen müssen und auch geeignet, erforderlich und angemessen sein müssen um diesen zu erreichen. Der Schutz des Kindeswohls nach Art. 2 Abs. 1 GG i.V.m. Art. 1 Abs. 1 GG als das Recht auf „Person-Werden“ stellt grundsätzlich einen legitimen Grund der vorliegenden Ungleichbehandlung dar. Da das Wohl von Kindern, die bei eingetragenen Lebenspartnern aufwachsen, nicht gefährdet ist, ist die Ungleichbehandlung aber nicht geeignet das Kindeswohl zu schützen oder zu fördern. Denn im Vergleich zu Kindern aus heterosexuellen Familien weisen sie keine Entwicklungsdefizite auf.

934 Mit der positiven Auswirkung von rechtlichen Beziehungen auf das Kindeswohl wird sich auch noch detailliert in Kapitel 2:B.V. auseinandergesetzt.

935 Vgl. hierzu auch schon die Ausführungen unter Kapitel 2:A.II.2.a)bb). So auch BVerfG, 1 BvL 1/11 vom 19.2.2013, Rn. 82 ff.

936 So auch OLG Hamburg FamRZ 2011, 1312, 1313; Hilbig, FamRZ 2011, 1315. Vgl. zu diesem Gedanken auch Grünberger, FPR 2010, 203, 208 f.; ähnlich auch Schüffner, S. 164 f.

Die Ungleichbehandlung von Eheleuten und eingetragenen Lebenspartnern ist somit nicht durch Kindeswohlerwägungen zu rechtfertigen.[937]

## *cc) Förderung und Schutz der Ehe Art 6 Abs. 1 , 1. Alt GG*

Die Ungleichbehandlung könnte zum Schutz der Ehe nach Art. 6 Abs. 1, 1. Alt GG gerechtfertigt sein[938]. Dann müsste der Schutz der Ehe einen legitimen Grund für die Ungleichbehandlung von eingetragenen Lebenspartnern und Eheleuten bei der Möglichkeit der Sukzessivannahme eines Fremdkindes darstellen. Um den Schutz und die Förderung der Ehe zu gewährleisten, müsste die Ungleichbehandlung auch geeignet, erforderlich und angemessen sein.

### (1) Förderung und Schutz der Ehe als legitimer Zweck

Damit die Förderung der Ehe einen legitimen Grund für die vorliegende Ungleichbehandlung darstellen kann, müsste sie durch die Möglichkeit der Sukzessivannahme eines Fremdkindes für eingetragene Lebenspartner beeinträchtigt sein. Denkbar wäre eine Beeinträchtigung der Ehe weil bei der Möglichkeit einer Sukzessivannahme von Fremdkindern für eingetragene Lebenspartner diese ein Recht erhalten würden, welches bisher Eheleuten vorbehalten war.[939] Dann müsste ein Eingriff in den Schutzbereich der Ehe vorliegen. Ein solcher wurde im Rahmen der Rechtfertigung des durch das Sukzessivannahmeverbot entstehenden Eingriffs in die familiäre Gestaltungsfreiheit jedoch schon geprüft und verneint. Da kein Eingriff in die Ehe durch eine Sukzessivadoptionsmöglichkeit für eingetragene Lebenspartner festgestellt werden konnte, können die Förderung und der Schutz der Ehe auch keinen legitimen Grund zur festgestellten Ungleichbehandlung von Eheleuten und eingetragenen Lebenspartnern darstellen.[940]

### (2) Ergebnis

Indem schon kein Eingriff in den Schutzbereich der Ehe durch die Schaffung der sukzessiven Annahmemöglichkeit für eingetragene Lebenspartner festgestellt werden konnte, kann der

937 So auch OLG Hamburg FamRZ 2011, 1312, 1314; Bruns/Kemper/Stüber, Einführung, Rn. 116; Hoppe, WD 3-060/10, S. 6; Hoppe StAZ 2010, 107, 109; Siegfried, FPR 2005, 120, 121.

938 Wertentscheidungen des besonderen Schutzes der Ehe und Familie kommen als verfassungsimmanente Grundlagen für die Rechtfertigung einer Ungleichbehandlung in Betracht, vgl. Stüber, FPR 2006, 117,118. So auch Grünberger, FPR 2010, 203, 205; Henkel, NJW 2011, 259, 262.

939 Diesen Gedanken äußert auch Pätzold, S. 65 im Hinblick auf eine gemeinschaftliche Adoption.

940 Vgl. dazu auch BVerfG, 1 BvL 1/11 vom 19.2.2013, Rn. 95 ff.

Schutz und die Förderung der Ehe auch nicht als legitimer Zweck der de lege lata bestehenden Ungleichbehandlung von Eheleuten und eingetragenen Lebenspartnern bei Sukzessivannahmen dienen. Eine Rechtfertigung anhand einer sonst entstehenden Kollision mit Art. 6 Abs. 1, 1. Alt. GG scheidet daher aus.

### *dd) Schutz der Familie aus Art. 6 Abs. 1, 2. Alt. GG*

Die Ungleichbehandlung könnte aber im Hinblick auf den Schutz der Familie aus Art. 6 Abs. 1, 2. Alt. GG gerechtfertigt sein. Dazu müsste der Schutz der Familie einen legitimen Grund für die Ungleichbehandlung darstellen. Ferner müsste die Ungleichbehandlung geeignet, erforderlich und angemessen sein, um den Schutz der Familie zu verwirklichen.

#### (1) Schutz der Familie als legitimer Zweck

Einen legitimen Grund für die Ungleichbehandlung von eingetragenen Lebenspartnern und Eheleuten würde der Familienschutz nur darstellen, wenn durch eine de lege ferenda erfolgende Gleichbehandlung der Personengruppen bei den Sukzessivannahmemöglichkeiten in den Schutzbereich der Familie eingegriffen werden würde. Solange der Schutzbereich der Familie bei einer Gleichbehandlung nicht betroffen wäre, kann im Umkehrschluss auch nicht durch eine Ungleichbehandlung vor einem solchen Eingriff geschützt werden. Somit gilt es zunächst den Schutzbereich der Familie aus Art 6 Abs. 1, 2. Alt. GG zu ermitteln.

#### *(a) Schutzbereich und Eingriff*

Wie bereits erörtert wurde, enthält auch der familiäre Schutz des Art. 6 Abs. 1, 1. Alt. GG einen dreidimensionalen Schutzbereich, bestehend aus einem Abwehrrecht, einer Institutsgarantie und einer wertentscheidende Grundsatznorm.[941]

##### *(aa) Abwehrrecht*

Im Rahmen des Abwehrrechts des Art. 6 Abs. 1, 2. Alt. GG muss der Staat die Freiheit der Familiengründung ermöglichen und ist dabei nur durch andere entgegenstehende Grundrechte beschränkt.[942] In diese Freiheit der Familiengründung könnte eingegriffen werden, indem auch dem eingetragenen Lebenspartner des Erstannehmenden das Recht zur sukzessiven

941 Di Fabio, NJW 2003, 993, 994; Krings, ZPR 2000, 409, 411; Sachs/von Coelln, Art. 6 GG, Rn. 21; v. Münch/Kunig/Coester-Waltjen, Art. 6 GG, Rn. 1.

942 v. Mangoldt/Klein/Starck/Robbers, Art. 6 GG, Rn. 92; v. Münch/Kunig/Coester-Waltjen, Art. 6 GG, Rn. 32.

Adoption eingeräumt wird. Denn dadurch könnten eingetragene Lebenspartner genau wie Eheleute auch durch eine Sukzessivannahme eine gemeinsame Familie gründen.[943] Eine solche Argumentation beinhaltet jedoch an mehreren Stellen denklogische Fehler. Zum einen besteht schon durch die erste Annahme eine Familie zwischen dem Erstannehmenden und dem Kind,[944] in welche auch sein eingetragener Lebenspartner mit einbezogen wird, wenn er tatsächlich Verantwortung für das Kind übernimmt.[945] Deshalb würde also nicht erst durch die sukzessive Annahme des eingetragenen Lebenspartners eine Familie gegründet werden. Zum anderen steht es Ehepartnern, auch wenn eine solche Annahmemöglichkeit eingeführt wird, weiterhin frei eine Familie durch Annahme eines Kindes zu Gründen. Ihnen würde diese Möglichkeit dadurch nicht entzogen. Auch ein Konkurrenzverhältnis zwischen der Adoption durch den Ehegatten und derjenigen durch den eingetragenen Lebenspartner als Annehmenden besteht nicht, da das Kind vorher schon im Rahmen einer Einzeladoption angenommen wurde. Das Konkurrenzverhältnis besteht also schon vorher. Ferner wäre dieses auch kein Argument gegen die Einbeziehung von eingetragenen Lebenspartnern, indem bei der Adoption grundsätzlich das Wohl des Kindes bei der Entscheidung für einen Annehmenden im Vordergrund steht.[946] In die Familiengründungsfreiheit würde somit im Ergebnis nicht eingegriffen.

Ferner liegen auch keine Eingriffe in eine bereits bestehende Familie durch die Schaffung einer sukzessiven Annahmemöglichkeit von Fremdkindern für eingetragene Lebenspartner vor.

---

943 Zu einer genauen Untersuchung der Frage, bei welchen Personen es sich um eine Familie im verfassungsrechtlichen Sinn handelt, siehe die Ausführungen der Unterpunkte bei Kapitel 2:A.II.1.a)aa).

944 Zur Einbeziehung der Adoptivfamilie in den Familienbegriff vgl. BVerfGE 80, 81, 90; Epping/ Hillgruber/Uhle, Art. 6 GG, Rn 15; Dreier/Gröschner, Art. 6 GG, Rn. 71; Friauf/Höfling/Burgi, 4. Erg. Lfg. 04/02, Art. 6 GG, Rn. 20 f. Soweit es also erst nur einen Annehmenden gibt, bildet dieser mit dem Kind durch die Elternteil-Kind-Beziehung schon eine Familie i.S.d. Art. 6 Abs. 1, 2. Alt. GG, so auch Hoppe, DVBl 2009, 1516, 1517. Nach heute h.A. sind auch solche Lebensgemeinschaften in den Familienbegriff mit einbezogen, bei denen keine Ehe besteht, vgl. Friauf/Höfling/Burgi, 4. Erg. Lfg. 04/02, Art. 6 GG, Rn. 21, weswegen auch eingetragene Lebenspartner, die das Kind angenommen haben mit dem Kind eine Familie bilden. Vgl. dazu auch Michael/Morlok, Rn. 255.

945 OLG Hamm NJW 2010, 2065, 2066; für eine Einbeziehung der lebenspartnerschaftlichen Familie in den Schutzbereich von Art. 6 Abs. 1, 2. Alt. GG Dittberner, S. 167; Sickert, S. 200; Stern, IV/1, S. 402 f. So jetzt auch ganz deutlich BVerfG, 1 BvL 1/11 vom 19.2.2013, Rn. 61 ff.

946 Zu den einzelnen Eignungsvoraussetzungen der Bewerber vgl. Empfehlungen zur Adoptionsvermittlung der Bundesarbeitsgemeinschaft der Landesjugendämter, 6. Fassung 2009, S. 26 ff. abrufbar unter http://www.bagljae.de/ (letzter Aufruf am 1.4.2013). Liegen diese Vorsaussetzungen vor, wird davon ausgegangen, dass die Annahme dem Kindeswohl dient.

Ein Eingriff in das Abwehrrecht gegen staatliche Eingriffe in Bezug auf die Entstehung oder die Ausgestaltung einer Familie durch die Einführung der Möglichkeit einer Sukzessivannahme für eingetragene Lebenspartner konnte folglich nicht festgestellt werden.

### *(bb) Institutsgarantie*

Eventuell könnte allerdings in die Familie als Institutsgarantie[947] eingegriffen werden. Wie schon erwähnt, ist die Familie in dieser Dimension als Institution in Staat und Gesellschaft in ihren wesentlichen Grundzügen und somit in ihrem Kernbereich rechtlich zu garantieren.[948] Für die Beeinträchtigung dieser Dimension wäre also eine Berührung oder Gefährdung des Bestands bzw. der wesentlichen Strukturen der Familie durch die Einfürhung der Sukzessivadoption für eingetragene Lebenspartner erforderlich.

Wie das Institut der Familie als solches durch die Sukzessivadoptionsmöglichkeit aufgelöst werden könnte, ist nicht ersichtlich. Die Gewährleistung des Bestands der Familie ist folglich nicht berührt.

Durch die Möglichkeit der sukzessiven Annahme könnte jedoch die Gewährleistung der wesentlichen Strukturen der Familie beeinträchtigt sein. Dazu müsste der Ordnungskern der Institution Familie berührt sein, da nur der Kernbestand der Vorschriften, die das Familienrecht bilden verfassungsrechtlich geschützt wird.[949] Dies ist darin begründet, dass Art. 6 Abs. 1, 2. Alt. GG nur gegen solche staatlichen Maßnahmen schützt, durch die bestimmende Merkmale des der Verfassung zugrunde liegenden Bildes der Familie beeinträchtigt werden. Damit die sukzessive Adoptionsmöglichkeit eines eingetragenen Lebenspartners einen solchen Eingriff darstellen könnte, müsste ihre Einführung Merkmale, die das verfassungsrechtliche Familienbild zeichnen beeinträchtigen. Unabhängig von der Tatsache, dass der Familie keine Mutter-Vater-Kind-Kostellation zugrunde liegt,[950] entsteht die lebenspartnerschaftliche Familie schon ohne die Sukzessivannahme durch tatsächliche Verantwortungsübernahme,[951] weshalb ein erst durch die Sukzessivadoption entstehender Eingriff ausschei-

947 Vgl. dazu schon die Ausführungen unter Kapitel 2:A.II.1.b).

948 BVerfGE 24, 119, 135; BVerfGE 6, 55, 72; Friauf, NJW 1986, 2595, 2600 f.; Sachs/von Coelln, Art. 6 GG, Rn. 31.

949 Vgl. Epping/Hillgruber/Uhle, Art. 6 GG, Rn. 29.

950 Siehe dazu die Ausführungen unter Kapitel 2:A.II.1.a)aa)(1).

951 Siehe hierzu die Untersuchung bei Kapitel 2:A.1.a)aa)(2). OLG Hamm NJW 2010, 2065, 2066; für eine Einbeziehung der lebenspartnerschaftlichen Familie in den Schutzbereich von Art. 6 Abs. 1, 2. Alt. GG Sickert, S. 200; Stern, IV/1, S. 402 f. a.A. Risse, S. 242 f.

det. Das verfassungsrechtliche Familienbild wird also nicht durch die Möglichkeit einer Sukzessivadoption durch den eingetragenen Lebenspartner des Erstannehmenden beeinträchtigt.

Durch die Einführung einer Sukzessivadoptionsmöglichkeit für den eingetragenen Lebenspartner des Erstannehmenden würde somit nicht in das verfassungsrechtliche Bild der Familie eingegriffen, da die Familie nicht in ihren wesentlichen Strukturen beeinträchtigt ist. Es liegt kein Eingriff in die Familie als Institutsgarantie vor.

### *(cc) Wertenscheidende Grundsatznorm*

Die Familie ist des Weiteren auch noch als objektive Wertentscheidung geschützt,[952] welche durch die Einführung einer sukzessiven Annahmemöglichkeit beeinträchtigt sein könnte.
Art. 6 Abs. 1, 2. Alt. GG stellt in dieser Ausprägung eine verbindliche Wertentscheidung für den gesamten Bereich des die Familie betreffenden privaten und öffentlichen Rechts dar.[953] Daraus folgt für den Staat zum einen das Verbot die Familie zu beeinträchtigen oder zu benachteiligen und zum anderen das Gebot sie vor Beeinträchtigungen durch Dritte zu schützen und durch staatliches Leistungshandeln zu fördern[954].[955] Damit ein Eingriff in Art. 6 Abs. 1, 2. Alt. GG als wertentscheidende Grundsatznorm durch die diskutierte Sukzessivadoptionsmöglichkeit für eingetragene Lebenspartner vorliegen würde, müsste diese die Familie beeinträchtigen oder benachteiligen. Eine Beeinträchtigung oder Benachteiligung durch die Einführung einer solchen Adoptionsvariante für schon bestehende Familien ist allerdings nicht ersichtlich. Ihnen würde ihr Schutz durch diese zusätzliche Annahmemöglichkeit nicht entzogen werden. Es würde lediglich noch eine weitere Möglichkeit der Familiengründung geben, welche allerdings ent- oder bestehende Familien nicht berühren würde. Auch ihr zukommende Förderungen würden der Familie nicht entzogen werden. Ein Eingriff in die Familie als objektive Wertentscheidung ist deshalb nicht ersichtlich.

---

952 Epping/Hillgruber/Uhle, Art. 6 GG, Rn. 33; Sachs/von Coelln, Art. 6 GG, Rn. 34; Schmidt-Bleibtreu/Hofmann/Hopfauf/Hofmann, Art. 6 GG, Rn. 3 f.; Sodan, Art. 6, Rn. 13; v. Mangoldt/Klein/Starck/Robbers, Art. 6 GG, Rn. 8. Zum Wirkungsgehalt des Art. 6 Abs. 1, 2. Alt. GG als wertentscheidende Grundsatznorm vgl. Schmid, S. 396 ff.

953 BVerfGE 111, 160, 172; BVerfGE 105, 313, 346; BVerfGE 22, 55, 72; BVerfGE 6, 55, 72.

954 BVerfGE 87, 1, 35.

955 BVerfGE 105, 313, 346; BVerfGE 6, 55, 76; Maunz/Dürig/Badura, Lfg. 37 August 2000, Art. 6 GG, Rn. 67; Sodan, Art. 6, Rn. 13.

#### (b) Ergebnis

Nachdem im Vorangegangenen Eingriffe durch die Einführung der Möglichkeit einer sukzessiven Adoption für den eingetragenen Lebenspartner des Erstannehmenden in die drei Facetten des Familienschutzes aus Art. 6 Abs. 1, 2. Alt. GG untersucht wurden, kann folgendes Ergebnis festgehalten werden. Durch eine Gleichbehandlung von eingetragenen Lebenspartnern und Eheleuten bei der sukzessiven Annahme aufgrund der Einführung einer solchen Möglichkeit für eingetragene Lebenspartner konnte weder ein Eingriff in Art. 6 Abs. 1, 2. Alt. GG als Abwehrrecht, noch als Institutsgarantie oder als wertentscheidende Grundsatznorm festgestellt werden. Die Gleichstellung der beiden Personengruppen stellt folglich keinen Eingriff in die verfassungsrechtlich geschützte Familie dar.

### (2) Ergebnis zum Schutz der Familie als legitimen Zweck der Ungleichbehandlung

Wie die vorgenommene Prüfung gezeigt hat, hätte der Schutz der Familie einen legitimen Grund für die Ungleichbehandlung von eingetragenen Lebenspartnern und Eheleuten bei den Möglichkeiten zur Sukzessivannahme darstellen können, wenn die Familie durch die Einführung einer solchen Möglichkeit für eingetragene Lebenspartner beeinträchtigt wäre. Da allerdings schon kein Eingriff in den Schutzbereich der Familie aus Art. 6 Abs. 1, 2. Alt. GG durch die Schaffung der sukzessiven Annahmemöglichkeit von Fremdkindern für eingetragene Lebenspartner festgestellt werden konnte, kann der Schutz und die Förderung der Familie aus Art. 6 Abs. 1, 2. Alt. GG auch nicht als legitimer Zweck der de lege lata bestehenden Ungleichbehandlung von Eheleuten und eingetragenen Lebenspartnern bei Sukzessivannahmen dienen.[956]

## ee) Voraussetzung einer rechtlich verbindlichen Lebensbasis

Die Ungleichbehandlung von eingetragenen Lebenspartnern und Ehegatten bei den Möglichkeiten zur Sukzessivannahme könnte jedoch unter dem Aspekt gerechtfertigt sein, dass solche nur für Paare in rechtlich verbindlichen Beziehungen möglich sein sollen. Dann müsste es sich in diesem Kontext bei einer eingetragenen Lebenspartnerschaft nicht um eine rechtlich verbindliche Lebensbasis handeln.

---

956 So jetzt auch BVerfG, 1 BvL 1/11 vom 19.2.2013, Rn. 100.

In diesem Zusammenhang stellt sich aber zunächst die Frage nach der Begründung dafür, dass nur Partner, die in rechtlich verbindlichen Beziehungen leben, die Möglichkeit haben sollen, durch eine Adoption die gemeinsame Elternschaft für ein Kind zu übernehmen. Erst nachdem der Grund für diese Regelung herausgearbeitet wurde, kann auf dieser Grundlage entschieden werden, ob sich diese Gründe auch im Institut der eingetragenen Lebenspartnerschaft wiederfinden lassen und es sich deshalb um rechtlich verbindliche Lebensgrundlagen im vorliegenden Sinne handelt.

### (1) Hintergrund des Erfordernisses der rechtlichen Verbindlichkeit

Zu den Anfängen des Bürgerlichen Gesetzbuches war die Ehe die einzige rechtlich verbindliche und auch gesellschaftlich anerkannte Beziehung zwischen zwei Personen, welche die Rechtsordnung kannte.[957] Die Beantwortung der Frage, warum die Annahme nur durch ein Paar in einer rechtlich verbindlichen Beziehung erfolgen sollte und heute noch soll, konzentriert sich demnach zunächst auf den rechtlich verbindlichen Rahmen der Ehe.

Die Adoption wurde in das Bürgerliche Gesetzbuch, welches am 1.1.1900 in Kraft getreten ist, als Annahme an Kindes Statt im 4. Buch, 2. Abschnitt, 8. Titel, §§ 1741-1772 BGB eingeführt.[958] Aus § 1749 Abs. 1 BGB a.F. ergab sich, dass ein Kind nur von einem Ehepaar als gemeinschaftliches Kind angenommen werden konnte. Dass die gemeinschaftliche Annahme nur durch ein Ehepaar möglich sein sollte, wurde durch den Grundsatz „adoptio naturam imitatur" begründet.[959] Dieser besagt, das Verhältnis zwischen Annnehmendem und Anzunehmendem solle stets der Natur nachgebildet werden.[960] Warum dieses der Natur nachzubildende Verhältnis nur durch eine gemeinschaftliche Annahme von Ehegatten erreicht werden konnte, ergibt sich aus einer Betrachtung der Wirkungen einer Annahme.[961] Durch die gemeinschaftliche Annahme eines Kindes erlangte dies die rechtliche Stellung eines gemein-

957 BVerfGE 25, 167, 196.; Rijsbergen, S. 128 f. Vgl. für die Wirkungen der Ehe §§ 1353 ff. BGB a.F.

958 Alle Paragraphen des Bürgerlichen Gesetzbuchs in der alten Fassung finden sich mit Unterlagen zu den Beratungen bei Jakobs/Schubert, Die Beratung des Bürgerlichen Gesetzbuchs, Familienrecht II. Mit einem Überblick über die geschichtliche Entwicklung der Adoption, angefangen im römischen Reich, Schucht, S. 1 ff. Mit einer Auflistung der Änderungen und Ergänzungen der Adoptionsvorschriften Soergel/Liermann, Vor § 1741 BGB, Rn. 1.

959 Schucht, S. 33; Schubert, S. 807; Staudinger/Engelmann, 7./8. Auflage, § 1749 BGB, Rn. 1; Staudinger/Engler, 10./11. Auflage, § 1749 BGB, Rn. 1.

960 Motive zu dem Entwurfe eines Bürgerlichen Gesetzbuches für das deutsche Reich, S. 963.

961 Vgl. dazu auch die Ausführungen bei Pätzold, S. 220 ff.

schaftlichen ehelichen Kindes der Ehegatten, vgl. § 1757 Abs. 2 BGB a.F.[962] Ein eheliches und damit gemeinschaftliches Kind von zwei Personen war ein Kind aber nur, wenn die Personen miteinander verheiratet waren.[963] Dies ergab sich aus § 1591 Abs. 1 BGB a.F.[964] Ein gemeinschaftliches Kind, welches zu beiden Elternteilen in einem Verwandtschaftsverhältnis stand, konnte nach damaliger Rechtslage nur ein eheliches Kind sein. Denn nach § 1589 Abs. 2 BGB a.F. waren schon ein uneheliches Kind und sein Vater nicht verwandt.[965] Da das Bürgerliche Gesetzbuch somit zunächst nur gemeinschaftliche Kinder als eheliche Kinder kannte, konnte nur die Annahme durch ein Ehepaar dazu führen, dass es zum gemeinschaftlichen Kind der Annehmenden wurde. Eine Annahme durch unverheiratete Personen hätte damit einhergehend zu Schwierigkeiten bei der Verteilung der Rechte und Pflichten zwischen den Annehmenden geführt. Dieses Problem entstand bei der Annahme durch ein Ehepaar nicht.[966] Ausschlaggebend war somit der rechtliche Rahmen der Ehe.

§ 1749 BGB a.F. wurde dann durch die Reform des Adoptionsrechts von 1976 geändert und in § 1741 BGB a.F. integriert. In der Fassung vom 2. Juli 1976 lautet § 1741 BGB:[967]

> *„(1) Die Annahme als Kind ist zulässig, wenn sie dem Wohl des Kindes dient und zu erwarten ist, daß zwischen dem Annehmenden und dem Kind ein Eltern-Kind-Verhältnis entsteht.*
> *(2) Ein Ehepaar kann ein Kind gemeinschaftlich annehmen. Ein Ehegatte kann sein nichteheliches Kind oder ein Kind seines Ehegatten allein annehmen. Er kann ein Kind auch dann alleine annehmen, wenn der andere Ehegatte ein Kind nicht annehmen kann, weil er geschäftsunfähig oder in der Geschäftsfähigkeit beschränkt ist.*
> *(3) Wer nicht verheiratet ist, kann ein Kind allein annehmen. Der Vater oder die Mutter eines nichtehelichen Kindes kann das Kind annehmen."*

In der Begründung zu diesem Gesetzesentwurf wird die Beschränkung der gemeinschaftlichen Annahme auf Ehepaare darauf gestützt,[968] dass jede andere Lebensgemeinschaft recht-

962 Dazu Erman/Hefermehl, 2. Auflage, § 1757 BGB; Staudinger/Engler, 10./11. Auflage, § 1757 BGB, Rn. 22 ff.
963 Schubert, S. 207.
964 Zur Vaterschaftsvermutung vgl. die Ausführungen bei Staudinger/Lauterbach, 10./11. Auflage, § 1591 BGB, Rn. 1 ff.
965 Vgl. dazu die Ausführungen bei Staudinger/Lauterbach, 10./11. Auflage, § 1589 BGB, Rn. 18 ff.
966 Schucht, S. 34.
967 BGBl I, 1976, S. 1749.

lich nicht derart abgesichert sei, um eine gemeinschaftliche Annahme durch sie zu rechtfertigen. Schließlich fehlten die Voraussetzungen um das Kind rechtlich in eine solche Gemeinschaft einzuordnen. Aus dieser Argumentation wird sehr klar deutlich, dass die Beschränkung der gemeinschaftlichen Annahme auf Eheleute aufgrund des rechtlichen Rahmens der Ehe erfolgte. Ferner findet sich aber auch die ausdrückliche Benennung des Kindeswohls als Adoptionsvoraussetzung in § 1741 Abs. 1 BGB a.F., welchem die Annahme dienen sollte.[969] Dies ist eine wichtige Entwicklung, da die Hauptaufgabe der Annahme vorher noch in der Sicherung des Fortbestands des Vermögens und des Namens des Annehmenden bestand.[970] Auch in der derzeitigen Fassung von § 1741 Abs. 1 BGB steht das Kindeswohl noch klar im Vordergrund der Zulässigkeitsvoraussetzungen.[971] Dennoch ist weiterhin nur die gemeinsame Annahme durch ein Ehepaar gestattet, obwohl auch rechtlich unverbindliche Paarbeziehungen mittlerweile gesellschaftlich und rechtlich anerkannt sind.[972] Indem nur Ehepaaren die gemeinschaftliche Annahme möglich ist, ist dementsprechend davon auszugehen, dass vorausgesetzt wird, dass bei einer Annahme durch diese dem Kindeswohl am besten gedient werden soll.[973]

Um den Zusammenhang zwischen den Kindeswohlerwägungen und dem rechtlichen Rahmen der Ehe ergründen zu können, wird deshalb zunächst betrachtet, was den rechtlichen Rahmen der Ehe ausmacht. Anschließend wird zu der Frage Stellung genommen, wie sich dieser rechtliche Rahmen positiv auf das Kindeswohl auswirken könnte.

Die gesetzlichen Regelungen zur Wirkung der Ehe finden sich in den §§ 1353 ff. BGB. Die Verbindung der Ehepartner wird vor allem durch die Regelungen zur ehelichen Lebensgemeinschaft nach § 1353 BGB verdeutlicht. Nach dieser Norm sind die Ehegatten zur ehelichen Lebensgemeinschaft verpflichtet und dazu füreinander Verantwortung zu tragen. Des

968 Vgl. BT-Drucks 7/3061, 30.

969 Staudinger/Frank, § 1741 BGB, Rn. 3.

970 BT-Drucks 7/3061, 1; Soergel/Liermann, Vor § 1741 BGB, Rn. 2. Wobei das Kindeswohl auch vor seiner ausdrücklichen Benennung in § 1751 BGB a.F. ungeschriebener Maßstab für die Genehmigung des Annahmevertrags durch das Familiengericht war, vgl. MüKo/Maurer, § 1741 BGB, Rn. 13.

971 BT-Drucks 7/5087, 4; Brandt S. 125; Staudinger/Frank, § 1741 BGB, Rn. 3.

972 Vgl. in diesem Zusammenhang schon allein die Aufhebung der Unterscheidung zwischen unehelichen und ehelichen Kinder, welche zweifelsfrei zur Anerkennung und Akzeptanz nicht ehelicher Lebensgemeinschaften geführt haben dürfte. Die rechtliche Anerkennung von nicht rechtlich verbindlichen Beziehungen zeigt sich durch die Behandlung der rechtlichen Wirkungen von nichtehelichen Lebensgemeinschaften.

973 BT-Drucks 7/3061, 30; Staudinger/Frank, § 1741 BGB, Rn. 50; so auch in den Empfehlungen zur Adoptionsvermittlung der Bundesarbeitsgemeinschaft der Landesjugendämter, 6. Fassung 2009, S. 29 abrufbar unter http://www.bagljae.de/ (letzter Aufruf am 1.4.2013) in denen darauf hingewiesen wird, dass die Annahme durch eine Einzelperson einer besonders eingehenden Kindeswohlprüfung bedarf.

Weiteren wird der rechtliche Rahmen der Ehe auch durch die Verpflichtung zum Familienunterhalt nach § 1360 BGB gestärkt. Beim Umfang der Unterhaltspflicht sind auch die Ansprüche der gemeinsamen Kinder zu berücksichtigen und zu befriedigen, vgl. § 1360 a Abs. 1 BGB. Leben die Ehegatten getrennt, können Unterhaltsverpflichtungen entstehen, vgl. § 1361 BGB. Nach der Scheidung kann ein Ehegatte gem. § 1569 BGB nach den §§ 1570 ff. BGB Unterhalt verlangen, soweit er nicht dazu in der Lage ist, selbst für seinen Unterhalt zu sorgen. Durch den rechtlichen Rahmen der Ehe sind die Partner somit zu gegenseitiger Rücksichtnahme, Fürsorge und gegenseitigem Einstehen verpflichtet. Durch den rechtlich verbindlichen Rahmen der Beziehung sind die Ehepartner und die Familie folglich auch im Fall einer Scheidung rechtlich und damit auch finanziell abgesichert.

Eine solche rechtliche Absicherung gibt es natürlich aufgrund der rechtlichen Unverbindlichkeit bei nichtehelichen Lebensgemeinschaften nicht. Es stellt sich jedoch die Frage, warum gerade der Unterschied der rechtlich abgesicherten Verhältnisse für die Beurteilung des Kindeswohls ausschlaggebend sein soll.[974] Hierzu gilt es zu bedenken, welche Auswirkungen gesicherte rechtliche Verhältnisse in der Lebenswirklichkeit haben können oder zumindest worauf von diesen geschlossen werden kann. Das Eingehen eines rechtlich verbindlichen Institutes kann darauf hindeuten, dass die Partner sich bewusst für eine gemeinsame Zukunft entschieden haben. Wenn ein Kind zwei rechtliche Elternteile erlangt, ist vor dem Hintergrund teils schwieriger bisheriger Biographien die Sicherung von bestimmten Bezugspersonen ein wichtiger Faktor für die Kontinuität der Verhältnisse.[975]

Gesetzgeberisches Ziel der Annahme ist zunächst die Aufnahme des Kindes in eine harmonische und lebenstüchtige Familie, wodurch ihm ein beständiges und harmonisches Zuhause gewährleistet werden kann.[976] Dabei ging der Gesetzgeber davon aus, dass sich eine solche Familie in der Regel um eine Ehe gruppieren würde.[977] Es kann jedoch auch argumentiert werden, eine solche Familie könne dem Kind nicht nur von Personen geboten werden, die in einer rechtlich verbindlichen Partnerschaft leben. Denn auch aus den Empfehlungen zur Adoptionsvermittlung geht lediglich hervor, dass es für das Kind von zentraler Bedeutung sei,

---

974 So wird in BT-Drucks 7/3061, 30 ausdrücklich gesagt, dass jede andere Lebensgemeinschaft als die Ehe nicht rechtlich abgesichert ist und deshalb auch keine Annahme eines Kindes rechtfertigen könnte. Dass dort nicht auf die eingetragene Lebenspartnerschaft als rechtlich abgesicherte Verbindung eingegangen wird, ist dadurch zu begründen, dass das Dokument vom 07.01.1975 ist und es zu diesem Zeitpunkt noch keine eingetragene Lebenspartnerschaft gab.

975 Ähnlich MüKo/Maurer, § 1741 BGB, Rn. 19.

976 BT-Drucks 7/3061, 28; Staudinger/Frank, § 1741 BGB, Rn. 16 bezeichnet dies als Zielfunktion.

977 BT-Drucks 7/3061, 28.

sich innerhalb von intakten und dauerhaften Familienbeziehungen zu entwickeln.[978] Dass es solche nur bei rechtlich verbindlichen Beziehungen geben soll, wird hingegen nicht gesagt. Bei einer intakten Familie kann allerdings gleichzeitig davon ausgegangen werden, dass es sich um eine stabile Paarbeziehung handeln soll. Diese Stabilität wurde vom Bundesverfassungsgericht insbesondere der Ehe zugesprochen.[979] So enthalte die Ehe eine Pflicht des wechselseitigen Beistandes in Zeiten der Bedrängnis und dies insbesondere in Zeiten von körperlicher und seelischer Belastung.[980] Dabei sei diese Beistandspflicht als Rechtspflicht ausgestaltet worden. Gegenseitige Solidarität könne in einer Ehe nicht nur faktisch gelebt werden, sondern könne auch rechtlich eingefordert werden.[981] Nach Ansicht des Bundesverfassungsgerichts darf der Gesetzgeber in typisierender Betrachtung davon ausgehen, dass eine Ehe wegen ihres besonderen rechtlichen Rahmens als Lebensbasis für das Kind angesehen werden darf, welche Kindeswohlbelangen mehr Rechnung trägt als eine nichteheliche Partnerschaft.[982] Auch im Fall der Trennung der Eltern weist der Rahmen der Ehe eine höhere Sicherheit für Kinder auf, indem sie weiterhin durch Unterhalts- und Erbansprüche finanziell abgesichert sind. Eine solche Absicherung könnte es zwar aufgrund der begründeten Elternstellung bei rechtlich unverbindlichen Partnerschaften auch geben, dies jedoch mit dem Unterschied, dass die Partner gegenseitig keine Ansprüche haben.[983] Ferner ist ein Partner einer nichtehelichen Lebenspartnerschaft weder gesetzlicher Erbe noch kommt eine analoge Anwendung der §§ 1931, 1371 BGB in Betracht.[984] Selbst wenn eine Absicherung des Kindes durch seine Erb- oder Unterhaltsberechtigung gegeben ist, so könnte sich seine finanzielle Lage trotzdem aufgrund der mangelnden Absicherung des Elternteils, bei dem es nach einer Trennung lebt, nachteilig verändern. Von der Ehe wird in diesem Zusammenhang somit erwartet, dass sie dem Kind die bestmögliche rechtliche Sicherung gegen einen späteren Verlust seiner Adoptivfamilie bietet.[985] Ob nichteheliche Partnerschaften in der Lebenswirklichkeit tatsächlich nicht so stabil sind wie Ehen muss an dieser Stelle dahingestellt bleiben. In einer

978 Empfehlungen zur Adoptionsvermittlung der Bundesarbeitsgemeinschaft der Landesjugendämter, 6. Fassung 2009, S. 29 abrufbar unter http://www.bagljae.de/ (letzter Aufruf am 1.4.2013).
979 Vgl. zu den folgenden Ausführung BVerfGE 117, 316, 327 ff. in der es um die Beschränkung der Leistungen für medizinische Maßnahmen zur künstlichen Befruchtung durch die gesetzliche Krankenversicherung auf Eheleute ging.
980 Gernhuber/Coester-Waltjen, § 18, Rn. 49.
981 Schwab, FamRZ 2007, 1, 3.
982 BVerfGE 117, 316, 328.
983 Hausmann/Hohloch, S. 83, Rn. 45.
984 Burhoff, Rn. 433; Hausmann/Hohloch, S. 123, Rn. 164.
985 Rauscher, Rn. 1150.

Gesamtbetrachtung kann allerdings anhand der dargelegten Argumentation nicht abgestritten werden, dass rechtlich verbindliche Partnerschaften Kindern zumindest in rechtlicher und finanzieller Hinsicht eine bessere Absicherung bieten.

Nachdem nun festgestellt wurde, worin die Voraussetzung der rechtlich verbindlichen Lebensbasis für eine Adoption begründet ist, stellt sich die Frage, ob es sich auch bei eingetragenen Lebenspartnerschaften um rechtlich verbindliche Beziehungen handelt, die Kindern eine zur Ehe vergleichbare Absicherung bieten. Wäre dies der Fall, könnte ihre Ungleichbehandlung im Vergleich zu Eheleuten bei den Sukzessivadoptionsmöglichkeiten unter diesem Gesichtspunkt nicht gerechtfertigt werden.

### (2) Eingetragene Lebenspartnerschaft als rechtlich verbindliche Paarbeziehung

Zu der Frage der rechtlichen Verbindlichkeit von eingetragenen Lebenspartnerschaften hat zum einen schon das Bundesverfassungsgericht festgestellt, dass sich die Ehe und die eingetragene Lebenspartnerschaft in dem Punkt der auf Dauer übernommenen, auch rechtlich verbindlichen Verantwortung für den Partner nicht unterscheiden würden.[986] Denn beide Verbindungen sind auf Dauer angelegt und begründen eine gegenseitige Einstandspflicht.[987] Zum anderen wird dieses Bild auch durch die rechtliche Ausgestaltung der eingetragenen Lebenspartnerschaft untermauert. So normiert § 2 LPartG, dass sich die eingetragenen Lebenspartner gegenseitig zu Fürsorge und Unterstützung sowie zur gemeinsamen Lebensgestaltung verpflichtet sind und Verantwortung füreinander tragen. Die eingetragene Lebenspartnerschaft ist somit eine Beistandsgemeinschaft bzw. Einstehens- und Verantwortungsgemeinschaft.[988] Zwar gibt es keine Verpflichtung zur häuslichen Gemeinschaft, allerdings ergibt sich aus der Systematik des Lebenspartnerschaftsgesetzes, dass der Gesetzgeber von dem Regelfall ausgegangen ist, die Partner würden eine häusliche Gemeinschaft bilden.[989] So wird in den §§ 5, 12 LPartG bei den Unterhaltsansprüchen danach differenziert, ob die Partner zusammenleben oder nicht. Ferner setzt eine Aufhebung der eingetragenen Lebenspartnerschaft

986 BVerfGE 124, 199, 225.
987 BVerfGE 126, 400, 423; BVerfGE 124, 199, 225.
988 BT-Drucks 14/3751, 36; Bruns/Kemper/Kemper, § 2 LPartG, Rn. 8; Schulz/Hauß/Haibach, § 2 LPartG, Rn. 1.
989 Bruns/Kemper/Kemper, § 2 LPartG, Rn. 10; MüKo/Wacke, § 2 LPartG, Rn. 3; Staudinger/Voppel, § 2 LPartG, Rn. 20.

wenigstens ein Jahr des Getrenntlebens der Partner voraus.[990] Im Gegensatz zu Eheleuten sind eingetragene Lebenspartner aber nicht zur Geschlechtsgemeinschaft verpflichtet.[991] Dieser Unterschied zur Ehe ist darin begründet, dass der Verzicht auf diese Pflicht mittlerweile dem Bild einer modernen Ehe entspricht.[992] Somit spricht auch dieser Unterschied wieder für die Vergleichbarkeit von Ehe und eingetragener Lebenspartnerschaft. Nach h.M. gilt außerdem das Lebenszeitprinzip, auch wenn sich in § 2 LPartG, im Gegensatz zu § 1353 Abs. 1 S. 1 BGB für Eheleute, kein Hinweis darauf findet.[993] Die rechtliche Verbindlichkeit der eingetragenen Lebenspartnerschaft ergibt sich des Weiteren auch aus den Regelungen zur Verpflichtung zum Lebenspartnerschaftsunterhalt in § 5 LPartG, zum Unterhalt bei Getrenntleben in § 12 LPartG und zum nachpartnerschaftlichen Unterhalt in § 16 LPartG. Diese Regelungen weisen große Ähnlichkeit zu den entsprechenden Regelungen des Eherechts auf und beziehen sich teilweise auf diese.[994] Auch hier zeigt sich folglich die vergleichbare Ausgestaltung der Institute.[995] Ferner findet sich auch die rechtliche Absicherung für in der Partnerschaft lebende Kinder wieder. In Bezug auf den Unterhalt findet die Regelung des § 1360a BGB nach § 5 S. 2 LPartG entsprechende Anwendung. Demnach sind auch gemeinsame Kinder beim Unterhalt zu berücksichtigen.[996] Auch der Unterhalt bei Getrenntleben wurde in § 12 LPartG mit Verweis auf die Anwendbarkeit von § 1361 BGB normiert. Im Falle einer Aufhebung der eingetragenen Lebenspartnerschaft besteht, wie in der Ehe auch, ein Anspruch auf Unterhalt, wenn der Lebenspartner für diesen nicht selber sorgen kann, vgl. § 16 LPartG i.V.m. §§ 1570-1586b BGB. Der rechtliche Rahmen einer eingetragenen Lebenspartnerschaft ist somit in den aufgezählten Punkten fast genauso ausgestaltet wie derjenige der Ehe. Die eingetragenen Lebenspartner und ihre Familie sind somit genau wie Eheleute auch nach einer Aufhebung rechtlich abgesichert.

990 Bruns/Kemper/Kemper, § 2 LPartG, Rn. 10.
991 So auch Kaiser, StAZ 2006, 65, 67.
992 Palandt/Brudermüller, § 2 LPartG, Rn. 2; Schulz/Hauß/Haibach, § 2 LPartG, Rn. 1.
993 jurisPK/Schausten, § 2 LPartG, Rn. 6; MüKo/Wacke, § 2 LPartG, Rn. 1; Palandt/Brudermüller, § 2 LPartG, Rn. 1; Staudinger/Voppel, § 2 LPartG, Rn. 10. A.A. Kaiser, StAZ 2006, 65, 66 f.
994 BT-Drucks 14/3751, 37, 41; Schlüter, S. 328, 332; v. Koppenfels-Spies, FPR 2003, 5, 9f.
995 Nach Stern, VI/1, S. 484 regelt das Lebenspartnerschaftsgesetz die Lebenspartnerschaft im Abbild zur Ehe.
996 Vgl. zum diesbezüglichen Streit schon die Ausführungen unter Kapitel 1:B.I.3.b).

Daran, dass es sich bei eingetragenen Lebenspartnerschaften genauso um rechtlich verbindliche Paarbeziehung handelt wie bei Ehen[997] und Kinder in diesen in rechtlicher und finanzieller Hinsicht genauso gut abgesichert sind, kann somit nicht gezweifelt werden.[998]

### (3) Fazit

Die Aufnahme in eine rechtlich verbindliche Partnerschaft entspricht aufgrund des rechtlichen Rahmens dem Kindeswohl am besten, da dieser die bestmögliche rechtliche und finanzielle Absicherung des Kindes bietet sowie die Aufteilung der Rechte und Pflichten ermöglicht. Sowohl bei Ehen als auch bei eingetragenen Lebenspartnerschaften handelt es sich um solche rechtlich verbindlichen Partnerschaften.

Es stellt sich aber die Frage, ob diese beiden Formen der rechtlich verbindlichen Partnerschaften hier wirklich gleich zu behandeln sind. Denn die ursprüngliche gesetzgeberische Intention bestand darin, ein Kind durch die Annahme durch Eheleute in eine Vater-Mutter-Kind-Familie einzuordnen. Eine solche entsteht aber aufgrund der Gleichgeschlechtlichkeit der Partner bei eingetragenen Lebenspartnern nicht. Zu beachten ist bei dieser Überlegung aber, dass zu den Anfängen des Bürgerlichen Gesetzbuches nicht zwischen Ehe und Familie getrennt wurde.[999] So wurde davon ausgegangen, die Ehe würde die Grundlage der Familie bilden,[1000] weshalb Ehe und Elternschaft fest miteinander verbunden waren.[1001] Mittlerweile hat sich dieses ehebasierte Familienbild[1002] aber geändert, wodurch Ehe und Familie entkoppelt wurden.[1003] Ferner wurde die Ehe als für das Kindeswohl besonders förderlich angesehen, indem ihr zugeschrieben wurde, sie könne dem Kind Geborgenheit geben und ihm einen schützenden und lebendigen Rahmen bieten.[1004] Diese Eigenschaften werden der Ehe jedoch nicht aufgrund ihrer Geschlechterkonstellation zugeordnet, sondern wegen ihres rechtlichen Rahmens, der für das Kind Sicherheit schafft. Wie die Untersuchung aber schon gezeigt hat, kann sich ein Kind bei einem gleichgeschlechtlichen Paar genauso gut entwickeln wie bei

997 Für die Vergleichbarkeit von Ehe und eingetragener Lebenspartnerschaft auch Grünberger, FPR 2010, 203, 205 f.

998 So auch Dethloff, § 15, Rn. 19.

999 Zum Verhältnis von Ehe und Familie sowie der Entwicklung des Familienbegriffs vgl. schon die Ausführungen unter Kapitel 2:A.II.1.a)aa)(1).

1000 Häberle, S. 26; Maunz, FamRZ 1956, 1, 2.

1001 BVerfGE 25, 167, 196; Giesen, JZ 1982, 817, 821; Lecheler, DVBl 1986, 903, 907; Pätzold, S. 255.

1002 Epping/Hillgruber/Uhle, Art. 6 GG, Rn. 14; Sickert, S. 123.

1003 Dreier/Gröschner, Art. 6 GG, Rn. 69; Erfurter Kommentar zum Arbeitsrecht/Schmidt, Art. 6 GG, Rn. 6; Grünberger, FPR 2010, 203, 206; Grziwotz, FamRZ 2009, 1982, 1983; Michael, NJW 2010, 3537, 3538; Schwab, FamRZ 2007, 1, 3.

1004 BVerfGE 25, 167, 196; BT-Drucks 7/3061, 1, 15.

einem verschiedengeschlechtlichen.[1005] Zusätzlich schafft der rechtliche Rahmen der eingetragenen Lebenspartnerschaft genauso viel Sicherheit für ein Kind wie derjenige der Ehe. Eingetragene Lebenspartner erfüllen somit genau wie Eheleute auch die Anforderungen, die hinter der Voraussetzung der rechtlich verbindlichen Lebensbasis zur Kindesannahme stehen.

Die Ungleichbehandlung von Eheleuten und eingetragenen Lebenspartnern kann daher nicht durch das Argument gerechtfertigt werden, die gemeinsame Elternschaft für ein Adoptivkind könne nur von rechtlich verbindlichen Lebenspartnern, welche eingetragene Lebenspartner nicht wären, übernommen werden.

### *ff) Verletzung des Gleichheitssatzes aus Art. 3 Abs. 1 GG im Hinblick auf andere nicht rechtlich verbindliche Beziehungen zwischen zwei Personen*

Die Ungleichbehandlung von eingetragenen Lebenspartnern und Eheleuten könnte jedoch gerechtfertigt sein, indem bei einer de lege ferenda erfolgenden Gleichbehandlung der Gleichheitssatz aus Art. 3 Abs. 1 GG im Vergleich zu der Behandlung von rechtlich unverbindlichen Paarbeziehungen bei den Adoptionsmöglichkeiten verletzt sein könnte. Denn eine Person, die nicht verheiratet ist, kann ein Kind nur allein annehmen, vgl. § 1741 Abs. 2 S. 1 BGB. Dessen Partner kann das Kind aufgrund der fehlenden Ehelichkeit auch nicht sukzessive annehmen, vgl. § 1741 Abs. 2 S. 2 BGB i.V.m. § 1742 BGB. Die Sukzessivadoption wäre also de lege ferenda Eheleuten und eingetragenen Lebenspartner möglich, nicht jedoch Partnern in einer rechtlich nicht verbindlichen Beziehung. Im Laufe der Untersuchung wurde eine so entstehende und nicht zu rechtfertigende Ungleichbehandlung dieser Personengruppen aber bereits geprüft und verneint.[1006] Auf eine erneute Prüfung kann deshalb an dieser Stelle verzichtet werden.
Die durch das Sukzessivadoptionsverbot de lege lata vorliegende Ungleichbehandlung von Eheleuten und eingetragenen Lebenspartnern kann somit nicht anhand eines durch die Einführung der Sukzessivadoption für eingetragene Lebenspartner entstehenden Gleichheitsverstoßes im Vergleich zu rechtlich unverbindlichen Paarbeziehungen gerechtfertigt werden.

---

1005 Siehe hierzu schon die Ausführungen unter Kapitel 1:B.II.1.b)aa).
1006 Vgl. dazu schon die Prüfung unter Kapitel 2:A.II.2.c).

### *gg) Internationale Adoptionsübereinkommen*

Die Ungleichbehandlung von Eheleuten und eingetragenen Lebenspartnern, welche dadurch entsteht, dass eingetragenen Lebenspartnern im Gegensatz zu Eheleuten die Möglichkeit der Sukzessivadoption verwehrt bleibt, könnte allerdings aufgrund des Europäischen Übereinkommens über die Adoption von Kindern von 1967[1007] gerechtfertigt sein.[1008]

Das Abkommen wurde mit Gesetz vom 25.08.1980[1009] Ende 1980 von Deutschland ratifiziert und trat dementsprechend am 11.02.1981 in Kraft.[1010] In Art. 6 Abs. 1 EuAdÜbEink 1967 ist normiert, dass die Rechtsordnung eine Adoption eines Kindes nur zwei miteinander verheirateten Personen, ob sie nun gleichzeitig oder nacheinander annehmen, oder einer Einzelperson gestatten darf. Art. 6 Abs. 2 EuAdÜbEink 1967 führt weiter aus, dass die erneute Annahme eines Kindes nur in einem der folgenden Fälle zulässig ist, (a.) wenn der Ehegatte des Erstannehmenden das Kind annimmt, (b.) wenn die Person, die das Kind vorher angenommen hat, gestorben ist, (c.) wenn die frühere Adoption rückwirkend beseitigt worden ist oder (d.) wenn die frühere Adoption geendet hat. Die gemeinschaftliche gleichzeitige oder sukzessive Adoption eines Kindes ist somit nur Eheleuten gestattet.[1011] Zwar könnte daran gedacht werden, unter den Begriff der *„miteinander verheirateten Personen"* auch verpartnerte Personen und so auch eingetragene Lebenspartner zu subsumieren, Anhaltspunkte finden sich dafür hingegen nicht.[1012] Zwar bezieht sich Art. 6 Abs. 2 EuAdÜbEink 1967 nicht auf die sexuelle Identität der Eltern[1013] und soll genauso wie das grundsätzliche Verbot der sukzessiven Adoption nur verhindern, dass das Kind mehr als zwei Adoptiveltern hat.[1014] Eine Einbeziehung von eingetragenen Lebenspartnern in den Begriff der Verheirateten würde aber trotzdem zu weit gehen.[1015] Dafür spricht vor allem die revidierte Fassung des Europäischen Adoptionsübereinkommens v. 2008, in der nun neben Ehepaaren auch ausdrücklich gleichgeschlechtli-

1007 Text abrufbar unter http://conventions.coe.int/Treaty/ger/Treaties/Html/058.htm (letzter Aufruf am 1.4.2013). Das Gesetz wird hier mit EuAdÜbEink 1967 bzw. 2008 abgekürzt.

1008 So BT-Drucks 17/4112, 3.

1009 BGBl II, 1980, S. 1093.

1010 Unterschriften- und Ratifikationsstand abrufbar unter http://conventions.coe.int/Treaty/Commun/ChercheSig.asp?NT=058&CM=&DF=&CL=GER (letzter Aufruf am 1.4.2013). Zur völkerrechtlichen Vertretung durch den Bundespräsidenten vgl. die Ausführungen bei Epping/Hillgruber/Pieper, Art. 59 GG, Rn. 17 ff.

1011 Heilmann, FPR 2005, 193, 194; Kemper, FF 2005, 88, 94; Pätzold, S. 182; Stüber, FamRZ 2005, 574, 576.

1012 So auch Pätzold, S. 182 f.

1013 BT-Drucks 16/5596, 4.

1014 BT-Drucks 8/3529, 21.

1015 Zur Frage, ob im Haager Adoptionsübereinkommen von 1993 der Begriff der Ehegatten auch eingetragene Lebenspartner erfasst vgl. die ausführliche Auslegung bei Brandt, S. 186 ff.

che eingetragene Lebenspartner mit erwähnt sind.[1016] Wären diese schon unter Ehepaare im Sinne des Abkommens von 1967 zu subsumieren gewesen, hätte es dieser revidierten Fassung nicht bedurft. Für diese Sichtweise spricht ferner auch der Umstand, dass Schweden das Europäische Adoptionsübereinkommen v. 1967 gekündigt hat, bevor es seine Adoptionsvorschriften dahingehend geändert hat, auch eingetragenen Lebenspartnern die gemeinsame Annahme eines Kindes zu gestatten.[1017]

Mit dem Argument, die gleichzeitige oder sukzessive Adoption sei laut des Europäischen Adoptionsübereinkommens v. 1967 Eheleuten vorbehalten, wurde deshalb versucht die Ungleichbehandlung von eingetragenen Lebenspartnern und Eheleuten bei der Sukzessivadoption verfassungsrechtlich zu rechtfertigen.[1018] Dem können allerdings gleich mehrere Argumente entgegengehalten werden.

Zum einen kann es keine verfassungsrechtliche Rechtfertigung sein, wenn eine gemeinschaftliche zeitgleiche oder aufeinander folgende Adoption durch Art. 6 EuAdÜbEink 1967 untersagt wird. Denn innerstaatlich geht Art. 3 Abs. 1 GG dem Abkommen vor,[1019] wobei Deutschland auch bei einem Verstoß gegen die Regelungen des Abkommens weiterhin an dieses gebunden wäre.[1020] Um einem solchen Konflikt zwischen Völkerrecht und innerstaatlichem Recht vorzubeugen,[1021] könnte die Bundesrepublik Deutschland das Abkommen aber auch nach Art. 27 Abs. 2, 3 EuAdÜbEink 1967 mit einer Frist von sechs Monaten kündigen.[1022] Dies hat u.a., wie bereits erwähnt wurde, schon Schweden getan um Adoptionsmöglichkeiten für eingetragene Lebenspartner einführen zu können.[1023] Zum anderen wäre eine Kündigung mittlerweile aber auch nicht mehr erforderlich, da das Ministerkomitee im Jahr 2008 eine revidierte Fassung des Abkommens beschlossen hat, welche nunmehr zur Zeich-

1016 Siehe zum Inhalt der revidierten Fassung die folgenden Ausführungen.

1017 Bogdan, IPRax 2002, 534, 535.

1018 OLG Hamburg FamRZ 2011, 1312, 1314; ähnlich auch Bruns/Kemper/Kemper, § 9 LPartG, Rn. 26.

1019 Geiger, S. 15; Hoppe, WD 3-060/10, S. 7; Hoppe, StAZ 2010, 107, 110; Sachs/Streinz, Art. 59 GG, Rn. 65. Das Verhältnis von Völkerrecht und innerstaatlichem Recht ist allerdings genau wie die Methoden der Einbeziehung von Völkerrecht in den innerstaatlichen Bereich bis heute umstritten, vgl. Sachs/Streinz, Art. 25 GG, Rn. 11 ff., dazu auch Bleckmann, Völkerrecht, S. 135 ff.; Geiger, S. 13 ff.; Vitzthum/Kunig, S. 98 ff.

1020 OLG Hamburg FamRZ 2011, 1312, 1314.

1021 Zum Verhältnis von Völkerrecht und innerstaatlichem Recht Herdegen, § 22, Rn. 1 ff.

1022 So auch OLG Hamburg FamRZ 2011, 1312, 1314; BT-Drucks 16/5596, 4; Grehl, S. 192; Hoppe, StAZ 2010, 107, 110; Müller, FF 2011, 56, 61; so auch Dethloff, FPR 2010, 208, 210, die eine Kündigung aufgrund der revidierten Fassung des Abkommens von 2008 für überflüssig hält.

1023 BT-Drucks 16/5596, 4; Jänterä-Jareborg, FamRZ 2003, 349, 349.

nung aufgelegt ist.[1024] Nach Art. 23 Abs. 1 EuAdÜbEink 2008 soll das neue Übereinkommen das alte ersetzen. Die für eingetragene Lebenspartner wichtigste Änderung findet sich dabei in Art. 7 EuAdÜbEink 2008, dieser lautet:

> „*Article 7 – Conditions for adoption*
> *1 The law shall permit a child to be adopted:*
> *a by two persons of different sex*
> *i who are married to each other, or*
> *ii where such an institution exists, have entered into a registered partnership together;*
> *b by one person.*
> *2 States are free to extend the scope of this Convention to same sex couples who are married to each other or who have entered into a registered partnership together. They are also free to extend the scope of this Convention to different sex couples and same sex couples who are living together in a stable relationship.*".

Nach Art. 7 Abs. 2 EuAdÜbEink 2008 sind somit auch gemeinschaftliche Adoptionen von Kindern und Zweitadoptionen von adoptierten Kindern für gleichgeschlechtliche Ehepaare bzw. eingetragene Lebenspartner zulässig.[1025] Das revidierte Abkommen wurde schon von Dänemark, Finnland, Norwegen, Rumänien, Spanien sowie der Ukraine unterzeichnet und ratifiziert.[1026] Auch die Bundesrepublik Deutschland könnte die revidierte Fassung des Europäischen Adoptionsübereinkommens v. 2008 unterzeichnen und ratifizieren, damit die gemeinsame gleichzeitige oder sukzessive Annahme eines Fremdkindes durch eingetragene Lebenspartner zugelassen werden könnte.[1027]

Durch die Kündigungsmöglichkeit des Europäischen Adoptionsübereinkommens v. 1967 oder die Möglichkeit der Unterzeichnung und Ratifizierung des Europäischen Adoptionsübereinkommens v. 2008 würde einer sukzessiven Adoption durch den eingetragenen Lebenspartner

---

1024 Text abrufbar unter http://conventions.coe.int/Treaty/EN/Treaties/Html/202.htm (letzter Aufruf am 1.4.2013).
1025 So auch OLG Hamburg FamRZ 2011, 1312, 1314; Hoppe, WD 3-060/10, S. 7; Hoppe, StAZ 2010, 107, 110; Müller, FF 2011, 56, 61.
1026 Der aktuelle Stand ist abrufbar unter http://conventions.coe.int/Treaty/Commun/ChercheSig.asp?NT=202&CM=1&DF=&CL=GER (letzter Aufruf am 1.4.2013).
1027 So auch Zypries Plenarprotokoll 16/105, 10731.

des Erstannehmenden somit nichts im Wege stehen.[1028] Das Europäische Adoptionsübereinkommen v. 1967 kann deshalb keinen Grund zur verfassungsrechtlichen Rechtfertigung der Ungleichbehandlung von Eheleuten und eingetragenen Lebenspartnern bei den sukzessiven Adoptionsmöglichkeiten darstellen.[1029]

### *c) Zusammenfassung und Ergebnis zur verfassungsrechtlichen Rechtfertigung der Ungleichbehandlung*

Nach den vorangegangenen Untersuchungen zur verfassungsrechtlichen Rechtfertigung der Ungleichbehandlung von eingetragenen Lebenspartnern und Eheleuten in Bezug auf die Möglichkeiten zur Sukzessivadoption lässt sich Folgendes feststellen. Die Rechtfertigung der de lege lata stattfindenden Ungleichbehandlung wurde anhand von verschiedenen Gesichtspunkten untersucht. Dabei ergab sich folgendes Bild.

Zunächst wurde die Rechtfertigung der Ungleichbehandlung aufgrund einer Beschränkung der Sukzessivadoption auf Eheleute in Betracht gezogen.[1030] Diese war jedoch zur Rechtfertigung nicht geeignet, da auch bei einer Sukzessivadoption durch eingetragene Lebenspartner keiner der Gründe für das generell geltende Verbot der Kettenannahme eingreift. Danach wurde eine Rechtfertigung anhand von Kindeswohlgesichtspunkten in Erwägung gezogen.[1031] Dieses ist durch das allgemeine Persönlichkeitsrecht des Kindes aus Art. 2 Abs. 1 GG i.V.m. Art. 1 Abs. 1 GG geschützt. Zwar konnte festgestellt werden, dass dieses Recht des Kindes auf „Person-Werden" grundsätzlich einen legitimen Grund der Ungleichbehandlung darstellt. Indem das Wohl von Kindern, die bei eingetragenen Lebenspartnern aufwachsen, allerdings nicht per se als negativ beeinträchtigt angesehen werden kann, ist die Ungleichbehandlung indes nicht geeignet das Kindeswohl zu schützen oder zu fördern. Unter dem Aspekt des Wohls des sukzessiv anzunehmenden Kindes konnte die Ungleichbehandlung deshlab im Ergebnis nicht gerechtfertigt werden. Als nächstes wurde eine Rechtfertigung der Ungleichbehandlung unter dem Aspekt des Schutzes und der Förderung der Ehe aus Art. 6 Abs. 1,

---

1028 So jetzt auch BVerfG, 1 BvL 1/11 vom 19.2.2013, Rn. 101. So wohl auch mittlerweile das Bundesministerium der Justiz in der Stellungnahme zur mündlichen Verhandlung der Verfassungsmäßigkeit der Sukzessivadoption, vgl. BVerfG, 1 BvL 1/11 vom 19.2.2013, Rn. 27.

1029 So auch OLG Hamburg FamRZ 2011, 1312, 1314; BT-Drucks 16/5596, 3 f.; Dethloff, FPR 2010, 208, 210; Grziwotz, FamFR 2011, 533, 533; Hoppe, WD 3-060/10, S. 7; Hoppe, StAZ 2010, 107, 110; Müller, FF 2011, 56, 61; Muscheler, FPR 2010, 227, 232. So jetzt auch BVerfG, 1 BvL 1/11 vom 19.2.2013, Rn. 101.

1030 Vgl. dazu die Ausführungen unter Kapitel 2:A.III.2.b)aa).

1031 Vgl. dazu die Ausführungen unter Kapitel 2:A.III.2.b)bb).

1. Alt. GG untersucht.[1032] Damit diese einen legitimen Grund zur Ungleichbehandlung bieten würde, hätte allerdings eine Beeinträchtigung der Ehe durch die Einführung der Sukzessivannahme für eingetragene Lebenspartner vorliegen müssen. Eine solche konnte jedoch nicht festgestellt werden. Dementsprechend konnte die Ungleichbehandlung auch nicht unter Bezugnahme auf den Schutz der Ehe gerechtfertigt werden. Ferner konnte die Ungleichbehandlung auch nicht durch den Familienschutz aus Art. 6 Abs. 1, 2. Alt. GG gerechtfertigt werden.[1033] Denn dann hätte zur Rechtfertigung bei einer de lege ferenda erfolgenden Gleichbehandlung von Eheleuten und eingetragenen Lebenspartnern ein Eingriff in den Schutzbereich der Familie vorliegen müssen. Ein solcher konnte jedoch auch hier nicht festgestellt werden. Auch eine Rechtfertigung aufgrund des Erfordernisses einer rechtlich verbindlichen Lebensbasis schied aus,[1034] da es sich auch bei eingetragenen Lebenspartnerschaften um rechtlich verbindliche Lebensbasen handelt. Zum selben Ergebnis führte auch die Rechtfertigung anhand der Verletzung des Gleichheitssatzes im Hinblick auf Paare in nicht rechtlich verbindlichen Beziehungen bei einer de lege ferenda stattfindenden Gleichbehandlung von eingetragenen Lebenspartner und Eheleuten bei der Sukzessivadoption.[1035] Zuletzt wurde eine Rechtfertigung der Ungleichbehandlung aufgrund von internationalen Adoptionsübereinkommen in Erwägung gezogen.[1036] Eine Rechtfertigung musste aber vor allem vor dem Hintergrund der Möglichkeit der Unterzeichnung und Ratifizierung des Europäischen Adoptionsübereinkommens v. 2008 verneint werden.

Insgesamt konnte die Ungleichbehandlung von Eheleuten und eingetragenen Lebenspartnern bei den Möglichkeiten zur sukzessiven Annahme anhand keiner der untersuchten Aspekte verfassungsrechtlich gerechtfertigt werden.

1032 Vgl. dazu die Ausführungen unter Kapitel 2:A.III.2.b)cc).
1033 Vgl. dazu die Ausführungen unter Kapitel 2:A.III.2.b)dd).
1034 Vgl. dazu die Ausführungen unter Kapitel 2:A.III.2.b)ee).
1035 Vgl. dazu die Ausführungen unter Kapitel 2:A.III.2.b)ff).
1036 Vgl. dazu die Ausführungen unter Kapitel 2:A.III.2.b)gg).

### 3. Ergebnis zum Verstoß des Verbots einer Sukzessivadoption durch den eingetragenen Lebenspartner gegen Art. 3 Abs. 1 GG

Nach den vorangegangenen Untersuchungen kann nun die Ausgangsfrage, ob die derzeitigen Regelungen der Sukzessivannahmen für Eheleute und eingetragene Lebenspartner mit dem Gleichheitssatz des Art. 3 Abs. 1 GG in Einklang stehen, beantwortet werden.

Zunächst wurde das Vorliegen einer Ungleichbehandlung von wesentlich Gleichem festgestellt, indem eingetragenen Lebenspartnern die Sukzessivannahme gem. § 9 Abs. 7 LPartG i.V.m. § 1742 BGB versagt ist, eine solche für Eheleute allerdings möglich ist, vgl. § 1741 Abs. 2 S. 3 BGB i.V.m. § 1742 BGB. Diese Ungleichbehandlung kann, wie die Untersuchung gezeigt hat, auch nicht verfassungsrechtlich gerechtfertigt werden. Somit liegt durch die unterschiedlichen Möglichkeiten zur Sukzessivadoption ein Verstoß gegen den Gleichbehandlungsgrundsatz aus Art. 3 Abs. 1 GG vor.[1037]

Die Einführung einer sukzessiven Adoptionsmöglichkeit für den eingetragenen Lebenspartner des Erstannehmenden würde folglich nicht gegen geltendes Verfassungsrecht verstoßen.

## *IV. Verstoß des Sukzessivadoptionsverbots gegen Art. 3 Abs.1 GG im Hinblick auf eingetragene Lebenspartner mit leiblichen Kindern oder Fremdkindern*

Ein Verstoß gegen den allgemeinen Gleichbehandlungsgrundsatz durch das Verbot der Sukzessivadoption könnte auch dadurch bestehen, dass eingetragene Lebenspartner mit einem leiblichen Kind die Möglichkeit zu Stiefkindadoption haben, wodurch der nicht leibliche Elternteil die rechtliche Elternschaft erlangen kann. Handelt es sich bei dem Kind jedoch um ein zuvor angenommenes Kind, kann es aufgrund des Sukzessivannahmeverbots nicht vom sozialen Elternteil angenommen werden, weshalb dieser nicht die rechtliche Elternschaft erlangen kann. Damit hierdurch ein Verstoß gegen Art. 3 Abs. 1 GG festgestellt werden kann, müsste es sich um eine ungerechtfertigte Ungleichbehandlung von wesentlich Gleichem handeln.[1038]

1037 So auch OLG Hamburg FamRZ 2011, 1312, 1315; Muscheler, Familienrecht, § 49, Rn. 863. Diese Ansicht wird auch von zehn der elf sachkundigen Auskunftspersonen in der mündlichen Verhandlung des Verbots der Sukzessivadoption vertreten, vgl. BVerfG, 1 BvL 1/11 vom 19.2.2013, Rn. 35. So jetzt auch BVerfG1 BvL 1/11 vom 19.2.2013, Rn. 104.

1038 So auch BVerfG, 1 BvL 1/11 vom 19.2.2013, Rn. 105.

## 1. Ungleichbehandlung von wesentlich Gleichem

Bei eingetragenen Lebenspartnern mit zuvor angenommenen und leiblichen Kindern müsste es sich also zunächst um wesentlich Gleiches handeln. Abgesehen von dem Umstand, dass die verwandtschaftliche Beziehung des ersten rechtlichen Elternteils zu dem Kind auf der einen Seite durch Geburt und auf der anderen Seite durch die gesetzlichen Folgen der Adoption eintritt, weisen die Vergleichsgruppen keine Unterschiede auf. Es handelt sich somit um wesentlich Gleiches. Für diese Gruppen gelten unterschiedliche Regelungen zur Annahme dieser Kinder. Leibliche Kinder können vom eingetragenen Lebenspartner nach § 9 Abs. 7 LPartG angenommen werden, wodurch der Annehmende die rechtliche Elternstellung erlangt. Bei zuvor angenommenen Kindern ist dies aufgrund des Sukzessivannahmeverbots nicht möglich. Diese Ungleichbehandlung entsteht durch die Regelungen des Bundes und somit durch denselben Hoheitsträger. Eine Ungleichbehandlung von wesentlich Gleichem durch das Sukzessivadoptionsverbot liegt somit auch bei dieser Vergleichsgruppe vor.

## 2. Verfassungsrechtliche Rechtfertigung

Zur Rechtfertigung dieser Ungleichbehandlung ist auch wieder die neue Formel heranzuziehen, da an die Ursache für den Personenstand angeknüpft wird, indem es unterschiedliche Regelungen für leibliche und zuvor angenommene Kinder gibt. Dieser Rechtfertigungsmaßstab könnte nun wieder durch die Berührung anderer Grundrechte, der Annäherung an ein ähnliches Merkmal wie den in Art. 3 Abs. 3 GG genannten oder einer Systembindung verengt sein.

Auch hier ist wiederum die Gestaltungsfreiheit der lebenspartnerschaftlichen Familie durch den die Ungleichbehandlung tragenden Sachgrund berührt, wodurch eine strenge Bindung an die Verhältnismäßigkeitserfordernisse entsteht. Eine Anknüpfung an die sexuelle Orientierung der Gruppen scheidet hier jedoch aus, da beide Gruppen homosexuell orientiert sind. Eine Verengung des Rechtfertigungsmaßstabs ergibt sich auch durch die Abweichung des Gesetzgebers von einem selbst geschaffenen System.[1039] Denn wie schon gezeigt, hat der Gesetzgeber das Wohl von Kindern bei seinen bisherigen Regelungen nicht als gefährdet angesehen, wenn sie bei eingetragenen Lebenspartnern aufwachsen. Dies gilt sowohl für eine gemeinsame soziale wie auch rechtliche Elternschaft von eingetragenen Lebenspartnern oder die

1039 Vgl. dazu bereits Kapitel 2:A.III.2.a)dd).

Kombination von beiden. Im Ergebnis müsste die Ungleichbehandlung der Vergleichsgruppen somit einem legitimen Zweck dienen. Ferner müsste sie auch geeignet, erforderlich und angemessen sein um diesen zu erreichen.[1040]
Zur Rechtfertigung könnte hier lediglich das in Art. 2 Abs. 1 GG i.V.m. Art. 1 Abs. 1 GG geschützte Kindeswohl in Betracht kommen. Warum die Annahme eines leiblichen Kindes, welche zur gemeinsamen rechtlichen Elternschaft der eingetragenen Lebenspartner führt, für das Kindeswohl unbedenklich sein soll, die Annahme eines zuvor angenommenen Kindes jedoch nicht, ist nicht ersichtlich. Vielmehr ist es gerade so, dass ein leibliches Kind in denjenigen Fällen, in denen es aus einer vorherigen heterosexuellen Beziehung hervorgegangen ist, sogar schon zwei rechtliche Elternteile hat. Dann wird der leibliche verschiedengeschlechtliche gegen den zukünftigen gleichgeschlechtlichen Elternteil ausgetauscht, wodurch sogar schon zum Ausdruck kommt, dass mit der einheitlichen Geschlechterkonstellation kein Nachteil verbunden ist. Ein angenommenes Kind hat jedoch durch die Annahme jede rechtliche Beziehung zu den leiblichen Eltern verloren und somit nur den Annehmenden eingetragenen Lebenspartner als rechtlichen Elternteil. Für diese Kinder wäre es somit viel wichtiger, rechtliche Beziehungen zu einem zweiten Elternteil herstellen zu können. Dementsprechend ist das Kindeswohl nicht dazu geeignet, die vorliegende Ungleichbehandlung zu rechtfertigen. Andere Gründe, welche die Ungleichbehandlung dieser Gruppen rechtfertigen könnten, sind nicht ersichtlich.
Die Ungleichbehandlung von eingetragenen Lebenspartnern mit leiblichen oder zuvor angenommenen Kindern kann somit nicht verfassungsrechtlich gerechtfertigt werden.

## 3. Ergebnis

Durch das Verbot der Sukzessivadoption entsteht eine Ungleichbehandlung zwischen eingetragenen Lebenspartner mit leiblichen Kindern, deren Partner im Wege der Stiefkindadoption das Kind annehmen können, und eingetragenen Lebenspartnern mit zuvor einzeln angenommenen Kindern, indem diese nicht vom sozialen Elternteil angenommen werden können. Diese Ungleichbehandlung kann auch nicht verfassungsrechtlich gerechtfertigt werden.
Im Ergebnis liegt auch durch den Vergleich dieser Gruppen ein Verstoß des Sukzessivadoptionsverbots für eingetragene Lebenspartner gegen den allgemeinen Gleichbehandlungsgrundsatz des Art. 3 Abs. 1 GG vor.[1041]

1040 Vgl. die ausführlicheren Ausführungen unter Kapitel 2:A.II.2.c)bb)(1)(d).

## *V. Verstoß des Verbots einer sukzessiven Adoption gegen Art. 2 Abs. 1 GG i.V.m. Art. 1 Abs. 1 GG*

Die Verwehrung einer sukzessiven Adoptionsmöglichkeit für eingetragene Lebenspartner könnte ferner gegen ihr in Art. 2 Abs. 1 GG i.V.m. Art. 1 Abs. 1 GG gewährtes allgemeines Persönlichkeitsrecht verstoßen.[1042]

Dabei stellt sich jedoch zunächst die Frage, ob Art. 6 Abs. 1 GG hier nicht der Vorrang zukommt.[1043] In seiner Ausprägung zum Schutz der Ehe kann dies vorliegend nicht der Fall sein, da eingetragene Lebenspartner als gleichgeschlechtliche Paare nicht unter den Ehebegriff zu subsumieren sind und der Schutzbereich der Ehe für sie somit nicht eröffnet ist.[1044] Indem eingetragene Lebenspartner aber mit einem einzeln angenommen Kind eine Familie i.S.d. Art. 6 Abs. 1, 2. Alt. GG bilden, ist der Schutzbereich der Familie berührt.[1045] Dementsprechend könnte dem Familienschutz aus Art. 6 Abs. 1, 2. Alt. GG der Vorrang zukommen, sofern eine Verletzung beider Grundrechte unter denselben sachlichen Gesichtspunkten in Betracht kommt.[1046] Es könnten aber auch beide Grundrechte nebeneinander Anwendung finden.[1047] Beide Ansätze werden im Schrifttum vertreten. Ähnlich stellt sich auch die Situation in Bezug auf das Verhältnis des allgemeinen Persönlichkeitsrechts zu Art. 3 Abs. 1 GG da. Auch dieses könnte problematisch sein, da im Laufe der Untersuchung schon nicht zu

---

1041 So jetzt auch BVerfG, 1 BvL 1/11 vom 19.2.2013, Rn. 105. Dies wurde bei der mündlichen Verhandlung des Verbots der Sukzessivadoption auch von den meisten sachkundigen Auskunftspersonen so gesehen, vgl. BVerfG1 BvL 1/11 vom 19.2.2013, Rn. 35

1042 Eine Prüfung des allgemeinen Persönlichkeitsrechts vor der allgemeinen Handlungsfreiheit bietet sich an, da das allgemeine Persönlichkeitsrecht im Verhältnis zu Art. 2 Abs. 1 GG das speziellere Grundrecht ist, vgl. Dreier/Dreier, Art. 2 Abs. 1 GG, Rn. 94.

1043 Diese Frage werfen auch Jarass/Pieroth/Jarass, Art. 2 GG, Rn. 49 und Art. 6 GG, Rn. 3 auf.

1044 Vgl. dazu die Untersuchung unter Kapitel 2:A.I.

1045 Vgl. dazu schon die Untersuchung unter Kapitel 2:A.II.1.

1046 So Klöpper, S. 91, der seine Meinung auf verschiedene Quellen in Fn. 440 stützt, welche seine Aussage allerdings nicht immer belegen. Vgl. dazu die von Klöpper angegebenen Quellen: Gallwas, S. 52 der sich mit seinen Aussagen nur auf Art. 2 Abs. 1 GG bezieht, wobei das Kapitel als „Das Recht auf freie Entfaltung der Persönlichkeit" benannt ist; Scholz, AöR 1975, 80, 112 f. der sich in seinen Ausführungen immer nur auf Art. 2 Abs. 1 GG bezieht und nicht explizit Art. 2 Abs. 1 GG i.V.m. Art. 1 Abs. 1 GG anspricht; Schwabe, S. 326 f., 331 f. dessen Aussagen sich nur auf die Grundrechtskonkurrenzen im Allgemeinen beziehen, Zuck FamRZ 1979, 873, 876 in dessen Beitrag das Verhältnis von Art. 6 Abs. 1 GG zu Art. 2 Abs. 1 GG i.V.m. Art. 1 Abs. 1 GG nicht behandelt wird. Sachs/Murswiek, Art. 2 GG, Rn. 138 nach dessen Ansicht sowohl das allgemeine Persönlichkeitsrecht als auch Art. 6 Abs. 1 GG das speziellere Grundrecht sein kann.

1047 So Klöpper, S. 91, der in Fn. 441 auf folgende Quellen verweist: BK/Prison, 38. Lfg. April 1978, Art. 6 GG, Rn. 91, diese Aussage bezieht sich allerdings nur auf den Intimbereich des Familienlebens; Isensee/Kirchhof/Schmitt Glaeser, VI Freiheitsrechte 1. Auflage, § 129, Rn. 41, wobei sich diese Aussage nicht in der aktuellen Auflage finden lässt.

rechtfertigende Gleichheitsverstöße festgestellt wurden.[1048] So wird zum einen angenommen, das allgemeine Persönlichkeitsrecht sei gegenüber Art. 3 Abs. 1 GG lex specialis.[1049] Nach anderer Ansicht ist eine entstehende Konkurrenz entweder durch Spezialität oder Kumulation aufzulösen, das allgemeine Persönlichkeitsrecht sei aber zumindest nicht subsidiär.[1050] Insgesamt wird die Frage nach den Konkurrenzen der betroffenen Grundrechte uneinheitlich und einzelfallbezogen beantwortet. Dafür, dass die Frage nach den Grundrechtskonkurrenzen aber im vorliegenden Fall überhaupt von Bedeutung ist, müsste ein Verstoß des Sukzessivadoptionsverbots gegen das allgemeine Persönlichkeitsrecht der eingetragenen Lebenspartner zunächst einmal denkbar sein. Sollte dies nicht der Fall sein, kann das Problem der Grundrechtskonkurrenz im vorliegenden Kontext dahinstehen.[1051]

## 1. Schutzbereich und Eingriff

Daher stellt sich zunächst die Frage, ob die Berührung des Schutzbereichs des allgemeinen Persönlichkeitsrechts überhaupt in Betracht kommt und somit ein Eingriff in diesen möglich wäre. Grundsätzlich zielt das allgemeine Persönlichkeitsrecht auf die Wahrung der Integrität, wodurch sein Schutz eher passiver Natur ist.[1052] Der Schutzbereich des Art. 2 Abs. 1 GG i.V.m. Art. 1 Abs. 1 GG umfasst den Schutz der Privat- und Intimsphäre, das Recht an der Darstellung der eigenen Person, einen grundsätzlichen Schutz personaler Autonomie sowie den Schutz der Grundbedingungen der engeren Lebenssphäre.[1053] Bei einer Aufteilung nach der Sphärentheorie[1054] stellt sich der Schutzbereich im Einzelnen folgendermaßen dar[1055]:

---

1048 Vgl. dazu Kapitel 2:A.III.3. und Kapitel 2:A.IV.3.

1049 Jarass/Pieroth, Art. 2 GG, Rn. 38

1050 Stern, VI/1, S. 301.

1051 Dies bietet sich vor allem an, da es sich bei dem Problem der Grundrechtskonkurrenzen nicht um einen besonderen und zielführenden Untersuchungsgegenstand dieser Arbeit handelt.

1052 Epping/Hillgruber/Lang, Art. 2 GG, Rn. 31.

1053 Diese Aufzählung des Schutzbereichs findet sich bei Maunz/Dürig/Di Fabio, Lfg. 39 Juli 2001, vor den Ausführungen zu Art. 2 GG.

1054 Vgl. dazu und zum Nachfolgenden Epping/Hillgruber/Lang, Art. 2 GG, Rn. 35 ff. So auch Denninger/Podlech, 2001, Art. 2 Abs. 1 GG, Rn. 35 ff.; Degenhart, JuS 1992, 361, 363 f.; Desoi/Knierim, DÖV 2011, 398, 399 ff.; Geis, JZ 1991, 112, 112 f.; Küpper, JZ 1990, 416, 418; Maunz/Dürig/Di Fabio, Lfg. 39 Juli 2001, Art. 2 GG, Rn. 158 ff. gehen auf diese Theorie erst im Zusammenhang mit der Eingriffsrechtfertigung ein; Sachs/Murswiek, Art. 2 GG, Rn. 104; Scholz/Konrad, AöR 1998, 60, 64; Wölfl, NVwZ 2002, 49, 49 ff.. Zum Schutz der Intimsphäre und die so entwickelte Sphärentheorie vgl. BVerfGE 80, 367, 373; BVerfGE 44, 353, 372; BVerfGE 35, 202, 220; BverfGE 35, 35, 39; BVerfGE 33, 367, 376 f.; BVerfGE 32, 373, 379; BVerfGE 27, 344, 351.

1055 Nach Erfurter Kommentar zum Arbeitsrecht/Schmidt, Art. 2 GG, Rn. 38 wird der Schutzbereich in den Schutz der Privatsphäre, das Recht der Selbstdarstellung und den Ehrenschutz unterteilt.

Zunächst ist die Intimsphäre geschützt. Diese umfasst zum einen solche Aspekte der Persönlichkeit, in die der Einzelne keiner anderen Person Einblick gewähren möchte und über die er nicht mit Dritten kommunizieren möchte.[1056] Zum anderen erstreckt sich diese Sphäre auch auf die mit der Sexualität und dem Sexualleben zusammenhängenden Fragen der Lebensgestaltung, welche der Einzelne zumeist vor dem Zugriff unbeteiligter dritter Personen abschirmen möchte.[1057] Eine Berührung dieser Sphäre durch das Verbot der Sukzessivadoption lässt sich nicht feststellen, da sich dieses Verbot weder auf die Mitteilung persönlicher Aspekte noch auf die Ausgestaltung des Sexuallebens auswirkt.

Ferner erstreckt sich der Schutzbereich aber auch auf die Privatsphäre.[1058] Diese umfasst den engeren persönlichen Lebensbereich, vor allem innerhalb der Familie.[1059] Geschützt wird dabei eine Rückzugsmöglichkeit für den Einzelnen bzw. *„ein(en) Raum, in dem der Einzelne unbeobachtet sich selbst überlassen ist oder mit Personen seines besonderen Vertrauens ohne Rücksicht auf gesellschaftliche Verhaltenserwartungen und ohne Furcht vor staatlichen Sanktionen verkehren kann“*.[1060] So handelt es sich laut des Bundesverfassungsgerichts regelmäßig um Angelegenheiten, die als privat eingestuft werden.[1061] Eingetragenen Lebenspartnern steht auch trotz des Verbots der Sukzessivadoption ein geschützter Rückzugsraum zu, in welchem alle privaten Angelegenheiten geschützt sind. Somit ist auch die Privatsphäre nicht durch das Sukzessivannahmeverbot berührt.

Zusätzlich wird noch die Sozialsphäre geschützt.[1062] Diese umfasst die gesamte Teilnahme des Grundrechtsträgers am öffentlichen Leben, weshalb sie naturgemäß weit ist.[1063] Hiermit wird das Ansehen des Einzelnen in der Gesellschaft beschrieben.[1064] Auch trotz des Verbots der Sukzessivadoption können die eingetragenen Lebenspartner ungestört am öffentlichen Leben teilnehmen, ohne dass ihr Ansehen in der Gesellschaft beeinträchtigt ist. Folglich wird auch diese Sphäre nicht durch das vorliegende Verbot berührt.

---

1056 Epping/Hillgruber/Lang, Art. 2 GG, Rn. 39.

1057 BVerfGE 109, 279, 314 f.; BVerfGE 49, 286, 301; BVerfGE 39, 1, 42 f.; BVerfG NJW 2008, 39, 42; Erfurter Kommentar zum Arbeitsrecht/Schmidt, Art. 2 GG, Rn. 41; Hümmerich/Boecken/Düwell/Wilms, Art. 1-2 GG, Rn. 18; Jarass/Pieroth, Art. 2 GG, Rn. 48; Umbach/Clemens/Hillgruber, Art. 2 GG, Rn 50.

1058 BVerfGE 34, 269, 281; BVerfGE 27, 1, 6.

1059 Scholz/Konrad, AöR 1998, 60, 64 f.

1060 BVerfGE 90, 255, 260.

1061 BVerfG NJW 2000, 1021, 1022; Hümmerich/Boecken/Düwell/Wilms, Art. 1-2 GG, Rn. 15 f.; Jarass/Pieroth, Art. 2 GG, Rn. 47.

1062 Desoi/Knierim, DÖV 2011, 398, 400.

1063 Degenhart, JuS 1992, 361, 364.

1064 Epping/Hillgruber/Lang, Art. 2 GG, Rn. 43.

Somit lässt sich zunächst zusammenfassen, dass weder die Intim- noch die Privat- oder Sozialsphäre von eingetragenen Lebenspartnern durch das Verbot der sukzessiven Adoption berührt ist.

Ferner werden aber u.a. auch noch die informationelle Selbstbestimmung, die Gewährleistung von Integrität und Vertraulichkeit informationstechnischer Systeme sowie die persönliche Ehre und das Recht am eigenen Bild geschützt.[1065] Wie eines dieser Rechte durch das Verbot der sukzessiven Adoption für eingetragene Lebenspartner verletzt sein sollte, ist allerdings nicht ersichtlich. Auch eine Berührung der zusätzlich geschützten Bereiche liegt demnach nicht vor.

## 2. Fazit

Durch das Verbot der Sukzessivadoption für eingetragene Lebenspartner wird der Schutzbereich des allgemeinen Persönlichkeitsrechts im Ergebnis also nicht berührt. Dementsprechend kann auch kein Eingriff in Art. 2 Abs. 1 GG i.V.m. Art. 1 Abs. 1 GG vorliegen. Deshalb kann im Ergebnis auch die Frage nach dem Verhältnis des allgemeinen Persönlichkeitsrechts zu Art. 6 Abs. 1 GG und Art. 3 Abs. 1 GG dahinstehen.

# *VI. Verstoß des Verbots einer sukzessiven Adoption gegen Art. 2 Abs. 1 GG*

Fraglich ist auch, ob die Verwehrung einer sukzessiven Adoptionsmöglichkeit für eingetragene Lebenspartner gegen ihre in Art. 2 Abs. 1 GG geschützte allgemeine Handlungsfreiheit verstößt.[1066] Dazu müsste Art. 2 Abs. 1 GG hier aber zunächst anwendbar sein, obwohl es als

1065 BVerfG NJW 2001, 1021, 1021 ff.; Denninger/Podlech, 2001, Art. 2 Abs. 1 GG, Rn. 59b ff.; Erfurter Kommentar zum Arbeitsrecht/Schmidt, Art. 2 GG, Rn. 42 ff.; Hümmerich/Boecken/Düwell/Wilms, Art. 1-2 GG, Rn. 19 ff.; Jarass/Pieroth, Art. 2 GG, Rn. 37 ff.; Sachs/Murswiek, Art. 2 GG, Rn. 120 ff. der aber noch weitere geschützte Bereiche aufzählt; Schmidt-Bleibtreu/Hofmann/Hopfauf/Hofmann, Art. 1 GG, Rn. 59, Art. 2 GG, Rn. 26 ff.; ähnlich auch Scholz/Konrad, AöR 1998, 60, 66; v. Münch/Kunig/Kunig, Art. 2 GG, Rn. 34 ff.

1066 Ein solcher Verstoß kommt zumindest in Betracht, da die allgemeine Handlungsfreiheit zu Art. 3 Abs. 1 GG in Idealkonkurrenz steht, vgl. BVerfGE 19, 206, 225; BVerfGE 13, 21, 26, 30; Epping/Hillgruber/Lang, Art. 2 GG, Rn. 30. Jarass/Pieroth, Art. 2 GG, Rn. 2 f.; Maunz/Dürig/Di Fabio, Lfg. 39 Juli 2001, Art. 2 GG, Rn. 24; Sachs/Murswiek, Art. 2 GG, Rn. 137; Stern, IV/1, S. 982; v. Mangoldt/Klein/Starck/Starck, Art. 2 GG, Rn. 61; v. Münch/Kunig/Kunig, Art. 2 GG, Rn. 88.

Auffanggrundrecht gilt und deshalb nur dann anwendet wird, wenn die in Frage stehende bestimmte Verhaltensweise nicht durch besondere Grundrechte geschützt wird.[1067]

Wie festgestellt wurde, liegen Verstöße gegen Art. 6 Abs. 1, 2. Alt. GG und Art. 3 Abs. 1 GG vor.[1068] Generell steht Art. 6 Abs. 1 GG im Verhältnis der Spezialität zur allgemeinen Handlungsfreiheit.[1069] Davon werden allerdings auch einzelfallabhängige Ausnahmen gemacht. Nach anderer Ansicht sind die Grundrechte als sich gegenseitig verstärkend nebeneinander anwendbar.[1070] Auch in Bezug auf das Verhältnis zu Art. 3 Abs. 1 GG wird die Ansicht vertreten, bei einer Verletzung des allgemeinen Gleichheitssatzes sei die Anwendung von Art. 2 Abs. 1 GG ausgeschlossen.[1071] Auch das Bundesverfassungsgericht hat in einigen Fällen eine Spezialität des Art. 3 Abs. 1 GG angenommen.[1072] Jedoch wird auch vertreten, die allgemeine Handlungsfreiheit würde nicht grundsätzlich verdrängt und so bestehe Idealkonkurrenz.[1073] Auch das Bundesverfassungsgericht hat dies schon vertreten und beide Grundrechte nebeneinander geprüft.[1074] Dafür spricht, dass eine ungleiche Behandlung i.S.d. Art. 3 Abs. 1 GG nicht unbedingt mit einem unzulässigen Eingriff in Art. 2 Abs. 1 GG einhergeht.[1075] Denn ein Gleichheitsverstoß ist auch ohne Freiheitsverstoß denkbar. Beide Grundrechte stehen somit grundsätzlich nebeneinander.[1076] Im vorliegenden Fall muss allerdings Folgendes beachtet werden.[1077] Zwar können Art. 2 Abs. 1 GG und Art. 3 Abs. 1 GG durch dieselbe Maßnahme verletzt sein, für eine parallele Anwendbarkeit muss es sich dann

1067 Stern, IV/1, S. 978.

1068 Vgl. dazu die Untersuchungsergebnisse unter Kapitel 2:A.II.1.d) und Kapitel 2:A.III.3.

1069 BVerfGE 53, 257, 300; BVerfGE 36, 146, 161; Maunz/Dürig/Di Fabio, Lfg. 39 Juli 2001, Art. 2 GG, Rn. 21 die davon ausgehen, dass dies der Regelfall ist; Rohlf, S. 236 ff.; Schmidt-Bleibtreu/Hofmann/Hopfauf/Hofmann, Art. 2 GG, Rn. 66; Stern IV/1, S. 620, 983; Scholz, AöR 1975, 80, 112 f.

1070 Dreier/Gröschner, Art. 6 GG, Rn. 155; v. Münch/Kunig/Coester-Waltjen, Art. 6 GG, Rn. 126. Maunz/Dürig/Di Fabio, Lfg. 39 Juli 2001, Art. 2 GG, Rn. 36 und v. Mangoldt/Klein/Starck/ Starck, Art. 2 GG, Rn. 69 sehen eine gegenseitige Verstärkung lediglich als Ausnahme vom Grundsatz der Spezialität des Art. 6 Abs. 1 GG an.

1071 Für die Spezialität des Art. 3 Abs. 1 GG vgl. BVerfGE 59, 128, 163; BVerfGE 44, 1, 18; BVerfGE 29, 283, 303; Schmidt-Bleibtreu/Hofmann/Hopfauf/Hofmann, Art. 2 GG, Rn. 66; Stern, IV/1, S. 980.

1072 BVerfGE 59, 128, 163; BVerfGE 55, 114, 132; BVerfGE 44, 1, 18; BVerfGE 30, 336, 351; BVerfGE 17, 302, 306.

1073 Epping/Hillgruber/Lang, Art. 2 GG, Rn. 30; Jarass/Pieroth, Art. 2 GG, Rn. 2a; Maunz/Dürig/Di Fabio, Lfg. 39 Juli 2001, Art. 2 GG, Rn. 24; Sachs/Murswiek, Art. 2 GG, Rn. 137; Stern, IV/1, S. 982; v. Münch/Kunig/Kunig, Art. 2 GG, Rn. 88.

1074 BVerfGE 60, 123, 133 f.

1075 Stern, IV/1, S. 982; Umbach/Clemens/Hillgruber, Art. 2 GG, Rn. 254.

1076 BVerfGE 60, 123, 132 f.; Dreier/Dreier, Art. 2 GG, Rn. 93; Epping/Hillgruber/Lang, Art. 2 GG, Rn. 30; Jarass/Pieroth, Art. 2 GG, Rn. 2a; Maunz/Dürig/Di Fabio, Lfg. 39 Juli 2001, Art. 2 GG, Rn. 24; Sachs/Murswiek, Art. 2 GG, Rn. 137; Stern, IV/1, S. 982; Umbach/Clemens/Hillgruber, Art. 2 GG, Rn. 254; v. Münch/Kunig/Kunig, Art. 2 GG, Rn. 88.

1077 Vgl. dazu Sachs/Murswiek, Art. 2 GG, Rn. 137.

jedoch um verschiedene Gesichtspunkte handeln. Liegt hingegen ein Verstoß gegen Art. 2 Abs. 1 GG nur durch die Nichtigkeit einer Ermächtigungsgrundlage wegen Verstoßes gegen Art. 3 Abs. 1 GG vor, dann ist insoweit Art. 3 Abs. 1 GG als spezieller anzusehen. Dies wurde auch vom Bundesverfassungsgericht festgestellt, indem sich ein Beschwerdeführer nicht mehr auf Art. 2 Abs. 1 GG berufen kann, wenn die in Frage stehende Behandlung zu einem Verstoß gegen Art. 3 Abs. 1 GG führt, da Art. 2 Abs. 1 GG als Prüfungsmaßstab unter denselben sachlichen Gesichtspunkten nicht mehr in Betracht kommt.[1078] Im vorliegenden Fall wurden Verstöße der Regelungen der § 9 Abs. 7 LPartG i.V.m. § 1742 BGB gegen Art. 3 Abs. 1 GG festgestellt, da zum einen eingetragene Lebenspartner im Vergleich zu Eheleuten ungerechtfertigt ungleich behandelt werden, indem sie ein Kind des Erstannehmenden Lebenspartners nicht sukzessive auch annehmen können, zum anderen werden eingetragene Lebenspartner mit leiblichen Kindern im Vergleich zu solchen mit zuvor angenommen Kindern ungleich behandelt, indem die Stiefkindadoption möglich, die Sukzessivadoption aber untersagt ist.[1079] Dieselbe gesetzliche Regelung führt vorliegend auch zu einer Beschränkung der allgemeinen Handlungsfreiheit des eingetragenen Lebenspartners, der das Kind sukzessive annehmen möchte, dies aufgrund des bestehenden Verbots aber nicht kann. Es würde sich deshalb um eine Prüfung des Art. 2 Abs. 1 GG unter denselben sachlichen Gesichtspunkten wie bei der Prüfung des Art. 3 Abs. 1 GG handeln. Folglich kommt Art. 2 Abs. 1 GG vorliegend wegen der Konkurrenz zu Art. 3 Abs. 1 GG nicht zur Anwendung. Auf das Verhältnis zu Art. 6 Abs. 1, 2. Alt. GG kommt es daher nicht mehr an.

Im Ergebnis besteht im Rahmen der vorliegenden Arbeit somit kein Raum für eine Prüfung eines Verstoßes des Verbots der Sukzessivadoption für eingetragene Lebenspartner gegen die allgemeine Handlungsfreiheit aus Art. 2 Abs. 1 GG.

---

1078 BVerfGE 59, 128, 163; BVerfGE 19, 206, 225. So sind wohl auch BVerfGE 56, 363, 393; BVerfGE 53, 257, 300 zu verstehen, in denen das Bundesverfassungsgericht die Prüfung des Art. 2 Abs. 1 GG ablehnt, da die allgemeine Gewährleistung dieses Grundrechts unter den in Frage stehenden Gesichtspunkten nicht weiter reiche als (u.a.) das Grundrecht aus Art. 3 Abs. 1 GG.

1079 Vgl. dazu die Untersuchung unter Kapitel 2:A.III.

### *VII. Gesamtergebnis zum Verstoß des Verbots der Sukzessivadoption durch den eingetragenen Lebenspartner gegen Grundrechte der eingetragenen Lebenspartner*

Nach der vorangegangenen Untersuchung kann festgehalten werden, dass das Sukzessivadoptionsverbot für eingetragene Lebenspartner, welches sich aus § 9 Abs. 7 LPartG i.V.m. § 1742 BGG ergibt, sowohl gegen die in Art. 6 Abs. 1, 2. Alt. GG geschützte familiäre Gestaltungsfreiheit als auch gegen den allgemeinen Gleichbehandlungsgrundsatz aus Art. 3 Abs. 1 GG verstößt. Verstöße gegen die in Art. 6 Abs. 1, 1. Alt GG geschützte Ehe oder das in Art. 2 Abs. 1 GG i.V.m. Art. 1 Abs. 1 GG geschützte allgemeine Persönlichkeitsrecht konnten hingegen nicht festgestellt werden.

## *B. Verstoß des Verbots der Sukzessivadoption durch den eingetragenen Lebenspartner des Erstannehmenden gegen Grundrechte der Kinder*

Durch das Verbot der Sukzessivadoption für eingetragene Lebenspartner könnte ferner auch gegen Grundrechte der einzeln angenommenen Kinder verstoßen werden.[1080] Verstöße wären unter dem Aspekt denkbar, dass diese Kinder vom eingetragenen Lebenspartner des Erstannehmenden nach geltender Rechtslage nicht sukzessive angenommen werden können und daher dauerhaft nur einen rechtlichen Elternteil haben, weshalb ihnen nur gegen den rechtlichen Elternteil gesetzliche Unterhalts- und Erbansprüche zustehen. Daher wären Verstöße gegen Art. 6 Abs. 5, Art. 6 Abs. 1, 2. Alt. GG, Art. 3 Abs. 1 GG und/oder Art. 2 Abs. 1 GG i.V.m. Art. 1 Abs. 1 GG denkbar. Diese werden im Folgenden untersucht.

---

1080 Diese wurden vom Bundesverfassungsgericht in dem Verfahren zur Sukzessivadoption vorrangig geprüft, vgl. BVerfG, 1 BvL 1/11 vom 19.2.2013, Rn. 39 ff., 104 f.

## *I. Verstoß gegen Art. 6 Abs. 5 GG aufgrund einer Ungleichbehandlung von nichtehelichen und ehelichen Kindern*

Art. 6 Abs. 5 GG besagt, dass für uneheliche Kinder[1081] durch die Gesetzgebung die gleichen Bedingungen für ihre leibliche und seelische Entwicklung und ihre Stellung in der Gesellschaft zu schaffen sind, wie für eheliche Kinder. Ziel ist dementsprechend die Verbesserung der Lebensbedingungen nichtehelicher Kinder durch Angleichung an die Lage ehelicher Kinder,[1082] da diese insbesondere durch die Rechtslage vor 1970 grundsätzlich schlechter gestellt waren als eheliche Kinder.[1083]

Dafür, dass durch die nicht gegebene Möglichkeit der Sukzessivadoption für eingetragene Lebenspartner ein Verstoß gegen Art. 6 Abs. 5 GG vorliegt, müssten nichteheliche Kinder im Vergleich zu ehelichen durch dieses Verbot benachteiligt sein. Eine Benachteiligung durch das Sukzessivadoptionsverbot für eingetragene Lebenspartner ist nur für Kinder denkbar, die durch einen eingetragenen Lebenspartner einzeln angenommen wurden, da nur sie davon betroffen sind. Bei dieser Gruppe von lebenspartnerschaftlichen Fremdkindern[1084] müsste es sich dann zunächst um nichteheliche Kinder i.S.d. Art. 6 Abs. 5 GG handeln. Dabei ist es unerheblich, ob sie vor der Adoption die rechtliche Stellung eines ehelichen oder eines nichtehelichen Kindes hatten, da sie aufgrund der Adoption rechtlich neu in die Familie des Annehmenden eingeordnet werden. Ferner müsste auch eine Benachteiligung dieser Gruppe im Vergleich zu ehelichen Kindern denkbar sein, welche dadurch entstehen könnte, dass sie rechtlich nur dem annehmenden Lebenspartner zugeordnet werden können, vgl. § 9 Abs. 6 LPartG i.V.m. § 1754 Abs. 2 BGB. Deshalb stehen ihnen jedoch auch nur gegen diesen rechtlichen Elternteil gesetzliche Unterhalts- und Erbansprüche zu, vgl. §§ 1751 Abs. 4 S. 1, 1602 BGB und §§ 1922, 1924 BGB. Im Vergleich dazu werden eheliche Kinder beiden Eltern rechtlich

1081 Die Ersetzung des Begriffs der „Unehelichkeit" durch die „Nichtehelichkeit" erfolgte in allen Bundesgesetzen mit der Ausnahme des Grundgesetzes durch Art. 9 § 2 „Gesetz zur Neuregelung des Rechts der elterlichen Sorge" vom 18.7.1979 vgl. BGBl I, 1979, S. 1061 ff.; v. Münch/Kunig/Coester-Waltjen, Art. 6 GG, Rn. 116.

1082 Maunz/Dürig/Badura, Lfg. 44 Feb. 2005, Art. 6 GG, Rn. 179.

1083 Durch das „Gesetz über die rechtliche Stellung der nichtehelichen Kinder" vom 19. August 1969 (NEG) verwirklichte der Gesetzgeber zum ersten Mal den Reformauftrag des Art. 6 Abs. 5 GG. Vgl. dazu Maunz/Dürig/Badura, Lfg. 44 Feb. 2005, Art. 6 GG Rn. 185 ff.; Roth, FamRZ 1991, 139, 139 f.; Schwenzer, FamRZ 1992, 121, 121 f. v. Münch/Kunig/Coester-Waltjen, Art. 6 GG, Rn. 113.

1084 Dieser Begriff soll im Folgenden für Kinder verwendet werden, die von einem eingetragenen Lebenspartner mit Zustimmung des anderen Partners allein angenommen wurden, vgl. § 9 Abs. 6 LPartG i.V.m. § 1741 Abs. 2 S. 1 BGB.

zugeordnet, vgl. bei der Geburt als eheliches Kind §§ 1591, 1592 Nr. 1 BGB oder bei der Annahme durch ein Ehepaar §§ 1741 Abs. 2 S. 2, 1754 Abs. 1 BGB, weshalb ihnen auch gegen beide Elternteile gesetzliche Unterhalts- und Erbansprüche zustehen, vgl. § 1602 BGB und §§ 1922, 1924 BGB. Eine Benachteiligung von lebenspartnerschaftlichen Fremdkindern könnte somit grundsätzlich vorliegen.[1085]

Dementsprechend würde also ein Verstoß gegen den speziellen Gleichbehandlungsgrundsatz[1086] des Art. 6 Abs. 5 GG voraussetzen, dass zum einen die Gruppe der nichtehelichen Kinder von lebenspartnerschaftlichen Fremdkindern gebildet werden kann. Zum anderen müssten diese im Vergleich zu einer oder der Gruppe der ehelichen Kinder benachteiligt sein. Dies gilt es daher im Folgenden zu prüfen.

## 1. Anwendbarkeit der Norm

Für die Anwendbarkeit des Art. 6 Abs. 5 GG ist es nach dem oben Gesagten somit zunächst erforderlich, dass es sich bei der möglicherweise benachteiligten Gruppe um nichteheliche Kinder als Grundrechtsträger handelt.[1087]

Indem diese Gruppe bei dem vorliegend anzustellenden Vergleich nur von den durch das Verbot der Sukzessivadoption betroffenen lebenspartnerschaftlichen Fremdkindern gebildet werden kann und diese Gruppe wenn überhaupt nur einen kleinen speziellen Teil der Gruppe der nichtehelichen Kinder darstellen würde, stellt sich zunächst die Frage, ob der Vergleich einer speziellen Teilgruppe von nichtehelichen Kindern unter Art. 6 Abs. 5 GG möglich ist oder immer nur alle nichtehelichen Kinder als Gruppe vergleichbar sind. Für die Vergleichbarkeit bestimmter Untergruppen von nichtehelichen Kindern lassen sich verschiedene Entscheidungen des Bundesverfassungsgerichts anführen. In diesen stellt es u.a. fest, Art. 6 Abs. 5 GG enthalte auch eine Wertentscheidung, die auch dann verfehlt sein könne, wenn gesetzliche Regelungen entweder uneheliche Kinder im Verhältnis zu ehelichen oder einzelne Gruppen unehelicher Kinder im Verhältnis zu anderen Gruppen schlechter stellen würden.[1088] Ferner findet sich auch die Formulierung, dass nichteheliche Kinder, die von den in Frage stehenden Regelungen betroffen sind, durch eine Verletzung von Art. 6 Abs. 5 GG

---

1085 Laut dem Bundesverfassungsgericht kann ein Verstoß des Sukzessivadoptionsverbots gegen Art. 6 Abs. 5 GG offen bleiben, vgl. BVerfG, 1 BvL 1/11 vom 19.2.2013, Rn. 103.

1086 Dreier/Gröschner, Art. 6 GG, Rn. 151, 155; v. Mangoldt/Klein/Starck/Robbers, Art. 6 GG, Rn. 308.

1087 Hömig/Antoni, Art. 6 GG, Rn. 23; Sachs/von Coelln, Art. 6 GG, Rn. 100; Stern, IV/1, S. 576 f.

1088 Vgl. BVerfGE 74, 33, 39; BVerfGE 22, 163, 172; BVerfGE 17, 148, 154 f.; BVerfG NJW 2009, 1065, 1065.

benachteiligt sind.[1089] Diese Anwendbarkeit auf bestimmte Vergleichsgruppen wird auch in der Literatur befürwortet.[1090] Dem ist vor allem auch vor dem Hintergrund zuzustimmen, dass nichteheliche Kinder in eine Vielzahl von familiären Verhältnissen geboren werden.[1091] So reicht das Spektrum von Fällen, in denen der Vater z.B. nicht feststellbar ist oder zwar Unterhalt zahlt, aber keine Sorge für das Kind tragen will oder teilweise sogar den Umgang ablehnt[1092] bis hin zu solchen, in denen der Vater zusammen mit der Mutter oder sogar alleine für das Kind sorgen möchte.[1093] Aufgrund dieser vielen verschiedenen familiären Situationen von nichtehelichen Kindern liegt es auf der Hand, dass nicht immer die gesamte Gruppe durch eine bestimmte Norm erfasst oder sogar benachteiligt wird. Dementsprechend ist es also grundsätzlich möglich, dass die Gruppe der nichtehelichen Kinder im anzustellenden Vergleich lediglich von einer speziellen Teilgruppe der nichtehelichen Kinder dargestellt wird.

Fraglich ist aber des Weiteren, ob diese Teilgruppe auch von lebenspartnerschaftlichen Fremdkindern dargestellt werden kann. Dann müsste es sich bei ihnen um nichteheliche Kinder i.S.d. Art. 6 Abs. 5 GG handeln. Unzweifelhaft sind davon alle Kinder erfasst, deren Eltern bei ihrer Geburt nicht miteinander verheiratet sind.[1094] Uneinigkeit herrscht allerdings in Bezug darauf, ob Kinder auch zu ehelichen werden können, wenn ihre Eltern zu einem späteren Zeitpunkt heiraten bzw. sie zu ehelichen Kindern erklärt werden.[1095] Grundsätzlich wäre also zunächst auf den Zeitpunkt der Geburt abzustellen. Problematisch daran ist jedoch, dass die zu vergleichende Gruppe der lebenspartnerschaftlichen Fremdkinder zu einem Zeitpunkt nach ihrer Geburt von einem eingetragenen Lebenspartner einzeln angenommen wurde, wodurch alle bisherigen verwandtschaftlichen Verhältnisse zur leiblichen Familie nach § 1755 Abs. 1 BGB erloschen sind. Damit sind aber gleichzeitig auch alle aus diesen Ver-

---

1089 BVerfGE 107, 150, 184; BVerfGE 84, 168, 2. Leitsatz. Ähnlich auch schon BVerfGE 44, 1, 18.

1090 Maunz/Dürig/Badura, Lfg. 44 Feb. 2005, Art. 6 GG Rn. 180. Davon scheint auch Grehl, S. 177 auszugehen.

1091 So auch BVerfGE 107, 150, 170.

1092 Vgl. BVerfGE 121, 69.

1093 BVerfGE 127, 132, 147.

1094 Umbach/Clemens/Umbach, Art. 6 GG, Rn. 95; Schulz/Hauß/Diwell, Art. 6 GG, Rn. 97; Stern, VI/1, S. 576; v. Mangoldt/Klein/Starck/Robbers, Art. 6 GG, Rn. 309; v. Münch/Kunig/Coester-Waltjen, Art. 6 GG, Rn. 116.

1095 Dafür sprechen sich aus: Epping/Hillgruber/Uhle, Art. 6 GG, Rn. 74; Friauf/Höfling/Burgi, 22. Erg. Lfg. 12/07, Art. 6 GG, Rn. 188; Stern, IV/1, S. 577, Fn. 1057; v. Mangoldt/Klein/Starck/Robbers, Art. 6 GG, Rn. 309. Dagegen sprechen sich aus: BK/Seiler, 139. Lfg. April 2009, Art. 6 Abs. 5, Rn. 27; Maunz/Dürig/Badura, Lfg. 44 Feb. 2005, Art. 6 GG Rn. 180; Schulz/Hauß/Diwell, Art. 6 GG, Rn. 97; v. Münch/Kunig/Coester-Waltjen, Art. 6 GG, Rn. 114, 116.

wandtschaftsverhältnissen entstandenen Rechte und Pflichten erloschen, vgl. § 1755 Abs. 1 S. 1 a.E., S. 2 BGB. Um solche geht es aber gerade beim Vergleich im Rahmen des Art. 6 Abs. 5 GG. Durch die im Wege der Annahme entstehende neue rechtliche Zuordnung der lebenspartnerschaftlichen Fremdkinder zum annehmenden eingetragenen Lebenspartner werden sie also sozusagen in seinen Familienkreis neu hineingeboren.[1096] Auch die möglicherweise entstehende Benachteiligung dieser Kinder würde durch den Umstand der Annahme erzeugt, indem eine rechtliche Beziehung mit den daraus resultierenden Ansprüchen lediglich zu dem annehmenden eingetragenen Lebenspartner hergestellt wird. Für den anderen eingetragenen Lebenspartner ist das Herstellen von einem rechtlichen Verhältnis nämlich aufgrund des Sukzessivannahmeverbots nicht möglich.[1097] Dementsprechend kann es für die Gruppe dieser angenommen Kinder hinsichtlich des Merkmals der Ehelichkeit nicht auf den Zeitpunkt ihrer Geburt ankommen, sondern nur darauf, ob sie aufgrund der Annahme nichteheliche Kinder sind.[1098] Dementsprechend ist auch der Streit darüber, ob das Erfordernis der Ehelichkeit schon zum Zeitpunkt der Geburt vorliegen muss, in der zu untersuchenden Konstellation unerheblich und deshalb entbehrlich.

Fraglich ist somit nur, ob die Kinder, die von eingetragenen Lebenspartnern allein angenommen werden, durch diese Annahme unter die Gruppe der nichtehelichen Kinder als Grundrechtsträger zu subsumieren sind. Durch die Einzelannahme eines eingetragenen Lebenspartners wird ein Kind dessen rechtliches Kind, vgl. § 9 Abs. 6 S. 1 LPartG i.V.m. § 1754 Abs. 2 BGB. Da der Annehmende in einer eingetragenen Lebenspartnerschaft lebt, kann er nicht verheiratet sein, vgl. § 1 Abs. 3 Nr. 1 LPartG. Folglich handelt es sich bei lebenspartnerschaftlichen Fremdkindern um nichteheliche Kinder i.S.d. Art. 6 Abs. 5 GG.

Diese Gruppe der nichtehelichen Kinder soll bei der anschließend zu prüfenden Benachteiligung mit der Gruppe der ehelichen Kinder verglichen werden. Dabei wird diese Vergleichsgruppe von Art. 6 Abs. 5 GG vorgegeben, indem sie von allen ehelichen Kindern gebildet wird. Dies können im vorliegenden Zusammenhang Kinder sein, die durch Geburt, spätere

1096 Den Gedanken, dass durch die Adoption juristisch eine zweite Geburt fingiert wird äußert auch Paulitz/ Bach, 1. Auflage, S. 54.

1097 Natürlich ist dies schon aufgrund des Verbots der gemeinsamen Annahme für eingetragene Lebenspartner nicht möglich. Dies ist jedoch erst im 4. Kapitel zu untersuchen und wird deshalb im Rahmen dieses Teils der Arbeit noch nicht thematisiert.

1098 Davon geht auch Grehl, S. 177 aus.

Eheschließung der Eltern[1099] oder auch die gemeinschaftliche oder sukzessive Adoption durch Eheleute nach § 1741 Abs. 2 S. 2 bzw. S. 4 BGB i.V.m. § 1754 Abs. 1, 1. Alt und 2. Alt. BGB eheliche Kinder sind. Ausschlaggebend ist lediglich die rechtlich Zuordnung zu beiden Elternteilen, die eine Ehe miteinander führen.

Zusammenfassend kann also zunächst Folgendes festgehalten werden. Kinder, die von einem eingetragenen Lebenspartner alleine angenommen wurden, sind nichteheliche Kinder und damit Grundrechtsträger i.S.d. Art. 6 Abs. 5 GG. Diesen stehen eheliche Kinder gegenüber, die eine rechtliche Verbindung zu beiden ehelichen Elternteilen aufweisen. Art. 6 Abs. 5 findet daher für den in der vorliegenden Personenkonstellation anzustellenden Vergleich Anwendung

## 2. Benachteiligung

Dafür, dass durch das Verbot der Sukzessivadoption ein Verstoß gegen Art. 6 Abs. 5 GG vorliegt, müsste die Gruppe der nichtehelichen Kinder im Vergleich zu den ehelichen benachteiligt werden. Diese Ungleichbehandlung müsste in Abhängigkeit der Unehelichkeit vorliegen[1100] bzw. an diese anknüpfen, da durch Art. 6 Abs. 5 GG die Nachteile ausgeglichen werden sollen, die mit der fehlenden Einbindung in die eheliche Familie einhergehen.[1101]
Eine solche könnte vorliegend in Betracht kommen, indem lebenspartnerschaftliche Fremdkinder durch die Einzelannahme aufgrund der alleinigen rechtlichen Zuordnung zum Annehmenden auch nur gegen diesen gesetzliche Unterhalts- und Erbansprüche haben,[1102] vgl. § 9 Abs. 6 LPartG i.V.m. § 1754 Abs. 2 BGB, § 1751 Abs. 4 S. 1 BGB und § 1602 BGB sowie §§ 1922, 1924 BGB. Gesetzliche Ansprüche gegen den anderen eingetragenen Lebenspartner können aufgrund des Verbots der Sukzessivadoption nicht entstehen, obwohl er als zweiter potentieller rechtlicher Elternteil zur Verfügung stehen würde[1103]. Im Gegensatz dazu haben eheliche Kinder von Gesetzes wegen Ansprüche gegen beide Elternteile, vgl.

1099 Epping/Hillgruber/Uhle, Art. 6 GG, Rn. 74; Rebhan, MittBayNot 2011, 285, 285, 288. Dies ist aber, wie bereits angesprochen, strittig.

1100 Jarass/Pieroth, Art. 6 GG, Rn. 81.

1101 Gernhuber/Coester-Waltjen, § 5, Rn. 62; v. Mangoldt/Klein/Starck/Robbers, Art. 6 GG, Rn. 305 f.

1102 Vgl. dazu auch die Ausführungen von Dittberner, S. 179 f.; so auch Schulz/Hauß/Haibach, § 5 LPartG, Rn. 4; Schwab, FamRZ 2001, 385, 392.

1103 So auch Stüber, FamRZ 2005, 574, 577. Dieser Nachteil wird auch in der mündlichen Verhandlung zum Verbot der Sukzessivadoption von sachkundigen Auskunftspersonen bemängelt, vgl. BVerfG, 1 BvL 1/11 vom 19.2.2013, Rn. 33.

§ 1602 BGB[1104] und §§ 1922, 1924 BGB.[1105] Die Benachteiligung könnte deshalb dadurch bestehen, dass lebenspartnerschaftliche Fremdkinder aufgrund des Verbots der Sukzessivadoption keine rechtliche Verbindung zum eingetragenen Lebenspartner des Annehmenden aufbauen können, obwohl dieser die tatsächliche Elternrolle genauso übernimmt wie ein Ehegatte.

Fraglich ist aber, ob diese nicht herstellbare rechtliche Verbindung zum eingetragenen Lebenspartner des Annehmenden so ausgelegt werden kann, dass dadurch nicht die gleichen Bedingungen für die leibliche und seelische Entwicklung der lebenspartnerschaftlichen Fremdkinder und ihre Stellung in der Gesellschaft i.S.d. Art. 6 Abs. 5 GG geschaffen werden wie für eheliche Kinder. Denn nur dann würde eine Benachteiligung i.S.d. Art. 6 Abs. 5 GG vorliegen. Welche Benachteiligungen unter Art. 6 Abs. 5 GG zu subsumieren sind, wird vor allem bei einer näheren Betrachtung der Gesetzesreformen deutlich, die zur Verwirklichung dessen Verfassungsauftrags[1106] erlassen wurden.[1107] Zunächst wurde der Reformauftrag des Art. 6 Abs. 5 GG durch das „Gesetz über die rechtliche Stellung der nichtehelichen Kinder vom 19. August 1969 (NEG)“[1108] verwirklicht. Durch dieses fand u.a. eine umfangreiche Novellierung des Bürgerlichen Gesetzbuches, der Zivilprozessordnung und des Personenstandsgesetzes statt.[1109] Eine der wichtigsten Änderungen bestand in dem Wegfall des § 1589 Abs. 2 BGB a.F., durch den ein uneheliches Kind und sein Vater nicht als verwandt galten. Nunmehr begründete die Abstammung des nichtehelichen Kindes die Verwandtschaft des Kindes mit der Mutter und dem Vater, wodurch die Grundlage für die Neugestaltung der unterhalts- und erbrechtlichen Beziehungen geschaffen wurde. Eine weitere Verbesserung der Rechtsstellung von nichtehelichen Kindern wurde durch das „Gesetz zur Reform des Kindschaftsrechts (Kindschaftsrechtsreformgesetzt – KindRG) “ vom 16. Dezember 1997[1110] be-

---

1104 Der Unterhaltsanspruch des Kindes gegen den Annehmenden ergibt sich dabei aus § 1751 Abs. 4 BGB.

1105 So auch Muscheler, FPR 2010, 227, 231.

1106 BVerfGE 118, 45, 62; BK/Seiler, 139. Lfg. April 2009, Art. 6 Abs. 5 GG, Rn. 22; Isensee/Kirchhof/Sachs, VIII, § 182, Rn. 179; Sachs/von Coelln, Art. 6 GG, Rn. 98; Schulz/Hauß/Diwell, Art. 6 Rn. 96; Schumann, JuS 1996, 506, 506.

1107 Eine Übersicht findet sich bei Denninger/Richter, 2001, Art. 6 GG, Rn. 8; Maunz/Dürig/Badura, Lfg. 44 Februar 2005, Art. 6 GG, Rn. 185-187. Zu den Auswirkungen des Art. 6 Abs. 5 GG im Privatrecht vgl. auch die Ausführungen bei BK/Seiler, 139. Lfg. April 2009, Art. 6 Abs. 5 GG, Rn. 67 ff.; Sachs/von Coelln, Art. 6 GG, Rn. 102 ff.; v. Mangoldt/Klein/Strack/Robbers, Art. 6 GG, Rn. 322 ff.

1108 BGBl I, 1969, S. 1243.

1109 Grundsätzlich zur Reform mit weiterführenden Literaturhinweisen Bähr, JuS 1969, 545, 545 ff. Dazu grds. auch Schumann, JuS 1996, 506 , 506 ff.

1110 BGBl I, 1997, S. 2942.

wirkt.[1111] Durch dieses erfolgte ein weitgehender Abbau der Unterschiede durch die Vereinheitlichung des Unterhaltsrechts für eheliche und nichteheliche Kinder, sowie die Ermöglichung der gemeinsamen elterlichen Sorge für unverheiratete Eltern. Die Gleichstellung von nichtehelichen und ehelichen Kindern im Bereich des Erbrechts erfolgte dann noch aufgrund des „Erbgleichstellungsgesetzes (ErbGleichG)“ vom 16. Dezember 1997.[1112] Zusammenfassend kann somit festgehalten werden, dass durch die aufgrund des Reformauftrags des Art. 6 Abs. 5 GG erlassenen Gesetze die Benachteiligung von nichtehelichen Kindern im Bereich der Abstammung bzw. Verwandtschaft, des Unterhaltsrechts, der elterlichen Sorge und des Erbrechts gegenüber ehelichen Kindern abgebaut wurde. Dies zumeist indem der Vater des nichtehelichen Kindes mit in die rechtliche Verantwortung einbezogen wurde. Die Rechtsstellung des nichtehelichen Kindes wurde grundsätzlich verbessert. Dementsprechend sind Benachteiligungen i.S.d. Art. 6 Abs. 5 GG vor allem solche, welche die Verwandtschaft sowie das Unterhalts-, Erb- oder Sorgerecht zu einem Elternteil eines nichtehelichen Kindes betreffen. Daraus ergibt sich, dass die Pflicht gleiche Bedingungen zu schaffen darauf abzielt, die Rechtslage von nichtehelichen Kindern der von ehelichen Kindern anzupassen.[1113]

Bei der Untersuchung der Benachteiligung von lebenspartnerschaftlichen Fremdkindern fällt zunächst auf, dass diese durch die Adoption entweder in eine eingetragene Lebenspartnerschaft von zwei Frauen oder zwei Männern aufgenommen werden. Eine rechtliche Zuordnung ist aber aufgrund des Sukzessivannahmeverbots nur zu dem annehmenden eingetragenen Lebenspartner möglich. Zu dessen eingetragenem Lebenspartner besteht somit kein verwandtschaftliches Verhältnis und dementsprechend hat das Kind gegen diesen auch weder gesetzliche Unterhalts- noch Erbansprüche. Die betroffenen Kinder werden somit sozusagen zu nichtehelichen Kindern gemacht, denn obwohl der eingetragene Lebenspartner des Annehmenden als zweiter Elternteil vorhanden ist, können sie zu diesem keine rechtliche Beziehung erlangen. In diesen Status der dauerhaften Nichtehelichkeit geraten sie nur aufgrund der Einzelannahme durch den eingetragenen Lebenspartner, da einzeln angenommene Kinder von Eheleuten durch die Sukzessivadoption wieder zu ehelichen Kindern werden können. Diese entstehende Nichtehelichkeit von lebenspartnerschaftlichen Fremdkindern ist für die Kinder

1111 Ein Überblick über die Regelungen des neuen Kindschaftsrechts findet sich bei Schwab/Wagenitz, FamRZ 1997, 1377, 1377 ff.

1112 BGBl I, 1997, S. 2968.

1113 BVerfGE 56, 363, 385; BK/Seiler, 139. Lfg. April 2009, Art. 6 Abs. 5 GG, Rn. 23, 36; Dreier/Gröschner, Art. 6 GG, Rn. 148; Isensee/Kirchhof/Sachs, VIII, § 182, Rn. 178; v. Mangoldt/Klein/Starck/Robbers, Art. 6 GG, Rn. 305 f, 314.

sogar rechtlich nachteiliger als „normale" Nichtehelichkeit für Kinder von unverheirateten Eltern[1114]. Denn diese nichtehelichen Kinder unverheirateter Eltern haben nach §§ 1591, 1592 Nr. 2, 3 BGB ein verwandtschaftliches Verhältnis mit den entsprechenden gesetzlichen Ansprüchen zu beiden Elternteilen. Dies war ja gerade das Ziel der aufgrund von Art. 6 Abs. 5 GG durchgeführten Gesetzesreformen. Somit ist die Lage der lebenspartnerschaftlichen Fremdkinder mit der von nichtehelichen Kindern vor den genannten Reformen vergleichbar, indem auch diese grds. nach § 1589 BGB a.F. kein verwandtschaftliches Verhältnis zu ihrem nichtehelichen Vater begründen konnten und ein solches auch durch das Verbot der Sukzessivadoption zum zweiten existierenden Elternteil verhindert wird. Da lebenspartnerschaftliche Fremdkinder folglich dauerhaft zu nichtehelichen Kindern werden, stehen sie also rechtlich schlechter als „normale" nichteheliche Kinder mit unverheirateten Eltern. Alle Benachteiligungen im Bereich der Verwandtschaftsbegründung, des Unterhalts- und Erbrechts, die für nichteheliche Kinder mit verschiedengeschlechtlichen Eltern schon durch die genannten Reformen abgebaut wurden, bestehen dementsprechend für die Gruppe der lebenspartnerschaftlichen Fremdkinder als nichteheliche Kinder weiterhin. Diese Benachteiligung knüpft wie bereits erwähnt auch an die Nichtehelichkeit der Eltern an, da der Ehegatte ein Kind seines Ehegatten sukzessive annehmen kann, vgl. § 1741 Abs. 2 S. 3 BGB i.V.m. § 1742 BGB, wodurch es nach § 1754 Abs. 1 BGB ein eheliches gemeinsames Kind des Ehepaares mit den entsprechenden gesetzlichen Ansprüchen würde. Das abweichende Lebensmodell von eingetragenen Lebenspartnern wirkt sich somit vorliegend nachteilig auf lebenspartnerschaftliche Fremdkinder aus.[1115]

Zwar handelt es sich bei der Benachteiligung von lebenspartnerschaftlichen Fremdkindern nicht um den Paradefall des von Art. 6 Abs. 5 GG verfolgten Verfassungsauftrags, denn wie schon angedeutet, sollte dieser die rechtliche Stellung von unehelich geborenen Kindern an die von ehelich geborenen angleichen. In Anbetracht dessen, dass Sinn und Zweck von Art. 6 Abs. 5 GG aber darin bestehen Benachteiligungen aufzuheben, die durch die fehlende Einbindung in eine Ehe für nichteheliche Kinder entstehen, besteht kein Grund dafür die vor-

1114 Es sei darauf hingewiesen, dass an dieser Stelle die „klassischen" verschiedengeschlechtlichen Eltern gemeint sind, da nur diese nach dem geltenden Abstammungsrecht mit dem Kind verwandt sein können, vgl. §§ 1591, 1592 Nr. 2, 3 BGB. Eine Verwandtschaft zu beiden gleichgeschlechtlichen Elternteilen ist de lege lata nämlich nicht bereits durch die Geburt, sondern erst durch eine Stiefkindadoption nach § 9 Abs. 7 LPartG möglich. Nichteheliche Kinder gleichgeschlechtlicher Eltern fallen deshalb nicht unter die hier beschriebenen „normalen" nichtehelichen Kinder.

1115 Anlehnend an BK/Seiler, 139. Lfg. April 2009, Art. 6 Abs. 5, Rn. 36; Dittberner, S. 168; Stüber, FamRZ 2005, 574, 577.

liegende Benachteiligung nicht unter Art. 6 Abs. 5 GG zu subsumieren. Denn wie die Untersuchung gezeigt hat, ist die Situation von nichtehelichen lebenspartnerschaftlichen Fremdkindern mit der von nichtehelichen Kindern verschiedengeschlechtlicher Eltern vor 1970 vergleichbar. Bei ihnen handelt es sich deshalb gerade um eine besonders benachteiligte Gruppe, da ihre rechtliche Stellung wesentlich schlechter ist als diejenige von „normalen“ nichtehelichen Kindern mit verschiedengeschlechtlichen Eltern. Zum Schutze der betroffenen Kinder sollte Art. 6 Abs. 5 GG somit auch auf die Benachteiligung von lebenspartnerschaftlichen Fremdkindern als nichteheliche Kinder angewendet werden.

Im Ergebnis liegt folglich eine Benachteiligung von lebenspartnerschaftlichen Fremdkindern als nichteheliche Kinder durch das Verbot der Sukzessivadoption für eingetragene Lebenspartner vor, indem diese Kinder kein verwandtschaftliches Verhältnis zu dem nicht annehmenden Partner erlangen können und so gegen diesen auch keine gesetzlichen Unterhalts- oder Erbansprüche haben. Eheliche Kinder und sogar nichteheliche Kinder unverheirateter Eltern hingegen sind mit beiden Elternteilen verwandt, weshalb ihnen auch gegen beide gesetzliche Unterhalts- und Erbansprüche zustehen.[1116]

## 3. Rechtfertigung

Die festgestellte Grundrechtsbeeinträchtigung der lebenspartnerschaftlichen Fremdkinder könnte, obwohl Art. 6 Abs. 5 GG keinen Gesetzesvorbehalt aufweist, trotzdem gerechtfertigt sein. Eine Benachteiligung kann zum einen dann zulässig sein, wenn diese wegen der unterschiedlichen Lebenssituationen zwingend erforderlich ist um das Ziel der Gleichstellung von nichtehelichen mit ehelichen Kindern zu erreichen.[1117] Zum anderen ist eine Rechtfertigung auch durch kollidierendes Verfassungsrecht zulässig.[1118]

Die vorliegende Ungleichbehandlung von lebenspartnerschaftlichen Fremdkindern durch das Sukzessivannahmeverbot wäre somit dann zulässig, wenn eine förmliche Gleichstellung in geschützte Rechtspositionen dritter Personen eingreifen würde oder der besonderen sozialen

1116 So im Ergebnis auch Grehl, S. 178 f. in Bezug auf die gemeinsame Adoption für eingetragene Lebenspartner.

1117 BVerfGE 118, 45, 62; BVerfGE 74, 33, 39; Lutter, FamRZ 1967, 65, 67 f.

1118 BVerfGE 118, 45, 62; BVerfGE 84, 168, 185; Epping/Hillgruber/Uhle, Art. 6 GG, Rn. 73; Jarass/Pieroth, Art. 6 GG, Rn. 85; Roth, FamRZ 1991, 139, 140 f.; Sachs/von Coelln, Art. 6 GG, Rn. 100; Stern, IV/1, S. 618 f.

Situation von lebenspartnerschaftlichen Fremdkindern nicht gerecht werden würde.[1119] Unter die geschützten Rechtspositionen Dritter fallen dabei allerdings nur solche mit Verfassungsrang.

Zunächst soll daher die Frage nach der Rechtfertigung durch kollidierendes Verfassungsrecht beantwortet werden.

Denkbar wäre ein durch die Gleichstellung bedingter Verstoß gegen ein in Art. 6 Abs. 1, 1. Alt. GG enthaltenes Abstandsgebot zur Ehe. Denn durch die Gleichstellung müssten lebenspartnerschaftliche Fremdkinder auch zum eingetragenen Lebenspartner des Annehmenden ein verwandtschaftliches Verhältnis mit den daraus folgenden gesetzlichen Ansprüchen erlangen können, wodurch sich das Institut der eingetragenen Lebenspartnerschaft der Ehe diesbezüglich annähern würde. Wie im Laufe der Untersuchung aber schon dargelegt wurde, scheidet eine solche Rechtfertigung aus, da es abgesehen von der Berufung auf den Eheschutz eines hinreichend gewichtigen Sachgrundes bedarf, der sowohl am Regelungsgegenstand als auch –ziel gemessen die Benachteiligung von eingetragenen Lebenspartnern rechtfertigen würde.[1120] Ein solcher ist jedoch nicht ersichtlich. Eine Rechtfertigung anhand dieses Aspekts kann daher nicht erfolgen.

Auch ein Verstoß gegen Art. 6 Abs. 1, 1. Alt. GG durch eine Gleichstellung der eingetragenen Lebenspartnerschaft mit der Ehe, wodurch diese austauschbar würde, scheidet zur Rechtfertigung aus. Denn auch in diesem Punkt hat die Untersuchung bereits gezeigt, dass sich die beiden Institute an unterschiedliche Personenkreise richten und deshalb nicht in Konkurrenz zueinander treten.[1121] Eine Austauschbarkeit der Institute ist demnach nicht zu befürchten. Die Benachteiligung lebenspartnerschaftlicher Fremdkinder kann somit nicht durch einen durch die Gleichstellung mit ehelichen Kindern bewirkten Verstoß gegen Art. 6 Abs. 1 GG gerechtfertigt werden.

Ein Eingreifen der Gleichstellung in andere geschützte Rechtspositionen Dritter ist nicht ersichtlich. Daher kann die Ungleichbehandlung nicht aufgrund von kollidierendem Verfassungsrecht gerechtfertigt werden.

1119 BVerfGE 118, 45, 62; BVerfGE 85, 80, 87; BK/Seiler, 139. Lfg. April 2009, Art. 6 Abs. 5 GG, Rn. 37; Maunz/Dürig/Badura, Lfg. 44 Februar 2005, Art. 6 GG, Rn. 181; Lutter, FamRZ 1967, 65, 68; Roth, FamRZ 1991, 139, 140.

1120 Vgl. dazu schon die Untersuchung unter Kapitel 2:A.II.2.b)aa)(3).

1121 Vgl. dazu schon die Darstellung unter Kapitel 2:A.II.2.b)aa)(3).

Die Benachteiligung der vorliegenden Gruppe von nichtehelichen Kindern könnte aber noch gerechtfertigt sein, indem eine Gleichstellung mit ehelichen Kindern der besonderen sozialen Situation der einzeln von einem Partner einer eingetragenen Lebenspartnerschaft angenommen Kinder widersprechen würde. Hierunter fallen zunächst insbesondere Regelungen, die zum Wohl des Kindes geboten sind.[1122]

Für eine Rechtfertigung der Benachteiligung lebenspartnerschaftlicher Fremdkinder müsste es dementsprechend zur Wahrung oder Verwirklichung ihres Kindeswohls erforderlich sein, dass sie keine rechtliche Verwandtschaft mit daraus resultierenden Unterhalts- und Erbansprüchen zum eingetragenen Lebenspartner ihres Adoptivelternteils haben können. Grundsätzlich wurde im Laufe der Arbeit schon herausgestellt, dass es nicht schädlich für das Kindeswohl ist bei eingetragenen Lebenspartnern aufzuwachsen.[1123] Dies tun lebenspartnerschaftliche Fremdkinder aufgrund der Einzelnahme nach § 9 Abs. 6 LPartG ohnehin, weshalb es hierauf nicht ankommen kann. Zwar kann bezweifelt werden, ob es sich positiv auf das Kindeswohl auswirkt den nicht annehmenden eingetragenen Lebenspartner als rechtlichen Elternteil hinzuzugewinnen[1124] Gründe dafür, warum es sich negativ auf das Kindeswohl auswirken könnte, sind jedoch auch nicht ersichtlich. Im Gegenteil gibt eine rechtliche Verbindung zum nicht rechtlichen Elternteil dem Kind vor allem im Falle des Todes des Annehmenden zusätzliche Sicherheit. Aber auch zu dessen Lebzeiten entstehen ihm aufgrund der entstehenden gesetzlichen Unterhalts- und Erbansprüche gegen den eingetragenen Lebenspartner des Annehmenden schon rechtliche Vorteile. Indem das Kindeswohl durch die Möglichkeit des Entstehens einer rechtlichen Verbindung zum nicht Annehmenden nicht negativ beeinträchtigt wäre, kann die Benachteiligung der lebenspartnerschaftlichen Fremdkinder auch nicht unter Kindeswohlerwägungen gerechtfertigt werden.[1125]

Etwas anderes könnte sich aber noch aufgrund eines durch die Gleichstellung grundsätzlich entstehenden Widerspruchs zur besonderen sozialen Situation von lebenspartnerschaftlichen Fremdkindern ergeben. Dann müsste die soziale Situation von lebenspartnerschaftlichen Fremdkindern als nichteheliche Kinder von derjenigen von ehelichen Kindern abweichen.

---

1122 Grehl, S. 179; Maunz/Dürig/Badura, Lfg. 44 Februar 2005, Art. 6 GG, Rn. 175; Roth, FamRZ 1991, 139, 140.

1123 Vgl. dazu das Ergebnis der Untersuchung unter Kapitel 1:B.II.1.b)bb).

1124 Vgl. dazu die Ausführungen unter Kapitel 2:B.V.

1125 So auch Grehl, S. 179 f. bei der Prüfung des Verstoßes des Verbots der gemeinsamen Adoption gegen Art. 6 Abs. 5 GG.

Bei der Einzelannahme des Kindes muss der nicht annehmende eingetragene Lebenspartner des Annehmenden grundsätzlich seine Einwilligung erteilen, vgl. § 9 Abs. 6 S. 1 LPartG. Es kann also von seiner Befürwortung der Annahme ausgegangen werden, auch wenn es ihm nicht möglich war, die rechtliche Elternstellung zu erlangen. Aufgrund der eingehenden Kindeswohlprüfung bei Einzeladoptionen[1126] kann ferner davon ausgegangen werden, dass er sich als sozialer Elternteil in seiner Elternrolle einfindet und die tatsächliche Verantwortung mit übernimmt. Wäre er hierzu nicht bereit, wäre die Einzeladoption höchstwahrscheinlich überhaupt nicht zustande gekommen. Hierdurch bilden die beiden eingetragenen Lebenspartner auch schon eine durch Art. 6 Abs. 1, 2. Alt. GG geschützte Familie, obwohl es nur einen rechtlichen Elternteil gibt.[1127] Ein lebenspartnerschaftliches Fremdkind lebt somit genauso wie ein eheliches Kind in einer Familie mit zwei Elternteilen, die auch beide die Elternverantwortung übernehmen. Diesbezüglich kann also keine abweichende soziale Lage der Kinder festgestellt werden. Ferner wurde auch schon festgestellt, dass es sich bei eingetragenen Lebenspartnerschaften genauso um rechtlich verbindliche Lebensgrundlagen handelt wie bei Ehen,[1128] weshalb sich eine abweichende soziale Lage der Kinder auch nicht anhand extrem abweichender Beziehungsstrukturen begründen lässt. Die Benachteiligung von lebenspartnerschaftlichen Fremdkindern lässt sich somit auch nicht aufgrund von unterschiedlichen sozialen Lagen dieser Kinder im Vergleich zu ehelichen Kindern rechtfertigen.

Zusammenfassend kann somit festgestellt werden, dass die Benachteiligung, die lebenspartnerschaftlichen Fremdkindern aufgrund des Verbots der Sukzessivannahme widerfährt, weder aufgrund kollidierenden Verfassungsrechts noch aufgrund der Berücksichtigung ihrer sozialen Lage oder ihres Wohls gerechtfertigt werden kann.

## 4. Ergebnis zum Verstoß gegen Art. 6 Abs. 5 GG

Indem Kinder, die von einem eingetragenen Lebenspartner allein angenommen werden, nicht die Möglichkeit haben von dessen Partner sukzessive angenommen zu werden und so auch keine rechtliche Beziehung zu diesem erlangen können, werden sie dauerhaft zu nichtehelichen Kindern. Dadurch werden sie im Vergleich zu ehelichen Kinder benachteiligt, indem

1126 Vgl. dazu Empfehlungen zur Adoptionsvermittlung der Bundesarbeitsgemeinschaft der Landesjugendämter, 6. Fassung 2009, S. 29. abrufbar unter http://www.bagljae.de/ (letzter Aufruf am 1.4.2013).
1127 Vgl. dazu schon die Untersuchung unter Kapitel 2:A.II.1.a).
1128 Vgl. schon die Ausführungen unter Kapitel 2:A.III.2.b)ee).

ihnen gesetzliche Unterhalts- und Erbansprüche nur gegen den rechtlichen Elternteil zustehen. Diese Benachteiligung kann auch nicht verfassungsrechtlich gerechtfertigt werden.
Durch die Benachteiligung von lebenspartnerschaftlichen Fremdkindern liegt deshalb ein Verstoß des Sukzessivannahmeverbots für eingetragene Lebenspartner gegen Art. 6 Abs. 5 GG vor.[1129]

## *II. Verstoß gegen Art. 6 Abs. 1, 2. Alt. GG aufgrund eines Eingriffs in die lebenspartnerschaftliche Familie*

Denkbar wäre auch ein Verstoß gegen die Familiengründungsfreiheit von den zunächst einzeln angenommenen Kindern von eingetragenen Lebenspartnern. Wie aber schon im Rahmen der Prüfung der Familiengründungsfreiheit der eingetragenen Lebenspartner festgestellt wurde, bilden auch einzeln angenommene Kinder ohne Sukzessivadoption eine Familie i.S.d. Art 6 Abs. 1, 2. Alt. GG mit dem annehmenden eingetragenen Lebenspartner und dessen Partner.[1130] Diese entsteht zum einen durch die rechtliche Elternschaft des Annehmenden und zum anderen durch die soziale Elternschaft dessen eingetragenen Lebenspartners. Auch in die Familiengründungsfreiheit der angenommenen Kinder kann dementsprechend aufgrund der schon gebildeten Familie nicht mehr eingegriffen werden.
Es liegt jedoch ein Verstoß gegen die familiäre Gestaltungsfreiheit der lebenspartnerschaftlichen Familie vor. Dieser wurde bereits im Rahmen der Grundrechtsbeeinträchtigungen der eingetragenen Lebenspartner geprüft und bejaht.[1131] Einer erneuten Prüfung bedarf es an dieser Stelle nicht, da das einzeln angenommene Kind Teil der lebenspartnerschaftlichen Familie ist.

---

1129 Diese Ansicht wurde auch von der Bundestagsfraktion Bündnis 90/Die Grünen bei der Stellungnahme in der mündlichen Verhandlung zum Verbot der Sukzessivadoption (leider ohne weitere Begründung) vertreten, vgl. BVerfG, 1 BvL 1/11 vom 19.2.2013, Rn. 28. Dies scheint auch von Auskunftspersonen, die in der mündlichen Verhandlung zum Verbot der Sukzessivadoption Stellung genommen haben, so gesehen worden zu sein, vgl. BVerfG, 1 BvL 1/11 vom 19.2.2013, Rn. 35. Weitere inhaltliche Begründungen fehlen leider auch hier in dem Urteil. Das Bundesverfassungsgericht war hier jedoch der Ansicht, ein etwaiger Verstoß könne offen bleiben, vgl. BVerfG, 1 BvL 1/11 vom 19.2.2013, Rn. 103.

1130 Vgl. dazu die Untersuchung unter Kapitel 2:A.II.1.a)aa)(3).

1131 Vgl. dazu bereits das Ergebnis zu dieser Untersuchung unter Kapitel 2:A.II.2.c)cc).

### *III. Verstoß gegen Art. 3 Abs. 1 GG aufgrund einer Ungleichbehandlung von Kindern, die von einem Ehepartner oder einem eingetragenen Lebenspartner einzeln angenommen wurden*

Der Gesetzgeber könnte durch die unterschiedlichen Regelungen zur sukzessiven Adoption für Eheleute und eingetragene Lebenspartner aber nicht nur diese ungerechtfertigterweise ungleich behandelt haben, sondern auch die zunächst einzeln angenommenen Kinder.[1132] Denn Art. 3 Abs. 1 GG könnte im Hinblick darauf verletzt sein, dass ein Kind, welches von einer Person angenommen wurde, die später heiratet oder bei dessen Ehepartner das Adoptionshindernis i.S.d. § 1741 Abs. 2 S. 4 BGB später wegfällt, von diesem Ehepartner sukzessive auch angenommen werden kann, vgl. § 1741 Abs. 2 S. 3 BGB i.V.m. § 1742 BGB, dies aber nicht möglich ist, wenn es sich bei dem Annehmenden und seinem Partner um eingetragene Lebenspartner handelt. Dementsprechend können Kinder, die bei einem Ehepaar aufwachsen, somit zwei rechtliche Elternteile durch die Sukzessivadoption bekommen. Folglich können sie dann gegen beide Elternteile jeweils Unterhalts- und Erbansprüche geltend machen.[1133] Im Gegensatz dazu können Kinder, die von einem eingetragenen Lebenspartner angenommen wurden, wegen des Sukzessivannahmeverbots nicht von dessen Partner angenommen werden und haben deshalb nur einen rechtlich Elternteil. Deshalb steht ihnen auch nur gegen diesen einen Elternteil ein gesetzlicher Unterhalts- und Erbanspruch zu.[1134] Dadurch könnte ein Verstoß gegen Art. 3 Abs. 1 GG im Hinblick auf die angenommenen Kinder vorliegen.

Dazu müsste der allgemeine Gleichheitssatz aber zunächst einmal Anwendung finden. In Betracht kommt eine Verdrängung durch den zuvor geprüften Verstoß des Sukzessivannahmeverbots gegen Art. 6 Abs. 5 GG, da dieser lex specialis zu Art. 3 Abs. 1 GG ist.[1135] Eine Gesetzeskonkurrenz ergibt sich aber immer nur dann, wenn mehrere Grundrechte für denselben

1132 So auch Müller, FF 2011, 56, 63. So jetzt auch BVerfG, 1 BvL 1/11 vom 19.2.2013, Rn. 71 ff.

1133 So auch Stüber, FamRZ 2005, 574, 577.

1134 Dies bemängelnd auch Dethloff, NJW 2001, 2598, 2602.

1135 BVerfGE 118, 45, 77; BVerfGE 84, 168, 184 f; BVerfGE 44, 1, 18; BVerfGE 17, 148, 153; Denninger/Stein, 2001, Art. 3 Abs. 1 GG, Rn. 78; Epping/Hillgruber/Uhle, Art. 6 GG, Rn. 73; Jarass/Pieroth, Art. 6 GG, Rn. 78; Maunz/Dürig/Badura, Lfg. 44 Februar 2005, Art. 6 GG, Rn. 175; Schmidt-Bleibtreu/Hofmann/Hopfauf/Hofmann, Art. 6 GG, Rn. 63; Umbach/Clemens/Umbach, Art. 6 GG, Rn. 94; v. Münch/Kunig/Coester-Waltjen, Art. 6 GG, Rn. 129.

Träger in Bezug auf denselben Sachverhalt eingreifen und sich die Schutzbereiche mehrerer Grundrechte somit überschneiden.[1136] Eine Verdrängung des allgemeinen Gleichheitssatzes des Art. 3 Abs. 1 GG durch den speziellen des Art. 6 Abs. 5 GG würde nur vorliegen, wenn beide Grundrechte in Bezug auf dieselben Vergleichsgruppen angewendet würden. Bei der Prüfung des Art. 6 Abs. 5 GG wurden Kinder, die von einem eingetragenen Lebenspartner alleine angenommen wurden, mit ehelichen Kindern verglichen. Die unter dem allgemeinen Gleichheitssatz zu thematisierende Ungleichbehandlung betrifft aber Kinder, die von einem eingetragenen Lebenspartner allein angenommen wurden, und solche Kinder, die von einem Ehegatten zunächst allein angenommen wurden. Auch bei letzteren handelt es sich nicht um eheliche Kinder, da sie nach § 1741 Abs. 2 S. 4 BGB i.V.m. § 1754 Abs. 2 BGB nur in rechtlicher Beziehung zum annehmenden Ehegatten stehen. Deshalb konnte die Behandlung von Kindern, die einzeln von einem eingetragenen Lebenspartner angenommen wurden, und solchen Kindern, die einzeln von einem Ehegatten angenommen wurden nicht unter Art. 6 Abs. 5 GG verglichen werden. Somit scheidet eine Verdrängung des Art. 3 Abs. 1 GG im Wege der Gesetzeskonkurrenz aufgrund der dargelegten unterschiedlichen Vergleichsgruppen vorliegend aus.

Dementsprechend müsste zunächst eine rechtlich relevante Ungleichbehandlung von wesentlich Gleichem vorliegen. Diese dürfte ferner verfassungsrechtlich nicht zu rechtfertigen sein.

## 1. Ungleichbehandlung von wesentlich Gleichem

Fraglich ist somit, ob eine rechtlich relevante Ungleichbehandlung von wesentlich Gleichem vorliegt, indem Kinder, die durch ihre Adoption in einer Ehe leben sukzessive vom Ehepartner des Erstannehmenden angenommen werden können, vgl. § 1741 Abs. 2 S. 3 BGB i.V.m. § 1742 BGB, eine solche Annahme durch einen eingetragenen Lebenspartner des Erstannehmenden für Kinder, die in einer eingetragenen Lebenspartnerschaft leben, jedoch nicht möglich ist.

Die zu vergleichenden Personengruppen[1137] werden vorliegend von Kindern gebildet, die auf der einen Seite von einem Ehepartner und auf der anderen Seite von einem eingetragnen Lebenspartner zunächst allein angenommen wurden.[1138] Bei diesen beiden Gruppen müsste es

1136 Erfurter Kommentar zum Arbeitsrecht/Dieterich, Einleitung, Rn. 68.

1137 Zur Bildung von Vergleichsgruppen BVerfGE 52, 277, 280.

1138 Dieser Situation liegt der Umstand zugrunde, dass der allein annehmende Ehepartner im Zeitpunkt der Annahme entweder noch nicht verheiratet war oder bei seinem Ehepartner vorübergehend ein Adoptionssich zunächst um wesentlich Gleiches handeln. Wesentlich Gleiches liegt bei einem Vergleichspaar vor, welches in seinen überwiegenden Merkmalen übereinstimmt und in anderen Unterschiede aufweist.[1139] Abgesehen von dem Umstand, dass sie entweder von einem Ehepartner oder einem eingetragenen Lebenspartner angenommen wurden, stimmen die Vergleichsgruppen der Kinder grundsätzlich überein. Es handelt sich somit um wesentlich Gleiches i.S.d. Art. 3 Abs. 1 GG.

Diese wesentlich gleichen Gruppen müssten ferner auch eine unterschiedliche Behandlung durch denselben Hoheitsträger erfahren.[1140] In tatbestandlich gleichen Fällen müsste also nicht die gleiche Rechtsfolge eintreten.[1141] Die Ungleichbehandlung entsteht vorliegend, indem ein Kind, das von einem Ehepartner angenommen wurde, von dessen Ehepartner sukzessive auch angenommen werden kann, vgl. § 1741 Abs. 2 S. 3 BGB i.V.m. § 1742 BGB. Dadurch erhält das Kind nach § 1754 Abs. 1 BGB die Stellung eines gemeinsamen Kindes der Ehepartner. Dementsprechend stehen ihm gegen beide Elternteile gesetzliche Unterhalts- und Erbansprüche zu. Ein Kind, welches von einem eingetragenen Lebenspartner angenommen wurde kann von dessen eingetragenem Lebenspartner hingegen nicht sukzessive angenommen werden. Dies ergibt sich aus § 9 Abs. 7 LPartG i.V.m. § 1742 BGB, in dem keine Ausnahme von dem Verbot der Sukzessivadoption für eingetragene Lebenspartner gemacht wurde.[1142] Demnach kann der eingetragene Lebenspartner nicht vom sozialen zum rechtlichen Elternteil des Kindes werden, wodurch das Kind nur die rechtliche Stellung eines Kindes des Annehmenden erlangt, vgl. § 1754 Abs. 2 BGB. Dementsprechend stehen ihm auch nur gesetzliche Unterhalts- und Erbansprüche gegen den Erstannehmenden Elternteil zu.[1143] Somit treten für Kinder, die von einem Ehegatten angenommen wurden, andere Rechtsfolgen ein als für Kinder, die von einem eingetragenen Lebenspartner angenommen wurde, obwohl diese

hindernis vorlag. Eingetragene Lebenspartner hingegen können de lege lata auch bei bereits bestehender eingetragener Lebenspartnerschaft ein Kind nur alleine annehmen, weshalb es nach der geltenden Rechtslage unerheblich ist, ob die eingetragene Lebenspartnerschaft zum Zeitpunkt der Annahme schon bestand. Im weiteren Verlauf der Untersuchung wird aus praktischen Gründen lediglich von Kindern gesprochen werden, die entweder von einem Ehepartner oder einem eingetragenen Lebenspartner allein angenommen wurden. Dem liegt dann aber immer die beschriebene Situation zugrunde.

1139 Epping/Hillgruber/Kischel, Art. 3, Rn. 15; Ipsen, Rn. 801 f.; Sachs, S. 223. Diese sind nach den Regeln der Logik zu bilden, vgl. BK/Rüfner, 67. Lfg. Okt. 1992, Art. 3 GG, Rn. 13.

1140 BVerfGE 79, 127, 158; BVerfGE 21, 54, 68; Sachs/Osterloh, Art. 3 GG, Rn. 81; v. Münch/Kunig/Boysen, Art. 3 GG, Rn. 67.

1141 Epping, Rn. 768; Sachs, S. 223.

1142 Vgl. hierzu auch schon das Untersuchungsergebnis aus dem 1. Kapitel unter Kapitel 1:A.V.

1143 Dieser Nachteil wird auch in der mündlichen Verhandlung zum Verbot der Sukzessivadoption von sachkundigen Auskunftspersonen bemängelt, vgl. BVerfG, 1 BvL 1/11 vom 19.2.2013, Rn. 33.

Gruppen im Wesentlichen gleich sind. Eine Ungleichbehandlung liegt folglich vor. Diese entsteht auch durch Behandlung bzw. Regelungen desselben Hoheitsträgers, indem es sich sowohl bei den Regelungen für Eheleute als auch bei denen für eingetragene Lebenspartner um Regelungen des bürgerlichen Rechts handelt. Diese unterliegen nach Art. 74 Abs. 1 Nr. 1 GG der konkurrierenden Gesetzgebung, bei denen der Bund von seiner Gesetzgebungsbefugnis nach Art. 72 Abs. 1 GG Gebraucht gemacht hat.

Im Ergebnis lässt sich somit Folgendes festhalten. Eine rechtlich relevante Ungleichbandlung von wesentlich Gleichem liegt vor, indem Kinder, die von einem Ehegatten angenommen wurden, von dessen Ehepartner sukzessive auch angenommen werden können, eine sukzessive Annahme vom Partner für Kinder, die von einem eingetragenen Lebenspartner angenommen wurden, aber nicht möglich ist. Folge dieser Ungleichbehandlung ist, dass Kinder in Ehen zwei rechtliche Elternteile mit den entsprechenden Unterhalts- und Erbansprüchen gegen diese haben können. Kinder, die von einem eingetragenen Lebenspartner angenommen wurden können hingegen aufgrund des Sukzessivannahmeverbots nur einen rechtlichen Elternteil haben.

## 2. Verfassungsrechtliche Rechtfertigung der Ungleichbehandlung

Es stellt sich somit die Frage, ob diese Ungleichbehandlung von wesentlich Gleichem verfassungsrechtlich gerechtfertigt werden kann. Sollte dies nicht der Fall sein, würde der Gesetzgeber durch die unterschiedlichen Regelungen zur Sukzessivannahme von Fremdkindern für Eheleute und eingetragene Lebenspartner gegen den Gleichbehandlungsgrundsatz der einzeln angenommen Kinder verstoßen.

### *a) Rechtfertigungsmaßstab*

Aufgrund der verschiedenen Rechtfertigungsmaßstäbe muss dieser zunächst herausgearbeitet werden.

### *aa) Willkürverbot oder neue Formel*

Wie bereits festgestellt wurde,[1144] ergeben sich aus dem allgemeinen Gleichheitssatz je nach Regelungsgegenstand und Differenzierungsmerkmalen unterschiedliche Grenzen für die Rechtfertigung einer Ungleichbehandlung.[1145] Diese Grenzen reichen von einem bloßen Willkürverbot bis hin zu einer strengen Bindung an die Verhältnismäßigkeitserfordernisse,[1146] sog. neue Formel.[1147] Welcher Rechtfertigungsmaßstab Anwendung findet, hängt davon ab, ob es sich vorliegend um eine personenbezogene oder eine sachbezogene Ungleichbehandlung handelt.[1148] Die vorliegende Ungleichbehandlung knüpft an den Personenstand der Annehmenden an, indem Kinder in einer Ehe sukzessive angenommen werden können, in einer eingetragenen Lebenspartnerschaft hingegen nicht. Bei einer solchen personenbezogenen Ungleichbehandlung,[1149] die typischerweise schwerer wiegt,[1150] ist im Rahmen der neuen Formel eine umfassende Verhältnismäßigkeitsprüfung durchzuführen, in der die Angemessenheit der Ungleichbehandlung im Verhältnis zum Differenzierungsziel zu untersuchen ist.[1151] Der Gesetzgeber unterliegt somit einer strengen Bindung.

Eine weitere Verengung des gesetzgeberischen Gestaltungsfreiraums könnte sich ferner aufgrund einer Berührung anderer grundrechtlich geschützter Positionen, einer Annäherung an ein Merkmal des Art. 3 Abs. 3 GG oder einer Systembindung ergeben. Diese werden im Folgenden geprüft.

1144 Vgl. die Untersuchung unter Kapitel 2:A.III.2.a).

1145 BVerfGE 124, 199, 219.

1146 St. Rspr. BVerfGE 88, 87, 96; BVerfGE 110, 274, 291; BVerfGE 117, 1, 30. Zur Einbeziehung des Grundsatzes der Verhältnismäßigkeit in die Gleichheitsprüfung vgl. die Ausführungen bei Martini, S. 102 ff.

1147 Ipsen, Rn. 807; Michael/Morlok, Rn. 785 ff. Ein detaillierter Überblick zum Willkürverbot und der neuen Formel findet sich in der Arbeit von Kallina, S. 7 ff.

1148 Epping/Hillgruber/Kischel, Art. 3 GG, Rn. 42 ff.; Friauf/Höfling/Huster, 12. Erg. Lfg. 05/05, Art. 3 GG, Rn. 95 f.; Hömig/Bergmann, Art. 3 GG, Rn. 5; Schmidt-Bleibtreu/Hofmann/Hopfauf/Kannengießer, Art. 3 GG, Rn. 17; v. Münch/Kunig/Boysen, Art. 3 GG, Rn. 105.

1149 So auch BVerfGE 124, 199, 219. Zu einer ausführlichen Prüfung des Rechtfertigungsmaßstabs vgl. die Ausführungen unter Kapitel 2:A.III.2.a)aa), da die Ungleichbehandlung auch bei einem Gleichheitsverstoß im Hinblick auf die Kinder an die Annehmenden anknüpft, gelten die gemachten Ausführungen entsprechend.

1150 Pieroth/Schlink, Rn. 472.

1151 BVerfGE 103, 310, 318; BVerfGE 91, 346, 362; Pieroth/Jarass, Art. 3 GG, Rn. 19. Mit kritischen Äußerungen zur Verhältniskeitsprüfung Ipsen, Rn. 813 ff.

### *bb) Strengerer Rechtfertigungsmaßstab aufgrund der Berührung anderer Grundrechte*

Ein strengerer Rechtfertigungsmaßstab könnte sich aufgrund einer Berührung anderer grundrechtlich geschützter Freiheiten ergeben.[1152]

Nachteilige Auswirkungen auf eine andere grundrechtlich geschützte Freiheit wären im Hinblick auf den Familienschutz aus Art. 6 Abs. 1, 2. Alt. GG denkbar.[1153] Wie die Untersuchung aber schon gezeigt hat, scheidet eine Berührung der Familiengründungsfreiheit vorliegend aus, da die Familie auch mit dem sozialen Elternteil schon vor der Sukzessivannahme durch die tatsächliche Verantwortungsübernahme gebildet wird.[1154] Im weiteren Verlauf der Prüfung konnte allerdings ein aufgrund des Sukzessivadoptionsverbots entstehender nicht gerechtfertigter Eingriff in die Gestaltungsfreiheit der lebenspartnerschaftlichen Familie festgestellt werden.[1155] Durch diese Berührung der grundrechtlich geschützten familiären Gestaltungsfreiheit ergibt sich daher eine strengere Bindung des Gesetzgebers an die Verhältnismäßigkeitserfordernisse.[1156]

Indem Kinder, die von einem eingetragenen Lebenspartner angenommen wurden, nicht die Möglichkeit haben durch eine Sukzessivadoption einen zweiten rechtlichen Elternteil dazu zu bekommen, könnten die Kinder auch in ihrem Recht auf Pflege und Erziehung aus Art. 2 Abs. 1 GG i.V.m. Art. 6 Abs. 2 S. 1 GG verletzt sein. Durch dieses kommt ihnen nämlich ein Recht auf staatliche Gewährleistung elterlicher Pflege und Erziehung zu. Der Staat ist dementsprechend verpflichtet, das Wie und das Ob der elterlichen Pflichtenwahrnehmung in Ausrichtung auf das Kindeswohl zu sichern.[1157] So muss er die spezifische Hinwendung der Eltern zu den Kindern dem Grunde nach ermöglichen und sichern.[1158] Dazu gehört ferner auch für Fälle, in denen die leiblichen Eltern nicht in der Lage sind, diese Funktion wahrzunehmen dafür zu sorgen, dass die elterliche Verantwortung von anderen Personen übernom-

---

1152 So auch das Bundesverfassungsgericht in der Entscheidung zum Verbot der Sukzessivadoption, vgl. BVerfG, 1 BvL 1/11 vom 19.2.2013, Rn. 72 f.

1153 Zu der Frage, ob die Familiengründungsfreiheit aus Art. 6 Abs. 1 GG oder aus Art. 2 Abs. 1 GG i.V.m. Art. 1 Abs. 1 GG hergeleitet wird vgl. Pätzold, S. 146 ff. Da die Beantwortung dieser Frage vorliegend nicht von ausschlaggebender Bedeutung ist, wurde auf eine Auseinandersetzung verzichtet.

1154 Vgl. zu der Untersuchung dieses Aspekts Kapitel 2:A.II.1.a)aa)(3).

1155 Vgl. dazu Kapitel 2:A.II.1.b)bb)(3).

1156 So im Ergebnis auch BVerfG, 1 BvL 1/11 vom 19.2.2013, Rn. 72 f., auch wenn ein Eingriff in dieses Grundrecht zuvor verneint wurde.

1157 BVerfG, 1 BvL 1/11 vom 19.2.2013, Rn. 43.

1158 BVerfGE 121, 69, 95.

men werden kann.[1159] Indem die eingetragenen Lebenspartner diese Verantwortung gegenüber dem Adoptivkind wahrnehmen, aber nur der eine erstannehmende Lebenspartner eine rechtliche Elternposition erlangen kann, kann der andere nicht zum Wohl und Schutz des Kindes die Elternverantwortung im rechtlichen Sinn übernehmen.[1160] Der Schutzbereich des Rechts auf staatliche Gewährleistung auf elterliche Pflege und Erziehung ist somit für das von ihnen einzeln angenommene Kind berührt.[1161] Dies hat einen strengeren Rechtfertigungsmaßstab zur Folge.

Ein strengerer Rechtfertigungsmaßstab aufgrund einer Berührung von anderen grundrechtlich geschützten Positionen liegt somit im Ergebnis aufgrund der Berührung von Art. 6 Abs. 1, 2. Alt. GG und Art. 2 Abs. 1 GG i.V.m. Art. 6 Abs. 2 S. 1 GG vor.[1162]

### *cc) Strengerer Rechtfertigungsmaßstab aufgrund einer Annäherung an ein Merkmal aus Art. 3 Abs. 3 GG*

Ein strenger Rechtfertigungsmaßstab könnte sich auch unter dem Aspekt einer Annäherung an ein Merkmal aus Art. 3 Abs. 3 GG ergeben. Denn bei der Ungleichbehandlung der einzeln angenommen Kinder könnte ferner an die sexuelle Orientierung der Person des Erstannehmenden angeknüpft werden, indem Eheleute sukzessive adoptieren können, eingetragene Lebenspartner im Gegensatz dazu aber nicht. Wie die bisherige Untersuchung schon gezeigt hat,[1163] wird bei der unterschiedlichen Behandlung von eingetragenen Lebenspartnern und Eheleuten an den Personenstand und an die dementsprechende sexuelle Orientierung der Partner angeknüpft. Ferner handelt es sich bei dem Merkmal der sexuellen Orientierung um eines, welches an die in Art. 3 Abs. 3 GG genannten angenähert ist. Daraus ergibt sich ein strengerer Rechtfertigungsmaßstab.[1164]
Indem also bei der Ungleichbehandlung von Kindern, die von einem Ehepartner oder eingetragenen Lebenspartner angenommen wurden, auch an die sexuelle Orientierung der Annehmenden angeknüpft wird und es sich hierbei um ein Merkmal handelt, welches denen aus

---

1159 BVerfGE 24, 119, 148 f. Dies betont jetzt auch BVerfG, 1 BvL 1/11 vom 19.2.2013, Rn. 43.
1160 Vgl. BVerfG, 1 BvL 1/11 vom 19.2.2013, Rn. 44.
1161 So auch BVerfG, 1 BvL 1/11 vom 19.2.2013, Rn. 44, wobei eine Verletzung dieses Grundrechts aufgrund der Entscheidungsfreiheit des Gesetzgebers zur Verwirklichung des Schutzes abgelehnt wurde.
1162 So im Ergebnis jetzt auch Vgl. BVerfG, 1 BvL 1/11 vom 19.2.2013, Rn. 72 f.
1163 Vgl. zu den nachfolgenden Ergebnissen die Untersuchung unter Kapitel 2:A.III.2.a).
1164 Epping/Hillgruber/Kischel, Art. 3 GG, Rn. 42.1, 188 a; Stern, IV/2, S. 1740.

Art. 3 Abs. 3 GG angenähert ist, ergibt sich eine besonders enge Bindung an den Gleichheitssatz.[1165]

### *dd) Strengerer Rechtfertigungsmaßstab aufgrund von Systembindung*

Eine weitere Verengung des gesetzgeberischen Gestaltungsfreiraums könnte sich ferner auch aus dem Gesichtspunkt der Systembildung ergeben.[1166] Das wäre der Fall, wenn der Gesetzgeber von einem eigens geschaffenen System abweichen würde, indem Kinder, die von einem eingetragnen Lebenspartner angenommen wurden, von dessen Partner nicht sukzessive angenommen werden können, dies aber bei Eheleuten möglich ist.

Wie die vorangegangenen Untersuchungen gezeigt haben,[1167] hat der Gesetzgeber durch seine bisher erlassenen Vorschriften das Wohl von Kindern, die bei gleichgeschlechtlichen Partnern leben, zu Recht als nicht grundsätzlich gefährdet angesehen. Dies gilt sowohl in Bezug auf die soziale als auch in Bezug auf die rechtliche Elternschaft von zwei eingetragenen Lebenspartnern sowie deren Kombination. Indem aber gegen die Einführung einer Sukzessivadoptionsmöglichkeit für eingetragene Lebenspartner das Kindeswohl angeführt wird, wird von diesem System abgewichen.

Diese Abweichung hat einen gesteigerten Rechtfertigungsbedarf der vorliegenden Ungleichbehandlung von Kindern, die von einem eingetragenen Lebenspartner oder einem Ehepartner angenommen wurden, zur Folge.[1168]

### *ee) Ergebnis zum Rechtfertigungsmaßstab*

Aufgrund der vorangegangen Untersuchung kann festgehalten werden, dass die Ungleichbehandlung von Kindern, die entweder von einem eingetragenen Lebenspartner oder einem Ehegatten einzeln angenommen wurden, nur anhand der neuen Formel gerechtfertigt werden kann. Eine weitere Verengung des gesetzgeberischen Gestaltungsfreiraums ergibt sich ferner aufgrund der Berührung der familiären Gestaltungsfreiheit aus Art. 6 Abs. 1, 2. Alt. GG und der Gewährleistung elterlicher Pflege aus Art. 2 Abs. 1 GG i.V.m. Art. 6 Abs. 2 S. 1 GG, ferner auch aufgrund der Anknüpfung an die sexuelle Orientierung, welche sich den in

---

1165 BVerfGE 124, 199, 211, 220; BAG FamRZ 2010, 1333; BAG FamRZ 2010, 1335; Wiemann, NJW 2010, 1427, 1428.

1166 Eine Untersuchung, die zu diesem Ergebnis geführt hat findet sich unter Kapitel 2:A.III.2.a)dd).

1167 Vgl. dazu Kapitel 2:A III.2.a)dd)(2).

1168 BVerfGE 124, 199, 219.

Art. 3 Abs. 3 GG genannten Merkmalen annähert, und einer Systembindung. Zur Rechtfertigung der Ungleichbehandlung muss dementsprechend im Einzelnen geprüft werden, ob für die Differenzierung Gründe von solcher Art und solchem Gewicht bestehen, dass die Ungleichbehandlung durch ihr Vorliegen verhältnismäßig erscheint und die ungleichen Rechtsfolgen dadurch gerechtfertigt sind.[1169] Es ist folglich zu prüfen, ob die Ungleichbehandlung einem legitimen Zweck dient. Um diesen zu erreichen müsste sie dann des Weiteren auch geeignet, erforderlich und angemessen sein.[1170]

### *b) Rechtfertigung*

Fraglich ist, anhand welcher Kriterien die Ungleichbehandlung von Kindern gerechtfertigt werden kann, die von einem eingetragenen Lebenspartner angenommen wurden und deshalb nicht sukzessive von dessen Partner angenommen werden können im Gegensatz zu solchen, die von einem Ehepartner angenommen wurden und sukzessive dessen Partner als rechtlichen Elternteil dazu bekommen können. Denkbar wäre eine Rechtfertigung durch die nachfolgenden Aspekte.

#### *aa) Beschränkung der Sukzessivannahme*

Wie die Untersuchung schon zeigen konnte,[1171] sollten durch das Verbot der Kettenadoption Kindeswohlgefahren, welche durch dieses entstehen können verhindert werden. Diese Gefahren für das Wohl des sukzessive angenommenen Kindes bestehen aber weder bei einer Zweitannahme durch den Ehegatten noch den eingetragenen Lebenspartner des Erstannehmenden. Die Ungleichbehandlung kann daher nicht aufgrund des allgemeinen Ziels der Beschränkung von Sukzessivadoptionen gerechtfertigt werden.[1172]

#### *bb) Kindeswohl*

Möglich erscheint eine Rechtfertigung der vorliegenden Ungleichbehandlung aufgrund des Kindeswohls. Dieses ist im Rahmen des allgemeinen Persönlichkeitsrechts des Kindes aus Art. 2 Abs. 1 GG i.V.m. Art. 1 Abs. 1 GG als Recht des Kindes auf „Person-Werden" geschützt.

---

1169 BVerfGE 88, 87, 96; BVerfGE 82, 126, 146.
1170 Vgl. die ausführlicheren Ausführungen unter Kapitel 2:A.III.2.a)ee).
1171 Vgl. zu den folgenden Aspekten Kapitel 1:B.I.
1172 So auch BVerfG, 1 BvL 1/11 vom 19.2.2013, Rn. 102.

Auf eine ausführliche Prüfung dieses Aspekts kann allerdings im Hinblick auf die bisherigen Untersuchungsergebnisse verzichtet werden.[1173] Denn das Wohl von Kindern, die bei gleichgeschlechtlich orientierten Partnern aufwachsen, wurde im Rahmen der Arbeit bereits untersucht.[1174] Unter der Berücksichtigung der sexuellen Identitätsausbildung, des psychischen Wohlbefindens und des Belastungserlebens, des Erziehungsverhaltens gleichgeschlechtlicher Paare, des sexuellen Missbrauchsrisikos, der Paarbeziehungsstabilität und der Auswirkungen der Abwesenheit von Mutter oder Vater konnte festgestellt werden, dass das Kindeswohl durch das Aufwachsen bei gleichgeschlechtlich orientierten Paaren nicht per se negativ beeinträchtigt oder gefährdet wird.[1175] Daher kann das Kindeswohl somit schon keinen legitimen Grund zur vorliegenden Ungleichbehandlung darstellen.[1176] Vor allem unter dem Aspekt, dass das Kind in der vorliegenden Situation schon bei den gleichgeschlechtlichen Partnern lebt, kann sogar davon ausgegangen werden, dass eine rechtliche Festigung der Eltern-Kind-Beziehung auch wegen der entstehenden Unterhalts- und Erbansprüche eher förderlich für das Kindeswohl sein dürfte.[1177]

Dementsprechend kann nicht nur das Verbot der Sukzessivadoption nicht durch eine generelle Gefahr des Aufwachsens des Kindes bei gleichgeschlechtlichen Eltern begründet werden, sondern auch die Sukzessivadoption an sich beeinträchtigt das Kindeswohl nicht negativ. Durch den stabilisierenden Effekt und die Verbesserung der Rechtsstellung des Kindes im Erb- und Unterhaltsrecht sowie im Falle der Auflösung der eingetragenen Lebenspartnerschaft durch Tod oder Trennung ist ganz im Gegenteil hier sogar von einer positiven Auswirkung auf das Kindeswohl auszugehen.[1178]

Im Ergebnis kann deshalb das Kindeswohl nicht zur Rechtfertigung der Ungleichbehandlung von Kindern, die von einem eingetragenen Lebenspartner oder einem Ehepartner angenommen wurden, bei den Sukzessivannahmemöglichkeiten durch deren Partner angeführt werden.

---

1173 Vgl. dazu schon Kapitel 2:A.II.2.a)bb).

1174 Siehe dazu Kapitel 1:B.II.1.b)aa).

1175 Dethloff, GS Heinze, 133, 136; Dethloff, § 15, Rn. 12, 19; Dittberner, S. 165 f.; Fthenakis, S. 387 f.; Grehl, S.110 f.; Pätzold, S. 135; Rupp, S. 280; Sielert, S. 53; Stacey/Biblarz, American Sociological Review 2001, 159, 176.

1176 So auch BVerfG, 1 BvL 1/11 vom 19.2.2013, Rn. 78 ff.

1177 Dieser Ansicht ist jetzt auch BVerfG, 1 BvL 1/11 vom 19.2.2013, Rn. 78, 81.

1178 Vgl. dazu auch schon Kapitel 2:A.II.2.a)bb). Dies wird auch durch das Urteil des Bundesverfassungsgerichts bestätigt, vgl. BVerfG, 1 BvL 1/11 vom 19.2.2013, Rn. 83 ff.

### *cc) Recht auf verschiedengeschlechtliche Elternteile*

Die vorliegend untersuchte Ungleichbehandlung könnte aber dann gerechtfertigt sein, wenn Kinder ein Recht auf verschiedengeschlechtliche rechtliche Elternteile hätten. Denn wäre dies der Fall, würde eine Sukzessivannahmemöglichkeit für eingetragene Lebenspartner gegen dieses verstoßen.

Im Vorangegangenen wurde ein solches Recht auf verschiedengeschlechtliche Eltern, welches sich aus Art. 2 Abs. 1 GG i.V.m. Art. 1 Abs. 1 GG oder aus Art. 6 Abs. 2 S. 1 GG herleiten könnte, allerdings schon untersucht und im Ergebnis verneint.[1179] Da ein Recht auf verschiedengeschlechtliche (rechtliche) Elternteile folglich nicht existiert, kann die vorliegende Ungleichbehandlung auch nicht aufgrund dessen gerechtfertigt werden.

### *c) Ergebnis zur Rechtfertigung*

Die Ungleichbehandlung von Kindern, die von einem eingetragenen Lebens- oder Ehepartner angenommen wurden und so unterschiedlichen Möglichkeiten der Sukzessivadoption unterliegen, können weder aufgrund der Hintergründe für die Beschränkung der Sukzessivadoption, des in Art. 2 Abs. 1 GG i.V.m. Art. 1 Abs. 1 GG verankerten Kindeswohls noch aufgrund eines nicht existierenden Rechts auf verschiedengeschlechtliche rechtliche Elternteile gerechtfertigt werden.

## 3. Ergebnis

Bei der vorgenommen Prüfung eines Verstoßes gegen den Gleichheitssatz aus Art. 3 Abs. 1 GG konnte Folgendes festgestellt werden.

Indem Kinder, die von einem eingetragenen Lebenspartner angenommen wurden, von dessen Partner nicht sukzessive angenommen werden können, entsteht eine Ungleichbehandlung im Vergleich zu Kindern, die von einem Ehepartner angenommen wurden und von dessen Ehepartner sukzessive auch angenommen werden können, da diese im Gegensatz zu ersteren dann zwei rechtliche Elternteile haben können. Zum einen konnte diese Ungleichbehandlung nicht aufgrund der Gründe für das grundsätzliche Sukzessivadoptionsverbot gererchtfertigt werden, da diese bei einer Sukzessivadoption durch eingetragene Lebenspartner nicht vorliegen. Zum andern konnte sie auch nicht anhand von Kindeswohlerwägungen gerechtfertigt

1179 Vgl. dazu die Untersuchung unter Kapitel 2:A.II.2.d).

werden, da das Aufwachsen bei zwei gleichgeschlechtlichen Elternteilen keine negativen Auswirkungen auf das Kindeswohl hat. Im Hinblick auf die entstehenden Unterhalts- und Erbansprüche dürfte eine sukzessive Annahme im Ergebnis sogar eher dem Interesse und damit dem Wohl des Kindes entsprechen. Ferner schied auch eine Rechtfertigung der Ungleichbehandlung wegen eines Rechts auf verschiedengeschlechtliche rechtliche Elternteile in Ermangelung eines solchen aus. Die Ungleichbehandlung konnte somit nicht gerechtfertigt werden.[1180]

Im Ergebnis liegt damit auch ein Verstoß gegen den allgemeinen Gleichheitssatz des Art. 3 Abs. 1 GG in Bezug auf die angenommenen Kinder wegen des Verbots der Sukzessivannahme für eingetragene Lebenspartner vor.[1181]

## *IV. Verstoß gegen Art. 3 Abs. 1 GG aufgrund einer ungleichen Behandlung von leiblichen und einzeln angenommenen Kindern eingetragener Lebenspartner*

Ferner könnte auch ein Verstoß gegen den allgemeinen Gleichbehandlungsgrundsatz entstehen indem leibliche Kinder eines eingetragenen Lebenspartners von dessen Partner im Wege der Stiefkindadoption nach § 9 Abs. 7 LPartG angenommen werden können. Handelt es sich bei dem Kind jedoch nicht um ein leibliches, sondern um ein Fremdkind, das zuvor angenommen wurde, kann der eingetragene Lebenspartner des rechtlichen Elternteils das Kind aufgrund des Sukzessivannahmeverbots nicht annehmen. Es könnte also auch eine Ungleichbehandlung von leiblichen und einzeln adoptierten Kindern von eingetragenen Lebenspartnern vorliegen.[1182]

Dann müsste der allgemeine Gleichheitssatz aber zunächst auch hier überhaupt Anwendung finden. Dies könnte durch eine Verdrängung aufgrund des Verstoßes des Sukzessivannahmeverbots gegen Art. 6 Abs. 5 GG verhindert werden, da dieser lex specialis zu

1180 So im Ergebnis auch Müller, FF 2011, 56, 63.

1181 So jetzt auch BVerfG, 1 BvL 1/11 vom 19.2.2013, Rn. 71 ff. Diese Ansicht wird auch von der Bundestagsfraktion Bündnis 90/Die Grünen bei der Stellungnahme in der mündlichen Verhandlung zum Verbot der Sukzessivadoption vertreten, vgl. BVerfG, 1 BvL 1/11 vom 19.2.2013, Rn. 28. Dies entspricht auch den Stellungnahme der meisten Auskunftspersonen in dem Verfahren, vgl. BVerfG, 1 BvL 1/11 vom 19.2.2013, Rn. 35.

1182 So jetzt auch BVerfG, 1 BvL 1/11 vom 19.2.2013, Rn. 71 ff.

Art. 3 Abs. 1 GG ist.[1183] Voraussetzung wäre, dass beide Grundrechte in Bezug auf dieselben Vergleichgruppen angewendet werden. Dies ist vorliegend jedoch nicht der Fall, da es bei Art. 6 Abs. 5 GG um einen Vergleich von nichtehelichen lebenspartnerschaftlichen Kindern mit ehelichen ging, hier jedoch um einen Vergleich zwischen nichtehelichen leiblichen Kindern und Fremdkindern von eingetragenen Lebenspartnern. Der allgemeine Gleichbehandlungsgrundsatz findet somit Anwendung.

## 1. Ungleichbehandlung von wesentlich Gleichem

Bei leiblichen Kindern eines eingetragenen Lebenspartners und solchen Kindern, die von einem einzeln angenommen wurden müsste es sich zunächst um wesentlich Gleiches handeln. Die Gruppen stimmen in der Hinsicht überein, dass die Kinder in einer eingetragenen Lebenspartnerschaft aufwachsen, weisen aber insoweit Unterschiede auf, als dass ihr verwandtschaftliches Verhältnis zu einem eingetragenen Lebenspartner entweder durch Geburt oder Rechtszuweisung entsteht. Ein wesentlich gleiches Vergleichspaar liegt somit vor. Dieses wird auch ungleich behandelt, indem leibliche Kinder im Wege der Stiefkindadoption vom eingetragenen Lebenspartner des rechtlichen Elternteils angenommen werden können und so die Stellung eines gemeinsamen Kindes der eingetragenen Lebenspartner erlangen können. Hingegen können zunächst einzeln angenommene Kinder eines eingetragenen Lebenspartners aufgrund des Sukzessivannahmeverbots nicht von dessen Partner angenommen werden und haben so dauerhaft nur einen rechtlichen Elternteil. Diese Ungleichbehandlung erfolgt schließlich auch wieder durch denselben Hoheitsträger.

## 2. Verfassungsrechtliche Rechtfertigung

Zur verfassungsrechtlichen Rechtfertigung gilt es wiederum als erstes den Maßstab der Rechtfertigung zu bestimmen.

Bei den unterschiedlichen Regelungen wird an den Grund für das verwandtschaftliche Verhältnis zwischen Kind und rechtlichem Elternteil angeknüpft, indem leibliche Kinder vom eingetragenen Lebenspartner angenommen werden können, zuvor angenommene jedoch

1183 BVerfGE 118, 45, 77; BVerfGE 84, 168, 184 f; BVerfGE 44, 1, 18; BVerfGE 17, 148, 153; Denninger/Stein, 2001, Art. 3 Abs. 1 GG, Rn. 78; Epping/Hillgruber/Uhle, Art. 6 GG, Rn. 73; Jarass/Pieroth, Art. 6 GG, Rn. 78; Maunz/Dürig/Badura, Lfg. 44 Februar 2005, Art. 6 GG, Rn. 175; Schmidt-Bleibtreu/Hofmann/Hopfauf/Hofmann, Art. 6 GG, Rn. 63; Umbach/Clemens/Umbach, Art. 6 GG, Rn. 94; v. Münch/Kunig/Coester-Waltjen, Art. 6 GG, Rn. 129.

nicht. Es handelt sich somit um eine personenbezogene Ungleichbehandlung, welche anhand des Maßstabs der neuen Formel gerechtfertigt werden kann. In Bezug auf die verfassungsrechtlichen Anforderungen an den die Ungleichbehandlung tragenden Sachgrund können sich jedoch noch strengere Bindungen an den Verhältnismäßigkeitsgrundsatz ergeben, wenn andere Freiheitsrechte betroffen sind, an ein Merkmal von Art. 3 Abs. 3 GG bzw. eines, welches diesen ähnelt, angeknüpft oder gegen ein vom Gesetzgeber geschaffenen System verstoßen wird.

Wie bereits bei der vorgehenden Prüfung festgestellt werden konnte, berührt das Sukzessivadoptionsverbot sowohl die Gestaltungsfreiheit der lebenspartnerschaftlichen Familie aus Art. 6 Abs. 1, 2. Alt. GG als auch die Gewährleistung elterlicher Pflege aus Art. 2 Abs. 1 GG i.V.m. Art. 6 Abs. 2 S. 1 GG.[1184] Hieraus ergibt sich dementsprechend auch hier eine Verengung des Rechtfertigungsmaßstabs. Eine weitere Verengung entsteht vorliegend jedoch nicht auch aufgrund einer Anknüpfung an die sexuelle Orientierung als ein an Art. 3 Abs. 3 GG angenähertes Merkmal, da die sexuelle Orientierung der jeweiligen Eltern bei der Ungleichbehandlung von leiblichen und zuvor angenommenen Kindern von eingetragenen Lebenspartnern identisch ist. Der Rechtfertigungsmaßstab verengt sich jedoch, indem der Gesetzgeber mit dem Verbot der Sukzessivadoption von einem eigens geschaffenen System abweicht. Denn wie die Untersuchung bereits gezeigt hat,[1185] hat der Gesetzgeber das Wohl von Kindern, die bei eingetragenen Lebenspartnern aufwachsen, nicht grundsätzlich als gefährdet angesehen, dies weder für eine rein soziale Elternschaft von eingetragenen Lebenspartnern noch für die Kombination von sozialer und rechtlicher oder der rein rechtlichen Elternschaft. Davon weicht er durch das Verbot der Sukzessivadoption für eingetragene Lebenspartner ab.

Im Ergebnis ist aufgrund des festgestellten Rechtfertigungsmaßstabs zu prüfen, ob die Ungleichbehandlung einem legitimen Zweck dient und sie auch geeignet, erforderlich und angemessen ist, um diesen zu erreichen.[1186]

Eine Rechtfertigung der Ungleichbehandlung wäre auch hier nur anhand der Beschränkung der Kettenadoption, des in Art. 2 Abs. 1 GG i.V.m. Art. 1 Abs. 1 GG geschützten Kindeswohls oder eines Rechts auf verschiedengeschlechtliche rechtliche Elternteile denkbar.

1184 So auch BVerfG, 1 BvL 1/11 vom 19.2.2013, Rn. 73.
1185 Vgl. zu den Hintergründen dieser Ausführungen schon die Untersuchung unter Kapitel 2:A.III.2.a)dd).
1186 Vgl. die ausführlicheren Ausführungen unter Kapitel 2:A.III.2.a)ee).

In Bezug auf die Beschränkung der Möglichkeit der Kettenadoption auf Eheleute wurde bereits dargestellt, dass der Sinn dieser Verbotsdifferenzierung in der Verhinderung der mit der Kettenannahme verbundenen Kindeswohlgefahren besteht. Diese Gefahren bestehen jedoch nicht nur nicht im Falle einer Zweitannahme durch den Ehegatten des Erstannehmenden, sondern auch nicht im Falle einer solchen durch den eingetragenen Lebenspartner. Dementsprechend ist die Beschränkung kein hinreichender Rechtfertigungsgrund.[1187] Warum das Kindeswohl von einem Fremdkind durch einen zweiten rechtlichen gleichgeschlechtlichen Elternteil gefährdet sein sollte, obwohl davon bei einem leiblichen Kind offensichtlich nicht ausgegangen wird, ist nicht ersichtlich. Im Gegenteil kann sogar davon ausgegangen werden, dass diese zuvor angenommenen Kinder zum Teil sogar schutzwürdiger sind und die rechtliche Beziehung zum zweiten Elternteil dringender benötigen. Denn ein leibliches Kind eines eingetragenen Lebenspartners verfügt zum Teil vor der Stiefkindadoption über einen zweiten leiblichen und damit rechtlichen Elternteil. Ein angenommenes Kind hingegen hat nach dem Erlöschen seiner bisherigen rechtlichen Beziehungen zu seinen leiblichen Eltern durch die Annahme dauerhaft nur einen rechtlichen Elternteil. Durch die Annahne kommt es also zu einem Verlust an Rechten. Zusätzlich hat weder das Aufwachsen bei gleichgeschlechtlichen Paaren negative Auswirkungen auf das Wohl des Kindes noch trifft dies auf die Sukzessivannahme an sich zu. Ganz im Gegenteil führt diese sogar wie schon erläutert zu einer Rechtsstellungsverbesserung.[1188] Die Ungleichbehandlung von leiblichen Kindern und Fremdkindern kann daher nicht aufgrund des sonst gefährdeten Kindeswohls gerechtfertigt werden. Auch eine Rechtfertigung aufgrund eines Rechts auf verschiedengeschlechtliche rechtliche Elternteile scheidet aus, da sich ein solches weder aus Art. 2 Abs. 1 GG i.V.m. Art. 1 Abs. 1 GG noch aus Art. 6 Abs. 2 S. 1 GG ableiten lässt.
Die Ungleichbehandlung kann somit nicht verfassungsrechtlich gerechtfertigt werden.

## 3. Ergebnis

Im Ergebnis liegt durch das Sukzessivadoptionsverbot für eingetragene Lebenspartner eine ungleiche Behandlung von Kindern vor, die zunächst einzeln angenommen wurden, im Vergleich zu solchen, die leibliche Kinder eines eingetragenen Lebenspartners sind, da letztere vom Partner angenommen werden können und so zwei rechtliche Elternteile erlangen können,

---

1187 Vgl. dazu auch BVerfG, 1 BvL 1/11 vom 19.2.2013, Rn. 102.
1188 Vgl. hierzu schon die Ausführungen unter Kapitel 2:A.II.2.a)bb).

dies jedoch für Fremdkinder nicht möglich ist. Die Ungleichbehandlung konnte auch nicht verfassungsrechtlich gerechtfertigt werden. Aufgrund des Sukzessivadoptionsverbots für eingetragene Lebenspartner liegt somit auch ein Verstoß gegen den allgemeinen Gleichbehandlungsgrundsatz aus Art. 3 Abs. 1 GG im Vergleich von Fremdkindern und leiblichen Kindern von eingetragenen Lebenspartnern vor.[1189]

## *V. Verstoß gegen Art. 2 Abs. 1 GG i.V.m. Art. 1 Abs. 1 GG*

Das Verbot der Sukzessivadoptionsmöglichkeit für eingetragene Lebenspartner könnte aber auch gegen das allgemeine Persönlichkeitsrechts der angenommenen Kinder aus Art. 2 Abs. 1 GG i.V.m. Art. 1 Abs. 1 GG verstoßen.

Wie die Untersuchung gezeigt hat, ist unter dem Oberbegriff des allgemeinen Persönlichkeitsrechts das Recht eines Kindes auf „Person-Werden" geschützt.[1190] Dadurch kommt dem Staat die Aufgabe zu, dieses Recht des Kindes auf die Schaffung von Lebensbedingungen, die für ein gesundes Aufwachsen günstig sind, zu schützen und zu verwirklichen.[1191] Dieses Recht könnte in der vorliegenden Situation beeinträchtigt sein, indem Kindern, die von einem eingetragenen Lebenspartner angenommen wurden, die Möglichkeit verwehrt wird, den eingetragenen Lebenspartner des Erstannehmenden als rechtlichen Elternteil dazu zu gewinnen und ihnen dadurch keine optimalen Entwicklungsbedingungen geboten werden. Dazu müsste die Stellung als zweiter rechtlicher und nicht nur sozialer Elternteil positive Auswirkungen auf die Entwicklung des angenommen Kindes haben.

Was für Auswirkungen es auf die Entwicklung eines Kindes hat, zu einem Elternteil, mit dem es aufwächst, keine rechtliche Eltern-Kind-Beziehung zu haben, lässt sich allerdings wissenschaftlich nicht eindeutig klären. Untersuchungen, die hierüber Aufschluss bieten könnten, sind, soweit dies ersichtlich ist, nicht vorhanden. Anhaltspunkte könnten durch das Heranziehen von Studien gewonnen werden, die sich mit der Frage des Einflusses der Familienstruktur auf die Entwicklung von Kindern beschäftigen.[1192] Grob zusammengefasst ergibt sich aus

1189 So jetzt auch BVerfG, 1 BvL 1/11 vom 19.2.2013, Rn. 71 ff. Diese Ansicht wurde auch von der Bundestagsfraktion Bündnis 90/Die Grünen und den Auskunftspersonen bei Stellungnahmen in der mündlichen Verhandlung zur Sukzessivadoption vertreten, vgl. BVerfG, 1 BvL 1/11 vom 19.2.2013, Rn. 28, 35.

1190 Vgl. die Ausführungen unter Kapitel 2:A.III.2.b)bb)(1).

1191 BVerfGE 24, 119, 144 f.; Ditzen, NJW 1989, 2519; Langenfeld, MMR 2003, 303, 305; dazu in Bezug auf die Stiefkindadoption eines leiblichen Kindes schon Schlütter, FF 2005, 234, 237.

1192 Die Ergebnisse der zitierten Studien finden sich entweder in der Studie: Diekmann/Plünnecke/Seyda, Sozialbilanz Familie, Eine ökonomische Analyse mit Schlussfolgerungen für die Familienpolitik, Bundesministerium für Familie, Senioren, Frauen und Jugend, 2008, abrufbar unter

diesen folgendes Bild: Untersucht wurden verschiedene Familienformen von Paaren, Alleinerziehenden und Patchworkfamilien[1193]. Bei Untersuchungen aus Deutschland lassen sich, abgesehen von der Wahrscheinlichkeit zu rauchen, keine Effekte der Familienstruktur auf die Entwicklung der Kinder feststellen.[1194] Dies trifft vor allem auf die Chancen von Bildungsabschlüssen, also den Bildungserfolg, zu[1195] sowie auf das subjektive Wohlbefinden der Kinder.[1196] Die aktuellste deutsche Studie, die sich mit dem Verhalten und der Gesundheit von Kindern aus unterschiedlichen Familienstrukturen beschäftigt, KiGGS,[1197] kam zu dem Ergebnis, dass das Risiko für Kinder von Alleinerziehenden oder Patchworkfamilien zu rauchen[1198] und für psychische Auffälligkeiten etwas höher ist als in leiblichen Paarfamilien.[1199] Ansonsten ergeben sich keine von der Familienform abhängigen Unterschiede im Verhalten oder bzgl. des Gesundheitszustands. Auffällig ist aber noch eine grundsätzlich negative Beeinträchtigung durch einen defizitären familiären Zusammenhalt auf die Entwicklung von Kindern unabhängig von der Familienform.[1200]

Problematisch an der Verwendung der Ergebnisse dieser Studien zur Beantwortung der Frage nach den Auswirkungen der nicht möglichen Sukzessivannahme des Kindes auf sein Wohl ist aber schon zunächst, dass lediglich zwischen Kindern, die bei leiblichen zusammen- oder

---

http://www.bmfsfj.de/BMFSFJ/Service/Publikationen/publikationen,did=111420.html (letzter Aufruf am 1.4.2013) oder die Ergebnisse wurden erst durch diese Studie in Kombination mit anderen Ergebnissen gefunden. Es sei ferner darauf hingewiesen, dass auf eine umfassende Auseinadersetzung mit verschiedenen Studien bewusst verzichtet wurde, da die Ergebnisse im vorliegenden Fall nur bedingt übertragbar sind.

1193 Der Begriff der Patchworkfamilie wird vorliegend für Familienformen verwendet, in denen das Kind mit zwei Elternteilen aufwächst, von denen nur einer ein leiblicher Elternteil ist.

1194 Diekmann/Plünnecke/Seyda, Sozialbilanz Familie, S. 40 abrufbar unter http://www.bmfsfj.de/BMFSFJ/Service/Publikationen/publikationen,did=111420.html (letzter Aufruf am 1.4.2013).

1195 Diekmann/Plünnecke/Seyda, Sozialbilanz Familie, S. 56 abrufbar unter http://www.bmfsfj.de/BMFSFJ/Service/Publikationen/publikationen,did=111420.html (letzter Aufruf am 1.4.2013).

1196 Diekmann/Plünnecke/Seyda, Sozialbilanz Familie, S. 40 abrufbar unter http://www.bmfsfj.de/BMFSFJ/Service/Publikationen/publikationen,did=111420.html (letzter Aufruf am 1.4.2013).

1197 Informationen und alle Ergebnisse zur Studie zur Gesundheit von Kindern und Jugendlichen in Deutschland „KiGGS“ finden sich auf der Homepage, abrufbar unter http://www.kiggs.de/ (letzter Aufruf am 1.4.2013).

1198 Francesconi/Jenkins/Siedler/Wagner, DIW-Wochenbericht 2006, 165, 169.

1199 Mit vorhergehender Darstellung der Untersuchungsergebnisse Diekmann/Plünnecke/Seyda, Sozialbilanz Familie, S. 79 abrufbar unter http://www.bmfsfj.de/BMFSFJ/Service/Publikationen/publikationen,did=111420.html (letzter Aufruf am 1.4.2013).

1200 Mit vorhergehender Darstellung der Untersuchungsergebnisse Diekmann/Plünnecke/Seyda, Sozialbilanz Familie, S. 79 abrufbar unter http://www.bmfsfj.de/BMFSFJ/Service/Publikationen/publikationen,did=111420.html (letzter Aufruf am 1.4.2013).

alleinerziehenden Elternteilen und in Patchworkfamilien leben, unterschieden wird. Es wird hingegen nicht weiter danach differenziert, ob das Kind von dem Partner des leiblichen Elternteils im Rahmen der Patchworkfamilie als Stiefkind angenommen wurde oder ob überhaupt eine Ehe eingegangen wurde. Der Faktor der Auswirkungen der rechtlichen Beziehung zum Kind wird also nicht berücksichtigt. Aus dem Umstand, dass es aber keine gravierenden Unterschiede zwischen Kindern, die bei leiblichen Eltern und in einer Patchworkfamilie aufwachsen, gibt, kann aber wohl geschlossen werden, dass die Familienform an sich nicht ausschlaggebend für die Entwicklung eines Kindes ist. Dementsprechend kann davon ausgegangen werden, dass die Verwehrung der sukzessiven Adoption keine negativen Auswirkungen auf das Wohl des Kindes hat. Zwar kann damit argumentiert werden, die rechtliche und finanzielle Absicherung durch zwei rechtliche Elternteile könnte einen positiven Einfluss auf das Sicherheitsgefühl des Kindes haben. Da dieser Aspekt Kindern aber bis zu einem gewissen Alter überhaupt nicht bewusst sein dürfte, bietet er keine zuverlässige Argumentationsgrundlage.
Ob ein Eingriff in das allgemeine Persönlichkeitsrecht des Kindes vorliegt, indem der eingetragene Lebenspartner des Erstannehmenden es nicht sukzessive auch annahmen kann, kann in Ermangelung von wissenschaftlichen Studien deshalb im Endeffekt nicht positiv beantwortet werden.

Im Ergebnis kann daher festgehalten werden, dass ein Eingriff in das allgemeine Persönlichkeitsrecht des Kindes auf chancengleiche Entwicklung durch die Verwehrung der Sukzessivadoption für eingetragene Lebenspartner nicht wissenschaftlich fundiert festgestellt werden kann. Das allgemeine Persönlichkeitsrecht von Kindern, die von einem eingetragenen Lebenspartner allein angenommen werden, ist somit nicht durch das Verbot der Sukzessivadoption verletzt.

## *VI. Ergebnis zum Verstoß des Sukzessivannahmeverbots durch eingetragene Lebenspartner gegen Kindesgrundrechte*

Die Prüfung des Sukzessivannahmeverbots für eingetragene Lebenspartner im Hinblick auf mögliche Grundrechtsverstöße hat somit ergeben, dass durch dieses gegen Art. 6 Abs. 5 GG und Art. 3 Abs. 1 GG der einzeln angenommenen Kinder der eingetragenen Lebenspartner verstoßen wird. Der Verstoß gegen die familiäre Gestaltungsfreiheit aus Art. 6 Abs. 1, 2. Alt. GG konnte schon im Rahmen der Prüfung der Grundrechte der eingetragenen Lebenspartner festgestellt werden, da das Kind Teil der lebenspartnerschaftlichen Familie ist.

## *C. Fazit*

Zusammenfassend konnten folgende Verstöße gegen Grundrechte der eingetragenen Lebenspartner und der von ihnen einzeln angenommenen Kinder festgestellt werden.[1201]
Das Verbot der sukzessiven Adoption verstößt gegen den allgemeinen Gleichbehandlungsgrundsatz aus Art. 3 Abs. 1 GG von eingetragenen Lebenspartnern im Vergleich zu Eheleuten sowie im Verhältnis von eingetragenen Lebenspartnern mit leiblichen und zuvor angenommenen Kindern. Auch ein Verstoß gegen die familiäre Gestaltungsfreiheit der lebenspartnerschaftlichen Familie, welche durch Art. 6 Abs. 1, 2. Alt. GG geschützt ist, konnte festgestellt werden. Ferner konnten auch Verstöße gegen Art. 6 Abs. 5 GG im Verhältnis von lebenspartnerschaftlichen nichtehelichen Kindern zu ehelichen Kindern sowie gegen Art. 3 Abs. 1 GG in Bezug auf einzeln angenommene Kinder von eingetragenen Lebenspartnern und von Eheleuten festgestellt werden. Eine Ungleichbehandlung i.S.d. Art. 3 Abs. 1 GG konnte ferner hinsichtlich der einzeln angenommenen Kinder von eingetragenen Lebenspartnern und deren leiblichen Kindern festgestellt werden. Die Untersuchung hat somit gezeigt, dass das Verbot der sukzessiven Adoption durch den eingetragenen Lebenspartner des Erstannehmenden sowohl gegen Grundrechte der eingetragenen Lebenspartner als auch gegen solche der angenommenen Kinder verstößt. Die geltende Gesetzeslage nach § 9 Abs. 7 LPartG i.V.m. § 1742 BGB ist dementsprechend verfassungswidrig.[1202]

## *D. Gebotenheit der Einführung der Möglichkeit einer Sukzessivadoption für eingetragene Lebenspartner*

Wie die Untersuchung gezeigt hat, wird durch das Verbot der Sukzessivadoption für eingetragene Lebenspartner somit in vierfacher Hinsicht gegen den allgemeinen Gleichbehandlungsgrundsatz des Art. 3 Abs. 1 GG, gegen Art. 6 Abs. 1, 2. Alt. GG und gegen Art. 6 Abs. 5 GG

1201 Grds. zustimmend auch Muscheler, Familienrecht, § 49, Rn. 863.
1202 So im Grunde auch Hoppe, WD 3 – 060/10, S. 8 f.; Hoppe, StAZ 2010, 107, 110. A.A. Risse, S. 340; Zimmermann, FS Steinberger, 645, 663. So jetzt auch BVerfG, 1 BvL 1/11 vom 19.2.2013, Rn. 39. A.A. wird vom Deutschen Familienverbund in der mündlichen Verhandlung zum Verbot der Sukzessivadoption vertreten, vgl. BVerfG, 1 BvL 1/11 vom 19.2.2013, Rn. 36 ff.

verstoßen. Fraglich ist aber, ob sich aus diesen Grundrechtsverstößen die Gebotenheit der Einführung einer Sukzessivadoptionsmöglichkeit für eingetragene Lebenspartner ableiten lässt.[1203] Geboten wäre die Einführung einer solchen Möglichkeit dann, wenn der Gesetzgeber zur Schaffung eines solchen Rechts verpflichtet wäre. In diesem Fall müsste das geltende Adoptionsrecht geändert werden. Um dies beantworten zu können, muss ein Blick auf die Rechtsfolgen der festgestellten Grundrechtsverstöße geworfen werden.

## *I. Gebotenheit der Einführung aufgrund der Verstöße gegen Art. 3 Abs. 1 GG*

Wie die vorangegangene Untersuchung gezeigt hat, liegen vier Verstöße gegen den Gleichheitssatz des Art. 3 Abs. 1 GG vor. Auf der einen Seite ist der Gleichheitssatz im Hinblick auf die nicht gerechtfertigte unterschiedliche Behandlung von Eheleuten und eingetragenen Lebenspartnern durch die verschiedenen Regelungen zur Möglichkeit von Sukzessivadoptionen verletzt, ferner ist er auch im Vergleich von eingetragenen Lebenspartnern mit leiblichen und zuvor angenommenen Kindern verletzt. Auf der anderen Seite werden durch diese Regelungen auch die angenommenen Kinder ungerechtfertigterweise unterschiedlich behandelt, indem diejenigen, die in einer Ehe leben, den Ehegatten als zweiten rechtlichen Elternteil durch die Sukzessivadoption dazu gewinnen können. Leben sie allerdings in einer eingetragenen Lebenspartnerschaft, ist dies aufgrund des Sukzessivannahmeverbots nicht möglich. Ferner liegt eine solche Ungleichbehandlung auch im Verhältnis von leiblichen Kindern eingetragener Lebenspartner, die angenommen werden können, im Verhältnis zu adoptierten Kindern eingetragener Lebenspartner vor. Fraglich ist deshalb, ob durch diese vier Verstöße gegen Art. 3 Abs. 1 GG auch die Einführung einer Sukzessivadoptionsmöglichkeit für eingetragene Lebenspartner verfassungsrechtlich geboten ist. Dies ist abhängig von der Rechtsfolge der festgestellten Verstöße gegen den Gleichheitssatz.

1203 Das Bundesverfassungsgericht hat dem Gesetzgeber in seinem Urteil zur Sukzessivadoption aufgegeben eine Neuregelung bis zum 30. Juni 2014 zu treffen, bis dahin sei § 9 Abs. 7 LPartG mit der Maßgabe anzuwenden, dass die Adoption eines zuvor angenommenen Kindes des eingetragenen Lebenspartners möglich sei, vgl. BVerfG, 1 BvL 1/11 vom 19.2.2013, Tenor des Urteils Punkt 2.

## 1. Rechtsfolgen der Verstöße gegen Art. 3 Abs. 1 GG

Es gilt deshalb zu untersuchen, welche Folgen sich aus den festgestellten Gleichheitsverstößen ableiten lassen. Dabei stellt sich zunächst die Frage, um was für eine Art Recht es sich bei dem Gleichheitsgrundrecht aus Art. 3 Abs. 1 GG handelt.

Grundsätzlich handelt es sich bei den meisten Grundrechten um Abwehrrechte.[1204] Durch solche Grundrechte werden bestimmte Freiheiten oder Rechtsgüter gegen staatliche Eingriffe, Einschränkungen, Beschränkungen oder Verletzungen geschützt.[1205] Im Gegensatz dazu gibt es aber auch sog. Leistungs-, Schutz-, Anspruchs- bzw. Teilhaberechte. Bei diesen ist der Einzelne für die Schaffung und Erhaltung seiner freien Existenz auf staatliche Vorkehrungen angewiesen.[1206] Aus solchen eher seltenen[1207] Grundrechten kann dementsprechend ein Anspruch abgeleitet werden.[1208]

Art. 3 GG hingegen wird in der Dogmatik der Grundrechte weder als Abwehr- noch als Anspruchs- bzw. Leistungsgrundrecht, sondern als Nichtdiskriminierungsgrundrecht klassifiziert.[1209] Nach *Jarass*[1210] ist die Gleichbehandlungsfunktion die primäre Funktion der Gleichheitsgrundrechte, was bedeutet, sie zielen auf relatives Verhalten des Staates ab.[1211] Dies liege darin begründet, dass der Staat den grundrechtlichen Anforderungen dadurch gerecht werden könne, dass er das fragliche Handeln unterlässt oder es derart ausweitet, dass die diskriminierende Wirkung entfällt. Ein Gleichheitsverstoß kann also durch eine Abschaffung der Begünstigung, eine Ausweitung auf den benachteiligten Kreis oder eine gänzlich andere Behandlung der beiden Gruppen beseitigt werden.[1212] Dies ergibt sich auch aus einer näheren Betrachtung

1204 BVerfGE 7, 198, 204; Isensee/Kirchhof/Stern, IX, § 185, Rn. 56 ff.; Jarass, AöR 1995, 345, 354; Pieroth/Schlink, Rn. 77.

1205 Hufen, § 5, Rn. 4.; Pieroth/Schlink, Rn. 76; Sachs, S. 39; Stern, III/1, S. 621. Auch als status negativus bezeichnet. Ähnlich auch BVerfGE 68, 193, 205. Dafür, dass auch der Gleichheitssatz ein Abwehrrecht ist Sachs, DÖV 1984, 411, 412 ff. anders dazu Jarass, AöR 1995, 345, 348 ff., der diesen im Gegensatz zu der Abwehrfunktion eine Nichtdiskriminierungsfunktion einräumt.

1206 Merten/Papier/Krebs, § 31, Rn. 56; Pieroth/Schlink, Rn. 78. Auch als status positivus bezeichnet.

1207 Isensee/Kirchhof/Stern, IX, § 185, Rn. 60 f.; Merten/Papier/Jarass, § 38, Rn. 48; Stern, III/1, S. 690.

1208 BVerfGE 33, 303, 331 f.; Merten/Papier/Krebs, § 31, Rn. 56. Zu der Möglichkeit abwehrrechtlich formulierte Grundrechte im Wege der Auslegung als Grundlage für spezielle Leistungsrechte heranzuziehen Sachs, S. 41 f.

1209 Jarass, AöR 1995, 345, 354.

1210 Merten/Papier/Jarass, § 38, Rn. 43.

1211 Jarass, AöR 1995, 345, 356.

1212 So auch Epping/Hillgruber/Kischel, Art. 3 GG, Rn. 63; Hein, S. 109; Lechner/Zuck, § 95 BVerfGG, Rn. 23; Pieroth/Silberkuhl/Hartmann, § 95 BVerfGG, Rn. 38; Schneider, S. 178.

des Entscheidungsausspruchs des Bundesverfassungsgerichts.[1213] So kann das Bundesverfassungsgericht im Rahmen der Feststellung eines gleichheitswidrigen Begünstigungsausschlusses die betroffene Norm für unvereinbar mit Art. 3 GG erklären, sog. Unvereinbarerklärung.[1214] Die Besonderheit im Gegensatz zur Nichtigerklärung[1215] liegt darin, dass anschließend die Verpflichtung des Gesetzgebers ausgesprochen wird, den verfassungswidrigen Zustand zu ändern.[1216] Denn nicht die Begünstigung der einen Gruppe an sich ist verfassungswidrig, dann könnte diese einfach für nichtig erklärt werden, sondern die daraus resultierende Benachteiligung einer im wesentlichen gleichen Gruppe, mithin also das Verhältnis zu einer anderen Gruppe.[1217] Dies läuft im Ergebnis auf eine Verpflichtung des Gesetzgebers hinaus, tätig zu werden. Dies kann er entweder, indem er das Gesetz verbessert bzw. ergänzt, oder aufhebt.[1218]

Zusammengefasst ergibt sich demnach aus der dogmatischen Betrachtung von Art. 3 GG folgendes. Bei Art. 3 GG handelt es sich nicht um ein klassisches Leistungsrecht, aus welchem sich ein Anspruch des Bürgers gegen den Staat ergeben kann. Bei der gerichtlichen Feststellung eines Verstoßes gegen Art. 3 GG wird das gerügte Gesetz aber für unvereinbar mit Art. 3 GG erklärt und der Gesetzgeber wird dazu verpflichtet den gleichheitswidrigen Zustand abzuschaffen. Dazu kann er den Kreis der Begünstigten erweitern, die Begünstigung gänzlich abschaffen oder eine völlig andere Regelung treffen. Welche dieser Möglichkeiten er wählt,

1213 Das Bundesverfassungsgericht kann eine Unvereinbarerklärung bei einer Verfassungsbeschwerde vgl. § 95 Abs. 3 BVerfGG, einer abstrakten Normenkontrolle vgl. § 78 BVerfGG und einer konkreten Normenkontrolle § 82 BVerfGG i.V.m. § 78 BVerfGG aussprechen. Die Rechtsfolge kann somit unabhängig von der Verfahrensart in der sie überprüft wird ausgesprochen werden.

1214 Pieroth/Silberkuhl/Hartmann, § 95 BVerfGG, Rn. 33, 42; Schlaich/Korioth, Rn. 403. Zur Zulässigkeit von Unvereinbarkeitserklärungen vgl. Kleuker, S. 32 ff. Unvereinbarerklärung können allerdings nur bei bestimmten Fallgruppen erfolgen vgl. Maunz/Schmidt-Bleibtreu/Klein/Bethge/Hömig, Lfg. 31 Okt. 2009, § 95 BVerfGG, Rn. 42 ff.; Umbach/Clemens/Dollinger, § 95 BVerfGG, Rn. 89 ff. So jetzt auch BVerfG, 1 BvL 1/11 vom 19.2.2013, Rn. 106.

1215 Bei der Nichtigerklärung handelt es sich um den gesetzlichen Regelfall, wobei sich das Regel-Ausnahme-Verhältnis schon fast umgekehrt hat, Umbach/Clemens/Dollinger/Stark, § 95 BVerfGG, Rn. 86 ff.

1216 BVerfGE 115, 81, 94; BVerfGE 111, 160, 175 f.; BVerfGE 98, 365, 402; BVerfGE 61, 319, 356 f.; BVerfGE 57, 361, 388; BVerfGE 46, 97, 112 f.; BVerfGE 41, 399, 426; BVerfGE 37, 217, 262 f.; BVerfGE 34, 9, 44; BVerfGE 32, 199, 221; Heun, FS 50 Jahre BVerfG, 615, 636; Ipsen, Rechtsfolgen der Verfassungswidrigkeit, S. 212 f., 266; Kleuker, S. 32 ff.; Schlaich/Korioth, Rn. 403, 423. Dass dies sogar möglich ist, wenn die betroffene Regelung noch mit Art. 3 Abs. 1 GG vereinbar ist BVerfGE 39, 169; Kleuker, S. 53; unter der Verwendung des Begriffs der Appellentscheidung Yang, S. 51 ff.

1217 Hein, S. 102; Heun, FS 50 Jahre BVerfG, 615, 635.

1218 Schlaich/Korioth, Rn. 403; Maunz/Schmidt-Bleibtreu/Klein/Bethge/Hömig, Lfg. 31 Okt. 2009, § 95 BVerfGG, Rn. 43; Umbach/Clemens/Dollinger/Stark, § 95 BVerfGG, Rn. 91.

ist ihm dabei aufgrund seiner gesetzgeberischen Gestaltungsfreiheit überlassen.[1219] Somit ergibt sich nicht zwangsläufig ein Anspruch auf eine bestimmte Rechtsfolge aus dem Verstoß gegen Art. 3 GG, da der Gesetzgeber nur dazu verpflichtet ist, den gleichheitswidrigen Zustand durch eine der zur Verfügung stehenden Möglichkeiten zu beseitigen.

## 2. Gebotenheit der Einführung aufgrund von Verletzungen des Gleichheitssatzes

Nachdem die grundsätzlichen Rechtsfolgen von Verstößen gegen Art. 3 GG dargestellt wurden, kann nun die Frage beantwortet werden, ob sich im vorliegenden Fall aus den festgestellten Ungleichbehandlungen die verfassungsrechtliche Gebotenheit einer Einführung der Sukzessivadoptionsmöglichkeit für eingetragene Lebenspartner ergibt.

### *a) Möglichkeiten zur Beseitigung der Ungleichbehandlungen von eingetragenen Lebenspartnern und Eheleuten bzw. deren einzeln angenommenen Kindern*

Bei einer gerichtlichen Feststellung der Verstöße gegen Art. 3 Abs. 1 GG wegen der Ungleichbehandlung von eingetragenen Lebenspartnern und Eheleuten und der von ihnen jeweils einzeln angenommenen Kinder würde die Unvereinbarkeit[1220] von § 9 Abs. 7 LPartG mit Art. 3 Abs. 1 GG festgestellt werden.[1221] Nach den oben dargestellten Rechtsfolgen wären verschiedene Möglichkeiten denkbar um diese Gleichheitsverstöße materiell-rechtlich zu beheben.[1222] Zum einen könnte der Gesetzgeber die Begünstigung für Ehepartner bzw. für von ihnen angenommene Kinder abschaffen, indem auch für diese keine Ausnahme vom Verbot der Kettenadoption gemacht wird und die Sukzessivadoption deshalb grundsätzlich nicht mehr möglich wäre. Auf der anderen Seite könnte die Ausnahme vom Verbot der Kettenadoption in § 1742 BGB auch auf eingetragene Lebenspartner erweitert werden, sodass auch diese Fremdkinder ihres Partners sukzessive annehmen könnten. Welche der dargestellten Möglichkeiten vom Gesetzgeber gewählt wird, ist dabei grundsätzlich seiner Gestaltungsfreiheit

---

1219 BVerfGE 98, 365, 402; BVerfGE 57, 361, 388; Lechner/Zuck, § 95 BVerfGG, Rn. 23 und § 78 BVerfGG, Rn. 7; Maunz/Schmidt-Bleibtreu/Klein/Bethge/Hömig, Lfg. 31 Okt. 2009, § 95 BVerfGG, Rn. 43; Schneider, S. 177 f.; mit Kritik an diesem Argument Heun, FS 50 Jahre BVerfG, 615, 635 f.

1220 Vgl. BVerfG, 1 BvL 1/11 vom 19.2.2013, Rn. 106.

1221 So jetzt BVerfG, 1 BvL vom 19.2.2013, Tenor des Urteils Punkt 1.

1222 Hein, S. 109. So wohl auch ohne weitere Details BVerfG, 1 BvL 1/11 vom 19.2.2013, Rn. 106.

überlassen.[1223] Denn der Gleichheitssatz verbietet nur die verfassungsrechtlich nicht gerechtfertigte Ungleichbehandlung von wesentlich Gleichem, gewährt aber nicht in jedem Fall einen Anspruch auf eine verwehrte Begünstigung.[1224] Die Wahlmöglichkeit des Gesetzgebers besteht allerdings nur, soweit er mit keiner der zur Verfügung stehenden Varianten gegen geltendes Verfassungsrecht verstoßen würde.

In diesem Zusammenhang stellt sich also die Frage, ob es für den Gesetzgeber tatsächlich verschiedene Möglichkeiten gibt, die durch das Sukzessivadoptionsverbot für eingetragene Lebenspartner entstehende Ungleichbehandlung zu beseitigen. Um dies abschließend beantworten zu können, müssen die Folgen der Abschaffung der Sukzessivadoption für Ehegatten sowie ihrer Einführung für eingetragene Lebenspartner im Folgenden näher untersucht werden.

## *aa) Abschaffung der Sukzessivadoption für Eheleute*

Zunächst wird diejenige Variante betrachtet, durch welche die Sukzessivadoption für Ehepaare abgeschafft würde. Diese Abschaffung könnte zum einen durch einen entstehenden Verstoß gegen die in Art. 6 Abs. 1, 2. Alt. GG geschützte Familie grundrechtlich ausgeschlossen sein. Zum anderen könnte dann auch eine Benachteiligung i.S.d. Art. 6 Abs. 5 GG entstehen, indem einzeln angenommene Kinder, die in einer Ehe aufwachsen, aufgrund der fehlenden rechtlichen Zuordnung zum Ehegatten des Erstannehmenden im Gegensatz zu ehelichen Kindern benachteiligt werden könnten. Schließlich wäre auch eine Ungleichbehandlung i.S.d. Art. 3 Abs. 1 GG von einzeln und zusammen angenommenen Kindern aufgrund der nicht herstellbaren Verwandtschaft zum Nichterstannehmenden denkbar.

### (1) Entstehender Verstoß gegen Art. 6 Abs. 1, 2. Alt. GG

Zunächst stellt sich die Frage, ob ein Verstoß gegen Art. 6 Abs. 1, 2. Alt. GG entstehen könnte, wenn die Sukzessivadoption für Ehepartner abgeschafft würde, indem es für einen Ehepartner nicht mehr möglich wäre, das Kind seines Partners sukzessive auch anzunehmen.

Zum einen könnte dadurch ein Eingriff in die Familiengründungsfreiheit durch Adoption[1225] entstehen, indem der nicht annehmende Ehegatte keine rechtliche Verbindung zu dem Kind

1223 Ipsen, JZ 1983, 41, 41 f. mit dem Aufzeigen von Folgeproblemen bei dem Verzicht auf die Nichtigerklärung.

1224 Ipsen, Rechtsfolgen der Verfassungswidrigkeit, S. 109.

1225 Vgl. dazu schon die Ausführungen unter Kapitel 2:A.II.1.a).

aufbauen kann. Die Untersuchung hat aber im vorangegangenen Teil bereits gezeigt, dass eine Familie zu dem nicht rechtlichen Elternteil auch durch die tatsächliche Verantwortungsübernahme entsteht und diese daher schon ohne Sukzessivadoption gegründet wird.[1226] Ein Verstoß gegen die Familiengründungsfreiheit würde dementsprechend nicht entstehen.

Zum anderen wäre aber auch ein Verstoß gegen die Gestaltungsfreiheit des familiären Zusammenlebens denkbar, indem es dem Ehegatten nicht möglich ist eine rechtliche Verwandtschaft zu dem Kind entstehen zu lassen. Auch dies wurde schon in Bezug auf den Verstoß des Sukzessivannahmeverbots für eingetragene Lebenspartner untersucht und bejaht.[1227] Auch für Eheleute würde deshalb ein Eingriff in ihre familiäre Gestaltungsfreiheit vorliegen, wenn es dem Ehegatten des Erstannehmenden nicht möglich wäre, eine verwandtschaftliche Beziehung zu dem Kind durch die Sukzessivadoption herzustellen. Ferner könnte dieser Eingriff auch nicht durch kollidierendes Verfassungsrecht gerechtfertigt werden. Dies liegt darin begründet, dass eine Rechtfertigung unter Kindeswohlgesichtspunkten völlig abwegig erscheint, da die gemeinsame rechtliche Elternschaft von Eheleuten durch gemeinsame Annahme als Regelfall der Annahme am besten für das Kindeswohl sein soll. Wobei dies natürlich nur auf Sukzessivannahmen zutrifft, bei denen der zunächst nicht annehmende Ehegatte zum Zeitpunkt der Annahme noch nicht mit dem Annehmenden verheiratet war oder zu jung für eine Annahme war. Die seltenen Fälle, in denen andere Annahmehindernisse bei bestehender Ehe vorlagen sollen hier außen vor bleiben. Auch eine Rechtfertigung anhand von anderen Grundrechten, die möglicherweise durch die Möglichkeit einer Sukzessivadoption für Eheleute berührt würden, scheidet aus, da es auch bei dieser derzeit bestehenden Möglichkeit keine verfassungsrechtlichen Bedenken gibt.[1228]

Somit würde ein Verstoß gegen die in Art. 6 Abs. 1, 2. Alt. GG geschützte Gestaltungsfreiheit der Familie von Eheleuten und ihren einzeln angenommenen Kindern entstehen, wenn sich der Gesetzgeber dazu entscheiden sollte, die Sukzessivadoption auch für Eheleute zu verbieten.

1226 Siehe dazu schon Kapitel 2:A.II.1.a)aa)(2).

1227 Vgl. dazu die Untersuchung unter Kapitel 2:A.II.1.a)bb).

1228 Hiervon zu unterscheiden sind allerdings zum Teil geäußerte Bedenken gegen die Stiefkindadoption, da diese in die rechtliche Stellung eines leiblichen Elternteils eingreifen kann. Diese Situation besteht bei der Sukzessivadoption jedoch nicht, da mit der Erstannahme alle rechtlichen Beziehungen des Kindes zu seinen leiblichen Eltern erlöschen.

### (2) Entstehender Verstoß gegen Art. 6 Abs. 5 GG

Es wäre allerdings auch ein durch die Abschaffung der Sukzessivadoption für Ehegatten entstehender Verstoß gegen Art. 6 Abs. 5 GG denkbar.

Dazu müsste es sich zunächst bei der eventuell benachteiligten Gruppe um nichteheliche Kinder i.S.d. Art. 6 Abs. 5 GG handeln.[1229] Die Gruppe, die von einem Verbot der Sukzessivadoption für Eheleute betroffen wäre, wären solche Kinder, die zunächst von einem Ehegatten einzeln angenommen wurden und dann nicht mehr sukzessive von dessen Ehepartner angenommen werden könnten. Bei dieser Gruppe müsste es sich daher um nichteheliche Kinder i.S.d. Art. 6 Abs. 5 GG handeln. Wie bereits thematisiert wurde,[1230] sind nichteheliche Kinder grundsätzlich nur solche, deren Eltern bei ihrer Geburt nicht miteinander verheiratet waren. Darauf kann es aber auch hier wiederum nicht ankommen. Denn die von einem Ehepartner einzeln angenommenen Kinder werden durch die Adoption dem Annehmenden rechtlich neu zugeordnet, wodurch alle verwandtschaftlichen Verhältnisse zu den leiblichen Eltern mit den damit einhergehenden Rechten und Pflichten nach § 1755 Abs. 1 BGB erlöschen. Indem aber die evtl. durch das Sukzessivannahmeverbot entstehende Benachteiligung erst nach der Einzelannahme entstehen würde, kann es auf die erloschenen Rechtsverhältnisse und den dadurch erloschenen Status der (Nicht-)Ehelichkeit eines Kindes vor der Einzelannahme auch hier nicht ankommen. Ausschlaggebend ist somit auch bei dieser Prüfung der Status, den ein Kind im Wege der Einzelannahme erlangt. Es kommt deshalb darauf an, ob einzeln angenommene Kinder eines Ehegatten durch die Annahme zu ehelichen Kindern werden. Dies könnte als naheliegend angesehen werden, da diese Kinder von einer Person angenommenen werden, die in einer Ehe lebt. Durch die Einzelannahme erlangt ein Kind aber lediglich die rechtliche Stellung eines Kindes des Annehmenden, vgl. § 1754 Abs. 2 BGB. Es entsteht also nur zu diesem ein verwandtschaftliches Verhältnis mit den daraus resultierenden Rechten und Pflichten. Eine verwandtschaftliche Beziehung zum Ehegatten des Erstannehmenden mit dementsprechenden Unterhalts- und Erbansprüchen könnte aufgrund des Sukzessivannahmeverbots nicht mehr entstehen. Einzeln angenommene Kinder von Eheleuten würden sich somit in derselben Situation wie lebenspartnerschaftliche Fremdkinder befinden.[1231] Diese wurden im Laufe der Untersuchung schon als nichteheliche Kinder i.S.d. Art. 6 Abs. 5 GG definiert. Eheliche Kin-

1229 Zu den Grundlagen der Prüfung des Art. 6 Abs. 5 GG siehe schon Kapitel 2:B.I.

1230 Vgl. dazu schon die Ausführungen unter Kapitel 2:B.I.1.

1231 Vgl. hierzu noch einmal die Prüfung der Nichtehelichkeit von lebenspartnerschaftlichen Fremdkindern unter Kapitel 2:B.I.1.

der hingegen zeichnen sich gerade dadurch aus, dass sie in einem verwandtschaftlichen Verhältnis zu beiden verheirateten Elternteilen stehen. Mangels vollständiger rechtlicher Zuordnung zu beiden verheirateten Elternteilen, welche aufgrund der Einzelannahme und dem dann geltenden Verbot der Sukzessivadoption entstehen würde, handelt es sich auch bei einzeln angenommenen Kindern von Eheleuten um nichteheliche Kinder i.S.d. Art. 6 Abs. 5 GG. Dafür, dass das Verbot der Sukzessivadoption für Eheleute aber gegen Art. 6 Abs. 5 GG verstoßen würde, müssten die einzeln angenommenen nichtehelichen Kinder von Eheleuten durch dieses Verbot auch benachteiligt werden. Wie bereits erwähnt wurde, werden einzeln angenommene Kinder eines Ehegatten trotz dessen bestehender Ehe nur zu einem Kind des Annehmenden, vgl. § 1754 Abs. 2 BGB. Dementsprechend stehen ihnen aber auch nur gegen diesen rechtlichen Elternteil gesetzliche Unterhalts- und Erbansprüche zu, vgl. §§ 1751 Abs. 4 S. 2, 1602 BGB und §§ 1922, 1924 BGB. Ein solches rechtliches Verhältnis wäre dann aufgrund des geltenden Sukzessivannahmeverbots zum Ehegatten des Annehmenden nicht mehr möglich. Der durch die Einzelannahme entstehende dauerhafte Status der Nichtehelichkeit der Kinder würde somit dazu führen, dass sie nur zum Erstannehmenden ein verwandtschaftliches Verhältnis mit den entsprechenden Ansprüchen hätten, obwohl ein zweiter potentiell auch rechtlicher Elternteil in der Person des Ehegatten existieren würde. Die Benachteiligung würde dementsprechend entstehen, indem bei einem Vergleich dazu eheliche Kinder zu beiden Elternteilen ein verwandtschaftliches Verhältnis mit den entsprechenden gesetzlichen Unterhalts- und Erbansprüchen haben. Zusätzlich wären diese einzeln angenommenen nichtehelichen Kinder aber nicht nur im Verhältnis zu ehelichen Kindern benachteiligt, sondern auch zu „normalen“ nichtehelichen Kindern unverheirateter Eltern[1232]. Denn auch diese haben zu beiden Elternteilen ein verwandtschaftliches Verhältnis, durch welches die entsprechenden gesetzlichen Folgen begründet werden, vgl. §§ 1591, 1592 Nr. 2, 3 BGB. Dementsprechend ist die Gruppe der einzeln angenommenen nichtehelichen Kinder von Ehegatten durch ihren im Wege der Einzelannahme entstehenden Status der Nichtehelichkeit eine Gruppe besonders benachteiligter nichtehelicher Kinder. Dies wird besonders ersichtlich, wenn man sich verdeutlicht, dass die rechtliche Situation dieser Gruppe nichtehelicher Kinder mit der von nichtehelichen Kindern vor den ab 1969 durchgeführten

1232 Auch hier sei wiederum darauf hingewiesen, dass mit „normalen“ nichtehelichen Kindern solche gemeint sind, die aufgrund ihrer Geburt ein verwandtschaftliches Verhältnis zu beiden Elternteilen erlangen. Gleichgeschlechtliche Eltern sind hiervor ausgenommen, da diese erst im Wege der Stiefkindadoption nach § 9 Abs. 7 LPartG beide ein verwandtschaftliches Verhältnis zu dem Kind erlangen können.

Reformen vergleichbar ist, indem nichteheliche Kinder durch die damals geltende Rechtslage kein verwandtschaftliches Verhältnis zum nichtehelichen Vater aufbauen konnten und so gegen diesen auch keine gesetzlichen Unterhalts- oder Erbansprüche erlangen konnten.[1233] Im Ergebnis liegt somit also nicht nur eine Benachteiligung zu ehelichen Kindern vor, sondern auch zu „normalen" nichtehelichen Kindern von unverheirateten Eltern, obwohl die beiden potentiellen rechtlichen Elternteile von einzeln angenommenen Kindern sogar eine Ehe miteinander führen.

Zusammenfassend kann also festgehalten werden, dass einzeln angenommene Kinder eines Ehegatten nichteheliche Kinder i.S.d. Art. 6 Abs. 5 GG sind und diese im Vergleich zu ehelichen und auch „normalen" nichtehelichen Kindern durch das Sukzessivannahmeverbot für Eheleute benachteiligt würden. Dies läge darin begründet, dass die einzeln angenommenen nichtehelichen Kinder lediglich Kinder des Annehmenden werden könnten und auch dauerhaft aufgrund des Sukzessivadoptionsverbots keinen zweiten rechtlichen Elternteil hinzugewinnen können. Dadurch stünden ihnen dauerhaft auch nur gegen den rechtlichen Elternteil die gesetzlichen Unterhalts- und Erbansprüche zu. Hierdurch würde es sich bei dieser Gruppe der nichtehelichen Kinder um solche nichtehelichen Kinder handeln, die in besonderer Weise benachteiligt sind, da auch nichteheliche Kinder unverheirateter Eltern zu beiden ein verwandtschaftliches Verhältnis haben.

Diese Benachteiligung wäre nur gerechtfertigt, wenn sie wegen der unterschiedlichen Lebenssituationen zwingend erforderlich wäre um das Ziel der Gleichstellung von nichtehelichen mit ehelichen Kindern zu erreichen[1234] oder die Gleichstellung mit dem geltenden Verfassungsrecht kollidieren würde.[1235] Eine Rechtfertigung anhand unterschiedlicher Lebenssituationen der einzeln angenommenen nichtehelichen Kinder von Eheleuten und solchen, die diesen durch Geburt oder gemeinschaftliche Adoption voll zugeordnet werden können, würde vorliegend ausscheiden. Denn die Lebenssituationen der beiden Gruppen sind identisch, indem sie beide in einer Ehe aufwachsen, in der beide Ehegatten die rechtliche Verantwortung über-

1233 Vgl. dazu schon die Untersuchung unter Kapitel 2:B.I.2.
1234 BVerfGE 118, 45, 62; BVerfGE 74, 33, 39; Lutter, FamRZ 1967, 65, 67 f.
1235 BVerfGE 118, 45, 62; BVerfGE 84, 168, 185; Epping/Hillgruber/Uhle, Art. 6 GG, Rn. 73; Jarass/Pieroth, Art. 6 GG, Rn. 85; Roth, FamRZ 1991, 139, 140 f.; Sachs/von Coelln, Art. 6 GG, Rn. 100; Stern, IV/1, S. 618 f.

nehmen möchten und dies auch faktisch tun.[1236] Auch eine Rechtfertigung der dann durch das Sukzessivannahmeverbot entstehenden Benachteiligung anhand von kollidierendem Verfassungsrecht kommt nicht in Betracht, da dies voraussetzen würde, dass die derzeitige Gleichstellung aufgrund der bestehenden Möglichkeit der Sukzessivadoption für Eheleute gegen geltendes Verfassungsrecht verstößt. Dafür finden sich jedoch keine Anhaltspunkte. Die Benachteiligung, die durch die Abschaffung der Sukzessivadoption für Eheleute entstehen würde, könnte somit nicht gerechtfertigt werden.

Im Ergebnis würde folglich eine nicht zu rechtfertigende Benachteiligung der nichtehelichen einzeln angenommenen Kinder von Ehegatten i.S.d. Art. 6 Abs. 5 GG vorliegen, wenn diese nicht mehr vom nicht erstannehmenden Ehegatten sukzessive angenommen werden dürften.

### (3) Entstehender Verstoß gegen Art. 3 Abs. 1 GG im Vergleich zwischen einzeln und gemeinschaftlich angenommenen Kindern von Ehegatten

Zusätzlich könnte auch ein Verstoß gegen Art. 3 Abs. 1 GG entstehen, wenn die Sukzessivadoption für Eheleute abgeschafft werden würde. Denn dann würden Kinder, die von einem Ehepaar gemeinschaftlichen angenommen wurden, auch zu beiden Elternteilen ein rechtlich verwandtschaftliches Verhältnis haben, vgl. § 1741 Abs. 2 S. 2 BGB i.V.m. § 1754 Abs. 1 BGB. Kinder, die allerdings zunächst einzeln angenommen wurden, weil die Ehe noch nicht geschlossen war oder der eine Partner noch zu jung war, leben zwar auch in einer Ehe, könnten aber aufgrund des Sukzessivannahmeverbots lediglich ein verwandtschaftliches Verhältnis zum erstannehmenden Ehepartner haben. Dadurch könnte eine nicht zu rechtfertigende Ungleichbehandlung von wesentlich Gleichem entstehen.

Dann dürfte die Anwendbarkeit des allgemeinen Gleichheitssatzes des Art. 3 Abs. 1 GG aber vorliegend nicht durch den Verstoß gegen den speziellen Gleichheitssatz des Art. 6 Abs. 5 GG ausgeschlossen sein. Für eine Verdrängung des Art. 3 Abs. 1 GG aufgrund der grundsätzlichen Spezialität des Art. 6 Abs. 5 GG müsste eine Gesetzeskonkurrenz bestehen. Diese scheidet jedoch aufgrund nicht identischer Vergleichsgruppen aus. Denn bei der

1236 Davon ist bei der Einzeladoption von Ehegatten auszugehen, da die Einwilligung des Nichtannehmenden nach § 1749 Abs. 1 BGB erforderlich ist. Ferner ist davon auszugehen, dass die Einzelannahme in diesen Fällen nur befürwortet wird, wenn der Nichtannehmende bereit ist die Verantwortung mit zu übernehmen. Ausgeschlossen sind dementsprechend Fälle in denen das Annahmehindernis des Nichtannehmenden nicht darin bestand, dass er das Mindestalter noch nicht erreicht hatte oder die Ehe noch nicht geschlossen war.

Ungleichbehandlung i.S.d. Art. 3 Abs. 1 GG werden die Vergleichspaare von Kindern, die entweder von einem oder von beiden Ehegatten angenommen wurden, gebildet, währenddessen sie im Rahmen des Art. 6 Abs. 5 GG von einzeln angenommenen Kindern von Ehepaaren und ehelichen Kindern, also solchen, die entweder in eine Ehe geboren wurden oder von einem Ehepaar gemeinschaftlich angenommen wurden, gebildet werden. Die Gruppe der ehelichen Kinder bei Art. 6 Abs. 5 GG ist deshalb allgemeiner und umfasst deshalb nicht nur Kinder, die aufgrund einer gemeinschaftlichen Adoption zu gemeinsamen Kindern der Ehegatten werden, sondern auch solche, die es durch Geburt werden. Der allgemeine Gleichheitssatz findet deshalb vorliegend Anwendung.

Für eine Verletzung des Art. 3 Abs. 1 GG müsste es sich bei dem Vergleichspaar der angenommen Kinder zunächst um wesentlich Gleiches i.S.d. Art. 3 Abs. 1 GG handeln.[1237] Kinder, die auf der einen Seite einzeln von einem Ehegatten angenommen wurden, und solche, die von einem Ehepaar gemeinschaftlich angenommen wurden, wachsen unabhängig von der Annahmevariante in einer Ehe auf. Bei einer Einzelannahme ist jedoch im Gegensatz zur gemeinsamen Annahme nur eine rechtliche Beziehung zum Annehmenden entstanden, vgl. § 1754 Abs. 2 BGB. Hinsichtlich der Lebensumstände sind die Gruppen also identisch, weisen aber Unterschiede im Hinblick auf ihre rechtlichen Beziehungen zu den Ehegatten auf. Es handelt sich also mithin um wesentlich Gleiches i.S.d. Art. 3 Abs. 1 GG. Die unterschiedliche Behandlung durch denselben Hoheitsträger würde dann dadurch entstehen, dass einzeln angenommene Kinder von Ehegatten aufgrund des eingeführten Sukzessivannahmeverbots für Eheleute nicht mehr sukzessive angenommen werden könnten und so dauerhaft lediglich zu dem Erstannehmenden ein verwandtschaftliches Verhältnis hätten. Dementsprechend hätten sie auch nur gegen den Annehmenden gesetzliche Erb- und Unterhaltsansprüche, obwohl ein zweiter adoptionsbereiter Ehegatte vorhanden wäre. Gemeinschaftlich angenommene Kinder haben aber aufgrund der rechtlichen Zuordnung zu beiden Ehegatten auch gesetzliche Unterhalts- und Erbansprüche gegen beide.

Fraglich ist, ob diese Ungleichbehandlung von wesentlich Gleichem verfassungsrechtlich gerechtfertigt werden könnte. Hierfür wird vorausgesetzt, dass eine Sukzessivadoption grundsätzlich nur dann vorgenommen wird, wenn der nichtannehmende Ehepartner zum Zeitpunkt der Annahme noch nicht das nach § 1743 BGB vorgeschriebene Mindestalter erlangt hatte

1237 Zur grundsätzlichen Prüfung des Art. 3 Abs. 1 GG vgl. schon die Ausführungen unter Kapitel 2:A.III. und Kapitel 2:B.III.

oder die Ehe zu diesem Zeitpunkt noch nicht geschlossen war. Andere spezielle Fälle, in denen trotz bestehender Ehe nur eine Einzelannahme möglich ist, sollen ausgeklammert werden. Eine Rechtfertigung aufgrund von verschieden abgesicherten Familienformen kommt hier nicht in Betracht, da beide Gruppen im Rahmen einer Ehe aufwachsen. Auch Kindeswohlgesichtspunkte können nicht zur Rechtfertigung herangezogen werden, da der Gesetzgeber mit dem Regelfall der gemeinsamen Annahme durch Ehegatten[1238] selber betont, eine feste Eingliederung in die Ehe sei für das Wohl von Adoptivkindern am dienlichsten.[1239] Ferner wird durch den Gesetzeswortlaut in § 1741 Abs. 2 S. 1, 2 BGB und die Systematik betont, dass die Einzelannahme durch einen Ehepartner nur im Ausnahmefall zugelassen werden soll, da die volle Eingliederung in die eheliche Familie gewollt ist. Weitere Rechtfertigungsgründe sind nicht ersichtlich, weshalb die Ungleichbehandlung der Vergleichgruppen nicht gerechtfertigt werden könnte.
Somit würde also eine nicht zu rechtfertigende Ungleichbehandlung der Vergleichsgruppen i.S.d. Art. 3 Abs. 1 GG entstehen, würde der Gesetzgeber die Sukzessivadoption für Ehepartner abschaffen.

### (4) Entstehender Verstoß gegen Art. 3 Abs. 1 GG im Vergleich zwischen einzeln angenommenen Kindern von Ehegatten und einem leiblichen Kind eines Ehegatten

Eine Ungleichbehandlung i.S.d. Art. 3 Abs. 1 GG könnte auch im Vergleich von solchen Kindern entstehen, die leibliche Kinder des einen Ehegatten sind, und solchen, die von einem einzeln angenommen wurden, wenn die Sukzessivadoption auch für Eheleute abgeschafft werden würde. Denn dann könnten einzeln angenommene Kinder ohne Sukzessivadoption den Ehegatten des Annehmenden nicht als zweiten rechtlichen Elternteil dazu gewinnen. Für leibliche Kinder eines Ehegatten wäre dies jedoch weiterhin im Wege der Stiefkindadoption möglich, vgl. § 1741 Abs. 2 S. 3 BGB.
Bei diesen beiden Vergleichsgruppen handelt es sich um wesentlich Gleiches, da beide in einer Ehe aufwachsen, wobei sie jedoch nur zu einem Ehegatten eine verwandtschaftliche

---

1238 OLG Hamm FamRZ 2003, 1039; 2000, 257; BT-Drucks 7/3061, 30; RGRK/Dickescheid, § 1741 BGB, Rn. 18; Gernhuber/Coester-Waltjen, § 68, Rn. 16; Kaiser/Schnitzler/Friederici/Finger, § 1741 BGB; Rn. 20; Palandt/Götz, § 1741 BGB, Rn. 10; Staudinger/Engler, 10./11. Auflage, § 1749 BGB, Rn. 1 ff.; Staudinger/Frank, § 1741 BGB, Rn. 36.

1239 BT-Drucks 7/3061, 28 ff.; MüKo/Maurer, § 1741 BGB, Rn. 37; Schulz/Hauß/Kemper, § 1741 BGB, Rn. 17.

Beziehung haben. Der Unterschied, der besteht, weil ein angenommenes Kind aufgrund der früheren Verwandtschaftsverhältnisse nur noch einen rechtlichen Elternteil hat, währenddessen leibliche Kinder einen früheren Partner als rechtlichen Elternteil haben können, kann aufgrund der nicht erforderlichen Identität der Gruppen vernachlässigt werden. Ferner soll sich der vorliegend angestellte Vergleich nur auf leibliche Kinder beziehen, die keinen zweiten rechtlichen Elternteil haben. Die Gruppen würden auch vom selben Hoheitsträger unterschiedlich behandelt, indem nach dem Verbot der Sukzessivadoption nur noch leibliche Kinder einen zweiten rechtlichen Elternteil im Wege der Stiefkindadoption dazu erlangen könnten.

Damit durch die Abschaffung der Sukzessivadoption für Eheleute kein Verstoß gegen den allgemeinen Gleichbehandlungsgrundsatz entstehen würde, müsste die Ungleichbehandlung verfassungsrechtlich gerechtfertigt werden können. Genau wie bei der vorhergehenden Prüfung können dazu weder unterschiedlich abgesicherte Familienformen noch der Schutz des Kindeswohls ins Feld geführt werden. Auch hier sind keine weiteren Rechtfertigungsgründe ersichtlich. Die Ungleichbehandlung könnte somit nicht verfassungsrechtlich gerechtfertigt werden.

Im Ergebnis würde durch die Abschaffung der Sukzessivadoption deshalb auch eine nicht zu rechtfertigende Ungleichbehandlung i.S.d. Art. 3 Abs. 1 GG von einzeln angenommenen Kindern eines Ehegatten und leiblichen Kindern eines Ehegatten entstehen.

### (5) Zusammenfassung und Folgen der entstehenden Grundrechtsverstöße

Sollte sich der Gesetzgeber für die Abschaffung der Sukzessivadoption für Eheleute entscheiden, würde er damit zunächst ungerechtfertigt in die familiäre Gestaltungsfreiheit der Eheleute und ihrer einzeln angenommenen Kinder aus Art. 6 Abs. 1, 2. Alt. GG eingreifen, indem der Ehegatte des Erstannehmenden keine verwandtschaftliche Beziehung zu dem Kind erlangen kann. Ferner würde er einzeln angenommene nichteheliche Kinder von Eheleuten im Gegensatz zu ehelichen und sogar „normalen“ nichtehelichen Kindern benachteiligen, da die Begründung eines verwandtschaftlichen Verhältnisses mit daraus resultierenden gesetzlichen Ansprüchen zum Ehegatten des Erstannehmenden nicht mehr möglich wäre. Dadurch würde er gegen den speziellen Gleichbehandlungsgrundsatz des Art. 6 Abs. 5 GG verstoßen. Ferner würden durch diese Unterschiede auch nicht zu rechtfertigende Ungleichbehandlungen i.S.d.

Art. 3 Abs. 1 GG zwischen einzeln und gemeinschaftlich angenommenen Kindern von Eheleuten sowie einzeln angenommenen und leiblichen Kindern eines Ehegatten entstehen.
Im Ergebnis würde die Behebung der Verstöße gegen Art. 3 Abs. 1 GG aufgrund des geltenden Sukzessivadoptionsverbots für eingetragene Lebenspartner durch die Abschaffung der Sukzessivadoption für Eheleute dazu führen, dass gegen geltendes Verfassungsrecht verstoßen werden würde.

### *bb) Einführung der Sukzessivadoption für eingetragene Lebenspartner*

Nachdem nun festgestellt wurde, dass die Abschaffung der Sukzessivadoption für Eheleute gegen geltendes Verfassungsrecht verstoßen würde, stellt sich noch die Frage, ob auch die Einführung der Sukzessivadoption für eingetragene Lebenspartner geltendes Verfassungsrecht verletzen würde.
Im Rahmen der Prüfungen der Verstöße des geltenden Sukzessivannahmeverbots für eingetragene Lebenspartner gegen Art. 3 Abs. 1 GG und Art. 6 Abs. 5 GG wurde versucht diese Verstöße durch Verfassungsrecht, welches bei einer Einführung einer Sukzessivadoption für eingetragene Lebenspartner verletzt werden würde, zu rechtfertigen. Eine solche Rechtfertigung durch ansonsten kollidierendes Verfassungsrecht konnte allerdings nicht festgestellt werden.[1240] Demnach hätte die Einführung der Sukzessivadoption für eingetragene Lebenspartner keinen Grundrechtsverstoß zur Folge.

### *cc) Fazit*

Die Ungleichbehandlungen von eingetragenen Lebenspartnern und Eheleuten bzw. ihren jeweils einzeln angenommen Kindern können nur durch die Einführung der Sukzessivadoption abgeschafft werden, da die Abschaffung dieser Adoptionsvariante für Eheleute mehrere Grundrechtsverstöße zur Folge hätte.[1241]

---

1240 Vgl. hierzu die Ausführungen zur Rechtfertigung der Ungleichbehandlung von eingetragenen Lebenspartnern und Eheleuten unter Kapitel 2:A.III.2., die Ausführungen zur Rechtfertigung der Benachteiligung der nichtehelichen Kinder unter Kapitel 2:B.I.3 sowie denen zur Ungleichbehandlung der einzeln angenommenen lebenspartnerschaftlichen Fremdkinder unter, Kapitel 2:B.III.2.b).

1241 So kann wohl auch die Übergangsregelung des Bundesverfassungsgerichts gedeutet werden, vgl. BVerfG, 1 BvL 1/11 vom 19.2.2013, Tenor des Urteils Punkt 2.

### b) Möglichkeiten zur Beseitigung der Ungleichbehandlungen von eingetragenen Lebenspartnern mit leiblichen Kindern und solchen mit zuvor angenommenen Kindern bzw. von den jeweils betroffenen Kindern

Wie bereits festgestellt werden konnte, hat das Verbot der Sukzessivadoption auch Verstöße gegen Art. 3 Abs. 1 GG im Vergleich von eingetragenen Lebenspartnern mit leiblichen und angenommenen Kindern bzw. im Vergleich der Situation der Kinder selbst zur Folge. Es stellt sich somit die Frage, ob auch diese Verstöße materiell-rechtlich auf unterschiedlichen Wegen behoben werden können. Dafür käme zum einen die Einführung der Sukzessivadoption für eingetragene Lebenspartner in Frage. Zum anderen wäre aber auch die Abschaffung der Stiefkindadoption für diese denkbar. Beide Varianten würden grundsätzlich zu einer Gleichbehandlung von leiblichen und einzeln angenommenen Kindern von eingetragenen Lebenspartnern führen, indem entweder beide oder immer nur einer die rechtliche Elternschaft erlangen könnte(n). Es gilt somit wieder die Folgen dieser beiden Varianten näher zu untersuchen.

#### *aa) Einführung der Sukzessivadoption für eingetragene Lebenspartner*

Wie die Untersuchung bereits im Vorangegangenen gezeigt hat,[1242] würde durch die Einführung der Sukzessivadoption für eingetragene Lebenspartner nicht gegen geltendes Verfassungsrecht verstoßen werden.

#### *bb) Abschaffung der Stiefkindadoption für eingetragene Lebenspartner*

Fraglich ist, ob die zweite Variante der Abschaffung der Stiefkindadoption für eingetragene Lebenspartner gegen Verfassungsrecht verstoßen würde.[1243] In Anlehnung an die bislang dar-

---

1242 Vgl. dazu schon Kapitel 2:D.I.2.a)bb) sowie auch die einzelnen Untersuchungen zur Rechtfertigung unter Kapitel 2:A.II.2.; Kapitel 2:A.III.2.b); Kapitel 2:B.I.3.; Kapitel 2:B.III.2.b); Kapitel 2:B.IV.2.

1243 Zur Verfassungsmäßigkeit der Stiefkindadoption für eingetragene Lebenspartner vgl. die Untersuchung bei Grehl, S. 35 ff.

gelegten Grundrechtsverstöße kommen Verstöße gegen Art. 6 Abs. 1, 2. Alt. GG und Art. 3 Abs. 1 GG in Betracht.[1244]

## (1) Entstehender Verstoß gegen Art. 6 Abs. 1, 2. Alt. GG

Würde die Stiefkindadoption für eingetragene Lebenspartner abgeschafft, könnte ein Verstoß gegen die in Art. 6 Abs. 1, 2. Alt. GG geschützte Familiengründungsfreiheit entstehen, indem der eingetragene Lebenspartner des leiblichen Elternteils das Kind nicht annehmen könnte. Wie die Untersuchung aber schon gezeigt hat, wird die grundrechtlich geschützte Familie mit dem nicht leiblichen Elternteil bereits durch die tatsächliche Verantwortungsübernahme und nicht erst durch die Erlangung der rechtlichen Elternschaft gebildet. Ein Verstoß gegen die Familiengründungsfreiheit würde somit nicht vorliegen.

Genau wie bei dem Verbot der Sukzessivadoption würde aber ein Eingriff in die familiäre Gestaltungsfreiheit der eingetragenen Lebenspartner mit ihrem leiblichen Kind vorliegen, da es dem nicht rechtlichen Elternteil nicht mehr möglich wäre eine verwandtschaftliche Beziehung zu dem Kind zu erlangen.[1245] Warum dieser Eingriff im Gegensatz zu dem, der durch das Sukzessivadoptionsverbot entsteht, gerechtfertigt sein könnte, ist nicht ersichtlich.

Folglich würde ein nicht zu rechtfertigender Verstoß gegen die familiäre Gestaltungsfreiheit der eingetragenen Lebenspartner und ihren leiblichen Kindern vorliegen, wenn der Gesetzgeber sich dazu entscheiden sollte, den Verstoß des Sukzessivannahmeverbots durch die Abschaffung der Stiefkindadoption für eingetragene Lebenspartner zu beseitigen.

## (2) Entstehender Verstoß gegen Art. 3 Abs. 1 GG

Es könnte auch eine Ungleichbehandlung von eingetragenen Lebenspartnern und Eheleuten sowie ihren jeweils leiblichen Kindern[1246] entstehen, indem Eheleute ein leibliches Kind im Wege der Stiefkindadoption weiterhin zu einem gemeinsamen Kind werden lassen könnten. Wie bereits erörtert, handelt es sich bei eingetragenen Lebenspartnern und Eheleuten sowie ihren jeweils leiblichen Kindern um wesentlich Gleiches i.S.d. Art. 3 Abs. 1 GG.[1247] Diese Gruppen würden vom selben Hoheitsträger auch unterschiedlich behandelt, wenn eingetrage-

1244 Es sei darauf hingewiesen, dass im Rahmen dieser Arbeit keine detaillierte Erörterung dieser Frage stattfinden kann. Es werden daher lediglich die grundsätzlich denkbaren Folgen einer solchen Abschaffung der Stiefkindadoption für eingetragene Lebenspartner dargelegt.

1245 Vgl. dazu schon Kapitel 2:A.II.1.a)bb).

1246 Bei den leiblichen Kindern von Ehegatten handelt es sich in diesem Zusammenhang natürlich um ein leibliches Kind eines Ehegatten, welches aber in der Ehe lebt und keinen anderen rechtlichen Elternteil hat.

1247 Vgl. bereits die Ausführungen unter Kapitel 2:A.II.2.c)aa) und Kapitel 2:B.III.1.

nen Lebenspartnern die Stiefkindadoption verwehrt würde, sie jedoch für Eheleute weiterhin zulässig wäre. Diese Ungleichbehandlungen könnten nun wiederum durch den Schutz der Ehe, das Kindeswohl oder ein Recht auf verschiedengeschlechtliche rechtliche Elternteile gerechtfertigt sein. All diese Aspekte wurden bereits bei der Rechtfertigung der Ungleichbehandlung dieser Gruppen durch das Sukzessivadoptionsverbot geprüft.[1248] Schon dort konnten die Ungleichbehandlungen nicht gerechtfertigt werden. Warum sich dies bei den vorliegenden Ungleichbehandlungen anders gestalten sollte, ist nicht ersichtlich. Deshalb ist davon auszugehen, dass die Ungleichbehandlungen, die aufgrund eines Stiefkindadoptionsgebots entstehen würden, auch nicht gerechtfertigt werden könnten.

Würde der Gesetzgeber sich also dazu entscheiden, die Stiefkindadoption für eingetragene Lebenspartner abzuschaffen, würde daraus eine nicht zu rechtfertigende Ungleichbehandlung von eingetragenen Lebenspartnern und Eheleuten sowie ihren jeweils leiblichen Kindern resultieren.

#### *cc) Fazit*

Würde der Gesetzgeber die Verstöße gegen Art. 3 Abs. 1 GG, die durch das Verbot der Sukzessivadoption für eingetragene Lebenspartner mit leiblichen und zuvor angenommenen Kindern bzw. für die betroffenen Kinder selbst entstehen, durch die Abschaffung der Stiefkindadoption für eingetragene Lebenspartner beseitigen, würde er damit gegen Art. 6 Abs. 1, 2. Alt. GG und Art. 3 Abs. 1 GG verstoßen. Die Einführung der Sukzessivadoption für eingetragene Lebenspartner hingegen hätte keine Verstöße gegen das Verfassungsrecht zur Folge.

### *c) Fazit zu den Möglichkeiten der Beseitigung der Ungleichbehandlungen i.S.d. Art. 3 Abs. 1 GG*

Durch die Abschaffung der Sukzessivadoption für Ehegatten sowie durch die Abschaffung der Stiefkindadoption für eingetragene Lebenspartner würde der Gesetzgeber gegen geltendes Verfassungsrecht verstoßen. Im Gegensatz dazu hätte die Einführung der sukzessiven Adoption für eingetragene Lebenspartner keine Grundrechtsverstöße zur Folge.

---

1248 Vgl. dazu Kapitel 2:A.III.2. und Kapitel 2:B.III.2.

## 3. Ergebnis zur Gebotenheit der Einführung aufgrund der Verstöße gegen Art. 3 Abs. 1 GG

Fraglich ist nun noch, welche Auswirkungen die im Vorangegangen gefundenen Ergebnisse auf die Frage der Gebotenheit der Einführung der Sukzessivadoption für eingetragene Lebenspartner aufgrund der festgestellten Verstöße des geltenden Sukzessivadoptionsverbots gegen Art. 3 Abs. 1 GG haben.[1249]

Zunächst wurde dargelegt, dass dem Gesetzgeber bei der Beseitigung von Verstößen gegen Art. 3 Abs. 1 GG grundsätzlich eine Gestaltungsfreiheit zukommt, wenn sie auf unterschiedliche Weise behoben werden können. Im Vorliegenden war es denkbar, die durch das Sukzessivannahmeverbot für eingetragene Lebenspartner im Vergleich zu Eheleuten sowie für ihre jeweils einzeln angenommenen Kinder entstehenden Ungleichbehandlungen entweder durch die Abschaffung der Sukzessivadoption für Eheleute oder durch die Einführung dieser für eingetragene Lebenspartner zu beseitigen. Die Abschaffung der Sukzessivadoption für Ehepartner hätte allerdings Verstöße gegen Art. 6 Abs. 1, 2. Alt. GG, Art. 6 Abs. 5 GG und Art. 3 Abs. 1 GG zur Folge. Die Einführung der Sukzessivadoption für eingetragene Lebenspartner würde hingegen keine Verfassungsverstöße nach sich ziehen.

Auch um die Verstöße des Sukzessivannahmeverbots für eingetragene Lebenspartner gegen Art. 3 Abs. 1 GG von eingetragenen Lebenspartnern mit zuvor angenommenen und leiblichen Kindern sowie den jeweiligen Kindern zu beheben, kommen ihm grundsätzlich verschiedene Möglichkeiten zu. Jedoch musste auch hier festgestellt werden, dass die hierzu mögliche Abschaffung der Stiefkindadoption für eingetragene Lebenspartner sowohl gegen Art. 6 Abs. 1, 2. Alt. GG als auch gegen Art. 3 Abs. 1 GG verstoßen würde. Auch hier hätte die Einführung der Sukzessivadoption für eingetragene Lebenspartner keine Verfassungsverstöße zur Folge.

Dementsprechend stehen dem Gesetzgeber bei der Neuregelung keine unterschiedlichen Gestaltungsmöglichkeiten mehr zur Verfügung, weshalb ihm nur noch die Möglichkeit offen steht, die Sukzessivadoption für eingetragene Lebenspartner einzuführen. Dadurch entsteht

1249 Dies wird zwar vom Bundesverfassungsgericht nicht geprüft, bis zur Neuregelung spätestens bis zum 30. Juni 2014 soll § 9 Abs. 7 LPartG aber mit der Maßgabe angewendet werden, dass die Adoption des angenommenen Kindes des eingetragenen Lebenspartners möglich ist, vgl. BVerfG 1 BvL 1/11 vom 19.2.2013, Tenor des Urteils Punkt 2.

die Verpflichtung des Gesetzgebers zur Einführung der Sukzessivadoption für eingetragene Lebenspartner der Erstannehmenden.

Die Einführung einer Sukzessivadoptionsmöglichkeit für eingetragene Lebenspartner ist somit vor dem Hintergrund der Verstöße gegen Art. 3 Abs. 1 GG verfassungsrechtlich geboten. Das geltende Adoptionsrecht ist dementsprechend zu ändern.

## *II. Gebotenheit der Einführung aufgrund des Verstoßes gegen Art. 6 Abs. 1, 2. Alt. GG*

Auch aufgrund des Verstoßes des Sukzessivadoptionsverbots für eingetragene Lebenspartner gegen ihre in Art. 6 Abs. 1, 2. Alt. GG geschützte Gestaltungsfreiheit ihrer lebenspartnerschaftlichen Familie könnte die Einführung einer Sukzessivadoptionsmöglichkeit für sie geboten sein. Bei Art. 6 Abs. 1, 2. Alt. GG handelt es sich jedoch entgegen des Wortlauts primär um ein Abwehr- bzw. Freiheitsrecht,[1250] wobei es auch leistungsrechtlich ausgeprägte Gehalte aufweist.[1251] Dabei kann der Gesetzgeber aufgrund seiner Gestaltungsfreiheit grundsätzlich selbst bestimmen, wie er den besonderen Schutz der Familie verwirklicht.[1252] Dementsprechend können aus einem Verstoß gegen Art. 6 Abs. 1, 2. Alt. GG regelmäßig noch keine Ansprüche auf bestimmte staatliche Leistungen folgen.[1253]

Dies könnte aber vorliegend wiederum aufgrund einer Einschränkung der gesetzgeberischen Gestaltungsfreiheit anders zu beurteilen sein. Dann müsste der Schutz der Familie nur durch die Einführung der Sukzessivadoption für eingetragene Lebenspartner verwirklicht werden können, indem alle anderen denkbaren Möglichkeiten zur Beseitigung des Grundrechtsverstoßes ihrerseits wieder gegen Verfassungsrecht verstoßen würden. Der Verstoß gegen die geschützte lebenspartnerschaftliche Familie entsteht, da es dem eingetragenen Lebenspartner des Erstannehmenden nicht möglich ist ein verwandtschaftliches Verhältnis zu dem Adoptivkind entstehen zu lassen. Verwandtschaftliche Beziehungen beruhen allerdings auf rechtlicher Zuordnung und diese ist zwischen dem sozialen Elternteil und dem Adoptivkind nur durch

1250 Denninger/Richter, 2001, Art. 6 GG, Rn. 16; Erfurter Kommentar zum Arbeitsrecht/Schmidt, Art. 6 GG Rn. 3.

1251 Jarass/Pieroth, Art. 6 GG, Rn. 1; ähnlich auch Maunz/Dürig/Badura, Lfg. 65 April 2012, Art. 6 GG, Rn. 1.

1252 BVerfGE 112, 50, 66; BVerfGE 87, 1, 36; Denninger/Richter, 2001, Art. 6 GG, Rn. 14; Jarass/Pieroth, Art. 6 GG, Rn. 19.

1253 Zum Leistungsanspruch aus dem Förderungsgebot BVerfGE 107, 205, 213; BVerfGE 87, 1, 35 f.; BVerfGE 82, 60, 81; Denninger/Richter, 2001, Art. 6 GG, Rn. 23; Jarass/Pieroth, Art. 6 GG, Rn. 19; Schmidt-Bleibtreu/Hofmann/Hopfauf/Hofmann, Art. 6 GG, Rn. 13; Umbach/Clemens/Umbach, Art. 6 GG, Rn. 31.

eine Sukzessivadoption denkbar. Somit mangelt es schon an mehreren denkbaren Möglichkeiten, die den vorliegenden Grundrechtsverstoß entfallen lassen würden und dadurch überhaupt zu einer Gestaltungsfreiheit führen würden. Der Gesetzgeber kann den Verstoß gegen Art. 6 Abs. 1, 2. Alt. GG also nur beheben und dadurch den Schutz der lebenspartnerschaftlichen Familie verwirklichen, wenn er die Sukzessivadoption für eingetragene Lebenspartner einführt.

Die Einführung einer Sukzessivadoption für eingetragene Lebenspartner ist somit auch aufgrund dieses Verstoßes verfassungsrechtlich geboten, weshalb das geltende Adoptionsrecht zu ändern ist.

## *III. Gebotenheit der Einführung aufgrund des Verstoßes gegen Art. 6 Abs. 5 GG*

Fraglich ist ferner, ob die Einführung der Sukzessivadoptionsmöglichkeit für eingetragene Lebenspartner auch aufgrund des Verstoßes gegen den speziellen Gleichbehandlungsgrundsatz aus Art. 6 Abs. 5 GG geboten sein könnte. Dieser ist dadurch verletzt, dass Kinder, die von einem eingetragenen Lebenspartner allein angenommen werden, nicht durch eine Zweitannahme dessen Partner als rechtlichen Elternteil dazu bekommen können, währenddessen eheliche Kinder zwei rechtliche Elternteile haben und sie dementsprechend gegen beide gesetzliche Unterhalts- und Erbansprüche haben. Nach dem Wortlaut des Gesetzes sind den nichtehelichen Kindern durch die Gesetzgebung die gleichen Bedingungen für ihre leibliche und seelische Entwicklung sowie ihre Stellung in der Gesellschaft zu schaffen wie den ehelichen Kindern, vgl. Art. 6 Abs. 5 GG. Aus dieser Formulierung wird aber nicht die Frage, wie der Gesetzgeber die gleichen Bedingungen für nichteheliche und eheliche Kinder schaffen muss, beantwortet. Grundsätzlich ist eine Norm als nichtig zu erklären, wenn sie nicht in Einklang mit dem Grundgesetz steht, vgl. § 78 S. 1 BVerfGG. Dies gilt allerdings nach der Rechtsprechung des Bundesverfassungsgerichts nicht, wenn mehrere Möglichkeiten zur Beseitigung des Verfassungsverstoßes zur Verfügung stehen und die Nichtigerklärung in die Gestaltungsfreiheit des Gesetzgebers eingreifen würde.[1254] Bei Verstößen gegen Art. 6 Abs. 5 GG wurde der Gesetzgeber deshalb unter Fristsetzung zur gesetzlichen Neure-

1254 BVerfGE 118, 45, 78; BVerfGE 84, 168, 186; BVerfGE 39, 316, 332 f.

gelung verpflichtet.[1255] Bei der vorliegenden Benachteiligung von nichtehelichen lebenspartnerschaftlichen Kindern könnte die festgestellte Ungleichbehandlung auf verschiedenen Wegen beseitigt werden. So könnte der Gesetzgeber eine Sukzessivadoptionsmöglichkeit für eingetragene Lebenspartner einführen, wodurch die Kinder zu rechtlichen Kindern von beiden eingetragenen Lebenspartnern werden würden und dementsprechend auch gegen beide gesetzliche Unterhalts- und Erbansprüche geltend machen könnten. Der Gesetzgeber könnte aber auch eine Regelung erlassen, die dem eingetragenen Lebenspartner des Erstannehmenden z.B. durch Erklärung die Möglichkeit geben würde die gesetzlichen Unterhalts- und Erbansprüche auch zu ihm als nicht rechtlichen Elternteil entstehen zu lassen, ohne dass ihm dadurch eine Möglichkeit zur Sukzessivannahme eingeräumt würde. Ein durch diese Möglichkeiten entstehender Verstoß gegen geltendes Verfassungsrecht ist hier nicht ersichtlich. Da also mehrere Möglichkeiten denkbar sind, durch welche die vorliegende Benachteiligung beseitigt würde, kann sich aus dem Verstoß gegen Art. 6 Abs. 5 GG aufgrund der gesetzgeberischen Gestaltungsfreiheit keine Verpflichtung des Gesetzgebers zur Schaffung einer Sukzessivadoptionsmöglichkeit für eingetragene Lebenspartner ergeben.[1256]

## *IV. Ergebnis zur Gebotenheit der Einführung der Möglichkeit einer Sukzessivadoption für eingetragene Lebenspartner*

Die Frage, ob die Einführung einer Möglichkeit zur Sukzessivadoption für eingetragene Lebenspartner verfassungsrechtlich geboten wäre, kann aufgrund der vorangegangenen Untersuchungen folgendermaßen beantwortet werden.

Es konnten Verstöße gegen den Gleichbehandlungsgrundsatz aus Art. 3 Abs. 1 GG aufgrund der unterschiedlichen Regelungen zur Sukzessivadoption zum einen für die eingetragenen Lebenspartner und Eheleute selbst und zum anderen für die durch sie zunächst allein angenommenen Kinder festgestellt werden. Dem Gesetzgeber stehen zwar grundsätzlich verschiedene Möglichkeiten zur Behebung dieser Gleichheitsverstöße zur Auswahl, indem die Möglichkeit der sukzessiven Adoption für Ehepartner abgeschafft oder auf eingetragene Lebenspartner erweitert werden könnte. Durch die Abschaffung der Sukzessivadoption für Eheleute

1255 Vgl. BVerfGE 118, 45, 78.

1256 So auch grundsätzlich dafür, dass dem Gesetzgeber bei verschiedenen verfassungsmäßigen Lösungen der Verstöße gegen Art. 6 Abs. 5 GG eine Gestaltungsfreiheit zusteht: BVerfGE 85, 80, 88; BverfGE 58, 377, 389; BverfGE 17, 280, 184; Dreier/Gröschner, Art. 6 GG, Rn. 148; Epping/Hillgruber/Uhle, Art. 6 GG, Rn. 73; Schulz/Hauß/Diwell, Art. 6 GG, Rn. 96

würde allerdings gegen Art. 6 Abs. 1, 2. Alt. GG, Art. 6 Abs. 5 GG und Art. 3 Abs. 1 GG verstoßen werden. Ferner konnten auch Verstöße gegen Art 3 Abs. 1 GG im Vergleich von eingetragenen Lebenspartnern mit leiblichen und zuvor angenommenen Kindern bzw. im Vergleich der Kinder selbst festgestellt werden. Auch hier stehen dem Gesetzgeber grundsätzlich verschiedene Möglichkeiten zur Beseitigung dieser Verstöße zur Auswahl. Im Gegensatz zur Einführung der Sukzessivadoption für eingetragene Lebenspartner würde aber die Abschaffung der Stiefkindadoption für diese zu Verstößen gegen Art. 6 Abs. 1, 2. Alt. GG und Art. 3 Abs. 1 GG führen.

Die grundsätzlich bestehende gesetzgeberische Gestaltungsfreiheit beschränkt sich deshalb im Vorliegenden nur auf die Möglichkeit der Einführung der Sukzessivadoption für eingetragene Lebenspartner. Aufgrund dieser Reduzierung der Gestaltungsfreiheit ist der Gesetzgeber, wegen der Verstöße des geltenden Verbots gegen Art. 3 Abs. 1 GG, verpflichtet die Sukzessivannahmemöglichkeiten auf eingetragene Lebenspartner zu erweitern. Das geltende Adoptionsrecht muss deshalb um die Möglichkeit der Sukzessivadoption für eingetragene Lebenspartner ergänzt werden.

Auch der Verstoß gegen die in Art. 6 Abs. 1, 2. Alt. GG geschützte Gestaltungsfreiheit der lebenspartnerschaftlichen Familie führte zu diesem Ergebnis. Dies lag jedoch darin begründet, dass dem Gesetzgeber zwar auch hier grundsätzlich eine Gestaltungsfreiheit zur Behebung des Verstoßes zusteht, indem der Verstoß allerdings nur durch die Einführung einer Sukzessivadoptionsmöglichkeit für eingetragene Lebenspartner behoben werden kann, entsteht diese Wahlfreiheit mangels Alternativen erst gar nicht. Somit ist die Einführung der Sukzessivadoption für eingetragene Lebenspartner auch aufgrund des Verstoßes gegen Art. 6 Abs. 1, 2. Alt. GG verfassungsrechtlich geboten.

Der festgestellte Verstoß des Sukzessivannahmeverbots für eingetragene Lebenspartner gegen Art. 6 Abs. 5 GG hingegen führt nicht zu der Gebotenheit der Einführung der Sukzessivadoption für eingetragene Lebenspartner. Denn zur Beseitigung dieses Grundrechtsverstoßes sind verschiedene gesetzliche Regelungen denkbar, welche nicht gegen geltendes Verfassungsrecht verstoßen würden.

Die Einführung einer Möglichkeit zur sukzessiven Adoption von Fremdkindern für eingetragene Lebenspartner ist deshalb aufgrund der Verstöße des geltenden Verbots gegen Art. 3 Abs. 1 GG und Art. 6 Abs. 1, 2. Alt. GG verfassungsrechtlich geboten.

## *E. Ergebnis der Untersuchungen zum Verbot der Sukzessivadoption unter verfassungsrechtlichen Gesichtspunkten*

Im zweiten Kapitel beschäftigte sich die Arbeit mit der Frage, ob es unter verfassungsrechtlichen Gesichtspunkten möglich wäre die Möglichkeit der Sukzessivadoption auf Fremdkinder von eingetragenen Lebenspartnern de lege ferenda zu erweitern.

Dazu wurde untersucht, ob die derzeitige Rechtslage mit der Verfassung in Einklang steht, indem die Regelungen der § 9 Abs. 7 LPartG i.V.m. § 1742 BGB die Zweitannahme eines zuvor von dem einen eingetragenen Lebenspartner angenommenen Kindes durch den anderen Lebenspartner verbieten. Im Ergebnis konnte bei dieser Untersuchung das Vorliegen von vier Ungleichbehandlungen von wesentlich Gleichem i.S.v. Art. 3 Abs. 1 GG festgestellt werden, indem eingetragenen Lebenspartnern die sukzessive Annahme eines vom Partner zuvor adoptierten Kindes gem. § 9 Abs. 7 LPartG i.V.m. § 1742 BGB versagt ist, eine solche für Eheleute allerdings möglich ist. Dies ist zum einen durch die ungleiche Behandlung von eingetragenen Lebenspartnern und Eheleuten sowie ihrer jeweils einzeln angenommenen Kinder der Fall, da Eheleute sukzessive annehmen können, vgl. § 1741 Abs. 2 S. 3 BGB i.V.m. § 1742 BGB, zum anderen aber auch durch die Ungleichbehandlung von eingetragenen Lebenspartnern mit leiblichen Kindern, welche im Wege der Stiefkindadoption nach § 9 Abs. 7 LPartG angenommen werden können, und solchen mit zuvor angenommenen Kinder sowie durch die Ungleichbehandlung der betroffenen Kinder selbst. All diese Ungleichbehandlungen sind verfassungsrechtlich nicht zu rechtfertigen. Somit liegen durch die unterschiedlichen Möglichkeiten zur Sukzessivadoption vier Verstöße gegen den Gleichbehandlungsgrundsatz aus Art. 3 Abs. 1 GG vor. Ferner wurde auch ein Verstoß durch das Sukzessivannahmeverbot gegen Art. 6 Abs. 1, 2. Alt. GG festgestellt, da der eingetragene Lebenspartner und das Kind kein verwandtschaftliches Verhältnis erlangen können und so in ihre familiäre Gestaltungsfreiheit eingegriffen wird. Zusätzlich wurde noch ein Verstoß gegen Art. 6 Abs. 5 GG festgestellt, indem Kinder, die von einem eingetragenen Lebenspartner angenommen wurden, dauerhaft nur rechtliche Beziehungen mit Unterhalts- und Erbansprüchen zu einem Elternteil haben können. Eheliche Kinder hingegen haben gesetzliche Ansprüche gegen zwei rechtliche Elternteile.

Weil das Verbot der Sukzessivannahme für eingetragene Lebenspartner gegen Art. 3 Abs. 1 GG, Art. 6 Abs. 1, 2. Alt. GG und Art. 6 Abs. 5 GG verstößt, kann im Umkehrschluss die Einführung einer solchen Adoptionsmöglichkeit nicht gegen geltendes Verfassungsrecht verstoßen. Ansonsten wären die geprüften Ungleichbehandlungen verfassungsrechtlich gerechtfertigt gewesen. Dementsprechend wäre dann eine Erweiterung der Sukzessivannahmemöglichkeiten auf eingetragene Lebenspartner de lege ferenda aus verfassungsrechtlicher Sicht grundsätzlich möglich. Im vorliegenden Fall ist die grundsätzlich bestehende Gestaltungsfreiheit des Gesetzgebers ferner soweit eingeschränkt bzw. nicht gegeben, dass aufgrund der festgestellten Verstöße gegen Art. 3 Abs. 1 GG und Art. 6 Abs. 1, 2. Alt. GG eine Verpflichtung für den Gesetzgeber besteht, die Sukzessivadoption für eingetragene Lebenspartner einzuführen. Die Einführung einer Sukzessivannahmemöglichkeit für eingetragene Lebenspartner ist deshalb verfassungsrechtlich geboten und das geltende Adoptionsrecht ist um eine in Rede stehende Annahmevariante zu erweitern.

Zusammenfassend liegen somit durch die unterschiedlichen Regelungen zur Sukzessivadoption für Ehepartner und eingetragene Lebenspartner vier Verstöße gegen Art. 3 Abs. 1 GG und jeweils einer gegen Art. 6 Abs. 1, 2. Alt. GG und Art. 6 Abs. 5 GG vor. Die Verstöße gegen den allgemeinen Gleichbehandlungsgrundsatz und die familiäre Gestaltungsfreiheit können vorliegend nur beseitigt werden, indem auch eingetragenen Lebenspartnern de lege ferenda die Möglichkeit zur sukzessiven Adoption eines Fremdkindes eingeräumt wird. Die Einführung einer solchen Regelung ist demnach auch verfassungsrechtlich geboten.

# Kapitel 3: Relevanz und Auswirkungen einer sukzessiven Adoptionsmöglichkeit

Nachdem nun in der bisherigen Untersuchung die Möglichkeit einer sukzessiven Adoptionsmöglichkeit für eingetragene Lebenspartner thematisiert wurde, stellt sich nunmehr die Frage nach den Auswirkungen, welche die gefundenen Ergebnisse auf die Rechtslage de lege ferenda haben würden. Um diese darzulegen, sollen die bisherigen Untersuchungsergebnisse zunächst noch einmal kurz dargestellt werden.

## *A. Resümee der bisherigen Untersuchungsergebnisse*

Im ersten Kapitel der Arbeit wurden die nach § 9 Abs. 7 LPartG bestehenden Annahmemöglichkeiten für eingetragene Lebenspartner untersucht. Dabei wurde zunächst festgestellt, dass ein eingetragener Lebenspartner de lege lata nach § 9 Abs. 7 LPartG nur ein leibliches Kind seines Partners annehmen kann. Bereits zuvor vom Partner angenommene Kinder sind nicht von den Annahmemöglichkeiten der Norm erfasst. Die sukzessive Adoption eines Fremdkindes, wie sie für Ehepaare nach § 1741 Abs. 2 S. 3 BGB i.V.m. § 1742 BGB möglich ist, bleibt eingetragenen Lebenspartnern somit nach derzeitiger Rechtslage verwehrt.

Dementsprechend wurde in der folgenden Prüfung untersucht, ob die Möglichkeit einer Erweiterung von § 9 Abs. 7 LPartG auf zuvor angenommene Kinder de lege ferenda möglich wäre. Ausgegangen wurde dabei von der Situation von Eheleuten, da diese ein zuvor vom Partner angenommenes Kind nach § 1741 Abs. 2 S. 3 BGB sukzessive annehmen können, indem sie vom Verbot der Kettenannahme in § 1742 BGB ausgenommen sind. Daraus wurde geschlossen, dass diese Ausnahme vom Verbot der Kettenannahme auch für eingetragene Lebenspartner gelten müsste, damit der Geltungsbereich von § 9 Abs. 7 LPartG auf zuvor angenommene Kinder erweitert werden könnte. Die Anwendbarkeit der Ausnahme vom Verbot der Kettenadoption in § 1742 BGB auf eingetragene Lebenspartner wurde festgestellt, wodurch diese Ausnahme de lege ferenda auf sie erweiterbar ist. Ferner kann eine sukzessive Annahme durch den eingetragenen Lebenspartner des Erstannehmenden auch die allgemeinen Annahmevoraussetzungen des § 1741 Abs. 1 S. 1 BGB erfüllen, indem die Annahme dem Kindeswohl dienen kann und ein Eltern-Kind-Verhältnis entstehen kann. De lege ferenda wäre somit eine Erweiterung des Anwendungsbereichs von § 9 Abs. 7 LPartG auf zuvor angenommene Kinder möglich. Im Ergebnis zeigt das erste Kapitel somit, dass es aus zivilrechtlicher Sicht möglich ist, § 9 Abs. 7 LPartG de lege ferenda auf Fremdkinder zu erweitern, so dass die sukzessive Annahme auch für eingetragene Lebenspartner möglich wäre.

Im zweiten Kapitel erfolgte dann anschließend eine verfassungsrechtliche Auseinandersetzung mit dem de lege lata bestehenden Verbot der Sukzessivadoption durch eingetragene Lebenspartner. Dabei wurde festgestellt, dass ein Verstoß gegen die Gestaltungsfreiheit der lebenspartnerschaftlichen Familie aus Art. 6 Abs. 1, 2. Alt. GG vorliegt, indem der eingetragene Lebenspartner des Erstannehmenden und das Adoptivkind aufgrund des Sukzessivannahmeverbots kein verwandtschaftliches Verhältnis zueinander herstellen können. Ferner liegt durch die unterschiedlichen Regelungen und damit einhergehenden Möglichkeiten zur sukzessiven Adoption durch Eheleute und eingetragene Lebenspartner eine nicht zu rechtfertigende Ungleichbehandlung dieser Gruppen i.S.d. Art. 3 Abs. 1 GG vor. Ein weiterer Verstoß gegen Art. 3 Abs. 1 GG konnte auch in Bezug auf die unterschiedliche Behandlung der angenommenen Kinder festgestellt werden, indem Kinder, die von einem Ehepartner angenommen wurden, die Möglichkeit haben durch die sukzessive Adoption durch den Ehepartner einen zweiten rechtlichen Elternteil dazu zu bekommen, Kinder, die von einem eingetragenen Lebenspartner angenommen wurden, diese Möglichkeit hingegen nicht haben. Zusätzlich ist der allgemeine Gleichbehandlungsgrundsatz auch im Verhältnis von eingetragenen Lebenspartnern mit zuvor angenommenen Kindern und solchen mit leiblichen Kindern, bzw. im Verhältnis der Kinder selbst verletzt, da die Stiefkindadoption auch für eingetragene Lebenspartner möglich ist. Ferner wurde auch ein Verstoß gegen Art. 6 Abs. 5 GG festgestellt. Dieser liegt im Vergleich von ehelichen Kindern mit solchen Kindern vor, die von einem eingetragenen Lebenspartner alleine angenommen wurden und so durch das Sukzessivannahmeverbot dauerhaft nur einen rechtlichen Elternteil haben. Aus diesen de lege lata bestehenden Verstößen gegen Art. 3 Abs. 1 GG, Art. 6 Abs. 1, 2. Alt. GG und Art. 6 Abs. 5 GG konnte geschlossen werden, dass eine Erweiterung der Sukzessivannahmemöglichkeiten auf eingetragene Lebenspartner de lege ferenda auch aus verfassungsrechtlicher Sicht möglich wäre. Zusätzlich ist die Einführung einer solchen Adoptionsvariante für eingetragene Lebenspartner aufgrund der Verstöße gegen Art. 3 Abs. 1 GG und Art. 6 Abs. 1, 2. Alt. GG auch verfassungsrechtlich geboten.

Kurz zusammengefasst lässt sich also festhalten, dass der Einführung einer Sukzessivadoptionsmöglichkeit weder aus zivilrechtlicher noch aus verfassungsrechtlicher Sicht etwas entgegensteht. Ganz im Gegenteil ist ihre Einführung sogar verfassungsrechtlich geboten, weshalb das geltende Adoptionsrecht zu ändern ist.

## *B. Auswirkungen dieser Ergebnisse*

Problematisch an diesem bisher gefundenen Ergebnis erscheint aber folgender Gedanke: Wenn der Gesetzgeber auch eingetragenen Lebenspartnern eine sukzessive Adoptionsmöglichkeit einräumt, würden für diese folgende Adoptionsmöglichkeiten bestehen. Zum einen könnte ein Lebenspartner ein Kind alleine annehmen, vgl. § 9 Abs. 6 LPartG. Zum anderen könnte ein eingetragener Lebenspartner ein leibliches Kind seines Partners im Wege der Stiefkindadoption annehmen, vgl. § 9 Abs. 7 LPartG. Ferner wäre dann auch nach einer zunächst erfolgten Einzeladoption nach § 9 Abs. 6 LPartG die sukzessive Adoption eines Fremdkindes möglich. Bedenklich an dieser Situation ist allerdings der Umstand, dass eine gemeinsame Elternschaft von einem Fremdkind lediglich auf dem Wege der sukzessiven Adoption erreicht werden könnte.[1257] Dies würde aber der Systematik der Regelungen des Adoptionsrechts für Eheleute widersprechen, obwohl davon auszugehen ist, dass die Adoptionsregelungen für eingetragene Lebenspartner an diese angelehnt werden sollten.[1258] Da dies auch schon bei den bislang erlassenen Reglungen im Bereich der Adoption für eingetragene Lebenspartner der Fall gewesen ist, indem § 9 Abs. 6 S. 1 LPartG an § 1749 S. 1 BGB angelehnt ist und in § 9 Abs. 6 S. 2 LPartG auf die entsprechende Geltung von § 1749 Abs. 1 S. 2 und S. 3 sowie Abs. 3 BGB hingewiesen wird. Entsprechendes gilt auch für die Annahme eines leiblichen Kindes des einen eingetragenen Lebenspartners durch den anderen, vgl. § 9 Abs. 7 LPartG und § 1741 Abs. 2 S. 3 BGB. Bei Eheleuten besteht aber nach den gesetz-

---

1257 Dies scheint das Bundesverfassungsgericht anders beurteilt zu haben, da es die Meinung vertritt, durch die Zulassung der Sukzessivadoption würde das Verbot der gemeinschaftlichen Adoption für eingetragene Lebenspartner nicht umgangen, weil sich die beiden Adoptionsformen im Ablauf unterscheiden würden und der Ausschluss der gemeinschaftlichen Adoption durch die Ermöglichung der Sukzessivadoption nicht seine Wirkung verlieren würde, vgl. BVerfG, 1 BvL 1/11 vom 19.2.2013, Rn. 92. Die beiden Adoptionsformen und ihre jeweilige Vereinbarkeit mit dem Grundgesetz werden somit völlig unabhängig voneinander gesehen.

1258 Die Anlehnung der Regelungen für eingetragene Lebenspartner an die von Eheleuten findet sich in fast allen Regelungen des Lebenspartnerschaftsgesetzes. Vgl. z.B. für die Anlehnung an einzelne Normen § 3 LPartG mit § 1355 BGB oder auch § 4 LPartG mit § 1359 BGB. Ferner wird im Lebenspartnerschaftsgesetz auch auf die Anwendung einzelner Normen des Bürgerlichen Gesetzbuches verwiesen so z.B. in § 5 LPartG, der auf die entsprechende Geltung von § 1360 S. 2, §§ 1360a, 1360b und 1609 BGB hinweist.

lichen Regelungen nur Raum für eine Sukzessivadoption, wenn der Ehepartner das Kind entweder aufgrund eines Adoptionshindernisses i.S.d § 1741 Abs. 2 S. 4 BGB nicht auch annehmen konnte oder die Ehe im Annahmezeitpunkt noch nicht bestand. Ansonsten gilt der Grundsatz, dass Eheleute ein Kind nur gemeinschaftlich annehmen können, vgl. § 1741 Abs. 2 S. 2 BGB.

Somit stellt sich die Frage, ob dieser Grundsatz der anfänglichen gemeinschaftlichen Annahme nicht auch für eingetragene Lebenspartner gelten sollte und ihnen deshalb auch eine dementsprechende Adoptionsmöglichkeit eingeräumt werden sollte oder sogar muss. Dies würde sich vor allem auch unter Berücksichtigung des Kindeswohls anbieten. Denn wie bereits dargestellt wurde, steht das Kindeswohl im Mittelpunkt des Adoptionsrechts. Durch die Adoption soll Kindern zu Eltern und nicht kinderlosen Eltern zu Kindern verholfen werden. Würde eingetragenen Lebenspartnern aber für eine gemeinsame Elternschaft nur die sukzessive Adoption zur Verfügung stehen, wären die Kinder gleich zweimal der belastenden und unsicheren Situation des Adoptionsprozesses ausgesetzt, bevor sie rechtlich vollständig in die eingetragene Lebenspartnerschaft eingeordnet werden können. Dies kann nicht dem Wohl des Kindes entsprechen. Ferner erscheint es in Anbetracht der bisherigen Untersuchungsergebnisse nur konsequent, dass die Möglichkeit der Einführung der Sukzessivadoption erst recht zur Überprüfung der Einführung der anfänglichen gemeinsamen Adoption führt. Somit hat im Folgenden noch eine Auseinandersetzung mit der Frage nach einer gemeinschaftlichen Adoptionsmöglichkeit für eingetragene Lebenspartner zu erfolgen.

# Kapitel 4: Die gemeinschaftliche Adoption durch eingetragene Lebenspartner

Im Folgenden gilt es nach den obigen Ausführungen zu untersuchen, ob eingetragenen Lebenspartnern auch die Möglichkeit einer anfänglichen gemeinsamen Annahme eingeräumt werden kann oder sogar muss. Dazu ist die gemeinschaftliche Adoption durch eingetragene Lebenspartner zum einen unter zivilrechtlichen und zum anderen unter verfassungsrechtlichen Gesichtspunkten zu untersuchen.

## *A. Die gemeinschaftliche Adoption unter zivilrechtlichen Gesichtspunkten*

Nach geltender Gesetzeslage ist es für eingetragene Lebenspartner derzeit unstrittig nicht möglich ein Kind gemeinschaftlich anzunehmen.[1259] Dies ist nach § 1741 Abs. 2 BGB Eheleuten vorbehalten, in dem es heißt:

> *„Wer nicht verheiratet ist kann ein Kind nur allein annehmen. Ein Ehepaar kann ein Kind nur gemeinschaftlich annehmen."*

Indem also eine gemeinschaftliche Annahme nur Eheleuten möglich ist, stellt sich die Frage, worin diese Begrenzung begründet ist. Da die Begrenzung auf Eheleute schon durch § 1749 Abs. 1 BGB a.F. im Bürgerlichen Gesetzbuch von 1900 erfolgte, ist dabei zwar von den Gründen des historischen Gesetzgebers auszugehen, es muss allerdings genauso überprüft werden, ob diese heute noch Geltung beanspruchen können. Des Weiteren ist zu untersuchen, ob die Gründe für die Begrenzung auf Ehepaare auf eingetragene Lebenspartner übertragen werden können, sodass dem Gedanken einer gemeinschaftlichen Annahme auch durch die Annnahme von eingetragenen Lebenspartnern Rechnung getragen werden könnte.

1259 So auch Bruns/Kemper/Kemper, § 9 LPartG, Rn. 26; Erman/Kaiser, § 9 LPartG, Rn. 14 ff.; Gernhuber/Coester-Waltjen, § 42, Rn. 44; Kaiser, StAZ 2006, 65, 68; MüKo/Wacke, § 9 LPartG, Rn. 9; Muscheler, Rn. 422; Schulz/Hauß/Haibach, § 9 LPartG, Rn. 14 f.; Staudinger/Voppel, § 9 LPartG, Rn. 102, 104.

Im Laufe der angestellten Untersuchungen wurde bereits thematisiert, warum eine Adoption, die zur gemeinsamen rechtlichen Elternschaft eines Paares führt, nur durch eine rechtlich verbindliche Lebensbasis möglich sein soll.[1260] Wie festgestellt wurde, kannte das Gesetz zunächst nur die Ehe als rechtlich verbindliche Lebensbasis, weshalb auf diese Ergebnisse für das Nachfolgende zurückgegriffen werden kann. So konnte schon festgestellt werden, dass die Beschränkung auf Eheleute zum einen auf den Grundsatz „adoptio naturam imitatur“ zurückzuführen ist zum anderen aber auch heute noch mit dem rechtlichen Rahmen der Ehe begründet wird. Ferner wird zur Begründung aber auch angeführt, dass die Eingliederung in eine eheliche Familie am positivsten für das Kindeswohl ist.[1261] Im Folgenden gilt es daher zu untersuchen, ob diese Gründe für die Beschränkung auf Eheleute auch auf eingetragene Lebenspartner übertragen werden können.[1262]

## *I. „Adoptio naturam imitatur“ Grundsatz*

Wie bereits erläutert wurde,[1263] bedeutet der Grundsatz „adoptio naturam imitatur“, dass die Adoption der Natur nachgebildet sein sollte. Warum aus diesem Grundsatz folgt, dass nur Eheleute gemeinschaftlich adoptieren können kann anhand von zwei Aspekten begründet werden.

Zum einen kann die Beschränkung der gemeinschaftlichen Annahme auf Eheleute begründet werden, indem nach früher geltender Rechtslage ein verwandtschaftliches Verhältnis zwischen dem Kind, dem Vater und der Mutter nur entstehen konnte, wenn die Eltern miteinander verheiratet waren. Ein gemeinsames Kind konnte also nur ein eheliches Kind sein.[1264] Dies hat sich jedoch mittlerweile geändert,[1265] da nach geltendem Abstammungsrecht keine Ehe der Eltern mehr erforderlich ist um ein verwandtschaftliches Verhältnis beider Elternteile zum Kind entstehen zu lassen. So ist die Mutter eines Kindes die Frau, die es geboren hat, vgl. § 1591 BGB, und Vater des Kindes, wer entweder mit der Mutter zum Zeitpunkt der Geburt verheiratet ist, die Vaterschaft anerkannt hat oder dessen Vaterschaft gerichtlich festge-

1260 Vgl. dazu schon die Untersuchung unter Kapitel 2:A.III.2.b)ee)(1).
1261 Diese drei Aspekte führt auch Pätzold, S. 215 ff. als Gründe für die Beschränkung der gemeinschaftlichen Adoption auf Eheleute an, vgl. ihr Ergebnis auf S. 228 f.
1262 Dies wird auch von Pätzold, S. 230 ff. ausführlich untersucht.
1263 Vgl. auch hierzu bereits die Ausführungen unter Kapitel 2:A.III.2.b)ee)(1).
1264 So auch Pätzold, S. 37.
1265 Zu den Änderungen des Kindschaftsrechtsreformgesetz 1997 vgl. Schlüter, S. 201.

stellt wird, vgl. § 1592 BGB. Da also schon nach dem geltenden Abstammungsrecht gemeinschaftliche Kinder nicht mehr zwingend eheliche Kinder sein müssen, kann auch nicht davon ausgegangen werden, dass diese Verknüpfung noch für das Adoptionsrecht Geltung beansprucht. Dafür spricht auch der Umstand der ermöglichten Stiefkindadoption durch den eingetragenen Lebenspartner eines leiblichen Elternteils nach § 9 Abs. 7 LPartG. Denn durch diese entsteht auch eine gemeinsame rechtliche Elternschaft von einem unverheirateten, nämlich lebenspartnerschaftlichen Paar zu einem Kind. In dieser Hinsicht weichen sowohl die Regelungen des geltenden Abstammungsrechts als auch die des Adoptionsrechts für eingetragene Lebenspartner vom Grundsatz „adoptio naturam imitatur“ ab.

Zum anderen könnte aber die Beschränkung auf Eheleute durch den „adoptio naturam imitatur“ Grundsatz auch darauf zurückzuführen sein, dass eine gemeinschaftliche Annahme nur durch Personen erfolgen sollte, die zumindest rein theoretisch die biologischen Eltern eines Kindes sein könnten[1266] mithin also die biologische Abstammung des Adoptivkindes theoretisch möglich sein sollte um ein der Natur nachgebildetes Verhältnis zu schaffen. Dies ist im Hinblick auf die Annahme durch eingetragene Lebenspartner hingegen problematisch, da weder männliche noch weibliche Paare miteinander Kinder zeugen können und eine gemeinsame rechtliche Elternschaft von ihnen damit nicht der biologischen Abstammung entsprechen kann, also der Natur nicht nachgebildet sein kann. Dieser Umstand hat den Gesetzgeber allerdings auch nicht davon abgehalten die Stiefkindadoption für eingetragene Lebenspartner einzuführen, obwohl auch hier eine rechtliche Elternschaft von einem gleichgeschlechtlichen Paar entsteht, wenngleich diese Elternschaft biologisch aufgrund der Zeugung nicht möglich ist. Diesem Vergleich zur Stiefkindadoption durch eingetragene Lebenspartner muss jedoch entgegengehalten werden, dass diese aufgrund des Gedankens eingeführt wurde, das Kind rechtlich besser abzusichern und in die Familie, in der es schon lebt, auch rechtlich einzugliedern.[1267] Diese Situation stellt sich bei der anfänglichen gemeinschaftlichen Annahme natürlich anders dar, da das betroffene Kind noch nicht in der Partnerschaft lebt. Trotzdem entsteht aber bereits de lege lata ein Widerspruch zum dem Erfordernis der zumindest theoretisch möglichen Abstammung.

---

1266 Wächtler, S. 117 f. Dies wird von Pätzold, S. 231 als die enge Auslegung dieses Grundsatzes benannt.
1267 BT-Drucks 15/3445, 15; Schulz/Hauß/Haibach, § 9 LPartG, Rn. 15; Staudinger/Voppel, § 9 LPartG, Rn. 70.

Dieser Widerspruch zur theoretischen Möglichkeit der biologischen Abstammung wird auch durch die Betrachtung von weiteren gesetzlichen Regelungen deutlich. So war die Annahme eines Kindes zu den Anfängen der Adoptionsvorschriften nur Personen gestattet, die bereits das fünfzigste Lebensjahr vollendet hatten.[1268] Das könnte darauf schließen lassen, dass bei einer Annahme durch ein mindestens fünfzig jähriges Paar in vielen Fällen davon ausgegangen werden konnte, dass eine natürliche Abstammung nicht mehr denkbar war. Denn auch wenn der Mindestaltersabstand von achtzehn Jahren zum Annehmenden auf ein minimales Geburtsalter von zweiunddreißig Jahren[1269] schließen lässt, so wurde eine biologische Abstammung mit zunehmendem Alter des Annahmewilligen immer unwahrscheinlicher. Diese theoretische Möglichkeit der Abstammung wird auch in der Adoptionspraxis vernachlässigt. Denn ein großer Teil der adoptierten Kinder stammt aus dem Ausland,[1270] wobei augenscheinlich aufgrund der erkennbaren Nationalitäten von Eltern und Kindern keine leibliche Abstammung möglich ist, da die Kinder oftmals aus dem asiatischen oder afrikanischen Raum stammen.[1271]

Folglich kennt auch schon das geltende Adoptionsrecht Formen der Adoption entweder ausländischer Kinder oder durch die Stiefkindadoption von eingetragenen Lebenspartnern, bei denen das Adoptionsverhältnis insoweit nicht der Natur nachgebildet ist, als dass es auf eine leibliche Elternschaft der Annehmenden schließen lassen könnte.

Demnach kann nicht davon ausgegangen werden, dass Adoptionsmöglichkeiten nur geschaffen werden können, wenn sie darauf deuten lassen, es könnte zumindest theoretisch eine genetische Elternschaft bestehen. Ansonsten würden nämlich schon Widersprüche zum geltenden Adoptionsrecht bestehen.

---

1268 Vgl. hierzu und zum Mindestaltersabstand die §§ 1744 f. BGB a.F.

1269 Diese Zahl ergibt sich wenn man den Mindestaltersabstand von 18 Jahren vom Mindestalter der Annehmenden, also 50 Jahre, abzieht.

1270 Im Jahr 2011 wurden insgesamt 4060 Kinder adoptiert, davon jedoch 2260 von einem Stiefelternteil und 104 durch andere Verwandte. Dementsprechend gab es 1690 Adoptionen durch nicht verwandte Personen, von diesen hatten 934 Kinder nicht die deutsche Nationalität. Diese Zahlen finden sich beim Statistischen Bundesamt, Statistiken Kinder- und Jugendhilfe - Adoptionen 2011, S. 5 abrufbar unter https://www.destatis.de/DE/Publikationen/Thematisch/Soziales/KinderJugendhilfe/Adoptionen5225201117004.html (letzter Abruf am 1.4.2013).

1271 Zum Zweck der Adoption wurden im Jahr 2011 119 Kinder afrikanischer Nationalität, 93 Kinder asiatischer Herkunft und 92 Kinder amerikanischer Nationalität nach Deutschland geholt. Statistisches Bundesamt, Statistiken der Kinder und Jugendhilfe – Adoptionen, 2011, S. 9, abrufbar unter https://www.destatis.de/DE/Publikationen/Thematisch/Soziales/KinderJugendhilfe/Adoptionen.html;jsessionid=E1CE0686B2090DCEA8A6BC2DADB55114.cae3 (letzter Aufruf am 1.4.2013).

Insgesamt weichen daher schon die geltenden Adoptionsvorschriften vom Grundsatz „adoptio naturam imitatur“ ab. Auch wenn eingetragene Lebenspartner weder eheliche Eltern darstellen können noch den Anschein einer biologischen Elternschaft erwecken, kann das Nichterfüllen des „adoptio naturam imitatur“ Grundsatzes dementsprechend nicht gegen die Erweiterung der gemeinschaftlichen Annahme in § 1741 Abs. 2 S. 1 BGB auf sie angeführt werden.[1272]

## *II. Rechtlicher Rahmen der Ehe*

Fraglich ist des Weiteren, ob der rechtliche Rahmen der Ehe weiterhin zur Begründung der Beschränkung einer gemeinschaftlichen Annahme auf Eheleute angeführt werden kann oder ob dieser mit eingetragenen Lebenspartnerschaften vergleichbar ist, weshalb die Beschränkung aufgrund des rechtlichen Rahmens nicht aufrecht erhalten werden muss.
Der Gesetzgeber hat grundsätzlich festgestellt, die gemeinschaftliche Kindesannahme solle nur durch Ehepaare erfolgen, da eine andere Lebensgemeinschaft nicht rechtlich abgesichert sei und so nicht die erforderlichen Voraussetzungen gegeben seien ein Kind in eine solche Gemeinschaft rechtlich einzuordnen.[1273] Wie schon festgestellt werden konnte, bezieht sich diese Aussage vor allem auf den rechtlichen Rahmen der Ehe, welcher Rechte und Pflichten der Partner begründet.[1274] Ob sich dieser erforderliche Rahmen nur aufgrund einer Ehe ergibt oder auch durch eine eingetragene Lebenspartnerschaft geschaffen werden kann, wurde zum Teil bereits thematisiert.[1275] Darauf soll an dieser Stelle mit weiteren Ergänzungen zurückgegriffen werden. Die rechtlichen Rahmen der beiden Institute werden deshalb im Folgenden im Hinblick auf die jeweils grundsätzlich eintretenden Pflichten der Partner, das Namensrecht, die Unterhaltsverpflichtungen und die Scheidung bzw. Aufhebung der Beziehung verglichen.
Die eheliche Lebensgemeinschaft wird nach § 1353 Abs. 1 BGB grundsätzlich auf Lebenszeit geschlossen. Die Ehegatten sind sich zur gegenseitigen Verantwortungsübernahme und ehelichen Lebensgemeinschaft verpflichtet. Eine solche Pflicht ergibt sich für eingetragene Lebenspartner dazu korrespondierend aus § 2 LPartG, nachdem sie einander zu Fürsorge, Unterstützung und einer gemeinsamen Lebensgestaltung verpflichtet sind sowie dazu füreinander Ver-

1272 So im Ergebnis auch Pätzold, S. 239 f.
1273 BT-Drucks 7/3061, 30.
1274 So auch Pätzold, S. 240 f.
1275 Vgl. dazu schon die Untersuchung unter Kapitel 2:A.III.2.b)ee)(1) mit dem anschließend angestellten Vergleich dieses rechtlichen Rahmens der Ehe zur eingetragenen Lebenspartnerschaft unter Kapitel 2:A.III.2.b)ee)(2).

antwortung zu tragen. In Bezug auf diese beiden Vorschriften konnte schon festgestellt werden, dass sich die Regelungen im Wesentlichen decken. Die auf den ersten Blick feststellbaren Unterschiede werden aus verschiedenen Gründen relativiert. So gibt es für eingetragene Lebenspartner zwar keine Verpflichtung zur Geschlechtsgemeinschaft, dies entspricht jedoch dem modernen Bild einer Ehe.[1276] Ferner gilt auch für beide Institute nach h.M. das Lebenszeitprinzip.[1277] Zusätzlich wird auch bei eingetragenen Lebenspartnern von der Führung einer gemeinsamen häuslichen Gemeinschaft ausgegangen, vgl. §§ 5, 10 Abs. 1 S. 3, 12 LPartG. So kann ein dauerhaftes Getrenntleben auch als Indiz für das Scheitern der eingetragenen Lebenspartnerschaft angesehen werden, vgl. § 15 LPartG.[1278] In diesem Punkt kann ferner davon ausgegangen werden, dass bei einer Kindesannahme die häusliche Gemeinschaft der Partner nach § 7 AdVermiG vorausgesetzt wird.[1279] Im Hinblick auf die grundsätzlich entstehenden Verpflichtungen der Partner ist der rechtliche Rahmen der beiden Institute somit vergleichbar. Der rechtliche Rahmen der Ehe wird auch von außen anhand des nach § 1355 BGB zu bestimmenden Familiennamens verdeutlicht. Auch eingetragene Lebenspartner können nach § 3 LPartG einen Lebenspartnerschaftsnamen wählen, der die Verbindung der Partner auch für die Außenwelt erkennbar macht.[1280] Ein angenommenes Kind erhält nach § 1757 Abs. 1 BGB bzw. § 1757 Abs. 2, S. 1 BGB i.V.m. § 9 Abs. 7, S. 2 LPartG grundsätzlich den Ehe- bzw. Lebenspartnerschaftsnamen. Sollte ein solcher Name nicht geführt werden, bestimmt der Annehmende bzw. die Annehmenden den Geburtsnamen vor dem Gericht.[1281] Indem ein angenommenes Kind also auch den Ehe- bzw. Lebenspartnerschaftsnamen erhält, wird die Familie auch von außen als solche wahrgenommen. Der Vorteil des einheitlichen Namens bei der Annahme durch Eheleute lässt sich dementsprechend genauso auf eingetragene Lebenspartner übertragen.[1282]

Die Regelungen zum Unterhalt der Partner finden sich für Eheleute in §§ 1360 ff. BGB und für eingetragene Lebenspartner in § 5 LPartG. Nach diesen sind Eheleute zum Familienunterhalt und eingetragene Lebenspartner zum Lebenspartnerschaftsunterhalt verpflichtet. Dabei sind die Kinder beim Umfang der Unterhaltspflicht gem. § 1360a BGB bzw. § 5 S. 2 LPartG

---

1276 Palandt/Brudermüller, § 2 LPartG, Rn. 2; Schulz/Hauß/Haibach, § 2 LPartG, Rn. 1.

1277 jurisPK/Schausten, § 2 LPartG, Rn. 6; MüKo/Wacke, § 2 LPartG, Rn. 1; Palandt/Brudermüller, § 2 LPartG, Rn. 1; Staudinger/Voppel, § 2 LPartG, Rn. 10. Kritisch Erman/Kaiser, § 2 LPartG, Rn. 2.

1278 MüKo/Wacke, § 2 LPartG, Rn. 2.

1279 Vgl. diesbezüglich Reinhardt/Kemper/Weitzel/Reinhardt, § 7 AdVermiG, Rn. 7.

1280 Zur Vergleichbarkeit der Regelungen Gernhuber/Coester-Waltjen, § 42, Rn. 38.

1281 Epping/Hillgruber/Ender, § 1757 BGB, Rn. 4.

1282 So auch Pätzold, S. 249.

i.V.m. § 1360a BGB jeweils zu berücksichtigen.[1283] Auch die rechtlichen Rahmen von Ehe und eingetragener Lebenspartnerschaft bzgl. der sich aus den Beziehungen ergebenden Unterhaltsansprüche sind somit vergleichbar und schaffen für gemeinsame Kinder die gleiche rechtliche Sicherheit.

Die Regelungen zum Unterhalt, der Hausratsverteilung sowie der Wohnungszuweisung im Trennungsfall finden sich für Eheleute in den §§ 1361, 1361a, 1361b BGB und für eingetragene Lebenspartner in den §§ 12, 13, 14 LPartG. Auch hier wurden die Bestimmungen für eingetragene Lebenspartner an die für Eheleute angeglichen.[1284] Der bedürftige Partner wird somit unabhängig von der Form der Beziehung durch die gesetzlichen Regelungen vor dem sozialen Abstieg geschützt. Die Auseinandersetzung über diese drei Bereiche wird somit Eheleuten genauso wie eingetragenen Lebenspartnern von den gesetzlichen Vorschriften vorgegeben und im Vergleich zu rechtlich unverbindlichen Beziehungsformen erleichtert.[1285] Der rechtliche Rahmen der beiden Institute ist dementsprechend auch im Hinblick auf die Regelungen beim Getrenntleben der Partner vergleichbar.

Für den Fall, dass das dauerhafte Getrenntleben zur endgültigen Auflösung der Beziehung führt, kann die Ehe durch die Scheidung nach §§ 1564 ff. BGB und die eingetragene Lebenspartnerschaft durch die Aufhebung nach § 15 LPartG beendet werden. Beide Beziehungsformen können nur durch richterliche Entscheidung beendet werden, wenn die Partner mindestens zwölf Monate getrennt leben und die Wiederherstellung der Gemeinschaft der Partner nicht erwartet werden kann.[1286] Die Form dieser Beziehungsbeendigung soll somit sowohl Ehe- wie auch eingetragene Lebenspartner davor schützen ihre Beziehung vorschnell zu beenden und wirkt somit zugunsten der Aufrechterhaltung der Partnerschaft.[1287] Dies schützt sowohl Kinder von eingetragenen Lebenspartnern wie auch solche von Eheleuten, da die Partner nicht in der Lage sind ihre Beziehung unverzüglich und damit evtl. auch vorschnell zu

1283 Zum Streit der Einbeziehung von Kindern eingetragener Lebenspartner vgl. schon die Ausführungen unter Kapitel 1:B.I.3.b).

1284 Vgl. dazu Erman/Kaiser, § 12 LPartG, Rn. 2; Erman/Kaiser, § 13 LPartG, Rn. 2; Erman/Kaiser, § 14 LPartG, Rn. 1; Bruns/Kemper/Kemper, Vorbemerkung zu §§ 12-14 LPartG, Rn. 1; MüKo/Wacke, § 12 LPartG, Rn. 2 ff. MüKo/Wacke, § 13 LPartG, Rn. 1; MüKo/Wacke, § 14 LPartG, Rn. 1; Schulz/Hauß/Haibach, § 12 LPartG, Rn. 1; Schulz/Hauß/Haibach, § 13 LPartG, Rn. 1; Schulz/Hauß/Haibach, § 14 LPartG, Rn. 1; Staudinger/Voppel, § 12 LPartG, Rn. 2; Staudinger/Voppel, § 13 LPartG, Rn. 1; Staudinger/Voppel, § 14 LPartG, Rn. 1.

1285 So im Ergebnis auch Pätzold, S. 248.

1286 Zur Vergleichbarkeit der Regelungen Erman/Kaiser, § 15 LPartG, Rn. 1; Schulz/Hauß/Haibach, § 15 LPartG, Rn. 1.

1287 MüKo/Wacke, § 15 LPartG, Rn. 4; Schulz/Hauß/Ganz, § 1565 BGB, Rn. 4; Staudinger/Voppel, § 15 LPartG, Rn. 3.

beenden. Ferner soll eine Ehe auch nicht geschieden werden, wenn die Aufrechterhaltung im Interesse der gemeinsamen Kinder liegt, vgl. § 1568 BGB. Auch wenn sich diese Härtefallklausel nicht bei den Regelungen für eingetragene Lebenspartner wiederfindet, so ist doch davon auszugehen, dass die Belange der in der Partnerschaft lebenden Kinder zumindest entscheidungserheblich sind.[1288] Durch die besonderen Bestimmungen zur Beziehungsbeendigung von Eheleuten und eingetragenen Lebenspartnern werden von diesen angenommene Kinder somit grundsätzlich gleichermaßen geschützt, wodurch der rechtliche Rahmen der Institute auch in dieser Hinsicht vergleichbar ist.

Dies gilt auch in Bezug auf die Regelungen, welche die Verpflichtungen der Partner im Falle einer Beendigung der Beziehung regeln. Sowohl für Eheleute als auch für eingetragene Lebenspartner gibt es Regelungen zum Unterhalt nach § 1569 ff. BGB bzw. § 16 LPartG, welcher für die Einzelheiten auf §§ 1570 ff. BGB verweist. Auch die Regelungen in Bezug auf die gemeinsame Wohnung und die Hausratsverteilung decken sich, indem § 17 LPartG auf §§ 1568a, 1568b BGB verweist. Auch diese Sicherheitskomponente wirkt sich im Falle der Scheidung oder Aufhebung der Beziehung zugunsten der betroffenen Kinder aus, indem der soziale Abstieg des schwächeren Partners aufgrund der gesetzlichen Regelungen verhindert wird.[1289]

Insgesamt konnte somit festgestellt werden, dass sich die rechtlichen Rahmen der Ehe und der eingetragenen Lebenspartnerschaft sehr nahe kommen. Vor allem die Regelungen, die vorliegend thematisiert wurden, sind vergleichbar, da sie zu einer rechtlichen Eingliederung und Absicherung von Adoptivkindern in die Familien führen. Eine Beschränkung der gemeinsamen Kindesannahme auf Eheleute wegen des rechtlichen Rahmens der Ehe kann aufgrund des mit der eingetragenen Lebenspartnerschaft vergleichbaren rechtlichen Rahmens nicht mehr aufrecht erhalten bleiben.[1290] Bei beiden Instituten handelt es sich nämlich um rechtlich abgesicherte Formen des Zusammenlebens von Paaren.

---

1288 Gernhuber/Coester-Waltjen, § 42, Rn. 52; Bruns/Kemper/Kemper, § 15 LPartG, Rn. 36; Kemper, FF 2005, 88, 96; Schulz/Hauß/Haibach, § 15 LPartG, Rn. 9. A.A. MüKo/Wacke, § 15 LPartG, Rn. 8; Staudinger/Voppel, § 15 LPartG, Rn. 205, der jedoch gleichzeitig die Frage aufwirft, ob Kindesinteressen die Aufrechterhaltung einer nicht mehr intakten Familie überhaupt rechtfertigen können.

1289 Pätzold, S. 248.

1290 Ähnlich auch Pätzold, S. 250.

## *III. Eingliederung in die eheliche Familie*

Indem der Gesetzgeber die gemeinsame Kindesannahme auf Eheleute beschränkt hat, hat er zum Ausdruck gebracht, dass er die Eingliederung eines Kindes in eine eheliche Familie für besonders erstrebenswert angesehen hat. Solche ehelichen Familien bestehen jedoch zwangsläufig aus einer Vater-Mutter-Kind-Konstellation, weshalb sich die Frage stellt, ob diese gesetzgeberische Intention gegen eine gemeinsame Kindesannahme von eingetragenen Lebenspartnern spricht.[1291] Denn bei der Annahme in eine lebenspartnerschaftliche Familie käme es entweder zu einer Mutter-Mutter-Kind- oder einer Vater-Vater-Kind-Konstellation.

Zur Beantwortung dieser Frage gilt es zunächst zu klären, warum die Eingliederung in eine eheliche Familie gewollt war. In einem weiteren Schritt kann dann erörtert werden, ob diese Gründe entweder mittlerweile keine Geltung mehr beanspruchen können oder auch auf lebenspartnerschaftliche Familien zutreffen.

Die Eingliederung eines Adoptivkindes in eine eheliche Familie wurde zum einen wegen ihres rechtlichen Rahmens auf diese beschränkt. Diesbezüglich konnte aber schon im vorangegangenen Abschnitt die Vergleichbarkeit der rechtlichen Rahmen der beiden Institute festgestellt werden. Zum anderen muss allerdings auch bedacht werden, dass die Ehe zu den Anfängen des Bürgerlichen Gesetzbuches die einzige rechtlich verbindliche und gesellschaftlich anerkannte Form des Zusammenlebens eines Paares war. Bei der Darstellung der Entwicklung des Familienbegriffs wurde bereits dargelegt,[1292] dass zu diesem Zeitpunkt nicht zwischen Ehe und Familie getrennt wurde, indem die Ehe die Grundlage für eine Familie bildete.[1293] Das Familienbild hat sich jedoch bis heute einem stetigen Wandel unterzogen, wodurch es zunächst nicht mehr ehebasiert war, dann keine biologische Abstammung mehr voraussetzte und mittlerweile auch verschiedengeschlechtliche Partner mit Kindern als Familie anerkannt werden.[1294] Das ursprüngliche Bild der ehebasierten Familie hat sich somit weiterentwickelt, weshalb es auch grundsätzlich nicht mehr auf die Eingliederung in eine eheliche Familie, sondern lediglich in eine rechtlich abgesicherte Familie ankommen kann. Dies müsste jedoch anders beurteilt werden, wenn der ehelichen Familie Eigenschaften zugeschrieben werden

---

1291 Zu dieser Frage wurde auch schon unter Kapitel 2:A.III.2.b)ee)(3) kurz Stellung genommen.

1292 Zum Verhältnis von Ehe und Familie sowie der Entwicklung des Familienbegriffs vgl. schon die Ausführungen unter Kapitel 2:A.II.1.a)aa)(1).

1293 Vgl. dazu auch die Darstellung bei Pätzold, S. 252 ff.

1294 Vgl. zur Erarbeitung dieser Feststellung die Unterpunkte unter Kapitel 2:A.II.1.a)aa). Zu dieser Erkenntnis gelangt auch Pätzold, S. 73 ff. in ihrer Untersuchung des Familienbegriffs.

könnten, von denen ein Kind in einer lebenspartnerschaftlichen Familie nicht profitieren könnte. Wie in einer Ehe gibt es auch in einer eingetragenen Lebenspartnerschaft zwei Elternteile, die sich um die Erziehung des Kindes kümmern. Eine gemeinsame Erziehung, wodurch auch persönliche und emotionale Beziehungen beider Partner zu dem Kind entstehen können, ist somit auch in einer Familie möglich, die auf einer eingetragenen Lebenspartnerschaft basiert. Zusätzlich zur Erziehungsleistung beider Partner wurde die Ehe auch als für das Kindeswohl besonders förderlich betrachtet, weil ihr zugeschrieben wurde, sie könne dem Kind Geborgenheit geben und ihm einen schützenden und lebendigen Rahmen bieten.[1295] Weshalb diese Rahmenbedingungen gerade durch die Ehe geschaffen werden sollen, lässt sich nicht eindeutig klären. Es ist aber davon auszugehen, dass die Ehe diese Eigenschaften vor allem aufgrund ihres rechtlichen Rahmens, der für das Kind Sicherheit schafft, zugewiesen bekommt und nicht aufgrund ihrer verschiedengeschlechtlichen Partner. Diese Absicherung aufgrund eines rechtlichen Rahmens wird aber auch durch die eingetragene Lebenspartnerschaft gewährleistet. Ferner konnte auch schon festgestellt werden, dass das Wohl von Kindern, die bei gleichgeschlechtlichen Paaren aufwachsen, im Vergleich zu solchen, die bei verschiedengeschlechtlichen aufwachsen, nicht beeinträchtigt ist.[1296] Es gibt somit keine Hinweise dafür, dass eine eingetragene Lebenspartnerschaft einem Kind nicht genauso wie eine Ehe Geborgenheit geben kann sowie einen schützenden und lebendigen Rahmen zur Kindesentwicklung bietet.[1297] Abgesehen von der Geschlechterkonstellation, die sich nicht nachteilig auf das Kindeswohl auswirkt, scheint es daher keinen Unterschied zwischen ehelichen und lebenspartnerschaftlichen Familien zu geben.

Im Ergebnis war die Eingliederung in eine ehebasierte Familie also geschichtlich bedingt. Hieran wird jedoch mittlerweile nicht mehr festgehalten. Dies wurde vor allem auch durch die Einführung der Einzel- und Stiefkindadoption für eingetragene Lebenspartner verdeutlicht, durch welche Kinder auch in lebenspartnerschaftliche Familien eingegliedert werden.[1298] Lebenspartnerschaftliche Familien weisen schlussendlich auch die Vorzüge auf, die für die Beschränkung auf eheliche Familien ausschlaggebend waren. Die Beschränkung der gemeinsamen Kindesannahme auf Eheleute aufgrund der erforderlichen Eingliederung des Kindes in

1295 BVerfGE 25, 167, 196; BT-Drucks 7/3061, 1, 15.

1296 Vgl. dazu die Untersuchung unter Kapitel 1:B.II.1.b)aa).

1297 So auch Pätzold, S. 258.

1298 Dies ist zwar bei der Einzeladoption nur durch die Kombination von rechtlicher und sozialer Elternschaft der Fall, bei der Stiefkindadoption hingegen findet eine vollständige rechtliche Eingliederung in die lebenspartnerschaftliche Familie statt.

eine eheliche Familie kann somit schon nach geltender Gesetzeslage nicht mehr gefolgt werden.

## *IV. Fazit*

Wie dargestellt, wurde die gemeinsame Adoption auf Eheleute beschränkt um zum einen dem Grundsatz „adoptio naturam imitatur“ zu entsprechen. Zum anderen wurden aber auch der rechtliche Rahmen der Ehe und die Eingliederung in die eheliche Familie als besonders förderlich für das Kindeswohl angesehen. Diese Argumente wurden dementsprechend auch gegen die Einführung einer gemeinschaftlichen Adoption durch eingetragene Lebenspartner geäußert. Im Vorangegangenen konnte nun festgestellt werden, dass diese drei Gründe zur ursprünglichen Beschränkung auf Eheleute mittlerweile entweder schon durch das geltende Adoptionsrecht durchbrochen wurden oder keine Geltung mehr beanspruchen können. Im Hinblick auf den „adoptio naturam imitatur“ Grundsatz konnte eine bereits vorliegende Abweichung durch die geltenden Adoptionsvorschriften festgestellt werden, weshalb dieser Grundsatz auch nicht gegen eine Erweiterung der gemeinschaftlichen Annahme in § 1741 Abs. 2 S. 1 BGB auf eingetragene Lebenspartner angeführt werden kann. Auch die Argumentation mit dem rechtlichen Rahmen der Ehe kann nicht mehr aufrecht erhalten werden, da sich die Rechte und Pflichten der Partner beider Institute vor allem im Hinblick auf die Regelungen, die zur rechtlichen Eingliederung und Absicherung von Adoptivkindern in die Familien führen, sehr ähneln. Gleiches gilt auch für die Beschränkung der gemeinsamen Annahme auf Eheleute aufgrund der Eingliederung in die eheliche Familie. Auch hier konnte festgestellt werden, dass sich eheliche und lebenspartnerschaftliche Familien, abgesehen von ihren Geschlechterkonstellationen, nicht unterscheiden. Da das Aufwachsen bei gleichgeschlechtlichen Paaren aber keine negativen Auswirkungen auf das Kindeswohl hat, ist eine Beschränkung auf Eheleute bei der gemeinschaftlichen Annahme nicht erforderlich.

Insgesamt führen die Gründe, die ursprünglich zu einer Beschränkung der gemeinschaftlichen Kindesannahme auf Eheleute geführt haben, also nicht mehr dazu, diese Möglichkeit nicht auf eingetragene Lebenspartner erweitern zu können. Unter zivilrechtlichen Gesichtspunkten könnte somit die gemeinschaftliche Kindesannahme für eingetragene Lebenspartner eingeführt werden, da die Eingliederung in den rechtlichen Rahmen der eingetragenen Lebenspartnerschaft vergleichbar mit dem der Ehe ist und der Grundsatz „adoptio naturam imitatur“ bereits vom geltenden Adoptionsrecht durchbrochen wird.

## *B. Die gemeinschaftliche Adoption unter verfassungsrechtlichen Gesichtspunkten*

Nach der geltenden Gesetzeslage ist die anfängliche gemeinsame Annahme eines Fremdkindes durch eingetragene Lebenspartner nicht möglich,[1299] vgl. § 1741 Abs. 2 S. 1, 2 BGB und § 9 Abs. 6 LPartG. Das daraus entstehende Verbot einer gemeinschaftlichen Annahme könnte aber genau wie das Verbot der sukzessiven Adoption für eingetragene Lebenspartner gegen Grundrechte der hierdurch Betroffenen verstoßen. Sollte dies der Fall sein, stellt sich im weiteren Verlauf der Arbeit die Frage, ob die Einführung einer solchen anfänglichen gemeinschaftlichen Annahme sogar verfassungsrechtlich geboten sein könnte.

### *I. Der Verstoß des Verbots einer gemeinschaftlichen Adoption gegen Verfassungsrecht*

Indem Ehepartner ein Kind nach § 1741 Abs. 2 S. 2 BGB gemeinschaftlich annehmen können, eine solche Möglichkeit aber für eingetragene Lebenspartner nicht besteht, vgl. § 1741 Abs. 2 S. 1, 2 BGB und § 9 Abs. 6 LPartG, könnten Verstöße gegen Grundrechte der eingetragenen Lebenspartner sowie der betroffenen Kinder vorliegen. Diese gilt es im Folgenden zu untersuchen.

#### 1. Verstoß gegen Grundrechte der eingetragenen Lebenspartner

Zunächst gilt es die Frage zu beantworten, ob das aus § 1741 Abs. 2 S. 1, 2 BGB und § 9 Abs. 6 LPartG folgende Verbot der gemeinsamen Annahme[1300] gegen Grundrechte der eingetragenen Lebenspartner verstößt. Dabei könnten Verstöße gegen Art. 6 Abs. 1 GG, Art. 3 Abs. 1 GG, Art. 2 Abs. 1 GG i.V.m. Art. 1 Abs. 1 GG und Art. 2 Abs. 1 GG in Betracht kommen.

1299 Gernhuber/Coester-Waltjen, § 42, Rn. 44; Muscheler, Familienrecht, § 41, Rn. 712, § 49, Rn. 863; Muscheler, Rn. 422.

1300 Dieses wird auch von Staudinger/Voppel, § 9 LPartG, Rn. 103 so bezeichnet.

### *a) Verstoß gegen Art. 6 Abs. 1, 1. Alt. GG*

Da eingetragenen Lebenspartnern die gemeinschaftliche Annahme eines Kindes verwehrt ist, könnte ein Verstoß gegen die in Art. 6 Abs. 1 geschützte Ehe vorliegen.

Dazu müssten eingetragene Lebenspartner aber zunächst unter den Schutzbereich der Ehe in Art. 6 Abs. 1, 1. Alt. GG zu subsumieren sein. Dies wurde schon im Rahmen eines möglichen Verstoßes des Sukzessivadoptionsverbots für eingetragene Lebenspartner gegen Art. 6 Abs. 1, 1. Alt. GG thematisiert.[1301] Dabei konnte schon festgestellt werden, dass eine Ehe derzeit nur von verschiedengeschlechtlichen Personen geschlossen werden kann. Da es sich bei eingetragenen Lebenspartnern aber um eine Verbindung von zwei gleichgeschlechtlichen Personen handelt, fallen sie nicht unter den Schutzbereich der Ehe.[1302]

Ein Verstoß des Verbots der gemeinschaftlichen Kindesannahme für eingetragene Lebenspartner gegen Art. 6 Abs. 1, 1. Alt. GG liegt demnach nicht vor.

### *b) Verstoß gegen Art. 6 Abs. 1, 2. Alt. GG*

Indem eingetragenen Lebenspartnern nicht die Möglichkeit zusteht ein Kind gemeinsam anzunehmen, vgl. § 1741 Abs. 2 S. 1, 2 BGB und § 9 Abs. 6 LPartG, könnte aber gegen die in Art. 6 Abs. 1, 2. Alt. GG verankerte Familiengründungsfreiheit[1303] verstoßen worden sein. Dazu müsste ein verfassungsrechtlich nicht zu rechtfertigender Eingriff in dieses Grundrecht durch die Verwehrung dieser Adoptionsmöglichkeit vorliegen.

#### *aa) Schutzbereich*

Der Familienschutz des Art. 6 Abs. 1, 2. Alt. GG weist, wie schon erörtert wurde, einen dreidimensionalen Schutzbereich auf, indem er ein Abwehrrecht, eine Institutsgarantie und eine objektive Wertentscheidung enthält.[1304]

---

1301 Vgl. dazu die Untersuchung unter Kapitel 2:A.I.

1302 Grehl, S. 43; Risse, S. 238 f.; Sachs/von Coelln, Art. 6 GG, Rn. 6; Stern, IV/1, S. 485; Wasmuth, Der Staat 2002, 47, 51; Wölfl, S. 143.

1303 Nach Walper, S. 124 ist die Familiengründungsfreiheit durch das allgemeine Persönlichkeitsrecht des Art. 2 Abs. 1 GG i.V.m. Art. 1 Abs. 1 GG geschützt; dies diskutierend Pätzold, S. 146 ff.

1304 Di Fabio, NJW 2003, 993, 994; Krings, ZPR 2000, 409, 411; Schmidt-Bleibtreu/Hofmann/Hopfauf/Hofmann, Art. 6 GG, Rn. 3; Sachs/von Coelln, Art. 6 GG, Rn. 21; v. Münch/Kunig/Coester-Waltjen, Art. 6 GG, Rn. 1.

### (1) Abwehrrecht

Im Rahmen des Abwehr- bzw. Grundrechts enthält Art. 6 Abs. 1, 2. Alt. GG für die Familie ein Abwehrrecht gegen staatliche Eingriffe in die Privatsphäre der Familie.[1305] Der Staat muss deshalb die Freiheit der Familiengründung im Prinzip ermöglichen und ist dabei nur durch andere entgegenstehende Grundrechte beschränkt.[1306] In diese Familiengründungsfreiheit[1307] könnte durch die Verwehrung einer gemeinsamen Adoptionsmöglichkeit für eingetragene Lebenspartner eingegriffen werden, denn die Adoption stellt eine Möglichkeit der Familiengründung dar, indem das Kind die rechtliche Stellung eines Kindes des bzw. der Annehmenden erhält, vgl. § 1754 Abs. 1 bzw. 2 BGB. Für ungewollt kinderlose Paare[1308] stellt die Adoption sogar eine der wichtigsten Möglichkeiten zur Familiengründung dar.[1309] Dies gilt insbesondere für eingetragene Lebenspartner, da für diese die verschiedenen Möglichkeiten aus dem Bereich der Fortpflanzungsmedizin nicht in Betracht kommen.[1310]
Indem eine Familie auch durch eine Adoption gegründet werden kann, ist der Schutzbereich von Art. 6 Abs. 1, 2. Alt. GG in seiner abwehrrechtlichen Dimension eröffnet.[1311]

### (2) Institutsgarantie

Ferner könnte auch der Schutzbereich der Institutsgarantie der Familie eröffnet sein. In dieser Dimension sind privatrechtliche Vorschriften zur Regelung der Rechtsverhältnisse in und von

1305 Isensee/Kirchhof/Ipsen, VII, § 154, Rn. 73; Maunz/Dürig/Badura, Lfg. 37 August 2000, Art. 6 GG, Rn. 73; v. Münch/Kunig/Coester-Waltjen, Art. 6 GG, Rn. 19. Zum abwehrrechtlichen Schutz des Instituts der Adoption auch Ruffert, S. 411.

1306 v. Mangoldt/Klein/Starck/Robbers, Art. 6 GG, Rn. 92; v. Münch/Kunig/Coester-Waltjen, Art. 6 GG, Rn. 32.

1307 BVerfGE 105, 1, 10 f.; BVerfGE 66, 84, 94; Dreier/Gröschner, Art. 6 GG, Rn. 72; Epping/ Hillgruber/Uhle, Art. 6 GG, Rn. 27; Jarass/Pieroth, Art. 6 GG, Rn. 11; Maunz/Dürig/Badura, Lfg. 37 Aug. 2000, Art. 6 GG, Rn. 70; Stern, IV/1, S. 409, 417; v. Mangoldt/Klein/Starck/Robbers, Art. 6 GG, Rn. 92; v. Münch/Kunig/Coester-Waltjen, Art. 6 GG, Rn. 32.

1308 Ca. 90 % der Adoptionsbewerber sind ungewollt kinderlos, vgl. Bach, FPR 2001, 318, 320.

1309 Knobbe, FPR 2001, 309, 310.

1310 Dies gilt zum einen aufgrund der Geschlechterkombination für männliche Paare als auch für weibliche Paare, da bei diesen in Deutschland (überwiegend) keine künstlichen Befruchtungen vorgenommen werden, vgl. dazu die (Muster)Richtlinie zur Durchführung der assistierten Reproduktion – Novelle 2006, Punkt 3.1.1. abrufbar unter http://www.bundesaerztekammer.de/page.asp?his=0.7.45.3261 (letzter Aufruf am 1.4.2013). Für die Frage, ob den Ärzten die Assistenz bei der künstlichen Befruchtung von Lebenspartnerinnen erlaubt ist, sind nur die Berufsordnungen und Richtlinien der Landesärztekammern maßgebend. Die meisten Landesärztekammern haben sich allerdings an der (Muster)Richtlinie orientiert. Eine Übersicht zu den Bundesländern, die zugunsten von eingetragenen Lebenspartnerinnen abgewichen sind, findet sich unter http://lsvd.de/1677.98.html (letzter Aufruf am 1.4.2013). Zu den Problemen im Bereich der assistierten Reproduktion Scheib/Hastings, S. 285 ff; Walper, S. 138 ff.; kritisch auch Muscheler, Familienrecht, § 49, Rn. 859. Ausführlich hierzu Müller-Götzmann in seiner Arbeit.

1311 So auch Grehl, S. 148. Dafür, dass die Familiengründung durch Adoption in den Schutzbereich von Art. 6 Abs. 1, 2. Alt. GG fällt vgl. auch schon Kapitel 2:A.II.1.a).

Familien zu garantieren.[1312] Dazu gehören auch Regelungen zur Adoption.[1313] Zwar gibt es auch für eingetragene Lebenspartner die Möglichkeit der Einzeladoption nach § 9 Abs. 6 LPartG und diejenige der Stiefkindadoption nach § 9 Abs. 7 LPartG, es findet sich aber keine Regelung zur gemeinsamen Adoption. Da keine Regelungen zur gemeinsamen Annahme für eingetragene Lebenspartner existieren, ist also auch der Schutzbereich der Familie als Institutsgarantie eröffnet.

### (3) Wertentscheidende Grundsatznorm

Fraglich ist, ob auch der Schutzbereich der Familie als objektive Wertentscheidung des Verfassungsgebers betroffen sein könnte. Aus dieser Dimension ergibt sich eine Schutz- und Förderpflicht für die Familie.[1314] Aus der Förderpflicht des Gesetzgebers ergibt sich im Umkehrschluss ein Benachteiligungsverbot für die Familie im Verhältnis zu Nicht-Familien.[1315] Ein Nachteil kann dabei auch die Versagung eines Vorteils sein.[1316] Wie der Schutzbereich der Familie als objektive Wertentscheidung durch die Vorenthaltung einer gemeinsamen Adoptionsmöglichkeit für eingetragene Lebenspartner berührt sein sollte, ist allerdings nicht ersichtlich.

### (4) Ergebnis

Im Ergebnis ist daher der Schutzbereich der Familie als Abwehrrecht und als Institutsgarantie eröffnet. Der Schutzbereich der Dimension der wertentscheidenden Grundsatznorm ist hingegen nicht eröffnet.

## *bb) Eingriff*

In den eröffneten Schutzbereich des Art. 6 Abs. 1, 2. Alt. GG müsste auch eingegriffen werden. Fraglich ist somit, ob die de lege lata geltenden zivilrechtlichen Adoptionsvorschriften einen Eingriff in Art. 6 Abs. 1, 2. Alt. GG darstellen, indem eingetragene Lebenspartner zwar

1312 Stern, IV/1, S. 427.

1313 BK/Prison, 61. Lfg. Okt. 1990, Art. 6 Abs. 1 GG, Rn. 143 ff.; Heinz, ZRP 1995, 171, 172.

1314 BK/Prison, 38. Lfg. April 1978, Art. 6 GG, Rn. 70 ff.; Epping/Hillgruber/Uhle, Art. 6 GG, Rn. 33; v. Münch/Kunig/Coester-Waltjen, Art. 6 GG, Rn. 35, 39.

1315 BVerfGE 109, 96, 125; BVerfGE 107, 205, 215; BVerfGE 99, 216, 232; BVerfGE 9, 237, 247; Epping/Hillgruber/Uhle, Art. 6 GG, Rn. 34; Isensee/Kirchhof/Ipsen, VII, § 154, Rn. 79; Sachs/von Coelln, Art. 6 GG, Rn. 36; v. Münch/Kunig/Coester-Waltjen, Art. 6 GG, Rn. 37.

1316 BVerfGE 99, 216, 232; BVerfGE 12, 151, 167; Epping/Hillgruber/Uhle, Art. 6 GG, Rn. 34; Sachs/von Coelln, Art. 6 GG, Rn. 36.

die Möglichkeiten der Einzel- und Stiefkindadoption haben, nicht jedoch der gemeinschaftlichen Adoption.

### (1) Eingriff in die abwehrrechtliche Dimension

Dementsprechend gilt es zunächst zu erörtern, ob durch das Verbot der gemeinsamen Adoption für eingetragene Lebenspartner in die Familiengründungsfreiheit als Abwehrrecht eingegriffen wird.

Gänzlich vorenthalten ist eingetragenen Lebenspartnern die Familiengründung nicht. Denn ein eingetragener Lebenspartner kann ein Kind im Wege der Einzeladoption nach § 9 Abs. 6 LPartG allein annehmen und so mit diesem eine verfassungsrechtlich geschützte Familie gründen.[1317] Wenn dessen eingetragener Lebenspartner für dieses Kind dann auch die tatsächliche Verantwortung übernimmt, wird er ebenfalls mit in den Schutzbereich des verfassungsrechtlichen Familienbegriffs einbezogen.[1318] Dabei ist unbeachtlich, dass Einzeladoptionen in der Praxis nur sehr selten vorkommen, denn aus dem Recht eine Familie zu gründen lässt sich kein Anspruch auf das Zustandekommen einer Adoption ableiten.[1319] Ferner gibt es auch keine beschränkenden Regelungen zur Familiengründung durch natürliche Fortpflanzung von eingetragenen Lebenspartnern.[1320] Indem es allerdings keine Möglichkeit zur anfänglichen gemeinsamen Annahme gibt, wodurch beide eingetragenen Lebenspartner kraft Gesetzes mit dem Kind eine verfassungsrechtlich geschützte Familie bilden würden, sind sie in ihrer Familiengründungsfreiheit beschränkt. Diese Beschränkung stellt einen Eingriff in die verfassungsrechtlich geschützte Freiheit der lebenspartnerschaftlichen Familiengründung dar.[1321]

1317 Für Ein-Eltern-Familien vgl. BVerfGE 108, 82, 112; BVerfGE 25, 167, 196; Pätzold, S. 102. Für die Familiengründung durch Adoption vgl. BVerfGE 79, 256, 267; BVerfGE 18, 97, 105 f.; Epping/Hillgruber/Uhle, Art. 6 GG, Rn 15.

1318 So auch Dittberner, S. 167; ähnlich auch v. Münch/Kunig/Coester-Waltjen, Art. 6 GG, Rn. 11. Die Untersuchung zu diesem Ergebnis findet sich unter Kapitel 2:A.II.1.a)aa)(2).

1319 Grehl, S. 155; Pätzold, S. 150.

1320 So auch Pätzold, S. 150. Unerheblich ist dabei die Tatsache, dass Homosexuelle zur Wahrnehmung dieses Rechts gegen ihre sexuelle Veranlagung handeln müssten.

1321 Grehl, S. 155; a.A. Pätzold, S. 150.

## (2) Eingriff in die Dimension der Institutsgarantie

Ferner könnte auch ein Eingriff in die Institutsgarantie[1322] der Familie vorliegen, indem es keine privatrechtlichen Vorschriften zur gemeinsamen Annahme für eingetragene Lebenspartner gibt bzw. nur solche zur Einzel- und Stiefkindannahme, obwohl auch Regelungen zur Adoption zu garantieren sind.[1323] Allerdings wird durch die Institutsgarantie lediglich der Kernbestand der das Familienrecht bildenden Vorschriften, also nur der Ordnungskern der Institution der Familie, verfassungsrechtlich gesichert.[1324] Dementsprechend schützt Art. 6 Abs. 1 GG insofern nur gegen staatliche Maßnahmen, durch die bestimmende Merkmale des der Verfassung zugrunde liegenden Bildes der Familie beeinträchtigt werden.[1325] Geht man mit *Stern*[1326] davon aus, dass zur institutionellen Dimension des Familienschutzes auch Vorschriften zur Adoption als privatrechtliche Vorschriften zur Regelung der Rechtsverhältnisse von Familien gehören,[1327] so liegen diese durch die Einzel- und Stiefkindadoptionsmöglichkeiten für eingetragene Lebenspartner grundsätzlich auch vor. Ein Eingriff würde aber nur in Betracht kommen, wenn es überhaupt keine Möglichkeit der Familiengründung aufgrund von Adoptionsvorschriften für eingetragene Lebenspartner gäbe. Ein Eingriff in die institutionelle Dimension liegt demnach nicht vor.

## (3) Ergebnis zum Eingriff

Im Ergebnis liegt ein Eingriff in die in Art. 6 Abs. 1, 2. Alt. GG geschützte Familiengründungsfreiheit als Abwehrrecht durch die Verwehrung der gemeinschaftlichen Adoption für eingetragene Lebenspartner vor.[1328] Ein Eingriff in die gewährte Institutsgarantie liegt hingegen nicht vor.

1322 Beispiele dafür, welche Umstände zum Institut Familie zu zählen sind finden sich bei v. Münch/Kunig/Coester-Waltjen, Art. 6 GG, Rn. 15.

1323 vgl. Heinz, ZRP 1995, 171, 172; Stern. IV/1, S. 427. Dafür, dass das Rechtsinstitut der Adoption grundsätzlich verfassungsrechtlich zu sichern ist v. Mangoldt/Klein/Starck/Robbers, Art. 6 GG, Rn. 95.

1324 BVerfGE 62, 323, 330; zur Ehe BVerfGE 31, 58, 69 f.; BVerfGE 10, 59, 66.; Maunz/Dürig/Badura, Lfg. 37 Aug. 2000, Art. 6 GG, Rn. 69; Sachs/von Coelln, Art. 6 GG, Rn. 31.

1325 Epping/Hillgruber/Uhle, Art. 6 GG, Rn. 30.

1326 Vgl. Stern. IV/1, S. 427; soweit ersichtlich so auch Mangoldt/Klein/Starck/Robbers, Art. 6 GG, Rn. 95.

1327 Wodurch davon auszugehen ist, dass er die Adoption zum Ordnungskern der Familie zählt.

1328 So im Ergebnis auch Grehl, S. 155.

### *cc) Rechtfertigung*

Der festgestellte Eingriff in die Familiengründungsfreiheit würde allerdings keinen Grundrechtsverstoß darstellen, wenn er verfassungsrechtlich gerechtfertigt wäre. Eine Rechtfertigung kommt jedoch nur aufgrund von kollidierendem Verfassungsrecht in Betracht, da es sich bei Art. 6 Abs. 1 GG um ein vorbehaltlos gewährleistetes Grundrecht handelt.[1329] Dementsprechend wäre eine Rechtfertigung des Eingriffs aufgrund des in Art. 2 Abs. 1 GG i.V.m. Art. 1 Abs. 1 GG geschützten Kindeswohls oder auch des Eheschutzes aus Art. 6 Abs. 1, 1. Alt. GG denkbar.

#### (1) Kindeswohl Art. 2 Abs. 1 GG i.V.m. Art. 1 Abs. 1 GG

Der durch die Vorenthaltung der gemeinsamen Annahme eines Kindes entstehende Eingriff in die Familiengründungsfreiheit könnte durch das Wohl des Kindes gerechtfertigt sein. Dieses wird, wie die Untersuchung bereits gezeigt hat,[1330] als Ausprägung des allgemeinen Persönlichkeitsrechts des Kindes aus Art. 2 Abs. 1 GG i.V.m. Art. 1 Abs. 1 GG geschützt. Die Entfaltungsvoraussetzungen von Kindern werden so besonders geschützt,[1331] indem ihnen das allgemeine Persönlichkeitsrecht ein Recht auf chancengleiche Entwicklung gewährt. Würde dieses Recht der anzunehmenden Kinder durch die Verwehrung der gemeinsamen Annahme durch eingetragene Lebenspartner geschützt, wäre der festgestellte Eingriff in die Familiengründungsfreiheit der Partner gerechtfertigt. Das Kindeswohl würde aber nur geschützt, wenn sich Kinder, die bei eingetragenen Lebenspartnern aufwachsen, schlechter entwickeln würden als solche, die bei verschiedengeschlechtlichen Paaren aufwachsen. Das Wohl von Kindern, die in gleichgeschlechtlichen Beziehungen aufwachsen, wurde im Vorangegangenen schon näher untersucht.[1332] Dabei wurde festgestellt, dass die Entwicklung von Kindern, die bei gleichgeschlechtlichen Paaren aufwachsen, nicht von der Entwicklung von Kindern, die bei gegengeschlechtlichen Paaren aufwachsen, abweicht. Somit kann die Beschränkung der gemeinsamen Annahme auf Ehepartner und der dadurch entstehende Eingriff in die Familien-

1329 BVerfGE 31, 58, 69; BVerfGE 24, 119, 135; Epping/Hillgruber/Uhle, Art. 6 GG, Rn. 21; Jarass/Pieroth, Art. 6 GG, Rn. 23; Sachs/von Coelln, Art. 6 GG, Rn. 23; Stern, IV/1, S. 581; Umbach/Clemens/Umbach, Art. 6 GG, Rn. 34.

1330 Vgl. dazu schon die Ausführungen unter Kapitel 2:A.III.2.b)bb)(1).

1331 Isensee/Kirchhof/Kube, VII, § 148, Rn. 72.

1332 Siehe zu der Untersuchung dieses Aspekts Kapitel 1:B.II.1.b)aa).

gründungsfreiheit von eingetragenen Lebenspartnern nicht durch das Kindeswohl gerechtfertigt werden.[1333]

Allerdings ist trotz der Richtigkeit dieses Ergebnisses zu beachten, dass die Beurteilung des Kindeswohls immer nur im konkreten Einzelfall erfolgen kann. Zwar lässt sich sagen, dass das Kindeswohl grundsätzlich nicht durch eine Annahme und ein damit verbundenes Aufwachsen bei eingetragenen Lebenspartnern beeinträchtigt ist, dies kann aber in einem konkreten Einzelfall anders zu beurteilen sein. Da Kinder, die zur Adoption freigegeben werden, oft eine bis dato schwierige Biographie aufweisen, kann es dem Kindeswohl im Einzelfall besser dienen zu einem Ehepaar oder einer Einzelperson vermittelt zu werden. Diese Einzelfallentscheidung ist allerdings von der Adoptionsvermittlungsstelle im konkreten Fall zu treffen und kann nicht dazu führen eingetragene Lebenspartner grundsätzlich aus dem Kreis der potenziell Annehmenden auszuschließen.[1334] Um eingetragene Lebenspartner auch aus dem Kreis der Adoptionsbewerber auszuschließen, müssten die Bedenken in Bezug auf die Kindeswohldienlichkeit genereller Natur sein.[1335] Wie gezeigt ist dies aber nicht der Fall.

In das durch Art. 2 Abs. 1 GG i.V.m. Art. 1 Abs. 1 GG geschützte Kindeswohl wird somit durch eine gemeinsame Adoptionsmöglichkeit für eingetragene Lebenspartner oder eine tatsächlich erfolgte Annahme nicht eingegriffen.[1336] Im Ergebnis kann deshalb keine Rechtfertigung des Eingriffs in die Familiengründungsfreiheit von eingetragenen Lebenspartnern durch die Beschränkung der gemeinsamen Adoption auf Eheleute mit Hilfe des Kindeswohls erfolgen.

### (2) Eheschutz Art. 6 Abs. 1, 1. Alt. GG

Die Verwehrung einer gemeinsamen Adoptionsmöglichkeit für eingetragene Lebenspartner könnte aber zum Schutz der Ehe nach Art. 6 Abs. 1, 1. Alt GG gerechtfertigt sein. Dafür müsste durch eine Einführung einer gemeinsamen zeitgleichen Adoptionsvariante ein ungerechtfertigter Eingriff in die verfassungsrechtlich geschützte Ehe vorliegen. Denkbar wäre eine Beeinträchtigung der Ehe, da eingetragene Lebenspartner mit einer solchen Adoptions-

---

1333 So auch Grehl, S. 156; Pätzold, S. 135 f.

1334 So auch Walper, S. 133.

1335 Walper, S. 133.

1336 So auch Brandt, S. 125; Dethloff, ZKJ 2009, 141, 147; Grehl, S. 156; Grünberger, FPR 2010, 203, 208, der allerdings davon ausgeht, dass das Kindeswohl durch Art. 6 Abs. 2 GG geschützt wird; Hoppe, WD 3 – 060/10, S. 6; Hoppe, StAZ 2010, 107, 109; Pätzold, S. 136.

möglichkeit ein Recht erhalten würden, welches bisher Eheleuten vorbehalten war.[1337] Fraglich ist, ob dadurch ein Eingriff in den Schutzbereich der Ehe vorliegen würde.

### *(a) Eingriff in den Schutzbereich der Ehe*

Auch der Schutz der Ehe lässt sich in drei Dimensionen unterteilen, indem Art. 6 Abs. 1, 1. Alt. GG ein Abwehrrecht, eine Institutsgarantie und eine objektive Wertentscheidung zu entnehmen ist.[1338] Fraglich ist somit, in welcher Dimension Art. 6 Abs. 1, 1. Alt. GG betroffen sein könnte, wenn eingetragenen Lebenspartner eine gemeinsame Adoptionsmöglichkeit zustände.

Im Rahmen des Abwehrrechts gewährt Art. 6 Abs. 1 S. 1, 1. Alt. GG ein Abwehrrecht gegen staatliche Engriffe, welche die Ehe im materiellen oder persönlichen Bereich beeinträchtigen würden.[1339] Unter die geschützten Verhaltensweisen fallen u.a. die Eheschließungsfreiheit,[1340] die Ausgestaltung des ehelichen Zusammenlebens sowie die Entscheidung zur Scheidung.[1341] Es ist nicht ersichtlich, wie in eine der geschützten Verhaltensweisen durch die Ermöglichung einer gemeinschaftlichen Adoption für eingetragene Lebenspartner eingegriffen würde. Es kann folglich kein Eingriff in den Schutzbereich der Ehe als Abwehrrecht festgestellt werden. Art. 6 Abs. 1, 1. Alt GG könnte allerdings in seiner Funktion als Institutsgarantie[1342] beeinträchtigt sein. In dieser Dimension werden der Bestand und die wesentlichen Strukturen der Ehe geschützt.[1343] Das Institut der Ehe darf dementsprechend nicht wesentlich verändert oder abgeschafft werden. Durch die Einführung einer gemeinsamen Annahmemöglichkeit für eingetragene Lebenspartner entsprechend zu § 1741 Abs. 2 S. 2 BGB würde das Institut der Ehe weder verändert noch abgeschafft. Die Ehe würde durch die Schaffung einer weiteren Adoptionsmöglichkeit für eingetragene Lebenspartner überhaupt nicht berührt, denn Eheleuten

1337 Pätzold, S. 65.

1338 Epping/Hillgruber/Uhle, Art 6 GG, Rn. 20; Friauf/Höfling/Burgi, 4. Erg. Lfg. 04/02, Art. 6 GG, Rn. 23; Jarass/Pieroth, Art. 6, Rn. 1 f.; Klein, S. 11 ff.; Pieroth/Kingreen, KritV 2002, 219, 223; Schmidt-Bleibtreu/Hofmann/Hopfauf/Hofmann, Art. 6 GG, Rn. 3; v. Münch/Kunig/Coester-Waltjen, Art. 6 GG, Rn. 1.

1339 Sachs/Schmitt-Kammler/von Coelln, Art. 6 GG, Rn. 20 ff.; Schulz/Hauß/Diwell, Art. 6 GG, Rn. 12.

1340 Dazu näher v. Mangoldt/Klein/Starck/Robbers, Art. 6 GG, Rn. 51 ff.

1341 Für einen detaillierteren Überblick vgl. Epping/Hillgruber/Uhle, Art 6 GG, Rn. 22 ff.; Friauf/Höfling/Burgi, 4. Erg. Lfg. 04/02, Art. 6 GG, Rn. 24; Jarass/Pieroth, Art. 6 GG, Rn. 6; Maunz/Dürig/Badura, Lfg. 44 Februar 2005, Art. 6 GG, Rn. 47 f.; v. Münch/Kunig/Coester-Waltjen, Art. 6 GG, Rn. 20 ff.

1342 Zur Entwicklung der Institutsgarantie vgl. Pieroth/Kingreen, KritV 2002, 219, 224 ff.

1343 BVerfGE 24, 119, 135; BVerfGE 6, 55, 72; Epping/Hillgruber/Uhle, Art. 6 GG, Rn. 29; Jarass/Pieroth, Art. 6 GG, Rn. 2; Schmidt-Bleibtreu/Hofmann/Hopfauf/Hofmann, Art. 6 GG, Rn. 3.

stünden nach wie vor dieselben Adoptionsmöglichkeiten zur Verfügung. Auch die Dimension der Institutsgarantie des Eheschutzes ist somit nicht betroffen.

Fraglich ist, ob Art. 6 Abs. 1, 1. Alt. GG als wertentscheidende Grundsatznorm betroffen ist. In dieser Schutzdimension stellt Art. 6 Abs.1, 1. Alt GG eine verbindliche Wertentscheidung[1344] für den gesamten Bereich des die Ehe betreffenden privaten und öffentlichen Rechts dar.[1345] Aus dieser Dimension lassen sich verschiedene Rechtswirkungen ableiten. Diese bestehen in einer Schutz- und Förderpflicht, einem Benachteiligungsverbot und der Ausstrahlungswirkung.[1346] Dementsprechend ist der Staat nicht nur verpflichtet die Ehe vor Eingriffen durch ihn und durch Dritte zu schützen,[1347] sondern er ist auch verpflichtet die Ehe zu fördern.[1348] Wie bei der Familie auch ergibt sich daraus spiegelbildlich das Verbot, die Ehe gegenüber anderen Rechtsgemeinschaften zu benachteiligen.[1349] In diesem Zusammenhang stellt sich die Frage, ob eine dieser Rechtswirkungen der Ehe als objektive Wertentscheidung dadurch beeinträchtigt sein könnte, dass eingetragene Lebenspartner auch die Möglichkeit hätten ein Kind gemeinsam anzunehmen. Denn damit würden eingetragenen Lebenspartnern im Bereich der Adoption Möglichkeiten zustehen, die bisher nur Eheleuten vorbehalten sind, vgl. § 1741 Abs. 2 S. 2 BGB. Sollte Art. 6 Abs. 1, 1. Alt. GG ein Abstandsgebot entnommen werden können, könnte dieses durch die Angleichung der Adoptionsvorschriften für eingetragene Lebenspartner an diejenigen für Eheleute verletzt sein.[1350] Wie die bisherige Untersuchung allerdings schon gezeigt hat,[1351] reicht ein bloßer Verweis auf den Eheschutz zur Rechtfertigung des Eingriffs nicht aus. Die erforderlichen Sachgründe, die gemessen am jeweiligen Regelungsgegenstand und –ziel den Eingriff rechtfertigen könnten, liegen jedoch nicht vor.[1352] Die Ehe darf allerdings nicht gegenüber anderen Lebensgemeinschaften benach-

1344 Zur Entwicklung der Qualifizierung der Grundrechte als objektive Grundsatznormen vgl. Böckenförde, Der Staat 1990, 1, 3 ff.

1345 BVerfGE 108, 351, 363; BVerfGE 31, 58, 67; BVerfGE 9, 237, 242, 248; BVerfGE 6, 55, 71 ff.; Schulz/Hauß/Diwell, Art. 6 GG, Rn. 11.

1346 Sachs/Schmitt-Klammer/von Coelln, Art. 6 GG, Rn. 34 ff.; Schüffner, S. 290 ff.; Sodan, Art. 6 GG, Rn. 13; v. Münch/Kunig/Coester-Waltjen, Art. 6 GG, Rn. 35 ff.

1347 BVerfGE 6, 55, 76; BVerfGE 87, 1, 35.

1348 BVerfGE105, 313, 346; BVerfGE 82, 60, 81; BVerfGE 32, 260, 267; Classen, JZ 2010, 411; Stüber, FPR 2006, 117.

1349 BVerfGE 109, 96, 125; BVerfGE 99, 216, 232; BVerfGE 13, 290, 299; Friauf/Höfling/Burgi, 4. Erg. Lfg. 04/02, Art. 6 GG, Rn. 40 ff.; Pieroth/Kingreen, KritV 2002, 219, 232; Schüffner, S. 291 f.; Schulz/Hauß/Diwell, Art. 6 GG, Rn. 13.

1350 So auch Pätzold, S. 68.

1351 Vgl. dazu die Untersuchung unter Kapitel 2:A.II.2.b).

1352 Vgl. BVerfGE 124, 199, 226.

teiligt werden.[1353] Denkbar wäre aber eine Benachteiligung von Eheleuten durch die insgesamt steigende Anzahl an potentiellen Annehmenden.[1354] Denn wenn auch eingetragenen Lebenspartnern die Möglichkeit eröffnet wird ein Kind gemeinsam anzunehmen, steigt die Anzahl der Adoptionsbewerber und die Chancen auf eine erfolgreiche Vermittlung für Ehepaare sinken. Dabei handelt es sich aber nicht um eine Benachteiligung von Ehepaaren, da alle Adoptionsbewerber dieselben Vorraussetzungen erfüllen müssen. Die jeweils passenden Annehmenden werden weiterhin so ausgesucht, dass sie dem Wohl des Kindes am besten dienen. Eine Benachteiligung der Ehe liegt deshalb nicht vor.[1355]

Aufgrund der Angleichung der Adoptionsvorschriften könnte allerdings die Austauschbarkeit der Ehe herbeigeführt werden.[1356] So hat schon das Bundesverfassungsgericht darauf hingewiesen, der Gesetzgeber könnte einen Funktionsverlust der Ehe und damit ihre Austauschbarkeit herbeiführen, wenn er ein Institut schafft, welches dieselben Funktionen wie die Ehe aufweist, dabei aber mit gleichen Rechten und geringeren Pflichten ausgestattet ist.[1357] Wie schon festgestellt wurde, richten sich die beiden Institute allerdings an unterschiedliche Personenkreise, indem die Ehe für verschiedengeschlechtliche und die eingetragene Lebenspartnerschaft für gleichgeschlechtliche Partner offen steht. Ferner steht die Geschlechterkonstellation auch im Zusammenhang mit der sexuellen Orientierung der Partner, da eingetragene Lebenspartnerschaften von homosexuellen und Ehen von heterosexuellen Paaren eingegangen werden.[1358] Eine Austauschbarkeit der Ehe und eine damit einhergehende Verletzung ihrer Förderungspflicht ist folglich nicht gegeben.

Dementsprechend ist der grundgesetzliche Schutz der Ehe als objektive Wertentscheidung nicht berührt.

1353 Dies wird nach Ansicht von Zippelius, DÖV 1986, 805, 809 vom Gesetzgeber und der Rechtsprechung vertreten, wobei er der Meinung ist, dass es ein Gebot gäbe Ehen gegenüber anderen Gemeinschaften gewisse Vorteile z.B. im Steuerrecht zukommen zu lassen. Dafür, dass nichteheliche Lebensgemeinschaften und Ehen nicht völlig gleich gestellt werden dürfen Scholz, ZRP 1981, 225, 228.

1354 So auch Pätzold, S. 68.

1355 Brandt, S. 124; Pätzold, S. 69. So im Ergebnis auch Dethloff, ZRP 2004, 195, 200.

1356 Vgl. dazu auch Pätzold, S. 69 f.

1357 BVerfGE 105, 313, 350 f.

1358 Dies wurde im Laufe der Arbeit schon näher untersucht, siehe Kapitel 2:A.III.2.a)cc). So auch BVerfGE 124, 199, 221; BVerfGE 105, 313, 351; Braun, NJW 2003, 21, 24; Klein, FPR 2001, 434; Pätzold, S. 70.

### *(b) Ergebnis*

Durch die Einführung von einer gemeinsamen Adoptionsmöglichkeit für eingetragene Lebenspartner liegt kein Eingriff in die verfassungsrechtlich geschützte Ehe vor.[1359] Der in Art. 6 Abs. 1, 1. Alt. GG normierte Eheschutz kann somit den Eingriff in die Familiengründungsfreiheit von eingetragenen Lebenspartnern nicht rechtfertigen.

### (3) Fazit zur Rechtfertigung

Der vorliegende Eingriff in die Familiengründungsfreiheit von eingetragenen Lebenspartnern kann weder aufgrund des in Art. 2 Abs. 1 GG i.V.m. Art. 1 Abs. 1 GG geschützten Kindeswohls noch aufgrund der in Art. 6 Abs. 1, 1. Alt. GG geschützten Ehe gerechtfertigt werden. Eine Rechtfertigung aufgrund weiteren kollidierenden Verfassungsrechts ist nicht ersichtlich.

## *dd) Ergebnis*

Der Umstand, dass eingetragenen Lebenspartnern eine gemeinsame Kindesannahme de lege lata vorenthalten ist, stellt einen Eingriff in ihre durch Art. 6 Abs. 1, 2. Alt. GG geschützte Familiengründungsfreiheit dar. Dieser Eingriff kann auch nicht anhand von kollidierendem Verfassungsrecht wie dem Kindeswohl oder dem Eheschutz gerechtfertigt werden.[1360]

## *c) Verstoß gegen Art. 3 Abs. 1 GG*

Des Weiteren könnte auch ein Verstoß gegen das allgemeine Gleichbehandlungsgebot des Art. 3 Abs. 1 GG vorliegen, da Eheleuten die gemeinsame Kindesannahme nach § 1741 Abs. 2 S. 2 BGB möglich ist, sie eingetragenen Lebenspartnern jedoch verwehrt bleibt. Denn nach dem Gleichbehandlungsgrundsatz darf wesentlich Gleiches nicht ungleich und wesentlich Ungleiches nicht gleich behandelt werden, es sei denn die (Un-)Gleichbehandlung ist verfassungsrechtlich gerechtfertigt.[1361]

Fraglich ist jedoch zunächst, ob der allgemeine Gleichheitssatz hier aufgrund einer Schutzbereichsüberschneidung im Wege der Gesetzeskonkurrenz ausscheidet.[1362] Denn wie schon festgestellt wurde, liegt ein Eingriff in die in Art. 6 Abs. 1, 2. Alt. GG geschützte Familien-

1359 So auch Brandt, S. 125, Grehl, S. 157; Pätzold, S. 71.

1360 So auch Grehl, S. 157; Müller, FF 2011, 56, 62 f. A. A. Pätzold, S. 150; Pätzold, FPR 2005, 269, 271; Umbach/Clemens/Umbach, Art. 6 GG, Rn. 67; Risse, S. 341; Zimmermann, FS Steinberger, 645, 663.

1361 BVerfGE 42, 64, 72; BVerfGE 1, 14, 52; Epping/Hillgruber/Kischel, Art. 3 GG, Rn. 14, Hufen, § 39, Rn. 5, Sachs, S. 222 ff.; Schmidt-Bleibtreu/Hofmann/Hopfauf/Kannengießer, Art. 6 GG, Rn. 14.

1362 Erfurter Kommentar zum Arbeitsrecht/Dieterich, Einleitung, Rn. 68.

gründungsfreiheit vor. Der allgemeine Gleichheitssatz wird aber, wie bereits erörtert wurde, nicht grundsätzlich von Art. 6 Abs. 1 GG verdrängt.[1363] Art. 6 Abs. 1 GG kann jedoch spezieller sein, wenn er ein besonderes Diskriminierungsverbot hinsichtlich von Ehe oder Familie enthält.[1364] Dann müsste in der vorliegenden Konstellation die Diskriminierung der Ehe oder der Familie durch Art. 6 Abs. 1 GG geschützt werden. Dies ist allerdings nicht der Fall, da zum einen nicht die Ehe sondern die eingetragene Lebenspartnerschaft schlechter gestellt wird. Zum anderen geht es beim einschlägigen Familienschutz aus Art. 6 Abs. 1, 2. Alt. GG nicht um die Diskriminierung einer Familie im Vergleich zu Nicht-Familien, sondern um den Schutz, welcher der Gründung einer Familie zugutekommt. Ein spezielles Diskriminierungsverbot des Art. 6 Abs. 1 GG ist deshalb nicht einschlägig, weshalb der allgemeine Gleichheitssatz auch nicht verdrängt wird. Der Maßstab von Art. 3 Abs. 1 GG wird somit lediglich durch die besondere Wertentscheidung des Art. 6 Abs. 1 GG verstärkt.[1365]

Im Folgenden gilt es somit zu untersuchen, ob eine ungerechtfertigte Ungleichbehandlung von wesentlich Gleichem vorliegt, indem die gemeinsame Annahme eines Kindes nach § 1741 Abs. 2 S. 2 BGB nur Eheleuten möglich ist. Dazu müsste zunächst eine rechtlich relevante Ungleichbehandlung von wesentlich Gleichem vorliegen. Des Weiteren dürfte diese nicht verfassungsrechtlich gerechtfertigt sein.

## *aa) Rechtlich relevante Ungleichbehandlung von wesentlich Gleichem*

Für das Vorliegen einer rechtlich relevanten Ungleichbehandlung aufgrund der unterschiedlichen Möglichkeiten zur gemeinsamen Kindesannahme für eingetragene Lebenspartner und Eheleute müsste es sich bei den beiden Personengruppen zunächst um wesentlich Gleiches handeln.[1366] Sowohl bei eingetragenen Lebenspartnern als auch bei Eheleuten handelt es sich um auf Dauer angelegte, freiwillige, rechtlich verfestigte Vereinigungen von zwei Personen, in der die Partner gegenseitig die Verantwortung für einander übernehmen.[1367] Die Unterschiede in der Kombination der Geschlechter in den jeweiligen Partnerschaften stehen dabei

1363 Vgl. dazu schon Kapitel 2:A.III.

1364 So auch Freytag, DÖV 2002, 445, 451 f. Das Bestätigen auch die Entscheidungen des Bundesverfassungsgerichts in denen der besondere Vorrang von Art. 6 Abs. 1 GG in der jeweiligen Entscheidung betont wird, vgl. BVerfGE 17, 210, 217; BVerfGE 12, 151, 163.

1365 So auch in BVerfGE 89, 346, 352; BVerfGE 87, 1, 26; BVerfGE 82, 60, 86; BVerfGE 69, 188, 205. Vgl. auch Dreier/Heun, Art. 6 GG, Rn. 140; Isensee/Kirchhof/Sachs, VIII, § 183, Rn. 170; Jarass/Pieroth, Art. 6 GG, Rn. 3; Maunz/Dürig/Badura, Lfg. 65 April 2012, Art. 6 GG, Rn. 31 ff.; Stern, IV/1, S. 620 ff.; v. Mangoldt/Klein/Starck/Starck, Art. 3GG, Rn. 301.

1366 Siehe dazu schon die Ausführungen in Kapitel 2:A.III.1.

1367 BVerfGE 124, 199, 225; Bruns/Kemper/Stüber, Einführung, Rn. 116; Pätzold, S. 153.

als unwesentlich zurück. Bei eingetragenen Lebenspartnern und Eheleuten handelt es sich somit um wesentlich Gleiches i.S.d. Art. 3 Abs. 1 GG.[1368]

Indem Eheleute nach § 1741 Abs. 2 S. 2 BGB ein Kind gemeinsam annehmen können, eingetragenen Lebenspartnern diese Möglichkeit jedoch nicht offen steht, vgl. § 1741 Abs. 2 S. 1, 2 BGB und § 9 Abs. 6 LPartG, liegt auch eine rechtlich relevante Ungleichbehandlung vor.[1369] Diese Ungleichbehandlung erfolgt auch durch denselben Hoheitsträger, indem der Bund von seiner Gesetzgebungskompetenz nach Art. 74 Abs. 1 Nr. 1 GG, Art. 72 Abs. 1 GG Gebrauch gemacht hat.[1370]

Aufgrund der unterschiedlichen Regelungen zur gemeinsamen Kindesannahme für eingetragene Lebenspartner und Eheleute liegt im Ergebnis eine rechtlich relevante Ungleichbehandlung von wesentlich Gleichem durch denselben Hoheitsträger vor.[1371]

### *bb) Verfassungsrechtliche Rechtfertigung der Ungleichbehandlung*

Für das Vorliegen eines Verstoßes gegen den Gleichbehandlungsgrundsatz nach Art. 3 Abs. 1 GG dürfte die festgestellte Ungleichbehandlung von Eheleuten und eingetragenen Lebenspartnern ferner nicht verfassungsrechtlich gerechtfertigt sein. Da sich aus dem allgemeinen Gleichheitssatz je nach Regelungsgegenstand und Differenzierungsmerkmalen unterschiedliche Grenzen für die Rechtfertigung einer Ungleichbehandlung ergeben,[1372] gilt es somit zunächst den zutreffenden Rechtfertigungsmaßstab zu bestimmen. Anschließend ist die Rechtfertigung der Ungleichbehandlung an sich zu prüfen.

---

1368 BVerfGE 124, 199, 217 f.; OLG Hamburg FamRZ 2011, 1312, 1313; Freytag, DÖV 2002, 445, 452; Grehl, S. 93, 158; Bruns/Kemper/Stüber, Einführung, Rn. 116; Hoppe, StAZ 2010, 107; Müller, FF 2011, 56, 62; Pätzold, S. 153; ähnlich auch Robbers, JZ 2001, 779, 784; Sachs, JuS 2010, 561, 562; Siegfried, FPR 2005, 120, 121 für dessen Ausführungen diese Annahme eine Voraussetzung ist; a.A. Isensee/Kirchhof/Ipsen, VII, § 154, Rn. 58 da sich die Ehe aufgrund ihrer Vorstufe zur Familie von der Lebenspartnerschaft unterscheide. Wobei unter Rn. 63 festgestellt wird, dass Ehen zunehmend kinderlos bleiben und sich somit die Frage stellen würde, ob die tradierte Vorstellung der Ehe als Vorstufe zur Familie noch zeitgemäß ist.

1369 So auch Grehl, S. 159; Pätzold, S. 153. Dafür, dass der Gleichheitssatz auch im Rahmen der Rechtssetzung Anwendung findet BVerfGE 110, 141, 167; BVerfGE 1, 14, 52; Friauf/Höfling/Huster, 7. Erg. Lfg. 12/02, Art. 3 GG, Rn. 16; Schmidt-Bleibtreu/Hofmann/Hopfauf/Kannengießer, Art. 3 GG, Rn. 13; v. Münch/Kunig/Boysen, Art. 3 GG, Rn. 31. Vgl. dazu ferner schon die Ausführungen in Kapitel 2 A. I.

1370 So auch Pätzold, S. 153.

1371 So auch Gärditz, JZ 2011, 930, 932, der für seine Ausführungen eine Ungleichbehandlung voraussetzt; Grehl, S. 159; Grünberger, FPR 2010, 203, 207; Hoppe, WD 3 – 060/10, S. 4; Hoppe, StAZ 2010, 107; Müller, FF 2011, 56, 62Pätzold, S. 153; Siegfried, FPR 2005, 120, 121.

1372 BVerfGE 124, 199, 219.

### (1) Rechtfertigungsmaßstab

Der anzuwendende Rechtfertigungsmaßstab ist als erstes davon abhängig, ob es sich vorliegend um eine personenbezogene oder sachbezogene Ungleichbehandlung handelt.[1373] Bei den unterschiedlichen rechtlichen Möglichkeiten zur gemeinsamen Kindesannahme für eingetragene Lebenspartner und Eheleute wird an den Personenstand der annehmenden Paare angeknüpft.[1374] Es handelt sich deshalb um eine personenbezogene Differenzierung. Solche lassen sich nur anhand der neuen Formel[1375] rechtfertigen. Auch wenn dem Gesetzgeber bei diesen Rechtfertigungsanforderungen im Gegensatz zum Willkürverbot schon engere Grenzen gesetzt sind, so wäre eine strengere Bindung an die Verhältnismäßigkeitserfordernisse durch folgende Aspekte möglich.

Ein gesteigerter Rechtfertigungsbedarf würde sich ergeben, wenn sich der die Ungleichbehandlung der Personengruppen tragende Sachgrund auf die Ausübung von grundrechtlich geschützten Freiheiten nachteilig auswirken könnte.[1376] Da eingetragene Lebenspartner nicht durch die gemeinschaftliche Kindesannahme eine Familie gründen können, liegt ein Eingriff in ihre Familiengründungsfreiheit nach Art. 6 Abs. 1, 2. Alt. GG vor.[1377] Ein gesteigerter Rechtfertigungsbedarf aufgrund einer Berührung anderer grundrechtlich geschützter Positionen liegt dementsprechend vor.

Eine weitere Verengung des gesetzgeberischen Gestaltungsfreiraums könnte sich ferner ergeben, wenn durch die Ungleichbehandlung an ein Merkmal des Art. 3 Abs. 3 GG angeknüpft wird oder an eines, welches an diese angenähert ist.[1378] Da bei der Ungleichbehandlung von Eheleuten und eingetragenen Lebenspartnern bei den Regelungen zur gemeinsamen Kindesannahme nicht an eines der Merkmale des Art. 3 Abs. 3 GG angeknüpft wird, kommt nur eine Anknüpfung an ein Merkmal, welches diesen angenähert ist, in Betracht. Um ein solches handelt es sich bei der sexuellen Orientierung, an welches vorliegend auch angeknüpft wer-

---

1373 Epping/Hillgruber/Kischel, Art. 3 GG, Rn. 42 ff.; Friauf/Höfling/Huster, 12. Erg. Lfg. 05/05, Art. 3 GG, Rn. 95 f.; Hömig/Bergmann, Art. 3 GG, Rn. 5; Schmidt-Bleibtreu/Hofmann/Hopfauf/Kannengießer, Art. 3 GG, Rn. 17; Sodan, Art. 3 GG, Rn. 15; v. Münch/Kunig/Boysen, Art. 3 GG, Rn. 105.

1374 Genaue Ausführungen zur Bestimmung des Rechtfertigungsmaßstabes finden sich unter Kapitel 2:A.III.2.a)aa). Die Ausführungen sind entsprechend übertragbar, da beide Ungleichbehandlungen auf unterschiedlichen Adoptionsregelungen basieren.

1375 Ipsen, Rn. 807; Michael/Morlok, Rn. 785 ff. Ein detaillierter Überblick zum Willkürverbot und der neuen Formel findet sich in der Arbeit von Kallina, S. 7 ff.

1376 BVerfGE 105, 73, 110 f.; BVerfGE 95, 267, 316 f.; BVerfGE 88, 87, 96; Sachs/Osterloh, Art. 3 GG, Rn. 32; Stern, IV/2, S. 1535 f.; v. Münch/Kunig/Boysen, Art. 3 GG, Rn. 107.

1377 Dies wurde im vorangegangenen Abschnitt festgestellt, siehe Kapitel 4:B.I.1.b)dd).

1378 Zur Herleitung siehe bereits die Ausführungen unter Kapitel 2:A.III.2.a)cc)

den könnte. Indem die Ehe nur von heterosexuellen und die eingetragene Lebenspartnerschaft nur von homosexuellen Paaren geschlossen wird, wird durch die unterschiedlichen Regelungen zur gemeinsamen Annahme auch an die sexuelle Orientierung der Paare angeknüpft. Daraus ergibt sich folglich eine weitere Verengung des gesetzgeberischen Gestaltungsfreiraums bei der Rechtfertigung.

Die festgestellte Ungleichbehandlung von eingetragenen Lebenspartnern und Eheleuten könnte außerdem einem gesteigerten Rechtfertigungsbedarf unterliegen, wenn der Gesetzgeber mit anderen Regelungen ein bestimmtes System geschaffen hat, von welchem er durch die nicht gegebene Möglichkeit der gemeinschaftlichen Annahme für eingetragene Lebenspartner abweicht.[1379] Dazu müsste ein System existieren, welches dadurch gebrochen wird, dass eingetragene Lebenspartner ein Kind nicht gemeinsam annehmen können. Die gemeinsame Adoption durch eingetragene Lebenspartner wird immer wieder mit dem Hinweis auf das Kindeswohl abgelehnt.[1380] Fraglich ist, ob dadurch von einem schon geschaffenen System zum Kindeswohl abgewichen wird. Wie die Untersuchung schon im Bereich der sukzessiven Adoptionsmöglichkeiten gezeigt hat, hat der Gesetzgeber durch die Einzeladoptions- und Stiefkindadoptionsmöglichkeit[1381] sowie die Regelungen im Bereich der Pflegeverhältnisse[1382] das Wohl von Kindern, die bei gleichgeschlechtlichen Paaren aufwachsen, generell als nicht gefährdet angesehen.[1383] Durch die Stiefkindadoption gilt dies nicht nur für die sozial bzw. gemischt soziale und rechtliche Elternschaft, sondern auch für die gemeinsame rechtliche Elternschaft von eingetragenen Lebenspartnern.[1384] Von diesem System wird auch durch die Verwehrung der gemeinsamen Adoption für eingetragene Lebenspartner abgewichen.[1385] Somit ergibt sich auch durch diesen Systembruch ein gesteigerter Rechtfertigungsbedarf der Ungleichbehandlung.

1379 Dafür, dass sich aus einer Systemabweichung ein gesteigerter Rechtfertigungsbedarf ergibt BVerfGE 124, 199, 222 ff.

1380 Granold, Plenarprotokoll 17/51, 5448 f.; Raab, Plenarprotokoll 15/136, 12484. So auch Dethloff, ZPR 2004, 195, 199; Grehl, S. 163; Grünberger, FPR 2005, 203, 208; Hoppe, StAZ 2010, 107, 108; Müller, FF 2011, 56, 60 ff.; Siegfried, FPR 2005, 120, 121. Dafür spricht ferner auch die vom Bundesministerium der Justiz in Auftrag gegebene Studie über die Lebenssituation von Kindern in gleichgeschlechtlichen Beziehungen von Rupp.

1381 Vgl. dazu Kapitel 2:A.III.2.a)dd)(2)(a).

1382 Vgl. dazu Kapitel 2:A.III.2.a)dd)(2)(b).

1383 Vgl. dazu die Untersuchung in Kapitel 2:A.III.2.a)dd)(2).

1384 So auch schon unter Kapitel 2:A.III.2.a)dd)(2)(d). Für die Zugehörogkeit der Einzel- und Stiefkindadoption zum geschaffenen System auch Grehl , S. 171.

1385 Grehl, S. 172; Grünberger, FPR 2010, 203 207 f.; Siegfried, FPR 2005, 120, 121.

Bei der Rechtfertigung der Ungleichbehandlung von eingetragenen Lebenspartnern und Eheleuten ist im Ergebnis somit die neue Formel anzuwenden. Strengere Anforderungen an die Rechtfertigung ergeben sich noch durch die Berührung der Familiengründungsfreiheit des Art. 6 Abs. 1, 2. Alt. GG, die Anknüpfung an die sexuelle Orientierung der betroffenen Personengruppen als ein an die in Art. 3 Abs. 3 GG genannten angenähertes Merkmal und durch die Abweichung von dem zum Kindeswohl geschaffenen Systems des Gesetzgebers.

Nachdem nun der Rechtfertigungsmaßstab der Ungleichbehandlung von eingetragenen Lebenspartnern und Eheleuten bei der gemeinsamen Kindesannahme herausgearbeitet wurde, stellt sich im Folgenden die Frage, ob die Ungleichbehandlung anhand dieses Maßstabs gerechtfertigt werden kann. Dazu muss die Ungleichbehandlung einem legitimen Zweck dienen.[1386] Sie muss ferner geeignet sein diesen Zweck zu erreichen. Des Weiteren muss die Ungleichbehandlung auch erforderlich sein und der Zweck sowie die Mittel müssen in einem angemessenen Verhältnis stehen.

## (2) Rechtfertigung

Eine Rechtfertigung der festgestellten Ungleichbehandlung von eingetragenen Lebenspartnern und Eheleuten durch die Möglichkeiten zur gemeinschaftlichen Kindesannahme nach § 1741 Abs. 2 S. 1, 2 BGB und § 9 Abs. 6 LPartG wäre aufgrund der zivilrechtlichen Beschränkung der gemeinschaftlichen Annahme auf Ehegatten, Kindeswohlerwägungen, zum Schutz der Ehe oder völkerrechtlichen Abkommen denkbar.

### *(a) Beschränkung der gemeinschaftlichen Annahme auf Eheleute*

Die festgestellte Ungleichbehandlung könnte durch die Beschränkung der gemeinschaftlichen Kindesannahme auf Eheleute aus § 1741 Abs. 2 S. 2 BGB gerechtfertigt sein. Im Laufe der Untersuchung wurden die Gründe für diese Beschränkung bereits herausgestellt.[1387] Sie bestehen im Grundsatz „adoptio naturam imitatur“, dem rechtlichen Rahmen der Ehe und der Eingliederung in die eheliche Familie. Dabei wurde auch schon festgestellt, dass alle Gründe bereits durch das geltende Adoptionsrecht durchbrochen werden. Ferner ist der rechtliche Rahmen der Ehe mit dem der eingetragenen Lebenspartnerschaft vergleichbar, was auch für die durch sie gebildeten Familien Geltung beansprucht. Indem die ursprünglichen Gründe zur

1386 Siehe zu diesen Kriterien schon Kapitel 2:A.III.2.a)ee).
1387 Vgl. dazu Kapitel 4:A.

Beschränkung der gemeinschaftlichen Annahme auf Eheleute entweder bereits vom geltenden Adoptionsrecht durchbrochen werden oder auf eingetragene Lebenspartner übertragbar sind und so keine Geltung mehr beanspruchen, kann die vorliegende Ungleichbehandlung aufgrund des Verbots der gemeinschaftlichen Annahme für eingetragene Lebenspartner durch die ursprünglichen Beschränkungen auch nicht gerechtfertigt werden.

#### *(b) Kindeswohl Art. 2 Abs. 1 GG i.V.m. Art. 1 Abs. 1 GG*

Zur Rechtfertigung der vorliegend festgestellten Ungleichbehandlung könnte aber das als Ausprägung des allgemeinen Persönlichkeitsrechts des Kindes geschützte Kindeswohl herangezogen werden. Würde dieses Recht auf chancengleiche Entwicklung der anzunehmenden Kinder durch die Verwehrung der gemeinsamen Annahme durch eingetragene Lebenspartner geschützt, wäre die festgestellte Ungleichbehandlung gerechtfertigt. In der vorangegangenen Prüfung wurde allerdings schon festgestellt, dass sich Kinder, die bei gleichgeschlechtlichen Paaren aufwachsen, genauso gut entwickeln, wie solche, die bei verschiedengeschlechtlichen Paaren aufwachsen. Deshalb konnten schon die festgestellten Ungleichbehandlungen durch das Verbot der Sukzessivadoption sowie der Eingriff in die Familiengründungsfreiheit durch die Verwehrung der gemeinsamen Adoption nicht durch das Kindeswohl gerechtfertigt werden.[1388] Auch die festgestellte Ungleichbehandlung von eingetragenen Lebenspartnern und Eheleuten bei den Möglichkeiten zur gemeinschaftlichen Annahme eines Kindes nach § 1741 Abs. 2 S. 1, 2 BGB und § 9 Abs. 6 LPartG kann dementsprechend nicht durch das Wohl der anzunehmenden Kinder gerechtfertigt werden.[1389]

#### *(c) Eheschutz Art. 6 Abs. 1, 1. Alt. GG*

Die vorliegend festgestellte ungleiche Behandlung von eingetragenen Lebenspartnern und Eheleuten könnte aber zum Schutz der Ehe nach Art. 6 Abs. 1, 1. Alt. GG erforderlich und so auch gerechtfertigt sein. Jedoch wurde auch bei diesem Aspekt der Rechtfertigung bereits festgestellt, dass weder ein Abstandsgebot, auf das nur verwiesen werden müsste, zwischen Ehe und eingetragener Lebenspartnerschaft noch die Gefahr einer Austauschbarkeit der Insti-

1388 Vgl. dazu die Ergebnisse unter Kapitel 2:A.III.2.b)bb)(3), Kapitel 2:B.III.2.b)bb) und Kapitel 4:B.I.1.b)cc)(1).

1389 Zu diesem Ergebnis gelangt auch Grehl in ihrer Untersuchung, vgl. dazu Grehl, S. 160 ff. So auch Hoppe, StAZ 2010, 107, 108; Pätzold, S. 136; Siegfried, FPR 2005, 120, 121.

tute besteht.[1390] Folglich kann die Ungleichbehandlung auch nicht durch den Eheschutz verfassungsrechtlich gerechtfertigt werden.[1391]

#### *(d) Internationale Adoptionsübereinkommen*

Auch die Rechtfertigung der Ungleichbehandlung aufgrund der unterschiedlichen Möglichkeiten zur gemeinschaftlichen Annahme anhand von internationalen Adoptionsübereinkommen scheidet aus. Denn auch wenn der Wortlaut von Art. 6 Abs. 1 EuAdÜbEink 1967 nur die gemeinsame Annahme durch miteinander verheiratete Personen zulässt, kann dieses Abkommen nach Art. 27 Abs. 2, 3 EuAdÜbEink 1967 mit einer Frist von sechs Monaten gekündigt werden. Außerdem könnte die Bundesrepublik Deutschland auch die revidierte Fassung des Abkommens unterzeichnen und ratifizieren, da nach Art. 7 Abs. 1 EuAdÜbEink 2008 die gemeinschaftliche Kindesannahme auch für eingetragene Lebenspartner möglich ist. Eine Rechtfertigung anhand des Europäischen Adoptionsübereinkommens von 1967 scheidet daher aus.

### (3) Ergebnis zur verfassungsrechtlichen Rechtfertigung

Die ungleiche Behandlung von eingetragenen Lebenspartnern und Eheleuten bei den Möglichkeiten zur gemeinschaftlichen Kindesannahme kann weder durch die zivilrechtliche Beschränkung der gemeinschaftlichen Annahme auf Ehegatten, noch durch das als Ausprägung des allgemeinen Persönlichkeitsrechts geschützte Wohl der anzunehmenden Kinder, den Schutz der Ehe oder internationale Adoptionsübereinkommen gerechtfertigt werden.

## *cc) Ergebnis*

Indem die festgestellte Ungleichbehandlung von eingetragenen Lebenspartnern und Eheleuten durch die Möglichkeiten zur Kindesannahme nach § 1741 Abs. 2 S. 1, 2 BGB und § 9 Abs. 6 LPartG nicht verfassungsrechtlich gerechtfertigt werden konnte, liegt durch die unterschiedlichen Regelungen ein Verstoß gegen den allgemeinen Gleichheitssatz des Art. 3 Abs. 1 GG vor.[1392]

---

1390 Vgl. dazu schon Kapitel 2:A.III.2.b)cc) und Kapitel 4:B.I.1.b)cc)(2).

1391 So grundsätzlich auch Hoppe, StAZ 2010, 107, 109.

1392 So auch Grehl, S. 174; im Ergebnis wohl auch Müller, FF 2011, 56, 62 f.; Siegfried, FPR 2005, 120, 121. Von der Vereinbarkeit dieser unterschiedlichen Adoptionsvorschriften für Eheleute und eingetragene Lebenspartner grenzt das Bundesverfassungsgericht seine Entscheidung zur Sukzessivadoption hingegen ab

### *d) Verstoß gegen Art. 2 Abs. 1 GG i.V.m. Art. 1 Abs. 1 GG*

Durch die nicht bestehende Möglichkeit der gemeinschaftlichen Kindesannahme für eingetragene Lebenspartner könnte ein Verstoß gegen ihr in Art. 2 Abs. 1 GG i.V.m. Art. 1 Abs. 1 GG geschütztes Persönlichkeitsrecht vorliegen. Dann dürfte dieses allerdings nicht im Wege einer Gesetzeskonkurrenz verdängt werden. Sowohl das allgemeine Persönlichkeitsrecht als auch die in Art. 2 Abs. 1 GG geschützte allgemeine Handlungsfreiheit treten aber hinter der Familiengründungsfreiheit aus Art. 6 Abs. 1, 2. Alt. GG zurück, da diese speziell den gemeinsamen Wunsch eines Paares zur Familiengründung schützt. Die allgemeine Handlungsfreiheit und das allgemeine Persönlichkeitsrecht hingegen schützen nur den individuellen Kinderwunsch der einzelnen Partner, nicht aber auch den gemeinsamen Wunsch des Paares.[1393]

Das allgemeine Persönlichkeitsrecht der eingetragenen Lebenspartner steht somit hinter ihrer in Art. 6 Abs. 1, 2. Alt. GG geschützten Familiengründungsfreiheit zurück.

### *e) Fazit zum Verstoß gegen Grundrechte der eingetragenen Lebenspartner*

Zusammenfassend liegen somit zwei Verstöße gegen Grundrechte der eingetragenen Lebenspartner vor. Zum einen wird durch die nicht bestehende Möglichkeit und das daraus resultierende Verbot der gemeinschaftlichen Annahme gegen die Familiengründungsfreiheit der eingetragenen Lebenspartner aus Art. 6 Abs. 1, 2. Alt. GG verstoßen. Zum anderen liegt aber auch eine nicht gerechtfertigte Ungleichbehandlung i.S.d. Art. 3 Abs. 1 GG im Vergleich zu Eheleuten vor.

## 2. Verstoß gegen Grundrechte der betroffenen Kinder

Nachdem nun im vorangegangen Teil untersucht wurde, ob das Verbot der gemeinsamen Annahme gegen Grundrechte der eingetragenen Lebenspartner verstößt, gilt es im Folgenden auch noch zu untersuchen, ob es gegen Grundrechte der von diesem Verbot betroffenen Kinder verstößt. Diesbezüglich kommen Verstöße gegen Art. 6 Abs. 5 GG, Art. 6 Abs. 1 GG,

---

und verweist diesbezüglich auf die Prüfungspflicht des Gesetzgebers, vgl. BVerfG, 1 BvL 1/11 vom 19.2.2013, Rn. 108.

1393 Dreier/Gröschner, Art. 6 GG, Rn. 72. So im Ergebnis auch v. Mangoldt/Klein/Starck/Starck Art. 2 GG, Rn. 68, die sich allerdings auf die Eheschließungsfreiheit beziehen.

Art. 3 Abs. 1 GG und/oder Art. 2 Abs. 1 GG i.V.m. Art. 1 Abs. 1 GG in Betracht. Diese sind im weiteren Verlauf zu untersuchen.

## *a) Verstoß gegen Art. 6 Abs. 5 GG*

Durch die nicht bestehende Möglichkeit der gemeinschaftlichen Annahme für eingetragene Lebenspartner können Kinder, die von eingetragenen Lebenspartnern angenommen werden, nur einzeln angenommen werden, weshalb sie im Gegensatz zu ehelichen Kindern benachteiligt sein könnten und so gegen den speziellen Gleichheitssatz des Art. 6 Abs. 5 GG verstoßen werden könnte.

Das Grundrecht aus Art. 6 Abs. 5 GG wurde bereits bei dem Verstoß des Sukzessivannahmeverbots für eingetragene Lebenspartner untersucht.[1394] Die Argumentation dieser Prüfung kann bei der jetzigen übernommen werden. Dies liegt darin begründet, dass Kinder, die von einem eingetragenen Lebenspartner einzeln angenommen wurden, gleichermaßen durch das Verbot der Sukzessivadoption wie auch durch das der gemeinschaftlichen Adoption benachteiligt werden. Denn durch beide Verbote stehen ihnen im Gegensatz zu ehelichen Kindern nur gesetzliche Unterhalts- und Erbansprüche gegen den einen rechtlichen Elternteil zu.

Schon im Rahmen der ersten Prüfung des Art. 6 Abs. 5 GG konnte festgestellt werden, dass einzeln von eingetragenen Lebenspartnern angenommene Kinder Träger des Grundrechts aus Art. 6 Abs. 5 GG sind, da sie aufgrund ihrer rechtlichen Zuordnung zu dem annehmenden eingetragenen Lebenspartner als nichteheliche Kinder gelten. Diese nichtehelichen Kinder werden auch durch die nicht gegebene Möglichkeit der gemeinschaftlichen Annahme benachteiligt, da sie im Gegensatz zu ehelichen Kindern und „normalen“ unehelichen Kindern lediglich gegen den rechtlichen Elternteil gesetzliche Unterhalts- und Erbansprüche besitzen, vgl. § 1751 Abs. 4 S. 1 BGB und § 1754 Abs. 2 BGB i.V.m. § 1924 BGB. Diese Benachteiligung kann des Weiteren auch weder aufgrund von kollidierendem Verfassungsrecht gerechtfertigt werden, noch kann sie dadurch gerechtfertigt sein, dass sie erforderlich ist, um das Wohl der einzeln angenommen Kinder von eingetragenen Lebenspartner zu gewährleisten.

Im Ergebnis liegt somit ein Verstoß gegen den speziellen Gleichheitssatz des Art. 6 Abs. 5 GG vor, indem Kinder von eingetragenen Lebenspartnern nicht gemeinschaftlich angenommen werden können.[1395]

---

1394 Vgl. die Untersuchung in Kapitel 2:B.I.
1395 So auch Grehl S. 180.

### *b) Verstoß gegen Art. 6 Abs. 1, 2. Alt. GG*

Durch das Verbot der gemeinschaftlichen Annahme für eingetragene Lebenspartner könnte des Weiteren auch gegen das Familiengründungsrecht der anzunehmenden Kinder verstoßen werden. Wie die Untersuchung schon gezeigt hat, ist die Freiheit der Familiengründung in Art. 6 Abs. 1, 2. Alt. GG geschützt.[1396]

Zunächst stellt sich aber die Frage, ob Art. 6 Abs. 1, 2. Alt. GG hier überhaupt Anwendung findet oder aufgrund einer Gesetzeskonkurrenz mit Art. 6 Abs. 5 GG verdrängt wird. Laut Bundesverfassungsgericht besteht kein Widerspruch oder Gegensatz zwischen beiden Normen.[1397] Auch die Literatur vertritt die Meinung, dass zwischen den beiden Grundrechten kein Spannungsverhältnis entsteht, wenn nichteheliche Kinder mit ihren Eltern unter den Familienbegriff subsumiert werden.[1398] Im Bereich des bürgerlich-rechtlichen Verhältnisses von nichtehelichen Kindern im Vergleich zu ehelichen Kindern scheidet eine Prüfung am Maßstab des Art. 6 Abs. 1 GG hingegen aus.[1399] Vorliegend geht es allerdings nicht um das Verhältnis von ehelichen und nichtehelichen Kindern bei der Familiengründung, sondern um die Möglichkeit zur Familiengründung eines Kindes im Allgemeinen. Eine Spezialität des Art. 6 Abs. 5 GG liegt in diesem Fall deshalb nicht vor.[1400]

#### *aa) Schutzbereich und Eingriff*

Nachdem die Anwendbarkeit von Art. 6 Abs. 1 GG festgestellt wurde, gilt es zu untersuchen, ob durch das Verbot der gemeinschaftlichen Annahme für eingetragene Lebenspartner in das Familiengründungsrecht potentieller Adoptivkinder eingegriffen wird.

Indem eine Familie auch im Wege der Adoption gebildet werden kann, ist der Schutzbereich der Familiengründung in seiner abwehrrechtlichen Dimension zunächst einmal eröffnet. In diesen müsste durch die nicht gegebene Möglichkeit einer gemeinschaftlichen Annahme durch eingetragene Lebenspartner auch eingegriffen werden. Dies könnte zweifelhaft sein,

---

1396 BVerfGE 76, 1, 42; Denninger/Richter, 2001, Art. 6 GG, Rn. 16; Epping/Hillgruber/Uhle, Art. 6 GG, Rn. 27; Hömig/Antoni, Art. 6 GG, Rn. 6; Sodan, Art. 6 GG, Rn. 6; v. Mangoldt/Klein/Starck/Robbers, Art. 6 GG, Rn. 92; v. Münch/Kunig/Coester-Waltjen, Art. 6 GG, Rn. 32.

1397 BVerfGE 25, 167, Leitsatz 3, 195 f.

1398 Denninger/Richter, 2001, Art. 6 GG, Rn. 24; Axmann, S. 14; Brenningmeyer, S. 64 f.; Dreier/Gröschner, Art. 6 GG, Rn. 150; Fleisch, S. 68 f.; Fliss, S. 11; MüKo/Koch, Band 7, Buch 4. Familienrecht Einleitung, Rn. 246; Rieger, S. 58; Schmidt-Bleibtreu/Hofmann/Hopfauf/Hofmann, Art. 6 GG, Rn. 63; Stern, IV/1, S. 629; Stintzing, FuR 1994, 73, 81; Umbach/Clemens/Umbach, Art. 6 GG, Rn. 94.

1399 BVerfGE 26, 44, 60 f.; Maunz/Dürig/Badura, Lfg. 44 Februar 2005, Art. 6 GG, Rn. 175; Rieger, S. 59.

1400 So im Ergebnis auch Grehl, S. 180.

denn auch potentiellen Adoptivkindern steht zwar ein Recht auf den Zugang zu einer Familie durch eine Adoption zu.[1401] Dieses Recht wird ihnen aber auch schon nach geltender Rechtslage gewährt, da bereits verschiedene Möglichkeiten zur Adoption bestehen. So können potentielle Adoptivkinder von Einzelpersonen nach § 1742 Abs. 2 S. 1 BGB, von Eheleuten gemeinsam oder einzeln nach § 1742 Abs. 2 S. 2 bzw. S. 4 BGB oder von einem eingetragenen Lebenspartner einzeln nach § 9 Abs. 6 LPartG angenommen werden. Lediglich die Möglichkeit der gemeinsamen Annahme durch eingetragene Lebenspartner besteht nicht. Da aus der Familiengründungsfreiheit aber gerade kein Anspruch eines Kindes auf den Zugang zu einer bestimmten Familiengemeinschaft besteht,[1402] wird ein Eingriff teilweise abgelehnt.[1403] Dem kann nicht zugestimmt werden. Zwar ist es zutreffend, dass Art. 6 Abs. 1, 2. Alt. GG keinen Zugang zu einer bestimmten Familiengemeinschaft gewährt, um einen solchen geht es aber vorliegend auch nicht. Denn es wird kein Eingriff in die Familiengründungsfreiheit geltend gemacht, weil ein bestimmtes Kind nicht von bestimmten eingetragenen Lebenspartnern angenommen werden kann, sondern weil Kinder grundsätzlich nicht gemeinschaftlich von eingetragenen Lebenspartnern angenommen werden können. Es handelt sich deshalb nicht um eine bestimmte Familiengemeinschaft, sondern um eine bestimmte Familienform. Auch wenn Kinder von einem eingetragenen Lebenspartner einzeln angenommen werden können und dann auch mit dem Nichtannehmenden eine Familie bilden, wenn er die tatsächliche Verantwortung übernimmt, basiert diese Familiengründung dann aber auf einer Kombination von rechtlicher und sozialer Elternschaft. Sie ändert nichts an der Tatsache, dass durch das Verbot der gemeinschaftlichen Annahme in die Familiengründungsfreiheit von potentiellen Adoptivkindern eingegriffen wird, da sie keine rechtliche Elternschaft zu beiden Partnern begründen können.

Im Ergebnis liegt daher ein Eingriff in die von Art. 6 Abs. 1, 2. Alt. GG geschützte Familiengründungsfreiheit potentieller Adoptivkinder vor.

### *bb) Verfassungsrechtliche Rechtfertigung*

Der festgestellte Eingriff könnte jedoch verfassungsrechtlich gerechtfertigt sein. Da dies nur aufgrund kollidierenden Verfassungsrechts möglich ist, kommt vorliegend nur eine Rechtfer-

1401 BK/Prison, 38. Lfg. April 1978, Art. 6 GG, Rn. 95; Stern, IV/1, S. 417; v. Mangoldt/Klein/Starck/Robbers, Art. 6 Rn. 95.

1402 Grehl. S. 155; Stern, IV/1, S. 417.

1403 So Grehl, S. 181.

tigung aufgrund des in Art. 2 Abs. 1 GG i.V.m. Art. 1 Abs. 1 GG geschützten Kindeswohls in Betracht.[1404] Wie allerdings schon im Rahmen der Untersuchung festgestellt wurde,[1405] wirkt sich das Aufwachsen von Kindern bei gleichgeschlechtlichen Paaren nicht per se negativ auf ihr Wohl aus.[1406] Deshalb konnten auch schon die im Vorangegangenen festgestellten Grundrechtseingriffe nicht anhand des zu schützenden Kindeswohls gerechtfertigt werden.
Der Eingriff in Art. 6 Abs. 1, 2. Alt. GG kann daher nicht gerechtfertigt werden.

### *cc) Ergebnis*

Durch das Verbot der gemeinschaftlichen Kindesannahme für eingetragene Lebenspartner liegt somit ein nicht zu rechtfertigender Eingriff in die Familiengründungsfreiheit der potentiellen Adoptivkinder vor.[1407]

## *c) Verstoß gegen Art. 3 Abs. 1 GG*

Fraglich ist, ob durch die nicht bestehende gemeinschaftliche Annahme für eingetragene Lebenspartner auch eine Verletzung des Gleichheitssatzes aus Art. 3 Abs. 1 GG in Bezug auf die von ihnen einzeln angenommenen Kinder im Vergleich zu anderen Kindern vorliegt.
Dazu müsste Art. 3 Abs. 1 GG zunächst Anwendung finden. In Betracht kommt aber eine Verdrängung des allgemeinen Gleichheitssatzes durch den bereits bejahten Verstoß gegen den speziellen Gleichheitssatz des Art. 6 Abs. 5 GG. Für die Verdrängung des Art. 3 Abs. 1 GG im Wege der Gesetzeskonkurrenz müssten zunächst aber mehrere Grundrechte für denselben Träger in Bezug auf denselben Sachverhalt eingreifen, wodurch sich die Schutzbereiche mehrerer Grundrechte überschneiden würden.[1408] Die beiden Gleichheitssätze müssten also in Bezug auf dieselben Vergleichsgruppen zur Anwendung kommen. Bei der Prüfung von Art. 6 Abs. 5 GG wurden die Vergleichsgruppen von Kindern gebildet, die zum einen einzeln von einem eingetragenen Lebenspartner angenommen wurden und zum anderen eheliche Kinder waren. Die Vergleichsgruppen im Rahmen der Prüfung des Art. 3 Abs. 1 GG würden

1404 BVerfGE 31, 58, 69; BVerfGE 24, 119, 135; Epping/Hillgruber/Uhle, Art. 6 GG, Rn. 21; Jarass/Pieroth, Art. 6 GG, Rn. 23; Sachs/von Coelln, Art. 6 GG, Rn. 23; Stern, IV/1, S. 581; Umbach/Clemens/Umbach, Art. 6 GG, Rn. 34.

1405 Vgl. dazu die durchgeführte Untersuchung dieses Aspektes unter Kapitel 1:B.II.1.b)aa).

1406 Dethloff, GS Heinze, 133, 136; Dethloff, § 15, Rn. 12, 19; Dethloff, ZRP 2004, 195, 199; Dittberner, S. 165 f.; Fthenakis, S. 387 f.; Grehl, S.110 f.; Müller, FF 2011, 56, 61 f.; Pätzold, S. 135; Rupp, S. 280; Sielert, S. 53; Stacey/Biblarz, American Sociological Review 2001, 159, 176.

1407 A.A. Grehl, S. 181.

1408 Erfurter Kommentar zum Arbeitsrecht/Dieterich, Einleitung, Rn. 68.

auf der einen Seite auch von Kindern gebildet werden, die von einem eingetragenen Lebenspartner alleine angenommen werden. Mit diesen würden auf der anderen Seite Kinder, die von einem Ehepaar angenommen wurden, verglichen. Zwar wurde das Vergleichspaar bei Art. 6 Abs. 5 GG grundsätzlich von ehelichen Kindern gebildet, zu dieser Gruppe gehören aber auch Kinder, die durch die gemeinschaftliche Annahme zu ehelichen Kindern geworden sind, vgl. § 1754 Abs. 1, 1. Alt. BGB. Die Vergleichsgruppe der ehelichen Kinder bei Art. 6 Abs. 5 GG umfasst somit lediglich ein weiteres Feld, indem alle ehelichen Kinder verglichen werden. Bei der Prüfung des Art. 3 Abs. 1 GG würden somit dieselben Gruppen wie unter Art. 6 Abs. 5 GG verglichen, weswegen Art. 3 Abs. 1 GG hier nicht zur Anwendung kommt, da er hinter dem spezielleren Art. 6 Abs. 5 GG zurück tritt.[1409]

## *d) Verstoß gegen Art. 2 Abs. 1 GG i.V.m. Art. 1 Abs. 1 GG*

Das Verbot der gemeinsamen Annahme für eingetragene Lebenspartner könnte aber auch gegen das allgemeine Persönlichkeitsrecht der potentiell anzunehmenden Kinder verstoßen. Dies könnte darin begründet liegen, dass das aus Art. 2 Abs. 1 GG i.V.m. Art. 1 Abs. 1 GG folgende Recht der Kinder auf chancengleiche Entwicklung durch die fehlende gemeinsame Adoptionsmöglichkeit beeinträchtigt ist.

Dazu müsste das allgemeine Persönlichkeitsrecht hier aber überhaupt Anwendung finden. In Betracht käme eine Verdrängung durch eine vorliegende Gesetzeskonkurrenz mit der verletzten Familiengründungsfreiheit der Kinder. Bei der Prüfung der Verstöße gegen Grundrechte der eingetragenen Lebenspartner wurde die Anwendung ihres allgemeinen Persönlichkeitsrechts verneint, weil durch Art. 6 Abs. 1, 2. Alt. GG speziell der gemeinsame Wunsch der Partner zur Familiengründung geschützt würde, weshalb Art. 6 GG spezieller sei.[1410] Hier betrifft die Familiengründungsfreiheit aber nur den Wunsch des anzunehmenden Kindes, weshalb Art. 6 Abs. 1, 2. Alt. GG in diesem Fall nicht spezieller ist. Ferner geht es bei einer möglichen Verletzung des allgemeinen Persönlichkeitsrechts auch nicht nur um den Aspekt der Familiengründung, sondern um bestmögliche Entwicklungschancen durch die Aufnahme in einen Familienverbund.

---

1409 BVerfGE 118, 45, 77; BVerfGE 84, 168, 184 f; BVerfGE 44, 1, 18; BVerfGE 17, 148, 153; Epping/ Hillgruber/Uhle, Art. 6 GG, Rn. 73; Jarass/Pieroth, Art. 6 GG, Rn. 78; Maunz/Dürig/Badura, Lfg. 44 Februar 2005, Art. 6 GG, Rn. 175; Schmidt-Bleibtreu/Hofmann/Hopfauf/Hofmann, Art. 6 GG, Rn. 63; Umbach/Clemens/Umbach, Art. 6 GG, Rn. 94; v. Münch/Kunig/Coester-Waltjen, Art. 6 GG, Rn. 129.
1410 Vgl. Kapitel 4:B.I.1.d).

Es stellt sich deshalb im Folgenden die Frage, ob durch die nicht gegebene Möglichkeit zur gemeinsamen Annahme durch eingetragene Lebenspartner das Recht der potentiellen Adoptivkinder auf chancengleiche Entwicklung verletzt ist.[1411] Dass dieses Recht unter dem allgemeinen Persönlichkeitsrecht geschützt ist, wurde bereits dargelegt.[1412] Es könnte beeinträchtigt sein, indem potentiellen Adoptivkindern verwehrt wird von eingetragenen Lebenspartnern gemeinschaftlich angenommen zu werden. Da nur eine Einzelannahme möglich ist, steht der eingetragene Lebenspartner des Erstannehmenden nicht als rechtlicher, sondern nur sozialer Elternteil zur Verfügung. Dadurch könnten ihnen möglicherweise keine optimalen Entwicklungsbedingungen geboten werden. Wie sich bei der Untersuchung dieses Aspekts in Bezug auf das Sukzessivadoptionsverbot aber schon gezeigt hat, gibt es keine eindeutigen wissenschaftlichen Erkenntnisse darüber, dass eine rechtliche Elternschaft von beiden Adoptiveltern zum Kind positivere Auswirkungen auf dessen Entwicklung hat als eine Kombination aus rechtlicher und sozialer Elternschaft, wie sie durch die Einzelannahme von einem eingetragenen Lebenspartner entsteht. Deshalb kann durch die Verwehrung der gemeinsamen Annahme auch nicht in das Recht des Kindes auf optimale Entwicklungsbedingungen eingegriffen werden.

Das allgemeine Persönlichkeitsrecht der potentiellen Adoptivkinder aus Art. 2 Abs. 1 GG i.V.m. Art. 1 Abs. 1 GG ist deshalb nicht verletzt.[1413]

### *e) Fazit zum Verstoß gegen Grundrechte der Kinder*

Wie die Untersuchung ergeben hat, liegen durch das Verbot der gemeinschaftlichen Kindesannahme für eingetragene Lebenspartner folgende Verstöße gegen die Grundrechte der betroffenen Kinder vor. Zum einen liegt ein Verstoß gegen Art. 6 Abs. 5 GG vor, da die nichtehelichen Kinder, die von eingetragenen Lebenspartnern nach § 9 Abs. 6 LPartG angenommen wurden, im Gegensatz zu ehelichen Kindern nur einen rechtlichen Elternteil haben gegen den ihnen Unterhalts- und Erbansprüche zustehen. Zum anderen liegt aber auch ein nicht zu rechtfertigender Eingriff in die Familiengründungsfreiheit der potentiellen Adoptivkinder vor,

1411 Davon, dass eine Sukzessivadoption für das Kindeswohl eher vorteilhaft ist gehen auch die sachkundigen Auskunftspersonen, die in der mündlichen Verhandlung zur Sukzessivadoption Stellung genommen haben, aus, vgl. BVerfG, 1 BvL 1/11 vom 19.2.2013, Rn. 33.

1412 Vgl. dazu schon die Untersuchung unter Kapitel 2:B.V.

1413 So im Ergebnis auch Grehl, S. 176.

indem sie durch eine Adoption keine Familie, in der beide eingetragenen Lebenspartner eine rechtliche Elternschaft übernehmen können, mit eingetragenen Lebenspartnern bilden können.

### 3. Ergebnis zum Verstoß des Verbots einer gemeinschaftlichen Adoption gegen Verfassungsrecht

Das Verbot einer gemeinschaftlichen Adoption für eingetragene Lebenspartner verstößt damit sowohl gegen Grundrechte der eingetragenen Lebenspartner als auch gegen diejenigen der von diesem Verbot betroffenen Kinder.[1414] In Bezug auf die eingetragenen Lebenspartner verstößt das Verbot gegen ihre in Art. 6 Abs. 1, 2. Alt. GG geschützte Familiengründungsfreiheit und stellt eine nicht zu rechtfertigende Ungleichbehandlung i.S.d. Art. 3 Abs. 1 GG im Vergleich zu Eheleuten dar. Hinsichtlich der betroffenen Kinder wurde eine Verletzung der Familiengründungsfreiheit der potentiellen Adoptivkinder festgestellt sowie eine Benachteiligung von einzeln angenommenen Kindern von eingetragenen Lebenspartnern im Vergleich zu ehelichen Kindern nach Art. 6 Abs. 5 GG. Die geltende Gesetzeslage ist demnach verfassungswidrig.[1415] Dabei ist allerdings zu beachten, dass sich das Verbot der gemeinsamen Adoption vorliegend aus § 1741 Abs. 2 BGB ergibt, in dessen Satz 1 es heißt, dass jemand, der nicht verheiratet ist, ein Kind nur alleine annehmen kann. Die gemeinschaftliche Kindesannahme durch ein Ehepaar ist aber nicht zu beanstanden, weshalb die Norm nur insofern verfassungswidrig ist, als dass eingetragene Lebenspartner nicht mit einbezogen werden.[1416]

Im Ergebnis ist § 1741 Abs. 2 S. 1 BGB also insofern verfassungswidrig, als dass eingetragene Lebenspartner von der gemeinsamen Annahme ausgeschlossen werden.

## *II. Verfassungsrechtliche Gebotenheit der Einführung einer gemeinschaftlichen Adoption*

Nachdem festgestellt wurde, dass die geltende Gesetzeslage gegen verschiedene Grundrechte verstößt, stellt sich wiederum die Frage nach den Rechtsfolgen dieser Verstöße. Genauer ge-

1414 Grds. zustimmend auch Muscheler, Familienrecht, § 49, Rn. 863.

1415 So im Grunde auch Dethloff, NJW 2001, 2598, 2602; Dittberner, S. 201; Grehl, S. 182; Hoppe, WD 3 – 060/10, S. 8 f.; Hoppe, StAZ 2010, 107, 110; Kemper, FPR 2003, 1, 4; Kemper, FF 2005, 88, 95; Müller, FF 2011, 56, 63; Muscheler, Rn. 425; Niemeyer, FuR 1997, 141, 142. A.A. Gärditz, JZ 2011, 930, 932; Hillgruber, JZ 2010, 37, 44; Risse, S. 340 f.; Zimmermann, FS Steinberger, 645, 663.

1416 So auch Grehl, S. 182 f.

sagt stellt sich die Frage, ob sich aus den Grundrechtsverstößen die Gebotenheit der Einführung einer gemeinschaftlichen Annahmemöglichkeit für eingetragene Lebenspartner ableiten lässt.[1417] Geboten wäre die Einführung einer solchen Möglichkeit dann, wenn der Gesetzgeber zur Einführung einer solchen Adoptionsvariante verpflichtet wäre. In diesem Fall müsste das geltende Adoptionsrecht geändert werden.

Die Einführung einer solchen Adoptionsmöglichkeit könnte aufgrund der Verstöße gegen Art. 6 Abs. 1 GG, Art. 3 Abs. 1 GG und/oder Art. 6 Abs. 5 GG geboten sein.

## 1. Gebotenheit aufgrund der vorliegenden Grundrechtsverstöße

Dementsprechend gilt es zunächst zu untersuchen, welche Rechtsfolgen sich aus den vorliegenden Verstößen gegen die Familiengründungsfreiheit der eingetragenen Lebenspartner und der potentiellen Adoptivkinder ergeben. Bei Art. 6 Abs. 1, 2. Alt. GG handelt es sich, wie bereits erwähnt wurde, entgegen des Wortlauts primär um ein Abwehr- bzw. Freiheitsrecht,[1418] wobei es auch leistungsrechtlich ausgeprägte Gehalte aufweist.[1419] Der Gesetzgeber kann allerdings aufgrund seiner Gestaltungsfreiheit grundsätzlich selbst bestimmen, wie er den besonderen Schutz der Familie verwirklicht.[1420] Dementsprechend können aus einem Verstoß gegen Art. 6 Abs. 1 GG regelmäßig noch keine Ansprüche auf bestimmte staatliche Leistungen folgen.[1421]

Die Gebotenheit der Einführung einer bestimmen Adoptionsmöglichkeit aufgrund von Verstößen gegen Art. 3 Abs. 1 GG und Art. 6 Abs. 5 GG wurde bereits bei der Prüfung der Sukzessivadoption für eingetragene Lebenspartner thematisiert.[1422] Schon bei dieser Prüfung wurde festgestellt, dass aus den vorliegenden Verstößen keine Verpflichtung des Gesetzgebers zum Erlass der beabsichtigten Regelung folgt, wenn ihm verschiedene Möglichkeiten zur Beseitigung der Grundrechtsverstöße zur Auswahl stehen. Die festgestellten Verstöße gegen Art. 3 Abs. 1 GG und Art. 6 Abs. 5 GG könnten behoben werden, indem die gemeinschaft-

1417 Zu dieser Frage vgl. auch die Ausführungen von Pätzold unter B. ab S. 144 ff.

1418 Denninger/Richter, 2001, Art. 6 GG, Rn. 16; Erfurter Kommentar zum Arbeitsrecht/Schmidt, Art. 6 GG Rn. 3.

1419 Jarass/Pieroth, Art. 6 GG, Rn. 1; ähnlich auch Maunz/Dürig/Badura, Lfg. 65 April 2012, Art. 6 GG, Rn. 1.

1420 BVerfGE 112, 50, 66; BVerfGE 87, 1, 36; Denninger/Richter, 2001, Art. 6 GG, Rn. 14; Jarass/Pieroth, Art. 6 GG, Rn. 19.

1421 Zum Leistungsanspruch aus dem Förderungsgebot BVerfGE 107, 205, 213; BVerfGE 87, 1, 35 f.; BVerfGE 82, 60, 81; Denninger/Richter, 2001, Art. 6 GG, Rn. 23; Jarass/Pieroth, Art. 6 GG, Rn. 19; Schmidt-Bleibtreu/Hofmann/Hopfauf/Hofmann, Art. 6 GG, Rn. 13; Umbach/Clemens/Umbach, Art. 6 GG, Rn. 31.

1422 Siehe Kapitel 2:D, zur Gebotenheit aufgrund eines Verstoßes gegen Art. 3 Abs. 1 GG unter Kapitel 2:D.I und zur Gebotenheit aufgrund eines Verstoßes gegen Art. 6 Abs. 5 GG unter Kapitel 2:D.II.

liche Annahme für eingetragene Lebenspartner eingeführt wird oder für Eheleute abgeschafft wird. Somit kommt dem Gesetzgeber auch hier ein Gestaltungsspielraum zu, wodurch er nicht zu einem bestimmten Handeln verpflichtet ist.

Hier vertritt *Grehl* in ihrer Untersuchung allerdings die Ansicht, in bestimmten Fällen könne die gesetzgeberische Gestaltungsfreiheit soweit eingeschränkt sein, dass eine konkrete Regelung verlangt werden kann.[1423] Die Quellen, auf die sich *Grehl* dabei bezieht, thematisieren die Pflicht des Gesetzgebers Gesetze auf Reformbedürftigkeit und Übereinstimmung mit der geltenden Verfassung hin zu überprüfen. Aus dieser Überprüfungspflicht kann sich bei pflichtwidrigem Unterlassen des Gesetzgebers eine Pflicht zur Nachbesserung ergeben.[1424] Nach *Grehl* liegt eine solche Situation auch bei der Regelung der gemeinschaftlichen Kindesannahme nach § 1741 Abs. 2 BGB vor.[1425] So wird in ihrer Arbeit dargelegt, dass sich eine solche Handlungspflicht des Gesetzgebers dann ergeben kann, wenn eine bei Gesetzeserlass aufgestellte Prognose über maßgebliche Umstände im Nachhinein in erheblichem Maße unrichtig ist, weshalb die zunächst verfassungsgemäße Norm zu einer verfassungswidrigen wird.[1426] Eine solche Situation würde auch bei der Regelung zur gemeinsamen Adoption vorliegen. Denn zum einen sei ein Verfassungswandel im Hinblick auf Regenbogenfamilien eingetreten und zum anderen gäbe es neue wissenschaftliche Erkenntnisse darüber, dass es dem Kindeswohl nicht schade bei gleichgeschlechtlichen Paaren aufzuwachsen. Der angemessene Zeitraum zur Anpassung des einfachen Rechts sei ferner spätestens mit der Einführung der Stiefkindadoption für eingetragene Lebenspartner abgelaufen. Zwar gibt es im Falle von falschen Prognosen tatsächlich die beschriebene Nachbesserungspflicht des Gesetzgebers,[1427] problematisch ist allerdings die Verknüpfung dieser Pflicht mit der Möglichkeit trotz des gesetzgeberischen Gestaltungsfreiraums eine konkrete Regelung verlangen zu können.[1428] Denn das Entstehen eines Anspruchs auf eine konkrete Regelung geht aus den genannten Quellen

1423 Grehl, S. 186 unter Bezugnahme auf: Badura, FS Eichenberger, 481, 491; Berkemann, EuGRZ 1985, 137, 138; Peine, S. 145 f.; Steinberg, Der Staat 1987, 161, 181 f.; Stettner, DVBl 1982, 1123, 1128.

1424 Badura, FS Eichenberger, 481 ff.; Steinberg, Der Staat 1987, 161, 164 ff.; Stettner, DVBl 1982, 1123, 1124.

1425 Vgl. zum Nachfolgenden die Argumentation bei Grehl, S. 184 ff.

1426 BVerfGE 39, 169, 187 ff.; Steinberg, Der Staat 1987, 161, 165, 169.

1427 Vgl. BVerfGE 56, 54, 78 f.; Maunz/Schmidt-Bleibtreu/Klein/Bethge/Bethge, Lfg. 29 Oktober 2008, § 78 BVerfGG; Rn. 133;Zuck, Rn. 615 ff.

1428 Von einer solchen Verknüpfung ist bei Grehl, S. 186 aber auszugehen, da sie sich bei der Aussage: „Allerdings kann die konkrete Gestaltungsfreiheit des Gesetzgebers im Einzelfall so sehr eingeschränkt sein, dass dennoch eine konkrete Regelung verlangt werden kann." auf die Quellen bezieht, in denen die Nachbesserungspflicht thematisiert wird.

nicht zweifelsfrei hervor, da zumeist nicht genau benannt wird, wie nachgebessert werden muss.[1429]

Dessen ungeachtet gelangt aber auch *Grehl* zu dem zutreffenden Ergebnis des im vorliegenden Fall eingeschränkten Gestaltungsspielraums des Gesetzgebers.[1430] Dies liegt aber darin begründet, dass der Gestaltungsspielraum des Gesetzgebers eingeschränkt wird, wenn lediglich eine Möglichkeit zur Abschaffung der aufgezeigten Grundrechtsverstöße ihrerseits keine Grundrechtsverstöße nach sich zieht. Es gilt somit zu untersuchen, welche Möglichkeit zur Behebung der Verstöße welche Folgen nach sich ziehen würde. Da die Verstöße, die durch das Verbot der gemeinschaftlichen Adoption für eingetragene Lebenspartner entstehen, entweder durch die Abschaffung der gemeinschaftlichen Adoption für Eheleute oder die Einführung einer solchen Adoptionsvariante für eingetragene Lebenspartner behoben werden können, sind die Auswirkungen dieser Möglichkeiten zu prüfen.

## a) Abschaffung der gemeinschaftlichen Adoption für Eheleute

Würde die gemeinsame Adoption für Ehepartner abgeschafft,[1431] würde der Gesetzgeber in die Familiengründungsfreiheit der Ehepartner aus Art. 6 Abs. 1, 2. Alt. GG eingreifen, da diese auch durch Adoption in Anspruch genommen werden kann.[1432] Zwar könnten Ehepartner auch eine Familie im Wege der Einzeladoption mit tatsächlicher Verantwortungsübernahme des sozialen Elternteils bilden, dies würde jedoch vom Grundgedanken der vollen rechtlichen Eingliederung eines Adoptivkindes in eine rechtlich verbindliche Partnerschaft abweichen.[1433] Aus diesem Grunde hatte aber der Gesetzgeber ursprünglich die gemeinschaftliche Kindesannahme als Regelfall einer Adoption vorgesehen.[1434] Das Adoptionsrecht müsste dementsprechend insgesamt überdacht werden. Will man dieser Ansicht nicht folgen, würde dann aber ein Verstoß gegen die familiäre Gestaltungsfreiheit der Ehepartner mit ihrem einzeln angenommenen Kind vorliegen. Denn wie bereits erläutert wurde, wäre die Familiengründung auch durch eine Einzelannahme mit Übernahme der sozialen Elternschaft durch den

1429 Vgl. Badura, FS Eichenberger, 481, 491; Steinberg, Der Staat 1987, 161, 181 f.; Stettner, DVBl 1982, 1123, 1128.

1430 Grehl, S. 186 f.

1431 Es sei darauf hingewiesen, dass die Folgen einer Abschaffung der gemeinschaftlichen Adoption durch Ehepartner im Rahmen dieser Arbeit nicht in allen Aspekten beleuchtet werden können. Daher sollen die Folgen hier lediglich kurz dargestellt werden.

1432 Vgl. dazu bereits die Untersuchung unter Kapitel 2:A.II.1.a).

1433 Vgl. hierzu Erkenntnisse der Untersuchung unter Kapitel 4:A.

1434 Staudinger/Frank, § 1741 BGB, Rn. 36.

Nichtannehmenden möglich. Indem dieser aber, wie nach geltender Rechtslage der eingetragene Lebenspartner des Annehmenden,[1435] keine verwandtschaftliche Beziehung mit den dementsprechenden gesetzlichen Rechten und Pflichten zu dem Kind erlangen kann, würde dann zumindest in die familiäre Gestaltungsfreiheit eingegriffen. Rechtfertigungsgründe für diese Eingriffe sind nicht ersichtlich. Durch die Abschaffung der gemeinschaftlichen Annahme für Eheleute würde somit gegen Art. 6 Abs. 1, 2. Alt. GG verstoßen werden.

Ferner würde die Abschaffung der gemeinschaftlichen Kindesannahme durch Eheleute auch einen Eingriff in das durch Art. 2 Abs. 1 GG i.V.m. Art. 1 Abs. 1 GG geschützte Kindeswohl der anzunehmenden Kinder nach sich ziehen. Denn die Annahme eines Kindes soll vor allem seinem Wohl dienen. Dies ist grundsätzlich bei der Annahme durch ein Ehepaar der Fall. Schließlich hat der Gesetzgeber diese als Regelfall normiert, da die volle rechtliche Eingliederung in eine rechtlich verbindliche Beziehung dem Kindeswohl am besten dient. Könnten Kinder nur noch im Wege der Sukzessivadoption von beiden Eheleuten nacheinander angenommen werden, so wären sie gleich zweimal der belastenden und unsicheren Situation der Adoption ausgesetzt. Ob dies mit dem Kindeswohl als tragendem Gedanken des Adoptionsrechts vereinbar wäre, erscheint mehr als zweifelhaft. Vor allem, da das Ziel der vollen rechtlichen Zuordnung zu beiden Elternteilen verzögert und evtl. auch gefährdet[1436] würde. Eine Möglichkeit zur Rechtfertigung dieses Eingriffs ist nicht ersichtlich, weshalb die Abschaffung der gemeinsamen Adoption durch Eheleute auch gegen das allgemeine Persönlichkeitsrecht der anzunehmenden Kinder verstoßen würde.

Zusammenfassend würde die Abschaffung der gemeinsamen Adoption für Eheleute somit Verstöße gegen Art. 6 Abs. 1, 2. Alt. GG und Art. 2 Abs. 1 GG i.V.m. Art. 1 Abs. 1 GG nach sich ziehen.

### *b) Einführung der gemeinschaftlichen Adoption für eingetragene Lebenspartner*

Wie die Untersuchung bereits gezeigt hat, verstößt das de lege lata geltende Verbot der gemeinschaftlichen Adoption für eingetragene Lebenspartner gegen mehrere Grundrechte. Diese Verstöße konnten nicht dadurch gerechtfertigt werden, dass eine Einführung einer solchen

1435 Vgl. dazu die Argumentation unter Kapitel 2:A.II.1.a)bb).

1436 Dies könnte vor allem dann der Fall sein, wenn der erstannehmende Ehepartner vor der Annahme durch den zweiten Ehegatten verstirbt, wodurch das Kind dann keinen rechtlichen Elternteil mehr hätte.

Möglichkeit zu Grundrechtsverstößen führen würde. Auf diese Untersuchungsergebnisse kann an dieser Stelle zurückgegriffen werden.[1437] Die Einführung einer solchen Adoptionsvariante hätte dementsprechend keine Grundrechtsver-stöße zur Folge.[1438]

### *c) Ergebnis*

Die Abschaffung der gemeinschaftlichen Adoption für Eheleute würde zu Verstößen gegen Art. 6 Abs. 1, 2. Alt. GG und Art. 2 Abs. 1 GG i.V.m. Art. 1 Abs. 1 GG führen. Die Einführung einer solchen Adoptionsvariante für eingetragene Lebenspartner hätte hingegen keine Grundrechtsverstöße zur Folge.

Unabhängig von den entstehenden systematischen Widersprüchen im Adoptionsrecht würde die Abschaffung der gemeinschaftlichen Annahme für Ehepaare folglich gegen Verfassungsrecht verstoßen, weshalb sich die Gestaltungsfreiheit des Gesetzgebers mangels Wahlmöglichkeit auf die Einführung der gemeinschaftlichen Adoption für eingetragene Lebenspartner beschränkt. Im Ergebnis kommt dem Gesetzgeber deshalb im vorliegenden Fall kein Gestaltungsspielraum zur Beseitigung der durch das Verbot der gemeinschaftlichen Annahme für eingetragene Lebenspartner entstehenden Grundrechtsverstöße zu. Die Einführung einer konkreten Regelung in Form der Erweiterung der gemeinsamen Adoption auf eingetragene Lebenspartner ist somit verfassungsrechtlich geboten.[1439]

## 2. Fazit

Im Ergebnis ist die Einführung der gemeinsamen Adoption für eingetragene Lebenspartner somit aufgrund der Verstöße gegen Art. 6 Abs. 1, 2. Alt. GG, Art. 3 Abs. 1 GG und Art. 6 Abs. 5 GG und der eingeschränkten Gestaltungsfreiheit des Gesetzgebers verfassungsrechtlich geboten. Das geltende Adoptionsrecht ist dementsprechend zu ändern.

1437 Vgl. hierzu die Ergebnisse der Rechtfertigung der durch das geltende Verbot verursachten Eingriffe und Ungleichbehandlungen unter Kapitel 4:B.I.1.b)cc), Kapitel 4:B.I.1.c)bb)(2) und Kapitel 4:B.I.2.b)bb).

1438 So auch Dethloff, ZRP 2004, 195, 200; Pätzold, S. 143.

1439 So im Ergebnis auch Dittberner, S. 203; Grehl, S. 187. A.A. Gärditz, JZ 2011, 930, 939; Pätzold, S. 157, die aber die Meinung vertritt, dass die Verfassung der Einführung eines gemeinschaftlichen Adoptionsrechts für eignetragene Lebenspartner auch nicht entgegenstünde.

## *III. Resümee zur gemeinschaftlichen Adoption unter verfassungsrechtlichen Gesichtspunkten*

Das sich aus § 1741 Abs. 2 S. 1 BGB ergebende Verbot der gemeinschaftlichen Kindesannahme für eingetragene Lebenspartner verstößt sowohl gegen Grundrechte der eingetragenen Lebenspartner als auch gegen diejenigen der betroffenen Kinder. Zum einen liegen Verstöße gegen die Familiengründungsfreiheit des Art. 6 Abs. 1, 2. Alt. GG der eingetragenen Lebenspartner und der potentiellen Adoptivkinder vor. Zum anderen liegen nicht zu rechtfertigende Ungleichbehandlungen von eingetragenen Lebenspartnern und Eheleuten i.S.d. Art. 3 Abs. 1 GG sowie von einzeln angenommenen lebenspartnerschaftlichen Kindern und ehelichen Kindern i.S.d. Art. 6 Abs. 5 GG vor. Die geltende Gesetzlage ist dementsprechend verfassungswidrig. Trotz der grundsätzlichen Gestaltungsfreiheit des Gesetzgebers ist die Einführung einer gemeinschaftlichen Adoptionsmöglichkeit für eingetragene Lebenspartner auch verfassungsrechtlich geboten, da die Abschaffung derselbigen für Eheleute ihrerseits gegen Grundrechte verstoßen würde und so keine Alternative zur Beseitigung der Grundrechtsverstöße darstellt.

# *C. Fazit zur gemeinschaftlichen Adoption*

Im Vorangegangen wurde die de lege lata nicht mögliche gemeinschaftliche Adoption von eingetragenen Lebenspartnern unter zivilrechtlichen und verfassungsrechtlichen Gesichtspunkten untersucht. Dabei wurde festgestellt, dass die derzeitige Begrenzung der gemeinschaftlichen Annahme auf Eheleute in § 1741 Abs. 2 S. 1 BGB mit dem Grundsatz „adoptio naturam imitatur“ und der Eingliederung in den rechtlichen Rahmen der Ehe bzw. der ehelichen Familie begründet wurde. Indem aber der rechtliche Rahmen der eingetragenen Lebenspartnerschaft mit dem der Ehe vergleichbar ist, ferner auch die Eingliederung in eine lebenspartnerschaftliche Familie für das Kindeswohl dienlich sein kann und der Grundsatz „adoptio naturam imitatur“ bereits durch das geltende Adoptionsrecht durchbrochen wird, ist die Erweiterung der gemeinschaftlichen Annahme auf eingetragene Lebenspartner aus zivilrechtlicher Sicht möglich. Des Weiteren konnte festgestellt werden, dass das de lege lata geltende Verbot dieser Adoptionsmöglichkeit sowohl gegen Grundrechte der eingetragenen Lebenspartner als auch der betroffenen Kinder verstößt. So konnten zum einen Verstöße gegen die Familiengründungsfreiheit des Art. 6 Abs. 1, 2. Alt. GG der eingetragenen Lebenspartner und der potentiellen Adoptivkinder und zum anderen nicht zu rechtfertigende Ungleichbehandlungen von eingetragenen Lebenspartnern und Eheleuten i.S.d. Art. 3 Abs. 1 GG sowie von einzeln angenommenen lebenspartnerschaftlichen Kindern und ehelichen Kindern i.S.d. Art. 6 Abs. 5 GG festgestellt werden. Die geltende Gesetzlage ist deshalb verfassungswidrig. Indem die Abschaffung der gemeinschaftlichen Adoption für Eheleute als einzige Alternative zur Einführung einer solchen Adoptionsvariante für eingetragene Lebenspartner ihrerseits zu Grundrechtsverstößen führen würde und so faktische keine Möglichkeit zur Beseitigung der Grundrechtsverstöße bieten würde, ist die Einführung einer gemeinschaftlichen Adoptionsmöglichkeit für eingetragene Lebenspartner auch verfassungsrechtlich geboten. Das geltende Adoptionsrecht ist somit zu ändern, indem auch für eingetragene Lebenspartner eine Möglichkeit zur gemeinschaftlichen Kindesannahme einzuführen ist.

# Kapitel 5: Schlussbetrachtungen

Nachdem sowohl die Untersuchung der Sukzessivadoption wie auch die der gemeinschaftlichen Adoption für eingetragene Lebenspartner in den vorangegangenen Kapiteln vorgenommen wurde, sollen die gefundenen wesentlichen Ergebnisse unter den Schlussbetrachtungen noch einmal zusammengefasst werden. Ferner gilt es noch die Frage zu beantworten, welche Auswirkungen diese Untersuchungsergebnisse auf die geltende Rechtslage haben. Daraus resultierend kann dann auch eine konkrete Handlungsempfehlung an den Gesetzgeber abgegeben werden.

## *A. Zusammenfassung der wesentlichen Untersuchungsergebnisse*

Die wesentlichen Untersuchungsergebnisse der vorliegenden Arbeit lassen sich wie folgt zusammenfassen.

Zunächst konnte im ersten Kapitel festgestellt werden, dass eingetragenen Lebenspartnern zur Begründung einer gemeinsamen rechtlichen Elternschaft de lege lata nur die Adoption eines leiblichen Kindes nach § 9 Abs. 7 LPartG, sog. Stiefkindadoption, möglich ist. Diese Regelung bezieht sich derzeit zwar nur auf leibliche Kinder eines eingetragenen Lebenspartners, eine Erweiterung auf zuvor angenommene Kinder, sog. Sukzessivadoption, wäre aus zivilrechtlicher Sicht jedoch möglich. Das de lege lata aus § 9 Abs. 7 LPartG i.V.m. § 1742 BGB folgende Verbot einer solchen Sukzessivadoption eines zuvor von einem eingetragenen Lebenspartner einzeln angenommenen Kindes wurde deshalb im weiteren Verlauf im zweiten Kapitel auf seine Vereinbarkeit mit dem Verfassungsrecht untersucht. Dabei ließen sich sowohl Verstöße dieses Verbots gegen Grundrechte der eingetragenen Lebenspartner wie auch gegen solche der davon betroffenen Kinder feststellen. Zum einen verstößt das Sukzessivadoptionsverbot gegen den allgemeinen Gleichbehandlungsgrundsatz aus Art. 3 Abs. 1 GG, indem Eheleute sukzessive adoptieren können, eingetragene Lebenspartner jedoch nicht. Eine solche ungerechtfertigte Ungleichbehandlung konnte ferner im Verhältnis von eingetragenen Lebenspartnern mit leiblichen Kindern und solchen mit einzeln angenommenen Kindern festgestellt werden, da erstere die gemeinsame Elternschaft durch die Stiefkindadoption erlangen können, dies aber durch das Sukzessivadoptionsverbot für zweitere nicht möglich ist. Zum anderen konnte auch ein Verstoß gegen die in Art. 6 Abs. 1, 2. Alt. GG geschützte familiäre Gestaltungsfreiheit der lebenspartnerschaftlichen Familie festgestellt werden, da der soziale Elternteil aufgrund des Sukzessivannahmeverbots keine Stellung eines rechtlichen Elternteils einnehmen kann. In Bezug auf die Grundrechte der durch das Verbot betroffenen Kinder konnte ein Verstoß gegen Art. 6 Abs. 5 GG im Verhältnis von lebenspartnerschaftlichen nichtehelichen Kindern zu ehelichen Kindern herausgearbeitet werden, denn lebenspartnerschaftliche Kinder können keine rechtliche Beziehung mit den einhergehenden gesetzlichen Rechten und Pflichten zu dem nicht erstannehmenden eingetragenen Lebenspartner erlangen. Auch hier konnten außerdem zwei Verstöße gegen den allgemeinen Gleichbehandlungsgrundsatz aufgezeigt werden. Einer liegt im Verhältnis von einzeln angenommenen Kindern von Eheleuten und solchen von eingetragenen Lebenspartnern vor, indem letztere durch das Sukzessivannahmeverbot keine rechtliche Beziehung zum sozialen Elternteil erlangen können. Der zweite Verstoß gegen Art. 3 Abs. 1 GG liegt im Verhältnis von leiblichen und zuvor angenommenen Kindern von eingetragenen Lebenspartnern vor, da leibliche Kinder im Wege der Stiefkindadoption zwei rechtliche Elternteile erlangen können, dies Fremdkindern aufgrund des Sukzessivadoptionsverbots hingegen nicht möglich ist. Aufgrund der mehrfachen Verstöße gegen Art. 3 Abs. 1 GG sowie denen gegen Art. 6 Abs. 1, 2. Alt. GG und Art. 6 Abs. 5 GG ist die geltende Gesetzeslage, nach welcher § 9 Abs. 7 LPartG i.V.m. § 1742 BGB die Sukzessivadoption für eingetragene Lebenspartner verbietet, verfassungswidrig.

Nachdem die Verfassungswidrigkeit des Sukzessivadoptionsverbots für eingetragene Lebenspartner festgestellt werden konnte, erfolgte im weiteren Verlauf der Arbeit eine Auseinandersetzung mit der Frage, ob sich aus diesem Ergebnis zwangsläufig die verfassungsrechtliche Gebotenheit der Einführung einer solchen Adoptionsvariante für eingetragene Lebenspartner ergibt. Zur Beantwortung dieser Frage wurden die Rechtsfolgen der einzelnen Grundrechtsverstöße getrennt voneinander untersucht. Um die dargelegten Verstöße gegen den Gleichbehandlungsgrundsatz aus Art. 3 Abs. 1 GG im Verhältnis von Eheleuten und eingetragenen Lebenspartnern bzw. ihren jeweiligen Kindern zu beheben, stehen dem Gesetzgeber grundsätzlich verschiedene Optionen offen. Es könnte die sukzessive Adoption für Ehepartner abgeschafft oder auf eingetragene Lebenspartner erweitert werden. Eine Entscheidung zugunsten der ersten Variante hätte allerdings Verstöße gegen Art. 6 Abs. 1, 2. Alt. GG,

Art. 6 Abs. 5 GG und Art. 3 Abs. 1 GG zur Folge. Die gesetzgeberische Gestaltungsfreiheit ist dementsprechend hier auf die Einführung der Sukzessivadoption für eingetragene Lebenspartner begrenzt. Zum selben Ergebnis führte auch die Untersuchung zur Beseitigung der Verstöße gegen Art. 3 Abs. 1 GG im Verhältnis von eingetragenen Lebenspartnern mit leiblichen und solchen mit einzeln angenommenen Kindern bzw. von den Kindern selbst. Auch hier würde die zweite Option neben der Einführung der Sukzessivadoption, nämlich die Abschaffung der Stiefkindadoption für eingetragene Lebenspartner, gegen Art. 6 Abs. 1, 2. Alt. GG und Art. 3 Abs. 1 GG verstoßen. Schlussendlich ergibt sich daher aus den Verstößen des geltenden Sukzessivannahmeverbots für eingetragene Lebenspartner gegen Art. 3 Abs. 1 GG eine Verpflichtung des Gesetzesgebers zur Erweiterung der Sukzessivannahmemöglichkeiten auf selbige. Auch der Verstoß des Sukzessivadoptionsverbots gegen die in Art. 6 Abs. 1, 2. Alt. GG geschützte Gestaltungsfreiheit der lebenspartnerschaftlichen Familie führte zu diesem Ergebnis, da dieser nur durch die Einführung einer solchen Adoptionsvariante behoben werden kann. Im Gegensatz dazu führt der vorliegende Verstoß gegen Art. 6 Abs. 5 GG nicht zu der Gebotenheit der Einführung der Sukzessivadoption für eingetragene Lebenspartner, da hier verschiedene Regelungen denkbar sind, welche Abhilfe schaffen würden. Insgesamt konnte jedoch festgestellt werden, dass die Einführung einer Möglichkeit zur sukzessiven Adoption für eingetragene Lebenspartner aufgrund der Verstöße des geltenden Verbots gegen Art. 3 Abs. 1 GG und Art. 6 Abs. 1, 2. Alt. GG verfassungsrechtlich geboten ist.

In den Kapiteln eins und zwei stellte sich somit heraus, dass die Einführung einer Sukzessivadoptionsmöglichkeit für eingetragene Lebenspartner nicht nur aus zivilrechtlicher Sicht möglich, sondern auch aufgrund der derzeit vorliegenden Verstöße gegen geltendes Verfassungsrecht verfassungsrechtlich geboten ist. Das geltende Adoptionsrecht ist daher um eine Sukzessivadoptionsvariante für eingetragene Lebenspartner zu ergänzen.

Dieses Ergebnis führte dann im dritten Kapitel der Untersuchung zu der Frage, ob sich daraus nicht erst recht auch die Einführung einer anfänglichen gemeinschaftlichen Adoption für eingetragene Lebenspartner ergeben könnte. Diese Überlegung lag darin begründet, dass die Regelungen für eingetragene Lebenspartner grundsätzlich denen für Eheleute nachgebildet sind. Für Eheleute stellt die gemeinsame Elternschaft durch eine sukzessive Annahme allerdings nur eine Ausnahme dar, denn der Regelfall der Annahme besteht in der gemeinschaftlichen Adoption eines Fremdkindes. Indem für eingetragene Lebenspartner somit der Ausnahmefall der gemeinsamen rechtlichen Elternschaft durch Kindesannahme eingeführt werden muss, war auch zu prüfen, ob dieser dann wie bei Eheleuten auch nur als Ausnahmefall zur Regel der gemeinsamen Annahme eingeführt werden würde. Diese Prüfung erschien ferner auch unter Kindeswohlgesichtspunkten geboten, da es bei der Sukzessivadoption gleich zweimal zur unsicheren und belastenden Situation der Adoption kommt. Dass eine solche Situation die Regel der Annahmemöglichkeiten für eingetragene Lebenspartner bilden würde, erschien mit dem Kindeswohlgedanken des geltenden Adoptionsrechts nicht vereinbar zu sein.

Daher wurde im vierten Kapitel die gemeinschaftliche Adoption durch eingetragene Lebenspartner untersucht. Zunächst ergaben sich auch hier im Rahmen einer zivilrechtlichen Betrachtung keinerlei Umstände, welche gegen eine Erweiterung der gemeinsamen Adoption von Eheleuten auf eingetragene Lebenspartner sprechen würden. Bei der Untersuchung der gemeinschaftlichen Adoption für eingetragene Lebenspartner unter verfassungsrechtlichen Gesichtspunkten stellte sich dann sogar heraus, dass das derzeit geltende Verbot einer solchen Adoption sowohl gegen Grundrechte der eingetragenen Lebenspartner als auch der von diesem Verbot betroffenen Kinder verstößt. Im einzelnen konnte festgestellt werden, dass aufgrund des Verbots der gemeinschaftlichen Adoption für eingetragene Lebenspartner ungerechtfertigt in ihre von Art. 6 Abs. 1, 2. Alt. GG geschützte Familiengründungsfreiheit eingegriffen wird und auch eine nicht zu rechtfertigende Ungleichbehandlung i.S.d. Art. 3 Abs. 1 GG im Vergleich zu Eheleuten vorliegt. In Bezug auf die von diesem Verbot betroffenen Kinder liegt eine Verletzung der Familiengründungsfreiheit des Art. 6 Abs. 1, 2. Alt. GG der potentiellen Adoptivkinder und eine Benachteiligung von einzeln angenommenen Kindern von eingetragenen Lebenspartnern im Vergleich zu ehelichen Kindern nach Art. 6 Abs. 5 GG vor. Die geltende Gesetzeslage ist daher insoweit verfassungswidrig, als dass in § 1742 Abs. 2 S. 1 BGB eingetragene Lebenspartner von der gemeinschaftlichen Kindesannahme ausgeschlossen werden. Auch hier stellte sich wiederum die Frage, ob dieses Ergebnis zur verfassungsrechtlichen Gebotenheit der Einführung einer Möglichkeit der gemeinschaftlichen Kindesannahme für eingetragene Lebenspartner führen würde. Um die durch das Verbot entstehenden Grundrechtsverstöße zu beheben, steht es dem Gesetzgeber auch hier grundsätzlich frei zwischen verschiedenen Möglichkeiten zu wählen. Die einzige Alternative zur Einführung der gemeinschaftlichen Adoption für eingetragene Lebenspartner, nämlich die Abschaffung der gemeinschaftlichen Adoption für Eheleute, wür-

de jedoch zu Verstößen gegen Art. 6 Abs. 1, 2. Alt. GG und Art. 2 Abs. 1 GG i.V.m. Art. 1 Abs. 1 GG führen. Deshalb ist auch hier der gesetzgeberische Gestaltungsraum auf die Einführung der gemeinschaftlichen Adoption für eingetragene Lebenspartner begrenzt. Die Einführung einer solchen Adoptionsmöglichkeit ist somit aufgrund der Verstöße gegen Art. 6 Abs. 1, 2. Alt. GG, Art. 3 Abs. 1 GG und Art. 6 Abs. 5 GG und der eingeschränkten Gestaltungsfreiheit des Gesetzgebers verfassungsrechtlich geboten, weswegen das geltende Adoptionsrecht dementsprechend zu ändern ist.
Zusammenfassend hat die Untersuchung daher ergeben, dass der Gesetzgeber sowohl zur Einführung einer Möglichkeit zur Sukzessivadoption wie auch zur gemeinschaftlichen Adoption für eingetragene Lebenspartner verpflichtet ist.

## *B. Auswirkungen der Untersuchungsergebnisse*

Nachdem im Vorangegangenen die wesentlichen Untersuchungsergebnisse der Arbeit kurz zusammengefasst wurden, stellt sich nun die Frage nach den Auswirkungen dieser Ergebnisse.
Indem es de lege ferenda zu einer Einführung einer sukzessiven Adoptionsmöglichkeit und einer gemeinschaftlichen Annahmemöglichkeit für eingetragene Lebenspartner kommen wird, bestehen für diese Paarbeziehungen grundsätzlich dieselben Annahmemöglichkeiten wie für Eheleute. Würde der Gesetzgeber jetzt aber lediglich diese beiden Adoptionsvarianten zusätzlich einfügen, stünden eingetragenen Lebenspartnern gleichermaßen die Möglichkeiten der Einzelannahme, Sukzessivannahme, Stiefkindannahme und der gemeinschaftlichen Annahme zur Verfügung. Um dem leitenden Gedanken des Kindeswohls im Adoptionsrecht Rechnung zu tragen, wäre es aber erforderlich ein Regel-Ausnahme-Verhältnis unter diesen Möglichkeiten einzuführen. Ansonsten wäre es eingetragenen Lebenspartnern selbst überlassen, ob sie eine gemeinsame Elternschaft von einem Fremdkind im Wege der Einzel- plus Sukzessivadoption oder der gemeinschaftlichen Adoption erreichen möchten. Deshalb muss auch bei den Adoptionsmöglichkeiten von eingetragenen Lebenspartnern die gemeinschaftliche Annahme zum Regelfall erklärt und die Einzel- mit Sukzessivadoption zur Ausnahme erklärt werden. Die gemeinsame Elternschaft durch Einzel- plus Sukzessivannahme soll daher auch für eingetragene Lebenspartner nur möglich sein, wenn die eingetragene Lebenspartnerschaft zum Annahmezeitpunkt noch nicht begründet war oder ein Partner ein Annahmehindernis korrespondierend zu § 1741 Abs. 2 S. 4 BGB aufweist. Ferner ist auch zu bedenken, dass eingetragenen

Lebenspartnern derzeit grundsätzlich die Möglichkeit eingeräumt wird, ein Kind alleine anzunehmen, vgl. § 9 Abs. 6 LPartG. Nach der Einführung der gemeinschaftlichen Adoption würde es ihnen freistehen, ob beide eingetragenen Lebenspartner das Kind annehmen wollen oder es nur das rechtliche Kind eines Partners werden sollte. Damit stünden ihnen mehr Adoptionsvarianten zu als Eheleuten, da diese ein Kind grundsätzlich nur gemeinsam annehmen können, vgl. § 1741 Abs. 2 S. 2 BGB. Aufgrund der diesbezüglichen verfassungsrechtlichen Bedenken, vor allem im Hinblick auf Art. 6 Abs. 1 GG und Art. 3 GG,[1440] sollten die Regelungen auch hier an diejenigen von Eheleuten angeglichen werden. Dies würde bedeuten, dass die grundsätzliche Einzeladoptionsmöglichkeit für eingetragene Lebenspartner gestrichen werden müsste, um diese nur noch in den Ausnahmefällen des § 1741 Abs. 2 S. 4 BGB bei bestehender eingetragener Lebenspartnerschaft zu ermöglichen. Dadurch würde auch für eingetragene Lebenspartner die gemeinschaftliche Annahme zum Regelfall.

Unabhängig von den Angleichungen innerhalb des nationalen Adoptionsrechts durch die Einführung der sukzessiven und gemeinschaftlichen Adoption für eingetragene Lebenspartner sind auch die Auswirkungen dieser Adoptionsvarianten auf internationale Verpflichtungen zu berücksichtigen. Wie die Untersuchung schon gezeigt hat,[1441] ist Deutschland seit 1981 an das Europäische Übereinkommen über die Adoption von Kindern von 1967 gebunden. Nach Art. 6 Abs. 1 EuAdÜbEink 1967 kann eine Adoption nur zwei miteinander verheirateten Personen, ob sie nun gleichzeitig oder nacheinander annehmen, oder einer Einzelperson gestattet werden. Hierunter können jedoch keine miteinander verpartnerten Personen subsumiert werden, so dass die gemeinschaftliche gleichzeitige oder sukzessive Adoption eines Kindes Eheleuten vorbehalten ist. In dem Zeitpunkt, in dem also die sukzessive und die gemeinschaftliche Adoption für eingetragene Lebenspartner eingeführt werden würde, würde die Bundesrepublik Deutschland gegen das Abkommen verstoßen. Um dies zu vermeiden, könnte das Abkommen grundsätzlich mit einer Frist von sechs Monaten gekündigt werden, vgl. Art. 27 Abs. 2, 3 EuAdÜbEink 1967. Einer solchen Bedarf es allerdings seit dem Jahr 2008 nicht mehr. Denn es wurde eine revidierte Fassung des Abkommens beschlossen, welche die alte ersetzen soll und nunmehr zur Zeichnung aufgelegt ist. In dessen Art. 7 EuAdÜbEink 2008 wird nämlich auch gleichgeschlechtlichen eingetragenen Lebens-

1440 So auch Pätzold, S. 143.
1441 Vgl. dazu schon Kapitel 2:A.III.2.b)gg).

partnern die Adoption eines Kindes ermöglicht. Um nicht gegen internationale Abkommen zu verstoßen, müsste die revidierte Fassung des Europäischen Adoptionsübereinkommens v. 2008 von der Bundesrepublik Deutschland unterzeichnet und ratifiziert werden.
Zusammenfassend kann somit festgehalten werden, dass die Einführung der gemeinschaftlichen und sukzessiven Adoption für eingetragene Lebenspartner die Überarbeitung der Adoptionsvorschriften für eingetragene Lebenspartner sowie die Unterzeichnung und Ratifizierung der revidierten Fassung des Europäischen Adoptionsübereinkommens v. 2008 nach sich ziehen wird.

## *C. Handlungsempfehlungen*

Aus diesen soeben dargestellten Auswirkungen der gefundenen Untersuchungsergebnisse ergeben sich folgende konkrete Handlungsempfehlungen an den Gesetzgeber.
Im Bereich des nationalen Rechts bietet es sich aus Praktikabilitätsgründen an, die Regelungen zur Kindesannahme auch für eingetragene Lebenspartnern einheitlich und abschließend im Bürgerlichen Gesetzbuch zu normieren. Dies hätte vor allem den Vorteil, dass die schon derzeit vermehrt eingesetzten Verweise im Lebendpartnerschaftsgesetz auf die Vorschriften des Bürgerlichen Gesetzbuches[1442] reduziert werden könnten. Folge hiervon wären vor allem klarere Regelungen, die Spekulationen über die Anwendbarkeit von nicht ausdrücklich genannten Vorschriften verhindern würden.[1443] Deshalb werden folgende Änderungen des Bürgerlichen Gesetzbuches und des Lebenspartnerschaftsgesetztes vorgeschlagen.

§ 1741 Abs. 2 BGB sollte wie folgt geändert werden:

> *Wer weder verheiratet ist,* ***noch eine eingetragene Lebenspartnerschaft führt****, kann ein Kind nur alleine annehmen. Ehepaare* ***wie auch Lebenspartner***[1444] *können ein Kind nur gemeinschaftlich annehmen. Ein Ehegatte kann ein Kind seines Ehegatten,* ***ein Lebenspartner ein Kind seines Lebenspartners*** *allein*

1442 Vgl. dazu schon alleine die zahlreichen Verweise in § 9 Abs. 7 S. 2 LPartG.

1443 Dies war wie schon aufgezeigt wurde unter anderem bei der Anwendbarkeit der Ausnahme vom Verbot der Kettenadoption in § 1742 BGB auf eingetragene Lebenspartner der Fall. Vgl. dazu Kapitel 1:A.II.2.a).

1444 Es ist davon auszugehen, dass auf die Verwendung des Begriffs „eingetragene Lebenspartner" zugunsten von „Lebenspartner" verzichtet werden kann, da der Gesetzgeber auch in Regelungen, die bereits um eingetragene Lebenspartner ergänzt wurden immer nur „Lebenspartner" eingefügt hat. Vgl. dazu §§ 1757 Abs. 1, 1765 Abs. 3, 1767 Abs. 2 und 1779 Abs. 2 S. 1 BGB.

*annehmen. Ein Ehegatte **oder eingetragener Lebenspartner** kann ein Kind auch dann alleine annehmen, wenn der andere Ehegatte **beziehungsweise Lebenspartner** das Kind nicht annehmen kann, weil er geschäftsunfähig ist oder das 21. Lebensjahr noch nicht vollendet hat.*

§ 1742 BGB sollte wie folgt geändert werden:

*Ein angenommenes Kind kann, solange das Annahmeverhältnis besteht, bei Lebzeiten eines Annehmenden nur von dessen Ehegatten **oder Lebenspartner** angenommen werden.*

Durch diese beiden Änderungen würde auch für eingetragene Lebenspartner die gemeinschaftliche Adoption zum Regelfall. Die Einzelannahme wäre deshalb nur noch in Ausnahmefällen möglich. Die anders lautende Regelungen des § 9 Abs. 6 LPartG wäre daher zu streichen. Die Annahme eines Kindes des Partners würde durch § 1741 Abs. 2 S. 3 BGB n.F. zum einen für leibliche Kinder ermöglicht und zum anderen aber auch durch die Ergänzung in § 1742 BGB n.F. auf zuvor angenommene Kinder erweitert. Durch die abschließende Normierung von Stiefkind- und Sukzessivadoption für eingetragene Lebenspartner im Bürgerlichen Gesetzbuch wäre § 9 Abs. 7 LPartG zu streichen. Bedingt durch den Wegfall von § 9 Abs. 6, 7 LPartG entfielen auch die Verweise auf § 1749 Abs. 1, S. 2, 3, Abs. 3 BGB,[1445] § 1743 S. 1 BGB, § 1751 Abs. 2, 4, S. 2 BGB, § 1754 Abs. 1, 3 BGB, § 1755 Abs. 2 BGB, § 1756 Abs. 2 BGB, § 1757 Abs. 2 S. 1 BGB, § 1772 Abs. 1 S. 1 lit. c BGB,[1446] weshalb der Wortlaut dieser Vorschriften jeweils auf eingetragene Lebenspartner zu erweitern wäre. Dies könnte dadurch erfolgen, dass in allen Normen in denen von Ehegatten die Rede ist der Wortlaut auf Lebenspartner ergänzt würde. Aufgrund der neu einzuführenden Variante der gemeinschaftlichen Adoption wären des Weiteren auch die Regelungen der § 1743 S. 2 BGB, § 1763 Abs. 2 BGB, § 1764 Abs. 5 BGB und § 1765 Abs. 1 S. 2 BGB auf eingetragene Lebenspartner zu erweitern, weshalb auch dort der Wortlaut von Ehepaaren auf Lebenspartner zu erweitern wäre.

1445 Die genannte Norm findet aufgrund des Verweises in § 9 Abs. 6 S. 2 LPartG entsprechende Anwendung.

1446 Die genannten Normen finden Aufgrund des Verweises in § 9 Abs. 7 S. 2 LPartG entsprechende Anwendung.

Ergebnis dieser Änderungen wäre die Angleichung der Adoptionsvorschriften für eingetragene Lebenspartner an die von Eheleuten. Durch die abschließende Regelung im Bürgerlichen Gesetzbuch verblieben in § 9 Abs. 1-5 LPartG nur noch Regelungen für Kinder, die rechtlich nur einem Lebenspartner zugeordnet werden.

Im Hinblick auf die Erfüllung von internationalen Verpflichtungen wird empfohlen die revidierte Fassung des Europäischen Adoptionsübereinkommens v. 2008 zu unterzeichnen und zu ratifizieren. Dies würde die soeben dargestellten Änderungen der nationalen Vorschriften problemlos ermöglichen.

## *D. Fazit*

Die Angleichung der adoptionsrechtlichen Regelungen für eingetragene Lebenspartner an die für Eheleute ist sowohl aus zivilrechtlicher Sicht möglich wie auch aufgrund der bestehenden Grundrechtsverstöße der geltenden Verbote der Sukzessiv- und gemeinschaftlichen Adoption verfassungsrechtlich geboten. Aus Praktikabilitätsgründen wird dem Gesetzgeber empfohlen die Änderungen in der oben dargestellten Weise umzusetzen. Dies würde einen weiteren Schritt zur Gleichstellung von eingetragenen Lebenspartnern und Eheleuten darstellen und so zum Abbau von Diskriminierungen gegenüber gleichgeschlechtlichen Paaren beitragen.

# Anlagen[1447]

## Anlage 1

______________________________ ______________________________

Name, Vorname | Geburtsdatum, Geburtsort

______________________________ ______________________________

Straße und Nr. | Wohnort

______________________________ ______________________________

Ausweis-Nr. | ausgestellt am … von …

______________________________

Staatsangehörigkeit

Ich beabsichtige, mein Kind

________________________geb. ________________in ________________________

zur Adoption freizugeben und bitte um Vermittlung meines Kindes zu geprüften Adoptiveltern.

**I.** Ich wünsche eine Vermittlung

❑ Ausdrücklich sofort von der Klinik aus

❑ Nach Ablauf der 8-Wochen-Frist

❑ Sobald wie möglich

**II.** Ich bin damit einverstanden

❑ dass mein Kind im Glauben seiner zukünftigen Adoptiveltern getauft und erzogen wird

**III.** Wünsche:________________________________________________

**IV.** ❑ Ich erkläre mich als gesetzlicher Vertreter des Kindes einverstanden mit allen Impfungen und ärztlichen Maßnahmen, die notwendig sind.

**V.** ❑ Ich entbinde die Ärzte gegenüber der Adoptionsvermittlungsstelle hinsichtlich des Kindes und meiner eigenen Person von der Schweigepflicht.

**VI.** Ich bin davon unterrichtet, dass ich frühestens 8 Wochen nach der Geburt meines Kindes die endgültige Einwilligungserklärung zur Adoption vor einem Notar abgeben kann.

**VII.** Ich bin heute gemäß § 51 Abs. 1 und 2 SGB VIII über die Hilfen zum Verbleib meines Kindes bei mir beraten und gemäß § 1748 Abs. 2 BGB belehrt worden, dass meine Einwilligung zur Adoption auch durch das Familiengericht ersetzt werden kann, wenn ich mich gleichgültig verhalte oder angebotene Hilfen nicht in Anspruch nehme. Auf die Fristen bin ich hingewiesen worden.

**VIII.** Ich werde mich wegen meines Adoptionsantrages umgehend mit dem
Bezirksamt Hamburg-Nord, Fachamt Jugend- und Familienhilfe,
**Adoptionsvermittlungsstelle Hamburg, Südring 30 a, 22303 Hamburg,**
**Tel.: 428 63-6180 oder -6181** in Verbindung setzen.

---

1447 Die Anlagen 1 und 2 befinden sich auf dem Stand von Januar 2013.

Datum / Unterschrift
Die eigenhändige Unterschrift wird hiermit bestätigt:

Datum Unterschrift / Funktion

**Sozialgeheimnis**
**§ 35 Abs. 1 Sozialgesetzbuch Erstes Buch (SGB I) auszugsweise**
(1)Jeder hat Anspruch darauf, dass die ihn betreffenden Sozialdaten (§ 67 Abs. 1 Zehntes Buch) von den Leistungsträgern nicht unbefugt erhoben, verarbeitet oder genutzt werden (Sozialgeheimnis). Die Wahrung des Sozialgeheimnisses umfaßt die Verpflichtung, auch innerhalb des Leistungsträgers sicherzustellen, dass die Sozialdaten nur Befugten zugänglich sind oder nur an diese weitergegeben werden.

**Beratung und Belehrung im Verfahren zur Annahme als Kind**
**§ 51 Sozialgesetzbuch Achtes Buch (SGB VIII)**

(1)Das Jugendamt hat im Verfahren zur Ersetzung der Einwilligung eines Elternteils in die Annahme nach § 1748 Abs. 2 Satz 1 des Bürgerlichen Gesetzbuchs den Elternteil über die Möglichkeit der Ersetzung der Einwilligung zu belehren. Es hat ihn darauf hinzuweisen, dass das Familiengericht die Einwilligung erst nach Ablauf von drei Monaten nach der Belehrung ersetzen darf. Der Belehrung bedarf es nicht, wenn der Elternteil seinen Aufenthaltsort ohne Hinterlassung seiner neuen Anschrift gewechselt hat und der Aufenthaltsort vom Jugendamt während eines Zeitraums von drei Monaten trotz angemessener Nachforschungen nicht ermittelt werden konnte; in diesem Fall beginnt die Frist mit der ersten auf die Belehrung oder auf die Ermittlung des Aufenthaltsorts gerichteten Handlung des Jugendamts. Die Fristen laufen frühestens fünf Monate nach der Geburt des Kindes ab.

(2) Das Jugendamt soll den Elternteil mit der Belehrung nach Absatz 1 über Hilfen beraten, die die Erziehung des Kindes in der eigenen Familie ermöglichen könnten. Einer Beratung bedarf es insbesondere nicht, wenn das Kind seit längerer Zeit bei den Annehmenden in Familienpflege lebt und bei seiner Herausgabe an den Elternteil eine schwere und nachhaltige Schädigung des körperlichen und seelischen Wohlbefindens des Kindes zu erwarten ist. Das Jugendamt hat dem Familiengericht im Verfahren mitzuteilen, welche Leistungen erbracht oder angeboten worden sind oder aus welchem Grund davon abgesehen wurde.

(3) Sind die Eltern nicht miteinander verheiratet und haben sie keine Sorgeerklärungen abgegeben, so hat das Jugendamt den Vater bei der Wahrnehmung seiner Rechte nach § 1747 Abs. 1 und 3 des Bürgerlichen Gesetzbuchs zu beraten.

**Ersetzung der Einwilligung eines Elternteils**
**§ 1748 Bürgerliches Gesetzbuch (BGB)**

(1) Das Familiengericht hat auf Antrag des Kindes die Einwilligung eines Elternteils zu ersetzen, wenn dieser seine Pflichten gegenüber dem Kind anhaltend gröblich verletzt hat oder durch sein Verhalten gezeigt hat, dass ihm das Kind gleichgültig ist, und wenn das Unterbleiben der Annahme dem Kind zu unverhältnismäßigem Nachteil gereichen würde. Die Einwilligung kann auch ersetzt werden, wenn die Pflichtverletzung zwar nicht anhaltend, aber besonders schwer ist und das Kind voraussichtlich dauernd nicht mehr der Obhut des Elternteils anvertraut werden kann.

(2) Wegen Gleichgültigkeit, die nicht zugleich eine anhaltende gröbliche Pflichtverletzung ist, darf die Einwilligung nicht ersetzt werden, bevor der Elternteil vom Jugendamt über die Möglichkeit ihrer Ersetzung belehrt und nach Maßgabe des § 51 Abs. 2 des Achten Buches Sozialgesetzbuch beraten worden ist und seit der Belehrung wenigstens drei Monate verstrichen sind; in der Belehrung ist auf

die Frist hinzuweisen. Der Belehrung bedarf es nicht, wenn der Elternteil seinen Aufenthaltsort ohne Hinterlassung seiner neuen Anschrift gewechselt hat und der Aufenthaltsort vom Jugendamt während eines Zeitraums von drei Monaten trotz angemessener Nachforschungen nicht ermittelt werden konnte; in diesem Fall beginnt die Frist mit der ersten auf die Belehrung und Beratung oder auf die Ermittlung des Aufenthaltsorts gerichteten Handlung des Jugendamts. Die Fristen laufen frühestens fünf Monate nach der Geburt des Kindes ab.

(3) Die Einwilligung eines Elternteils kann ferner ersetzt werden, wenn er wegen einer besonders schweren psychischen Krankheit oder einer besonders schweren geistigen oder seelischen Behinderung zur Pflege und Erziehung des Kindes dauern unfähig ist und wenn das Kind bei Unterbleiben der Annahme nicht in einer Familie aufwachsen könnte und dadurch in seiner Entwicklung schwer gefährdet wäre.

(4) In den Fällen des § 1626 a Abs. 2 hat das Familiengericht die Einwilligung des Vaters zu ersetzen, wenn das Unterbleiben der Annahme dem Kind zu unverhältnismäßigem Nachteil gereichen würde.

**Anlage 2**

# Einwilligungserklärung gemäß § 1747 BGB zur Vorlage bei einem Notar

ENTWURF

Hiermit erkläre ich dem Familiengericht gegenüber meine Einwilligung, dass

mein Kind:

geboren am: in

von den Eheleuten

die beim Bezirksamt Hamburg-Nord, Adoptionsvermittlung Hamburg in der Adoptionsliste unter der Nummer: geführt werden, als Kind angenommen wird.

Ich bin darüber unterrichtet worden, dass die Annehmenden von Beruf sind und mit ihrer Familie in geordneten Verhältnissen leben und mein Kind dort gut untergebracht ist.

Ich bin über den wesentlichen Inhalt des Adoptionsrechts belehrt worden, insbesondere über die sich aus § 1751 BGB ergebenden Rechtswirkungen.

Ich weiß, dass meine Erklärung unwiderruflich ist.

Mir ist bekannt, dass die Einwilligung ihre Kraft verliert, wenn der Antrag zurückgenommen oder die Annahme versagt wird und dass die Einwilligung eines Elternteils ferner ihre Kraft verliert, wenn das Kind nicht innerhalb von 3 Jahren seit dem Wirksamwerden der Einwilligung angenommen wird.

Mein Kind und ich besitzen die Staatsangehörigkeit.

# Literaturverzeichnis

*Alexy, Robert*

Theorie der Grundrechte, 2. Auflage, Frankfurt am Main 1994.

*Altrogge, Alexandra*

Das Urteil des BVerfG zur zwangsweisen Druchsetzung der Umgangspflicht und die Ordnungsmittel des FamFG, FPR 2009, S. 34-38.

*Armbrüster, Christian/Preuss, Nicola/Renner, Thomas*

Beurkundungsgesetz und Dienstordnung für Notarinnen und Notare, 5. Auflage, Berlin 2009.

*Axmann, Thomas*

Die Auswirkungen des Art. 6 Abs. 5 GG auf Unterhaltsansprüche zwischen nicht miteinander verheirateten Eltern, Münster 1999.

*Bach, Rolf P.*

Die Praxis der Adoptionsvermittlung, FPR 2001, S. 318-321.

*Badura, Peter*

Die verfassungsrechtliche Pflicht des gesetzgebenden Parlaments zur „Nachbesserung" von Gesetzen, S. 481-492, in: Müller, Georg/Rhinow, René A./Schmid, Gerhard/Wildhaber, Luzius, Staatsorganisation und Staatsfunktionen im Wandel, Festschrift für Kurt Eichenberger zum 60. Geburtstag, Basel 1982.

*Baer, Ingrid*

Der Entwurf eines Gesetzes zur Reform des Kindschaftsrechts im Lichte der Entwicklung in anderen europäischen Ländern und in internationalen Konventionen, DAVorm 1996, S. 855-866.

*Baer, Ingrid/Gross, Helga*

Adoption und Adoptionsvermittlung – Neuregelungen ab 1.1.1977, 2. Auflage, Frankfurt am Main 1981.

*Bähr, Peter*

Die Reform des Unehelichenrechts, JuS 1969, S. 545-547.

*Balloff, Rainer*

Kinder vor dem Familiengericht, 1. Auflage, München 2004.

*Balloff, Rainer*

Kindeswille, Grundbedürfnisse des Kindes und Kindeswohl in Umgangsrechtsfragen, FPR 2002, S. 240-245.

*Bamberger, Heinz Georg/Roth, Herbert*

Kommentar zum Bürgerlichen Gesetzbuch, Beck´scher Online-Kommentar, 26. Edition, München 2013.

*Bange, Dirk*

Sexueller Missbrauch an Jungen – Die Mauer des Schweigens, Göttingen 2007.

Zitiert: Bange, 2007

*Bange, Dirk*

Die dunkle Seite der Kindheit – Sexueller Mißbrauch an Mädchen und Jungen, Ausmaß – Hintergründe – Folgen, 1. Auflage, Köln 1992.

Zitiert: Bange, 1992

*Bärsch, Claus-E.*

Die Gleichheit der Ungleichen – Zur Bedeutung von Gleichheit, Selbstbestimmung und Geschichte im Streit um die konstitutionelle Demokratie, München 1979.

*Bauer, Jost/Dohmel, Wolfgang/Schimke, Hans-Jürgen*

Recht und Familie, Rechtsgrundalgen der Sozialisation, 1. Auflage, Neuwied 1995.

*Beaucamp, Guy/Treder, Lutz*

Methoden und Technik der Rechtsanwendung, 2. Auflage, Heidelberg 2011.

*Beck, Volker*

Die verfassungsrechtliche Begründung der eingetragenen Lebenspartnerschaft, NJW 2001, S. 1894-1901.

*Beck´sches Notarhandbuch*

5. Auflage, München 2009.

*Beitzke, Günther*

Erneute Adoption nach dem Tod der Adoptiveltern? StAZ 1955, S. 3-5.

*Belling, Pascal*

Die Erziehungsfähigkeit homosexueller Eltern, S. 7-15, in: Zentrale Adoptionsstelle (Hrsg.), Fachtagung der Zentralen Adoptionsstelle – „Gleichgeschlechtliche Paare leben mit Kindern – auch mit Pflege- und Adotivkindern?", Rheinland 2002.

*Berkemann, Jörg*

Realitätsfremde Steuergesetzgebung und gesetzgeberisches Unterlassen, EuGRZ 1985, S. 137-144.

*Binger, Jerry J./Jacobsen, R. Brooke*

Parenting Behaviors of Homosexual and Heterosexual Fathers, Journal of Homosexuality 1989, S. 173-186.

*Blanchard, Ray/Barbaree, Howard E./Bogaert, Anthony F./Dickey, Robert/Klassen, Philip/Kuban, Michael E./Zucker, Kenneth J.*

Fraternal Birth Order and Sexual Orientation in Pedophiles, Archives of Sexual Behavior 2000, S. 463-378.

*Blandow, Jürgen*

Pflegekinder und ihre Familien – Geschichte, Situation und Perspektiven des Pflegekinderwesens, 1. Auflage, Weinheim 2004.

*Bleckmann, Albert*

Neue Aspekte der Drittwirkung der Grundrechte, DVBl 1988, S. 938-946.

*Bleckmann, Albert*

Staatsrecht II – Die Grundrechte, 3. Auflage, Köln 1989.

Zitiert: Bleckmann, Staatsrecht II

*Bleckmann, Albert*

Völkerrecht, 1. Auflage, Baden-Baden, 2001.

Zitiert, Bleckmann, Völkerrecht

*Böckenförde, Ernst-Wolfgang*

Grundrechte als Grundsatznormen, Zur gegenwärtigen Lage der Grundrechtsdogmatik, Der Staat 1990, S. 1-31.

*Bogdan, Michael*

Internationale Aspelte der schwedischen Gesetzesnovelle über die Adoption von Kindern durch eingetragene Lebenspartner, IPRax 2002, S. 534-535.

*Bonner Kommentar zum Grundgesetz*

156. Aktualisierung, Heidelberg 2012.

Zitiert: BK/Bearbeiter, Lfg.,

*Bosinski, Hartmut A.G.*

Probleme der sexuellen Orientierung aus sexualmedizinischer Sicht, S. 9-15, in: Bosinski, Hartmut A.G./Kirchhof, Paul/Nave-Herz, Rosemarie/Robbers, Gerhard/Rotter, Hans, „Eingetragene Lebenspartnerschaft" Rechtssicherheit für homosexuelle Paare – Angriff auf Ehe und Familie?, 1. Auflage, Regensburg 2001.

*Brandt, Thomas Alexander*

Die Adoption durch eingetragene Lebenspartner im internationalen Privat- und Verfahrensrecht, Frankfurt am Main 2004.

*Braun, Johann*

Das Lebenspartnerschaftsgesetz auf dem Prüfstand – BVerfG, NJW 2002, 2543, NJW 2003, S. 21-26.

*Braun, Johann*

Ehe und Familie am Scheideweg, Eine Kritik am sogenannten Lebenspartnerschaftsgesetz, 1. Auflage, Regensburg 2002.

*Brenningmeyer, Marion*

Der Internationale Privatrecht der nichtehelichen Kindschaft unter besonderer Berücksichtigung des Artikel 6 Absatz 5 Grundgesetz, Münster 1987.

*Brockhaus, Ulrike/Kolshorn, Maren*

Sexuelle Gewalt gegen Mädchen und Jungen - Mythen, Fakten, Theorien, 1. Auflage, Frankfurt 1993.

*Brüggemann, Dieter*

Anmerkungen zu BayObLG Beschluss v. 17.3.1977 – Breg. 1 Z 169/76 und LG Stuttgart Beschluss v. 26.4. 1977 – 2 T 197/77, FamRZ 1977, S. 656-660.

*Brüning, Christoph*

Widerspruchsfreiheit der Rechtsordnung – Ein Topos mit verfassungsrechtlichen Konsequenzen?, NVwZ 2002, S. 33-37.

*Bruns, Manfred*

Art. 6 I GG und gesetzliche Regelungen für gleichgeschlechtliche Lebensgemeinschaften, ZRP 1996, S. 6-10.

*Bruns, Manfred/Beck, Volker*

Das Eheverbot bei Gleichgeschlechtlichkeit, MDR 1991, S. 832-835.

*Bruns, Manfred/Kemper, Rainer*

Lebenspartnerschaftsrecht Handkommentar, 2. Auflage, Baden-Baden 2006.

*Buba, Hans Peter/Vaskovics, Laszlo A.*

Benachteiligung gleichgeschlechtlich orientierter Personen und Paare, Köln 2001.

*Bundschuh, Claudia*

Pädosexualität – Entstehungsbedingungen und Erscheinungsformen, Opladen 2001.

*Burckhardt, Walther*

Methode und System des Rechts, Nachdruck der 1. Ausgabe 1936, Zürich 1971.

*Burhoff, Detlef*

Handbuch der nichtehelichen Lebensgemeinschaft, 2. Auflage, Berlin 1998.

*Büttner, Helmut/Niepmann, Birgit/Schwamb, Werner*

Die Rechtsprechung zur Höhe des Unterhalts, 11. Auflage, München 2010.

*Canaris, Claus-Wilhem*

Grundrechte und Privatrecht, 1. Auflage, Berlin 1999.

*Classen, Claus Dieter*

Erwiderung – Der besondere Schutz der Ehe – aufgehoben durch das BVerfG?, JZ 2010, S. 411-412.

*Coester, Michael*

Verfassungsrechtliche Vorgaben für die gesetzliche Ausgestaltung des Sorgerechts nicht miteinander verheirateter Eltern, FPR 2005, S. 60-65.

*Coester, Michael*

Das Kindeswohl als Rechtsbegriff, 1. Auflage, Frankfurt am Main 1983.

*Coester, Michael*

Das Kindeswohl als Rechtsbegriff, S. 35-51 in: Brühler Schriften zum Familienrecht, Sechster deutscher Familiengerichtstag vom 9. Bis 12. Oktober ´85 in Brühl, Deutscher Familiengerichtstag e.V. (Hrsg.), Bielefeld 1986.

*Coester-Waltjen, Dagmar*

Die Lebensgemeinschaft – Strapazierung des Parteiwillens oder staatliche Bevormundung?, NJW 1988, S. 2085-2090.

*Copur, Eylem*

Gleichgeschlechtliche Partnerschaft und Kindeswohl, Bern 2008.

*Dannecker, Martin*

Sexualwissenschaftliches Gutachten zur Homosexualität, S. 333-350, in: Basedow, Jürgen/Hopt, Klaus J./Kötz, Hein/Dopffel, Peter, Die Rechtsstellung gleichgeschlechtlicher Lebensgemeinschaften, Tübingen 2000.

*Degenhart, Christoph*

Das allgemeine Persönlichkeitsrecht, Art. 2 I i.V.mit Art. 2 I GG, JuS 1992, S. 361-368.

*Dellian, Ed*

Anmerkungen zu KG, Beschluss vom 28.05.1968 - 1 W 825-827/68, NJW 1968, S. 2149.

*Denninger/Erhard*

Kommentar zum Grundgesetz für die Bundesrepublik Deutschland, 3. Auflage, Neuwied 2001-2002.

*Desoi, Monika/Knierim, Antonie*

Intimsphäre und Kernbereichsschutz –Ein unantastbarer Bereich privater Lebensgestaltung in der Rechtsprechung des Bundesverfassungsgerichts-, DÖV 2011, S. 398-405.

*Dethloff, Nina*

Die eingetragene Lebenspartnerschaft – Ein neues familienrechtliches Institut, NJW 2001, S. 2598-2604.

*Dethloff, Nina*

Kindschaftsrecht des 21. Jahrhunderts, Rechtsvergleichung und Zukunftsperspektive, ZKJ 2009, S. 141-147.

*Dethloff, Nina*

Regenbogenfamilien – Der Schutz von Eltern-Kind-Beziehungen in gleichgeschlechtlichen Partnerschaften, S. 133-143, in: Söllner, Alfred/Gitter, Wolfgang/Waltermann, Raimund/Giesen, Richard/Ricken, Oliver, Gedächtnisschrift für Meinhard Heinze, 1. Auflage, München 2005.

*Dethloff, Nina*

Adoption durch gleichgeschlechtliche Paare, ZPR 2004, S. 195-200.

*Dethloff, Nina*

Adoption und Sorgerecht – Problembereiche für die eingetragene Lebenspartnerschaft?, FPR 2010, S. 208-213.

*Dethloff, Nina*

Familienrecht, 30. Auflage, München 2012.

*Dethloff, Nina*

Assistierte Reproduktion und rechtliche Elternschaft in gleichgeschlechtlichen Partnerschaften, Ein rechtsvergleichender Überblick, S. 161,-194, in: Funcke, Dorett/Thorn, Petra, Die gleichgeschlechtliche Familie mit Kindern - Interdisziplinäre Beiträge zu einer neuen Lebensform, Bielefeld 2010.

*Dettenborn, Harry*

Kindeswohl und Kindeswille, Psychologische und rechtliche Aspekte, 3. Auflage, München 2010.

*Di Fabio, Udo*

Der Schutz von Ehe und Familie: Verfassungsentscheidung für die vitale Gesellschaft, NJW 2003, S. 993-998.

*Diederichsen, Uwe*

Das Bundesverfassungsgericht als oberstes Zivilgericht – ein Lehrstück der juristischen Methodenlehre, AcP 1998, S. 171-260.

*Diederichsen, Uwe*

Homosexuelle – von Gesetzes wegen?, NJW 2000, S. 1841-1844.

*Dieth, Markus*

Die Sehnsucht nach dem Knaben – Die männliche Zuneigung zu Knaben aus individualpsychologischer Sicht, 1. Auflage, Köning 2004.

*Dimski, Andrea*

Gleichberechtigung für homosexuelle Eltern? Probeme der Zuerkennung des nachehelichen Sorgerechts an einen homosexuellen Elternteil – eine Analyse der Rechtsprechung in den USA, Frankreich, Deutschland und der Schweiz, ZEuP 1995, S. 645-481.

*Dittberner, Mareike*

Lebenspartnerschaft und Kindschaftsrecht – Die rechtliche Situation gleichgeschlechtlicher Paare unter Berücksichtigung kindschaftsrechtlicher Regelungen, Frankfurt am Main 2004.

*Ditzen, Christa*

Das Menschenwerdungsgrundrecht des Kindes, NJW 1989, S. 2519-2520.

*Dodegge, Georg*

Das formelle und materielle deutsche Adoptionsrecht, FPR 2001, S. 321-327.

*Dreier, Horst*

Grundgesetz Kommentar, Band I, 2. Auflage, Tübingen 2004.

*Dundas, Susan/Kaufmann, Miriam*

The Toronto Lesbian Family Study, Journal of Homosexuality 2000, S. 65-79.

*Eggen, Bernd*

Gleichgeschlechtliche Lebensgemeinschaften – Kontinuität im Wandel initmer und familialer Lebensformen, FPR 2001, S. 444-449.

*Eggen, Bernd*

Gleichgeschlechtliche Lebensgemeinschaften ohne und mit Kindern: Soziale Strukturen und künftige Entwicklungen, S. 37-60, in: Funcke, Dorett/Thorn, Petra, Die gleichgeschlechtliche Familie mit Kindern - Interdisziplinäre Beiträge zu einer neuen Lebensform, Bielefeld 2010.

*Engels, Stefan*

Kinder- und Jugendschutz in der Verfassung – Verankerung, Funktion und Verhältnis zum Elternrecht, AöR 1997, S. 212-247.

*Engisch, Karl*

Einführung in das juristische Denken, 11. Auflage, Stuttgart 2010.

*Engler, Helmut*

Zum Erfordernis der elterlichen Einwilligung in die Adoption, FamRZ 1969, S. 63-69.

*Epping, Volker*

Grundrechte, 4. Auflage, Heidelberg 2010.

*Epping, Volker/Hillgruber, Christian*

Grundgesetzkommentar, 14. Auflage, München 2012.

*Erfurter Kommentar zum Arbeitsrecht*

12. Auflage, München 2012.

Zitiert: Erfurter Kommentar zum Arbeitsrecht/Bearbeiter

*Erman, Walter*

- Handkommentar zum Bürgerlichen Gesetzbuch, Band 2, 13. Auflage, Köln 2011.
- Handkommentar zum Bürgerlichen Gesetzbuch, Band 2, 12. Auflage, Köln 2008.
  Zitiert: Erman/Bearbeiter, 12. Auflage
- Handkommentar zum Bürgerlichen Gesetzbuch, 2. Auflage, Münster 1958.

Zitiert: Erman/Bearbeiter, 2. Auflage

*Eylmann, Horst/Vaasen, Hans-Dieter*

Bundesnotarordnung Beurkundungsgesetz - Kommentar, 3. Auflage, München 2011.

*Figdor, Helmuth*

Was heißt „Kindeswohl"? Zum Dilemma gerichtlicher Entscheidungen über Sorge- und Umgangsrecht. Die Rolle des Familienrichters, S. 164-166, in: Müller-Magdeburg, Cornelia (Hrsg.), Verändertes Denken zum Wohle der Kinder. Festschrift für Jürgen Rudolph, Baden-Baden 2009.

*Fitzgerald, Bridget*

Children of Lesbian and Gay Parents: A Review of Literature, Marriage and Family Review 1999, S. 57-75.

*Fleisch, Hans*

Die verfassungsrechtliche Stellung des leiblichen Vaters, Baden-Baden 1987.

*Fliss, Michael*

Der Unterhaltsanspruch von Mutter und Vater aus Anlass der Geburt nach § 1615 I BGB und seine Durchsetzung im Wege der vorläufigen Rechtsschutzes – eine tatbestandsbezogene Gesamtbetrachtung, Berlin 2004.

*Forkert, Meinhard*

Eingetragene Lebenspartnerschaft im deutschen IPR: Art. 17 b EGBGB, Tübingen 2003.

*Francesconi, Marco/Jenkins, Stephen/Siedler, Thomas/Wagner, Gerd*

Einfluss der Familienform auf den Schulerfolg von Kindern nicht nachweisbar, in: DIW-Wochenbericht 2006, S. 165-171.

*Frank, Rainer*

Die Stiefkindadoption, StAZ 2010, S. 324-332.

*Frank, Rainer*

Brauchen wir Adoption? Rechtsvergleichende Überlegungen zu Notwendigkeit und Zweckmäßigkeit der Adoption, FamRZ 2007, S. 1693-1699.

*Frank, Rainer*

Keine Zweitadoption des von einem Lebenspartner angenommenen Kindes durch den anderen Lebenspartner - Anmerkungen zum Beschluss des OLG Hamm vom 1. Dezember 2009, ZKJ 2010, S. 197-198.

*Freund, Kurt /Kuban, Michael*

Deficient Erotic Gender Differentiation in Pedophilia: A Follow-Up, Archives of Sexual Behavior 1993, S. 619-628.

*Freytag, Christiane*

Lebenspartnerschaftsgesetz, Eheschutzgebot und Differenzeirungsverbot – Eine verfassungsrechtliche Untersuchung unter Berücksichtigung der neusten Entscheidung des Bundesverfassungsgerichts in dieser Sache-, DÖV 2002, S. 445-455.

Friauf, Heinrich/Höfling, Wolfram

Berliner Kommentar zum Grundgesetz, Band 1, Loseblattsammlung, Berlin.

*Friauf, Karl Heinrich*

Verfassungsgarantie und sozialer Wandel – das Beispiel von Ehe und Familie, NJW 1986, S. 2595-2602.

*Fthenakis, Wassilios E.*

Väter – Band 2 – Zur Vater-Kind-Beziehung in verschiedenen Familienstrukturen, 1. Auflage, München 1985.

Zitiert: Fthenakis, Väter

*Fthenakis, Wassilios E.*

Gleichgeschlechtliche Lebengemeinschaften und kindliche Entwicklung, S. 351-389, in: Basedow, Jürgen/Hopt, Klaus J./Kötz, Hein/Dopffel, Peter, Die Rechtsstellung gleichgeschlechtlicher Lebensgemeinschaften, Tübingen 2000.

*Funcke, Dorett*

Die gleichgeschlechtliche Pflegefamilie: Eine Herausforderung für Theorie und Praxis, S. 321-366, in: Funcke, Dorett/Thorn, Petra, Die gleichgeschlechtliche Familie mit Kindern, Kindern - Interdisziplinäre Beiträge zu einer neuen Lebensform, 1. Auflage, Bielefeld 2010.

*Gallwas, Hans-Ullrich*

Grundrechte, 1. Auflage, Frankfurt am Main 1985.

*Gärditz, Klaus Ferdinant*

Gemeinsames Adoptionsrecht eingetragener Lebenspartner als Verfassungsgebot? JZ 2011, S. 930-939.

*Gassmann, Yvonne*

Pflegeeltern und ihre Pflegekinder, Empirische Analysen von Entwicklungsverläufen und Ressourcen im Beziehungsgeflecht, Münster 2010.

*Gebauer, Karl*

Die Bedeutung innerer Vaterbilder für eine zugewandte väterliche Haltung, Hannover 2004.

*Geiger, Rudolf*

Grundgesetz und Völkerrecht mit Europarecht, 5. Auflage, München 2010.

*Geis, Max-Emanuel*

Der Kernbereich des Persönlichkeitsrechts –Ein Plädoyer für die „Sphärentheorie“-, JZ 1991, S. 112-117.

*Gerhardt, Peter/von Heintschel-Heinegg, Bernd/Klein, Michael*

Handbuch des Fachanwalts Familienrecht, 8. Auflage, Köln 2011.

*Gernhuber, Joachim*

Kindeswohl und Elternwille, FamRZ 1973, S. 229-244.

*Gernhuber, Joachim/Coester-Waltjen, Dagmar*

Familienrecht, 6. Auflage, München 2010.

*Giesen, Dieter*

Ehe und Familie in der Ordnung des Grundgesetzes, JZ 1982, S. 817-829.

*Giesen, Dieter*

Familienrecht, 2. Auflage, Tübingen 1997.

*Glässing, Hellmut*

Voraussetzungen der Adoption, 1. Auflage, Frankfurt am Main 1957.

*Gleixner, Christiane/Müller, Markus/Wirth, Steffen B.*

Neurologie und Psychiatrie für Studium und Praxis, 8. Auflage, Breisach 2011.

*Golombok, Susan/Fivush, Robyn*

Gender Development, Cambridge 1994.

*Golombok, Susan/Tasker, Fiona/Murray, Clare*

Children Raised in Fatherless Families from Infancy: Family Relationships and the Socioemotional Development of Children of Lesbian and Single Heterosexual Mothers, Journal of Child Psychology and Psychiatry 1997, S. 783-791.

*Green, Richard/Mandel, Jane Barclay/Hotvedt, Mary E./Gray, James/Smith, Laurel*

Lesbian Mothers and Their Children: A Comparison With Solo Parent Hetrosexual Mothers and Their Children, Archives of Sexual Behaviour 1986, S. 167-184.

*Grehl, Claudia*

Das Adoptionsrecht gleichgeschlechtlicher Paare unter verfassungsrechtlichen Gesichtspunkten, Hamburg 2008.

*Grob, Jürgen*

Die elterliche Einwilligung in die Adoption, Tübingen 1984.

*Groth, A. Nicholas /Birnbaum, H. Jean*

Adult Sexual Orientation and Attraction to Underage Persons, Archives of Sexual Behavior 1978, S. 175-181.

*Grüll, Stefan M.*

Eheverbot für gleichgeschlechtliche Paare (zu Louven, ZRP 1993, 12), ZRP 1994, S. 40.

*Grünberger, Michael*

Die Gleichbehandlung von Ehe und eingetragener Lebenspartnerschaft im Zusammenspiel von Unionsrecht und nationalem Verfassungsrecht - Das Urteil des BVerfG zur VBL-Hinterbliebenenrente, FPR 2010, S. 203-208.

*Grziwotz, Herbert*

Die Adoption von Stiefkindern, FamFR 2011, S. 533-536.

*Grziwotz, Herbert*

Nichteheliche Lebensgemeinschaft, 4. Auflage, München 2006.

Zitiert: Grziwotz, Nichteheliche Lebensgemeinschaft

*Grziwotz, Herbert*

Anmerkung zu Nr. 1181 BVerfG-GG Art 3 I, 6 I; VBLS § 38, FamRZ 2009, S. 1982-1983.

*Grziwotz, Herbert*

Anmerkungen zu Nr. 732 OLG Hamm – BGB § 1742; LPartG § 9 VII; GG Art 6 I, FamRZ 2010, S. 1260-1261.

*Grziwotz, Herbert*

Gleichstellung der Lebenspartnerschaft nach dem Gesetz zur Überarbeitung des Lebenspartnerschaftsrechts – Beratungs- und Gestaltungsprobleme, DNotZ 2005, S. 13-29.

*Gutsche, Hans-Joachim*

Adoption durch gleichgeschlechtliche Paare, ZRP 2005, S. 65-66.

*Häberle, Peter*

Verfassungsschutz der Familie – Familienpolitik im Verfassungsstaat, 1. Auflage, Heidelberg 1984.

*Hahne, Meo-Micaela/Munzig, Jörg*

Kommentar zum FamFG, 4. Auflage, München 2012.

*Hausmann, Rainer/Hohloch, Gerhard*

Das Recht der nichtehelichen Lebensgemeinschaft – Handbuch, 2. Auflage, Berlin 2004.

*Heck, Philipp*

Das Problem der Rechtsgewinnung: Gesetzesauslegung und Interessenjurisprudenz; Begriffsbildung und Interessenjurisprudenz, 1. Auflage, Gehlen 1968.

*Heckmann, Dirk*

Geltungskraft und Geltungsverlust von Rechtsnormen: Elemente einer Theorie der autoritativen Normgeltungsbedingung, Tübingen 1997.

*Heilmann, Andreas*

Zur rechtlichen Lage schwuler Väter und ihrer Familien, FPR 2005, S. 193-196.

*Hein, Peter E.*

Die Unvereinbarerklärung verfassungswidriger Gesetze durch das Bundesverfassungsgericht – Grundlagen, Anwendungsbereich, Rechtsfolgen, 1. Auflage, Baden-Baden 1988.

*Heinz, Karl Eckhart*

Das Minderjährigkeitserfordernis im Adoptionsrecht, ZRP 1995, S. 171-173.

*Henkel, Jörg*

Fällt nun auch das „Fremdkindadoptionsverbot"? NJW 2011, S. 259-264.

*Herdegen, Matthias*

Völkerrecht, 11. Auflage, München 2012.

*Herdegen, Matthias*

Die Aufnahme besonderer Rechte des Kindes in die Verfassung, FamRZ 1993, S. 374-384.

*Hesse, Konrad*

Grundzüge des Verfassungsrechts der Bundesrepublik Deutschland, 20. Auflage, Heidelberg 1995.

*Heun, Stefanie*

Gleichgeschlechtliche Ehen in rechtsvergleichender Sicht unter besonderen Berücksichtigung der Rechtslage in den USA, in Kanada und in Australien, Berlin 1999.

*Heun, Werner*

Normenkontrolle, S. 615-639, in: Badura, Peter/Dreier, Horst, Festschrift 50 Jahre Bundesverfassungsgericht, Erster Band, 1. Auflage, Tübingen 2001.

*Hilbig, Katharina*

Anmerkung zur Entscheidung des Oberlandesgerichts Hamburg vom 22.12.2010, 2 Wx 23/09, FamRZ 2011, S. 1315-1316.

*Hillgruber, Christian*

Über die Ungleichbehandlung von Ehe und eingetragener Lebenspartnerschaft im Bereich der betrieblichen Hinterbliebenenversorgung - Kritische Anmerkung zum Beschluss des Bundesverfassungsgerichts vom 07.07.2009 (AZ: 1 BvR 1164/07; Fundstelle: JZ 2010, 37), JZ 2010, S. 41-44.

*Hirschberg, Lothar*

Der Grundsatz der Verhältnismässigkeit, Göttingen 1981.

*Hoffmann, Birgit*

Umgangsrecht leiblicher Eltern nach der Adoption – Perspektiven nach der Entscheidung des Bundesverfassungsgerichts vom 9. April 2003, JAmt 2003, S. 453-460.

*Hohmann-Dennhardt, Christine*

Kindeswohl und Elternrecht – Rechtsverhältnis von Eltern und Kindern, FPR 2008, S. 476-477.

*Hohmann-Dennhardt, Christine*

Familienwelten im Wandel, ZKJ 2007, S. 382-389.

*Holzhauer, Heinz*

Aktuelles Familienrecht vor rechtsgeschichtlichem Hintergrund, JZ 2000, S. 1076-1085.

*Hömig, Dieter*

Grundgesetz für die Bundesrepublik Deutschland, 9. Auflage, Baden-Baden 2010.

*Hoppe, Tilman*

Anmerkung zu BVerfG, Beschluss vom 7.7.2009 – 1 BvR 1164/07 – Ungleichbehandlung von Ehe und eingetragener Lebenspartnerschaft im Bereich der betrieblichen Hinterbliebenrente (VBL) verfassungswidrig, DVBl 2009, S. 1516-1519.

*Hoppe, Tilman*

Gleichstellung eingetragener Lebenspartnerschaften: gemeinschaftliche Adoption eines Fremdkindes, Wissenschaftliche Dienste Deutscher Bundestag, WD 3-060/10.

*Hoppe, Tilman*

Gleichstellung eingetragener Lebenspartnerschaften: Zu den Auswirkungen der Entscheidung des Bundesverfassungsgerichts zur Hinterbliebenenrente, Wissenschaftliche Dienste Deutscher Bundestag, WD 3-429/09.

*Hoppe, Tilman*

Ein Kind seiner Zeit - Lebenspartnerschaft und Adoption, StAZ 2010, S. 107-110.

*Hoppenz, Rainer*

Familiensachen – Heidelberger Kommentar, 9. Auflage, Heidelberg 2009.

*Hufen, Friedhelm*

Staatsrecht II – Grundrechte, 3. Auflage, München 2011.

*Huhn, Diether/von Schuckmann, Hans-Joachim*

Beurkundungsgesetz – Kommentar, 2. Auflage, Berlin 1987.

*Hümmerich, Klaus/Boecken, Winfried/Düwell, Josef*

AnwaltKommentar Arbeitsrecht, Band 2, 2. Auflage, Bonn 2010.

*Hunfeld, J.A.M./ Fauser, B.C.J.M./ de Beaufort I.D./Passchier, J.*

Child development and quality of parenting in lesbian families: no psychosocial indications for a-priori withholding of infertility treatment. A systematic review, Human Reproduction Update 2001, S. 579-590.

*Huster, Stefan*

Rechte und Ziele – Zur Dogmatik des allgemeinen Gleichheitssatzes, Berlin 1993.

*Huster, Stefan*

Gleichheit und Verhältnismäßigkeit- Der allgemeine Gleichheitssatz als Eingriffsrecht, JZ 1994, S. 541-549.

*Ipsen, Jörn*

Rechtsfolgen der Verfassungswidrigkeit von Norm und Einzelakt, Baden-Baden 1980.

Zitiert: Ipsen, Rechtsfolgen der Verfassungswidrigkeit

*Ipsen, Jörn*

Staatsrecht II – Grundrechte, 15. Auflage, München 2012.

*Ipsen. Jörn*

Nichigerklärung oder „Verfasungswidrigerklärung"- Zum Dilemma der verfassungsgerichtlichen Normenkontrollpraxis, JZ 1983, S. 41-45.

*Isensee, Josef/Kirchhof, Paul*

- Handbuch des Staatsrechts der Bundesrepublik Deutschland, Band IX, Allgemeine Grundrechtslehren, 3. Auflage, Heidelberg 2011.
- Handbuch des Staatsrechts der Bundesrepublik Deutschland, Band VIII, Grundrechte: Wirtschaft, Verfahren, Gleichheit, 3. Auflage, Heidelberg 2010.
- Handbuch des Staatsrechts der Bundesrepublik Deutschland, Band VII, Freiheitsrechte, 3. Auflage, Heidelberg 2009.
- Handbuch des Staatsrechts der Bundesrepublik Deutschland, Band VI, Freiheitsrechte, 2. Auflage, Heidelberg 2001.
  Zitiert: Isensee/Kirchof/Bearbeiter, VI Freiheitsrechte 2. Auflage.
- Handbuch des Staatsrechts der Bundesrepublik Deutschland, Band VI, Freiheitsrechte, 1. Auflage, Heidelberg 1989.
  Zitiert: Isensee/Kirchhof/Bearbeiter, VI Freiheitsrechte 1. Auflage.

*Jakob, Dominique*

Homosexuelle Paare zwischen Gleichstellung und Abstandsgebot, Die Entscheidung des BVerfG zur Verfassungsmäßigkeit des Gesetzes zur Beendigung der Diskriminierung gleichgeschlechtlicher Gemeinschaften: Lebenspartnerschaften vom 16. Februar 2001, Jura 2003, S. 762-770.

*Jakob, Dominique*

Die eingetragene Lebenspartnerschaft im Internationalen Privatrecht, Köln 2002.

*Jakobs, Horst Heinrich/Schubert, Werner*

Die Beratungen des Bürgerlichen Gesetzbuchs in systematischer Zusammenstellung der unveröffentlichten Quellen, Familienrecht II, §§ 1564-1921, Berlin 1989.

*Jänterä-Jareborg, Maarit*

Schweden: Adoption für eingetragene Partner, FamRZ 2003, S. 349-350.

*Jarass, Hans*

Folgerungen aus der neuen Rechtsprechung des BVerfG für die Prüfung von

Verstößen gegen Art. 3 I GG - Ein systematisches Konzept zur Feststellung unzulässiger Ungleichbehandlungen, NJW 1997, S. 2545-2550.

*Jarass, Hans D.*

Bausteine einer umfassenden Grundrechtsdogmatik, AöR 1995, S. 345-381.

*Jarass, Hans/Pieroth, Bodo*

Grundgesetz für die Bundesrepublik Deutschland, Kommentar, 12. Auflage, München 2012.

*Jauernig, Othmar*

Bürgerliches Gesetzbuch – Kommentar, 14. Auflage, München 2011.

*Jestaedt, Matthias*

Elternschaft und Elternverantwortung unter dem Grundgesetz – Die Stiefkindadoption in gleichgeschlechtlichen Lebenspartnerschaften als Probierstein, S. 79-98, in: Geis, Max-Emanuel/Umbach, Dieter, C., Planung-Steuerung-Kontrolle Festschrift für Richard Bartlsperger zum 70. Geburtstag, 1. Auflage, Berlin 2006.

*Juris Praxiskommentar*

BGB Familienrecht, Band 4, 6. Auflage, Saarbrücken 2012.

*Kaiser, Dagmar*

*Die eingetragene Lebenspartnerschaft – Status und Personenstand, StAZ 2006, S. 65-73.*

*Kaiser, Dagmar*

Pflichtteilsrecht der eingetragenen Lebenspartner, FPR 2005, S. 286-290.

*Kaiser, Dagmar/Schnitzler, Klaus/Friederici, Peter*

BGB Familienrecht, Band 4, 2. Auflage, Baden-Baden 2010.

*Kallina, Michael*

Willkürverbot und neue Formel – Der Wandel der Rechtsprechung des Bundesverfassungsgerichts zu Art. 3 GG, Tübingen 2001.

*Kämper, Burkhard*

Eingetragene Lebenspartnerschaft und kirchlicher Dienst, S. 402-421, in: Muckel, Stefan, Kirche und Regligion im sozialen Rechtsstaat, Festschrift für Wolfgang Rüfner zum 70. Geburtstag, 1. Auflage, Berlin 2003.

*Kanther, Wilhelm*

Die „neue soziale Familie" oder zur Verfassungswidrigkeit von § 9 LPartG, NJW 2003, S. 797-798.

*Kemper, Rainer*

Die Lebenspartnerschaft in der Entwicklung, Perspektiven für die Weiterentwicklung des Lebenspartnerschaftsrechts nach dem Urteil des BVerfG vom 17.7.2002, FPR 2003, S. 1-5.

*Kemper, Rainer*

Ehe und Eingetragene Lebenspartnerschaft, Übereinstimmungen, Ähnlichkeiten und Abweichungen in den Regelungen der beiden für dauerhafte Lebensbeziehungenbeziehungen gedachten Rechtsinstitute, FPR 2001, S. 449-458.

*Kemper, Rainer*

Rechtsandwendungsprobleme bei der Eingetragenen Lebenspartnerschaft, FF 2001, S. 156-166.

*Kemper, Rainer*

Der zweite Schritt- Die Lebenspartnerschaft auf dem Weg vom eheähnlichen zum ehegleichen Rechtsinstitut, FF 2005, S. 88-96.

*Kern, Fritz*

Recht und Verfassung im Mittelalter, 2. Auflage, Darmstadt 1958.

*Kersten, Friedrich/Bühling, Selmar*

Formularhandbuch und Praxis der Freiwilligen Gerichtsbarkeit, 23. Auflage, Köln 2010.

*Kindler, Heinz*

Umgangskontakte bei Kindern, die nach einer Kindeswohlgefährdung in einer Pflegefamilie untergebracht werden: Eine Forschungsübersicht, JAmt 2005, S. 541-546.

*Kingreen, Thorsten*

Das Grundrecht von Ehe und Familie (Art. 6 I GG), Jura 1997, S. 401-408.

*Kingreen, Thorsten*

Familie als Kategorie des Sozialrechts, JZ 2004, S. 938-948.

*Kirchhof, Paul*

Lebenspartnerschaftsgesetze und Grundgesetz, FPR 2001, S. 436-439.

*Kischel. Uwe*

Systembindung des Gestetzgebers und Gleichheitssatz, AöR 1999, S. 174-211.

*Klatt, Matthias*

Theorie der Wortlautgrenze – Semantische Normativität in der juristischen Argumentation, Baden-Baden 2004.

*Klein, Anne*

Für die Verfassungskonformität des Lebenspartnerschaftsgesetzes, FPR 2001, S. 434-436.

*Klein, Björn*

Das neue Eheverbot der bestehenden Eingetragenen Lebenspartnerschaft gemäß § 1306 BGB am Maßstab des Art. 6 Abs. 1 GG – Unter besonderer Berücksichtigung der Stellung der Ehe und der Eingetragenen Lebenspartnerschaft im Gefüge des Grundgesetzes, Frankfurt am Main 2008.

*Kleinschmidt, Andrea*

Eheverbot für gleichgeschlechtliche Paare (zu Louven, ZRP 1993, 12) ZRP 1993, S. 271-272.

*Kleuker, Mathias*

Gesetzgebungsaufträge des Bundesverfassungsgerichts, Berlin 1993.

*Kloepfer, Michael*

Gleichheit als Verfassungsfrage, 1. Auflage, Berlin 1980.

*Klöpper, Karl*

Das Verhältnis von § 173 StGB zu Art. 6 Abs. 1 GG, München 1995.

*Knobbe, Wieland*

Psychologische Aspekte der Adoption, FPR 2001, S. 309-318.

*Köster, Thomas*

Sorgerecht und Kindeswohl, Ein Vorschlag zur Neuregelung des Sorgerechts, Frankfurt am Main 1996.

*Kramer, Ernst A.*

Juristische Methodenlehre, 2. Auflage, München 2005.

*Kreikebohm, Ralf*

Kommentar zum Sozialrecht, 2. Auflage, München 2011.

*Krings, Günter*

Vom Differenzierungsgebot zum Differnzierungsverbot – Hinterbliebenenversorgung eingetragener Lebenspartner, NVwZ 2011, S. 26-27.

*Krings, Günter*

Die „eingetragene Lebenspartnerschaft" für gleichgeschlechtliche Paare – Der Gesetzgeber zwischen Schutzabstandsgebot und Gleichheitssatz, ZPR 2000, S. 409-415.

*Künast, Renate*

Kinderrechte in der Verfassung! Wie sonst?, FPR 2008, S. 478-481.

*Küpper, Georg*

Tagebücher, Tonbänder, Telefonate –Zur Lehre von den selbständigen Beweisverwertungsverboten im Strafverfahren-, JZ 1990, S. 416-424.

*Lähnemann, Lela*

Lesben und Schwule mit Kindern – Kinder homosexueller Eltern, Berlin 1996.

*Langenfeld, Christine*

Die Neuordnung des Jugendschutzes im Internet, MMR 2003, S. 303-310.

*Larenz, Karl*

Methodenlehre der Rechtswissenschaft, 5. Auflage, Berlin 1983.

*Larenz, Karl/Canaris, Claus-Wilhelm*

Methodenlehre der Rechtswissenschaft, 3. Auflage, Berlin 1995.

*Lecheler, Helmut*

Verfassungsgarantie und sozialer Wandel – Das Beispiel von Ehe und Familie, DVBl 1986, S. 903-911.

*Lechner, Hans/Zuck, Rüdiger*

Bundesverfassungsgerichtsgesetz, Kommentar, 6. Auflage, München 2011.

*Leipold, Michael*

BVerfG: Stiefkindadoption bei eingetragener Lebenspartnerschaft, FamFR 2009, S. 56.

*Lerch, Klaus*

Inhalt und Grenzen der Belehrungspflichten durch den Notar unter besonderer Berücksichtigung der haftungsrechtlichen Konsequenzen, BWNotZ 1997, S. 53-62.

*Lerch, Klaus*

Beurkundungsgesetz Kommentar, 4. Auflage, Köln 2011.

*Lipp, Martin/Wagenitz, Thomas*

Das neue Kindschaftsrecht: Kommentar, 1. Auflage, Stuttgart 1999.

*Listl, Joseph*

Adoptionsrecht und religiöse Kindererziehung, FamRZ 1974, S. 74-80.

*Löhnig, Martin*

Neue Partnerschaften der gemeinsam sorgeberechtigt gebliebenen Eltern – Welche Rechte haben die neuen Partner?, FPR 2008, S. 157-159.

*Louven, Klaus*

Eheverbot für gleichgeschlechtliche Paare, ZRP 1993, S. 12-13.

*Lüderitz, Alexander*

Das neue Adoptionsrecht, NJW 1976, S. 1865-1871.

*Lutter, Marcus*

Das Erbrecht des nichtehelichen Kindes, FamRZ 1967, S. 65-78.

*Mahlmann, Matthias*

Anmerkungen zu Gleichstellung gleichgeschlechtlicher Lebenspartnerschaften bei Hinterbliebenenversorgung, EuGH Utreil vom 1.4.2008 – C-267/06 (Tadao Maruko/ Versorgungsanstalt der deutschen Bühnen), EuZW 2008, S. 318-319.

*Martini, Peter*

Art. 3 Abs. 1 GG als Prinzip absoluter Rechtsgleichheit, Köln 1997.

*Massfeller, Franz*

Das Familienrechtsänderungsgesetz, StAZ 1961, S. 273-278.

*Maunz, Theodor*

Die verfassungsrechtliche Gewähr von Ehe und Familie (Art. 6 GG), FamRZ 1956, S. 1-3.

*Maunz, Theodor/Dürig, Günter*

Grundgesetzkommentar, 64. Ergänzungslieferung, München 2012.

*Maunz, Theodor/Schmidt-Bleibtreu, Bruno/Klein, Franz/Bethge, Herbert*

Bundesverfassungsgerichtsgesetz, Kommentar, 37. Ergänzungslieferung, München 2012.

*Merten, Detlef*

Eheliche und nichteheliche Lebensgemeinschaften unter dem Grundgesetz, S. 615-632, in: Isensee, Josef/Lecheler, Helmut, Freiheit und Eigentum - Festschrift für Walter Leisner zum 70. Geburtstag, Berlin 1999.

*Merten, Detlef/Papier, Hans-Jürgen*

Handbuch der Grundrechte in Deutschland und Europa, Band II, Grundrechte in Deutschland: Allgemeine Lehren I, 1. Auflage, Heidelberg 2006.

*Michael, Lothar*

Der allgemeine Gleichheitssatz als Methodennorm komparativer Systeme – Methodenrechtliche Analyse und Fortentwicklung der Theorie „beweglicher Systeme" (Wilburg), Berlin 1997.

*Michael, Lothar*

Die drei Argumentationsstrukturen des Grundsatzes der Verhältnismäßigkeit – Zur Dogmatik des Über- und Untermaßverbotes und der Gleichheitssätze, JuS 2001, S. 148-155.

*Michael, Lothar*

Lebenspartnerschaften unter dem besonderen Schutze einer (über-)staatlichen Ordnung, Legitimation und Grenzen eines Grundrechtswandels kraft europäischer Integration, NJW 2010, S. 3537-3542.

*Michael, Lothar/Morlok, Martin*

Grundrechte, 2. Auflage, Baden-Baden 2010.

*Milzer, Lutz*

OLG Hamm: Unzulässigkeit der Sukzessivadoption durch einen eingetragenen Lebenspartner, FamFR 2010, S. 47.

*Möller, Kai*

Der Ehebegriff des Grundgesetzes und die gleichgeschlechtliche Ehe, DÖV 2005, S. 64-71.

*Motive zu dem Entwurfe eines Bürgerlichen Gesetzbuches für das Deutsche Reich*

Band 4 Familienrecht, Berlin 1888, Nachdruck 1983.

*Müller, Gabriele*

Adoption in der gleichgeschlechtlichen Partnerschaft – de lege lata et de lege ferenda, FF 2011, S. 56-64.

*Müller, Gabriele*

Anmerkungen zu OLG Hamm, Beschl. v. 1.12.2009 – I – 15 Wx 236/09, DNotZ 2010, S. 701-703.

*Müller, Gabriele/Sieghörtner, Robert/Emmeling de Oliveria, Nicole*

Adoptionsrecht in der Praxis –einschließlich Auslandsbezug-, 1. Auflage, Bielefeld 2007.

*Müller, Josef*

Kindesannahme und Einwilligung (§1747 I BGB), DAVorm 1973, S. 528-529.

*Müller-Götzmann, Christian*

Artifizielle Reproduktion und gleichgeschlechtliche Elternschaft, Eine arztrechtliche Untersuchung zur Zulässigkeit fortpflanzungsmedizinischer Maßnahmen bei gleichgeschlechtlichen Partnerschaften, Berlin 2009.

*Münchener Kommentar*

- Kommentar zum Bürgerlichen Gesetzbuch, Band 7, 6. Auflage, München 2013.
- Kommentar zum Bürgerlichen Gesetzbuch, Band 8, 5. Auflage, München 2008.
- Kommentar zum Bürgerlichen Gesetzbuch, Band 1, 5. Auflage, München 2006.

*Münder, Johannes/Wiesner, Reinhard*

*Kinder- und Jugendhilferecht – Handbuch, 1. Auflage, Baden-Baden 2007.*

*Muscheler, Karlheinz*

Das Recht der Stieffamilie, FamRZ 2004, S. 913-921.

*Muscheler, Karlheinz*

Die Reform des Lebenspartnerschaftsrechts, FPR 2010, S. 227-236.

*Muscheler, Karlheinz*

Familienrecht, 2. Auflage, München 2012.

Zitiert: Muscheler, Familienrecht

*Muscheler, Karlheinz*

Das Recht der eingetragenen Lebenspartnerschaft – Handbuch für die gerichtliche, anwaltliche und notarielle Praxis, 2. Auflage, Berlin 2004.

Zitiert: Muscheler

*Musielak, Hans-Joachim/Borth, Helmut*

Familiengerichtliches Verfahren, 2. Auflage, München 2011.

*Nesselrode, Friederike (Gräfin)*

Das Spannungsverhältnis zwischen Ehe und Familie in Artikel 6 des Grundgesetzes, Berlin 2007.

*Niemeyer, Gisela*

Kinder homosexueller Eltern: Kein Ende der Diskussion über die Reform des Kindschaftsrechts?, FuR 1997, S. 141-142.

*Nienstedt, Monika/Westermann, Armin*

Pflegekinder und ihre Entwicklungschancen nach früheren traumatischen Erfahrungen, 3. Auflage, Stuttgart 2011.

Zitiert: Nienstedt/Westermann, Pflegekinder und ihre Entwicklungschancen

*Nienstedt, Monika/Westermann, Armin*

Pflegekinder – Psychologische Beiträge zur Sozialisation von Kindern in Ersatzfamilien, 2. Auflage, Münster 1990.

Zitiert: Nienstedt/Westermann, Pflegekinder-Psychologische Beiträge

*Nipperdey, Hans Carl*

Die Grundrechte und Grundpflichten der Reichsverfassung, Kommentar zum zweiten Teil der Reichsverfassung, Zweiter Band: Artikel 118-142, 1. Auflage, Berlin 1930.

*Ott, Sieghart*

Die Begriffe „Ehe und Familie" in Art. 6 I GG, NJW 1998, S. 117-119.

*Palandt, Otto*

Bürgerliches Gesetzbuch, 71. Auflage, München 2012.

Zitiert: Palandt/Bearbeiter, 71. Auflage

*Palandt, Otto*

Bürgerliches Gesetzbuch, 72. Auflage, München 2013.

*Papier, Hans-Jürgen*

Ehe und Familie in der neuen Rechtsprechung des BVerfG, NJW 2002, S. 2129-2133.

*Patterson, Charlotte J.*

Family Relationships of Lesbians and Gay Men, Journal of Marriage and Family 2000, S. 1052-1069.

*Pätzold, Juliane*

Die gemeinschaftliche Adoption Minderjähriger durch eingetragene Lebenspartner, Hamburg 2006.

*Paulitz, Harald*

Adoption – Positionen Impulse Perspektiven, 2. Auflage, München 2006.

*Paulitz, Harald*

Adoption – Positionen Impulse Perspektiven, 1. Auflage, München 2000.

Zitiert: Paulitz/Bearbeiter, 1. Auflage,

*Pauly, Walter*

Sperrwirkungen des Verfassungsrechtlichen Ehebegriffs, NJW 1997, S. 1955-1957.

*Peine, Franz-Joseph*

Systemgerechtigkeit, Die Selbstbindung des Gesetzgebers als Maßstab der Normenkontrolle, 1. Auflage, Baden-Baden 1985.

*Perrin, Ellen C.*

Technical Report: Coparent or Second-Parent Adoption by Same-Sex Parents, Pediatrics 2002, S. 341-344.

*Pfizenmayer, Katharina*

Die Rechtsstellung gleichgeschlechtlicher Lebenspartner in der deutschen Rechtsordnung- Eine kritische Würdigung des Gesetzes zur Beendigung der Diskriminierung gleichgeschlechtlicher Gemeinschaften: Lebenspartnerschaften, Hamburg 2007.

*Pieroth, Bodo/Kingreen, Thorsten*

Funktionen des Ehegrundrechts am Beispiel des Lebenspartnerschaftsgesetzes, KritV 2002, S. 219-241.

*Pieroth, Bodo/Schlink, Bernhard*

Grundrechte – Staatsrecht II, 24. Auflage, Heidelberg 2011.

*Pieroth, Bodo/Silberkuhl, Peter*

Die Verfassungsbeschwerde – Einführung, Verfahren, Grundrechte, 1. Auflage, Münster 2008.

*Podlech, Adalbert*

Gehalt und Funktionen des allgemeinen verfassungsrechtlichen Gleichheitssatzes, Berlin 1971.

*Prütting, Hanns/Wegen, Gerhard/Weinreich, Gerd*

BGB Kommentar, 7. Auflage, Köln 2012.

*Puls, Jutta*

Familienrechtliche Aspekte der Gleichstellung homosexueller Partnerschaften,

S. 29-43, in: Keil, Siegfried/Haspel, Michael, Gleichgeschlechtliche Lebensgemeinschaften in sozialethischer Perspektive – Beiträge zur rechtlichen Regelung pluraler Lebensformen, 1. Auflage, Neukirchen 2000.

*Rassek, Ernst Jan*

Begriff und Bestimmung des Kindeswohls als Maßstab bei der Sorgerechtsregelung nach §§ 1671, 1672 BGB, Frankfurt am Main 1983.

*Rauchfleisch, Udo*

Schwule, Lesben, Bisexuelle – Lebensweise, Vorurteile, Einsichten, 3. Auflage, Göttingen 2001.

Zitiert: Rauchfleisch, 2001

*Rauchfleisch, Udo*

Alternative Familienformen – Eineltern, gleichgeschlechtliche Paare, Hausmänner, Göttingen 1997.

Zitiert: Rauchfleisch, 1997

*Rauscher, Thomas*

Familienrecht, 2. Auflage, Heidelberg 2008.

*Rebhan, Ralf*

Die erbrechtliche Gleichstellung nichtehelicher Kinder, MittBayNot 2011, S. 285-288.

*Reinhardt, Jörg/Kemper, Rainer/Weitzel, Wolfgang*

Adoptionsrecht, Handkommentar, 1. Auflage, Baden-Baden 2012.

*Reiß, Stefan*

Öffnung der Ehe für Lesben und Schwule?, KJ 1994, S. 98-104.

*Reithmann, Christoph/Albrecht, Andreas*

Handbuch der notariellen Vertragsgestaltung, 8. Auflage, Köln 2001.

*Rengier, Bernhard*

Gleichstellung eingetragener Lebenspartner in der betrieblichen Hinterbliebenenversorgung, BB 2005, S. 2574-2580.

*RGRK*

Das Bürgerliche Gesetzbuch mit besonderer Berücksichtigung der Rechtsprechung des Reichsgerichts und des Bundesgerichtshofes, Band IV, 4. Teil, 12. Auflage, Berlin 1999.

*Rieger, Norbert*

Ehe, Familie und die (Verfassungs-)Widrigkeiten des Einkommensteuerrechts, Frankfurt am Main 1992.

*Rijsbergen, Claudia*

Der besondere Schutz von Ehe und Familie, Norderstedt 2005.

*Risse, Jörg*

Der verfassungsrechtliche Schutz der Homosexualität, Baden-Baden 1998.

*Robbers, Gerhard*

Das Lebenspartnerschaftsgesetz, Intention und Bedeutung, S. 45-56, in: Bosinski, Hartmut A.G./Kirchhof, Paul/Nave-Herz, Rosemarie/Robbers, Gerhard/Rotter, Hans, "Eingetragene Lebenspartnerschaft" Rechtssicherheit für homosexuelle Paare – Angriff auf Ehe und Familie?, 1. Auflage Regensburg 2001.

*Robbers, Gerhard*

Eingetragene Lebenspartnerschaften, Verfassungsrechtliche Überlegungen, JZ 2001, S. 779-786.

*Röchling, Walter*

Kindeswille und Elternrecht, FPR 2008, S. 481-483.

*Rohlf, Dietwalt*

Der grundrechtliche Schutz der Privatsphäre, Zugleich ein Beitrag zur Dogmatik des Art. 2 Abs. 1 GG, Berlin 1980.

*Rolfs, Christian/Giesen, Richard/Kreikebohm, Ralf/Udsching, Peter*

Kommentar zum Sozialgesetzbuch, 26. Edition, München 2012.

*Rosenboom, Esther*

Die familiengerichtliche Praxis in Hamburg bei Gefährdung des Kindeswohls durch Gewalt und Vernachlässigung nach §§ 1666, 1666 a BGB, Bielefeld 2006.

*Roth, Andreas*

Die aktuelle Bedeutung des Art. 6 V GG für das Recht des nichtehelichen Kindes, FamRZ 1992, S. 139-147.

*Roth-Stielow, Klaus*

Adoptionsgesetz Adoptionsvermittlungsgesetz – Kommentar, 1. Auflage, Stuttgart 1976.

*Ruffert, Matthias*

Vorrang der Verfassung und Eigenständigkeit des Privatrechts, 1. Auflage, Tübingen 2001.

*Rupp, Hans Heinrich*

Vom Wandel der Grundrechte, AöR 1976, S. 161-201.

*Rupp, Hans Heinrich*

Art. 3 GG als Massstab verfassungsgerichtlicher Kontrolle, S. 365-389, in: Starck (Hrsg.), Bundesverfassungsgericht und Grundgesetz, Festschrift aus Anlaß des 25jährigen Bestehens des Bundesverfassungsgerichts, Zweiter Band, 1. Auflage, Tübingen 1976.

*Rupp, Marina*

Das Lebenspartnerschaftsgesetz – Einschätzungen von Betroffenen und Experten, FPR 2010, S. 185-188.

*Rupp, Martina*

Die Lebenssituation von Kindern in gleichgeschlechtlichen Lebenspartnerschaften, Köln 2009.

*Rüthers, Bernd*

Rechtstheorie - Begriff, Geltung und Anwendung des Rechts, 5. Auflage München 2010.

*Sachs, Michael*

Zur dogmatischen Struktur der Gleichheitsrechte als Abwehrrechte, DÖV 1984, S. 411-419.

*Sachs, Michael*

Die Maßstäbe das allgemeinen Gleichheitssatzes – Willkürverbot und sogenannte neue Formel, JuS 1997, S. 124-130.

*Sachs, Michael*

Grundgesetz Kommentar, 6. Auflage, München 2011.

*Sachs, Michael*

Grundrechte: Ungleichbehandlung von Ehe und eingetragener Lebenspartnerschaft, JuS 2010, S. 561-564.

*Sachs, Michael*

Verfassungsrecht II - Grundrechte, 2. Auflage, Berlin 2003.

*Sachs, Michael*

Rechtsförmliche Lebenspartnerschaften für Menschen gleichen Geschlechts – Verfassungsgebot oder Verfassungsverstoß?, JR 2001, S. 45-50.

*Salgo, Ludwig*

Umgang mit Kinder in Familienpflege – Voraussetzungen und Grenzen, FPR 2004, S. 419-428.

*Salgo, Ludwig*

Zur Stellung des Vaters bei der Adoptions seines nichtehelichen Kindes durch die Mutter und deren Ehemann, NJW 1995, S. 2129-2134.

*Scheib, Joanna E./Hastings Paul D.*

Lesbische Mütter und ihre Kinder aus Spendersamen: Familiendynamische Prozesse, kindliche Entwicklung und langfristige Auswirkungen, S. 185-318, in: Funcke, Dorett/Thorn, Petra, Die gleichgeschlechtliche Familie mit Kindern - Interdisziplinäre Beiträge zu einer neuen Lebensform, 1. Auflage, Bielefeld 2010.

*Schimmel, Roland*

Das Bundesverfassungsgericht zur Eheschließung gleichgeschlechtlicher Partner, Anmerkung zu BVerfG Beschluss v. 4.10.1993 – 1 BvR 640/93, FuR 1993, S. 347-349.

*Schimmel, Roland*

Eheschließungen gleichgeschlechtlicher Paare?, Berlin 1996.

*Schimmel, Roland/Meier, Christian*

Gleichgeschlechtliche Ehen schon nach geltendem Recht?, StAZ 1993, S. 210-214.

*Schlaich, Klaus/Korioth, Stefan*

Das Bundesverfassungsgericht – Stellung, Verfahren, Entscheidungen, 8. Auflage, München 2010.

*Schlieffen, Angela Gräfin von*

Offene Adoptionsformen - ein Grund zur Reform des Adoptionsrechts, Berlin 1994.

*Schlüter, Wilfried*

BGB – Familienrecht, 14. Auflage, Heidelberg 2012.

*Schlüter, Wilfried*

Die nichteheliche Lebensgemeinschaft und ihre vermögensrechtliche Abwicklung, FamRZ 1986, S. 405-416.

*Schlüter, Wilfried/Heckes, Jasmin/Stommel, Sonja*

Die gesetzliche Regelung von außerehelichen Partnerschaften gleichen und verschiedenen Geschlechts im Ausland und die deutschen Reformvorhaben, DEuFamR 2000, S. 1-18.

*Schlütter, Andreas*

Die erbrechtliche Stellung eines Kindes nach Adoption durch den anderen Lebenspartner einer gleichgeschlechtlichen Lebenspartnerschaft aus verfassungsrechtlicher Sicht, FF 2005, S. 234-238.

*Schmid, Viola*

Die Familie in Artikel 6 des Grundgesetzes, Berlin 1989.

*Schmidt, Gerd*

Handbuch der Freiwilligen Gerichtsbarkeit, 1. Auflage, München 1991.

*Schmidt, Gunter*

The Dilemma of the Male Pedophile, Archives of Sexual Behavior 2002, S. 473-477.

*Schmidt-Bleibtreu, Bruno/Hofmann, Hans/Hopauf, Axel*

Kommentar zum Grundgesetz, 12. Auflage, Köln 2011.

*Schneider, Bernd Jürgen*

Die Funktion der Normenkontrolle und des richterlichen Prüfungsrechts im Rahmen der Rechtsfolgenbestimmung verfassungswidriger Gesetze – Eine verfassungsgeschichtliche und –theorethische Untersuchung, Frankfurt am Main 1988.

*Scholz, Harald/Kleffmann, Norbert/Motzer, Stefan*

Praxishandbuch Familienrecht, 20. Auflage, München 2010.

Zitiert: Scholz/Stein/Bearbeiter, Teil

*Scholz, Rainer*

Die nichteheliche Lebensgemeinschaft – ein Problem für den Gesetzgeber? ZRP 1981, S. 225-230.

*Scholz, Rupert*

Das Grundrecht der freien Entfaltung der Persönlichkeit in der Rechtsprechung des Bundesverfassungsgerichts (Teil 1), AöR 1975, S. 80-130.

*Scholz, Rupert/Konrad, Karlheinz*

Meinungsfreiheit und allgemeines Persönlichkeitsrecht –Zur Rechtsprechung des Bundesverfassungsgerichts-, AöR 1998, S. 60-121.

*Scholz, Rupert/Uhle, Arnd*

"Eingetragene Lebenspartnerschaft" und Grundgesetz, NJW 2001, S. 393-400.

*Schon, Lothar*

Sehnsucht nach dem Vater – Die Psychodynamik der Vater-Sohn-Beziehung, 2. Auflage, Stuttgart 2010.

*Schubert, Werner*

Die Vorlagen der Redaktoren für die erste Kommission zur Ausarbeitung des Entwurfs eines Bürgerlichen Gesetzbuches, Familienrecht Teil 2, Nachdruck der als Manuskript vervielfältigten Ausgabe aus den Jahren 1875 bis 1888, Berlin 1983.

*Schucht, Fritz*

Die Voraussetzungen und der Vollzug der Annahme an Kindesstatt nach dem geltenden deutschen bürgerlichen Recht unter Berücksichtigung der geschichtlichen Entwicklung, Borna-Leipzig 1921.

*Schüffner, Marc*

Eheschutz und Lebenspartnerschaft - Eine verfassungsrechtliche Untersuchung des Lebenspartnerschaftsrechts im Lichte des Art. 6 GG, Berlin 2007.

*Schulz, Werner/Hauß, Jörn*

Familienrecht, Handkommentar, 2. Auflage, Baden-Baden 2012.

*Schulze, Reiner (Schriftleitung)*

Bürgerliches Gesetzbuch Handkommentar, 7. Auflage, Baden-Baden 2012.

*Schumacher, Klaus*

Zum gesetzlichen Regelungsbedarf für nichteheliche Lebensgemeinschaften, FamRZ 1994, S. 857-865.

*Schumann, Eva*

Das Nichtehelichenrecht: Gesetzeslage und Reformbestrebungen, JuS 1996, S. 506-509.

*Schumann, Eva*

Die nichteheliche Familie, Reformvorschläge für das Familienrecht mit einer Darstellung der geschichtlichen Entwicklung und unter Berücksichtigung des Völker- und Verfassungsrechts, München 1998.

*Schwab, Dieter*

Eingetragene Lebenspartnerschaft – Ein Überblick -, FamRZ 2001, S. 385-398.

*Schwab, Dieter*

Schranken der Vertragsfreiheit durch die Antidiskriminierungsrichtlinien und ihre Umsetzung in Deutschland, DNotZ 2006, S. 649-678.

*Schwab, Dieter*

Familie und Staat, FamRZ 2007, S. 1-7.

*Schwab, Dieter*

Familienrecht, 18. Auflage, München 2010.

*Schwab, Dieter/Wagenitz, Thomas*

Einführung in das neue Kindschaftsrecht, FamRZ 1997, S. 1377-1383.

*Schwabe, Jürgen*

Probleme der Grundrechtsdogmatik, 1. Auflage, Darmstadt 1977.

*Schwacke, Peter*

Juristische Methodik mit Technik der Fallbearbeitung, 5. Auflage, Stuttgart 2011.

*Schwenzer, Ingeborg*

Die Rechtsstellung des nichtehelichen Kindes, FamRZ 1992, S. 121-128.

*Sickert, Ariane*

Die lebenspartnerschaftliche Familie – Das Lebenspartnerschaftsgesetz und Art. 6 Abs. 1 GG, Berlin 2005.

*Siegfried, Dirk*

Kinder vom anderen Ufer, FPR 2005, S. 120-122.

*Sielert, Uwe*

Zwei-Väter- und Zwei-Mütter-Familien – Sorgerecht, Adoption und artifizielle Insemination bei gleichgeschlechtlichen Elternteilen, S. 44-63, in: Keil, Siegfried/Haspel, Michael, Gleichgeschlechtliche Lebensgemeinschaften in sozialethischer Perspektive – Beiträge zur rechtlichen Regelung pluraler Lebensformen, 1. Auflage, Neukirchen 2000.

*Simitis, Spiros*

Das „Kindeswohl“ – neu betrachtet, S. 95 -125, in: Goldstein, Joseph/Freud, Anna/Solnit, Albert J., Jenseits des Kindeswohls, 2. Auflage, Frankfurt am Main 1979.

*Simitis, Spiros/Rosenkötter, Lutz/Vogel, Rudolf/Boost-Muss, Barbara/Frommann, Matthias/Hopp, Jürgen/Koch, Hartmut/Zenz, Gisela*

Kindeswohl – Eine interdisziplinäre Untersuchung über seine Verwirklichung in der vormundschaftsgerichtlichen Praxis, 1. Auflage, Frankfurt am Main 1979.

*Sodan, Helge*

Grundgesetz Beck´scher Kompekt-Kommentar, 2. Auflage, München 2011.

*Soergel*

- Bürgerliches Gesetzbuch, Band 20, Familienrecht, 13. Auflage, Stuttgart 2000.
- Bürgerliches Gesetzbuch, Band 2, Allgemeiner Teil 2, 13. Auflage, Stuttgart 1999.

*Stacey, Judith/Biblarz, Timothy J.*

(How) Does the Sexual Orientation of Parents Matter?, American Sociological Review 2001, S. 159-183.

*Starck, Christian*

Die Anwendung des Gleichheitssatzes, S. 51-73, in: Link, Christoph, Der Gleichheitssatz im modernen Verfassungsstaat, Symposion zum 80. Geburtstag von Bundesverfassungsrichter i.R. Professor Dr. phil. Dr. iur. Dr. h.c. Gerhard Leibholz am 21. November 1981, 1. Auflage, Baden-Baden 1982.

*Stätz, Hans-Wolfgang*

Rechtsfragen des Konkubinats im Überblick, FamRZ 1980, S. 301-308.

*Staudinger, Julius von*

- Kommentar zu Bürgerlichen Gesetzbuch, Buch 1 Allgemeiner Teil, Neubearbeitung, Berlin 2010.
- Kommentar zum Bürgerlichen Gesetzbuch, Buch 4 Familienrecht, Neubearbeitung, Berlin 2007.
- Kommentar zum Bürgerlichen Gesetzbuch, Lebenspartnerschaftsgesetz, Neubearbeitung, Berlin 2010.
- Kommentar zum Bürgerlichen Gesetzbuch, IV. Band, Familienrecht, II. Teil: §§ 1589-1921, 7./8. Auflage, München, 1913.
  Zitiert: Staudinger/Bearbeiter, 7./8. Auflage
- Kommentar zum Bürgerlichen Gesetzbuch, IV. Band, Familienrecht, Teil 3a, §§ 1589-1698b, 10./11. Auflage, Berlin 1966.

Zitiert: Staudinger/Bearbeiter, 10./11. Auflage

- Kommentar zum Bürgerlichen Gesetzbuch, IV. Band, Familienrecht, Teil 3b, §§ 1705-1921, 10./11. Auflage, Berlin 1969.

  Zitiert: Staudinger/Bearbeiter, 10./11. Auflage

*Steinberg, Rudolf*

Verfassungsrechtliche Kontrolle der „Nachbesserungspflicht" des Gesetzgebers, Der Staat 1987, S. 161-186.

*Stern, Klaus*

- Das Staatsrecht der Bundesrepublik Deutschland, Band I, 2. Auflage, München 1984.
- Das Staatsrecht der Bundesrepublik Deutschland, Band III/1, München 1988.
- Das Staatsrecht der Bundesrepublik Deutschland, Band III/2, München 1994.
- Das Staatsrecht der Bundesrepublik Deutschland, Band IV/1, München 2006.
- Das Staatsrecht der Bundesrepublik Deutschland, Band IV/2, München 2011.

*Stettner, Rupert*

Die Verpflichtung des Gesetzgebers zu erneutem Tätigwerden bei fehlerhafter Prognose, DVBl 1982, S. 1123-1128.

*Stintzing, Heike*

Erbersatzanspruch und vorzeitiger Erbausgleich nichtehelicher Kinder gem. §§ 1934a-e BGB im Lichte des Art. 6 Abs. 5 GG, FuR 1994, S. 73-82.

*Streib-Brzic, Uli/Gerlach, Stephanie*

Und was sagen die Kinder dazu? Gespräche mit Töchtern und Söhnen lesbischer und schwuler Eltern, 2. Auflage, Berlin 2006.

*Strick, Kerstin*

Gleichgeschlechtliche Partnerschaft – Vom Straftatbestand zum Status? DEuFamR 2000, S. 82-94.

*Stüber, Stephan*

Kein Familienzuschlag für Lebenspartner?, NJW 2006, S. 1774-1776.

*Stüber, Stephan*

Vom Gebot die Ehe zu fördern, FPR 2006, S. 117-120.

*Stüber, Stephan*

Gesetz zur Überarbeitung des Lebenspartnerschaftsrechts, FamRZ 2005, S. 574-578.

*Tettinger, Peter J.*

Kein Ruhmesblatt für "Hüter der Verfassung", JZ 2002, S. 1146-1152.

*Tillmanns, Kerstin*

Die Adoption durch die Partner einer eingetragenen Lebenspartnerschaft, S. 271-280, in: Helms, Tobias/Zeppernick, Jena Martin, Lebendiges Familienrecht – Festschrift für Rainer Frank zum 70. Geburtstag am 14. Juli 2008, 1. Auflage, Frankfurt am Main 2008.

*Trimbach, Herbert/ Webert, Annette*

Ist die Homo-Ehe noch verfassungswidrig?, NJ 1998, S. 63-66.

*Tschernitschek, Horst/Saar, Stefan*

Familienrecht, 4. Auflage, München 2008.

*Turko, Mohamad*

Der gesetzliche Kindesschutz vor der Gewaltanwendung um Rahmen des elterlichen Pflege- und Erziehungsrechts, Hochschulschrift Universität Leipzig, 2009.

*Umbach, Dieter/Clemens, Thomas*

Grundgesetz, Mitarbeiterkommentar und Handbuch, 1. Auflage, Heidelberg 2002.

*Umbach, Dieter/Clemens, Thomas/Dollinger, Franz-Wilhelm*

Bundesverfassungsgerichtsgesetz, Mitarbeiterkommentar und Handbuch, 2. Auflage, Heidelberg 2005.

*v. Dickhuth-Harrach, Hans-Jürgen*

Das Lebenspartnerschaftsrecht Version 2005, FPR 2005, S. 273-279.

*v. Koppenfels-Spies, Katharina*

Voraussetzungen und Folgen der Aufhebung der Lebenspartnerschaft, FPR 2003, S. 5-11.

*v. Savigny, Freidrich Karl*

System des heutigen römichen Rechts I, 1. Auflage, Berlin 1840.

*Verschraegen, Bea*

Gleichgeschlechtliche „Ehen", Wien 1994.

*Vitzthum, Wolfgang*

Völkerrecht, 4. Auflage, Berlin 2007.

*Vogel, Joachim*

Juristische Methodik, 1. Auflage, Berlin 1998.

*von Mangoldt, Herman/Klein, Friednrich/Starck, Christian*

Kommentar zum Grundgesetz, Band 1: Präambel, Artikel 1-19, 6. Auflage, München 2010.

*von Münch, Ingo/Kunig, Philip*

Grundgesetz Kommentar, Band 1, 6. Auflage, München 2012.

*Voßkuhle, Andreas*

Gibt es und wozu nutzt die Lehre vom Verfassungswandel?, Der Staat 2004, S. 450-459.

*Vranes, Erich*

Lex Superior, Lex Specialis, Lex Posterior – Zur Rechtsnatur der „Konflitklösungsregeln", ZaöRV 2005, S. 391-405.

*Wächtler, Achim Gernot*

Die politische Forderung nach der „gleichgeschlechtlichen Ehe" und deren rechtliche Umsetzung in deutsches Recht –mit Berücksichtigung ausländischer Rechtsentwicklungen-, Frankfurt am Main 2000.

*Wacke, Andreas*

Die Registrierung homosexueller Partnerschaften in Dänemark, FamRZ 1990, S. 347-351.

*Walper, Frederike*

Gleichgeschlechtliche Lebensgemeinschaften mit Kindern: Verfassungsrechtliche Rahmenbedingungen, S. 115-159, in: Funcke, Dorett/Thorn, Petra, Die gleichgeschlechtliche Familie mit Kindern - Interdisziplinäre Beiträge zu einer neuen Lebensform, 1. Auflage, Bielefeld 2010.

*Walter, Eginhard*

Umgang mit dem in Familienpflege untergebrachten Kind, §§ 1684, 1685 – psychologische Aspekte, FPR 2004, S. 415-418.

*Wank, Rolf*

Die Auslegung von Gesetzen, 5. Auflage, München 2011.

*Wardle, Lynn D.*

Protecting Children by Protecting Domestic and International Adoption, S. 313-325, in: Helms, Tobias/Zeppernick, Jena Martin, Lebendiges Familienrecht – Festschrift für Rainer Frank zum 70. Geburtstag am 14. Juli 2008, 1. Auflage, Frankfurt am

Main 2008.

*Wasmuth, Johannes*

Zur Verfassungsmäßigkeit der eingetragenen Lebenspartnerschaft, Der Staat, 2002, S. 47-71.

*Weber, Albrecht*

Die Entwicklung des Familienrechts seit Mitte 2008 - Ehe- und Lebenspartnerschaftsrecht, Kindscahftsrecht, Ehewohnung, Hausrat, Gewaltschutz und vermögensrechtliche Beziehungen, NJW 2009, S. 3283-3290.

*Weber, Oskar*

Anmerkungen zu BGH Urt. v. 14.6.1951 – IV ZR 42/50, DNotZ 1951, S. 516-521.

*Weber, Peter*

Lebenspartnerschaftsvertrag, FPR 2005, S. 151-156.

*Weinreich, Gerd/Klein, Michael*

Fachanwaltskommentar Familienrecht, 4. Auflage, Köln 2011.

*Wellenhofer, Marina*

Familienrecht, 1. Auflage, München 2009.

*Wellenhofer, Marina*

Das neue Recht für eingetragene Lebenspartnerschaften, NJW 2005, S. 705-709.

*Wellenhofer-Klein, Marina*

Die eingetragene Lebenspartnerschaft, 1. Auflage, München 2003.

*Wendl, Philipp/Dose, Hans-Joachim*

Das Unterhaltsrecht in der familienrichterlichen Praxis, 8. Auflage, München 2011.

*Wendt, Rudolf*

Der Gleichheitssatz, NVwZ 1988, S. 778-786.

*Wenzel, Sebastian*

Die eingetragene Lebenspartnerschaft im Steuerrecht, DStR 2009, S. 2403-2408.

*Wiemann, Irmela*

Ratgeber Pflegekinder – Erfahrungen, Hilfen, Perspektiven, 1. Auflage, Reinbek bei Hamburg 1994.

*Wiemann, Rebekka*

Rosige Aussichten für die Gleichstellung gleichgeschlechtlicher Lebenspartner mit Ehegatten?, NJW 2010, S. 1427-1430.

*Wiesner, Reinhard*

SGB VIII, Kinder- und Jugendhilfe Kommentar, 4. Auflage, München 2011.

*Willutzki, Siegfried*

Kindeswohl zwischen Elternrecht und staatlichem Wächteramt, DAVorm 2000, S. 378-388.

*Willutzki, Siegfried*

Die Zulässigkeit der gleichgeschlechtlichen Eheschließung, MDR 1993, S. 116-118.

*Wilmer, Thomas*

Sexueller Missbrauch von Kindern - Empirische Grundlagen und kriminalpolitische Überlegungen, Frankfurt am Main 1996.

*Wingen, Max*

Der soziologische Tatbestand der nichtehelichen Lebensgemeinschaften, FamRZ 1981, S. 331-337.

*Wölfel, Thomas*

Gleichgeschlechtliche Lebenspartnerschaft – Das Recht in Deutschland und dem europäischen Ausland -, Hamburg 2005.

*Wölfl, Bernd*

Sphärentheorie und Vorbehalt des Gesetzes, NVwZ 2002, S. 49-51.

*Wurm, Carl/Wagner, Hermann/Zartmann, Hugo*

Das Rechtsformularbuch, 16. Auflage, Köln 2011.

*Yang, Tzu-hui*

Die Appellentscheidungen des Bundesverfassungsgerichts, Baden-Baden 2003.

*Zimmermann, Andreas*

Gleichgeschlechtliche Lebenspartnerschaften und das Grundgesetz, S. 645-664, in: Cremer, Hans-Joachim/Giegerich, Thomas/Richter, Dagmar/Zimmermann, Andreas, Tradition und Weltoffenheit des Rechts, Festschrift für Helmut Steinberger, 1. Auflage, Berlin 2002.

*Zippelius, Reinhold*

Verfassungsgarantie und sozialer Wandel – Das Beispiel von Ehe und Familie, DÖV 1986, S. 805-810.

*Zippelius, Reinhold*

Juristische Methodenlehre, 11. Auflage, München 2012.

*Zuck, Rüdiger*

Das Recht der Verfassungsbeschwerde, 3. Auflage, München 2006.

*Zuck, Rüdiger*

Die eigenständige Bedeutung des Art. 6 I GG gegenüber Reformgesetzen, FamRZ 1979, S. 873-877.

*Zuck, Rüdiger*

Die verfassungsrechtliche Gewährleistung der Ehe im Wandel des Zeitgeistes, NJW 2009, S. 1449-1454.

*Zur Nieden, Margarete*

Adoption und Adoptionsvermittlung, 3. Auflage, Köln 1963.

**Studien zum deutschen und internationalen Familien- und Erbrecht**

Herausgegeben von Martin Lipp, Christoph Benicke, Marina Wellenhofer und Bettina Heiderhoff

Band 1 Jessica Kriewald: Statusrelevante Erklärungen des Familienrechts. 2009.

Band 2 Martin Gilbert: Unmoralische Angebote, Grundrechtskitsch und die kalte Hand des Erblassers. 2009.

Band 3 Anja Vellmer: Religiöse Kindererziehung und religiös begründete Konflikte in der Familie. Eine rechtsübergreifende Darstellung familiärer religiöser Konflikte und der staatlichen Instrumentarien zu ihrer Lösung. 2010.

Band 4 Uta Heidenreich: Auskunfts- und Wertermittlungsansprüche des Pflichtteilsberechtigten. 2010.

Band 5 Ulla Möhn: Vertrauensschutz im intertemporalen Scheidungsunterhaltsrecht. Zugleich eine Analyse des § 36 Nr. 1 EGZPO. 2010.

Band 6 Gabriele Metternich: Verfügungsverhalten von Erblassern. Eine empirische Untersuchung als Beitrag zur Rechtstatsachenforschung und Reformdiskussion auf dem Gebiet des Erbrechts. 2010.

Band 7 Patrick Schroer: Europäischer Erbschein. Mit rechtsvergleichender Darstellung. 2010.

Band 8 Isabella Toscano: Ehescheidungen mit grenzüberschreitendem Bezug. Von divergierenden nationalen Scheidungsvoraussetzungen zu einem einheitlichen europäischen Scheidungsrecht? 2011.

Band 9 Ulrich Kühle: Die gerichtliche Überprüfung von Erb- und Pflichtteilsverzichtsverträgen im Spiegel ehevertraglicher Inhaltskontrolle. 2011.

Band 10 Gregor Blüm: Härtefälle im Recht des Versorgungsausgleichs. Eine legitimationszentrierte Untersuchung der Rechtsprechung zur Generalklausel des § 1587c Nr. 1 BGB a. F. unter Berücksichtigung der Neuerungen in der Härtefallregelung des § 27 VersAusglG. 2011.

Band 11 Linda Schlegel: Die Bedeutung des vorehelichen Zusammenlebens im Scheidungsfolgenrecht. 2011.

Band 12 Tobias Breitling: Rechtsfolgen von sittenwidrigen Bedingungen in Verfügungen von Todes wegen. Erblasserwille und objektives Recht. 2012.

Band 13 Anja Sommer: Das Verhältnis von Familiengericht und Jugendamt. Kooperation zum Wohle des Kindes? 2012.

Band 14 Pia Maria Schulze: Das deutsche Kindschafts- und Abstammungsrecht und die Rechtsprechung des EGMR. 2012.

Band 15 Sebastian Schaufert: Das Verbot der Doppelverwertung von Vermögenspositionen bei Unterhalt und Zugewinn. 2012.

Band 16 Natalie Ivanits: Die Stellung des Kindes in auf Einvernehmen zielenden gerichtlichen und außergerichtlichen Verfahren in Kindschaftssachen. 2012.

Band 17 Robert Bauer: Die Neuerungen im ehelichen Güterrecht. Eine kritische Untersuchung der Rechtslage nach der Reform von 2009. 2013.

Band 18 Birthe Schekahn: Tatsächliche Unterhaltsleistungen faktischer Lebensgefährten im Todesfall. Ein Vorschlag für eine Reform des § 844 Abs. 2 BGB und zugleich eine Definition der faktischen Lebensgemeinschaft. 2013.

Band 19 Michelle Favier: Die gemeinsame rechtliche Elternschaft von eingetragenen Lebenspartnern durch die Annahme eines Kindes. 2014.

www.peterlang.com

For the avoidance of doubt, input of the whole or any part of this publication into any generative artificial intelligence model, chatbot, program, software or technology is expressly prohibited without the prior written consent of the publisher.